20 世纪儒学研究大系

主编：傅永聚　韩钟文

儒家哲学思想研究

本卷主编　张颂之

中 华 书 局

20世纪儒学研究大系
编辑委员会

中国文化的基本精神(代序)

在现今时代,做一个中国人,最重要的是具有爱国意识。爱国意识有一定的思想基础。必须感到祖国的可爱,才能具有爱国意识。而要感到祖国的可爱,又必须对于中国文化的优秀传统有正确的理解。中国文化,从传说中的羲、农、黄帝以来,延续发展了四五千年,在15世纪以前一直居于世界文化的前列。15世纪,中国的四大发明传入欧洲,促进了西方近代文明的发展,于是西方文化突飞猛进,中国落后了。19世纪40年代之后,中国受到资本主义列强的侵略凌辱,中国各阶层的志士仁人,奋起抗争,努力寻求救国的道路,经过一百多年的艰苦斗争,终于取得了胜利,于1949年建立了新中国,"中国人民站起来了!"中国文化虽然一度落后,但又能奋发图强,大步前进。这不是偶然的,必有其内在的思想基础。中国文化长期延续发展,虽曾经走过曲折的道路,但仍能自我更新,继续前进。这种发展更新的思想基础,就是中国文化的基本精神。

何谓精神?精神即是思维运动发展的精微的内在动力。中国文化中的基本精神,在中国历史上确实起到了推动社会发展的作用,成为历史发展的内在思想源泉。当然,社会发展的基本原因在于生产力的发展,但是思想意识在一定条件下也有一定的积极作用。文化的基本精神必须具有两个特点:一是具有广泛的影响,为大多数人民所接受领会,对于广大人民起了熏陶作用;二是具有激励进步、促进发展的积极作用。必须具有这两方面的表现,才可以称为文化的基本精神。

我认为,中国几千年来文化传统的基本精神的主要内涵有四项基本观念,即(1)天人合一;(2)以人为本;(3)刚健有为;(4)以和为贵。

一 天人合一

天人合一即肯定人与自然的统一,亦即认为人与自然界不是敌对的,而具有不可割裂的关系。所谓合一指对立的统一,即两方面相互依存的关系。天人合一思想在春秋时即已有之。《左传·昭公二十五年》记载郑大夫子大叔述子产之言说:"夫礼,天之经也,地之义也,民之行也。天地之经,而民实则之。"又记子大叔之言说:"礼,上下之纪,天地之经纬也,民之所以生也,是以先王尚之。"这是认为礼是天经地义,即自然界的必然准则,"天经"与"民行"是统一的。应注意,这里天是对地而言,天地相连并称,显然是指自然之天。子产将天经地义与民则统一起来,但也重视天与人的区别,他曾断言:"天道远,人道迩,非所及也,何以知之?"(《左传·昭公十八年》)当时占星术利用所谓天道传播迷信,讲天象与人事祸福的联系,子产是予以否定的。孟子将天道与人性联系起来,他说:"尽其心者,知其性也。知其性,则知天矣。"(《孟子·尽心上》)孟子认为人性是天赋的,所以知性便能知天。但孟子没有做出明确的论证。《周易大传》提出"裁成辅相"之说,《象传》云:"天地交,泰。后以裁成天地之道,辅相天地之宜,以左右民。"《系辞》云:"范围天地之化而不过,曲成万物而不遗。"《文言》提出"与天地合德"的思想:"夫'大人'者,与天地合其德,与日月合其明,与四时合其序,与鬼神合其吉凶。先天而天弗违,后天而奉天时。"这里所谓先天指为天之前导,后天即从天而动。与天地合德即与自然界相互适应,相互调谐。

汉代董仲舒讲天人合一,宣扬"天副人数",陷于牵强附会。宋代张载明确提出"天人合一"的四字成语,在所著《西铭》中以形象语言宣示天人合一的原则。《西铭》云:"乾称父,坤称母,予兹藐焉,乃混然中处。故天地之塞,吾其体;天地之帅,吾其性。民吾同胞,物吾与也。"所谓天地之塞指气,所谓天地之帅指气之本性,就是说:"天地犹如父母,人与万物都是天地所生,人与万物都是气构成的,气的本性也就是人与万物的本性,人民都是我的兄弟,万物都是我的朋友。这充分肯定了人与自然界的统一。但张载也承认天与人的区别,他在《易说》中讲:"鼓万物而不与圣人同忧者,此直谓天也,天则无心……圣人所以有忧者,圣人之仁也。不可以忧言者天也。"天是没有思虑的,圣人则不能无忧,这是天人之别。所谓天人合一是指人与自然界既有区别,而又有统一的关系,人是自然界所产生的,是自然界的一部分,人可以认识自然并加以改变调整,但不应破坏自然。这"天人合一"的观念与西方所谓"克服自然"、"战胜自然"有很大区别。在历史上,中西不同的观点各有短长,西方近代的科学技术取得了改造自然的辉煌成绩,但也破坏了自然界的生态平衡。时至今日,重新认识人与自然的统一,确实是必要的了。

二　以人为本

以人为本是相对于宗教家以神为本而言的,可以称为人本思想。孔子虽然承认天命,却又怀疑鬼神。他说:"务民之义,敬鬼神而远之,可谓知矣。"(《论语·雍也》)认为人生最重要的是提高道德觉悟,而不必求助于鬼神。孔子更认为应重视生的问题,而不必考虑死后的问题。《论语》记载:"季路问事鬼神,子曰:'未能事人,焉能事鬼?'曰:'敢问死!'曰:'未知生,焉知死?'"(《先进》)孔子更不赞成祈祷,《论语》载:"子疾病,子路请祷。子曰:'有诸?'子路对曰:有之,诔曰:'祷尔于上下神祇。'子曰:'丘之祷久矣。'"(《述而》)孔子对于鬼神采取存疑的态度,既不否定,亦不肯定,但认为应该努力解决现实生活中的问题,而不必向鬼神祈祷。孔子这种思想观点可以说是非常深刻的。

这种以人为本的思想,后汉思想家仲长统讲得最为鲜明。仲长统说:"所贵乎用天之道者,则指星辰以授民事,顺四时而兴功业,其大略也,吉凶之祥,又何取焉?……所取于天道者,谓四时之宜也;所壹于人事者,谓治乱之实也。……从此言之,人事为本,天道为末,不其然与?"(《全后汉文》卷八十九)这里提出"人事为本",可以说是儒家"人本"思想最明确的表述。所谓以人为本,不是说人是宇宙之本,而是说人是社会生活之本。

佛教东来,宣传灵魂不灭、三世轮回的观念,一般群众颇受其影响,但是儒家学者起而予以反驳。南北朝时何承天著《达性论》,宣扬人本观念。何承天说:"人非天地不生,天地非人不灵……安得与夫飞沈蠕蠕,并为众生哉?……至于生必有死,形毙神散,犹春荣秋落,四时代换,奚有于更受形哉!"这完全否定了灵魂不灭、三世轮回的迷信。范缜著《神灭论》,提出形为质而神为用的学说,更彻底批驳了神不灭论。

宋明理学中,不论是气本论,或理本论,或心本论,都不承认灵魂不灭,不承认鬼神存在,而都高度肯定精神生活的价值。气本论以天地之间"气"的统一性来论证道德的根据,理本论断言道德原于宇宙本原之"理",心本论则认为道德伦理出于"本心"的要求。这些道德起源论未必正确,但是都摆脱了宗教信仰。受儒家影响的中国知识分子,宗教意识都比较淡薄,在中国文化中,有一个以道德教育代替宗教的传统。虽然道德也是有时代性的,但是这一道德传统仍有其积极的意义。

三　刚健自强

先秦儒家曾提出"刚健"、"自强"的人生准则。孔子重视"刚"的品德,他说:"刚毅木讷近仁。"(《论语·子路》)刚毅即是具有坚定性。孔子弟子曾子说:"可以托六尺之孤,可以寄百里之命,临大节而不可夺也。君子人与?君子人也。"(《论语·泰伯》)临大节而不可夺,即是刚毅的表现。《周易大传》提出"刚健"、"自强不息"的生活准则。《大有·象传》云:"大有,柔得尊位大中,而上下应之,曰大有。其德刚健而文明,应乎天而时行,是以元亨。"《乾·文言传》云:"大哉乾乎!刚健中正,纯粹精也。"《乾·象传》云:"天行健,君子以自强不息。"乾指天而言,天行即日月星辰的运行。日月星辰运行不已,从不间断,称之曰健,亦曰刚健。人应效法天之运行不已,而自强不息。自强即是努力向上、积极进取。《系辞下传》又论健云:"夫乾,天下之至健也,德行恒易以知险。"这是说,天下之至健在于能知险而克服之以达到恒易(险指艰险,易指平易)。所谓自强,含有克服艰险而不断前进之意。儒家重视"不息",《中庸》云:"故至诚无息。不息则久,久则征;征则悠远,悠远则博厚,博厚则高明。……《诗》云:'维天之命,於穆不已。'盖曰天之所以为天也。'於乎不显,文王之德之纯!'盖曰文王之所以为文也,纯亦不已。"儒家强调不懈的努力,这是有积极意义的。

在古代哲学中,与刚健自强有密切联系的是关于独立意志、独立人格和为坚持原则可以牺牲个人生命的思想。孔子肯定人人都有独立的意志,他说:"三军可夺帅也,匹夫不可夺志也。"(《论语·子罕》)又赞扬伯夷叔齐"不降其志,不辱其身"(《论语·微子》),即赞扬坚持独立的人格。孔子更认为，为了实行仁德可以牺牲个人的生命，他说："志士仁人，无求生以害仁，有杀身以成仁。"（《论语·卫灵公》）孟子进而提出："生亦我所欲也，义亦我所欲也，二者不可得兼，舍生而取义者也。生亦我所欲，所欲有甚于生者，故不为苟得也；死亦我所恶，所恶有甚于死者，故患有所不辟也。"（《孟子·告子上》）这里所谓"所欲有甚于生者"即义，其中包括人格的尊严。他举例说："一箪食、一豆羹，得之则生，弗得则死。呼尔而与之，行道之人弗受；蹴尔而与之，乞人不屑也。"不受嗟来之食，即为了保持人格的尊严。坚持自己的人格尊严，这是则健自强的最基本的要求。

　　先秦时代，儒道两家曾有关于刚柔的论争。与儒家重刚相反，老子"贵柔"。老子提出"柔弱胜刚强"（《老子》三十六章），认为"天下之至柔，驰骋天下之至坚"（《老子》四十三章）。他以水为喻来证明柔能胜强："天下柔弱莫过于水，而攻坚强，莫之能先，其无以易之。故弱胜强，柔胜刚，天下莫能知，莫能行。"（《老子》七十八章）老子贵柔，意在以柔克刚，柔只是一种手段，胜刚才是目的，贵柔乃是求胜之道。孔子重刚，老子贵柔，其实是相反相成的。

　　在中国古代哲学中，儒家宣扬"刚健自强"，道家则崇尚"以柔克刚"，这构成中国文化思想的两个方面。儒家学说的影响还是大于道家的，在文化思想中长期占有主导的地位。刚健自强的思想可以说是中国文化思想的主旋律。《周易大传》"天行健，君子以自强不息"的名言，在历史上，对于知识分子和广大人民，确实起了激励鼓舞的积极作用。

四　以和为贵

　　中国古代以"和"为最高的价值。孔子弟子有若说："礼之用，和为贵。先王之道斯为美，小大由之。"(《论语·学而》)孔子亦说："君子和而不同，小人同而不和。"(《论语·子路》)区别了"和"与"同"。按：和同之辨始见于西周末年周太史史伯的言论中。《国语》记述史伯之言说："夫和实生物，同则不继。以他平他谓之和，故能丰长而物归之。若以同裨同，尽乃弃矣。"(《郑语》)这里解释和的意义最为明确。不同的事物相互为"他"，"以他平他"即聚集不同的事物而达到平衡，这叫做"和"，这样才能产生新事物。如果以相同的事物相加，这是"同"，是不能产生新事物的。春秋时齐晏子也强调"和"与"同"的区别，他以君臣关系为例说："君所谓可而有否焉，臣献其否，以成其可。君所谓否而有可焉，臣献其可，以去其否。"这称为"和"。如果"君所谓可"，臣亦曰可；"君所谓否"，臣亦曰否，那就是"同"，而不是"和"了。晏子说："若以水济水，谁能食之？若琴瑟之专一，谁能听之？同之不可也如是。"(《左传·昭公二十年》)这是说，必须能容纳不同的意见，兼容不同的观点，才能使原来的思想"成其可"、"去其否"，达到正确的结论。孔子所谓"和而不同"也就是能保留自己的意见而不人云亦云。"和"的观念，肯定多样性的统一，主张容纳不同的意见，对于文化的发展确有积极的促进作用。

老子亦讲"和"，《老子》四十二章："万物负阴而抱阳，冲气以为和。"又五十五章："知和曰常，知常曰明。"这都肯定了"和"的重要。但是老子冲淡了"和"与"同"的区别，既重视"和"，也肯定"同"。五十六章："塞其兑，闭其门，挫其锐，解其忿，和其光，同其尘，是谓玄同。"这"和光同尘"之教把西周以来的和同之辨消除了。

墨子反对儒家，不承认和同之辨，而提出"尚同"之说。墨家有许多进步思想，但是尚同之说却是比和同之辨后退一步了。

儒家仍然宣扬和的观念，《周易大传》提出"大和"观念，《乾·象传》说："乾道变化，各正性命，保合大和，乃利贞。"这里所谓大和指自然界万物并存共育的景况。儒家认为，包含人类在内的自然界基本上是和谐的。《中庸》云："万物并育而不相害，道并行而不相悖。"这正是儒家所构想的"大和"景象。

孟子提出"人和"，他说："天时不如地利，地利不如人和。三里之城，七里之郭，环而攻之而不胜。夫环而攻之，必有得天时者矣；然而不胜者，是天时不如地利也。城非不高也，池非不深也，兵革非不坚利也，米粟非不多也，委而去之，是地利不如人和也。故曰：域民不以封疆之界，固国不以山溪之险，威天下不以兵革之利。得道者多助，失道者寡助。寡助之至，亲戚畔之；多助之至，天下顺之。"（《孟子·公孙丑下》）这里所谓人和是指人民的团结，人民的团结是胜利的决定性条件。"得道多助，失道寡助"，这是今天仍然必须承认的真理。

儒家以和为贵的思想在历史上曾经起了促进民族团结、加强民族凝聚力，促进民族融合、加强民族文化同化力的积极作用。在历史上，得民心者得天下，失民心者失天下，已成为长期起作用的客观规律。在历史上，汉族本是由许多民族融合而成的；在近代，汉族又和五十几个少数民族融合而成中华民族。中华民族内部密切团结而成为一个统一的整体。中华民族是多元的统一体，中国文化也是多元的统一体。多元的统一，正是中国古代哲学家所谓"和"的体现。所谓"和"，不是不承认矛盾对立，而是认为应该解决矛盾而达到更高的统一。

以上所谓"天人合一"、"以人为本"、"刚健自强"、"以和为贵"，都是用的旧有名词。如果采用新的术语，"天人合一"应云"人与自然的统一"，或者如恩格斯所说"人与自然的一致"（《自然辩证法》，人民出版社1971年版第159页）、"自然界与精神的统一"（同上第200页）。"以人为本"，应云人本主义无神论。"刚健自强"，应云发扬主体能动性。"以和为贵"，即肯定多样性的统一。这些都是中国古代哲学中的精湛思想,亦即中国文化基本精神之所在。

以上,我们肯定"天人合一"、"以人为本"、"刚健自强"、"以和为贵"等思想观念在历史上曾经起了促进文化发展的积极作用。但是,历史的实际情况是非常复杂的,许多思想观念的含义也不是单纯的。正确的观念与荒谬的观念、进步的现象与反动的落后的现象,往往纠缠在一起。所谓天人合一,在历史上不同的思想家用来表示不同的含义。例如董仲舒所谓天人合一主要是指"人副天数"、"天人感应",那完全是穿凿附会之谈。程颐强调"天道人道只是一道",认为仁义礼智即是天道的基本内容,也是主观的偏见。在董仲舒以前,有一种天象人事相应的神学思想。认为天上星辰与人间官职是相互应合的,所以《史记》的天文卷称为"天官书",但这不是后来哲学家所谓的"天人合一"。如果将上古时代天象与人事相应的神学思想称为天人合一,那就把问题搞乱了。这是应该分别清楚的。儒家肯定"人事为本",表现了无神论的倾向,但是这并不意味着宗教迷信在中国社会并无较大的影响。事实上,中国旧社会中,多数人民是信仰佛教、道教以及原始的多神教的。但是这种情况也不降低儒家人本思想的价值。"以和为贵"是儒家所宣扬的,但是阶级斗争、集团之间的斗争、个人与个人的斗争也往往是很激烈的。我们肯定"和"和观念的价值,并不是宣扬调和论。

中国文化具有优秀传统。同时也具有陈陋传统。简单说来,中国文化的缺陷主要表现于四点:(1)等级观念;(2)浑沦思维;(3)近效取向;(4)家族本位。从殷周以来,区分上下贵贱的等级,是传统文化的一个最严重的痼疾,辛亥革命推翻了君主专制,但等级观念至今仍有待于彻底消除。中国哲学长于辩证思维,却不善于分析思维。事实上,科学的发展是离不开分析思维的。如何在发扬辩证思维的同时学会西方实验科学的分析方法,是一个严肃的课题。中国学术向来注重人伦日用,注重切近的效益,没有"为真理而求真理"的态度，表现为一种实用主义倾向，这也是中国没有产生自己近代实验科学的原因之一。中国近代以前的社会可以说是以家族为本位。西方近代社会可以说是"自我中心、个人本位"，而中国近代以前则不重视个人的权益，这是一个严重的缺陷。五四运动以来，传统的家族本位已经打破了。在社会主义时代，应该是社会本位、兼顾个人权益。

我们现在的历史任务是创建社会主义的新文化，正确认识中国传统文化的长短得失，是完全必要的。

傅永聚、韩钟文同志主编的《20世纪儒学研究大系》，循百年思想学术发展的脉络，以现代学术分类的原则，择选有学术价值、文献价值的代表文章，以"大系"的形式编纂而成，共有21卷，每卷附有专题研究的"导言"一篇。这部《20世纪儒学研究大系》是由曲阜师范大学、孔子研究院、山东大学、复旦大学等单位的中青年学者合力编纂而成，说明了儒学研究事业后继有人。《大系》被列入国家社会科学基金规划项目，又由中华书局出版，这是在弘扬和培育中华民族精神方面做出了一件非常有意义的事情，我感到十分欣慰。编者征求我的意见，于是略陈关于中国文化的基本精神和儒家文化传统的一些感想，以之为序。

张岱年

前　言

傅永聚　韩钟文

儒学犹如一条源远流长的大河,导源于洙泗,经过二千五百多年生生不息的奔腾,从曲阜、邹城一带流向中原,形成波澜壮阔的江河,涉及整个中国,辐射东亚,流向全球,泽惠万方。儒学曾经是中华文化的主流,东亚文明的精神内核。但是进入20世纪后的儒学,遭遇到空前严峻的挑战,也面临着再生与复兴的历史机遇。一百多年来,儒学几经曲折,备受挫折,又有贞下起元、一阳来复之象,至20、21世纪之交成为参与"文明对话"的重要角色。

牟宗三先生说:"察业识莫若佛,观事变莫若道,而知性尽性,开价值之源,树价值之主体,莫若儒。"(《生命的学问》)儒、道、释及西方的哲学、耶教等都指示人的生命意义的方向,但就中国人特别是中国古代知识分子而言,儒学是安身立命之道。孔子、儒家追求的"内圣外王之道",一直是中国人的人格修养与经世事业的价值理想。"士不可以不弘毅,任重而道远。仁以为己任,不亦重乎?死而后已,不亦远乎?"(《论语·泰伯》)从孔子、曾子、子思、孟子至康有为、梁启超、梁漱溟、熊十力、牟宗三,中国的儒学代表人物就是怀抱志仁弘道的精神去实践自己的生命价值,开拓教化天下的事业与创建文化中国的理想的。中华文化历尽艰难,几经跌宕,却如黄河、长江一样流淌不息,且代有高潮,蔚成奇观,与孔子及其所创建的儒家学派所做的贡献是分不开的。

儒学一直对中华文化各个层面产生着巨大而又深远的影响。儒学统摄宗教、哲学、伦理、政治、教育、艺术等人文社会科学的学术品格及关怀现世人生的精神,使它成为一套全面安排人间秩序的思想体系,从一个人的生存方式,到家、国、天下的构成,都在儒学关怀与实践的范围之内。经过二千多年的传播、积淀,儒学一直影响着中华民族的民族性格、心理结构的形成。然而,进入 20 世纪,又出现类似唐宋之际"儒门淡泊,收拾不住"的危机,陷入困境之中。唐君毅以"花果飘零"、余英时以"游魂"形容儒学危机之严峻,张灏则称这是现代中国之"意义危机"、"思想危机"。

从 19 世纪中后期开始,中国社会、文化进入从传统农业社会向现代工业社会、从传统文化向现代文化转型的时代。1905 年废除科举制度,1911 年辛亥革命推翻了帝制,"五四"新文化运动的兴起,西方各种思潮、主义潮水般地涌入,风起云涌的政治革命、文化革命、社会转型、文化转型,导致了传统士阶层的解体与分化,新型知识分子的诞生与在文化思想领域倡导"新思潮"、"新学说",激进的反传统思潮的勃兴,现代化进程的启动和在动荡不安中急遽推进,使 20 世纪中国处于"三千年未有之大变局"的境遇之中,儒学的危机也由此而生。

一个世纪以来,儒学的命运与中国现代化的历史进程相消长,也与学术界、思想界及政治界对儒学与现代化的关系、儒学与西方文化的关系、儒学与全球的"文明对话"的关系所形成的认识有关。从 19 世纪末至 21 世纪初,一百多年来,中国的学术界、思想界与政治界围绕着孔子、儒家及儒学的命运、前景问题展开了广泛的、持久的争鸣,而这类争鸣又直接或间接地同传统文化与现代化、中学与西学、新学与旧学、科学主义与人文主义、全球化与中国化、文明冲突与文明对话、西方智慧与东方智慧等等论题交织在一起,使有关儒学的思想争鸣远远超出中国儒学史的范围,而成为20世纪中国思想史、学术史的有机组成部分。

百年儒学的历史大致沿着两个方向演进:一、儒学精神的新开展,使儒学于危机中、困境中得以延续、再生或创造性转化;二、儒家学术思想的研究,包括批判性研究、诠释性研究、创造性研究在内。由于20世纪中国是以"革命"为主潮的世纪,学术研究与政治革命的关系特别密切,故批判性研究常常烙上激进的政治革命的烙印,超出学术研究的范围,并形成批判儒学、否定儒学的思潮,酿成批判论者、诠释论者与复兴论者的百年大论争,并一直延续到21世纪。

回顾百年儒学精神新开展与儒学研究的历程,有一奇特现象值得重视。活跃于20世纪中国思想界、学术界、政治界、教育界的精英或代表人物,都不同程度地介入或参与了有关孔子、儒家思想的争鸣。如:早期马克思主义者陈独秀、李大钊、瞿秋白、李达、郭沫若、范文澜、侯外庐等,三民主义者蔡元培、陶希圣、戴季陶等,自由主义的代表人物严复、胡适、殷海光、林毓生等,无政府主义者吴稚晖、朱谦之等,现代新儒学的代表人物梁漱溟、熊十力、唐君毅、牟宗三、徐复观等,学衡派的代表人物梅光迪、吴宓、陈寅恪、汤用彤等,东方文化派的杜亚泉、钱智修等,新士林学派的罗光等,以及张申府、张岱年等,都参与了有关儒学的争鸣,并在争鸣中形成思想的分野,蔚成中国近代思想文化史上最壮观的一幕。

20世纪中国思想史的复杂性、丰富性远远超出了唐宋之际和明清之际,其思想争鸣具有现代性或现代精神的特色。美国学者列文森在《儒教中国及其现代命运》中以"博物馆化"象征儒学生命的终结,有些中国学者也说儒学已到"寿终正寝的时节"。但从百年儒学的精神开展与儒学研究的种种迹象看,儒学的生命仍然如古老的大树一样延续着。儒学曾经创造性地回应了印度佛教文化的挑战,儒学也正在忧患之中奋然挺立,回应西方文化的挑战。这是儒学传统现代创造性转换的契机。人们在展望"儒学第三期"或"儒学第四期"的来临。百年儒学的经历虽曲折艰难,时兴时衰,但仍是薪火相传,慧命接续,间有高潮,巨星璀璨,跨出本土,落根东亚,走向世界,成为一种国际性的思潮,在全球性的"文明对话"中扮演着重要角色,为人类重建文明秩序提供了可资汲取的智慧。儒学并没有"博物馆化",儒学的新生命正在开始。因此,对百年儒学作系统的全面的反思与总结,是一项具有历史意义与现实意义的学术课题。

　　纵观百年儒学的历程,大致经历了五个阶段,在这五个阶段中,儒学的命运、所遭遇的景况不尽相同,分述如下:

　　19 世纪末至 1911 年辛亥革命为第一阶段　　洋务运动、戊戌变法导致儒家经世思想的重新崛起,晚清今文经学的复兴,特别是康有为《新学伪经考》、《孔子改制考》的出版,托古改制,以复古为解放,既开导儒学的新方向,又开启"西潮"的闸门,如思想"飓风",如"火山火喷"。章太炎标举古文经学的旗帜,与以康有为为代表的今文经学派展开经学论争,而这场思想学术争鸣又与政治上的革命与改良、反清与保皇、君主立宪与民主共和等论争交错在一起,显得格外严峻与深沉。诸子学的复兴,西学输入高潮的到来,政治革命的风暴席卷神州,社会解体与重建进程加速发展,传统士阶层的分化与新型知识分子的诞生,预示后经学时代的降临。思想界、学术界先觉之士以"诸子学"、"西学"为参照系,批判儒学或重新诠释儒学,传统儒学向现代儒学转型已初见端倪。

　　以辛亥革命至 1928 年南京政府成立为第二阶段　　康有为、陈焕章等仿效董仲舒的"崇儒更化"运动创建孔教会,"五四"新文化运动兴起,吴虞、胡适等提倡"打孔家店",《新青年》派陈独秀、胡适与文化保守主义者梁启超、梁漱溟、杜亚泉等,学衡派梅光迪、吴宓等展开思想文化争鸣,以张君劢、梁启超等为代表的人文主义与以丁文江、胡适、王星拱等为代表的科学主义的论辩,马克思主义者李大钊、瞿秋白等也积极参与思想争鸣,各大思潮的冲突与互动,不论是批判儒学,还是重释儒学及复兴儒学,都有一个共同的特点,就是将儒学的研究纳入现代思想学术的领域之中,使思想争鸣具有了现代性,从而导致儒学向现代思想学术转型。20世纪中国人文社会科学的学科建制、研究方法深受"西学"的影响,有关孔子、儒学的论争已不同于经学时代,且与国际上各种思潮的论争息息相通。以现代西方哲学、科学、政治等学科的范畴、概念、方法去解读、分析、批判或重新诠释儒学,成为一时的学术风气,并出现了"援西学入儒学"的现象。有些思想家、哲学家试图摄纳西学、诸子学及佛学中有价值的东西重建儒学,如梁启超的《儒家哲学》及《欧游心影录》,梁漱溟的《东西文化及其哲学》,冯友兰的《人生哲学》,已透露出现代新儒学即将崛起的消息。

1928年至1949年中华人民共和国建立为第三阶段　30年代后,中国思想界、学术界出现"后五四建设性心态"。吸取西学的思想、方法,以反哺儒学传统,创造性地重建传统儒学,如张君劢、冯友兰、贺麟等;或者回归儒学传统,谋求儒学的重建,如熊十力、钱穆、马一浮等;即使是"五四"时期反传统的学者,在胡适提倡"研究问题,输入学理,整理国故,再造文明"之后,也将儒学作为"国故"的重要组成部分,作为学术史、思想史、文化史的思想资料加以系统的研究。胡适的《说儒》就是一篇以科学方法研究孔子、儒学的示范之作。"后五四建设性心态"的形成,对中国现代学术的建构起了积极的作用。一大批专家、学者参照西方人文社会科学学科建制原则与方法,分哲学、宗教学、政治学、经济学、伦理学、社会学、法学、史学、美学、文学艺术、教育学、心理学等等,对儒学进行系统的研究,还对不同学科的发展史作深入的探讨。如中国哲学史、中国教育思想史、中国政治思想史、中国学术史、中国伦理学史、中国文化史、中国通史等等,儒学研究也纳入分门别类的学科及学科发展史的研究之中。钱穆在《现代中国学术论衡》中说:"民国以来,中国学术界分门别类,务为专家,与中国传统通人通儒之学大相违异。"将数千年经学、儒学作为学术思想的资源或资料,分门别类地纳入学科专题研究之中,虽然使儒家"内圣外王之道"的"道"变为"学术",由"专门之学"代替"通儒之学",但恰恰是这种转变,才促使了儒学由传统形态向现代形态转型。这一阶段是中国社会动荡不安的年代,令人惊异的是,在动荡的岁月中出现了一个学术繁荣期,学术研究的深度与广度并不亚于乾嘉时代,儒学研究也是如此。"专门之学"代替"通儒之学"乃大势所趋,是现代学术的进步。

　　抗日战争的爆发、救亡运动的高涨,把民族文化复兴运动推向高潮,为儒学精神的新开展或创造性重建提供了历史机缘。儒学在民族文化复兴的大潮中获得再生并走向现代。1937年沈有鼎在《中国哲学今后的开展》,1941年贺麟在《儒家思想之开展》,1948年牟宗三在《鹅湖书院缘起》中,都强调中国进入一个"民族复兴的时代"。民族复兴应该由民族文化复兴为先导,儒家文化是中华文化的主流,儒家文化的命运与民族文化的命运血脉相连、息息相关。他们认为,如果中华民族不能以儒家思想或民族精神为主体去儒化或汉化西洋文化,则中国将失掉文化上的自主权,而陷于文化上的殖民地。他们期望"儒学第三期"的出现,上接宋明儒学的血脉,对儒学作创造性的诠释,或者会通儒学与西学,使古典儒学向现代思想学术形态转换。以熊十力、贺麟、牟宗三等为代表的新心学,以冯友兰、金岳霖等为代表的新理学,是儒学获得现代性并走向成熟的重要标志。此外,王新命、何炳松等十教授发表

《中国本位的文化建设宣言》(1935 年 1 月 10 日)，新启蒙运动倡导者张申府、张岱年等提出"打倒孔家店，救出孔夫子"的口号及综合创造论，都体现了"后五四建设性心态"，都有利于儒学的学术研究之开展。

1949 年至 1976 年"文革"结束为第四阶段　余英时在《现代儒学论》序言中指出：20 世纪中国以 1949 年为分水岭，在前半个世纪与后半个世纪，中国的文化传统特别是儒家命运截然不同。1949 年以前，无论是反对或同情儒家的知识分子大部分曾是儒家文化的参与者，他们的生活经验中渗透了儒家价值。即使是激进的反传统者，他们并没有权力可以禁止不同的或相反的观点，故批判儒学或复兴儒学之争可以并存甚至互相影响。1949 年以后，儒家的中心价值在中国人的生活方式中已退居边缘，知识分子无论对儒学抱着肯定或否定的态度，已失去作为参与者的机会了，儒学和制度之间的联系中断，成为陷于困境的"游魂"。

就实际状况而言，这一阶段的儒学研究或者儒家思想之开展，比余英时分析的还要复杂。其中值得注意的是分化现象：大陆出现批判儒学的新趋向，50 年代至 60 年代中期，以批判性研究为主，除梁漱溟、熊十力、陈寅恪等少数学人外，像冯友兰、贺麟、金岳霖等新理学与新心学的代表人物，都在思想改造、脱胎换骨之后批判自己的学说，即使写研究孔子、儒学的文章，也离不开批判的框框。当时思想界、学术界的儒学研究，多以"苏联哲学"为范式，进行"唯心"或"唯物"二分式排列，批判与解构儒学成为当时的风潮。70 年代中期出现群众性的批孔批儒运动，真正的学术研究根本无法进行。儒学已经边缘化了。在港台地区和海外华人社群中，儒学却得到不同程度的认同，移居港台、海外的学者，如张君劢、钱穆、陈荣捷、唐君毅、牟宗三、徐复观、方东美等，继续以弘扬儒家人文精神为己任，立足于学术界、教育界，开拓儒学精神的新方向，成就了不少持之有据、言之成理的"一家之言"。

70年代后期至21世纪初为第五阶段　中国大陆的改革开放,思想解放运动,传统文化与现代化的论争,"文化热"的出现,以及日本、韩国、新加坡等国与香港、台湾地区经济腾飞所产生的影响,东亚现代化模式的兴起,全球化进程中形成的文化多元格局,文明对话,全球伦理,生态平衡,以及"文化中国"等等课题的讨论,使人们对孔子、儒学的研究逐渐复苏,重评孔子、儒学的论文、论著陆续出版,有关孔子、儒学、中国文化的学术会议频繁举行,中国孔子基金会、国际儒学联合会、中华孔子学会、中国文化书院、孔子研究院等学术团体和研究机构的建立,历代儒家著作及其注解、白话文翻译、解读本的大量出版,有关儒家的人物评传、思想研究、专题研究以及儒学与道、释、西方哲学及宗教的比较研究,成为学术界关注的课题。还有分门别类的人文社会科学及自然科学,也将儒学纳入其中作专门研究,如儒家哲学思想、儒家伦理思想、儒家美学思想、儒家史学思想、儒家政治思想、儒家教育思想、儒家宗教思想、儒家科学思想、儒家管理思想等等。专门史的研究也涉及儒学,如中国哲学史、中国经济思想史、中国教育思想史、中国伦理思想史等等,一旦抽掉孔子、儒家与儒学,就会显得十分单薄。此外,原来处于边缘化的港台、海外新儒家,乘改革开放的机遇,或者进入大陆进行学术交流,或者将其思想、学说传入大陆。至90年代,出现当代新儒家、自由主义与马克思主义重新论辩、对话与互动的格局,有关"儒学第三期"、"儒学第四期"的展望,儒学在国际思想界再度引起重视,说明儒学的确在展示着其"一阳来复"的态势。

纵观百年儒学的历程,不论在哪一个阶段,不论是儒家思想之新开展,或者是有关儒学的学术研究,都积有丰富的思想资源或文献资料,已经到了对百年儒学进行系统研究、全面总结的时候了。站在世纪之交的高度,我们组织编纂《20世纪儒学研究大系》,就是为了完成这一学术使命。

　　《20世纪儒学研究大系》是孔子研究院成立后确定的一项浩大的学术工程,现已列入2002年国家社会科学基金项目。《大系》的编纂与出版,实为孔子、儒学研究的一大盛事,必将对21世纪的儒学研究产生积极而又深远的影响。

编选原则及体例

　　《20世纪儒学研究大系》是一部大型的相对成套的专题分卷的儒学研究丛书,力求通过选编20世纪学术界研究儒学的代表性论文、论著,全面反映一百年来专家、学者研究儒学的学术成果及水平,为进一步研究儒学提供一部比较系统的学术文献。

　　一、将20世纪海内外专家、学者研究儒学的代表性论文、论著按研究专题汇集成册,共分21卷。所选以名家、名篇及具有代表性的观点为原则,不在多而在精,力求反映20世纪儒学研究的全貌。

　　二、所选以学术性讨论材料、思想流派性材料为主,兼收一些具有代表性并产生过重大影响的批判性文章。

　　三、每一卷包括导言、正文、论著目录索引三个主干部分。

　　四、每卷之始,撰写导言,综论20世纪该专题研究的大势及得失,阐发本专题研究的学术价值和意义,为阅读利用本卷提示门径。

　　五、一般作者原则上只入选一篇具有代表性的成果,重要代表人物可选2—3篇。

　　六、所收文章均加简要按语,介绍作者学术生平及本文内容。合作创作的论著,只介绍第一作者。

　　七、每卷所收文章,原则上按公开发表或正式出版的时间先后为序。

八、所收文章,尽量使用最初发表的版本,并详细注释文章出处、发表或写作时间。

九、入选文章、论著篇幅过长者,适当予以删节,并予以注明。

十、为统一体例,入选文章一律改用标准简化字,一律使用新式标点。

十一、所选文章的注释一律改为文中注和页末注,以保持丛书的整体风格。材料出处为文中注(楷体),解释性文字为页末注。

十二、每卷后均列论著目录索引,将未能入选但又有学术价值与参考价值的论著列出。论文和著作分门别类,并按公开发表和正式出版的时间先后为序。

目　　录

20世纪儒学研究大系

导　言

张颂之

20世纪的儒家哲学研究可以说是儒学研究在这一世纪中最受学界关注的内容了,出现的各种成果也最多,可以说儒学中几乎每一个重要人物、每一个学派、每一部经典、每一个重要的儒家概念,都涉及到了。儒家哲学的研究在中国大陆队伍庞大,既有哲学界,也有史学界、文学界等各路人马,在港台地区及东南亚等深受儒学影响的地区也空前繁荣,甚至在美国、欧洲也倍受关注。面对汗牛充栋、难以详细统计的研究的成果,要想作出一个相对全面的描述及评判,是难以实现的。下面试就20世纪有关儒家哲学研究的情况挂一漏万地略加介绍。

一、20世纪儒家哲学研究概况

大致说来,20世纪的儒家哲学研究可以1949年为界分成前后两大部分。其中1949年以前又可分为三个阶段:即新文化运动前的西方哲学理论初步输入时期;新文化运动前后对儒家哲学研究理论框架的形成时期;三四十年代儒家哲学三大研究局面的确立时期。1949年后的儒家哲学研究可从地域上分为中国大陆和港台及海外三部分,其中大陆的儒家哲学研究又可从时间上分为以文革为中段的前后三个时期。

第一、1949 年以前的儒家哲学研究

在近代以来,古老的中国由于受到西方文化的全面冲击,不仅在帝国的统治上出现了生存危机,而且赖以支撑帝国灵魂的传统儒学也出现了生存危机。无论是从现实上还是从理论上说,以内圣外王为理论特征的儒学在近代所遭遇到的困境都是全面的。于是,进入 20 世纪不久,儒学的整体性构架就已经先于帝国的倒塌而倒塌了。其标志就是继 19 世纪末年废除八股考试后于 20 世纪初又废除了持续千余年的科举考试。传统儒学解体的同时,中国现代学术体制开始建立。在 20 世纪,儒学被分解成哲学、文学、文字、政治等现代学术,并被分别纳入各自的学科中。于是在西方哲学大量输入的情况下,中国哲学开始了它的建设和形成,儒家哲学也在西方哲学及中国现代哲学的框架下开始受到人们的关注,并被纳入到学术体制中。

儒家哲学在今天已经是一个广被世人所接受的名词了,甚至是一提起儒家哲学,人们就会认为那就是中国儒学的精华、是中国哲学的精华。

“哲学”是被我们中国人以自己的思维方式理解后才接受的一个由日本人翻译 Philosophy 而来的名词,在中国传统话语中本没有这个名词,自 20 世纪初由黄遵宪从日本输入我国后,它就受到学习西方的学者的关注,对西方哲学的研究成为人们了解何为哲学的最佳途径。从此哲学日渐深入学界,并成为观察中国传统学术的坐标之一。但是,当时的学术界与对西方哲学的真正了解还有一定的距离。这可从以下的例证中得到说明,1914 年北京大学设立“中国哲学门”,开始招第一届学生,冯友兰进入北京大学已经是在 1915 年了。到 1917 年,胡适到北大讲中国哲学史,还受到了当时在北大讲中国哲学史的教授的嘲笑,为此,冯友兰事后说:“当时的教授先生们所有的哲学这个概念,是很模糊的。”(冯友兰:《三松堂自序》,人民出版社 1998 年第 190 页)贺麟也说:"在新文化运动时期,中国思想界的趋势是无条件地介绍西方的思想文化,并勇猛地攻击传统的文化和礼教。这时对于哲学有兴趣的人虽很多,然而尚说不上对于任何哲学问题有专门系统的研究。这时的思想界可以说是只达到'文化批评'的阶段,批评中西文化的异同优劣,以定建设新文化改革旧文化的方向。"(贺麟:《五十年来的中国哲学》,商务印书馆 2002 年第 8—9 页)王国维在 1905 著的《论哲学家与美术家之天职》一文中认为:哲学是研究"天下万世之真理"的学问,是天下最神圣、最尊贵而无与于当世之用的。他评论中国传统学说,谓"我国无纯粹之哲学,其最完备者,惟道德哲学与政治哲学耳"(《王国维文集》,燕山出版社 1997 年第 242、243 页)。有如此清晰的认识,在当时真可谓是空谷足音,但对传统文化乃至儒家学说进行新的哲学范式的研究还没有展开。这种情况一直从 20 世纪初持续到新文化运动全面展开之后。

从另一个角度看,中国现代哲学虽然萌生于 19 世纪末 20 世纪初,但是中国现代哲学理论体系的形成却是在 20 世纪二三十年代。影响后世深远的中国现代三大哲学流派:科学主义、人文主义、马克思主义相继从新文化运动大潮的母体中产生。从此,儒家哲学就在新的哲学理论的笼罩下,开始了现代的蜕变。

首先对儒家哲学以新哲学理论进行研究的是科学主义的经验论哲学。1917 年从美国留学归来的胡适到北京大学任教,给一年级讲中国哲学史,其讲义即后来著名的《中国哲学史大纲》。中国哲学或儒家哲学的研究至此才开始了一个新的历程。此前的北京大学虽然设有中国哲学门,但"当时一般人所了解的哲学,基本上就是当时的人所说的'义理之学'。中国哲学门里有三门主要的课程。一门课程是中国哲学史,讲二年。还有诸子学和宋学,这是两门断代哲学史"(冯友兰:《三松堂自序》,人民出版社 1998 年第

189页）。即使说，当时人对哲学的了解还是很模糊的。因为"在胡适之前也有人作过所谓的《中国哲学史》，但它里面罗列的材料极为杂乱，不规范，无系统。例如谢无量的《中国哲学史》，书中根本没有把历代哲学家的哲学思想清理出来，把经学、史学、文学材料一锅煮，所以他的书实在名不符实"（耿云志、王法周：《中国哲学史大纲导读》，胡适《中国哲学史大纲》，上海古籍出版社1997年第3页）。

　　胡适的《中国哲学史大纲》于1919年初版，立刻受到学界及学子的欢迎，到1922年，就已经出到了第八版，可以想见其在当时的影响。胡适在此书的导言中首先对哲学的含义作了界定："凡研究人生切要问题，从根本上着想，要寻一个根本的解决，这种学问，叫做哲学。"后来，胡适对这个定义有所修正，1923年，他在《哲学与人生》的讲演中说："'根本'两字意义欠明，现在略加修改，重新下一个定义：'哲学是研究人生切要的问题，从意义上着想，去找一个比较可普遍适用的意义。'"（《东方杂志》第20卷23期）胡适认为哲学应包含如下一些问题："一、天地万物怎样来的（宇宙论）。二、知识、思想的范围、作用及方法（名学及知识论）。三、人生在世应该如何行为（人生哲学，旧称'伦理学'）。四、怎样才可使人有知识，能思想，行善去恶呢（教育哲学）？五、社会国家应该如何组织，如何管理（政治哲学）。六、人生究竟有何归宿（宗教哲学）。"无论胡适对哲学的界定还是对哲学问题范围的划分是否正确，这都标志着中国哲学史这一新学科的确立。也就在1919年，北京大学的"中国哲学门"改为哲学系，标志着哲学学科正式确立。同时，对儒家哲学而言，胡适的哲学大纲也开启了一个新的研究范式。

　　就在胡适以科学实验的态度对中国传统文化及儒家哲学展开研究的同时，人文主义思潮也已经在学界形成，并以此展开对儒家哲学的研究，其代表即梁漱溟的《东西文化及其哲学》。梁漱溟从民族生活的样法去说一个民族的文化,"生活又是什么呢? 生活就是没尽的意欲(Will)——此所谓'意欲'与叔本华所谓'意欲'略相近,——和那不断的满足与不满足罢了"(《东西文化及其哲学》,商务印书馆2000年第32页)。由意欲梁漱溟看到了三种不同的文化。文化的不同也体现在哲学上的不同,梁漱溟认为"所谓哲学就是有系统的思想,首尾衔贯成一家言的",哲学的范围包含如形而上学、认识论、人生哲学等内容。中、西、印三方在哲学的这三个方面有极大的不同(同上,第75、76页),而在形而上学上,中、西、印三方的问题不同,各自的方法也不同(同上,第120—122页)。

经过20年代共产主义学说的传播,唯物主义与唯物辩证法的理论分析框架也成为分析中国社会与儒家哲学的一个理论模式。1930年郭沫若出版《中国古代社会研究》一书,标志着马克思主义史学在中国的诞生。这在中国思想史、哲学史研究领域都具有开创性意义。1933年范寿康在武汉大学讲授中国哲学史,即以唯物辩证法叙述古代思想及儒家哲学。他在《中国哲学史通论》的绪论中说:"唯物论的根本要旨就是主张我们的意识乃系把外界的存在加以反映而成的","以为社会的意识乃系社会的存在的反映"(《中国哲学史通论》,三联书店1983年第15、16页)。《中国哲学史通论》是继胡适、冯友兰的哲学史之后的第三部通史,也是在唯物辩证法思想指导下写出的第一部关于中国哲学史的著作。同时,李石岑也在1930年回国,在各大学以唯物辩证法讲中国哲学,并出版了《中国哲学十讲》。

至此,研究儒家哲学的现代三大理论均展开了对儒学的研究。从20年代开始,研究者的心态开始趋向平和,尤其是抗战以后,民族文化的重建要求正确地评价传统文化及儒家哲学,于是出现了一批影响深远的成果。如:梁启超的《儒家哲学》、兰自我的《孔门一贯哲学概念》、蔡尚思《孔子哲学之真面目》、冯友兰《中国哲学史》、杨大膺《孔子哲学研究》、杜金铭《中国儒学史纲要》、杨荣国《孔墨的思想》、侯外庐《中国古代思想学说史》、郭沫若《十批判书》、吕思勉《理学纲要》、钱穆《中国近三百年学术史》、胡适《说儒》与《戴东原的哲学》、嵇文甫《左派王学》等等。儒家哲学的研究可以说出现了全面开花的局面，上自孔孟荀，下至董仲舒、程朱陆王等，儒家阵营中重要人物都已被纳入了研究者的视野中。

第二、1950年以后的儒家哲学研究

从建国后到文革前的儒家哲学研究：50年代以后由于政治局势的变化，在大陆，马克思主义学说占据了统治地位，其他的非马克思主义学说受到了改造，出现了一个意识形态统一的局面。在儒家哲学的研究上，全国的学者几乎一致采用了马克思主义，学人们受时代意识的影响，左风明显，如对某个儒家人物究竟属于唯物主义还是唯心主义阵营、其思想是辩证法还是形而上学就格外注目；斗争哲学则使学人们关注儒家的阶级出身，由阶级身份机械地确定儒家的哲学派性，分析他们的世界观、认识论、方法论。于是，在儒家哲学研究中就出现了为某个儒家人物的阶级属性及其思想是唯物还是唯心、是辩证法还是形而上学的激烈争论。儒家学派中只有少数具有唯物论或无神论倾向的儒学学者，如荀子、王充、张载、王廷相、罗钦顺、王夫之等人，得到较高的评价，而且主要在自然观和认识论方面，因此这一时期对传统中的唯物主义哲学的发掘也最有成就。至于儒学道统的主要代表人物如孔子、孟子、董仲舒、韩愈、二程、朱熹、陆九渊、王守仁等人，皆因其唯心或尚理而受到批判，整体上是被否定的，只在某些局部略有肯定，而且对他们及其哲学的研究也相对的薄弱。如对二程理学的专门研究论文仅有两篇，对朱熹研究则有十余篇论文。从整体上说，这一时期成果相对前一时期而言并不多。其中侯外庐等的《中国思想通史》是具有影响力的著作，任继愈主编的《中国哲学史》四卷本代表了五十年代至六十年代中国哲学史学界的学术水平和一般观点(第四册于1979年出版),这套书作为大学文科教科书在大陆有着广泛而持久的影响。此外关于中国古代哲学及儒家哲学的资料整理工作则全面展开,出版了一批典籍,为以后的研究打下了基础。

文革时期十年,是中国内部大破坏、大动荡的十年,也是左风高扬的十年,各种正常的研究几乎是不可能的事。因此,这一阶段除了批判外,就没有什么有建设性或独见性的研究成果了。尤其是文革后期"四人帮"掀起的"批林批孔"运动,更是对儒家及其哲学大加批判、丑化。中国古代哲学的历史变成儒家与法家、唯物唯心的斗争历史,为了强化两大阵营的斗争,连一些儒家中具有唯物主义倾向的人物如荀子、王充、柳宗元、王安石、李贽、王夫之等,也被认为是反对儒家的法家代表。其间的荒唐自不待言。但是,在文化大革命一片批孔批儒的声浪中,虽然几乎没有像样的有关儒家哲学的研究成果,而基础性的工作还是有的。当时结合批儒扬法的运动,在出版业萧条的年代出版了那些被认为是法家人物的所有著作,从而对后人的研究提供了极大的方便。

文革后20余年是儒家哲学研究的发展繁荣时期。文革结束后,人们并没有马上进入较纯正的学术研究,而是首先揭发和清算"四人帮"大搞批孔反儒的阴谋。到1978年,随着人们对左倾思潮的反思和思想的解放,学术研究开始走向正常。庞朴《孔子思想的再评价》发表(《光明日报》1978年8月12日;《历史研究》1978年第8期),属于唯心主义阵营的理学思想开始得到了不同程度的肯定,如朱熹格物致知的认识论中有唯物主义的思想因素(姜法曾:《关于朱熹哲学思想的评价问题》,《文史哲》1979年第2期),其思想中也有朴素辩证法因素(方克立:《我国古代对立统一思想简论》,《哲学研究》1979年第9期),等等,儒家哲学的研究逐渐走上正常的学术轨道。

　　从 80 年代开始,儒家哲学的研究有了很大的发展。这首先表现在思想的开放上,随着改革开放的深入,中外文化交流日广,西方一些新的理论、方法传入国内哲学界。其次表现为各种学术组织与学术活动空前活跃,有关中国哲学、儒家哲学的学术会议不断举行,其中尤以孔子、儒学、朱熹等专题为多;在中国哲学史及儒家哲学的研究上,继方法论的讨论之后,又展开了对哲学范畴的探讨;同时各种专门的研究机构和学术团体纷纷成立,如曲阜师范大学孔子研究所、山东省社会科学院儒学研究所、中华孔子学会、中国哲学史研究会及各地分会、1984 年成立的中国孔子基金会、朱子学会、船山学会等等,其中尤以孔子及宋明理学的哲学研究最为突出。再次,创办了一批中国哲学研究的学术期刊,如《中国哲学史研究》(后改为《中国哲学史》)、《中国哲学》、《孔子研究》、《朱子学刊》、《船山学刊》等等,一些高校学报或发表专题文章,或设有儒家学术研究专栏,如《齐鲁学刊》的“孔孟儒学研究”专栏。因此,这一时期儒家哲学的研究不仅面广,而且深入,不仅发表的论文和专著数量空前,学术质量也明显提高。如通史方面有冯友兰的《中国哲学史新编》、任继愈主编的《中国哲学发展史》、冯契的《中国古代哲学的逻辑发展》等,专题方面有葛荣晋的《中国哲学范畴史》、张立文的《中国哲学范畴发展史(天道篇)》、张岱年的《中国古典哲学概念范畴要论》、方立天的《中国古代哲学问题发展史》(上下)、庞朴的《儒家辩证法研究》等,先秦儒家有李泽厚的《孔子再评价》、蔡尚思的《孔子思想体系》、匡亚明的《孔子评传》、杜任之等的《孔子学说精华体系》、钟肇鹏的《孔子研究》等,汉代儒学有金春峰的《汉代思想史》、于首奎的《两汉哲学新探》、周桂钿的《董学探微》等,而宋明理学与心学方面的论著就更多,不细举。

　　到 90 年代,儒家哲学的研究呈现出了繁荣景象。如果说 80年代的中国还表现出强烈西化的倾向的话,那么经过 1989 年风波以后，90年代则出现了"传统文化热"、"国学热"，使传统文化与哲学的研究一直在升温。面对中国的现代化，学人们极力寻找本土的哲学、文化资源，因此，儒家哲学研究倍受关注，其表现为：第一，研究领域扩大，儒学的整个队伍几乎都有所研究，如理学的范围已经不限于周、张、程、朱、陆王，其他像张栻、吕祖谦、薛瑄、湖湘学派、王门后学等都有人作专门研究；而新出土文献则深化了对先秦儒学的研究；出现了多部通史性的儒学研究著作，如赵吉惠等的《中国儒学史》、刘蔚华等主编的《中国儒家学术思想史》、姜林祥主编的7卷本《中国儒学史》等等，至于发表的论文已经多得难以统计了。第二，研究水平大为提高，许多学者在新的理论方法指导下，发表了研究精深的论著。第三，对儒家哲学的探究已不再局限于唯物、唯心的划分，而是拓展和进深到对其根本问题的研究。如先秦儒家哲学及后儒对天人问题的看法、心性论问题等。第四，海外新哲学思想、新研究方法、海外学人的论著更是大量输入，这也从整体上影响了大陆学人对儒家哲学的研究；第五，儒家哲学参与到与西方哲学、现代哲学的对话中，儒学与现代社会的关系、与人类未来文明的关系、儒学与全球化、儒学与民主自由等等，都成了研究的重点；第六，新人不断，新意迭出，一批受过系统而严格的现代学术训练、具有前卫意识的青年学者，对儒家哲学中的重要问题、重要人物都进行了新的研究，从而为儒家哲学研究带来了清新的气象。90年代出现的成果数量多且精，如：陈来《古代宗教与伦理——儒家思想的起源》、钱逊《先秦儒学》、马振铎《仁人道——孔子的哲学思想》、邹化政《先秦儒家哲学新探》、杨泽波《孟子性善论研究》、李景林《教养的本原——哲学突破期的儒家心性论》、周桂钿《虚实之辨》、陈来《宋明理学》、《有无之境——王阳明的哲学精神》、刘宗贤《陆王心学研究》等，另外，还出现了多部有关儒学史的著作。

　　20世纪后期20年的儒家哲学研究,还有一个值得注意的现象,就是对儒家哲学批判的倾向越来越弱。如果说在80年代人们还以批判继承为研究方式,那么近数年来几乎没有批判而只有继承了,学人们只是从中发掘有价值的、对建设新文化有益的东西。这种倾向尤其在孔子的研究中体现得明显。

　　对于港台及海外的儒家哲学研究,由于个人所知不多,纵能介绍几个人的情况,却对整体性的状况难以把握,就不再献丑了,以免贻笑大方。

　　通观20世纪的儒家哲学研究,其重点自是先秦儒家与宋明理学,而于先秦儒学,研究的重点又是孔子,此外,对于董仲舒、朱熹、王阳明的研究论著也较多。研究的问题(指研究者的视野与视点)往往受人们对哲学的理解与时代认识的影响,如在二三十年代,人们多注重对儒家人生论、道德哲学的研究,建国后的前30年则多关注唯物唯心的划分及世界观等方面的研究,90年代则注重心性论的研究。当然儒学的一些基本命题与概念,如天人问题、古今问题、天命、道、理、气、心、性、中、和、仁、礼、诚、敬、德等,也一直是研究的重要问题。同时,世界范围内不断出现的新思维与新哲学问题,在某种程度上对我国学人的研究方向产生了影响,这固然反映了我国哲学界积极参与世界哲学的对话,但其中的一些研究也出现了庸俗化的倾向,如当生态环境问题倍受关注时,人们就以儒家的天人理论去附会,将天人合一解释成人与环境的和谐。

二、儒家哲学史的分期

　　儒学从孔子创立后,历经原始儒学、汉唐经学、宋元明清理学的不同形态,一直到今天,她还在以新的方式发展着,可以说儒学是对中国历史文化影响最为深远的一种学说。那么儒学史应当如何分期？儒家哲学史应当如何分期？这是研究儒家哲学不可回避的问题。回顾 20 世纪的儒学研究，我们发现前人对这个问题的认识，对儒家哲学的分期有着强烈的时代色彩。

最早尝试对儒家哲学加以分期的是胡适。当然，胡适并没有专门对儒家哲学的分期进行研究，而是在他的《中国哲学史大纲》中通过对中国哲学史的分期透露出他对儒家哲学的历史分期。胡适的分期是：中国哲学史可分为三个时代，（一）自老子至韩非，为古代哲学。（二）自汉至北宋，为中世哲学。其中自汉至晋为中世第一时期；自东晋以后，直到北宋为中世第二时期。（三）宋元明清为近世哲学（胡适：《中国哲学史大纲》，上海古籍出版社 1997 年第 4—7 页）。当时还没有所谓的现代新儒家及其学说，所以他的分期就只对以前的儒家哲学而言。因此，在此后一段时间内的儒家哲学的分期大都以清末或到研究者所处的时代为终止线。

明确对儒家哲学进行分期的是梁漱溟，他在北京大学哲学系的讲课提纲中对儒家哲学的历史作了四期的划分：春秋战国为孔家哲学的初期，汉唐为第二期，宋明为第三期，清为第四期（《孔家哲学史》，《梁漱溟全集》第四卷，山东人民出版社 1991 年第 735—736 页）。

冯友兰在他的《中国哲学史》中对中国哲学史作了"子学时代"和"经学时代"的划分。子学时代是从孔子到淮南王，自董仲舒到康有为是经学时代。这一划分明显地受到西洋哲学史上古、中古及近古分期的影响。在冯友兰看来中国也应当如同西洋一样，历史可分上古、中古及近古三个时期，而事实却是"直至最近，中国无论在何方面，皆尚在中古时代。中国在许多方面，不如西洋，盖中国历史缺一近古时代。哲学方面，特其一端而已"（冯友兰：《中国哲学史》下，华东师范大学出版社 2000 年第 5 页）。因此，"中国实只有上古与中古哲学，而尚无近古哲学"（同上，第 1 页）。冯的分期到 50 年代以后与此又有不同。

在 20 世纪二三十年代的中国学术界受西方历史三阶段划分的影响是一个比较普遍的现象,虽然各自的来源不同。李石岑在《中国哲学十讲》中也是通过中西哲学的对比,将中国哲学划分为与西方相同的三个阶段。第一是成长期,公元前三世纪的中国哲学和前四世纪的西洋哲学;第二是嬗变期,前三世纪至十七世纪中叶的中国哲学和前四世纪至十七世纪初的西洋哲学;第三是发展期,十七世纪中叶至现在的中国哲学和十七世纪初至现在的西洋哲学(邱志华编:《李石岑学术论著》,浙江人民出版社 1998 年第 4—5 页)。

到 30 年代,后来所谓的新儒家已经开始形成并产生影响,继冯友兰的二期说之后,沈有鼎的《中国哲学今后的开展》、贺麟的《儒家思想的新开展》诸文,都有了一种新的历史未来感,将未来儒家哲学的开展也纳入了研究视野,于是儒学三期发展说就出现了。不过,对儒家三期说做极力阐发的是新儒家的代表牟宗三、杜维明等人,他们认为先秦为第一期,宋明理学为第二期,现代则为第三期。这种说法经过新儒家学说于 90 年代在大陆上的传播,已经早为人们所熟知,就不必详细介绍了。

50 年代以后大陆上的哲学研究,以辨证唯物主义和历史唯物主义为指导,历史被分为五个阶段,与社会存在相对应的社会意识也机械地被分为五个阶段。这种状况在中国大陆持续了 30 余年。其详细情况无须细述。后来的一些儒学史或相关的论著,又有所谓的以朝代或大的历史阶段去分期,虽然各自的具体历史阶段分期或对儒学的历史分期有所不同,但在相当程度上还是没有彻底摆脱五阶段论的影响(参阅:任继愈主编《中国哲学史》(四卷本)、《中国哲学发展史》;姜林祥主编《中国儒学史》;赵吉惠等《中国儒学史》;刘蔚华、赵宗正主编《中国儒家学术思想史》;冯友兰《中国哲学史新编》等等）。

还有人提出了儒学发展四期说。张君劢认为：儒家在中国历史上的发展全貌可以分为四个时期：一百家时期与各家并立的儒家；二前汉罢黜百家独尊儒术时期的儒家，三为佛道两家势力掩盖时的儒家；四再生的儒家或儒家的文艺复兴（《中国现代学术经典·张君劢卷》，河北教育出版社1996年第9页）。90年代李泽厚针对新儒家的三期说也提出四期说，认为以董仲舒为代表的汉儒是第二期，承继荀子的汉代思想不能被忽视。

三、儒家哲学能否成立？

这个问题，是包容在中国有无哲学这个更大的问题中的。中国有无哲学？这一问题自近代以来，就一直是摆在中国学人面前的一个严峻考问。为此，一代又一代的学人不停地去证明、说明中国是有哲学的。前文所列举的诸家对儒家哲学的说明与确证即为这种努力的证明。但是，另一种看法我们也绝不能回避，那就是儒学不能用西方的哲学来比附。

传统儒学是一个以经学为主体的庞大学术体系，并且在传统中国成为国家的意识形态，时间达二千多年。因此，在传统中国儒学的研究与流传也主要是以经学的形式而存在，其方法主要是训诂与义理。研究的目的则是阐发圣人在经典中的微言大义。但是，自近代以来，由于西方列强势力的东来，传统中国受西方文化的冲击，不仅古老的帝国在船坚炮利的打击下衰落了下去，而且传统儒学也发生了解体。西学对中国的冲击力度是强大且持久的。解体后的传统儒学就被迅速地纳入了现代学术体制，原本统一的儒学被现代学术体制分割成了所谓的哲学、文学、文字、政治等等学术科目。

　　中国没有哲学这一说法是西方哲学界的传统,黑格尔在其《哲学史讲演录》曾谓"我们在这里尚找不到哲学知识"。孔孟之学只是一些道德哲学(黑格尔:《哲学史讲演录》第 1 卷,三联书店 1957年第 97、119—132 页)。黑格尔的这种说法早已为我国哲学界所熟悉,学术界及哲学界的相当一部分人的努力目标就是批评、修正或推翻黑格尔的说法。后来,梯利的《西方哲学史》也说:"不是所有民族都已产生真正的思想体系,只有少数几个民族的思辨可以说具有历史,许多民族没有超过神话阶段,甚至东方民族如印度人、埃及人以及中国人的理论,主要是神话和伦理学说"(梯利:《西方哲学史》上册,商务印书馆 1975 年第 11 页)。即使进入了 21 世纪,法国的著名的解构主义哲学家德里达来华访问,他在 2001 年9 月 11 日与王元化的对话中,也旗帜鲜明地说:"中国没有哲学,只有思想"(《是哲学,还是思想——王元化谈与德里达对话》,《中国图书商报》2001 年 12 月 13 日)。西方哲学家对哲学的理解自然是站在西方的哲学传统上,对中国哲学的评价也是站在对西方哲学的理解上。由此看,他们认为中国没有哲学,尤其是儒学不是哲学,就不令人感到奇怪了。其实,中国的学人对此也看到了中西文化的差异,这在胡适、冯友兰等人对哲学的定义及其问题的看法上都有所反映。

　　中西哲学的差异是现代中国学人在研究儒家哲学时首先碰到的问题。在 1927 年出版的《儒家哲学》一书中,梁启超说:"'哲学'二字,是日本人从欧文翻译出来的名词。我国人沿用之,没有更改。原文为 Philosophy 由希腊语变出,即爱智之意,因为语原为爱智,所以西方人解释哲学为求知识的学问,求的是最高的知识,统一的知识。"(《儒家哲学》,《饮冰室合集》专集之一百三,第 1 页)他在论述西方哲学的特征后又以西方哲学的标准来衡量中国的情况说:"中国的学问不然,与其说是知识的学问,毋宁说是行为的学问。中国先哲虽不看轻知识,但不以求知识为出发点,亦不以求知识为归宿点。直译的 Philosophy,其涵义实不适于中国。若勉强借用,只能在上头加个形容词,称为人生哲学。"(同上,第 2 页)"凡中国哲学中最主要的问题,欧西古今学者,皆未研究,或研究的路径不一样;而西方哲学中最主要的问题,有许多项,中国学者认为不必研究,有许多项,中国学者认为值得研究,但是没有研究透彻。"(同上,第 4 页)"因为这个原故,所以标题'儒家哲学'四字,很容易发生误会,单用西方治哲学的方法,研究儒家哲学,研究不到儒家的博大精深处,最好的名义,仍以'道学'二字为宜。"(同上,第 5 页)后来,牟宗三也说:"中国本无'哲学'一词,'哲学'一词源自希腊,这是大家所熟知的。我们现在把它当作一通名使用。若把这源自希腊的'哲学'一名和西方哲学的内容合在一起,把它们同一化,你可以说中国根本没有哲学。""说哲学,中国没有西方式的哲学,所以人们也就认为中国根本没有哲学。"(《中国哲学的特质》,上海古籍出版社 1997 年第 1 页)梁启超看到了"儒家哲学"这个名目的局限,并提出以"道学"为儒家哲学的替代名称。

　　也正是看到了中西哲学的不同,如何用西方哲学尺度来裁剪中国史料中所谓的哲学问题,采用何种研究方法和研究途径就成了中国哲学研究界面临的最重要问题。胡适如此,冯友兰也是如此。1918 年蔡元培为胡适的《中国哲学史大纲》作序时,就明确地说:"中国古代学术从没有编成系统的纪载。……我们要编成系统,古人的著作没有可依傍的,不能不依傍西洋人的哲学史。所以非研究过西洋哲学史的人,不能构成适当的形式。"蔡元培的说法实在是中国哲学界不能回避的问题。十余年后,冯友兰说:"哲学本一西洋名词。今欲讲中国哲学史,其主要工作之一,即就中国历史上各种学问中,将其可以西洋所谓哲学名之者,选出而叙述之。"西洋哲学来自希腊,希腊哲学家分哲学为物理学、伦理学、论理学。

用现代话语说即宇宙论、人生论、知识论(《中国哲学史》上册,华东师范大学出版社,第1页)。"吾人观上所述哲学之内容,可见西洋所谓哲学,与中国魏晋人所谓玄学,宋明人所谓道学,及清人所谓义理之学,其所研究之对象,颇可谓约略相当"(同上,第6页)。一个"约略相当",就将问题化解了。不过,这个"约略相当"的化解方法立刻受到了他人的质疑。

金岳霖在对冯友兰的《中国哲学史》的"审查报告"中说:"欧洲各国的哲学问题,因为有同一来源,所以很一致。现在的趋势,是把欧洲的哲学问题当作普遍的哲学问题。如果先秦诸子所讨论的问题与欧洲哲学问题一致,那么他们所讨论的问题也是哲学问题。以欧洲的哲学问题为普遍的哲学问题当然有武断的地方,但是这种趋势不容易中止。既然如此,先秦诸子所讨论的问题,或者整个的是,或者整个的不是哲学问题,或者部分的是,或者部分的不是哲学问题;这是写中国哲学史的先决条件。这个问题是否是一个重要问题,要看写哲学史的人意见如何。如果他注重思想的实质,这个问题比较的要紧;如果他注重思想的架格,这个问题比较的不甚要紧。若是一个人完全注重思想的架格,则所有的问题都可以是哲学问题;先秦诸子所讨论的问题也都可以是哲学问题。""哲学有实质也有形式,有问题也有方法。如果一种思想的实质与形式均与普遍哲学的实质与形式相同,那种思想当然是哲学。如果一种思想的实质与形式都异于普遍哲学,那种思想是否是一种哲学颇是一问题。有哲学的实质而无哲学的形式,或有哲学的形式而无哲学的实质的思想,都给哲学史家一种困难。'中国哲学',这名称就有这个困难问题。"(金岳霖:《审查报告》,冯友兰《中国哲学史》下册,第435、436页)虽然以中国哲学这个名称为困难,但是哲学家毕竟在构筑中国哲学史与儒家哲学史了。

十余年后,现代著名哲学史家张岱年在其《中国哲学大纲》的序论中也显然注意到了这个问题的严重性。他说:"中国古来并无与今所谓哲学意义完全相同的名称。"那么"中国先秦的诸子之学,魏晋的玄学、宋明清的道学或义理之学,合起来是不是可以现在所谓哲学称之呢? 换言之,中国以前的那些关于宇宙人生的思想理论,是不是可以叫作哲学? 关于此点要看我们对于哲学一词的看法如何。如所谓哲学专指西洋哲学,或认为西洋哲学是哲学的唯一范型,与西洋哲学的态度方法有所不同者,即是另一种学问而非哲学;中国思想在根本态度上实与西洋的不同,则中国的学问当然不得叫作哲学了。"中国哲学不能被称为哲学这种态度显然非张岱年所取,他主张:"不过我们也可以将哲学看作一个类称,而非专指西洋哲学。可以说,有一类学问,其一特例是西洋哲学,这一类学问之总名是哲学。如此,凡与西洋哲学有相似点,而可归入此类者,都可以叫作哲学。以此意义看哲学,则中国旧日关于宇宙人生的那些思想理论,便非不可名为哲学。中国哲学与西洋哲学在根本态度上未必同;然而在问题及对象上及其在诸学术史中的位置上,则与西洋哲学颇为相当。"(《中国哲学大纲》序论,中国社会科学出版社 1982 年第 1—2 页)在张岱年看来中国哲学可以分为五部分:宇宙论或天道论、人生论或人道论、致知论或方法论、修养论、政治论。"其中宇宙论,人生论,致知论三部分为其主干;总此三部分,正相当于西洋所谓哲学"(同上,第 3 页)。张岱年的相当论有强烈的反对西方哲学话语霸权的意味,同时也有强烈地被世界认同或自我认同于世界的意味。在此我们不难发现现代哲学家们对儒家如何哲学化的现代性焦虑心态。

中西哲学所存在的差异,似乎是中西哲学界的一致看法。但如何看待这个差异,其间的态度与方法就大不同了,上述各家(胡适、蔡元培、梁漱溟、梁启超、冯友兰、张岱年等)也都看到了中西哲学的不同,他们面对这个中西的差异也有种种的解释,但是对于如何构建儒家哲学,则有一致的看法:那就是以西方的哲学来处理中国问题(后来的马克思主义哲学同样是整理中国哲学的规矩)。当然,儒家哲学有它自己的特点也几乎是学人们的共识。

而决然的反对意见却也一直没有停息过,这些反对者显然受过西方哲学的训练。1926年10月还在欧洲留学的傅斯年写给顾颉刚信中说:"我不赞成适之先生把记载老子、孔子、墨子等等之书呼作哲学史。中国本没有所谓哲学。多谢上帝,给我们民族这么一个健康的习惯。我们中国所有的哲学,仅多到苏格拉底那样子而止,就是柏拉图的也尚不全有,更不必论到近代学院中的专技哲学,自贷嘉、来卜尼兹以来的。我们若呼子家为哲学家,大有误会之可能。大凡用新名词称旧物事,物质的东西是可以的,因为相同;人文上的物事是每每不可以的,因为多是似同而异。"(《与顾颉刚论古史书》,《中国现代学术经典·傅斯年卷》,河北教育出版社1996年第408页)这一看法他那时也曾对胡适说过:"中国严格说起,没有哲学(多谢上帝,使得我们天汉的民族走这么健康的一路!),至多不过有从苏格拉底以前的,连柏拉图的都不尽有",至于类似近代西方的学院哲学,"更绝对没有"(傅斯年致胡适,1926年8月18日,耿云志主编《胡适遗稿及秘藏书信》3册,黄山书社1994年第357页)。傅斯年认为中国上古时只有"方术",到汉代始可言"思想",中国从来没有什么"哲学"。在1927—1928年间中山大学的讲义《战国子家叙论》中,傅斯年更加详细地论证了这一看法。他继续申明中国没有西方意义的哲学,"汉土思想中原无严意的斐洛苏菲一科,'中国哲学'一个名词本是日本人的贱制品,明季译拉丁文之高贤不曾有此,后来直到严几道、马相伯先生兄弟亦不曾有此。我们为求认识世事之真,能不排斥这个日本贱货吗?"子家讨论的"这些物事,在西洋皆不能算做严格意义下之哲学,为什么我们反去借来一个不相干的名词,加在些不相干的古代中国人身上呀?"因此,还是把"周秦汉诸子"称做"方术家"更接近历史真相(《战国子家叙论》,《中国现代学术经典·傅斯年卷》,河北教育出版社1996年第288、289页)。

胡适很快接受了傅斯年的看法,渐多强调自己研究的不是"哲学史"而是"思想史"。胡适晚年自述说,"后来我总喜欢把中国哲学史改称为中国思想史"。后来他撰写的"中古哲学史"到北伐后即正式改名为"中古思想史"。胡适晚年更明确表态:"我个人比较喜欢用思想史这个名词,那比哲学史(更为切当)。"(唐德刚译注:《胡适口述自传》,华东师范大学出版社1993年第229、249页)他自己也承认这是受傅斯年影响,指出正是受傅斯年不赞成用哲学史的名字来讲中国思想,而主张用中国思想史之名字的缘故(胡适:《傅孟真先生的思想》,《胡适讲演集》中册,台北中研院胡适纪念馆1970年第341页)。连当年儒家哲学研究的开山者都如此,就可想儒家哲学能否成立,或说儒学以哲学界说实在是有大问题的。

这种反对的声音一直到今天还是存在,在新世纪之交,学术界对中国哲学的合法性问题又成为一个焦点。陈启云在《两汉思想文化史的宏观意义》中说,冯友兰的《中国哲学史》"名为哲学史,其实只是由一位哲学家本其哲学素养而写成的思想史"(《汉学研究之回顾与前瞻》下,中华书局1995年第59页)。多年奉为中国哲学研究经典的冯著被看成是思想史著作,这其间的观念变化不能不令人深思。

葛兆光在其大著《中国思想史》的导论中说:"很久以来我一直有一个很顽固的观念,我觉得用哲学史(History of Philosophy)来描述'中国历史上各种学问',如果不对西洋的哲学概念加以修改,严格沿用西洋哲学现成术语的内涵外延,多少会有些削足适履;如果不对中国的思想与知识进行一些误读和曲解,多少会有些圆枘方凿,所以,中国古代的知识和思想是否能够被'哲学史'描述,实在很成问题。唐君毅在《略论作中国哲学史应持之态度及其分期》中曾经说过,'哲学之名,本中土所未有,如昔所谓道术、理学、心学、玄学之名,与西方所谓哲学意义皆不相同'。其实何止名称,没有哲学这种名称,意味着中国人也没有恰合哲学这一名称的意义的知识、思想与学术,但在西方学术话语笼罩的时代,就是唐君毅,也没有把他的立场坚持下来,在约定俗成中他后来仍以'中国哲学'统摄古代的思想与学术。"(《中国思想史》第1卷,复旦大学出版社1998年第5—6页)罗志田说:"'哲学'这个术语本非中国自产,而是从日本人那里转手来的西词的译名,早年国人也有译成'智学'或'爱智学'等等。中国既然长期无此术语,其实也可以说并没有严格意义上的'哲学'。西方哲学最讲究而须臾不可离的'存在(Being)',中国传统思想中便无确切对应的概念;即使有意思相近者,也不为中国思想家所特别重视到离不得的程度。中国文化本来自成体系,更完全可以不必有什么'哲学'。"(《大纲与史:民国学术观念的典范转移》,《历史研究》2000年第1期。又参方朝晖《儒学是哲学学说吗》,《"中学"与"西学"——重新解读现代中国学术史》,河北大学出版社2002年)这里难道真如严复当年所说的牛体不能马用?西方的哲学确实不能用于儒家学说?看来中西的界沟确有不可逾越处。

在此前后,中国学术界发表了许多讨论中国哲学合法性的文章,又形成了新一轮对中国哲学合法性问题的讨论(例如,何中华等:《"中国有无哲学"问题笔谈》,《山东社会科学》2002年第4期)。持续了一个世纪的老问题依然是个新问题,这一讨论至今还没有结束。被西方统治了的现代中国哲学,现代学术分类已经使儒学哲学化,如果离开了那个坐标,儒学的研究可能就会得"失语症"。对此,我们的学术界似乎没有充分的准备,因为哲学系是各大学的所设系科,中国哲学乃至儒家被归入哲学系也是自然的事。不过,海外的中国哲学研究尤其是美国、日本的研究呈现出社会史取向的思想文化研究倾向来(陈来:《现代中国哲学的追寻》,人民出版社 2001 年第 360—361 页),这种情况也许会对未来的中国学界对儒家哲学的研究产生影响。

四、本书的说明

本书不是对 20 世纪儒家哲学研究的总结,这个前言也不能反映研究的全貌,其中述说的失误与遗漏,自是个人的短视与闻之不广所致。至于所选文章,也仅是儒家哲学研究中的冰山一角,似不能反映 20 世纪的研究全貌;编排的适当与否,则由个人负责。

又,对于儒家哲学,由于本丛书有关于新儒家研究的专集,本卷则对新儒家哲学的研究成果不收,仅收关于现代以前儒家哲学的研究。但新儒家对其前的传统儒家哲学的研究却不能不收。

对于儒家哲学这个名称,我认为是可以的,其前提是以什么样的哲学的理论、方法研究儒家学说。至于说儒学就是一种哲学,甚而等同于哲学,则不敢苟同。哲学在我们的认识与理解中,已经是一个至高无上的神了,是我们人类认识的最高级的形态,这可从当代许多有关哲学的定义与界说中看出来。本卷所选论著虽然都是反映了 20 世纪对儒家哲学的研究情况,也是由学术界的研究现状所限定。但从所选论著中,我们也不难发现,儒学与西方哲学有巨大的差异,西方哲学的知识性心态我们的儒学就不注重,至于形而上学的问题中西更是不同,方法也不同。如何解说儒学? 在多元文化的心态下如何确立儒学的自身地位,看来还是我们的学术界需要认真考量的事情。

关于本卷特别需要说明的是:索引部分,有关建国前著作,采自书目文献出版社1991年版的《民国时期总书目》哲学心理学卷，论文索引则以方克立等编的《中国哲学史论文索引》为主，由于论文数量巨大，不能一一录入，仅录入了1949年前及港台部分的一部分，其他则为此次专门辑录。如果作求全的索引，则本卷成为一目录卷也绝非易事。如关于孔子的哲学思想的论文仅据中国社会科学院哲学研究所资料室编的《孔子研究论文著作目录》，自1949年至1986年就有二百四五十篇之多。《中国哲学史论文索引》现在出版的5册编到1984年，据说1985年至2000年的论文索引也将出版，到时将会为儒家哲学研究提供有益的贡献，本卷虽抄录了部分，不过更全的情况还请参阅《中国哲学史论文索引》。再，20世纪后期20年的儒家哲学研究论文，其数量已经惊人得多，在中国人民大学的复印资料《中国哲学史》中有较详细的简目，可为研究者提供方便。在此我就不费神劳力地再做抄录公了，在此对上述各编者致以感谢，也请读者诸君见谅。关于著作，本索引也仅大海取粟，当代研究者们的一些文集多没有收入，至于汗牛充栋的现代研究专著，其因懒惰与不知而遗漏的就更多了。

　　本书是在主编者的催促下才仅能搞成这个样子的。自感难负重任，在此谨向主编者的厚爱致以衷心的感谢。

孔子的哲学思想

胡 适

正名主义

孔子哲学的根本观念,依我看来,只是上篇所说的三个观念:
第一,一切变迁都是由微变显,由简易变繁赜。所以说:

> 臣弑其君,子弑其父,非一朝一夕之故,其所由来者渐矣,
> 由辨之不早辨也。《易》曰:"履霜坚冰至",盖言顺也。

知道一切变迁都起于极微极细极简易的,故我们研究变迁,应该从
这里下手。所以说:

> 夫易,圣人之所以极深而研几也(韩注:"极未形之理曰
> 深,适动微之会曰几")。唯深也,故能通天下之志;唯几也,故
> 能成天下之务。

"深"是隐藏未现的。"几"字《易系辞》说得最好:

> 几者动之微吉凶之先见者也(旧无凶字,义不可通。今按
> 孔颖达《正义》云:"诸本或有凶字者,其定本则无也。"是唐时
> 尚有有凶字之本。今据增)。

孔子哲学的根本观念,只是要"知几",要"见几",要"防微杜渐"。
大凡人生哲学(即伦理学),论人生行为的善恶,约分两大派:一派
注重"居心",注重"动机";一派注重行为的效果影响。孔子的人生
哲学,属于"动机"一派。

第二，人类的一切器物制度礼法，都起于种种"象"。换言之，"象"便是一切制度文物的"几"。这个观念，极为重要。因为"象"的应用，在心理和人生哲学一方面就是"意"，就是"居心"（孟子所谓"以仁存心，以礼存心"之存心）。就是俗话说的"念头"。在实际一方面，就是"名"，就是一切"名字"（郑玄说，古曰名，今曰字）。"象"的学说，于孔子的哲学上，有三层效果：（一）因为象是事物的"动机"，故孔子的人生哲学，极注重行为的"居心"和"动机"。（二）因为"象"在实际上，即是名号名字，故孔子的政治哲学主张一种"正名"主义。（三）因为象有仿效模范的意思，故孔子的教育哲学和政治哲学，又注重标准的榜样行为，注重正己以正人，注重以德化人。

第三，积名成"辞"，可以表示意象动作的趋向，可以指出动作行为的吉凶利害，因此可以作为人生动作的向导。故说：

> 理财正辞，禁民为非，曰义。

"正辞"与"正名"只是一事。孔子主张"正名"、"正辞"，只是一方面要鼓天下之动，一方面要禁民为非。

以上所说，是孔子哲学的重要大旨。如今且先说"正名主义"。

正名主义，乃是孔子学说的中心问题。这个问题的重要，见于《论语·子路篇》：

> 子路曰："卫君待子而为政，子将奚先？"
>
> 子曰："必也正名乎！"（马融注，正百事之名）
>
> 子路曰："有是哉，子之迂也！奚其正？"
>
> 子曰："野哉由也！君子于其所不知，盖阙如也。名不正，则言不顺。言不顺，则事不成。事不成，则礼乐不兴。礼乐不兴，则刑罚不中。刑罚不中，则民无所措手足。故君子名之必可言也，言之必可行也。君子于其言，无所苟而已矣。"

请看名不正的害处，竟可致礼乐不兴，刑罚不中，百姓无所措手足。

这是何等重大的问题！如今且把这一段仔细研究一番：

怎么说"名不正，则言不顺"呢？"言"是"名"组合成的。名字的意义若没有正当的标准，便连话都说不通了。孔子说：

觚不觚，觚哉？觚哉？

"觚"是有角之形（《汉书·律历志》："成六觚。"苏林曰："六觚，六角也。"又《郊祀志》："八觚宣通，象八方。"师古曰："觚，角也。"班固《西都赋》："上觚棱而楼金爵。"注云："觚，八觚，有隅者也。"可证）。故有角的酒器叫做"觚"。后来把觚字用泛了，凡酒器可盛三升的，都叫做"觚"，不问他有角无角。所以孔子说："现在觚没有角了。这也是觚吗？这也是觚吗？"不是觚的都叫做"觚"，这就是言不顺。且再举一例。孔子说：

政者，正也。子率以正，孰敢不正？

政字从正，本有正意。现今那些昏君贪官的政府，也居然叫做"政"，这也是"言不顺"了。

这种现象，是一种学识思想界昏乱"无政府"的怪现象。语言文字（名）是代表思想的符号。语言文字没有正确的意义，还用什么来做是非真假的标准呢？没有角的东西可叫做"觚"，一班暴君污吏可叫做"政"，怪不得少正卯、邓析一般人，要"以非为是，以是为非，是非无度，而可与不可日变"（用《吕氏春秋》语）了。

孔子当日眼见那些"邪说暴行"（说见本篇第二章），以为天下的病根在于思想界没有公认的是非真伪的标准。所以他说：

天下有道，则庶人不议。

他的中心问题，只是要建设一种公认的是非真伪的标准。建设下手的方法便是"正名"。这是儒家公有的中心问题。试引荀卿的话为证：

今圣王没，名守慢，奇辞起，名实乱，是非之形不明，则虽守法之吏，诵数之儒，亦皆乱也。……异形离心交喻，异物名

实互纽;贵贱不明,同类不别:如是,则志必有不喻之患,而事
必有困废之祸。(《荀子·正名篇》。详解见第十一篇第三章)
不正名则"志必有不喻之患,而事必有困废之祸",这两句可作孔子
"名不正则言不顺,言不顺则事不成"两句的正确注脚。

怎么说"事不成则礼乐不兴,礼乐不兴则刑罚不中"呢? 这是
说是非真伪善恶若没有公认的标准,则一切别的种种标准如礼乐
刑罚之类,都不能成立。正如荀卿说的:"名守慢,奇辞起,名实乱,
是非之形不明,则虽守法之吏,诵数之儒,亦皆乱也。"

"正名"的宗旨,只要建设是非善恶的标准,已如上文所说。这
是孔门政治哲学的根本理想。《论语》说:

> 齐景公问政于孔子,孔子对曰:"君君臣臣,父父子子。"公
> 曰:"善哉! 信如君不君,臣不臣,父不父,子不子,虽有粟,吾
> 得而食诸?"

"君君臣臣父父子子",也只是正名主义。正名的宗旨,不但要
使觚的是"觚",方的是"方",还须要使君真是君,臣真是臣,父真是
父,子真是子。不君的君,不臣的臣,不子的子和不觚的觚,有角的
圆是同样的错谬。

如今且看孔子的正名主义如何实行。孟子说:

> 世衰道微,邪说暴行有作。臣弑其君者有之,子弑其父者
> 有之。孔子惧,作《春秋》。《春秋》,天子之事也。是故孔子
> 曰:"知我者,其惟《春秋》乎! 罪我者,其惟《春秋》乎!"

又说:

> 昔者禹抑洪水而天下平。周公兼夷狄,驱猛兽,而百姓
> 宁。孔子成《春秋》而乱臣贼子惧。

一部《春秋》便是孔子实行正名的方法。《春秋》这部书,一定是有
深意"大义"的,所以孟子如此说法。孟子又说:

> 王者之迹熄而诗亡,诗亡,然后《春秋》作。晋之《乘》,楚

之《梼杌》，鲁之《春秋》，一也。其事则齐桓晋文，其文则史。

孔子曰："其义则丘窃取之矣。"

庄子《天下篇》也说："春秋以道名分。"这都是论《春秋》最早的话，该可相信。若《春秋》没有什么"微言大义"，单是一部史书，那真不如"断烂朝报"了。孔子不是一个全无意识的人，似乎不至于做出这样极不可读的史书。

论《春秋》的真意，应该研究《公羊传》和《穀梁传》，晚出的《左传》最没有用。我不主张"今文"，也不主张"古文"，单就《春秋》而论，似乎应该如此主张。

《春秋》正名的方法，可分三层说：

第一，正名字。《春秋》的第一个方法，是要订正一切名字的意义。这是言语学文法学的事业。今举一例，《春秋》说：

> 僖公十有六年，春王正月，戊申朔，陨石于宋，五。是月，六鹢退飞，过宋都。

（《公羊传》）曷为先言"陨"而后言"石"？陨石记闻。闻其磌然，视之则"石"，察之则"五"。是月者何？仅逮是月也。……曷为先言"六"而后言"鹢"？六鹢退飞，记见也。视之则"六"，察之则"鹢"，徐而察之，则退飞。……

（《穀梁传》）"陨石于宋，五。"先"陨"而后"石"，何也？"陨"而后"石"也。于宋四境之内曰"宋"。后数，散辞也，耳治也。"是月也，六鹢退飞，过宋都。""是月也"，决不日而月也。"六鹢退飞过宋都"，先数聚辞也。目治也。……君子之于物，无所苟而已。石鹢且犹尽其辞，而况于人乎？故五石六鹢之辞不设，则王道不亢矣。

（董仲舒《春秋繁露·深察名号篇》）《春秋》辨物之理以正其名，名物如其真，不失秋毫之末，故名陨石则后其"五"，言退鹢则先其"六"。圣人之谨于正名如此。"君子于其言，无所苟而已矣。"五石六鹢之辞是也。

"《春秋》辨物之理以正其名,名物如其真",这是正名的第一义。古书辨文法上词性之区别,莫如《公羊》、《穀梁》两传。《公羊传》讲词性更精。不但名词(如车马曰赗,货财曰赙,衣服曰襚之类),动词(如春曰苗,秋曰搜,冬曰狩,春曰祠,夏曰礿,秋曰尝,冬曰烝,直来曰来,大归曰来归等),分别得详细,并且把状词(如既者何,尽也)、介词(如及者何,累也)、连词(如遂者何,生事也,乃者何,难之也,之类)之类,都仔细研究文法上的作用。所以我说《春秋》的第一义,是文法学、言语学的事业。

第二,定名分。上一条是"别同异",这一条是"辨上下"。那时的周天子久已不算什么东西。楚吴都已称王,此外各国,也多拓地灭国,各自称雄。孔子眼见那纷争无主的现象,回想那封建制度最盛时代,井井有条的阶级社会,真有去古日远的感慨。所以《论语》说:

孔子谓季氏八佾舞于庭,是可忍也,孰不可忍也!

读这两句,可见他老人家气得胡子发抖的神气!《论语》又说:

三家者,以《雍彻》。子曰:"相维辟公,天子穆穆",奚取于三家之堂?

孔子虽明知一时做不到那"天下有道,礼乐征伐自天子出"的制度,他却处处要保存那纸上的封建阶级。所以《春秋》于吴楚之君,只称"子",齐晋只称"侯",宋虽弱小,却称"公"。践土之会,明是晋文公把周天子叫来,《春秋》却说是"天王狩于河阳"。周天子的号令,久不行了,《春秋》每年仍旧大书"春王正月"。这都是"正名分"的微旨。《论语》说:

子贡欲去告朔之饩羊,子曰:"赐也,尔爱其羊,我爱其礼。"

这便是《春秋》大书"春王正月"一类的用意。

第三，寓褒贬。《春秋》的方法，最重要的，在于把褒贬的判断寄托在记事之中。司马迁《史记·自序》引董仲舒的话道：

> 夫《春秋》上明三王之道，下辨人事之纪，别嫌疑，明是非，定犹豫，善善恶恶，贤贤贱不肖，……王道之大者也。

善善恶恶，贤贤贱不肖，便是褒贬之意。上章说"辞"字本有判断之意。故"正辞"可以"禁民为非"。《春秋》的"书法"，只是要人看见了生畏惧之心，因此趋善去恶。即如《春秋》书弑君三十六次，中间很有个分别，都寓有"记者"褒贬的判断。如下举的例：

例一：（隐四年三月戊申）卫州吁弑其君完。

例二：（隐四年九月）卫人杀州吁于濮。

例三：（桓二年春王正月戊申）宋督弑其君与夷及其大夫孔父。

例四：（文元年冬十月丁未）楚世子商臣弑其君頵（公谷皆作髡）。

例五：（文十六年）宋人弑其君杵臼。

例六：（文十八年冬）莒弑其君庶其。

例七：（宣二年秋九月乙丑）晋赵盾弑其君夷皋。

例八：（成十八年春王正月庚申）晋弑其君州蒲。

即举此八例，可以代表《春秋》书弑君的义例。例一与例三、四、七同是书明弑者之名，却有个分别。例一是指州吁有罪。例三带着褒奖与君同死的大夫。例四写"世子商臣"以见不但是弑君，又是弑父，又是世子弑父。例七虽与例一同式，但弑君的人，并不是赵盾，乃是赵穿。因为赵盾不讨贼，故把弑君之罪责他。这四条是称臣弑君之例。例二、五、六、八都是称君不称弑者之例，却也有个分别。例二称"卫人"，又不称州吁为君，是讨贼的意思，故不称弑，只称杀。又明说"于濮"。濮是陈地，不是卫地，这是说卫人力不能讨贼，却要借助于外国人。例五也称"宋人"，是责备被弑的君有该死之罪，但他究竟是正式的君主，故称"其君"。例六与例八都称是

"国"弑君之例,称"人"还只说"有些人",称"国"便含有"全国"的意思。故称国弑君,那被弑之君,一定是罪大恶极的了。例六是太子仆弑君,又是弑父(据《左传》)。因为死者罪该死,故不著太子仆弑君弑父之罪。例八是栾书中行偃使程滑去弑君的。因为君罪恶太甚,故不罪弑君的人,却说这是国民的公意。

这种褒贬的评判,如果真能始终一致,本也很有价值。为什么呢?因为这种书法,不单是要使"乱臣贼子"知所畏惧,并且教人知道君罪该死,弑君不为罪;父罪该死,弑父不为罪,(如上所举的例六是)。这是何等精神!只可惜《春秋》一书,有许多自相矛盾的书法。如鲁国几次弑君,却不敢直书。于是后人便生出许多"为尊者讳,为亲者讳,为贤者讳",等等文过的话,便把《春秋》的书法弄得没有价值了。这种矛盾之处,或者不是孔子的原文,后来被"权门"干涉,方才改了的。我想当日孔子那样称赞晋国的董狐(宣二年《左传》),岂有破坏自己的书法?但我这话,也没有旁的证据,只可算一种假设的猜想罢了。

总论《春秋》的三种方法——正名字,定名分,寓褒贬——都是孔子实行"正名"、"正辞"的方法。这种学说,初看去觉得是很幼稚的。但是我们要知道这种学说,在中国学术思想上,有绝大的影响。我且把这些效果,略说一二,作为孔子正名主义的评判。

(1)语言文字上的影响　孔子的"君子于其言,无所苟而已矣"一句话,实是一切训诂书的根本观念。故《公羊》、《穀梁》,都含有字典气味。董仲舒的书更多声音通假的诂训(如名训"鸣以出命"号谓、训效,民训瞑,性训生之类)。也有从字形上着想的训诂(如说王字为三画而连其中。《说文解字)引之)。大概孔子的正名说,无形之中,含有提倡训诂书的影响。

(2)名学上的影响　自从孔子提出"正名"的问题之后,古代哲学家都受了这种学说的影响。以后如荀子的"正名论"(看第十一篇第三章),法家的"正名论"(看第十二篇),不用说了。即如墨子的名学(看第六篇第三、四章),便是正名论的反响。杨朱的"名无实,实无名"(看第七篇),也是这种学说的反动。我们简直可以说孔子的正名主义,实是中国名学的始祖。正如希腊梭格拉底的"概念说",是希腊名学的始祖(参观上篇老子论名一节)。

(3)历史上的影响 中国的历史学几千年来,很受了《春秋》的影响。试读司马迁《史记·自序》及司马光《资治通鉴》论"初命三晋为诸侯"一段,及朱熹《通鉴纲目》的正统书法各段,便可知《春秋》的势力了。《春秋》那部书,只可当作孔门正名主义的参考书看,却不可当作一部模范的史书看。后来的史家把《春秋》当作作史的模范,便大错了。为什么呢?因为历史的宗旨在于"说真话,记实事"。《春秋》的宗旨,不在记实事,只在写个人心中对于实事的评判。明是赵穿弑君,却说是赵盾弑君。明是晋文公召周天子,却说是"天王狩于河阳"。这都是个人的私见,不是历史的实事。后来的史家崇拜《春秋》太过了,所以他们作史,不去讨论史料的真伪,只顾讲那"书法"和"正统",种种谬说。《春秋》的余毒就使中国只有主观的历史,没有物观的历史。

一以贯之

《论语》说孔子对子贡道:

赐也,汝以予为多学,而识之者与?

对曰:然,非与?

曰:非也,予一以贯之。(十五)

何晏注这一章最好。他说:

善有元,事有会。天下殊途而同归,百虑而一致。知其元,则众善举矣。故不待学而一知之。

何晏所引,乃《易·系辞传》之文。原文是:

> 子曰:天下何思何虑? 天下同归而殊途,一致而百虑。天下何思何虑?

韩康伯注这一条,也说:

> 苟识其要,不在博求。一以贯之,不虑而尽矣。

《论语》又说:

> 子曰:参乎吾道,一以贯之。
>
> 曾子曰:唯。
>
> 子出,门人问曰:何谓也?
>
> 曾子曰:夫子之道,忠恕而已矣。(四)

"一以贯之"四个字,当以何晏所说为是。孔子认定宇宙间天地万物,虽然头绪纷繁,却有系统条理可寻。所以"天下之至赜"和"天下之至动",都有一个"会通"的条理,可用"象"与"辞"表示出来。"同归而殊途,一致而百虑",也只是说这个条理系统。寻得出这个条理系统,便可用来综贯那纷烦复杂的事物。正名主义的目的,在于"正名以正百物",也只是这个道理。一个"人"字,可包一切人;一个"父"字,可包一切做父的。这便是繁中的至简,难中的至易。所以孔门论知识,不要人多学而识之。孔子明说"多闻,择其善者而从之,多见而识之",不过是"知之次也"(七)。可见真知识,在于能寻出事物的条理系统,即在于能"一以贯之"。贯字本义为穿,为通,为统。"一以贯之"即是后来荀子所说的"以一知万","以一持万"。这是孔子的哲学方法。一切"知几"说,"正名"主义,都是这个道理。

自从曾子把"一以贯之"解作"忠恕",后人误解曾子的意义,以为忠恕乃是关于人生哲学的问题,所以把"一以贯之"也解作"尽己之心,推己及人",这就错了。"忠恕"两字,本有更广的意义。《大戴礼·三朝记》说:

知忠必知中,知中必知恕,知恕必知外。……内思毕心(一作必)曰知中。中以应实曰知恕,内恕外度曰知外。

章太炎作《订孔》下,论忠恕为孔子的根本方法,说:

心能推度曰恕,周以察物曰忠。故夫闻一以知十,举一隅而以三隅反者,恕之事也。……周以察物,举其征符,而辨其骨理者,忠之事也。……"身观焉",忠也。"方不障",恕也。(《章氏丛书·检论三》。"身观焉,方不障"见《墨子·经说下》。说详本书第八篇第二章)

太炎这话发前人所未发。他所据的《三朝记》虽不是周末的书。但总可算得一部古书。恕字本训"如"(《苍颉篇》)。《声类》说:"以心度物曰恕。"恕即是推论(Inference),推论总以类似为根据。如中庸说:

伐柯伐柯,其则不远。执柯以伐柯,睨而视之,犹以为远。

这是因手里的斧柄与要砍的斧柄同类,故可由这个推到那个。闻一知十,举一反三,都是用类似之点,作推论的根据。恕字训"如",即含此意。忠字太炎解作亲身观察的知识(《墨子·经说下》:"身观焉,亲也。"),《周语》说:"考中度衷为忠。"又说:"中能应外,忠也。"中能应外为忠,与《三朝记》的"中以应实,曰知恕"同意。可见忠恕两字意义本相近,不易分别。《中庸》有一章上文说"忠恕违道不远",是忠恕两字并举。下文紧接"施诸己而不愿,亦勿施于人";下文又说"所求乎子以事父"一大段,说的都只是一个"恕"字。此可见"忠恕"两字,与"恕"字同意,分知识为"亲知"(即经验)与"说知"(即推论),乃是后来墨家的学说。太炎用来解释忠恕两字,恐怕有点不妥。我的意思,以为孔子说的"一以贯之"和曾子说的"忠恕",只是要寻出事物的条理统系,用来推论,要使人闻一知十,举一反三。这是孔门的方法论,不单是推己及人的人生哲学。

孔子的知识论,因为注重推论,故注意思虑。《论语》说:

学而不思则罔。思而不学则殆。(二)

学与思两者缺一不可。有学无思,只可记得许多没有头绪条理的物事,算不得知识。有思无学,便没有思的材料,只可胡思乱想,也算不得知识。但两者之中,学是思的预备,故更为重要。有学无思,虽然不好,但比有思无学害还少些。所以孔子说,多闻多见,还可算得是"知之次也"。又说:

吾尝终日不食,终夜不寝,以思。无益,不知学也。(十五)

孔子把学与思两事看得一样重,初看去似乎无弊。所以竟有人把"学而不思则罔,思而不学则殆"两句来比康德的"感觉无思想是瞎的,思想无感觉是空的"。但是孔子的"学"与康德所说的"感觉"略有不同。孔子的"学"并不是耳目的经验。看他说"多闻,多见而识之"(识通志),"好古敏以求之","信而好古","博学于文",哪一句说的是实地的观察经验? 墨子分知识为三种:一是亲身的经验,二是推论的知识,三是传受的知识(说详第八篇第二章)。孔子的"学"只是读书,只是文字上传受来的学问。所以他的弟子中,那几个有豪气的,都不满意于这种学说。那最爽快的子路驳孔子道:

有民人焉,有社稷焉,何必读书,然后为学? (十一)

这句话孔子不能驳回,只得骂他一声"佞者"罢了。还有那"堂堂乎"的子张也说:

士见危授命,见得思义,祭思敬,丧思哀,其可已矣。(十九)

这就是后来陆九渊一派重"尊德性"而轻"道问学"的议论了。

所以我说孔子论知识注重"一以贯之",注重推论,本来很好。只可惜他把"学"字看作读书的学问,后来中国几千年的教育,都受这种学说的影响,造成一国的"书生"废物,这便是他的流弊了。

以上说孔子的知识方法。

　　"忠恕"虽不完全属于人生哲学,却也可算得是孔门人生哲学的根本方法。《论语》上子贡问可有一句话可以终身行得的吗?孔子答道:

　　　　其恕乎。己所不欲,勿施于人。(十五)

这就是《大学》的絜矩之道:

　　　　所恶于上,毋以使下;所恶于下,毋以事上;所恶于前,毋以先后;所恶于后,毋以从前;所恶于右,毋以交于左;所恶于左,毋以交于右;此之谓絜矩之道。

这就是《中庸》的忠恕:

　　　　忠恕违道不远。施诸己而不愿,亦勿施于人。君子之道四,丘未能一焉:所求乎子以事父,未能也;所求乎臣以事君,未能也;所求乎弟以事兄,未能也;所求乎朋友,先施之,未能也。

这就是孟子说的"善推其所为":

　　　　老吾老,以及人之老;幼吾幼,以及人之幼。……古之人所以大过人者,无他焉,善推其所为而已矣。(一)

这几条都只说了一个"恕"字。恕字在名学上是推论,在人生哲学一方面,也只是一个"推"字。我与人同是人,故"己所不欲,勿施于人",故"所恶于上,毋以使下",故"所求乎子以事父",故"老吾老,以及人之老"。只要认定我与人同属的类,——只要认得我与人的共相,——便自然会推己及人。这是人生哲学上的"一以贯之"。

　　上文所说"恕"字只是要认得我与人的"共相"。这个"共相"即是"名"所表示。孔子的人生哲学,是和他的正名主义有密切关系的。古书上说,楚王失了一把宝弓,左右的人请去寻他。楚王说:"楚人失了,楚人得了,何必去寻呢?"孔子听人说这话,叹息道:"何不说'人失了,人得了?'何必说'楚人'呢?"这个故事很有道理。凡注重"名"的名学,每每先求那最大的名。"楚人"不如"人"的大,故孔子要楚王爱"人"。故"恕"字《说文》训仁（训仁之字，古文作恕。后乃与训如之恕字混耳）。《论语》记仲弓问仁，孔子答语有"己所不欲，勿施于人"一句，可见仁与恕的关系。孔门说仁虽是爱人（《论语》十三。《说文》：仁，亲也），却和后来墨家说的"兼爱"不相同。墨家的爱，是"无差等"的爱，孔门的爱，是"有差等"的爱。故说："亲亲之杀"。看儒家丧服的制度，从三年之丧，一级一级的降到亲尽无服，这便是"亲亲之杀"。这都由于两家的根本观念不同。墨家重在"兼而爱之"的兼字，儒家重在"推恩足以保四海"的推字，故同说爱人，而性质截然不同。

仁字不但是爱人，还有一个更广的义。今试举《论语》论仁的几条为例。

> 颜渊问仁，子曰："克己复礼为仁。"……颜渊曰："请问其目。"子曰："非礼勿视，非礼勿听，非礼勿言，非礼勿动。"

> 仲弓问仁，子曰："出门如见大宾，使民如承大祭。己所不欲，勿施于人。在邦无怨，在家无怨。"

> 司马牛问仁，子曰："仁者其言也讱。"（以上十二）

> 樊迟问仁，子曰："居处恭，执事敬，与人忠。"（十三）

以上四条，都不止于爱人。细看这几条，可知仁即是做人的道理。克己复礼；出门如见大宾，使民如承大祭；居处恭，执事敬，与人忠：都只是如何做人的道理。故都可说是仁。《中庸》说："仁者，人也。"《孟子》说："仁也者，人也。"（七下）孔子的名学注重名的本义，要把理想中标准的本义来改正现在失了原意的事物。例如"政者正也"之类。"仁者人也"，只是说仁是理想的人道，做一个人须要能尽人道。能尽人道，即是仁。后人如朱熹之流，说"仁者无私心而合天理之谓"，乃是宋儒的臆说，不是孔子的本意。蔡子民《中国伦理学史》说孔子所说的"仁"，乃是"统摄诸德，完成人格之名"。这话甚是。《论语》记子路问成人，孔子答道：

> 若臧武仲之知,公绰之不欲,卞庄子之勇,冉求之艺,文之以礼乐,亦可以为成人矣。(十四)

成人即是尽人道,即是"完成人格",即是仁。

孔子又提出"君子"一个名词,作为人生的模范。"君子",本义为"君之子",乃是阶级社会中贵族一部分的通称。古代"君子"与"小人"对称,君子指士以上的上等社会,小人指士以下的小百姓。试看《国风》、《小雅》所用"君子",与后世小说书中所称"公子"、"相公"有何分别?后来封建制度渐渐破坏,"君子"、"小人"的区别,也渐渐由社会阶级的区别,变为个人品格的区别。孔子所说君子,乃是人格高尚的人,乃是有道德,至少能尽一部分人道的人。故说:

> 君子而不仁者有矣夫,未有小人而仁者也。(十四)

这是说君子虽未必能完全尽人道,但是小人决不是尽人道的人。又说:

> 君子道者三,我无能焉;仁者不忧,知者不惑,勇者不惧。(十四)

> 司马牛问君子。子曰:君子不忧不惧。……内省不疚,夫何忧何惧?(十二)

> 子路问君子,子曰:修己以敬,……修己以安人,……修己以安百姓。(十四)

凡此皆可见君子是一种模范的人格。孔子的根本方法,上章已说过,在于指出一种理想的模范,作为个人及社会的标准。使人"拟之而后言,仪之而后动"。他平日所说"君子"便是人生品行的标准。

上文所说人须尽人道。由此理推去,可说做父须要尽父道,做儿子须要尽子道,做君须要尽君道,做臣须要尽臣道。故《论语》说:

> 齐景公问政于孔子。孔子对曰:"君君臣臣,父父子子。"
> 公曰:"善哉!信如君不君,臣不臣,父不父,子不子,虽有粟,
> 吾得而食诸?"(十二)

又《易经·家人卦》说:

> 家人有严君焉,父母之谓也。父父子子,兄兄弟弟,夫夫
> 妇妇,而家道正。正家而天下定矣。

这是孔子正名主义的应用。君君臣臣,父父子子,便是使家庭社会国家的种种阶级,种种关系,都能"顾名思义",做到理想的标准地步。这个标准地步,就是《大学》上说的"止于至善"。《大学》说:

> 为人君,止于仁;为人臣,止于敬;为人子,止于孝;为人
> 父,止于慈;与国人交,止于信。

这是伦常的人生哲学。"伦"字《说文》云:"辈也,一曰道也。"《曲礼》注:"伦犹类也。"《论语》"言中伦",包注:"道也,理也。"孟子注:"伦,序也。"人与人之间,有种种天然的,或人为的交互关系。如父子,如兄弟,是天然的关系。如夫妻,如朋友,是人造的关系。每种关系便是一"伦"。第一伦有一种标准的情谊行为。如父子之恩,如朋友之信,这便是那一伦的"伦理"。儒家的人生哲学,认定个人不能单独存在,一切行为都是人与人交互关系的行为,都是伦理的行为。故《中庸》说:

> 天下之达道五,曰:君臣也,父子也,夫妇也,昆弟也,朋友
> 之交也。五者,天下之达道也。

"达道"是人所共由的路(参看《论语》十八,子路从而后一章)。因为儒家认定人生总离不了这五条达道,总逃不出这五个大伦,故儒家的人生哲学,只要讲明如何处置这些伦常的道理。只要提出种种伦常的标准伦理。如《左传》所举的六顺:君义,臣行,父慈,子孝,兄爱,弟敬;如《礼运》所举的十义:父慈,子孝,兄良,弟悌,夫义,妇听,长惠,幼顺,君仁,臣忠;如《孟子》所举的五伦:父子有亲,

君臣有义,夫妇有别,长幼有序,朋友有信。故儒家的人生哲学,是伦理的人生哲学。后来孟子说墨子兼爱,是无父;杨子为我,是无君。无父无君,即是禽兽。孟子的意思,其实只是说墨家和杨氏(老庄各家近于杨氏)的人生哲学,或是极端大同主义,或是极端个人主义,都是非伦理的人生哲学。我讲哲学,不用"伦理学"三个字,却称"人生哲学",也只是因为"伦理学"只可用于儒家的人生哲学,而不可用于别家。

孔子的人生哲学,不但注重模范的伦理,又还注重行为的动机。《论语》说:

> 视其所以,观其所由,察其所安,人焉廋哉? 人焉廋哉? (二)

这一章乃是孔子人生哲学很重要的学说,可惜旧注家多不曾懂得这一章的真义。"以"字何晏解作"用",说"言视其所行用",极无道理。朱熹解作"为",说"为善者为君子,为恶者为小人",也无道理,"以"字当作"因"字解。《邶风》:"何其久也,必有以也。"《左传》昭十三年:"我之不共,鲁故之以。"又老子"众人皆有以。"此诸"以"字,皆作因为解。凡"所以"二字连用,"以"字总作因为解。孔子说观察人的行为,须从三方面下手:第一,看他因为什么要如此做;第二,看他怎么样做,用的什么方法;第三,看这种行为,在做的人身心上发生何种习惯,何种品行(朱熹说第二步为"意之所从来"是把第二步看作第一步了。说第三步道:"安所乐也。所由虽善,而心之所乐者,不在于是。则亦伪耳,岂能久而不变哉",却很不错)。第一步是行为的动机,第二步是行为的方法,第三步是行为所发生的品行。这种三面都到的行为论,是极妥善无弊的。只可惜孔子有时把第一步的动机看得很重,所以后来的儒家,便偏向动机一方面,把第二步、第三步都抛弃不顾了。孔子论动机的话,如下举诸例:

今之孝者,是谓能养。至于犬马,皆能有养。不敬何以别
乎?(二)

人而不仁,如礼何?人而不仁,如乐何?(二)

苟志于仁矣,无恶也。(四)

动机不善,一切孝悌礼乐都只是虚文,没有道德的价值。这话本来
不错(即墨子也不能不认"意"的重要。看《耕柱篇》第四节),但孔
子生平,痛恨那班聚敛之臣、斗筲之人的谋利政策,故把义利两桩
分得太分明了。他说:

放于利而行多怨。(四)

君子喻于义,小人喻于利。(四)

但也却并不是主张"正其谊不谋其利"的人。《论语》说:

子适卫冉有仆。子曰:"庶矣哉!"冉有曰:"既庶矣,又何
加焉?"子曰:"富之。"曰:"既富矣,又何加焉?"曰:"教之。"(十
四)

这岂不是"仓廪实而后知礼节,衣食足而后知荣辱"的政策吗?可
见他所反对的利,乃是个人自营的私利。不过他不曾把利字说得
明白。《论语》又有"子罕言利"的话,又把义利分作两个绝对相反
的物事,故容易被后人误解了。

但我以为与其说孔子的人生哲学注重动机,不如说他注重养
成道德的品行。后来的儒家只为不能明白这个区别,所以有极端
动机的道德论。孔子论行为,分动机、方法、品行三层,已如上文所
说。动机与品行都是行为的"内容"。我们论道德,大概分内容和
外表两部。譬如我做了一件好事,若单是为了这事结果的利益,或
是为了名誉,或是怕惧刑罚笑骂,方才做去,那都是"外表"的道德。
若是因为我觉得理该去做,不得不去做,那便是属于"内容"的道
德。内容的道德论,又可分两种:一种偏重动机,认定"天理"(如宋
儒中之主张天理人欲论者),或认定"道德的律令"(如康德),有绝

对无限的尊严,善的理该去做,恶的理该不去做。一种注重道德的习惯品行,习惯已成,即是品行(习惯,Habit,品行,Character)。有了道德习惯的人,见了善自然去做,见了恶自然不去做。例如良善人家的子弟,受了良善的家庭教育,养成了道德的习惯,自然会得善去恶,不用勉强。

孔子的人生哲学,依我看来,可算得是注重道德习惯一方面的。他论人性道:

> 性相近也,习相远也,惟上智与下愚不移。(十七)

"习"即是上文所说的习惯。孔子说:

> 吾未见好德如好色者也。(九)

> 已矣乎! 吾未见好德如好色者也! (十五)

这两章意同而辞小异,可见这是孔子常说的话。他说不曾见好德如好色的人,可见他不信好德之心是天然有的。好德之心虽不是天然生就的,却可以培养得成。培养得纯熟了,自然流露。便如好色之心一般,毫无勉强。《大学上》说的"如恶恶臭,如好好色",便是道德习惯已成时的状态。孔子说:

> 知之者,不如好之者。好之者,不如乐之者。(六)

人能好德恶不善,如好好色,如恶恶臭,便是到了"好之"的地位。道德习惯变成了个人的品行,动容周旋,无不合理,如孔子自己说的"从心所欲,不逾矩",那便是已到"乐之"的地位了。

这种道德的习惯,不是用强迫手段可以造成的。须是用种种教育涵养的工夫方能造得成。孔子的正名主义,只是要寓褒贬,别善恶,使人见了善名,自然生爱;见了恶名,自然生恶。人生无论何时何地,都离不了名。故正名是极大的德育利器(参看《荀子·正名篇》及《尹文子·大道篇》)。此外孔子又极注重礼乐。他说:

> 兴于诗,立于礼,成于乐。(八)

> 不学诗,无以言,……不学礼,无以立。(十六)

诗,可以兴,可以观,可以群,可以怨,……人而不为《周南》、《召南》,其犹正墙面而立也欤。(十七)

恭而无礼则劳(有子曰,恭近于礼,远耻辱也),慎而无礼则葸。勇而无礼则乱。直而无礼则绞。(八)

诗与礼乐都是陶融身心,养成道德习惯的利器。故孔子论政治,也主张用"礼让为国"。又主张使弦歌之声,遍于国中。此外孔子又极注重模范人格的感化。《论语》说:

季康子问政于孔子曰:"如杀无道,以就有道,何如?"孔子对曰:"子为政,焉用杀;子欲善,而民善矣。君子之德风,小人之德草,草上之风必偃。"(十三)

为政以德,譬如北辰,居其所而众星共之。(二)

因此他最反对用刑治国。他说:

道之以政,齐之以刑,民免而无耻。道之以德,齐之以礼,有耻且格。(二)

（节选自《中国哲学史大纲》,上
海古籍出版社 1997 年 12 月版）

胡适(1891—1962),中国现代著名学者、思想家。原名嗣穈,学名洪骍,后改名适,字适之,安徽绩溪人。早年留学美国,从实用主义哲学家杜威学习哲学,1917 年回国任北京大学哲学教授。1919 年出版《中国哲学史大纲》上卷,该书是用现代学术方法系统研究中国哲学史的开山之作。提倡白话诗文,主张文学改良,是新文化运动的倡导者之一。二三十年代,发起"整理国故"运动,提倡用科学方法研究国故。抗战期间任中国驻美大使,胜利后归国任北京大学校长。50 年代寓居美国,晚年定居台湾,任中央研究院院长。一生著述宏富,有《胡适文存》、《胡适论学近著》、《白话文学史》、《中国中古思想史长编》、《戴东原的哲学》、《藏晖室札记》等，后人有多种结集。

　　本文选自《中国哲学史大纲》上卷第四篇"孔子"之第四、五节，题目为编者所拟。胡适在此用科学的实验主义哲学讨论了孔子的正名主义哲学思想和一以贯之的方法论以及人生哲学思想。他认为孔子哲学的根本观念是：一切变化都是由微而显，由简变繁；人类一切器物制度礼法都起于象；积名成辞。孔子正名的方法是正名字、定名分、寓褒贬。

中国哲学里的科学精神与方法（节选）

胡 适

三

首先，古代中国的知识遗产里确有一个"苏格拉底传统"。自由问答，自由讨论，独立思想，怀疑，热心而冷静的求知，都是儒家的传统。孔子常说他本人"学而不厌，诲人不倦"，"好古敏以求之"。有一次，他说他的为人是"发愤忘食，乐以忘忧，不知老之将至"。

过去两千五百年中国知识生活的正统就是这一个人创造磨琢成的。孔子确有许多地方使人想到苏格拉底。像苏格拉底一样，孔子也常自认不是一个"智者"，只是一个爱知识的人。他说："知之者不如好之者；好之者不如乐之者。"

儒家传统里一个很可注意的特点是有意奖励独立思想，鼓励怀疑。孔子说到他的最高才的弟子颜回，曾这样说："回也，非助我者也，于吾言无所不说（悦）。"然而他又说过："吾与回言终日，不违如愚。退而省其私，亦足以发。"孔子分明不喜欢那些对他说的话样样都满意的听话弟子。他要奖励他们怀疑，奖励他们提出反对意见。这个怀疑问题的精神到了孟子最表现得明白了。他公然说："尽信书不如无书"，公然说他看《武成》一篇只"取其二三策"。孟子又认为要懂得《诗经》必须先有一个自由独立的态度。

孔子有一句极有名的格言是："学而不思则罔,思而不学则殆①。"他说到他自己:"吾尝终日不食,终夜不寝,以思,无益,不如学也。""学如不及,犹恐失之。""朝闻道,夕死可矣。"这正是中国的"苏格拉底传统"。

知识上的诚实是这个传统的一个紧要部分。孔子对一个弟子说:"由,诲女(汝)知之乎? 知之为知之,不知为不知;是知也。"又有次,这个弟子问怎样对待鬼神,孔子说:"未能事人,焉能事鬼?"这个弟子接着问到死,孔子说:"未知生焉知死?"这并不是回避问题,这是教训一个人对于不真正懂得的事要保持知识上的诚实。这种对于死和鬼神的存疑态度,对后代中国的思想发生了持久不衰的影响。这也是中国的"苏格拉底传统"。

近几十年来,有人怀疑老子、老聃是不是个历史的人物,《老子》这部古书的真伪和成书年代。然而我个人还是相信孔子确做过这位前辈哲人老子的学徒,我更相信在孔子的思想里看得出有老子的自然主义宇宙观和无为的政治哲学的影响。

在那样早的时代(公元前六世纪)发展出来一种自然主义的宇宙观,是一件真正有革命性的大事。《诗经》的《国风》和《雅》、《颂》里所表现的中国古代观念上的"天"或"帝",是一个有知觉、有感情、有爱有恨的人类与宇宙的最高统治者,又有各种各样的鬼神也掌握人类的运命。到了老子才有一种全新的哲学概念提出来,代替那种人格化的一个神或许多个神:

> 有物混成,
>
> 先天地生。
>
> 寂兮寥兮,

---

① 《东西哲学与文化》的编者注:胡博士因两次重病住院几个月(现正恢复),故有些引用的经文缺注出处。(这是 1961 年末的注。——译者)

独立而不改,

周行而不殆,

可以为天下母。

吾不知其名,

字之曰道,

强为之名曰大。

这个新的原理叫做“道”,是一个过程,一个周行天地万物之中,又有不变的存在的过程。道是自然如此的,万物也是自然如此的。

“道常无为,而无不为”。这是这个自然主义宇宙观的中心观念。这个观念又是一种无为放任的政治哲学的基石。“太上,下知有之。”这个观念又发展成了一种谦让的道德哲学,一种对恶对暴力不抵抗的道德哲学:“上善若水,水善利万物而不争。”“柔弱胜刚强。”“常有司杀者。夫代司杀者,是谓代大匠斫。夫代大匠斫者希有不伤手者矣。”

这是孔子的老师老子所创的自然主义传统。然而老师和弟子有一点基本的不同。孔子是一个有历史头脑的学者,一个伟大的老师,伟大的教育家,而老子对知识和文明的看法是一个虚无主义的看法。老子的理想国是小国寡民,有舟车之类的“什伯人之器而不用”;“使民复结绳而用之!”“常使无知无欲。”这种知识上的虚无主义与孔子的“有教无类”的民主教育哲学何等不同!

然而这个在《老子》书里萌芽、在以后几百年里充分生长起来的自然主义宇宙观,正是经典时代的一份最重要的哲学遗产。自然主义本身最可以代表大胆怀疑和积极假设的精神。自然主义和孔子的人本主义,这两极的历史地位是完全同等重要的。中国每一次陷入非理性、迷信、出世思想,——这在中国很长的历史上有过好几次——总是靠老子和哲学上的道家的自然主义,或者靠孔子的人本主义,或者靠两样合起来,努力把这个民族从昏睡中救醒。

第一个反抗汉朝的国教，"抱评判态度去运用人类的理智，尽力深入追求，没有恐惧也没有偏好"的大运动，正是道家的自然主义哲学与孔子、孟子的遗产里最可贵的怀疑和看重知识上的诚实的精神合起来的一个运动。这个批评运动的一个最伟大的代表是《论衡》八十五篇的作者王充(公元27—约100)。

王充说他自己著书的动机，"亦一言也，曰，疾虚妄。""是转为非，虚转为实，安能不言！……世间书传，多若等类，浮妄虚伪，没夺正是，心愦涌，笔手扰，安能不论！论则考之以心，校之以事；虚浮之事，辄立证验。"(《论衡》二十四)。

他所批评的是他那个时代的种种迷信，种种虚妄，其中最大最有势力的是占中心地位的灾异之说。汉朝的国教，挂着儒教的牌子，把灾异解释作一种仁爱而全知的神(天)所发的警告，为的是使人君和政府害怕，要他们承认过去，改良恶政。这种汉朝的宗教是公元前一、二世纪里好些哲人政治家造作成的。他们所忧心的是在一个极广阔的统一帝国里如何对付无限君权这个实际问题，这种忧心也是有理由的；他们有意识或半有意识地看中了宗教手段，造出来一套苦心结构的"天人感应"的神学，这套神学在汉朝几百年里也似乎发生了使君主畏惧的作用。

最能够说明这套灾异神学的是董仲舒(公元前179—约前104)。他说话像一个先知，也很有权威；"人之所为，极其美恶，乃与天地流通而往来相应。""国家将有失道之败，而天乃先出灾害以谴告之；不知自省，又出怪异以警惧之；尚不知变，而伤败乃至。以此见天心之仁爱人君而欲止其乱也。"(《汉书·董仲舒传》—译者)这种天与人君密切相感应的神学据说是有《尚书》与《春秋》(记载天地无数异变，有公元前722至481之间的三十六次日蚀，五次地震)的一套精细解释作根据。然而儒家的经典还不够支持这个荒谬迷忌的神学，所以还要加上一批出不完的伪书，叫做"谶"（预言）、"纬"（与经书交织来辅助经书的材料），是无数经验知识与千百种占星学的古怪想法混合成的。

这个假儒家的国教到了最盛的时候确被人认真相信了，所以有好几个丞相被罢黜，有一个丞相被赐死，只是因为据说天有了灾异的警告。三大中古宗教之一真是控制住帝国了。

王充的主要批评正针对着一个有目的上帝与人间统治者互相感应这种基本观念。他批评的是帝国既成的宗教的神学。他用来批评这种神学的世界观是老子与道家的自然主义哲学。他说：

> 夫天道自然也，无为；如谴告人，是有为，非自然也。……损皇天之德，使自然无为转为人事，故难听之也。（《论衡》四十二）

因此，他又指出，

> 人在天地之间，犹蚤虱之在衣裳之内，蝼蚁之在穴隙之中。……天至高大，人至卑小，……以七尺之细形，感皇天之大气，其无分铢之验，必也。（同上，四十三）

这也就是他指责天人感应之说实在是"损皇天之德"的理由。

他又提出理由来证明人和宇宙间的万物都不是天地有意（故）生出来的，只是自己偶然（偶）如此的：

> 儒者论曰："天地故生人。"此言妄也。夫天地合气，人偶自生也。……因气而生，种类相产。……如天故生万物，当令其相亲爱，不当令人相贼害也，……则生虎狼蝮蛇及蜂虿之虫，皆贼害人，天又欲使人为之用耶？（同上，十四）

公元第一世纪正是汉朝改革历法的时代。所以王充尽量利用了当时的天文学知识打破那流行的恶政招来灾异谴告的迷信说法。他说：

> 四十一二月日一食，五六月月亦一食。食有常数，不在政

治。百变千灾，皆同一状，未必人君政治所致。(《论衡》五十三)

然而王充对于当世迷信的无数批评里用得最多的证据还是日常经验中的事实。他提出五"验"来证明雷不是上天发怒，只是空中阴阳两气相激而生的一种火。他又举许多条证据来支持他的无鬼论。其中说得最巧妙，从来没有人能驳的一条是："如审鬼者死人之精神，则人见之，宜如见其裸袒之形，无为见衣带被服也。何则？衣服无精神，人死与形体俱朽，何以得贯穿乎?"(同上，六十二)。

以上就我所喜欢的哲学家王充已经说得很多了。我说他的故事，只是要表明中国哲学的经典时代的大胆怀疑和看重知识上的诚实的精神如何埋没了几百年还能够重新起来推动那种战斗：用人的理智反对无知和虚妄、诈伪，用创造性的怀疑和建设性的批评反对迷信，反对狂妄的权威。大胆的怀疑追问，没有恐惧也没有偏好，正是科学的精神。"虚浮之事，辄立证验"，正是科学的手段。

四

我这篇论文剩下的部分要给中国思想史上的一个大运动做一个简单的解说性的报告。这个运动开头的时候有一个："即物而穷其理"，"以求至乎其极"(朱熹《大学补传》)的大口号，然而结果只是改进了一种历史的考证方法，因此开了一个经学复兴的新时代。

这个大运动有人叫做新儒家(Neo-Confucian)运动，因为这是一个有意要恢复佛教进来以前的中国思想和文化的运动，是一个要直接回到孔子和他那一派的人本主义，要把中古中国的那种大大印度化的，因此是非中国的思想和文化推翻革除的运动。这个运动在根本上是一个儒家的运动，然而我们应当知道那些新儒家的哲人又很老实地采取了一种自然主义的宇宙观,至少一部分正是道家传下来的,新儒家的哲人大概正好认为这种宇宙观胜过汉朝(公元前206—公元220)以来的那种神学的、目的论的"儒家"宇宙观。所以这又是老子和哲学上的道家的自然主义与孔子的人本主义合起来反抗中古中国那些被认为是非中国的、出世的宗教的一个实例。

这个新儒运动需要一套新的方法,一套新工具(Nuvum Organum),于是在孔子以后出来的一篇大约一千七百字的《大学》里找到了一套方法。新儒家的开创者们从这篇小文章里找着了一句"致知在格物"。程氏兄弟(程颢,1032—1085;程颐,1033—1107)的哲学,尤其是那伟大的朱熹(1130—1200)所发扬组织起来的哲学,都把这句话当作一条主旨。这个穷理的意思说得再进一步,就是"即凡天下之物,莫不因其已知之理而益穷之"(朱熹《大学补传》)。

什么是"物"呢?照程朱一派的说法,"物"的范围与"自然"一般广大,从"一草一木"到"天地之高厚"(《二程语录》卷二一,丛书集成本,页143)都包括在内。但是这样的"物"的研究是那些哲人做不到的,他们只是讲实物讲政治的人,只是思想家和教人的人。他们的大兴趣在人类的道德和政治的问题,不在探求一草一木的"理"或定律。所以程颐自己先把"物"的范围缩到二项:研究经书,论古今人物,研究应接事务的道理。所以他说,"近取诸身"(同上,页118)。朱子在宋儒中地位最高,是最善于解说,也最努力解说那个"即物而穷其理"的哲学的人,一生的精力都用在研究和发挥儒家的经典。他的《四书(新儒家的《新约》)集注》,还有《诗经》和《易经》的注,做了七百年的标准教本。"即物而穷其理"的哲学归结是单独用在范围有限的经学上了。

朱子真正是受了孔子的"苏格拉底传统"的影响,所以立下了一套关于研究探索的精神、方法、步骤的原则。他说："大抵义理须是且虚心随他本文正意看"，"只虚此心，将古人语言放前面，看他意思倒杀向何处去"。怎样才是虚心呢？他又说："须是退步看。""愈向前愈看得不分晓，不若退步却看得审。大概病在执着，不肯放下。正如听讼，心先有主张乙底的意思，便只见甲的不是；先有主张甲的意思，便只见乙的不是。不若姑置甲乙之说，徐徐观之，方能辨其曲直。横渠（张载，1020—1077）云：'濯去旧见，以来新意。'此说甚当。若不濯去旧见，何处得新意来？"（《朱子语类》卷十一，正中书局影印明成化覆刊宋本，页344—345、354）。

　　十一世纪的新儒家常说到怀疑在思想上的重要。张横渠说："在可疑而不疑者，不曾学。学则须疑。"（《张横渠集》卷八，丛书集成本，页130）朱子有校勘、训诂工作的丰富经验，所以能从"疑"的观念推演出一种更实用更有建设性的方法论。他懂得怀疑是不会自己生出来的，是要有了一种困惑疑难的情境才会发生的。他说："某向时与朋友说读书，也教他去思索，求所疑，近方见得只是且恁地虚心，就上面熟读，久之自有所得亦自有疑处。盖熟读后，自有窒碍不通处，是自然有疑，方好较量。""读书无疑者须教有疑，有疑者却要无疑。到这里方是长进。"（《语类》卷十一，页355—356）

　　到了一种情境，有几个发生互相冲突的说法同时要人相信，要人接受，也会发生疑惑。朱子说他读《论语》曾遇到"一样事被诸先生说成数样"，他所以"便着疑"。怎样解决疑惑呢？他说："只有虚心。""看得一件是，未可便以为是，且顿放一所，又穷他语，相次看得，多相比并，自然透得。"（同上，页355）陆象山（1139—1193）是朱子的朋友，也是他的哲学上的对手。朱子在给象山的一封信里又用法官审案的例说："（如）治狱者当公其心，……不可先以己意之向背为主，然后可以审听两造之辞，旁求参伍之验，而终得其曲直之当耳。"（《朱文公集》卷三六，《答陆子静》第六书）

　　朱子所说的话归结起来是这样一套解决怀疑的方法:第一步是提出一个假设的解决方法,然后寻求更多的实例或证据来作比较,来检验这个假设,——这原是一个"未可便以为是"的假设,朱子有时叫做"权立疑义"(同上,卷四四,《答江德功》第六书)。总而言之,怀疑和解除怀疑的方法只是假设和求证。

　　朱子对他的弟子们说:"诸公所以读书无长进,缘不会疑。某虽看至没紧要的事物,亦须致疑。才疑,便须理会得彻头。"(《语类》卷一二一,页1745)

　　正因为内心有解决疑惑的要求,所以朱子常说到他自己从少年时代起一向喜欢做依靠证据的研究工作(考证)。他是人类史上一个有第一等聪明的人,然而他还是从不放下勤苦的工作和耐心的研究。

　　他的大成就有两个方向:第一,他常常对人讲论怀疑在思想和研究上的重要,——这怀疑只是"权立疑义",不是一个目的,而是一个要克服的疑难境地,一个要解决的恼人问题,一个要好好对付的挑战。第二,他有勇气把这个怀疑和解除怀疑的方法应用到儒家的重要经典上,因此开了一个经学的新时代,这个新经学要到他死后几百年才达到极盛的地步。

　　他没有写一部《尚书》的注解,但他对《尚书》的研究却有划时代的贡献,因为他有大勇气怀疑《尚书》里所谓"古文"二十五篇的真伪。这二十五篇本来分明是汉朝的经学家没有见到的,大概公元四世纪才出来,到了七世纪才成为《尚书》的整体的一部分。汉朝博士正式承认的二十八篇(实在是二十九篇)原是公元前二世纪一个年老的伏生(他亲身经历公元前213年的焚书)口传下来,写成了当时的"今文"。

　　朱子一开始提出来的就是一个大疑问:"孔壁所出《尚书》……皆平易,伏生所传者难读。如何伏生偏记得难的,至于易的全记不

得？此不可晓。"(《语类》卷七八，页3202)

《朱子语类》记载他对每一个问《尚书》的学生都说到这个疑问："凡易读者皆古文，……却是伏生记得者难读。"(同上)朱子并没有公然说古文经是后来人伪造的，他只是要他的弟子们注意这个难解的文字上的差别。他也曾提出一种很温和的解释，说那些篇难读的大概代表实际上告戒百姓的说话，那些篇容易读的是史官修改过，甚至于是重写过的文字。

这样一个温和的说话自然不能消除疑问；那个疑问一提出来就要存在下去，要在以后几百年里消耗经学家的精神。

一百年之后，元朝(1297—1368)的吴澄接受了朱子的挑战，寻得了一个合理的结论，认为那些篇所谓"古文"不是真正的《尚书》的一部分，而是很晚出的伪书。因此吴澄作《书纂言》，只承认二十八篇"今文"，不承认二十五篇"古文"。

到了十六世纪，又有一位学者梅鷟，也来研究这个问题。他在1543年出了一部书，证明《尚书》的"古文"部分是四世纪的一个作者假造的，那个作者分明是从若干种提到那些篇"佚"书的篇名的古书里找到许多文字，用作造假的根据。梅鷟费了力气查出伪《尚书》的一些要紧文字的来源。

然而还要等到十七世纪又出来一个更大的学者阎若璩(1636—1704)，才能够给朱子在十二世纪提出的关于《古文尚书》的疑惑定案。阎若璩花了三十多年功夫写成一部大著作《尚书古文疏证》。他凭着过人的记忆力和广博的书本知识，几乎找到《古文尚书》每一句的来源，并且指出了作伪书的人如何错引了原文或误解了原文的意义，才断定这些篇是有心伪造的。总算起来，阎若璩为证明这件作伪，举了一百多条证据。他的见解虽然大受当时的保守派学者的攻击，我们现在总已承认阎若璩定了一个铁案，是可以使人心服了。我们总已承认：在一部儒家重要经典里，有差不多半部,也曾被当作神圣的文字有一千年之久,竟不能不被判定是后人假造的了。

而这件可算得重大的知识上的革命不能不说是我们的哲人朱子的功绩,因为他在十二世纪已表示了一种大胆的怀疑,提出了一个很有意思的,只是他自己的工夫还不够解答的问题。

朱子对《易经》的意见更要大胆,大胆到在过去七百年里没有人敢接受,没有人能继续推求。

他出了一部《周易本义》;又有一本小书《易本义启蒙》。他还留下不少关于《易经》的书信和谈话记录(《语类》卷六六—六七)。

他的最大胆的论旨是说《易经》虽然向来被看作一部深奥的哲理圣典,其实原来只是卜筮用的本子,而且只有把《易》当作一部卜筮的书,一部"只是为卜筮"(同上,卷六六,页 2636,2642,2650)的书,才能懂得这部书。"八卦之画本为占筮,……文王重卦作繇辞,周公作爻辞,亦只是为占筮。""如说田猎、祭祀、侵伐、疾病,皆是古人有此事去卜筮,故爻中出此。""圣人要说理,……何不别作一书,何故要假卜筮来说?""若作卜筮看,极是分明。"(同上,页 2636,2638,2640,2647,2658)

这种合乎常识的见解在当时是从来没有人说过的见解。然而他的一个朋友表示反对,说这话"太略"。朱子答说:"譬之此烛笼,添得一条骨子,则障了一路明。若能尽去其障,使之体统光明,岂不更好?"(同上,卷六七,页 2693)

这是一个真正有革命性的说法,也正可以说明朱子一句深刻的话:"道理好处又却多在平易处。"(同上,卷十一,页 351)然而朱子知道他的《易》只是卜筮之书的见解对他那个时代说来是太急进了。所以他很伤心地说:"此说难向人道,人不肯信。向来诸公力求与某辨,某煞费力气与他分析。而今思之,只好不说,只做放那里,信也得,不信也得,无许多力气分疏。"(同上,卷六六,页

2639—2640)

朱子的《诗集传》(1117)在他身后做了几百年的标准读本,这部注解也是他可以自傲的。他这件工作有两个特色足以开辟后来的研究道路。一个特色是他大胆抛弃了所谓"诗序"所代表的传统解释,而认定《雅》、《颂》和《国风》都得用虚心和独立的判断去读。另一个特色是他发现了韵脚的"古音";后世更精神的全部古音研究,科学的中国音韵的前身,至少间接是他那个发现引出来的。

作《通志》的郑樵(1104—1162)是与朱子同时的人,但是年长的一辈,出了一部小书《诗辨妄》,极力攻击"诗序",认为那只是一些不懂文学,不懂得欣赏诗的村野妄人的解释。郑樵的激烈论调先也使我们的哲人朱子感到震动,但他终于承认:"后来仔细看一两篇,因质之《史记》、《国语》,然后知'诗序'之果不足信。"(《语类》卷八十,页3357)

我再举相冲突的观念引起疑惑的一个好例,也是肯虚心的人能容受新观念,能靠证据解决疑惑的好例。朱子谈到他曾劝说他的一个一辈子的朋友吕祖谦(1137—1181),又是哲学上的同道,不要信"诗序",但劝说不动。他告诉祖谦,只有很少几篇"诗序"确有《左传》的材料足以作证,大多数"诗序"都没有凭证。"渠却云,'安得许多文字证据?'某云,'无证而可疑者,只当阙之,不可据序作证。'渠又云,'只此序便是证。'某因云,'今人不以诗说诗,却以序解诗。'"(同上,页3360)

朱子虽然有胆量去推翻"诗序"的权威,要虚心看每一篇诗来求解诗的意义,但是他自己的新注解,他启发后人在同一条路上向前走动的努力,却还没有圆满的成绩。传统的分量对朱子本人,对他以后的人,还太沉重了。然而近代的全不受成见左右的学者用了新的工具,抱着完全自由的精神,来做《诗经》的研究,绝不会忘记郑樵和朱熹的大胆而有创造性的怀疑。

　　朱子的《诗经》研究的第二个特色,就是叶韵的古音方面的发现,他在这一方面得了他同时的学者吴棫(死在 1153 或 1154)的启发和帮助。吴棫是中国音韵学一位真正开山的人,首先用归纳的方法比较《诗》三百篇押韵的每一句,又比较其他上古和中古押韵的诗歌。他的著作不多,有《诗补音》、《楚辞释音》、《韵补》。只有最后一种翻刻本传下来。

　　《诗经》有许多韵脚按"今"音读不押韵,但在古代是自然押韵的,所以应当照"古音"读:这的确是吴棫首先发现的。他细心把三百多篇诗的韵脚都排列起来,参考上古和中古的字典韵书推出这些韵脚的古音。他的朋友徐蒇,也是他的远亲,替他的书作序,把他耐心搜集大批实例,比较这些实例的方法说得很清楚,"如服之为房六切,其见于《诗》者凡十有六,皆当为蒲北切(bek,高本汉读 b'iuk),而无与房六叶者。友之为云十九切,其见于《诗》者凡十有一,皆当作羽轨切,而无与云九叶者。"

　　这种严格的方法深深打动了朱子,所以他作《诗集传》,决意完全采用吴棫的"古音"系统。然而他大概是为了避免不必要的争论,所以不说"古音",只说"叶韵",——也就是说,某一个字应当从某音读,是为了与另一读音显然没有变化的韵脚相叶。

　　但是他对弟子们谈话,明白承认他的叶韵大部分都依吴棫,只有少数的例有添减;又说叶韵也是古代诗人的自然读音,因为"古人作诗皆押韵,与今人歌曲一般(《语类》卷八十,页 3366)。这也就是说,叶韵正是古音。

　　有人问吴棫的叶韵可有什么根据,朱子答说:"他皆有据,泉州有其书。每一字多者引十余证,少者亦两三证。他说元初更多,后删去(为省抄写刻印的工费),姑存此耳。"(同上,页 3365)朱子的叶韵也有同吴棫不同的地方,他在《语头》和《楚辞集注》(同上,页 3363—3367;又《楚辞集注》卷三,《天问》"能流厥严"句注)里都举了些证人比较。

但是因为朱子的《诗集传》全用"叶韵"这个名词,全没有提到"古音",又因为吴棫的书有的早已失传,也有的不容易得,所以十六世纪初已有一种讨论,严厉批评朱子不应当用"叶韵"这个词。1580年,有一位大学者,也是哲学家,焦竑(1541—1620),在他的《笔乘》里提出了一个理论的简单说明(大概是他的朋友陈第〔1541—1617〕的理论),以为古诗歌里的韵脚凡是不合近世韵的本来都是自然韵脚,但是读音经历长时间有了变化。他举了不少例来证明那些字照古人歌唱时的读音是完全押韵的。

焦竑的朋友陈第做了许多年耐心的研究,出了一套书,讨论好几种古代有韵的诗歌集里几百个押韵的字的古音。这套书的第一种《毛诗古音考》,是1616年出的,有焦竑的序。

陈第在自序里提出他的主要论旨:《诗经》里的韵脚照本音读是全自然押韵的,只是读音的自然变化使有些韵脚似乎全不押韵了。朱子所说的"叶韵",陈第认为大半都是古音或本音。

他说:"于是稍为考据,列本证旁证二条。本证者诗自相证也。旁证者采之他书也。"

为了说明"服"字一律依本来的古音押韵,他举了十四条本证,十条旁证,共二十四条。他又把同样的归纳法应用在古代其他有韵文学作品的古音研究上。为了求"行"字的古音,他从《易经》有韵的部分找到四十四个例,都与尾音 ang 的字押韵。为一个"明"字,他从《易经》里找到十七个证据。

差不多过了半世纪,爱国的学者顾炎武(1614—1682)写成他的《音学五书》。其中一部是《诗本音》;一部是《易音》;一部是《唐韵正》,这是一种比较古音与中古音的著作。顾炎武承认他受了陈第的启发,用了他的把证据分为本证和旁证两类的方法。

我们再用"服"字作例子。顾炎武在《诗本音》里举了十七条本证,十五条旁证,共三十二条。在那部大书《唐韵正》里,他为说明这个字在古代的音韵是怎样的,列举从传世的古代有韵的作品里找到的一百六十二条证据!

这样耐心收集实例、计算实例的工作有两个目的:第一,只有这些方法可以断定那些字的古音,也可以找出可能有的违反通则而要特别解释的例外。顾炎武认为这种例外可以从方言的差异来解释。

但是这样大规模收集材料的最大用处还在于奠定一个有系统的古音分部的基础。有了这个古代韵文研究作根据,顾炎武断定古音可以分入十大韵部。

这样音韵学才走上了演绎的、建设的路:第一步是弄明白古代的“韵母”(韵部);然后,在下一个时期,弄明白古代声母的性质。

顾炎武在 1667 年提出十大韵部。下一百年里,又有好些位学者用同样归纳和演绎的考证方法研究同一个问题。江永(1681—1763)提出十三个韵部。段玉裁(1735—1851)把韵部加到十七个。他的老师,也是朋友,戴震(1724—1777),又加到十九个。王念孙(1744—1832)和江有诰(死在 1851),各人独立工作,得到了彼此差不多的一百二十一部的系统。

钱大昕(1728—1804)是十八世纪最有科学头脑的人里的一个,在 1799 年印出来他的笔记,其中有两条文字是他研究古代唇、齿音的收获①。这两篇文字都是第一等考证方法的最好的模范。他为唇音找了六十多个例子,为齿音也找了差不多数目的例子。为着确定各组里的字的古音,每一步工作都是归纳与演绎的精熟配合,都是从个别的例得到通则,又把通则应用到个别的例上。最

---

① 《十驾斋养新录》卷五,“古无轻唇音”,“古无舌头舌上分”两条。

后的结果产生了关于唇、齿音的变迁的两条大定律。

我们切不可不知道这些开辟中国音韵学的学者们有多么大的限制，所以他们似乎从头注定要失败的。他们全没有可给中国语言用的拼音字母的帮助。他们不懂得比较不同方言，尤其是比较中国南部、东南部、西南部的古方言。他们又全不懂高丽、越南、日本这些邻国的语言。这些中国学者努力要了解中国语言的音韵变迁，而没有这种有用的工具，所以实在是要去做一件几乎一定做不成的工作，因此，要评判他们的成功失败，都得先知道他们这许多重大的不利条件。

这些大人物可靠的工具只是他们的严格的方法：他们耐心把他们承认的事实或例证搜罗起来，加以比较，加以分类，表现了严格的方法；他们把已得到的通则应用到归了类的个别例子上，也表现了同等严格的方法。十二世纪的吴棫、朱熹，十七世纪的陈第、顾炎武，还有十八、九世纪里那些继承他们的人，能够做出中国音韵问题的系统研究，能够把这种研究做得像一门学问，——成了一套合乎证据、准确、合理系统化的种种严格标准，——确实差不多全靠小心应用一种严格的方法。

我已经把我所看到的近八百年中国思想里的科学精神与方法的发达史大概说了一遍。这部历史开端在十一世纪，本来有一个很高大的理想，要把人的知识推到极广，要研究宇宙万物的理或定律。那个大理想没有法子不缩到书本的研究——耐心而大胆地研究构成中国经学传统"典册"的有数几部大书。一种以怀疑和解决怀疑做基础的新精神和新方法渐渐发展起来了。这种精神就是对于牵涉到经典的问题也有道德的勇气去怀疑，就是对于一份虚心，对于不受成见影响的，冷静的追求真理，肯认真坚持。这个方法就是考据或考证的方法。

我举了这种精神和方法实际表现的几个例,其中最值得注意的是考订一部分经书的真伪和年代,由此产生了考证学,又一个是产生了中国音韵的系统研究。

然而这个方法还应用到文史的其他许多方面,如校勘学、训诂学(semantics,字义在历史上变迁的研究)、史学。历史地理学、金石学,都有收获,有效验。

十七世纪的陈第、顾炎武首先用了"本证"、"旁证"这两个名词,已经是充分有意运用考证方法了。因为有十七世纪的顾炎武、阎若璩这两位大师的科学工作把这种方法的效验表现得非常清楚,所以到了十八、九世纪,中国第一流有知识的人几乎都受了这种方法的吸引,都一生用力把这个方法应用到经书和文史研究上。结果就造成了一个学术复兴的新时代,又叫做考据的时代。

这种严格而有效的方法的科学性质,是最用力批评这种学术的人也不能不承认的。方东树(1772—1851)正是这样一位猛烈的批评家,他在1826年出了一部书,用大力攻击整个的新学术运动。然而他对于同时的王念孙、引之(1766—1834)父子所用的严格的方法也不得不十分称赞。他说:"以此义求之近人说经,无过高邮父子《经义述闻》,实足令郑、朱俯首,汉唐以来未有其匹。"(《汉学商兑》卷中之下,《宋鉴·说文解字疏序》条)一个用大力攻击整个新学术运动的人有这样的称赞,足以证明小心应用科学方法最能够解除反对势力的武装,打破权威和守旧,为新学术赢得人的承认、心服。

这种"精确而不受成见影响的探索"的精神和方法,又有什么历史的意义呢?

一个简单的答案,然而是全用事实来表示的答案,应当是这样的:这种精神和方法使一个主观的、理想主义的、有教训意味的哲学的时代(从十一到十六世纪)不能不让位给一个新时代了,使那个哲学显得过时、空洞、没有用处，不足吸引第一等的人了。这种精神和方法造成了一个全靠严格而冷静的研究作基础的学术复兴的新时代(1600—1900)。但是这种精神和方法并没有造成一个自然科学的时代。顾炎武、戴震、钱大昕、王念孙所代表的精确而不受成见影响的探索的精神并没有引出来中国的一个伽利略、维萨略、牛顿的时代。

这又是为什么呢？为什么这种科学精神和方法没有产生自然科学呢？

不止四分之一世纪以前，我曾试提一个历史的解释，做了一个十七世纪中国与欧洲知识领袖的工作的比较年表。我说：

我们试作一个十七世纪中国与欧洲学术领袖的比较年表——十七世纪正是近代欧洲的新科学与中国的新学术定局的时期——就知道在顾炎武出生(1613)之前年，伽俐略做成了望远镜，并且用望远镜使天文学起了大变化，解百勒(K-epler)发表了他的革命性的火星研究和行星运动之时，哈维(Harvey)发表了他的论血液运行的大作(1628)，伽俐略发表了他的关于天文学和新科学的两部大作(1630)。阎若璩开始做《尚书》考证之前十一年，佗里杰利(Toricelli)已完成了他的空气压力大实验(1644)。稍晚一点，波耳(Boyle)宣布了他的化学新实验的结果，做出了波耳氏律(1660—1661)。顾炎武写成他的《音学五书》(1667)之前一年，牛顿发明了微积分，完成了白光的分析。1680年，顾炎武写《音学五书》的后序；1687年，牛顿发表他的《自然哲学原理》(Principia)。

这些不同国度的新学术时代的大领袖们在科学精神和方法上有这样非常显著的相像，使他们的工作范围的基本不同却也更加引人注意。伽利略、解百勒、波耳、哈维、牛顿所运用的都是自然的材料，是星球、球体、斜面、望远镜、显微镜、三棱镜、化学药品、天文表。而与他们同时的中国所运用的是书本、文字、文献证据。这些中国人产生了三百年的科学的书本学问；那些欧洲人产生了一种新科学和一个新世界。（The Chinese Renaissance.《中国文艺复兴》，芝加哥大学 1934 年版，页 70—71）

　　这是一个历史的见解，但是对于十七世纪那些中国大学者有一点欠公平。我那时说："中国的知识阶级只有文学的训练，所以活动的范围只限于书本和文献。"这话是不够的。我应当指出，他们所推敲的那些书乃是对于全民族的道德、宗教、哲学生活有绝大重要性的书。那些大人物觉得抄出这些古书里每一部的真正意义是他们的神圣责任。他们正像白朗宁（Robert Browing）的诗里写的"文法学者"（Grammarian）：

　　　　"你捲起的书卷里写的是什么？"他问，
　　　　"让我看看他们的形象，
　　　　那些最懂得人类的诗人圣哲的形象，——
　　　　拿给我！"于是他披上长袍，
　　　　一口气把书读透到最后一页⋯⋯
　　　　"我什么都要知道！⋯⋯
　　　　盛席要吃到最后的残屑。"
　　　　"时间算什么？'现在'是犬猴的份！
　　　　人有的是'永久'。"（白朗宁的诗，"A Grammarian's Funeral"〈《一个文法学者的葬礼》〉）

　　白朗宁对人本主义时代的精神的礼赞正是："这人决意求的不是生存，是知识。"（同上）

　　孔子也表示同样的精神："学如不及，犹恐失之。""朝闻道，夕死可矣。"朱子在他的时代也有同样的表示："义理无穷，惟须毕力钻研，死而后已耳。"（《朱文公集》卷五九，《答余正叔》第三书）

　　但是朱子更进一步说："诸公所以读书无长进，缘不会疑。""才疑，便须理会得彻头。"后来真能使继承他的人，学术复兴的新时代的那些开创的人和做工的人,都懂得了怀疑,——抱着虚心去怀疑,再找方法解决怀疑,即使是对待经典大书也敢去怀疑。而且,正因为他们都是专心尽力研究经典大书的人,所以他们不能不把脚跟站稳:他们必须懂得要有证据才可以怀疑,更要有证据才可以解决怀疑。我看这就足够给一件大可注意的事实作一种历史的解释,足够解释那些只运用"书本、文字、文献"的大人物怎么竟能传下来一个科学的传统,冷静而严格的探索的传统,严格的靠证据思想,靠证据研究的传统,大胆的怀疑与小心的求证的传统—— 一个伟大的科学精神与方法的传统,使我们,当代中国的儿女,在这个近代科学的新世界里不觉得困扰迷惑,反能够心安理得。

（节选自《胡适学术文集·中国
哲学史》,中华书局,1991年版）

　　本文是胡适《中国哲学里的科学精神与方法》一文中的第三、四部分。在第三部分中,胡适认为古代中国的知识遗产中有苏格拉底传统,道家形成自然主义的传统,儒家则有人文主义的传统,二者将我们的民族从迷信、非理性、出世的昏睡中救醒。东汉王充对虚妄的批判和怀疑,即是科学的手段。第四部分则对宋以后八百年的科学精神与方法(怀疑精神和实证考据方法)做了说明。从传统中发掘出等同或类似于西方标准的东西来,使中国的所谓哲学被认同,并被纳入现代中,这是自胡适以来整个中国哲学、文化界的努力奋斗方向。

中国哲学与孔家的哲学

梁漱溟

中国哲学之情势

我们对于印度文化在精神生活方面的成就大概的说过了，现在要来观察中国文化的这一面情形。中国文化在这一面的情形很与印度不同，就是于宗教太微淡，我们曾经说过。因此中国的宗教没有什么好说的，而在他文化里边顶重要的似乎是他那无处不适用的玄学——形而上学。那么我们就来试看他的形而上学如何。我在前边讲过形而上学这个东西自西洋人痛下批评后，几乎无法可讲，如果不于其批评外开辟方法，那么，不论讲得怎样，都是不值一钱。印度的佛家，如我们所观察，似乎算得自己开辟出一条路来的，然则我们就要问：中国的形而上学是否与他方古代形而上学一样陷于西洋所批评的错误，还是另有好方法呢？他这方法与印度的是一样，还是各别呢？我们仔细审量后，可以说中国并没有陷于西洋和印度古代形而上学的错误，亦与佛家方法各别不相涉。他是另自成一种形而上学，与西洋印度的全非同物，我已在表内开列明白。有许多人因为不留心的结果，不觉得这三方的形而上学有什么根本的不同，就常常误会牵混在一处来讲。譬如章太炎、马夷初、陈钟凡诸位都很喜欢拿佛家唯识上的话同中国《易经》，《庄子》来相比附；说什么乾坤就同于阿赖耶识、末那识、一类的话。这实在是大大的错误！大约大家都有一个根木的错误，就是以为人类文化总应该差不多，无论他是指说彼此的同点，或批评他们的差异，但总以为是可以拿着比的。其实大误！他们一家一家——西洋、印度、中国——都各自为一新奇的、颖异的东西，初不能相比。三方各走一路，殆不相涉，中国既没有走西洋或印度那样的路，就绝对不会产生像西洋或印度的那样东西，除非他也走那路时节。你们如果说中国形而上学的某某话，就是印度佛教唯识的某某话，那我就请你看中国人可曾有印度人那样奋力齐奔于人生第三路向吗？如果你承认不曾有，那么印度形而上学在中国何从产生出来！即使他们所说的话尽管相似到十分，如果根本不同时，就不得算同，不得相比。据我所观察中国的形而上学与西洋和印度的根本不同，可分两点去说：

（一）问题不同　　中国形而上学的问题与西洋、印度全然不同，西洋古代和印度古代所问的问题在中国实是没有的。他们两方的问题原也不尽同，但如对于宇宙本体的追究，确乎一致。他们一致的地方，正是中国同他们截然不同的地方，你可曾听见中国哲学家一方主一元，一方主二元或多元；一方主唯心，一方主唯物的辩论吗？像这种呆板的静体的问题，中国人并不讨论。中国自极古的时候传下来的形而上学，作一切大小高低学术之根本思想的是一套完全讲变化的——绝非静体的。他们只讲些变化上抽象的道理，很没有去过问具体的问题。因为这问题不同的原故，其情形因也不同，他们仅只传习讲说而很少争辩，分开党派，各提主张，互相对峙的。虽然一家文化初起的时候，因路向尚无定，思想向各方面发展种种都有一点萌芽，中国也许间或有些与印度西洋相似的，譬如老子所说的："有物混成，先天地生"似很近于具体。但老子的道理终究不在静体，他原亦出于古代的易理——"归藏"——而讲变化的。况且只萌露这一点总不能算数,若因为这类的相似,就抹煞那大部分的不同,总不应该。你不要把中国的金、木、水、火、土五行,当作印度地、水、火、风四大一样看:一个是表抽象的意味,一个是指具体的物质,并不能牵混为一的。

　　(二)方法不同　　中国形而上学所讲,既为变化的问题,则其所用之方法,也当然与西洋印度不同。因为讲具体的问题所用的都是一些静的、呆板的概念,在讲变化时绝对不能适用,他所用的名词只是抽象的、虚的意味。不但阴阳乾坤只表示意味而非实物,就是具体的东西如"潜龙"、"牝马"之类,到他手里也都成了抽象的意味,若呆板的认为是一条龙,一匹马,那便大大错了。我们认识这种抽象的意味或倾向,是用什么作用呢? 这就是直觉。我们要认识这种抽象的意味或倾向,完全要用直觉去体会玩味,才能得到所谓"阴"、"阳"、"乾"、"坤"。固为感觉所得不到,亦非由理智作用之运施而后得的抽象概念。理智所制成之概念皆明确固定的,而此则活动浑融的也。

　　从上面所说看来,可见中国的形而上学,在问题和方法两层,完全同西洋人印度人两样,在西洋古代合[和]印度的几外道所讲的都是静体问题,而因为方法的不讲求,所以陷于错误。以后再谈那类形而上学,都要提出新方法才行。至于中国的形而上学全然不谈静体,并且所用的方法与西洋印度不同,所以近世批评形而上学可讲不可讲与方法适用不适用的问题,都与中国的形而上学完全不相干涉。我们上面所说的两点实在甚关重要,如果不能认清,我们没有法子说中国形而上学可以站得住。如果一个不小心,就错谬得要不得,大约古来弄错的人也很不少,所以我们颇看见有人注意加以针砭。我记得陈淳很辨别太极两仪非物之一点;又偶翻到《宋元学案》里边有许白云答人问的话,大概的意思是说,太极两仪都不过是一个意思,周濂溪就虑人不明白要以太极为一物,所以加无极在上边,然至今犹有人以两仪为天地者,这实在大大不可;太极是理,阴阳是气,理与气与形是不能混的,合起来说,固然形禀气而理具气中,分之则形上形下不可以无别也。他这个话非常之对,中国学术所有的错误,就是由于方法的不谨,往往拿这抽象玄学的推理应用到属经验知识的具体问题;如中国医学上讲病理药性其方法殆不多合。并且除掉认清这些地方之外,还有我们更根本重要应做的事,就是去弄清楚了这种玄学的方法。他那阴阳等观念固然一切都是直觉的,但直觉也只能认识那些观念而已,他并不会演出那些道理来;这盖必有其特殊逻辑,才能讲明以前所成的玄学而可以继续研究。在前人颇拿他同数理在一起讲,这或者也值得研究。但我于此实无研究,不敢轻易说话,不过我们一定可以知道这个方法如果弄不出来,则中国一切学术之得失利弊,就看不分明而终于无法讲求。我们又相信除非中国文明无一丝一毫之价值则已,苟犹能于西洋印度之外自成一派,多少有其价值,则为此一派文明之命根的方法必然是有的,只待有心人去弄出来罢了。此非常之大业,国人不可不勉!

中国形而上学的大意

此刻我们来讲中国这一套形而上学的大意。中国这一套东西,大约都具于周易。周易以前的《归藏》、《连山》,和周易以后流布到处的阴阳五行思想,自然也不能全一样,然而大致总一样的,足可以周易代表他们。又讲《易经》的许多家的说法原也各有不同,然而我们可以说这所有许多的不同,无论如何不同,却有一个为大家公认的中心意思,就是"调和"。他们虽然不一定像这样说

词,而他们心目中的意思确是如此,其大意以为宇宙间实没有那绝
对的、单的、极端的、一偏的、不调和的事物;如果有这些东西,也一
定是隐而不现的。凡是现出来的东西都是相对、双、中庸、平衡、调
和。一切的存在,都是如此。这个话都是观察变化而说的,不是看
着呆静的宇宙而是看宇宙的变化流行。所谓变化就是由调和到不
调和,或由不调和到调和。仿佛水流必求平衡,若不平衡,还往下
流。所差的,水不是自己的活动,有时得平衡即下流,而这个是不
断的往前流,往前变化;又调和与不调和不能分开,无处无时不是
调和,亦无处无时不是不调和者。阴阳等字样,都是表示相对待两
意味或两势力。在事实上为两势力,在吾人观察上则为两意味。
他们说无处无阴阳即无处非调和,而此一阴或一阳者又各为阴阳
之和。如是上下左右推之,相对待相关系于无穷。相对待固是相
反而即是相成,一切事物都成立于此相反相成之调和的关系之上;
纯粹的单是没有的,真正的极端是无其事的。这个意思我认为凡
中国式思想的人所共有的;似乎他方也偶有一点,不过我记不清;
我只记得从前看到一本书叫做相对原理(Principle of Relativity)是
美国人卡鲁士(Carus)著的,他讲安斯坦的相对论,其间有好多话
惹我注意。他所有的话都是根据"宇宙是大流"的意思而说,一切
东西都在这大流中彼此互相关系。其最要紧的话就是:一切都是
相对,没有自己在那里存在的东西。似乎同我们的意思很相契合,
我觉得安斯坦的发明不但使两个相远不相涉之外的静的罗素哲学
与内的动的柏格森哲学得一个接触,并且使西洋的、印度的、中国
的东西都相接触。又柏格森的哲学固与印度思想大有帮忙,似也
有为中国思想开其先路的地方。譬如中国人所用这出于直觉体会
之意味的观念,意有所指而非常流动不定,与科学的思路扞格不
入;若在科学思路占唯一绝对势力的世界就要被排斥不容存留。
而今则有柏格森将科学上明确固定的概念大加指摘,他以为形而

上学应当一反科学思路要求一种柔顺、活动的观念来用。这不是很像替中国式思想开其先路吗？

　　这形而上学之所以为其形而上学的，有一个根本的地方就是无表示。凡一切事物的存在为我所意识的都是一个表示。平时我们的说话法，一名一句都是一个表示；不但语法，即所有感觉，也都是一个一个的表示。因吾人是生物，一思一感皆为有所问而要求一个答，就必须有表示。无意旨的不表示是与我们不相干的，不是我们所能意识及感觉的。所谓要求表示就是要求对于他们的实际问题有关，有影响，这是生物的本性。从这本性就发生知识，其精的即为科学。形而上学则超出利害关系以求真，所以不是这一路。譬如我们说的变化，都是由调和到不调和，结果又归于调和，我们只是不得不用言语来表他，实在这从调和到不调和的两者中间也未尝不调和，没有法子可以分出从某至某为调和，从某至某为不调和；即求所谓调和不调和实不可得，不过言语表明的力量限于如此罢了。我们直觉所认的一偏不调和，其实还是调和，此下之调和与上之不调和又为一调和，如是之调为真，盖两相消而无表示也，然无表示亦一表示。这不惜为两相冲突的说话就是形而上学的说话，凡是形而上学的说话都是全反平时说话法的，若不与平常说话相反就不是形而上学。盖非翻过这些生物的态度不可。柏格森之形而上学为反科学的，亦可为此种派头开其先。

　　我们试就易卦讲几句。卦盖即悬象以示人之意，每一个卦都是表示一个不调和，他是拿这些样的不调和来代表宇宙所有的不调和。他的数目或者加演再多也可以，不过姑且定六十四卦来说。这一卦又分个内外上下，还又分六层次去讲；例如，易经头一个卦：☰这卦是乾上乾下。又从底下挨着次序一爻一爻也都是— —的表示。最下一阳爻——他们叫做初九——因为阳伏藏在下就用"潜龙"两字表示那意味，在这种意味上最好是勿用，勿用其占得的意味也；如是象，如是占，为一调和。我看见《周易折中》引饶鲁的话最明白，他说：
"一爻有一爻之中：如初九潜龙勿用，就以潜而勿用为中；九二见龙
在田利见大人，就以见为中：九三君子终日乾乾，就以乾惕为中；九
四或跃在渊，就以或跃为中；卦有才有时有位不同，圣人使之无不
和乎中。"这根本即是调和就好，极端及偏就要失败。还有我仿佛
记得王船山讲这乾卦说，有一完全坤卦隐于其后，颇为别家所未
及，要算是善于讲调和的。如是之中或调和都只能由直觉去认定，
到中的时候就觉得俨然真是中，到不调和的时候就俨然确是不调
和，这非理智的判断，不能去追问其所以，或认定就用理智顺着往
下推；若追问或推理便都破坏牴牾讲不通了。

　　关于这方面的话大约只好以此为止，因为自己没有什么研究
也说不出别的话来。不过我很看得明孔子这派的人生哲学完全是
从这种形而上学产生出来的。孔子的话没有一句不是说这个的。
始终只是这一个意思，并无别的好多意思。大概凡是一个有系统
思想的人都只有一个意思，若不只一个，必是他的思想尚无系统，
尚未到家。孔子说的"一以贯之"恐怕即在此形而上学的一点意
思。胡适之先生以为是讲知识方法，似乎不对。因为不但是孔子，
就是所有东方人都不喜欢讲求静的知识，而况儒家尽用直觉，绝少
来讲理智。孔子形而上学和其人生的道理都不是知识方法可以去
一贯的，胡先生没有把孔子的一贯懂得，所以他底下说了好多的
"又一根本观念"，其实哪里有这许多的根本观念呢！不过孔子中
心的意思虽只一点，却演为种种方面的道理，我们要去讲他，自
然不能不一一分讲，但虽然分讲，合之固一也。我们分讲于下：

孔子对于生之赞美

　　我们先说孔子的人生哲学出于这种形而上学之初一步，就是

以生活为对，为好的态度。这种形而上学本来就是讲"宇宙之生"的，所以说"生生之谓易"。由此孔子赞美欣赏"生"的话很多，象是："天地之大德曰生"；"天何言哉，四时行焉，百物生焉，天何言哉"；"致中和，天地位焉，万物育焉"；"唯天下至诚为能尽其性，能尽其性则能尽人之性，能尽人之性则能尽物之性，能尽物之性则可以赞天地之化育，可以赞天地之化育则可以与天地参矣"；"天地变化，圣人效之"，"大哉圣人之道，洋洋乎发育万物，峻极于天"；如此之类总是赞叹不止。这一个"生"字是最重要的观念，知道这个就可以知道所有孔家的话。孔家没有别的，就是要顺着自然道理，顶活泼顶流畅的去生发。他以为宇宙总是向前生发的，万物欲生，即任其生，不加造作必能与宇宙契合，使全宇宙充满了生意春气。于是我们可以断言孔家与佛家是不同而且整整相反对的了。好多人都爱把两家拉扯到一起讲。自古就有什么儒释同源等论，直到现在还有这等议论。你看这种发育万物的圣人道理，岂是佛家所愿意的吗？他不是以万物发育为妄的吗？他不是要不沦在生死的吗？他所提出的"无生"不是与儒家最根本的"生"是恰好反对的吗？所以我心目中代表儒家道理的是"生"，代表佛家道理的是"无生"。中国人性好调和，所以讲学问总爱将两个相反的东西拉扯附会。又因为佛家传到中国来渐失本来面目，在唐以后盛行的禅宗，差不多可以说为印度原来没有的，他既经中国民族性的变化，从中国人手里出来，而那宋明学家又曾受他的启发，所以两方更容易相混。即使禅学宋明学相类，也不得为佛家孔家之相类，而况他们初不相类呢！大家总有一个错误，在这边看见一句话，在那边看见一句话，觉得两下很相象，就说他们道理可以相通。意思就是契合了。其实一家思想都是一个整的东西，他那一句话皆于其整的上面有其意思，离开整系统则失其意味；若剖析零碎则质点固无不同者，如果不是合成整的，则各人面目其何从见？所以部分的相似是不算数的。我中国人又头脑笼统，绝少辨察明利的人，从来讨论这两家异同问题的，多是取资禅家的话，愈没有明确的见解；只有吴检斋先生作过一篇《王学杂论》是从唯识上来批评的，很能够一扫游词浮论，把两家的根本分别之处得到了。他说："王说生生不息之根，正穷生死蕴，恒转如流，异生所以在缠，智者期于证断，而彼辈方以流行无间为道体之本然，此中庸至诚无息之说所为近于天磨，而彼宗所执之性非无垢净识明矣。"这话是不错的，儒家所奉为道体的，正是佛家所排斥不要的，大家不可以不注意。

孔子之不认定的态度

其次我们看孔子从那形而上学一定先得到其无表示的道理。大家认识了——的象——表示——就以为他果然如此，不晓得他是浮寄于两相反的势力之上而无根的。根本无表示，大家只晓得那表示，而不晓得这表示乃是无表示上面的一个假象。一个表示都是一个不调和，但所有表示却无不成立于调合之上，所以所有一切，同时都调和，同时都不调和，不认定其表面之所示现为实。寻常人之所以不能不认表示而不理会无表示者，因为他是要求表示的，得到表示好去打量计算的。所以孔子有一个很重要的态度就是一切不认定。《易经》上说："易之为书也不可远，为道也屡迁，变动不居，周流六虚，上下无常，刚柔相易，不可为典要，唯变所适"；《论语》上就明白指出所持的态度说："子绝四，毋意，毋必，毋固，毋我"；又说："我则异于是，无可无不可。"又不但对于其实不如何的而认定其如何，是错，并且一认定，一计算，在我就失中而倾欹于外了。平常人都是求一条客观呆定的道理而秉持之，孔子全不这样。制定这个是善那个是恶，这个为是那个为非，这实是大错！我们觉得宋明学家算是能把孔子的人生重新提出的，大体上没有十分的不对,所有的不对,只在认定外面而成了极端的态度和固执(明人稍好一点)。他们把一个道理认成天经地义,像孔子那无可无不可的话不敢出口。认定一条道理顺着往下去推就成了极端,就不合乎中。事实像是圆的,若认定一点,拿理智往下去推,则为一条直线,不能圆,结果就是走不通。譬如以爱人爱物这个道理顺着往下推去,必至流于墨子兼爱基督博爱的派头;再推就到了佛教的慈悲不杀;再推不但不杀动物也要不杀害植物才对;乃至一石一木也要不毁坏他才对;那么,那个路你怎么走呢? 你如果不能做到最后尽头一步,那么,你的推理何以无端中途不往下推? 你要晓得不但后来不能推,从头原不应判定一理而推也! 所以孔子主张"亲亲而仁民,仁民而爱物"。在我的直觉上对于亲族是情厚些,就厚些;对于旁人略差些,就差些;对于生物又差些,就又差些;对于木石更差了,就更差些。你若判定情厚、多爱为定理而以理智往下推寻,把他作成客观道理而秉持之,反倒成了形式,没有真情,谬戾可笑,何如完全听凭直觉! 然而一般人总要推寻定理,若照他那意思看,孔家所谓"钓而不纲,弋不射宿","君子远庖厨"未免不通:既要钓何如纲,既不纲也就莫钓;既要弋就射宿,既不射宿也就莫弋;既不忍食肉就不要杀生,既杀生又何必远庖厨。一般人是要讲理的,孔子是不讲理的,一般人是求其通的;孔子则简直不通! 然而结果一般人之通却成不通,而孔子之不通则通之至。盖孔子总任他的直觉,到没有自己打架,而一般人念念讲理,事实上只讲一半,要用理智推理,结果仍得凭直觉。我们的行为动作,实际上都是直觉支配我们的,理智支配他不动;一边自己要用理智,一边自己实不听他,临时直觉叫我们往那边去,我们就往那边去。这种自己矛盾打架,不过人自己不觉罢了,其实是无时无刻不这样的,留心细省就知道了。调和折衷是宇宙的法则,你不遵守,其实已竟无时不遵守了。极端的事,一偏的事,哪里是极端? 哪里是一偏? 他对于真的

20世纪儒学研究大系

极端还是折衷,他对于真的一偏还是调和。其实无论何人自认为彻底往下推的,也都是不讲理——就是说没有一人不是不往下推的。所以一般人心里总是有许多道理、见解、主张的,而孔子则无成心,他是空洞无丝毫主张的。他因此就无常师,就述而不作。孔子的这种不认定,有似佛家的"不着有",但全非一事,不过孔子这种空洞无主张,只是述而不作,则与佛陀一般一样。我只看见世上仅此两人是此态度,外此无有已;我只看见他两人仅此一点相同,外此无有已。盖愈是看得周全,愈是看得通,也必愈无主张;惟其那只见一隅的,东一点,西一点,倒有很多主张。既不认定,既无主张,那么,我们何所适从呢?认定、主张就偏,那么我们折衷好吗?极端不对,那么,我们调和对罢?也不对,也不好,因为你又认定折衷,调和去走了。然则叫我们怎么样呢?

孔子之一任直觉

于是我们再来看孔子从那形而上学所得的另一道理。他对这个问题就是告诉你最好不要操心。你根本错误就在找个道理打量计算着去走。若是打量计算着去走,就调和也不对,不调和也不对,无论怎样都不对;你不打算计量着去走,就通通对了。人自然会走对的路,原不须你操心打量的。遇事他便当下随感而应,这随感而应,通是对的,要于外求对,是没有的。我们人的生活便是流行之体,他自然走他那最对,最妥帖最适当的路。他那遇事而感而应,就是个变化,这个变化自要得中,自要调和,所以其所应无不恰好。所以儒家说:"天命之谓性,率性之谓道。"只要你率性就好了,所以就又说这是夫妇之愚可以与知与能的。这个知和能,也就是孟子所说的不虑而知的良知,不学而能的良能,在今日我们谓之直觉。这种求对求善的本能、直觉,是人人都有的;故孟子说:"人皆有不忍人之心……所以谓人皆有不忍人之心者；今人乍见孺子将入于井，皆有怵惕恻隐之心，非所以内交于孺子之父母也，非所以要誉于乡党朋友也，非恶其声而然也。"又说："恻隐之心人皆有之，羞恶之心人皆有之，恭敬之心人皆有之，是非之心人皆有之。恻隐之心仁也；羞恶之心义也；恭敬之心礼也；是非之心智也；仁义礼智非由外铄我也，我固有之也。"这种好善的直觉同好美的直觉是一个直觉，非二；好德，好色，是一个好，非二，所以孟子说："口之于味也有同嗜焉，耳之于声也有同听焉，目之于色也有同美焉。至于心独无所同然乎？心之所同然者何也？谓礼也，义也，圣人先得我心之所同然耳；故礼义之悦我心，犹刍豢之悦我口。"这种直觉人所本有，并且原非常敏锐，除非有了杂染习惯的时节。你怎样能复他本然敏锐，他就可以活动自如，不失规矩。

孔子所谓仁是什么？

此敏锐的直觉，就是孔子所谓仁。胡适之先生在《中国哲学史大纲》上说："仁就是理想的人道，尽人道即是仁。蔡子民《中国伦理学史》说，孔子所说的仁乃是'统摄诸德完成人格之名。'这话甚是；《论语》记子路问成人，孔子答道：'若臧武仲之知，公绰之不欲，卞庄子之勇，冉求之艺，文之以礼乐，亦可以为人矣。'成人即是尽人道，即是完成人格，即是仁。"我亦不能说"统摄诸德完成人格"是不仁，胡君的话我亦无从非议。但是这样笼统空荡荡的说法，虽然表面上无可非议，然他的价值也只可到无可非议而止，并不能让我们心里明白，我们听了仍旧莫名其妙。这因为他根本就不明白孔子的道理，所以他就不能说出使我们明白。他若明白时就晓得这个"仁"是跃然可见确乎可指的。胡先生又说："后人如朱熹之流说'仁者无私心而合天理之谓'乃是宋儒的臆说，不是孔子的本意。"

不晓得胡先生有什么真知灼见，说这样一笔抹煞的话！朱子实不如今人的逞臆见，他的话全从那一个根本点出来，与孔子本意一丝不差，只要一讲清楚就明白了。我们现在先来讲明仁即是敏锐直觉的话。你看《论语》上宰我问三年丧似太久，孔子对他讲："食夫稻，衣夫锦，于汝安乎？"他说"安"。孔子就说："汝安则为之。夫君子之居丧，食旨不甘，闻乐不乐，居处不安，故不为也。今汝安则为之。"宰我出去，孔子就叹息道："予之不仁也！"这个"仁"就完全要在那"安"字上求之。宰我他于这桩事心安，孔子就说他不仁，那么，不安就是仁喽。所谓安，不是情感薄直觉钝吗？而所谓不安，不是情感厚直觉敏锐是什么？像所谓恻隐、羞恶之心，其为直觉是很明的；为什么对于一桩事情，有人就恻隐，有人就不恻隐，有人就羞恶，有人就不羞恶？不过都是一个安然不觉，一个就觉得不安的分别罢了。这个安不安，不又是直觉锐钝的分别吗？儒家完全要听凭直觉，所以唯一重要的就在直觉敏锐明利；而唯一怕的就在直觉迟钝麻痹。所有的恶，都由于直觉麻痹，更无别的原故，所以孔子教人就是"求仁"。人类所有的一切诸德，本无不出自此直觉，即无不出自孔子所谓"仁"，所以一个"仁"就将种种美德都可代表了。而对于"仁"的说法，可以种种不一，此孔子答弟子问"仁"各个不同之所由来也。大家见他没有一定的说法，就以为是一个空荡荡理想的好名称了。我们再来解释朱子的话：大家要看这个不安是那里来的？不安者要求安的表示也，要求得一平衡也，要求得一调和也。直觉敏锐且强的人其要求安，要求平衡，要求调和就强，而得发诸行为，如其所求而安，于是旁人就说他是仁人，认其行为为美德，其实他不过顺着自然流行求中的法则走而已。《易经》上说："一阴一阳之谓道，继之者善也，成之者性也。仁者见之谓之仁，知者见之谓之知，百姓日用而不知，故君子之道鲜矣。"道在调和求中，你能继此而走就是善，却是成此善者，固由本性然也。仁就在这一点上，知也在这一点上，你怎样说他都好，寻常人人都在这里头度他的生活，而自己不晓得。这自然流行日用不知的法则就是"天理"，完全听凭直觉，活动自如，他自能不失规矩，就谓之"合天理"；于这个之外自己要打量计算，就通通谓之"私心"、"私欲"。王心斋说的好："天理者，天然自有之理也，才欲安排如何，便是人欲。"大家要晓得，天理不是认定的一个客观道理，如臣当忠，子当孝之类；是我自己生命自然变化流行之理，私心人欲不一定是声、色、名、利的欲望之类，是理智的一切打量、计较、安排，不由直觉去随感而应。孔家本是赞美生活的，所有饮食男女本能的情欲，都出于自然流行，并不排斥。若能顺理得中，生机活泼，更非常之好的；所怕理智出来分别一个物我，而打量、计较，以致直觉退位，成了不仁。所以朱子以"无私心""合天理"释"仁"，原从儒家根本的那形而上学而来，实在大有来历，胡先生不曾懂得，就指为臆说了。我们再来讲讲这个"仁"。"仁"就是本能、情感、直觉，是已竟说过的了。在直觉、情感作用盛的时候，理智就退伏；理智起了的时候，总是直觉、情感平下去；所以二者很有相违的倾向。孔子说："刚毅木讷近仁，"又说"巧言令色鲜矣仁，"我们都可以看出这"仁"与"不仁"的分别：一个是通身充满了真实情感，而理智少畅达的样子；一个是脸上嘴头露出了理智的慧巧伶俐，而情感不真实的样子。大约理智是给人作一个计算的工具，而计算实始于为我，所以理智虽然是无私的，静观的，并非坏的，却每随占有冲动而来。因这妨碍情感和连带自私之两点，所以孔家很排斥理智。但仁虽然 是情感，却情感不足以言仁。仁是一个很难形容的心理状态，我且说为极有活气而稳静平衡的一个状态，似乎可以分为两条件：

　　（一）寂——像是顶平静而默默生息的样子；

　　（二）感——最敏锐而易感且很强。

　　能使人所行的都对，都恰好，全仗直觉敏锐，而最能发生敏锐

直觉的则仁 也。仁是体，而敏锐易感则其用；若以仁兼赅体用，则寂其体而感其用。若单以情感言仁，则只说到用，而且未必是恰好的用，故言仁者不可不知寂之义。这个寂与印度思想全不相涉，浅言之，不过是为心乱则直觉钝，而敏锐直觉都生于心静时也。平常说的教那人半夜里扪心自问，正为半夜里心静，有点内愧，就可以发露不安起来。孟子说的很明白："虽存乎人者岂无仁义之心哉？其所以放其良心者亦犹斧斤之于木也，旦旦而伐之，可以为美乎？其日夜之所息，平旦之气其好恶与人相近也几希；则其旦昼之所为，有梏亡之矣。梏之反覆则其夜气不足以存，夜气不足以存，则其违禽兽不远矣。"宋明人都有点讲静坐，大家只看形迹，总指为受佛老的影响而不是孔家原样，其实冤屈了他。陈白沙所谓"静中养出端倪"实在很对的。而聂双江在王门中不避同学朋友的攻击，一力主张"归寂以通天下之感"，尤为确有所见，虽阳明已故，无从取决，然罗念庵独识其意。在古代孔家怎样修养，现在无从晓得，然而孔家全副的东西都归结重在此点，则其必以全力从事于此，盖可知也。胡适之先生说："最早的那些儒家只注重实际的伦理和政治，只注重礼乐仪节，不讲究心理的内观。到了大学、中庸时代，才从外务的儒学，近入内观的儒学。"这话未必是。你不看孔子说的："回也其心三月不违仁，其馀则日月至焉而已矣。"那"仁"不是明指一种内心生活吗？只要能像孔子说的"君子无终食之间违仁，造次必于是，颠沛必于是"，就都好了，并不要一样一样去学着作那种种道德善行，盖其根本在此。若说以前孔子时为外务的儒学恐其不然。不过这种内心修养实不像道家佛家于生活正路外有什么别的意思；他只要一个"生活的恰好"，"生活的恰好"不在拘定客观一理去循守而在自然的无不中节。拘定必不恰好，而最大的尤在妨碍生机，不合天理。他相信恰好的生活在最自然，最合宇宙自己的变化——他谓之"天理流行"。在这自然变化中，时时是一个"中"，时时是一个"调和"——由"中"而变化，变化又得一"中"，如是流行不息。孔家想照这样去生活，所以就先得"有未发之中而后发无不中节"了。"仁"与"中"异名同实，都是指那心理的平衡状态。中即平衡、归寂，即以求平衡，惟其平衡则有不合此平衡者就不安，而求其安，于是又得一平衡。此不安在直觉，既已说过，而我们所说敏锐直觉即双江所谓通天下之感也。世人有一种俗见，以为仁就是慈惠，这固然不能说不是仁，但仁之重要意味则为宋明家所最喜说而我们所最难懂的"无欲"。从前我总觉以此为仁，似不合理，是宋儒偏处。其实或者有弊，却不尽错，是有所得的。其意即以欲念兴，直觉即钝，无欲非以枯寂为事，还是求感通，要感通就先须平静。平静是体，感通是用，用在体上。欲念多动一分，直觉就多钝一分；乱动的时候，直觉就钝得到了极点，这个人就要不得了。因此宋儒无欲确是有故的，并非出于严酷的制裁，倒是顺自然，把力量松开，使其自然的自己去流行。后人多误解宋人意思，而宋人亦实不免支离偏激，以至孔家本旨遂无人晓得，此可惜也！修养不过复其本，然此本即不修养，在一般人也并不失，故曰"百姓日用而不知"；仁初非甚高不可攀企之物也。然而仁又高不可穷，故虽颜子之贤，只能三月不违，其余只能日月至，而人以诸弟子之仁否为问，孔子皆不许其仁；乃至孔子亦自云："若圣与仁则吾岂敢。"曾子说："士不可以不弘毅，仁以为己任不亦重乎？死而后已不亦远乎？"可见仁是顶大的工程，所有的事没有大过他的了；而儒家教人亦惟要作此一事，一事而无不事矣。

孔家性善的理

我们再来看孔家性善的道理。孔子虽然没有明白说出性善，而荀子又有性恶的话，然从孔子所本的形而上学看去其结果必如是。那《易经》上继之者善,成之者性,百姓日用而不知的话,原已明白;如我们前面讲仁的话内,也已将此理叙明。胡适之先生说:"孔子的人生哲学依我看来可算得是注重道德习惯一方面的。"又引孔子未见好德如好色的话而说:"可见他(指孔子)不信好德之心是天然有的;好德之心虽不是天然生就的,却可以培养得成,培养得纯熟了自然流露;《大学》上说的:'如恶恶臭,如好好色,'便是道德习惯已成时的状态。"他这话危险的很!人类社会如果不假这种善的本能,试问是怎样成功的?胡先生不但不解孔子的道理而臆说,并且也不留意近来关于这个的意见之变迁,才说这样话(此变迁详第五章)。要晓得孔子的"性相近也,习相远也",其性近就是说人的心理原差不多,这差不多的心理就是善,孟子所谓人心之所同然者是也。"本来都是好恶与人同的,只有后来习惯渐偏,才乖违,才支离杂乱,俱不得其正了。所以最好始终不失其本然,最怕是成了习惯——不论大家所谓好习惯坏习惯,一有习惯就偏,固所排斥,而尤怕一有习惯就成了定型,直觉全钝了。大家认为好习惯的也未必好,因为根本不能认定。就假设为好习惯,然而从习惯里出来的只是一种形式,不算美德。美德要真自内发的直觉而来才算。非完全自由活动则直觉不能敏锐而强有力,故一入习惯就呆定麻痹,而根本把道德摧残了。而况习惯是害人的东西,用习惯只能对付那一种时势局面,新的问题一来就对付不了,而顽循旧习,危险不堪!若直觉敏锐则无所不能对付。一个是活动自如,日新不已;一个是拘碍流行,淹滞生机。害莫大于滞生机,故习惯为孔家所必排。胡先生以注重道德习惯来讲孔子人生哲学,我们是不能承认的。

孔子之不计较利害的态度

我们再来讲孔子的惟一重要的态度,就是不计较利害。这是儒家最显著与人不同的态度,直到后来不失,并且演成中国人的风尚,为中国文化之特异彩色的。这个道理仍不外由前边那些意思来,所谓违仁,失中,伤害生机等是也。胡适之先生又不晓得孔子这个态度,他以为孔子的"放于利而行多怨";"君子喻于义,小人喻于利";不过是孔子恨那般谋利政策,所以把义利两桩说得太分明了。他又引孔子对冉有所说"庶矣,富之"的话,而认孔子并不主张"正其谊不谋其利"说:"……可见他所反对的利,乃是个人自营的私利,不过他不曾把利字说的明白,《论语》又有夫子罕言利的话,又把义利分作两个绝对相反的物事,故容易被后人误解了。"但胡先生虽于讲孔子时不曾认清孔子的态度,却到讲墨子的时候,又无意中找出来了。他看见《墨子·公孟篇》上说:"子墨子问于儒者曰:'何故为乐?'曰:'乐以为乐也。'子墨子曰:'子未我应也,今我问曰:'何故为室?'曰:'冬避寒焉,夏避暑焉,室以为男女之别也。'则子告我为室矣。今我问曰:'何故为乐?'曰:'乐以为乐也。'是犹曰:'何故为室?'曰:'室以为室。'"他就说:"儒家只说一个'什么',墨子则说一个'为什么',提出一个极高的理想的标准,如人生哲学高悬一个止于至善的目的,其细目'为人君,止于仁;为人臣,止于敬;为人父,止于慈;为人子,止于孝;与国人交,止于信。'全不问为什么为人子的要孝?为什么为人臣的要敬?只说理想中的父子君臣朋友是该如此如此的。"他从此推论儒墨的区别道:

> 儒家只注意行为的动机,不注意行为的效果。推到了极端,便成董仲舒所说的"正其谊不谋其利,明其道不计其功。"只说这事应该如此做,不问为什么应该如此做。墨子的方法,

恰与此相反。墨子处处要问一个"为什么"。例如造一所房子,先要问为什么要造房子。知道了"为什么",方才可以知道"怎样做"。知道房子的用处是"冬避寒焉,夏避暑焉,室以为男女之别",方才可以知道怎样构造布置,始能避风雨寒暑,始能分别男女内外。人生一切行为都如此……墨子以为无论何种事物、制度、学说、观念,都有一个"为什么"。换言之,事事物物都有一个用处。知道那事物的用处,方才可以知道他的是非善恶。为什么呢? 因为事事物物既是为应用的,若不能应用,便失了那事物的原意了,便应该改良了。例如墨子讲"兼爱"便说:"用而不可,虽我亦将非之。且焉有善而不可用者?"这是说能应"用"的便是"善"的;善的便是能应"用"的。譬如我说这笔"好",为什么"好"呢? 因为能写,所以"好"。又如我说这会场"好",为什么"好"呢? 因为他能最合开会讲演的用,所以"好"。这便是墨子的"应用主义"。应用主义又可叫做"实利主义"。儒家说"义也者,宜也"。宜即是"应该"。凡是应该如此做的,便是"义"。墨家说"义利也"。便进一层说,说凡事如此做去便可有利的即是"义"的。因为如此做才有利,所以"应该"如此做。义所以为"宜",正因其为"利"。

他在这以下又讲明墨子的应用主义如何不要看浅解错。他对于墨子的态度觉得很合脾胃,因他自己是讲实验主义的。他于是对于孔子的态度就不得其解,觉无甚意味。大约这个态度问题不单是孔墨的不同,并且是中国西洋的不同所在——孔子代表中国,而墨子则西洋适例。我们于这里要细说一说。当我们作生活的中间,常常分一个目的手段:譬如避寒、避暑、男女之别这是目的;造房子,这是手段。如是类推,大半皆这样。这是我们生活中的工具——理智——为其分配、打量之便利,而假为分别的;若当作真的分别,那么就错误而且危险了。什么错误危险? 就是将整个的人生生活打成两断截;把这一截完全附属于那一截,而自身无其意味。如我们原来生活是一个整的,时时处处都有意味;若一分,则当造房中那段生活就全成了住房时那一段生活的附属,而自身无复意味。若处处持这样态度,那么就把时时的生活都化成手段——例如化住房为食息之手段,化食息为生殖之手段——而全一人生生活都倾欹在外了。不以生活之意味在生活,而把生活算作为别的事而生活了。其实生活是无所为的,不但全整人生无所为,就是那一时一时的生活亦非为别一时生活而生活的。平常人盖多有这种错分别——尤以聪明多欲人为甚——以致生活趣味枯干,追究人生的意义、目的、价值等等,甚而情志动摇,溃裂横决。孔子非复常人,所见全不如此,而且教人莫如此;墨子犹是常人,所见遂不出此,而且变本加厉。墨子事事都问一个"为什么",事事都求其用处。其理智计较算帐用到极处;就把葬也节了,因为他没用处;把丧也短了,因为他有害处;把乐也不要了,因为他不知其何所为。这彻底的理智把直觉、情趣斩杀得干干净净;其实我们生活中处处受直觉的支配,实在说不上来"为什么"的。你一笑、一哭,都有一个"为什么",都有一个"用处"吗?这都是随感而应的直觉而已。那孝也不过是儿女对其父母所有的一直觉而已,胡先生一定要责孔家说出"为什么",这实在难得很!我们人的行为动作实在多无所为,而且最好是无所为,"无所为而为"是儒家最注重用力去主张去教人的。或者后儒也有偏处,然而要知其根本所从来则不致误解了。我们已竟说过孔家是要作仁的生活了,最与仁相违的生活就是算帐的生活。所谓不仁的人,不是别的,就是算帐的人。仁只是生趣盎然,才一算帐则生趣丧矣!即此生趣,是爱人敬人种种美行所油然而发者;生趣丧,情绪恶,则贪诈、暴戾种种劣行由此其兴。算计不必为恶,然算计实唯一妨害仁的,妨害仁的更无其他;不算帐未必善,然仁的心理却不致妨害。美恶行为都是发于外之用,不必着重去看;要着重他根本所在的体,则仁与不仁两种不同之心理是也。要着重这两种心理,则算计以为生活不算计以为生活不可不审也!这是说明孔家不计较利害之由于违仁的一个意思。计算始于认定前面,认定已失中,进而算计更失中;甚至像前面所说:计算到极处则整个人生都倾欹于外。孔家为保持其中又不能不排斥计算。旁人之生活时不免动摇,以其重心在外;而孔家情志安定都为其生活之重心在内故也。这是说明孔家不计较利害由于失中的一个意思。违仁失中都是伤害生机。不但像墨子那样办法使人完全成了机械,要窒息而死,稍加计算,心理就不活泼有趣,就不合自然;孔家是要自然活泼去流行的,所以排斥计算。这是说明孔家不计较利害由于伤害生机的一个意思。大约儒家所谓王霸之辨,就在一个非功利的,一个是功利的。而在王道有不尚刑罚之一义,在霸术则以法家为之代表,这也是一个可注意的地方。孔子有言:"道之以政,齐之以刑,民免而无耻;道之以德,齐之以礼,有耻且格;"盖刑罚实利用众人趋利避害之计较的心理而成立者,此必至率天下而为不仁之人,大悖孔子之意,所以要反对的。王道虽不行,然中国究鲜功利之习,此中国化之彩色。西洋虽以功利为尚,与墨子为一态度,而同时又尚艺术,其态度适得一调剂,故墨子之道不数十年而绝,而西洋终有今日。(附注,艺术用直觉而富情趣,其态度为不计较的。)

(节选自《东西文化及其哲学》,商务印书馆 2000 年版)

梁漱溟(1893—1988),中国现代著名思想家、社会活动家,现代新儒家的开创人。原名焕鼎,字寿铭,生于北京,祖籍广西桂林。早年信奉佛教,所撰《究元决疑论》受到蔡元培赏识,1917 年被聘为北大哲学系教员。因不满当时西化倾向,立志替释迦、孔子发挥,先后在北京、济南等地讲演《东西文化及其哲学》。20年代末,积极倡导和主持"乡村建设运动",并在山东邹平实地试验,后因抗战爆发而中断。抗战胜利后,加入民盟,参与调停国共和谈。和谈破裂,退出民盟,专心著述,出版《中国文化要义》。解放后任政协委员,晚年撰写出版《人心与人生》等,著作后人结集为《梁漱溟全集》。1988年病逝于北京。

《东西文化及其哲学》是梁漱溟1920年在北京大学及1921年8月在济南所做讲演记录,同年10月由山东首次印行,后多次再版。书中评判东西文化各家哲学,发挥孔子思想,提出世界文化的三路向说,预测世界文化的未来方向是儒家文化和印度文化的次第复兴。梁以此书奠定其一生思想,并因此成为现代新儒家的开山人物。此处所选为本书第四章《西洋中国印度三方哲学之比较》中论述"中国哲学之情势"以下及孔子哲学有关诸节。梁漱溟对儒家哲学及孔子哲学的特征的看法,由此可知。

儒家哲学的重要问题

梁启超

从前讲研究法有三种：时代的研究法、宗派的研究法、问题的研究法。本讲义以时代为主，一时代中讲可以代表全部学术的人物同潮流。但是问题散在各处，一个一个的讲去，几千年重要学说的变迁，重要问题的讨论，先后的时代完全隔开了，很不容易看清楚。添这一章，说明儒家道术究竟有多少问题，各家对于某问题抱定何种主张，某个问题讨论到什么程度，还有讨论的余地没有，先得一个简明的概念，往后要容易懂些。以后各家，对于某问题讨论得详细的，特别提出来讲；讨论得略的，可以省掉了去。

真讲儒家道术，实在没有多少问题。因为儒家精神不重知识——问题多属于知识方面的。儒家精神重在力行，最忌讳说空话。提出几个问题，彼此互相辩论，这是后来的事；孔子时代原始的儒家根本没有这种东西。近人批评西洋哲学说："哲学这门学问不过播弄名词而已。"语虽过火，但事实确是如此。哲学书籍虽多，要之仅是解释名词的不同。标出几个名词来，甲看见这部分，乙看见那部分；甲如此解释，乙如彼解释，所以搅作一团无法分辨。专就这一点看，问题固不必多，多之徒乱人意。许多过去大师都不愿讨论问题，即如陆象山、顾亭林，乃至颜习斋，大概少谈此类事，以为彼此争辩，究竟有什么用处呢？颜习斋有个很好的譬喻：譬如事父母曰孝，应该研究如何去冬温、夏清、昏定、晨省，才算是孝。乃历代谈孝的人，都不如此研究，以为细谨小节，反而追问男女如何媾精，母亲如何怀胎，离去孝道不知几万里。像这类问题，不但无益，而且妨害实行的功夫。

理论上虽以不谈问题为佳，实际上，大凡建立一门学说，总有根本所在。为什么会发生这种学说？如何才有存在的价值？当然有多少原理藏在里边。所以不讨论学说则已，讨论学说，便有问题。无论何国，无论何派，都是一样。中国儒家哲学，所讨论的问题虽然很少，但比外国的古代或近代，乃至本国的道家或墨家，都不相同。即如希腊哲学由于爱智，由于好奇心，如何解释宇宙，如何说明万象，完全为是一种高尚娱乐，为满足自己的欲望。至于实际上有益无益，在所不管。西洋哲学，大抵同实际发生关系很少。古代如此，近代亦复如此。中国的道家和墨家，认为现实的事物都很粗俗，没有研究的价值；要离开社会，找一个超现实的地方，以为安身立命之所。虽比专求知识较切近些，但离日常生活还是去得很远。惟有儒家，或为自己修养的应用，或为改良社会的应用，对于处世接物的方法，要在学理上求出一个根据来。研究问题，已陷于空；不过比各国及各家终归要切实点。儒家问题与其他哲学问题不同就在于此。儒家的问题别家也许不注重，别家的问题儒家或不注重，或研究而未精。看明了这一点，才能认识他的价值。

现在把几个重要问题分别来讲。

一　性善恶的问题

"性"字在孔子以前，乃至孔子本身，都讲得很少。孔子以前的，在《书经》上除伪古文讲得很多可以不管外，真的只有两处。《西伯戡黎》有"不虞天性，不迪率典"。《召诰》有"节性惟日其迈"。"不虞天性"的"虞"字，郑康成释为"审度"。说纣王不审度天性，即不节制天性之谓。我们看节性惟日其迈，意思就很清楚。依郑氏的说法，虞字当作节字解；那末《书经》上所说的性，都不是一个好东西，应当节制它才不会生出乱子来。

《诗经·卷阿》篇"岂弟君子，俾尔弥尔性"。语凡三见。朱《诗集传》根据郑《笺》说："弥，终也；性，犹命也。"然则性即生命，可以勉强作为性善解。其实"性"字，造字的本意原来如此，性即"生"加"忄"，表示生命的心理。照这样讲，《诗经》所说性字，绝对不含好坏的意思。《书经》所说"性"字，亦属中性，比较偏恶一点。

孔子以前对于性字的观念如此，至于孔子本身亦讲得很少。子贡尝说："夫子之言性与天道，不可得而闻也。"《论语》算是可靠了，里面有很简的两句："性相近也，习相远也。"下面紧跟着是："惟上智与下愚不移。"分开来讲，各皆成理，可以说得通。补上去讲，就是说中人之性，可以往上往下；上智下愚生出来便固定的，亦可以说得通。贾谊《陈政事疏》引孔子语，"少成若天性，习惯成自然"。这两句话好像性相近习相远的注脚。贾谊用汉人语，翻译出来的，意味稍为不同一点。

假使《周易》的《系辞》、《文言》是孔子作，里面讲性的地方到很多。《乾象传》说："乾道变化，各尽性命。"《乾卦·文言传》说："乾元者，始而亨者也。利贞者，性情也。"《系辞·上传》说："一阴一阳之谓道，继之者善也，成之者性也。"又说："成性存存，道义之门。"《说卦传》说："和顺于道德而理于义，穷理尽性以至于命。"诸如此类很多，但是《系辞》里边互相冲突的地方亦不少。第三句与第四句冲突，第四句与第五句亦不一样，我们只能用作参考。假使拿他们当根据，反把性相近习相远的本义，弄不清楚了。

子贡说："性与天道，不可得而闻。"可见得孔子乃至孔子以前，谈性的很少。以后为什么特别重要了呢？因为性的问题，偏于教育方面。为什么要教育？为的是人性可以受教育；如何实施教育？

以人性善恶作标准。无论教人或教自己,非先把人性问题解决,教育问题没有法子进行。一个人意志自由的有无,以及为善为恶的责任,是否自己担负,都与性有关系。性的问题解决,旁的就好办了。孔子教人以身作则,门弟子把他当作模范人格,一言一动都依他的榜样。但是孔子死后,没有人及得他的伟大教育的规范,不能不在性字方面下手。性的问题因此发生。我看发生的时候,一定去孔子之死不久。

王充《论衡》的本性篇说:"……周人世硕以为人性有善有恶。举人之善性,养而致之,则善长;性恶,养而致之,则恶长。如此性各有阴阳善恶,在所养焉。故世子作《养性书》一篇。宓子贱、漆雕开、公孙尼子之徒,亦论情性,与世子相出入,皆言性有善有恶。……"世子,王充以为周人,《汉书·艺文志》以为孔子再传弟子。主张性有善恶,有阴阳,要去养他,所以作《养性书》。可惜现在没有了。宓子贱、漆雕开、公孙尼子俱仲尼弟子,其著作具载于《汉书·艺文志》,王充曾看见过。

宓子贱、漆雕开以后,释性的著作有《中庸》。《中庸》这篇东西,究竟在孟子之前,还是在孟子之后,尚未十分决定。崔东壁认为出在孟子之后,而向来学者都认为子思所作。子思是孔子之孙,曾子弟子,属于七十子后学者。如《中庸》真为子思所作,应在宓漆之后,孟子之前。而性善一说,《中庸》实开其端。《中庸》起首几句,便说:"天命之谓性,率性之谓道,修道之谓教。"率性,另有旁的解法。若专从字面看,朱子释为:率,循也。率与节不同,节讲抑制,含有性恶的意味。率讲顺从,含有性善的意味。又说:"惟天下至诚,为能尽其性;能尽其性,则能尽人之性;能尽人之性,则能尽物之性;能尽物之性,则可以赞天地之化育;可以赞天地之化育,则可以与天地参矣。"这段话,可以作"率性之谓道"的解释。"率性",为孟子性善说的导端。"尽性",成为孟子扩充说的根据。就是依照我们本来的性,放大之,充满之。《中庸》思想很有点同孟子相近。《荀子·非十二子篇》,把子思、孟子一块骂。说道,"略法先王,而不知其统。犹然而材剧志大,闻见杂博。……子思唱之,孟子和之,世俗之沟犹瞀儒,嚾嚾然不知其所非也"。这个话,不为无因。孟子学说,造端于《中庸》地方总不会少。

一面看《中庸》的主张,颇有趋于性善说的倾向;一面看《系辞》《说卦》说,"一阴一阳之谓道,继之者善也,成之者性也";"穷理尽性,以至于命"。亦是近于性善说的话。如《系辞》为七十子后学者所作,至少当为子思一派。或者子思的学说,与孟子确有很大的影响。《系辞》《文言》非孔子所作,因为里面称"子曰"的地方很多,前回已经说过了。《彖辞》《象辞》,先儒以为孔子所作,更无异论。其中所谓"乾道变化,各尽性命",与《系辞》中所讲性,很有点不同,不过生之谓性的意思。此外《彖辞》《象辞》不知道还有论性的地方没有,应该聚起来,细细加以研究。

大概孔子死后,弟子及再传弟子,俱讨论性的问题。主张有善有恶,在于所养,拿来解释孔子的"性相近,习相远"两句话。自孔子以后,至孟子以前,儒家的见解都是如此。到孟子时代,性的问题,愈见重要。与孟子同时,比较稍早一点的有告子。《告子》上下篇,记告孟辩论的话很多。告子生在孟前,孟子书中有"告子先我不动心"的话。墨子书中,亦有告子。不知只是一人抑是二人。勉强凑合,可以说上见墨子,下见孟子。

这种考据的话,暂且不讲。单讲告子论性,主张颇与宓子贱及世子相同。告子说:"生之谓性。"造字的本义,性就是人所以生者。既承认生之谓性,那末,善恶都说不上,不过人所以生而已。又说:"食色性也。"这个性完全讲人,专从血气身体上看性,更没有多少玄妙的地方。赤裸裸的,一点不带色彩。他的结论是:"性无善无不善也。"由告子看来,性完全属于中性,这是一说。

同时公都子所问还有两说。或曰："性可以为善,可以为不善。"或曰："有性善,有性不善。"第一说同告子之说,可以会通。因为性无善无不善,所以性可以为善,可以为不善。再切实一点讲,因为性有善有不善,所以可以为善,可以为不善。第二说,有性善有性不善,与性有善有不善不同。前者为人的差异,后者为同在一人身中,部分的差异。所以说"文武兴则民好善,幽厉兴则民好暴"。只要有人领着群众往善方面走,全社会都跟着往善走。又说"以尧为君而有象,以瞽瞍为父而有舜"。瞽瞍的性恶不碍于舜的性善。这三说都可以谓之离孔子原意最近。拿去解释性相近习相远的话,都可以说得通。

孔子所说的话极概括,极含浑。后来偏到两极端,是孟子与荀子。孟子极力主张性善。公都子说他"今曰性善,然则彼皆非欤"。孟子所主的性善,乃是说:"君子所性仁、义、礼、智,根于心。"这句话如何解释呢?《公孙丑·上》说:"恻隐之心,仁之端也;羞恶之心,义之端也;辞让之心,礼之端也;是非之心,智之端也。人之有是四端也,犹其有四体也。"这几种心都是随着有生以后来的。《告子·上》又说:"口之于味也,有同嗜焉;耳之于声也,有同听焉;目之于色也,有同美焉。至于心,独无所同然乎? 心之所同然者何也? 谓礼也,义也。圣人先得我心之所同然耳。故理义之悦我心,犹刍豢之悦我口。"这类话讲得很多。他说仁义礼智,或说性是随着有生就来的。人的善性,本来就有好像口之于美味,目之于美色一样,尧舜与吾同耳。

人性本善,然则恶是如何来的呢? 孟子说是习惯,是人为,不是原来面目。凡儒家总有解释孔子的话,"心之所同然","圣人与我同类"。这是善,是性相近;为什么有恶,是习相远。《告子·上》又说,"牛山之木尝美矣,以其郊于大国也,斧斤伐之,可以为美乎? 是其日夜之所息,雨露之所润,非无萌蘖之生焉,牛羊又从而牧之,是以若彼濯濯也。人见其濯濯也,以为未尝有材焉,此岂山之性也哉?虽存乎人者,岂无仁义之心哉?其所以放其良心者,亦犹斧斤之于木也,旦旦而伐之,可以为美乎?其日夜之所息,平旦之气,其好恶与人相近也者几希,则其旦昼之所为有梏亡之矣。梏之反覆则其夜气不足以存,夜气不足以存,则其违禽兽不远矣。人见其禽兽也,而以为未尝有才焉者,是岂人之情也哉?”这是用树林譬喻到人。树林所以濯濯,因为斩伐过甚。人所以恶,因为失其本性。所以说“若夫为不善,非才之罪也”。人性,本是善的;失去本性,为习染所误,才会作恶。好像水本是清的,流入许多泥沙,这才逐渐转浊。水把泥沙淘净,便清了;人把坏习惯去掉,便好了。自己修养的功夫以此为极点,教育旁人的方法,亦以此为极点。

　　孟子本身对于性字,没有简单的定义。从全部看来,绝对主张性善。性善的本原只在人身上,有仁义礼智四端,而且四端亦就是四本。《公孙丑·上》讲:“无恻隐之心非人也,无羞恶之心非人也,无辞让之心非人也,无是非之心非人也。”说明人皆有恻隐之心。以乍见孺子将入于井为例,下面说,“非所以内交于孺子之父母也,非所以要誉于乡党朋友也,非恶其声而然也”。赤裸裸的只是恻隐,不杂一点私见。这个例确是引得好,令我们不能不承认,恻隐之心,人皆有之。可惜羞恶之心、恭敬之心、是非之心,就没有举出例来。我们觉得有些地方,即如辞让之心,便很难解答。若能起孟子而问之,倒是一件很有趣的事情。孟子专看见善的方面,没有看见恶的方面,似乎不大圆满。荀子主张与之相反。要说争夺之心,人皆有之,倒还对些。那时的人如此,现在的人亦然。后来王充《本性篇》所引如商纣羊舌食我一般人,仿佛生来就是恶的,不能不承认他们有一部分的理由。孟子主张无论什么人,生来都是善的;要靠这种绝对的性善论作后盾,才树得起这派普遍广大的教育原理。不过单作为教育手段,那是对的。离开教育方面,旁的地方,有的说不通，无论何人亦不能为他作辩护。

因为孟子太高调，太极端，引起反动，所以有荀子出来主张性恶。《性恶篇》起头一句便说："人之性恶，其善者伪也。"要是不通训诂，这两句话很有点骇人听闻。后人攻击他，就因为这两句。荀子比孟子晚百多年，学风变得很利害。讲性不能笼统地发议论，要根据论理学，先把名词的定义弄清楚。在这个定义的范围内，再讨论其性质若何。"性恶"是荀子的结论。为什么得这个结论，必先分析"性"是什么东西，再分析"伪"是什么东西；"性"、"伪"都弄明白了，自然结论也就明白了。什么是性？《正名篇》说："生之所以然者谓之性。"与告子"生之谓性"含义正同。底下一句说："性之和所生，精合感应，不事而自然谓之性。"便是说自然而然如此，一点不加人力。性之外，还讲情。紧跟着说："性之好恶喜怒哀乐谓之情。"这是说情是性之发动出来的，不是另外一个东西，即性中所含的喜怒哀乐，往外发泄出来的一种表现。什么是伪？下面又说："情然而心为之择，谓之虑；心虑而能为之动，谓之伪。"能字荀子用作态字，由思想表现到耳目手足。紧跟着说："虑积焉能习焉而后成，谓之伪。"这几段话，简单的说，就是天生之谓性，人为之谓伪。天生本质是恶的，人为陶冶，逐渐变善。所以他的结论是："人之性恶，其善者伪也。"

荀子对于性解释的方法与孟子相同，惟意义正相反。《性恶篇》说："今人之性生而有好利焉，顺是故争夺生而辞让亡焉；生而有疾恶焉，顺是故残贼生而忠信亡焉；生而有耳目之欲，有好声色焉，顺是故淫乱生而礼义文理亡焉。然则从人之性，顺人之情，必出于争夺，合于犯分乱理而归于毕。故必将有师法之化，礼义之道，然后出于辞让，合于文理，而归于治。用此观之，然则人之性恶明矣，其善者伪也。故枸木必将待隐括蒸矫然后直，钝金必将待砻厉然后利，人之性恶必将待师法然后正，得礼义然后治。"这段话是说顺着人的本性,只有争夺、残贼、淫乱,应当用师法礼义去矫正他。犹之乎以树木作器具,要经过一番人力一样。《性恶篇》还有两句说:"不可学不可事之在天者,谓之性。可学而能,可事而成之在人者,谓之伪。是性伪之分也。"这两句话,说得好极了。性、伪所以不同之点,讲得清清楚楚的。《礼论篇》还有两句说:"性者,本始材朴也;伪者,文理隆盛也。无性则伪之无所加,无伪则性不能自美。"这是说专靠原来的样子,一定是恶的,要经过人为,才变得好。

荀子为什么主张性恶? 亦是拿来作教育的手段。孟子讲教育之可能,荀子讲教育之必要。对于人性若不施以教育,听其自由,一定堕落。好像枸木钝金,若不施以蒸矫砻厉,一定变坏。因为提倡教育之必要,所以主张性恶说。一方面如孟子的极端性善论,我们不能认为真理;一方面如荀子的极端性恶论,我们亦不完全满意。不过他们二人,都从教育方面着眼:或主性善,或主性恶,都是拿来作教育的手段,所以都是对的。孟子以水为喻,荀子以矿为喻。采得一种矿苗,如果不淘、不炼、不铸,断不能成为美的金器。要认性是善的,不须教育,好像认矿是纯粹的,不须锻炼。这个话,一定说不通。对于矿要加工夫,对于人亦要加工夫;非但加工夫,而且要常常加工夫。这种主张,在教育上有极大的价值。但是离开教育,专门讲性,不见得全是真理。我们开矿的时候,本来是金矿,才可以得金,本来是锡矿,绝对不能成金。

孟荀以前,论性的意义,大概包括情性并讲,把情认为性的一部分。孟子主性善。《告子·上》论情说:"乃若其情,则可以为善矣,乃所谓善也。"性善所包括的情亦善。荀子主性恶。《正名篇》论情说:"不事而自然谓之性,性之好恶喜怒哀乐谓之情。"性恶所包括的情亦恶。笼统地兼言情性,把情作为性的附属品,汉以前学者如此。

至汉，学者主张分析较为精密。一面讲性的善恶，一面讲情的善恶。头一个是董仲舒，最先提出情性问题。《春秋繁露·深察名号篇》说："……天地之所生，谓之性情。性情相与，为一瞑，情亦性也。谓性已善，奈其情何？故圣人莫谓性善，累其名也；身之有情也，若天之有阴阳也。言人之质而无其情，犹言天之阳而无其阴也。"董子于性以外，专提情讲。虽未把情撇在性外，然渐定性情对立的趋势。王充《论衡·本性篇》说："董仲舒览孙孟之书，作《性情》之说曰：'天之大经，一阴一阳；人之大经，一情一性。性生于阳，情生于阴。阴气鄙，阳气仁。曰性善者，是见其阳也；谓恶者，是见其阴者也……'。"人有性同情，与天地的阴阳相配，颇近于玄学的色彩。而谓情是不好的东西，这几句话，《春秋繁露》上没有，想系节其大意。董子虽以阴阳对举，而阳可包阴；好像易以乾坤对举，而乾可包坤一样。《春秋繁露》的话，情不离性而独立。《论衡》加以解释，便截然离为二事了。大概董子论性有善有恶。《深察名号篇》说："人之诚，有贪有仁。仁贪之气，两在一身。"这个话，比较近于真相。孟子见仁而不见贪，谓之善。荀子见贪不见仁，谓之恶。董子调和两说谓："仁贪之气，两在一身。"所以有善有恶。王充批评董子，说他"览孙孟之书，作性情之说"。这个话有语病。他并不是祖述那一个的学说，不过他的结论，与荀子大致相同。《深察名号篇》说："天生民性，有善质而未能善。""今万民之性，待外教然后能善。"《实性篇》又说："名性者，中民之性。中民之性，如茧如卵。卵待覆二十日而后能为雏，茧待缲以涫汤而后能为丝，性待渐于教训而后能为善。善教训之所然也。"孟子主张性无有不善，他不赞成。荀子主张人之性恶，他亦不赞成。但是他的结论，偏于荀子方面居多。董子虽主情包括于性中，说："情亦性也"，但情性二者，几乎立于对等的地位。后来情性分阴阳，阴阳分善恶，逐渐变为善恶二元论了。汉朝一代的学者，大概都如此主张。《白虎通》乃东汉聚集许多学者,讨论经典问题,将其结果编撰而成一部书。其中许多话,可以代表当时大部分人的思想。《白虎通·情性篇》说:"情性者,何谓也? 性者阳之施,情者阴之化也。人禀阴阳气而生,故内怀五性六情。情者静也,性者生也。此人所禀天气以生者也。故《钩命决》曰:'情生于阴,欲以时念也。性生于阳,以理也。阳气者仁,阴气者贪。故情有利欲,性有仁也。'"这些话,祖述董仲舒之说,董未划分,《白虎通》已分为二。王充时,已全部对立了。许慎《说文》说:"性,人之阳气性善者也。""情,人之阴气有欲者。"此书成于东汉中叶,以阴阳分配性情。性是善的,情是恶的。此种见地,在当时已成定论。王充罗列各家学说,归纳到情性二元,善恶对立,为论性者树立一种新见解。

情性分家,东汉如此,到了三国讨论得更为热烈。前回讲儒学变迁,说钟会作《四本论》,讨论才性同,才性异;才性合,才性离的问题。才大概即所谓情。孟子说:"乃若其情,则可以为善矣,乃所谓善也。若夫为不善,非才之罪也。"情才有密切关系,情指喜怒哀乐,才指耳目心思,都是人的器官。《四本论》这部书,可惜丧失了。内中所说的才是否即情,尚是问题。亦许才即是情。董尚以为附属,东汉时,已对立。三国时,更有同异离合之辩。后来程朱颜戴所讲,亦许他们早说过了。大家对于情的观念,认为才是好东西。这种思想的发生,与道家有关系,与佛教亦有关系。何晏著《圣人无喜怒哀乐论》主张把情去干净了,便可以成圣人,这完全受汉儒以阴阳善恶分性情的影响。

到唐朝,韩昌黎出,又重新恢复到董仲舒原性说:"性也者,与生俱生者也;情也者,接于物而生也。性之品有三,而其所以为性者五。情之品有三,而其所以为情者七。……性之品有上中下三……其所以为性者有五:曰仁,曰礼,曰信,曰义,曰智。性之于情视其品。情之品有上中下三,其所以为情者七:曰喜,曰怒,曰哀,曰惧,曰爱,曰恶,曰欲。……情之于性视其品。"这是性有善中恶的区别,情亦有善中恶的区别。韩愈的意思,亦想调和孟荀,能直接追到董仲舒;只是发挥未透,在学界上地位不高。他的学生李翱就比他说得透彻多了。李翱这个人,与其谓之为儒家,毋宁谓之为佛徒。他用佛教教义,拿来解释儒书,并且明目张胆的把情划在性之外,认情是绝对恶的。《复性书》上说:"人之所以为圣人者,性也。人之所以感其性者,情也。喜、怒、哀、乐、爱、恶、欲七者,皆情之所为也。情既昏,性斯匿矣,非性之过也。七者循环而交来,故性不能充也。……性之动静弗息,则不能复其性。"这是说要保持本性,须得把情去掉了。若让情尽量发挥,本性便要丧失。《复性书》中紧跟着说:"将复其性者,必有渐也。敢问其方,曰:'弗虑弗思,情则不生,情即不生,乃为正思。正思者,无虑无思也。'"照习之的说法,完全成为圣人,要没有喜、怒、哀、乐、爱、恶、欲,真是同槁木死灰一样。他所主张的复性,是把情欲铲除干净,恢复性的本原。可谓儒家情性论的一种大革命。从前讲节性、率性、尽性,是把性的本身抑制他,顺从他,或者扩充他。没有人讲复性,复性含有光复之意。如像打倒满清,恢复汉人的天下,这就叫复。假使没有李翱这篇,一般人论性,都让情字占领了去,反为失却原样。如何恢复?就是去情。习之这派话,不是孔子,不是孟子,不是荀子,不是董子,更不是汉代各家学说,完全用佛教的思想和方法,拿来解释儒家的问题。自从《复性书》起,后来许多宋儒的主张,无形之中受了此篇的暗示。所以宋儒的论性,起一种很大的变化,与从前的性论,完全不同。

宋儒论性,最初的是王荆公。他不是周、程、朱、张一派,理学家他排斥在外。荆公讲性,见于本集性情论中。他说:"性情一也。七情之未发于外,而存于心者,性也;七情之发于外者,情也。性者,情之本;情者,性之用。情而当于理,则圣贤;不当于理,则小人。"此说在古代中,颇有点像告子。告子讲:"生之谓性","食色性也","性,可以为善,可以为不善。"与"当于理则君子,不当于理则小人"之说相同。荆公在宋儒中,最为特别,极力反对李翱一派的学说。

以下就到周濂溪、张载、程颢、程颐、朱熹,算是一个系统。他们几个人,虽然根本的主张,出自李翱,不过亦有多少变化。其始甚粗,其后甚精。自孔子至李翱,论性的人,都没有用玄学作根据。中间只有董仲舒以天的阴阳,配人的性情讲,颇带玄学气味。到周、程、张、朱一派,玄学气味更浓。濂溪的话,简单而费解。《通书·诚几德章》说:"诚无为,几善恶。"这是解性的话。他主张人性二元,有善有恶。《太极图说》又云:"无极而太极,太极动而生阳。动极而静,静而生阴。"他以为有一个超绝的东西,无善无恶,即诚无为。动而生阴,即几善恶。几者,动之微也。动了过后,由超绝的一元,变为阴阳善恶的二元。董子所谓天,即周子所谓太极。周子这种诚无为、几善恶的话,很简单。究竟对不对,另是一个问题。我们应知道的,就是二程、张、朱,后来都走的这条路。张横渠的《正蒙·诚明篇》说:"形而后有气质之性,善反之则天地之性存焉。故气质之性,君子有弗性者。"形状尚未显著以前,为天理之性。形状显著以后,成为气质之性。天理之性,是一个超绝的东西。气质之性,便有着落,有边际。李翱以前,情性对举是两个分别的东西;横渠知道割开来说不通,要把喜怒哀乐去掉,万难自圆其说。所以在性的本身成分成两种,一善一恶,并且承认气质之性是恶的。比李翱又进一步了。

明道亦是个善恶二元论者。《二程全书·卷二》说:"论性不论气,不备;论气不论性,不明。"他所谓气,到底与孟子所谓情和才,是全相合,或小有不同,应当另外研究。他所谓性,大概即董子所谓情,论情要带着气讲。又说:"生之谓性,性即气,气即性。人生气禀,理有善恶,然不是性中元有此;两两相对而生,有自幼而善,有自幼而恶,气禀有然也。善,固性也;然恶亦不可不谓之性。"他一面主张孟子的性善说——宋儒多自命为孟子之徒——一面又主张告子的性有善有恶说。生之谓性一语,即出自告子。最少他是承认人之性善恶混,如像董仲舒、扬雄一样。后来觉得不能自圆其说了,所以发为遁词。又说:"人生而静以上不容说,才说性时,便已不是性也。"这好像禅宗的派头,才一开口,即便喝住。从前儒家论性,极其平实,到明道时,变成不可捉摸,持论异常玄妙,结果生之谓性是善,不用说,有了形体以后,到底怎么样,他又不曾说清楚,弄得莫名其妙了。伊川的论调,又自不同,虽亦主张二元,但比周、张、大程都具体得多。《近思录·道体类》说:"性出于天,才出于气。气清则才清,气浊则才浊。气则有善有不善,才则无善无不善。"这种话与横渠所谓天理之性,气质之性,立论的根据很相接近。全书卷十九又说:"性无不善,而有善有不善者才也。性即是理,理则自尧舜至于途人一也。才,禀于气,气有清浊,清者为贤,浊者为愚。"名义上说是宗法孟子,实际上同孟子不一样。孟子说:"若夫为不善,非才之罪也。"主张性、情、才全是善的。伊川说:"有善有不善者,才也。"两人对于才的见解,相差多了。伊川看见绝对一元论讲不通,所以主张二元。但他同习之不一样。习之很极端,完全认定情为恶的。他认定性全善,情有善有不善。才,即孟荀所谓性,性才并举,性即是理,理是形而上物,这是言性的一大革命。人生而近于善,在娘胎的时候,未有形式之前,为性,那是善的,一落到形而下,为才,便有善有不善。二程对于性的见解,实主性有善有不善,不过在上面,加上一顶帽子,叫做性之理,他们所谓性,与汉代以前所谓性不同,另外是一个超绝的东西。

朱熹的学问完全出于伊川、横渠,他论性,即由伊川、横渠的性论引申出来。《学》的上篇说:"论天地之性,则专主理;论气质之性,则以理与气离而言之。"这完全是解释张横渠的话。《语类·一》又说:"性者,人之所得于天之理;生者,人之所得于天之气。"他把性同生分为两件事,与从前生之谓性的论调不一样。从大体看,晦翁与二程主张相似,一面讲天之理,一面讲天之气。单就气质看,则又微有不同。二程谓气质之性,有善有不善,属于董子一派。晦翁以为纯粹是恶的,属于荀子一派。因为天地之性是超绝的,另外是一件事,可以不讲。气质之性是恶的,所以主张变化气质。朱子与李翱差不多,朱主变化气质,李主消灭情欲。朱子与张载差不多,张分天地之性、气质之性,朱亦分天地之性、气质之性。气质是不好的,要设法变化他,以复本来之性。《大学·章句》说:"明德者,人之所得乎天而虚灵不昧,以具众理,而应万事者也。但为气禀所拘,人欲所蔽,则有时而昏。然本体之明,则有未尝息者。故学者当因其所发而遂明之,以复其初也。"恢复从前的样子,这完全是李翱的话,亦即荀子的话。周、程、张、朱这派,其主张都从李翱脱胎出来,不过理论更较完善精密而已。

与朱熹同时的陆象山就不大十分讲性,《象山语录》及文集,讲性的地方很少。《朱子语录》有这样一段:"问子静不喜人论性,曰,怕只是自己理会不曾分晓,怕人问难,又长大了,不肯与人商量,故一截截断。然学而不论性,不知所学何事?"朱子以为陆子不讲这个问题,只是学问空疏。陆子以为朱子常讲这个问题,只是方法支离。不单训诂、考据,认为支离;形而上学,亦认为支离。朱陆辩《太极图说》,朱子抵死说是真的,陆子绝对指为伪的,可见九渊生平不喜谈玄。平常人说陆派谈玄,近于狂禅,这个话很冤枉。其实朱派才谈玄,才近于狂禅。性的问题,陆子以为根本上用不着讲。这种主张,固然有相当的理由,不过我们认为还有商酌的余地。如像大程子所谓"才说性时,便已不是性",那真不必讨论。但是孟荀的性善性恶说,确有讨论的必要,在教育方面,其他方面,俱有必要。总之,宋代的人性论是程朱一派的问题,陆派不大理会,永嘉派亦不大理会。

明人论性,不如宋人热闹。阳明虽不像子静绝对不讲,但所讲并不甚多,最简单的,是他的四句之教:"无善无恶性之体,有善有恶意之动,知善知恶是良知,为善去恶是格物。"据我们看,阳明这个话说得很对。从前讲性善性恶都没有定范围,所以说来说去莫衷一是。认真说,所讨论的那么多,只能以"无善无恶性之体"七字了之。程朱讲性,形而上是善,形而下是恶。阳明讲性,只是中性,无善无恶;其他才、情、气都是一样,本身没有善恶。用功的方法,在末后二句。孟荀论性很平易切实,不带玄味。程朱论性,说得玄妙超脱,令人糊涂。陆王这派,根本上不大十分讲性,所以明朝关于这个问题的论调很少,可以从略。

清代学者对于程朱起反动,以为人性的解释要恢复到董仲舒以前,更进一步,要恢复到孟荀以前。最大胆、最爽快的推倒程朱自立一说,要算颜习斋了。习斋以为宋儒论性,分义理气质二种,义理之性与人无关,气质之性又全是恶,这种讲法在道理上说不通。他在《颜氏学记》中主张:"不惟气质非吾性之累,而且舍气质无以存养心性。"他不惟反对程朱,而且连孟子杞柳杯桊之喻亦认为不对,又说:"孔孟以前责之习,使人去其所本无。程朱以后责之气,使人憎其所本有。"他以为历来论性都不对,特别是程朱尤其不对。程子分性气为二,朱子主气恶,都是受佛氏六贼之说的影响。《颜氏学记》卷二说:"……若谓气恶,则理亦恶;若谓理善,则气亦善。盖气即理之气,理即气之理,乌得谓理纯一善,而气质偏有恶哉?譬之目矣,眶疱睛气质也,其中光明,能见物者性也。将谓光明之理,专视正色,眶疱睛乃视邪色乎?余谓光明之理,固是天命,眶疱睛皆是天命,更不必分何者是天命之性,何者是气质之性,只宜言天命人以目之性光明。能视即目之性善,其视之也,则情之善,其视之详略远近,则才之强弱,皆不可以恶言。盖详且远者固善,即略且近亦善,第不精耳,恶于何加?惟因有邪色引动,障蔽其明,然后有淫视而恶始名焉。然其为之引动者,性之咎乎?气质之咎乎?若归咎于气质,是必无此目而后可全目之性矣,非佛氏六贼之说而何?"他极力攻击李习之的话亦很多,不过没有攻击程朱的话那样明显,以为依李之说,要不发动,才算是性;依程朱之说,非挖目不可了。这种攻击法,未免过火,但是程朱末流流弊所及,最少有这种可能性。他根本反对程朱把性分为两橛,想恢复到孟子的原样,这是他中心的主张,所有议论俱不过反复阐明此理而已。

　　戴东原受颜氏的影响很深,他的议论与颜氏多相吻合,最攻击宋儒的理欲二元说,以为理是条理,即存于欲中,无欲也就无由见理。他说:"理者,察之而几微,必区以别之名也,是故谓之'分理'。在物之质曰'肌理',曰'腠理',曰'文理',得其分有条而不紊,谓之'条理'。"理存于欲,宋儒虽开人生,缈缈茫茫的另找一个超绝的理,把人性变成超绝的东西,这是一大错误。东原所谓性,根据《乐记》几句话:"人生而静,天之性也;感于物而动,性之欲也;不能反躬,天理灭矣。"由这几句话,引申出来,以成立他的理欲一元、性气一元说。《孟子字义疏证》说:"人之精爽,能进于神明,岂求诸气禀之外哉?"又说:"理也者,情之不爽失者也。无过情,无不及情,谓之性。"《答彭进士书》又说:"情欲未动,湛然无失,是为天性。非天性自天性,情欲自情欲,天理自天理也。"大概东原论性,一部分是心理,一部分是血气。吾人做学问要把这两部分同时发展,所谓存性尽性,不外乎此。习斋、东原都替孟子作辩护,打倒程朱。习斋已经很爽快了,而东原更为完密。

　　中国几千年来,关于性的讨论,其前后变迁,大致如此。以前没有拿生性学、心理学作根据,不免有悬空肤泛的毛病。东原以后,多少受了心理学的影响,主张又自不同。往后再研究这个问题必定更要精密得多,变迁一定是很大的,这就在后人的努力了。

参考书目：

　　一　孟子《告子》《尽心》两篇

　　二　荀子《性恶》《正名》《劝学》三篇

　　三　董仲舒《春秋繁露》"深察名号"及"实性"两篇

　　四　王充《论衡》"率性""不性"两篇

　　五　韩愈《原性》一篇

　　六　《白虎通义·情性》篇

　　七　李翱《复性书》

　　八　《朱子语录》讲"性"的一章

　　九　《近思录·心性》两条

　　十　颜习斋《存性》篇

　　十一　戴东原《孟子字义疏证》

　　十二　孙星衍《原性》一篇

二　天命的问题

　　前次所讲,不过把研究的方法,说一个大概。认真说儒家哲学到底有多少问题,每个问题的始末何如,要详细讲,话就长了。一则讲义体,不能适用,再则养病中,预备很难充分,所以只得从略。不过这种方法,我认为很好,大家来着手研究,一定更有心得。要不研究,专门批评亦可以。现在接续着讲几个问题,因时间关系,不能十分详细,仅略引端绪而已。

　　今天讲天同命的问题。这两个问题有密切的关系,为便利起见,略分先后,先讲天,后讲命。天之一字,见于《书经》《诗经》中者颇多,如果一一细加考察,觉得孔子以前的人对于天的观念,与孔子以后的人对于天的观念不同。古代的天，纯为"有意识的人格神"，直接监督一切政治，如《商书·汤誓》："非台小子，敢行称乱，有夏多罪，天命殛之。"《盘庚》："先王有命，恪谨天服"，"予迓续乃命于天"。《高宗肜日》："惟天监下民，典厥义，降年有永有不永，非天夭民，民中绝命。"《西伯戡黎》："天即讫我殷命……故天弃我不有康食。不虞天命，不迪率典。"《微子》："天毒降灾荒殷邦。"这几处，都讲天是超越的，另为主宰，有知觉情感与人同，但是只有一个。大致愈古这种观念愈发达，稍近则渐变为抽象的。

《夏书》几篇，大致不能信为很古。其中讲天的，譬如《尧典》："乃命羲和，钦若昊天……敬授民时"，"钦哉惟时亮天功。"《皋陶谟》："天工人其代之？天叙有典，敕我五典五惇哉。天秩有礼，自我五礼有庸哉。……天命有德，五服五章哉。天讨有罪，五刑五用哉。……"《益稷》："惟动王应徯志，以昭受上帝，天其申命用休。"假使这几篇是唐虞时代所作，则那时对于天的观念，与孔子很接近了。我们认为周代作品在孔子之前不多，可以与孔子衔接。其中的话虽然比较抽象，但仍认为有主宰，能视听言动，与基督教所谓上帝相同。

周初见于《书经》的，有《康诰》："我西土惟时怙冒，闻于上帝，帝休，天乃大命文王，殪戎殷。"《酒诰》："惟天降命，肇我民。"《梓材》："皇天既付中国民，越厥疆土于先王。"《洛诰》："王如弗敢及天，基命定命……公不敢不敬天之休。"《君奭》："在昔上帝割，申劝宁王之德，其集大命于厥功。……乃惟时昭文王，迪见冒闻于上帝，惟时受有殷命哉。"见于《诗经》的有《节南山》："昊天不佣，降此鞠凶。昊天不惠，降此大戾。"《小明》："明明上天，照临下土。"《文王》："上天之载，无声无臭。仪刑文王，万邦作孚。""文王在上，于昭于天。"《维天之命》："维天之命，于穆不已。于乎丕显，文王之德之纯。"这个时代的天道观念，已经很抽象，不像基督教所谓全知全能的上帝了。天命是有的，不过不具体而已。把天叙、天秩、天命、天讨那种超自然观念，变为于穆不已、无声无臭的自然法则，在周初已经成熟，至孔子而大进步，离开了拟人的观念，而为自然的观念。

孔子少有说天。子贡说："夫子之言性与天道，不可得而闻也。"但是孔子曾经讲过这个话："天何言哉？四时行焉，百物生焉，天何言？"这是把天认为自然界一种运动流行，并不是超人以外，另有主宰。不惟如此，《易经》、《彖辞》、《象辞》也有。《乾卦彖》说："大哉乾元，万物资始，乃统天。……"《象》曰："天行健，君子以自强不息。"乾元，是行健自强的体，这个东西可以统天，天在其下。《文言》是否孔子所作，虽说尚有疑问，但不失为孔门重要的著作。乾卦的《文言》说："……先天而天弗违，后天而奉天时，而况于人乎？而况于鬼神乎？"能自强不息，便可以统天，可见得孔子时代对于天的观念，已不认为超绝万物的人。按照《易经》的解释，不过是自然界的运动流行，人可以主宰自然界。

这种观念，后来儒家发挥得最透彻的要算荀子。《荀子·天论》篇说："天行有常，不为尧存，不为桀亡。"天按照一定的自然法则运行，没有知觉感情，我们人对于天的态度应当拿作万物之一，设法制他，所以《天论》篇又说："大天而思之，孰与物畜而制之？从天而颂之，孰与制天命而用之？"荀子认天不是另有主宰，不过一种自然现象，而且人能左右他。这些话，从"乾元统天"、"先天而天弗违"推衍出来的，但是比较更说得透彻些。儒家对于天的正统思想，本来如此。中间有墨子一派，比儒家后起，而与儒家相对抗，对于天道，另外是一种主张。

《墨子》的《天志》篇主张天有意志知觉，能观察人的行为，是万物的主宰。当时儒家的话一部分太玄妙，对于一般人的刺激不如墨家之深，所以墨家旧观念大大的发挥，在社会上很有势力。此外还有阴阳家,为儒家的别派,深感觉自然界力量的伟大,人类无如之何。他们专讲阴阳五行,终始五德之运,在社会上亦有相当的势力,虽不如墨家之大,亦能左右人心。此两种思想,后来互相结合,在社会上根深蒂固,一般学者很受影响。汉代大儒董仲舒,他就是受影响极深的一个人。《春秋繁露》中以天名篇的,有《天容》、《天辨》、《循天之道》、《天地之行》、《如天之为》、《天地阴阳》、《天地施共》七处。《为人者天》第四十一说:"为生不能为人,为人者天也。人之人,本于天。天亦人之曾祖父也。此人之所以乃上类天也。人之形体,化天数而成。人之血气,化天志而行。人之德行,化天理而义。人之好恶,化天之暖清。人之喜怒,化天之寒暑。人之受命,化天之四时。人生有喜怒哀乐之答,春秋冬夏之类也。"这种主张,说人是本于天而生,与《旧约·创世记》所称上帝于七天之中造就万物,最后一天造人一样。推就其来源,确是受墨家的影响。董子是西汉时代的学者,他的学说影响到全部分,全部分的思想亦影响到他。可见汉人的天道观念退化到周秦以上。董子讲天人之道,《贤良对》说:"……春秋之中,视前世已行之事,以观天人相与之际,甚可畏也。"又讲五行灾异,《汉书·本传》称:"……以春秋灾异之变,推阴阳所以错行,故求雨闭诸阳纵诸阴,其止雨,则反是。"汉儒讲灾异的人很多,朝野上下,都异常重视,因不仅仲舒为然。刘向是鲁派正宗,亦讲五行灾异。《洪范·五行传》差不多全部都是。董子《天人三策》,句句像墨家的话。《春秋繁露》所讲更多。其他汉儒大半如此。孔子讲天道,即自然界,是一个抽象的东西;董子讲天道,有主宰,一切都由他命令出来。《天人三策》说:"道之大原出于天,天不变,道亦不变。"这种说法同基督所谓上帝一样了。

真正的儒家,不是董子这种说法。儒家讲"人能弘道,非道弘人。"此类主张.就是乾元统天,先天而天弗违的思想。道之大原出于天,那另外是一种思想。汉人很失掉儒家的本意,宋代以后渐渐恢复到原样,惟太支离玄妙一些。如濂溪的太极图说,横渠的气一元论,明道的乾元一气论,伊川的天地化育论,晦翁的理气二元论,大概以天为自然法则,与孔子的见解尚不十分背谬。明代王阳明所讲更为机械,先讲心物一元,天不过物中之一,一切万物,皆由心造,各种自然法则,全由心出,可谓纯粹的唯心论。阳明对天的观念恢复到荀子孔子,他说:"天若是没有我,谁去仰他的高?地若是没有我,谁去看他的深?"这无异说是没有我就没有天,天地存在,依我而存在。王学末流,扩充得更利害。王心斋说:"天我亦不做他,地我亦不做他,圣人我亦不做他",把自我看得清洁,一切事物都没有到我的观念下面。宋元明对于儒家的观念,大概是恢复到孔门思想,比较上,宋儒稍为支离,明儒稍为简切。几千年来,对于天的主张和学说,大概如此。

现在再讲命的问题。命之一字,最早见于《书经》的,有《高宗彤日》:"降年有永有不永,非天夭民,民中绝命。"《西伯戡黎》:"天既讫我殷命。……王曰:我生不有命在天。"《召诰》:"天既遐终大邦殷之命,兹殷多先哲王在天。""若生子,罔不在厥初生,自贻哲命。……王其德之用,祈天永命。"《洛诰》:"王如弗敢及天,基命定命。"见于《诗经》的有《文王》:"周虽旧邦,其命维新。有周不显,帝命不时。"《荡》:"疾威上帝,其命多辟。天生烝民,其命匪谌。"《维天之命》:"维天之命,于穆不已。"《思文》:"贻我来牟,帝命率育。"《敬之》:"敬之敬之,天维显思,命不易哉。"其他散见于各处的还很多,大致都说天有命,人民国家亦都有命。因古代人信天,自然不能不联带的信命了。

孔子很少说命。门弟子尝说:"子罕言利与命与仁。"不过《论语》中亦有几处,如"五十而知天命","不知命,无以为君子也"。命是儒家主要观念,不易知,但又不可不知。墨子在在与儒家立于反对的地位,所以非命。依我们看来,儒家不信天,应亦不信命;墨家讲天志,应亦讲命定,可是结果适得其反,这是一件很有趣的事情。孔子既然不多讲命,要五十然后能知,那末他心目中所谓的命是怎样一种东西,没有法子了解。不过他曾说:"道之将行也欤,命也。道之将废也欤,亦命也。"这样看来,人仿佛要受命的支配,命一定了,无如之何。孔子以后,《易·象辞》讲:"乾道变化各正性命。"《系辞》讲:"穷理尽性,以至于命。"《中庸》讲:"君子居易以俟命。"《孟子》尤其讲得多:"莫非命也,顺受其正。""夭寿不贰,修身以俟之,所以立命也。""知命者,不立乎岩墙之下。"历来儒家都主张俟命,即站在合理的地位,等命来,却不是白白的坐着等,要修身以俟之,最后是立命,即造出新命来。俟命是静的,立命便是动的了。

《孟子》有一章书,向来难解:"孟子曰,口之于味也,目之于色也,耳之于声也,鼻之于臭也,四肢之于安佚也,性也。有命焉,君子不谓性也。仁之于父子也,义之于君臣也,礼之于宾主也,智之于贤者也,圣人之于天道也,命也。有性焉,君子不谓命也。"这段话各家的解法不同,最后戴东原出,把"不谓"作为"不藉口"讲。他说:"君子不藉口于性以逞欲,不藉口于命之限而不尽其材。"《孟子》这章书,头一段的意思,是一个人想吃好的,看好的,听好的,这是性,不过有分际,没有力做不到,只好听天安命,并不是非吃大菜,非坐汽车不可。肉体的欲望,人世的虚荣,谁都愿意,但切不要藉口于性,以纵其欲。第二段的意思,是说有些人生而有父母,有些人生而无父母;从前有君臣,现在无君臣;颜子闻一知十,子贡闻一知二;我们闻二才知一,或闻十才知一,这都是命,天生来就如此。不过有性,人应该求知识,向上进,不可藉口聪明才力不如人,就不往前做。这两段话,很可以解释儒家使命立命之说。

命是儒家的重要观念,这个观念不大好,墨家很非难之。假使命由前定,人类就无向上心了。八字生来如此,又何必往前努力?

这个话,于人类进步上很有妨害,并且使为恶的人有所假托。吾人生来如此,行为受命运的支配,很可以不负责任。儒家言命的毛病在此,墨家所以非之亦在此。一个人虽尽管不信命,但是遗传及环境无论如何摆脱不开,譬如许多同学中,有的身体强,有的身体弱,生来便是如此;身体弱的人,虽不一概放下,仍然讲求卫生,但是只能稍好一点,旁人生来身体好的,没有法子赶上。

荀子讲命,又是一种解释,他说:"节遇谓之命。"他虽然不多言命,但是讲得很好。偶然碰上,就叫节遇,就叫命。遗传是节遇,环境亦是节遇。生来身体弱不如旁人,生在中国不如外国,无论如何没有法子改变。庄子讲命很有点像儒家,他说:"知其不可奈何,而安之若命。"天下无可奈何的事情很多,身体是一种,教育也是一种。许多人同我们一般年龄,因为没有钱念书,早晚在街上拉洋车,又有什么法子呢? 儒家看遗传及环境很能支配人,但是没有办法,只好逆来顺受,听天安命。身体不好,天天骂老太爷老太太无用;没有钱念书,天天骂社会骂国家,亦没有用。坏遗传环境,亦只好安之。人们受遗传及环境的支配,无可如何的事情很多。好有好的无可如何,坏有坏的无可如何;贫有贫的无可如何,富有富的无可如何。自己贫,不要羡慕人家富;自己坏,不要羡慕人家好。定命说虽有许多毛病,安命说却有很大的价值。个人的修养,社会的发达,国家的安宁,都有密切关系。若是大家不安命,对于已得限制绝对不安,自己固然不舒服,而社会亦日趋纷乱。

安命这种思想,儒家看很重。不仅如此,儒家还讲立命,自己创造出新命来。孟子讲:"夭寿不贰,修身以俟之,所以立命也。"这是说要死只得死,阎王要你三更死,谁肯留人到五更? 但不去寻死。知命者,不立乎岩墙之下。身体有病,就去就医,自己又讲卫生,好一分,算一分,不求重病,更不求速死。小之一人一家如此,大之国家社会亦复如此。譬如万一彗星要与地球相碰,任你有多少英雄豪杰,亦只得坐而待毙。但是如果可以想法避去,还是要想法子,做一分算一分,做不到没法子,只好安之,不把努力工作停了。孔子所谓"知其不可为而为之",就是这个意思。孔子知命,所以很快乐。"发愤忘食,乐以忘忧,不知老之将至云耳"。一面要安命,君子不怨天,不尤人;一面要立命,知其不可为而为之,这是吾人处世应当取的态度。普通讲征服自然,其实并没有征服多少。日本自明治维新以后,几十年的经营努力,所造成的光华灿烂的东京,前年地震,几分钟的工夫,便给毁掉了。所谓文明,所谓征服,又在哪里? 不过人的力量虽小,终不能不工作。地震没有法子止住,然有法可以预防,防一分算一分。儒家言命的真谛就是如此。

宋儒明儒都很虚无缥缈,说话不落实际,可以略去不讲。清代学者言命的人颇多,只有两家最说得好。一个是戴东原《孟子字义疏证》卷中解释:"口之于味也……"一段说:"……'谓'犹云藉口耳,君子不藉口于性以逞其欲,不藉口于命之限而不尽其材。'不谓性',非不谓之为性;'不谓命',非不谓之为命。"这几句话把安命立命的道理说得异常透彻,而且异常恰当。一个是李穆堂。《穆堂初稿》卷十之八说:"是故有定之命,则居易以俟之,所以息怨尤;无定之命,则修身以立之,所以扶人极也。"这是讲安命说、立命说的功用。又说:"有定之命有四:曰天下之命,曰一国之命,曰一家之命,曰一身之命。……无定之命亦有四……"这是讲小至一身一家,大至国家天下,其理都是一样。数千年来言命,孟荀得其精粹,戴李集其大成,此外无可说,此后亦无可说了。

三 心体问题

这个问题,孔子时代不十分讲。孔子教人,根本上就很少离开耳目手足专讲心。本来心理作用很有许多起于外界的刺激,离开耳目手足专讲心,事实上不可能。孔子教人"非礼勿视,非礼勿听,非礼勿言,非礼勿动"。视听言动还是起于五官的感觉,没有五官,又从哪里视听言动起?《论语》称颜子"其心三月不违仁",为儒家后来讲心的起点。仁为儒家旧说,心为后起新说,心仁合一,颜子实开端绪。

因为《论语》有这个话,引起道家的形神论。除开体魄以外,另有所谓灵魂。而附会道家解释儒家的人,渐渐发生一种离五官专讲心的学说。《庄子·人间世》称颜子讲心斋,他说:"回之家贫,唯不饮酒不茹荤者数月矣。若此则可以为斋乎?"孔子说:"是祭祀之斋,非心斋也。"颜子问道:"敢问心斋。"孔子说:"若一志,无听之以耳而听之以心;无听之以心而听之以气。听止于耳,心止于符。气也者,虚而待物者也。唯道集虚,虚者,心斋也。"这类话都是由于"其心三月不违仁"而起,离开耳目口鼻之官,专门讲心。

孔子之后,孟子之前,有《系辞》及《大学》。《系辞》究竟是否孔子作,《大学》是否在孟子前,尚是问题,现在姑且作为中间的过渡学说。《系辞》说:"寂然不动,感而遂通天下之故。"《大学》说:"欲修其身者,先正其心。欲正其心者,先诚其意。欲诚其意者,先致其知,致知在格物。"这还单注重动机,没有讲到心的作用。

至孟子便大讲其心学了。孟子有一段话说:"耳目之官不思而蔽于物。物交物,则引之而已矣。心之官则思,思则得之,不思则不得也。"这几句话从心理学上看,不甚通。他离开耳目之官,专门讲心,谓耳目不好,受外界的引诱,因为耳目不能思;心是好的,能够辨别是非,因心能思。孔子没有这类的话,虽孔子亦曾说"学而不思则罔,思而不学则殆",但非把心同耳目离开来讲,与孟子大不相同。我们觉得既然肉体的耳目不能思,难道肉体的心脏又能思吗?佛家讲六识,眼识,耳识,心识……心所以能识,还是靠有肉体的器官呀。

上面那段话，从科学眼光看是不对的。但孟子在性善说中立了一个系统，自然会有这种推论。孟子既经主张性善，不能不于四肢五官以外，另求一种超然的东西，所以他说四肢五官冥顽不灵，或者是恶，或者是可善可恶，惟中间一点心，虚灵不昧，超然而善。《告子》章说："口之于味也，有同嗜焉。耳之于声也，有同听焉。目之于色也，有同美焉。至于心，独无所同然乎？心之所同然者，何也？谓理也、义也。圣人先得我心之所同然耳。……"又说："君子所性，仁义礼智根于心。"这都是在肉体的四肢五官以外，另有一种超然的善的心。人与动物不同就在这种地方。所以他说，"人之所以异于禽兽者几希，庶民去之，君子存之。"大概的意思是说四肢五官人与动物所同，惟心灵为人所独有，所以人性是善的。何以有恶？由于物交物，则引之而已矣。

因为物交物的引诱，所以人性一天天的变恶。孟子名之为失其本心。他说："……是亦不可以已乎？此之谓失其本心。"并以牛山之木为喻，说道："虽存乎人者，岂无仁义之心哉？其所以放其良心者，亦犹斧斤之于木也，旦旦而伐之，可以为美乎？"结果，他教人用功下手的方法，就是求其放心。他说："学问之道无他，求其放心而已矣。"人类的心，本来是良的，一经放出去，就不好了，做学问的方法要把为物交物所引出的心收回来，并且时时操存他。孟子引孔子的话说："'操则存，舍则亡；出入无时，莫知其乡。'惟心之谓与？"专从心一方面拿来作学问的基础，从孟子起。

后来陆象山讲"圣贤之学，心学而已"。这个话指孟子学说是对的，谓孟本于孔亦对的。不过孔子那个时代，原始儒家不是这个样子。孟子除讲放心操心以外，还讲养心。他说："养心莫善于寡欲。"又讲存心，他说："君子以仁存心，以礼存心。"以养存的功夫，扩大自己人格，这是儒家得力处。《孟子》全书，讲心的地方极多，可谓心学鼻祖。陆象山解释孟子以为只是"求放心"一句话。后来宋儒大谈心学,都是宗法孟子。

荀子虽主性恶,反对孟子学说,然亦注重心学,惟两家所走的道路不同而已。《荀子》全书讲心学的有好几篇,最前《修身》篇讲治气养心之术,他说:"血气刚强,则柔之以调和。知虑渐深,则一之以易良。勇胆猛戾,则辅之以道顺。齐给便利,则节之以动止。狭隘褊小,则廓之以广大。卑湿重迟贪利,则抗之以高志。庸众驽散,则劫之以师友。怠慢僄弃,则照之以祸灾。愚款端悫,则合之以礼乐。凡治气养心之术,莫径由礼,莫要得师,莫神一好。夫是之谓治气养心之术也。"这一套完全是变化气质,校正各人的弱点,与孟子所谓将良心存养起来,再下扩大功夫不同。孟子主性善,故要"求其放心",荀子主性恶,故要"化性起伪"。

上面所说,还不是荀子最重要的话。重要的话,在《解蔽》及《正名》两篇中。荀子的主张比孟子毛病少点。孟子把心与耳目之官分为二,荀子则把它们连合起来。《正名》篇说:"然则何缘而以同异?曰缘天官。凡同类同情者,其天官之意物也同,故比方之,疑似而通,是所以共其约名以相期也。"一个人为什么能分别客观事物,由于天与我们的五官。下面紧跟着说:"形体色理以目异,声音清浊调竽奇声以耳异,甘苦咸淡辛酸奇味以口异,香臭芬郁腥臊洒酸奇臭以鼻异。"疾痒疮热滑铍轻重以形体异,说故喜怒哀乐爱恶欲以心异。"他把目、耳、口、鼻、形体加上心为六官,不曾把心提在外面,与佛家六根、六尘正同。但是心亦有点特别的地方:"心有征知,征知则缘耳而知声可也,缘目而知形可也。"心与其他五官稍不同,除自外界得来感觉分别之外,自己能动,可以征求东西。下面一大段讲心的作用,比孟子稍为合理。孟子注重内发,对于知识不十分讲。荀子注重外范,对于知识十分注重,但是要得健全知识,又须在养心上用功夫。

《解蔽》篇说得更透彻,他问:"人何以知道?曰心。心何以知?

曰虚壹而静。"这是讲人类就靠这虚一而静的心可以知道,可以周察一切事物。底下解释心的性质,他说:"心未尝不臧也,然而有所谓虚。心未尝不两也,然而有所谓一。心未尝不动也,然而有所谓静。"这是讲心之为物,极有伸缩余地,尽管收藏,尽管复杂,尽管活动,仍无害于其虚一而静的本来面目。又精密,又周到,中国最早讲心理学的人,没有及得上他的了。下面说:"人生而有知,知而有志。志也者臧也,然而有所谓虚。不以所已臧害所将受,谓之虚。"这是讲养心的目的,要做到虚一而静,而用功的方法,在不以所已臧,害所将受。紧跟着又说:"心生而有知,知而有异。异也者,同时兼知之。同时兼知之两也,然有所谓一。不以夫一害此一,谓之壹。"这是讲人类的心同时发几种感想,有几种动作,但养心求一。只要不以夫一害此一,纵然一面听讲,一心以为鸿鹄将至,亦无不可。又说:"心卧则梦,偷则自行,使之则谋,故心未尝不动也。然而有所谓静,不以梦剧乱知,谓之静。"这是讲心之为物,变化万端,不可端倪,但治心求静。只要能静,就是梦亦好,行亦好,谋亦好,都没有妨碍。荀子的养心治心,其目的大半为求得知识。不虚,不一,不静,便不能求得知识。孟子专重内部的修养,求其放心,操之则存,只须一点便醒;荀子专重外部的陶冶,养心治心,非下刻苦工夫不可。两家不同之点在此。然两家俱注重心体的研究,认为做学问的主要阶级。最初儒家两大师皆讲心,后来一派的宋学,以为圣学即心学,此话确有一部分真理,我们也相当地承认他。

汉以后的儒者,对于这类问题不大讲,就讲亦不十分清楚。董仲舒《深察名号》篇说:"栣众恶于内,弗使得发于外者,心也。故心之为名栣也。"董子全部学说,虽调和孟荀,实则偏于荀。他对于心的解释至少与孟子不同。六朝时徐遵明主张"本心是我师",上面追到孟荀,下面开出陆王。可以说陆王这派的主要点,六朝时已经有了,不过董仲舒、徐遵明的主张不十分精深光大而已。

隋唐以后,禅宗大盛。禅宗有一句很有名的口号"即心是佛",可谓对于心学发挥得透彻极了。禅宗论心,与唯识宗论不同。唯识宗主张"三界唯心,万法唯识",这类话不承认心是好的。所谓八识:一、眼识,二、耳识,三、鼻识,四、舌识,五、身识,六、意识,七、末那识,八、阿赖耶识。末那即意根,阿赖耶即心亡,两样都不好,佛家要消灭他。唯识宗认为世界种种罪恶都由七八两识而出,所以主张转识成智,完全不把心当作好东西。禅宗主张"即心是佛",这都是承认心是好的,一点醒立刻与旁人不同,与孟子所谓"万物皆备于我,反身而诚,乐莫大焉"立论的根据相同。

禅宗的思想影响到儒家,后来宋儒即根据"即心是佛"的主张解释孔孟的话。研究的对象就是身体状况,修养的功夫,首在弄明白心的本体。心明白了,什么都明白了。宋儒喜欢拿佛家的话解释《系辞》、《大学》及《孟子》。程子《定性书》说:"所谓定者,动亦定,静亦定,无将近乎内外。……故君子学莫若廓然大公,物来顺应。"这类话与禅宗同一鼻孔出气。禅宗五祖弘忍传衣钵时叫门下把各人见解写出来,神秀上座提笔在墙上写道:"身是菩提树,心如明镜台。时时勤拂拭,莫使惹尘埃。"大家都称赞不绝,不敢再写。六祖慧能不识字,请旁人念给他听,听罢作偈和之曰:"菩提本无树,心镜亦非台。本来无一物,何处有尘埃?"晚上五祖把他叫进去,就把衣钵传给他了。这类神话真否可以不管,但实开后来心学的路径。我们把他内容分拆起来,已非孟荀之旧了。程子讲"物来顺应",禅宗讲"心如明镜",这岂不是一鼻孔出气吗?

朱陆两家都受禅宗影响。朱子释"明德"说:"明德者,人之所得乎天,而虚灵不昧,以具众理而应万事者也。"所谓虚灵不昧,以应万事,即明镜拂拭之说。陆子称"圣贤之学,心学而已矣",又即禅宗"即心是佛"之说。据我看来,禅宗气味,陆子免不了,不过朱子更多。陆子尝说"心即理"、"明本心"、"立其大者",大部分还是祖述孟子"求其本心"、"放其良心"的话。所以说孟子同孔子相近，象山是孟子嫡传。象山不谈玄，讲实行，没有多少哲学上的根据。

阳明路数同象山一样，而哲学上的根据比较多些。阳明"知行合一"之说在心理学上很有根据。他解释《大学》根本和朱子不同。《大学》的讲格物、致知、诚意、正心、修身五事，朱子以为古人为学次第，先格物，再致知，三诚意，四正心，五修身，循序渐进；阳明以为这些都是一件事，内容虽有区别，实际确不可分。阳明最主要的解释见《语录》卷二。他说："只要知身心意知物是一件。九川疑曰：'物在外，如何与身心意知是一件?'先生曰：'耳目口鼻四肢'亦不能，故无心则无身，无身则无心。但指其充塞处言之，谓之身；指其主宰处言之，谓之心；指心之发动处，谓之意；指意之灵明处，谓之知；指意之涉着处，谓之物。只是一件。意未有悬空的，必着事物。"这是绝对的唯心论。心物相对，物若无心不可以，外心求物，物又在那里哩？

《阳明文集·答罗整庵书》又说："……理一而已。以其理之凝聚而言，则谓之性；以其凝聚之主宰而言，而谓之心；以其主宰之发动而言，则谓之意；以其发动之明觉而言，则谓之知；以其明觉之感应而言，则谓之物。"阳明一生最讲心外无理，心外无事，心外无物，物外无心。他的知行合一说即由心物合一说而出。致良知就是孟子所谓良心，不过要把心应用到事物上去。阳明这种主张确是心学。他下手的功夫同象山差不多，主要之点不外诚意，不外服从良心的第一命令。下手的功夫既然平易切实，不涉玄妙，又有哲学上的心物合一说以为根据，所以阳明的知行合一说能够成立，能够实行。而知行合一说又是阳明学说的中心点。他思想接近原始儒家，比程朱好；他根据十分踏实圆满，比象山素朴，但只讲方法而已，后面缺少哲学的根据。

心体问题，到王阳明真到发挥透彻，成一家言，可谓集大成的学者。以前的议论，没有他精辟，以后的议论，没有他中肯。清代学者，不是无聊攻击，便是委靡敷衍。大师中如颜习斋、戴东原，旁的问题虽有极妥洽的地方，这个问题则没有特殊见解，可以略去不讲。几千年来对于心体问题主张大致如此。

（节选自《儒家哲学》，天津古籍出版社 2003 年版）

梁启超（**1873—1929**），字卓如，自号饮冰室主人。广东新会人。早年协助康有为宣传变法维新，曾创办《时务报》、《清议报》、《新民丛报》等，其笔尖常带感情，文章风靡当时，是维新派的思想领袖之一。民国初，曾组织进步党、宪政研究会等，晚年退出政坛，专心从事于学术研究和教育工作，曾任清华研究院导师、南开大学教授等职。对中国学术文化做了大量富有意义的研究和梳理，其代表作有《清代学术概论》、《中国近三百年学术史》、《中国历史研究法》、《先秦政治思想史》等，著作由后人结集为《饮冰室合集》、《梁启超全集》。

本文选自《儒家哲学》一书第六章。梁启超在此认为儒家哲学的重要问题有三：一是性善恶的问题，二是天命的问题，三是心体问题。并提纲挈领地研究这些问题的历史发展。这三个问题确是儒家哲学中重要问题，千百年来不断地被反复讨论。

20世纪儒学研究大系

义理名相

马　浮

义理名相一:理气——形而上之意义

今欲治六艺,以义理为主。义理本人心所同具,然非有悟证,不能显现。悟证不是一时可能,根器有利钝,用力有深浅,但知向内体究,不可一向专恃闻见,久久必可得之。体究如何下手?先要入思维。体是反之自身之谓,究是穷尽所以然之称,亦云体认,认即审谛之意,或言察识,或言体会,并同。所以引入思维则赖名言,名言是能诠,义理是所诠,诠表之用,在明其相状,故曰名相(名相即是言象,道理譬如一个人名,是这个人的名字,相即状貌,譬如其人之照相。如未识此人以前,举其名字,看他照相,可得其仿佛,及亲见此人,照相便用不着。以人之状态是活的,决非一个或多个之照相所能尽,且人毕竟不是名字,不可将名字当作人,识得此人,便不必定要记他名字也。故《庄子》云:"得言忘像,得意忘言。"《易传》曰:"书不尽言,言不尽意。"《老子》曰:"道可道,非常道;名可名,非常名。"皆是此意。得是要自得之,如今所讲也,只是名字和照相,诸君将来深造自得,才是亲识此人,不特其状貌一望而知,并其气质性情都全明了,那时这些言语也用不着)。魏晋间人好谈老庄,时称为善名理,其实即是谈名相。因为所言之理,只是理之相,若理之本体即性,是要自证的,非言说可到。程子云:"才说性时,便已不是性了。"可以说出来的,也只是名相。故佛氏每以性相对举,先是依性说性,后要会相归性,这是对的(佛氏有破相显性宗,儒者不须用此。如老子便是破相,孔子唯是显性而不破相,在佛氏唯圆教实义足以当之,简易又过佛氏)。要学者引入思维,不能离名相。故今取六艺中名相关于义理最要而为学者致知所当先务者,举要言之,使可逐渐体会,庶几有入。

《易》为六艺之原,十翼是孔子所作,一切义理之所从出,亦为一切义理之所宗归。今说义理名相,先求诸《易》。《易》有三义:一、变易;二、不易;三、简易。学者当知气是变易,理是不易,全气是理全理是气,即是简易(此是某楷定之义,先儒释三义,未曾如此说,然颇简要明白,善会者自能得之)。只明变易,易堕断见;只明不易,易堕常见。须知变易元是不易,不易即在变易,双离断常二见名为正见,此即简易也。易简而天下之理得矣,天下之理得而成位乎其中矣。"圣人之作《易》也,将以顺性命之理",此用"理"字之始;"精气为物,游魂为变(魂亦是气),同声相应,同气相求"(声亦是气),此用"气"字之始。故言理气皆原于孔子。形而上者谓之道,形而下者谓之器,道即言乎理之常在者,器即言乎气之凝成者也。《乾凿度》曰:"太易者未见气也,太初者气之始也,太素者质之始也,太始者形之始也。"(言气质始此)此言有形必有质,有质必有气,有气必有理。未见气即是理,犹程子所谓"冲漠无朕",理气未分可说是纯乎理,然非是无气,只是未见。故程子曰:"万象森然已具。"理本是寂然的,及动而后始见气,故曰气之始。气何以始?始于动,动而后能见也。动由细而渐粗,从微而至著,故由气而质,由质而形,形而上者即从粗以推至细,从可见者以推至不可见者,逐节推上去,即知气未见时纯是理,气见而理即行乎其中,故曰体用一原,显微无间,不是元初有此两个物事相对出来也。邵康节云:"流行是气,主宰是理。"不善会者每以理气为二元,不知动静无端,阴阳无始,理气同时而具,本无先后,因言说乃有先后(两字不能同时并说)。就其流行之用而言谓之气,就其所以为流行之体而言谓之理,用显而体微,言说可分,实际不可分也。形而下是逐节推下去,有天地然后有万物,有万物然后有男女,物生而后有象,象而后有滋,滋而后有数见,乃谓之象形,乃谓之器。天尊地卑,乾坤定矣;卑高以陈,贵贱位矣;动静有常,刚柔断矣;方以类聚,物以群分,吉凶生矣;在天成象,在地成形,变化见矣。这一串都是从上说下来,世界由此安立,万事由此形成,而皆一理之所寓也。故曰天地设位而易行乎其中矣,乾坤成列而易立乎其中矣(立字即是位字,古文位只作立)。乾坤毁则无以见易,易不可见,则乾坤或几乎息矣。法象莫大乎天地,此言天地设位,乾坤成列,皆气见以后之事,而易行乎其中,位乎其中,则理也。乾坤毁则无以见易,离气则无以见理,易不可见,则乾坤或几乎息矣。若无此理,则气亦不存。易有太极,是生两仪,两仪生四象,四象生八卦,故曰生生之谓易。生之理是无穷的,太极未形以前冲漠无朕,可说气在理中;太极既形以后万象森然,可说理在气中。四时行,百物生,逝者如斯夫,不舍昼夜。天之大化默运潜移,是不息不已的,此所谓易行乎其中也。此理不堕声色,不落数量,然是实有,不是虚无。但可冥符默证,难以显说,须是时时体认。若有悟入,则触处全真。鸢飞鱼跃,莫非此理之流行,真是活泼泼地。今拈出三易之义,略示体段,若能善会,亦可思过半矣。

(或问:"既曰气始于动,何以又言动静无端、阴阳无始?"答曰:"一以从体起用言之,故曰有始;一以摄用归体言之,故曰无始。此须看《太极图说》朱子注可明。"周子曰:"太极动而生阳,动极而静,静而生阴,静极复动。一动一静,互为其根,分阴分阳,两仪立焉。"朱子注曰:"太极者,本然之妙也,动静者,所乘之机也。自其著者而观之,则动静不同时,阴阳不同位,而太极无不在焉;自其微者而观之,则冲漠无朕,而动静阴阳之理已悉具于其中矣。"虽然,推之于前而不见其始之合,引之于后而不见其终之离也。故程子曰:"动静无端,阴阳无始,非知道者,孰能识之?""一动一静,循环无端,无静不成动,无动不成静,譬如鼻息,无时不嘘,无时不吸。嘘尽则生吸,吸尽则生嘘,理自如此。"又曰:"阴阳有个流行底,一动一静,互为其根,寒暑往来是也;有个定位底,分阴分阳,两仪立焉,天地四方是也。"学者仔细体会,可以自得。老子亦言:"无名天地之始,有名万物之母。"此有始之说也:"迎之不见其首,随之不见其后。"此无始之说也。)

义理名相二:知能

人受天地之中以生,凡属有心自然皆具知能二事。孟子曰:"人之所不学而能者,其良能也;所不虑而知者,其良知也。"其言知能实本孔子《易传》。在《易传》谓之易简,在孟子谓之良,就其理之本然则谓之良,就其理气合一则谓之易简。故孟子之言是直指,而孔子之言是全提。何谓全提? 即体用、本末、隐显、内外,举一全该,圆满周遍,更无渗漏是也,盖单提直指不由思学(虑即是思)。不善会者便成执性废修。全提云者,乃明性修不二,全性起修,全修在性,方是简易之教("性修不二"是佛氏言,以其与理气合一之旨,可以相发,故引之)。性以理言,修以气言,知本乎性,能主乎修;性唯是理,修即行事,故知行合一,即性修不二,亦即理事双融,亦即全理是气,全气是理也。《易·系辞》传曰:"乾知大始(本来自具,故曰大始),坤作成物(成辨万事,故曰成物)。乾以易知,坤以简能。易则易知,简则易从。易知则有亲,易从则有功,有亲则可久,有功则可大;可久则贤人之德,可大则贤人之业。"此言易知即"仁远乎哉? 我欲仁斯仁至矣"之意。"云从龙,风从虎,圣人作,而万物睹"。从之为言气从乎理也(佛氏谓之随顺法性,横渠《正蒙》云:"德胜其气则性命于德,德不胜其气则性命于气。"横渠所谓"命于德",即是理为主;"命于气",即是气为主。气从乎理,即性命于德矣。横渠此处用"性"字,系兼气质言之。又禅师家有"物从心为正,心逐物为邪"二语,亦甚的当,与横渠之言相似)。知是本于理性所现,起之观照自觉自证境界,亦名为见地。能是随其才质发见于事为之著者,属行履边事,亦名为行。故知能即是知行之异名,行是就其施于事者而言,能是据其根于才质而言。"易知则有亲者",此知若是从闻见得来,总不亲切,不亲切便不是真知,是自己证悟的方是亲切,方是真知。"易从则有功者",此能若是矫揉造作、随人模仿的,无功用可言。必是自己卓然有立,与理相应,不随人转,方有功用。"有亲则可久者",唯见得亲切,不复走作,不是日月一至,故可久。"有功则可大者",动必与理相应,其益无方,自然扩充得去,不限一隅一曲,故可大。理得于心而不失谓之德,发于事为而有成谓之业,知至是德,成能是业也(天地设位,圣人成能,能之诣极,即功用之至神矣)。言贤人者,明是因地从性起修,举理成事,全修在性,即事是理,故曰易简,而天下之理得矣。"夫乾确然示人易矣,(确然是言其健),夫坤隤然示人简矣(隤然是言其顺),天下之动,贞夫一者也。"全理即气,全气即理,斯贞夫一矣,乃所以为易简也,故曰孔子之言是全提也。知至至之可与机也,致知而有亲也,知终终之可与存义也,力行而有功也。始条理者智之事,明伦察物尽知也;终条理者圣之事,践形尽性尽能也,圣人之学亦尽其知能而已矣。说知莫大于《易传》"仰以观于天文,俯以察于地理,是故知幽明之故。原始反终,故知死生之说。精气为物,游魂为变,是故知鬼神之情状","通乎昼夜之道而知"。知变化之道者,其知神之所为乎? 穷神知化,德之盛也,知几神乎? 君子知微、知彰、知柔、知刚,万夫之望。由此可见,圣人所知是何等事。说能莫大乎《中庸》："唯天下至诚，为能尽其性，能尽其性，则能尽人之性，能尽人之性，则能尽物之性，能尽物之性，则可以赞天地之化育。"唯天下至诚为能化，唯天下至诚为能经纶天下之大经，立天下之大本。知天地之化育，夫焉有所倚？由此可见，圣人所能是何等事。学者当思圣人所知如此其至，今我何为不知？必如圣人之知，而后可谓尽其知；圣人所能如此其大，今我何为不能？必如圣人之能，而后可谓尽其能。思知人不可以不知天，道不远人，人之为道而远人，不可以为道。为仁由己，而由人乎哉？言其亲也，自诚明谓之道，易则易知也。其次致曲，曲能有诚，诚则形，形则著，著则明，明则动，动则变，变则化。言其功也。自明诚谓之教，简则易从也。有是气必有是理，有是理必有是气，万物皆备于我矣，反身而诚乐莫大焉，易简之至也。学问之道亦尽其知能而已矣。博学、审问、慎思、明辨、笃行，弗能弗措，弗知弗措，弗得弗措，弗明弗措，弗笃弗措。人一能之己百之，人十能之己千之，尽知尽能之术也。尽其知能，可期于盛德大业矣。盛德大业至矣哉？日新之谓盛德，富有之谓大业，学有缉熙于光明，斯日新矣。六通四辟，小大精粗，其用无乎不备，斯富有矣。世有诋心性为空谈、视义理为无用，守闻见之知得少为足，而沾沾自喜者，不足以进于知也；其或小有器能便以功业自居，动色相矜如此者，不足以进于能也。庄子曰："由天地之道观惠施之能，其犹一蚊一虫之劳者也。"禅师家有德山曰："穷诸玄辨，若一毫置于太虚；竭世枢机，犹一滴投于巨海。"有志于进德修业者，观乎此亦可以知所向矣。（告子言生之谓性，佛氏言作用是性，皆只在气上说。孟子指出：四端乃是即理之气，所以为易简。今人亦言直觉，若有近于良知；言本能，若有近于良能。然直觉是盲目的，唯动于气，良知则自然有分别；本能乃是气之粗者，如饮食男女之类，亦唯是属气，良能则有理行乎其间，如未有学养子而嫁徐行后长之类，乃是即气之理，此须料简。若但以知觉运动言知能,其间未有理在,则失之远矣。)

(节选自《默然不说声如雷》,中
国广播电视出版社,1995 年)

马浮(1883—1967),字一浮,别号湛翁,浙江绍兴人,现代
书法家和诗人,现代新儒学的重要人物。1903 年赴美留学,
期间曾到过德国、日本。1905 年回国隐居杭州,阅文澜阁所
藏四库全书,致力于训诂考据之学。1937 年抗战爆发,随浙
江大学迁居江西泰和,并在浙江大学讲学,翌年,又随浙江大
学迁居广西宜山,继续讲学。1939 年入川办复性书院并任主
讲。1945 年抗战结束,随书院迁返杭州。1949 年新中国成立
后,任上海文物保管委员会委员、中央文史馆副馆长、浙江文
史馆馆长,第四届全国政协委员。其学术思想 20 年代前主儒
佛并重,20 年代中期后,始契心儒学,以儒融佛,调和自孔孟
至宋明各家思想。主要著作有《泰和会语》、《宜山会语》、《复
性书院讲录》等。

本文选取了作者论述义理名相的"理气——形而上的意
义"和"知能"两部分。在理气部分中,作者认为《易》为六艺之
原,十翼是孔子所作,是一切义理所从出与宗归。在知能部
分,提出人生有知能,知是本于理性所现,自己的证悟才是真
知;能是随其才质发见于事为之著者,即行。知变化之道,知
圣人之能。

宋明道学中理学心学二派之不同

冯友兰

（一）朱子与象山慈湖之不同

一般人之论朱陆异同者，多谓朱子偏重道问学，象山偏重尊德性。此等说法，在当时即已有之。然朱子之学之最终目的，亦在于明吾心之全体大用。此为一般道学家共同之目的。故谓象山不十分注重道问学可；谓朱子不注重尊德性不可。且此点亦只就二人之为学或修养之方法上言之。究竟朱陆之不同，是否即仅在其所讲为学或修养方法之不同；此一极可注意之问题也。

前文谓朱子之学，尚非普通所谓之唯心论，而实近于现在所谓之实在主义。吾人若注意此点，即可见朱陆之不同，实非只其为学或修养方法之不同；二人之哲学，根本上实有差异之处。此差异于二程之哲学中即已显著。伊川一派之学说，至朱子而得到完全的发展。明道一派之学说，则至象山慈湖而得到相当的，至阳明而得到完全的发展。若以一二语以表示此种差异之所在，则可谓朱子一派之学为理学，而象山一派之学，则心学也。王阳明序象山全集曰："圣人之学，心学也。"此心学之一名，实可表示出象山一派之所以与朱子不同也。

朱子言性即理，象山言心即理。（《与李宰第二书》，《全集》卷十二）此二言虽只一字之不同，而实代表二人哲学之重要的差异。

盖朱子以心乃理与气合而生之具体的物,与抽象之理,完全不在同
一世界之内。心中之理,即所谓性;心中虽有理而心非理。故依朱
子之系统,实只能言性即理,不能言心即理也。象山言心即理,并
反对朱子所说心性之区别。如语录云:

> 伯敏云:"性才心情,如何分别?"先生云:"如吾友此言,又
> 是枝叶。虽然此非吾友之过,盖举世之蔽。今之学者,读书只
> 是解字,更不求血脉。且如情性心才,都只是一般物事,言偶
> 不同耳。……若必欲说时,则在天者为性,在人者为心。此盖
> 随吾友而言,其实不必如此。"(《全集》卷三五)

依吾人所观察,则朱子所说性与心之区别,实非"只是解字"。盖依
朱子之观点,实在上本有与此相当之区别也。象山虽亦以为可说
"在天为性,在人为心",而又以为系"随吾友而言,其实不必如此";
"都只是一般物事,言偶不同耳"。盖依象山之观点,实在上本无与
朱子所说心性区别相当之区别,故说心性只是"一般物事"也。朱
陆所见之实在不同。盖朱子所见之实在,有二世界,一不在时空,
一在时空。而象山所见之实在,则只有一世界,即在时空者。只有
一世界,而此世界即与心为一体,所谓"宇宙便是吾心,吾心便是宇
宙"(《年谱》,《全集》卷三六)。故心学之名,可以专指象山一派之
道学。

　　然此尚有一问题,即象山所谓之心,是否即朱子所谓之心。若
此问题不能解决,则象山之谓心即理,不必即异于朱子之谓性即
理。细考之,则象山所谓之心,正朱子所谓之心。象山云:

> 人非木石,安得无心,心于五官最尊大。《洪范》曰:"思曰
> 睿,睿作圣。"孟子曰:"心之官则思,思则得之,不思则不得
> 也。"……四端者,即此心也,天之所以与我者,即此心也。人
> 皆有是心,心皆具是理,心即理也。(《与李宰第二书》,《全集》
> 卷十一)

朱子以为"天下无无性之物"(《语类》卷四),盖一物之成,皆禀其理;其所禀之理,即其性也。故木石亦有性,不过木石无知觉耳。故虽不可谓木石无性,而可谓木石无心。象山此以为木石所无之心,正朱子所谓之心也。又依象山所说,心乃能思虑者;朱子亦谓:"人之灵处是心不是性。"朱子谓:"仁是性,恻隐是情,须从心上发出来,心统性情者也。"(《语类》卷五)盖以恻隐之情乃"爱之理"(朱子以仁为爱之理)之具体的表现,乃形而下者,"须从心上发出来"。象山云:"四端者,即此心也。"故其所谓心,正朱子所谓心也。慈湖谓"人心自明,人心自灵"。(《绝四记》)其所谓心,正朱子所谓心,更为明显。由此而言,象山一派所谓之心,正朱子所谓之心,而其心即理之言,实与朱子不同也。

此点乃朱陆哲学根本不同之处,更可从别方面证明之。象山虽亦以为可说:"在天为性在人为心",而又以心性"都只是一般物事"。盖象山所说在天之性与在人之心乃在一世界中。故所谓天理人欲之分,象山即不欲立之。象山云:

> 天理人欲之言,亦自不是至论。若天是理,人是欲,则是天人不同矣。……《书》云:"人心惟危;道心惟微。"解者多指人心为人欲,道心为天理。此说非是,心一也。人安有二心?
> (《全集》卷三四)

此以天人不同之说为非是。然依朱子之系统,实可以天人为不同也。

周濂溪《太极图说》有"无极而太极"之言,朱子以为此言乃形容太极之为无形而有理。象山及其兄梭山以为《易系辞》只言太极,不应于太极之上,复加无极。以为"《太极图说》与通书不类。疑非周子所为。不然则或是其学未成时所作。不然则或是传他人之文,后人不辨也。"(《全集》卷二)与朱子往复辩论,成为当时一大争辩。若依上所说观之,则象山哲学中,只有一在时空之世界,则对于所谓"无形而有理"者，自根本不能承认，亦非特有意与朱子作无为的争辩也。

又有一点应须解释者，如象山云：

> 自形而上者言之谓之道。自形而下者言之谓之器。天地亦是气，其生覆形载必有理。(《全集》卷三五)

若只就此条观之，则象山之哲学，又与朱子无根本的差异，然象山与朱子辩《太极图说》书中云：

> 《易》之大传曰："形而上者谓之道。"又曰："一阴一阳之谓道。"阴阳已是形而上者，况太极乎？(《全集》卷二)

以阴阳为形而上者，则其所谓形而上者，与朱子所谓形而上者，意义不同。程明道伊川兄弟，亦尝引《易系辞》此文而解释之。明道云："阴阳亦形而下者也，而曰道者……元来只此是道，要在人默而识之也。"(《二程遗书》卷十一)伊川云："一阴一阳之谓道。道非阴阳也，所以一阴一阳者，道也，"(《二程遗书》卷三)此二说之异，正即朱陆之不同也。盖若以阴阳为形而上者，则所谓形而上者，亦在时空有具体的活动，与所谓形而下者，固同在一世界中也。

象山哲学中，虽只有一世界，而仍言所谓形上形下。至慈湖则直废此分别。慈湖云：

> 又曰："形而上者谓之道；形而下者谓之器。"裂道与器，谓器在道之外耶？自作《系辞》者，其蔽犹若是，尚何望后世之学者乎？(《慈湖遗书》卷九)

盖所谓形上形下，必依朱子所解释，方可有显著的意义。依朱子之系统，器实与道不在一世界中。此陆派所不能承认。如此则诚宜直指《系辞》所说形上形下为"非孔子之言"也(《慈湖遗书》卷七)。

朱陆哲学此根本的不同，朱子亦略言之。朱子以为佛氏之言性，"正告子生之谓性之说"。盖依朱子之系统，心是形而下者，有具体的个体时，方始有之。故朱子以为以心为性，"正告子生之谓性之说"。象山死,朱子"率门人往寺中哭之。既罢,良久曰:'可惜死了告子。'"(《语类》卷一二四)。朱子以佛为告子,亦以象山为告子,盖朱子以为二者皆以心为性也。

朱派后学,亦以象山为告子。如陈北溪云:

> 佛氏把作用认是性,……不过只认得气,而不说著那理耳。……今世有一种杜撰等人,爱高谈性命。大抵全用浮屠作用是性之意,而文以圣人之言。……其实不过告子生之谓性之说。(《北溪字义》卷上)

若就此点指陆之近禅,陆诚为较朱近禅也。

依上述观之,则朱陆之哲学,实有根本的不同。其能成为道学中之二对峙的派别,实非无故。不过所谓"心学"象山慈湖实只开其端。其大成则有待于王阳明。故与朱子对抗之人物,非陆象山杨慈湖而为二百五十年后之王阳明。

(二)朱子与阳明之不同

王阳明《朱子晚年定论》序云:

> 守仁早岁业举,溺志词章之习。既乃稍知从事正学,而苦于诸说之纷挠疲痰,茫无可入。因求诸老释,欣然有会于心,以为圣人之学在此矣。然于孔子之教间相出入;而措之日用,往往缺漏无归。依违往返,且信且疑。其后谪官龙场,居夷处困。动心忍性之馀,恍若有悟。体验深求,再更寒暑。证诸《五经》、《四书》,沛然若决江河而放诸海也。……独于朱子之说,有相抵牾,恒疚于心。(《全书》卷三)

此阳明自述其学所经之阶级。其最后所持之说,自以为"于朱子之说,有相抵牾"。盖阳明之学,彻上彻下,"致良知"三字,实即可包括之。所以阳明自四十三岁以后,即专以致良知训学者。以言简易直截,诚简易直捷矣。其所说格物致知之义,实与朱子不同。二家学说,各就其整个观之,则二家之不同,仍是上所述理学与心学之不同也。

阳明亦间言理气。如云:

> 精一之精以理言,精神之精以气言。理者气之条理;气者理之运用。无条理则不能运用,无运用则亦无以见其为条理者矣。(《与陆元静书》,《传习录》中,《全书》卷二)

若专就此言观之,则阳明之见解,与朱子并无大异。但阳明自言其自己之学与朱子之学不同之处云:

> 朱子所谓格物云者,在即物而穷其理。即物穷理,是就事事物物上求其所谓定理是也。是以吾心而求理于事事物物之中,析心与理而为二矣。……若鄙人所谓致知格物者,致吾心之良知于事事物物也。吾心之良知,即所谓天理也。致吾心良知之天理于事事物物,则事事物物皆得其理矣。致吾心之良知者,致知也。事事物物皆得其理者,格物也。是合心与理而为一者也。(《答顾东桥书》,《传习录》中,《全书》卷二)

朱子以为人人具一太极,物物具一太极。太极即众理之全体;故吾人之心,亦"具众理而应万事"。故即物穷理,亦即穷吾心中之理,穷吾性中之理耳。故谓朱子析心与理为二,实未尽确当。惟依朱子之系统,则理若不与气合,则即无心,心虽无而理自常存。虽事实上无无气之理,然逻辑上实可有无心之理也。若就此点谓朱子析心与理为二,固亦未尝不可。依阳明之系统,则必"致吾心良知之天理于事事物物,则事事物物皆得其理。"依此则无心即无理矣。故阳明云:

> 心即理也。天下又有心外之事,心外之理乎?(《传习录》上,《全书》卷一)

《传习录》又云:

又问,心即理之说,程子云:"在物为理",如何谓心即理?
先生曰:"在物为理。在字上,当添一心字。此心在物则为
理。"(《传习录》下,《全书》卷三)

阳明又云:

> 心之体,性也。性即理也。故有孝亲之心,即有孝之理。
> 无孝亲之心,即无孝之理矣。有忠君之心,即有忠之理,无忠
> 君之心,即无忠之理矣。理岂外乎吾心耶?晦庵谓人之所以
> 为学者,心与理而已。心虽主乎一身,而实管乎天下之理。理
> 虽散在万事,而实不外乎人之一心。是其一分一合之间,而未
> 免已启学者心理为二之弊。(《答顾东桥书》,《传习录》中,《全
> 书》卷二)

依朱子之系统,只能言性即理不能言心即理。依朱子之系统,只能
言有孝之理,故有孝亲之心,有忠之理,故有忠君之心。不能言有
孝亲之心,故有孝之理,无孝亲之心,即无孝之理。依朱子之系统,
理之离心而独存,虽无此事实,而却有此可能。依阳明之系统,则
在事实上与逻辑上,无心即无理。此点实理学与心学之根本不同
也。阳明哲学中,无形上世界与形下世界之分,故其《语录》及著作
中,未见此等名词。

阳明又云:

> 人的良知,就是草木瓦石的良知,若草木瓦石无人的良
> 知,不可以为草木瓦石矣。岂惟草木瓦石为然,天地无人的良
> 知,亦不可为天地矣。盖天地万物与人原是一体,其发窍之最
> 精处,是人心一点灵明。(《传习录》下,《全书》卷三)

《传习录》又云:

> 先生游南镇,一友指岩中花树问曰:"天下无心外之物;如
> 此花树,在深山中,自开自落,于我心亦何相关?"先生云:"尔
> 未看此花时。此花与尔心同归于寂。尔来看此花时,则此花

颜色,一时明白起来。便知此花,不在尔的心外。"(《传习录》
下,《全书》卷三)

又云:

> 先生曰:"尔看这个天地中间,甚么是天地的心?"对白:
> "尝闻人是天地的心。"曰:"人又甚么叫做心?"对曰:"只是一
> 个灵明。可知充天塞地,中间只有这个灵明;人只为形体自间
> 隔了。我的灵明,便是天地鬼神的主宰。……天地鬼神万物,
> 离却我的灵明,便没有天地鬼神万物了。我的灵明,离却天地
> 鬼神万物,亦没有我的灵明。如此便是一气流通的,如何与他
> 间隔得?"又问:"天地鬼神万物,千古见在,何没了我的灵明,
> 便俱无了。"曰:"今看死的人,他这些精灵游散了,他的天地万
> 物,尚在何处。"(《传习录》下,《全书》卷三)

上文谓朱子言性即理:阳明言心即理。此为理学与心学不同之处。
然尚一点可疑之处,即安知阳明所谓之心,非即朱子所谓之性,如
果如此,则以上辩论,又不能成立矣。但观此处所引三条,则知阳
明所谓心,"只是一个灵明"。正即朱子所谓心也。朱子谓知觉灵
明,是心不是性。故阳明所谓心,不能是朱子所谓性也。朱子以为
吾人之心,具有太极之全体,故心亦具众理。然心但具众理而已。
至于具体的事物,则不具于吾人心中也。阳明则以为天地万物皆
在吾人心中。此种惟心论,朱子实不持之。

(三)朱派后学之意见

阳明起而心学大盛。阳明又作《朱子晚年定论》,以为朱陆实
早异晚同。朱子晚年,自悔其"旧说之非"而自同于象山。此说出,
引起朱派后学之辩论,以为朱陆之学,实不相同。罗整庵作《困知
记》云:

　　　　程子言性即理也，象山言心即理也。至当归一，精义无
　　　二。此是则彼非，彼是则此非，安可不明辨之。(《困知记》卷
　　　二)

所谓心与性之区别，整庵云：

　　　　夫心者，人之神明；性者，人之生理。理之所在谓之心，心
　　　之所有谓之性，不可混而为一也。(同上，卷一)

心与性不同，故"心即理"之言，与"性即理"之言，亦不同也。整庵
批评阳明云：

　　　　传习录有云："吾心之良知即所谓天理也。"……又有问：
　　　"仁者以天地万物为一体。"答曰："人能存得这一点生意，便是
　　　与天地万物为一体。"又问："所谓生者，即活动之意否，即所谓
　　　虚灵知觉否？"曰："然。"又曰："性即人之生意。"此皆以知觉为
　　　性之明验也。(同上，卷三)

"以知觉为性"，即以心为理也。整庵云："佛氏之所谓性，觉而已
矣。"(同上，卷三)以知觉为性，整庵以为即佛氏之说。

　　又有陈清澜著《学蔀通辩》，以为朱陆早同晚异，以驳程篁墩
《道一编》及阳明《朱子晚年定论》所持朱陆早异晚同之说。清澜亦
以为陆派以知觉为性为近于禅，云：

　　　　精神灵觉，自老庄禅陆皆以为至妙之理，而朱子《语类》乃
　　　谓神只是形而下者。《文集释氏论》云："其所谓识心见性者，
　　　实在精神魂魄之聚，而吾儒所谓形而下者耳。"何也？曰："以
　　　其属于气也。精神灵觉，皆气之妙用也。气则犹有形迹也。
　　　故陆学曰镜中观花，曰鉴中万象。形迹显矣，影象著矣，其为
　　　形而下也宜矣。"(《学蔀通辩》卷十)

　　若就此点，指出陆王之近禅，陆王诚较朱派为近禅也。陆稼书
亦就此点指出朱王之不同。(《学术辩》，《三鱼堂集》卷二)盖朱派
后学对于理学家之谓性即理之异于心学家之谓心即理，已极明瞭。

惟对于理学家之哲学之需要二世界,而心学家之哲学则只需要一世界之一点,则未明言。

(原载《清华学报》第八卷第一期,选自《三
松堂学术文集》,北京大学出版社,1984 年)

　　冯友兰(1895—1990),字芝生,河南唐河人,中国现代著名哲学家,新儒家重要代表。1918 年毕业于北京大学哲学门,1919—1924 年赴美留学,获哥伦比亚大学哲学博士学位。归国后历任河南大学、清华大学等校教授、西南联合大学文学院长,曾两度以校务会议主席身份主持清华校务。解放后,调任北京大学教授。一生致力于哲学和哲学史研究,建树颇多。30 年代完成两卷本《中国哲学史》,继胡适《中国哲学史大纲》上卷之后,为中国哲学史研究创一新范型;晚年出版七卷本《中国哲学史新编》,别开生面,进入新境界。在哲学理论方面,接着程朱讲,建构“新理学”体系,完成于抗战时期的“贞元六书”(《新理学》、《新事论》、《新世训》、《新原人》、《新原道》、《新知言》),是其理论体系及其运用的结晶体。其著作后人结集为《三松堂全集》。

　　本文分三部分,第一部分说明朱陆之不同,朱陆的不同在二程的哲学中即已显著,朱子性即理、象山心即理,实代表二人哲学的重要差异。第二部分说明朱子与王阳明的不同,阳明谓心即理。第三部分述说朱派后学的意见为王学即佛氏之说。

儒家哲学之精神

冯友兰

中国的儒家,并不注重为知识而求知识,主要的在求理想的生活。求理想生活,是中国哲学的主流,也是儒家哲学精神所在。

理想生活是怎样?《中庸》说:"极高明而道中庸。"正可借为理想生活之说明。儒家哲学所求之理想生活,是超越一般人的日常生活,而又即在一般人的日常生活之中。超越一般人的日常生活,是极高明之意;而即在一般人的日常生活之中,乃是中庸之道。所以这种理想生活,对于一般人的日常生活,可以说是"不即不离",用现代的话说,最理想的生活,亦是最现实的生活。

理想和现实本来是相对立的。超越日常生活,和即在一般人日常生活之中,也是对立的。在中国旧时哲学中,有动静的对立,内外的对立,本末的对立,出世入世的对立,体用的对立。这些对立,简言之,就是高明与中庸的对立。儒家所要求的理想生活,即在统一这种对立。极高明而道中庸,中间的"而"字,正是统一的表示。但如何使极高明和中庸统一起来,是中国哲学自古至今所要解决的问题。此问题得到解决,便是中国哲学的贡献。

极高明而道中庸,所谓极高明是就人的境界说,道中庸是就人的行为说。境界是什么?这里首先要提出一个问题:人和禽兽不同的地方何在?孟子说:"人之所以异于禽兽者几希!"不同者只一点点。照生物学讲,人也是动物之一。人要饮食,禽兽也要饮食;

人要睡觉,禽兽也要睡觉,并无不同之处。有人以为人是有社会组织的,禽兽没有,这是人兽分别所在。可是仔细一想,并不尽然。人固有社会组织,而蜜蜂蚂蚁也是有组织的,也许比人的组织还要严密。所以有无组织,也不是人兽不同之点。然而人与禽兽所异之几希何在? 照我的意思,是在有觉解与否。禽兽和人是同样有活动,而禽兽并不了解其活动的作用,毫无自觉。人不然,人能了解其活动的作用,并有自觉。再明显一点说:狗要吃饭,人也要吃饭,但是狗吃饭未必了解其作用,不知道这是什么一回事,无非看见有东西去吃。人不同,能了解吃饭的作用,也能自觉其需要。又如蚂蚁也能出兵打仗,可是蚂蚁不明白打仗之所以然,它之所以出兵打仗者,不过出于本能罢了。而人不然,出兵打仗,能知道其作用,有了解也有自觉。这是人与禽兽不同之点。

自觉和了解,简言可称之为觉解。人有了觉解,就显出与禽兽之不同。事物对于人才有了意义。觉解有高低之分,故意义亦有多少之别。意义生于觉解,举例以明之:比如现在这里演讲,禽兽听了,便不知所以,演讲于它毫无意义。未受教育的人听了,虽然他了解比禽兽为多,知道有人在演讲,但也不知道所讲的是什么,演讲于他是没有什么意义的。假使受过教育的人听了,知道是演讲哲学,就由了解生出了意义。又以各人所受教育有不同,其觉解也有分别,如两人玩山,学地质者,必鉴别此山是火成岩抑水成岩,学历史者,必注意其有无古迹名胜了,两人同玩一山,因觉解不同,其所生意义也就两样了。

宇宙和人生,有不同的觉解□□□□□□□□宙则一也;因人的觉解不同,意义亦各有异。这种不同的意义,构成了各人的境界。所以每人境界也是不相同的。这种说法,是介乎常识与佛法之间。佛家说:各人都有自己的世界,"如众灯明,各循似一"。一室之中有很多的灯,各有其所发的光,不过因其各居于室中,所以似乎只有一个光。但以常识言：此世界似无什么分别，各个人都在一个世界的。各人的境界虽然不同，但也可以分为四类：

（一）自然境界 自然境界在其中的人，其行为是顺才或顺习的，所谓："行乎其所不得不行，止乎其所不得不止"，并不了解其意义与目的，无非凭他的天资，认为要这样做，就这样做了。如入经济系的学生，他是认为对经济有兴趣，岂不知道读了经济有什么好处，这是由于顺才。再如入经济系的学生，亦有因为入经济系人多即加入的，原无兴趣关系，更不明白益处所在，看见大家也去了，这是由于顺习。《诗经》的诗是当时民间歌谣，作者未必知其价值如何，只凭其天才而为之，也是由于顺才。日出而作，日入而息的人，不知作息之所以，也是由于顺习。他如天真烂漫的小孩，一无所知，亦属自然境界。高度工业化的人，只知道到时上工退工，拿薪水，也可以说是自然境界的。自然境界的人，所做的事，价值也有高低。而他对于价值，并不了解的，顺其天资与习惯，浑浑噩噩为之而已，

（二）功利境界 功利境界在其中的人，其行为是为利的。图谋功利的人，对于行为和目的，非常清楚，他的行为、他的目的都是为利，利之所在，尽力为之，和自然境界的人绝然不同，其行为如为增加自己的财产，或是提高个人的地位，皆是为利。为利的人都属功利境界。

（三）道德境界 道德境界在其中的人，其行为是为义的。义利之辨，为中国哲学家重要之论。孔子说："君子喻于义，小人喻于利。"孟子说："鸡鸣而起，孳孳为善者，舜之徒也。鸡鸣而起，孳孳为利者，跖之徒也。欲知舜与跖之分，无他，利与善之间也。"这个分际，也就是功利境界与道德境界的区别。有人对于义利的分别，每有误解，以为行义者不能讲利，讲利的不能行义。如修铁路、办工厂都是为利，儒家必以为这种事都是不义的。有人以为孔孟之

道,亦有矛盾之处,孔子既说"君子喻于义,小人喻于利",则孔子就不应该讲利。但是"子适衞,冉由仆,子曰:庶矣哉,曰既庶矣,又何加焉,曰富之",这不是讲利么? 孟子见了梁惠王,"王曰,叟不远千里而来,亦将有以利吾国乎? 孟子对曰:王何必曰利,亦有仁义而已矣。"足见孟子是重仁义的,但是他贡献梁惠王的经济计划却说:"不违农时,谷不可胜食也;数罟不入洿池,鱼鳖不可胜食也;斧斤以时入山林,材木不可胜用也。谷与鱼鳖不可胜食,材木不可胜用,是使民养生丧死无憾也。养生丧死无憾,王道之始也。"这都是讲利的,和仁义是否有矛盾呢? 不过要知道,利有公私之别,如果为的是私利,自然于仁义有背,要是为的是公利,此利也就是义了。不但与义不相背,并且是相成的。程伊川亦说:义与利的分别,也就是公与私的不同。然则梁惠王所问何以利吾国,这似乎是公利,为什么孟子对曰,何必曰利。殊不知梁惠王之视国,如一般人之视家然,利国即利他自己。这就不是公利了。总之,为己求利的行为,是功利境界。为人求利的行为,是道德境界。

　　一个人为什么要行义,照儒家说,并没有为什么,如有目的,那就是功利境界了。据儒家说,这种境界里的人,了解人之所以为人,认识人之上还有"全"——社会之全。人不过"全"之一部分,去实行对于"全"之义务,所以要行义。这事要附带说明全体和部分的先后。二者究竟孰先孰后,论者不一。以常识言:自然部分在先,有部分,才有全体。像房子,当然要先有梁柱,架起来才能成为房子。梁柱是部分的,房子是全体的,部分在先,似乎很明显。然而细细研究,并不尽然,假使没有房子,梁也不成其为梁,柱也不成其为柱,只是一个大木材而已。梁之所以为梁,柱之所以为柱,是由于有了房子而显出来的。这样讲来,可以说有全体才有部分,则全体在先,亦不为无理。孔孟亦说人不能离开人伦,意亦全体在先。亚里士多德说:"人是政治动物。"其意是:人必须在政治社会组织中,始能实现人之所以为人,否则不能成为人,无异一堆肉,俗谚所谓行尸走肉而已。正像桌子的腿,离了桌子,不能成为桌腿,不过一个棍子而已。所以个人应该对社会有所贡献,替社会服务。但也有人说:个人和社会是对立的,社会是压迫个人自由的。可是在道德的观点来看,便是错误。如果认为社会压迫个人,主张要把人从社会中解放出来的话,无异说梁为房子所压迫,应予解放;但是解放之后,梁即失了作用,不成其为梁了。

(四)天地境界　天地境界在其中的人,其行为是事天的。天即宇宙,要知道,哲学所说的宇宙和科学所说的宇宙是不同。科学的宇宙,是物质结构;哲学的宇宙,是"全"的意思。一切东西都包括在内,亦可称之为大全。在这种"全"之外,再没有别的东西了。所以我们不能说我要离开宇宙,也不能问宇宙以外有什么东西,因为这个宇宙是无所不包的。天地境界的人,了解有大全,其一切行为,都是为天地服务;照中国旧时说:在天地境界的人是圣人,在道德境界的人是贤人,在功利自然境界的人,那就是我们这一群了。

境界有高低,即以觉解的多寡为标准。自然境界的人,其觉解比功利境界的人为少。道德境界的人的觉解,又比天地境界的人为少。功利境界的人,知道有个人,道德境界的人,知道有社会,天地境界的人,除知道有个人、社会外,还知道有大全。不过他的境界虽高,所做的事,还是和一般人一样。在天地境界的人,都是为天地服务,像《中庸》所说:"赞天地之化育,可以与天地参矣。"并非有呼风唤雨移山倒海之奇能。要知我们的一举一动,都有天地之化育。如了解其是天地化育之化育,我们的行动就是赞天地之化育,否则,即为天地所化育了。像禽兽与草木,因为它不了解,所以为天地所化育了。人如没有了解,也是要为天地所化育。圣人固可有特别才能,但也可以做普通人所做的事,因为他有了解,了解很高深,所以所作的事,意义不同,境界也不同。禅宗说:"担水砍柴，无非妙道"，如今公务员如果去担水砍柴，意义也就不同。因为他的担水砍柴是为了抗战，并不是为生活，妙道即在日常生活。如欲在日常生活之外另找妙道，那无异骑驴觅驴了。

总而言之，圣贤之所以境界高，并非有奇才异能，即有，亦系另一回事，于境界的高低无干。无非对于一般人的生活有充分的了解。圣人的生活，原也是一般人的日常生活，不过他比一般人对于日常生活的了解为充分。了解有不同，意义也有了分别，因而他的生活超越了一般人的日常生活。

所谓一般人的日常生活，就是在他的社会地位里所应该做的生活。照旧时说法：就是为臣要尽忠，为子要尽孝。照现代的说法：就是每个人要站在自己的岗位上做他应该做的事。圣人也不过做到了这一点。有人这样说：人人每天做些平常的事，世界上没有创作发明了。也有人说：中国之所以创作发明少，由于儒家提倡平常生活，因而进步比西洋差。其实这个批评是错误的。圣人做的事，就是一般人所做的事，但并没有不准他有创作发明。每个人站在岗位上做其应做之事，此岗位如果应该有创作发明，他就应该去创作发明，我们并没有说一个人在岗位上做事不应该创作发明的。

以上所说的四种境界，不是于行为外，独立存在的。在不同境界的人，可以有相同的行为，不过行为虽然相同，而行为对于他们的意义，那就大不相同了。境界不能离开行为的，这并不是逃避现实，因为现实里边应该做的，圣人一定去力行，圣人所以为圣人，不是离了行为光讲境界。不然，不但是错误，而且是笑话。比如父母病了，我以为我有道德境界，不去找医生，这不是笑话么？要知道德境界是跟行为来的。没有行为，也就没有境界了。人的境界即在行为之中，这个本来如此，极高明而道中庸者，就是对于本来如此有了充分了解，不是索隐行径，离开了本来，做些奇怪的事。

（徐漂萍记）

（原载《中央周刊》第 5 卷第 41 期,选自《三
松堂学术文集》,北京大学出版社,1984 年）

　　作者认为:儒家不注重为求知识而求知识,主要是在求理
想的生活,这是儒家哲学的主流,也是儒家哲学精神所在。儒
家哲学所求的理想生活,是超越一般人的日常生活,又在一般
人的日常生活之中。极高明而道中庸,即体现了儒家的哲学
精神,极高明是就人的境界说,道中庸是就人的行为说。境界
各人有不同,可以分为四类:自然境界、功利境界、道德境界、
天地境界,境界不能离开人的行为。

宋儒的思想方法

贺　麟

汉学家应用科学方法以考证故籍，其收获为考据学。而宋儒的贡献，则在于哲学或性理学，虽则朱子一派对于考据方面，亦有贡献，但只是附庸性质。汉学家的考证方法，在于假设与求证，可以认作一种科学方法。自从胡适先生发表了《汉学家的科学方法》一文后，似乎很少有人持异议。但宋儒的思想方法究竟是什么，论者似尚莫衷一是。本文的主旨即在于消极方面指出宋儒的思想方法不是严格的科学方法；积极方面指出宋儒，无论朱陆两派，其思想方法均系我们所了解的直觉法。换言之，陆王所谓致知或致良知，程朱所谓格物穷理，皆不是科学方法，而乃是探求他们所谓心学或理学亦即我们所谓哲学或形而上学的直觉法。

中国思想界近一二十年来，第一个倡导直觉说最有力量的人，当然要推梁漱溟先生。漱溟先生从研究东西文化问题出发，认为直觉是一种生活的态度，这种态度是反功利的、不算帐的、不计较利害得失的、遇事不问为什么的、又是随感而应的、活泼而无拘滞的、刚健的、大无畏的、充满了浩然之气的修养境界。他认为这种锐敏的直觉，就是孔家的"仁"。孔家这种纯任直觉的生活态度，就是代表中国文化以别于西方计较功利的文化的生活方式。

漱溟先生最早即引起我注意直觉问题。于是我乃由漱溟先生的直觉说，进而追溯到宋明儒的直觉说，且更推广去研究西洋哲学

家对于直觉的说法,遂使我对于漱溟先生所提出的直觉说,发生两个问题:

第一,直觉是不计较利害得失的态度,但究竟直觉尚计较苦乐,计较善恶否? 西洋近代的功利主义就是计较苦乐,求最大多数人的最大快乐的主义。因此反对功利的计较,意思即包含反对苦乐的计较。所以西洋直觉派的伦理思想家可以说是全反对快乐论的。依漱溟先生反功利的态度,自然也必是应反对苦乐的计算的。但对于此点,他书中似无明白表示。而且在他初期的《究玄决疑论》中,对于苦乐问题,他曾有过通盘的计算。他认为人生苦多乐少,文明愈进步,知识愈增多,而痛苦亦随之增加——此说与章太炎先生俱分进化论之说相同——这也就是使他走入佛家出世一条路的一个原因。及他著《东西文化及其哲学》一书时期,他已经领略到孔颜的乐处,体验到仁者不忧的境界,认为绝对快乐可以达到,所以他又回到孔家的直觉生活。换言之,他认为快乐不可于理智中求之,而可于直觉中获得。凡有功利意味的快乐则反对之,而于带有禅说意味、道德意味、由涵养得来的精神意味的快乐,则认为是最高理想,最高境界。恐怕漱溟先生与功利派的人对于快乐的追求,只有方法上实质上范围上的区别罢。

儒家的人生态度根本就是道德的。凡是道德本位的人生态度,决脱不了善恶的计较和君子小人的分辨,以奖善罚恶,亲君子远小人为归。漱溟先生的直觉说虽未明言善恶的计较应该打破,但他曾说:"所有的忧苦烦恼——忧国忧民都在内——通是私欲,私欲不是别的,就是认定前面而计虑。没有哪件事值得计虑——不但名利,乃至国家世界,秋毫泰山原无分别。分别秋毫泰山,是不懂孔子形而上学的。"这种扫荡一切计虑的说法,总算很有胆识了。但他究未明白提及善恶的计较,德与不德的执著,君子与小人的分别,是否也应该一律打消,才算得纯任直觉的境界呢? 而且以素来缺乏国家观念的中国人,要想打破忧国忧民的计虑,国家世界的分别,自是比较容易的事。同时,我们知道西洋持直觉态度的哲学家,不但反对功利苦乐的计较,而且大都是主张超出善恶的区别,打破对于道德与不道德、公正与不公正的计虑的。耶稣之提出以德报怨,无敌恶,爱仇敌,已早开了超出善恶的端绪。近代如尼采高叫"超出善恶以外"的口号,布拉得雷(Bradley)则认道德的目的在于超道德。鲍桑凯(Bosonquet)则以苦乐与善恶的执持,为小我之困苦颠连(The hagards and hardships of finite selfhood)的原因。他们这些哲学家皆殊途同归地在那里明目张胆高呼打破善恶的计虑。总之,我的意思,漱溟先生只明白表示他所谓直觉态度是反功利的,却未进而明白反对苦乐及善恶的计虑,且反而有计虑某种快乐的近似,而且因为他是出自道德本位的儒家,于善恶的计虑,似亦特别注重。所以就彻底不计虑打算而言,西洋许多持直觉态度的哲学家——姑无论对与不对,也许他们太趋于极端——其不计虑打算,较之孔家,较之漱溟先生,似乎还更为激进。漱溟先生所谓直觉,不是超苦乐善恶的境界,而是计虑苦乐善恶最醇熟最锐敏的境界;是分辨善恶的敏感(moral sensibility)或道德的直觉,而不是超道德的、艺术的、科学的或宗教的直觉。

我的第二个问题是:直觉既是一种生活的态度,一种精神修养达到最高境界,但究竟直觉是否一种思想方法呢? 漱溟先生对于此一问题亦会有审慎的考虑。他根据唯识家的说法谓:"直觉是受想二心所对意味的认识。"这个说法甚好,无异于说直觉是认识意义与价值的功能(qntuition is the faculty oftaste and meaning),与康德品鉴论衡中所谓认识意味的能力(geschmacksvermoegen)颇有相似处。但他又根据唯识家言认直觉为非量;所谓非量大意即是"非认识真实的能力"之意。据此则直觉仅是认识意味的能力,而非认识实在的方法。他又分直觉为附于感觉的直觉与附于理智的直觉二种亦甚好,约略相当于柏格森所谓"机体的同情"(organic sympathy)及"理智的同情"(intellectual sympathy)。他并谓认识"生活"及"我"时,才可以见出附于理智的直觉的重要,亦与柏格森之说相符合。但可惜他始终只限于描写直觉生活如何美满快乐,未曾指出直觉如何是认识"生活"及"我"的方法。而且当他谈到柏格森的直觉法时,他又说明"柏格森的方法可疑。直觉是主观的,感情的,绝不是无私的,……所以直觉实为非量"。据此看来,他虽有承认直觉为方法之意,但却指斥为可疑而不可资以作求真实的方法。

其实也怪不得漱溟先生对于直觉是否思想方法及是否正确可靠的方法一问题,如此徘徊迟疑。因为这实是很困难的问题,譬如,冯友兰先生在他的《中国哲学史》的绪论内虽确认直觉是一种神秘经验,且有"甚高的价值",但他亦不承认是一种方法。去年方逝世的德国柏林大学教授亨利·迈尔(Heinrich Maier)在他《最近五十年的西洋哲学》一文里,对于直觉的功能和价值亦有深刻的认识,他说:"在每一有成绩的研究家或思想家的工作生活里,无容置疑的,突然的,好似当下的触机,即我们所谓直觉,实产生最好的工作。更是确定不易的,就是整个宇宙之为一大个体,有如一切个体,只为直观所可达到,而非概念的知识所能把握。直观乃是凭一种直接的透视以究自然世界和精神世界之最深邃的本质。要求神契经验的驱迫力,乃彻始彻终是一种直觉的力量。要求与神一体的仰慕的神契境界乃是宗教生活的核心。"此说可以说是对直觉具有甚深的同情,但是他立即对直觉主义加以严刻的批评道:"但是神契信仰经验之实在性与神契信仰的经验之真理却必须加以分别。……此种哲学,自然是方便省事。当紧严的研究和思想的感觉困难时,便让诗人的想像当权。但这实不啻对于恳挚的真理之反叛。"这种说法都足以警告我们对直觉应审慎,不可误入歧途。而迈尔的批评大意,第一认直觉太方便省事非紧严的逻辑的哲学方法;第二认直觉是反理性的反理智的主观的想像的产物而不足语于哲学的真理,尤其严重有力,值得反省。因此我个人对于此问题也异常徘徊迟疑,但经过很久的考虑,我现时的意思仍以为直觉是一种经验,复是一种方法。所谓直觉是一种经验,广义言之,生活的态度,精神的境界,神契的经验,灵感的启求,知识方面突然的当下的顿悟或触机,均包括在内。所谓直觉是一种方法,意思是谓直觉是一种帮助我们认识真理,把握实在的功能或技术。就直觉之为经验言,是一种事实可有可无,时有时无。即使素来反对直觉的人,如果忽然有了直觉,他也无法加以反抗,驱之使去。就直觉之为方法言,是一种工夫,可用可不用,时有用时无用。这就是说,虽我们事实上客观地承认直觉是一种方法,但我们可以不采用这种方法,而采用别的方法。我们此时可以采用此法,他时亦可以采用别的方法。就直觉之为经验的事实言,可以"有甚高的价值",可以"产生最好的工作",但亦可无甚高价值,不能产生最好的工作,盖直觉经验亦有好坏高下真妄的等差,不可一概认为很好,有价值而是真实。就直觉之为方法言,亦有利钝巧拙精粗深浅的等差,视应用此法者之学养如何及善于应用与否以为断,不可一概抹煞。善于应用直觉法可以使之紧严而合于理性;犹如不善于应用分析法三段论法等,亦可以陷于支离诡辩而不合理性。

所以我们不能因为不采用直觉方法,便根本否认直觉之为方法,一如我们不能因为自己无有直觉的经验,便根本否认直觉经验的事实。譬如英国功利主义的伦理学家西吉微克(H. Sidgwick)作《伦理学方法论》(The Methods of Ethics)即提出直觉为伦理学方法之一。美国的新实在论者孟太苟著《认知的途径》(The ways of Knowing)亦认直觉为神契主义者所采取的认知方法。这都是自己并不采用直觉方法(西吉微克仅部分地采取康德式的直觉方法以与弥尔的功利主义调和)而客观承认直觉是方法的好例。至于法国的巴斯卡尔(Pascal)直称直觉为"心情的逻辑",有"心情有其自身的理性,而理性不能认识"(Le coeur a sa raison que la raison ne conna it pas.)之语。实证主义的孔德且认"心情的逻辑先于理智的逻辑",斯宾格勒(Spengler)于其《西土沉沦》一书中,认理智为适用于认识自然的"空间逻辑",而认直觉为"时间的逻辑",为认识历史现象的主要方法。克罗齐则谓矛盾思辨法(dialectical method)为形而上学的方法,而认直觉为美学的方法。我们也无暇去辨别以上各家对于直觉的意义是否有不同的认识,亦无暇去评他们的说法是否有过火的地方,但他们尽皆承认是不违反理性的一种方法则相同。所以不论我们赞成直觉方法与否,我们不能不承认直觉可以被人采作方法。我们谓直觉方法与抽象的理智方法不同则可,谓直觉方法为无理性或反理性则不可。

不过我们须注意的就是方法本来是一种技术或艺术(technique or art)。哈特曼(N. Hartmann)认矛盾思辨法为一种艺术,其应用之精粗工拙,须视天才之高下、艺术之训练如何为断,而非可以呆板模仿的死方法。我想由此足见直觉法恐怕更是一种基于天才的艺术,而此种艺术之精粗工拙仍须以训练学养之醇熟与否为准。故直觉虽是方法,亦有因运用得不精巧醇熟而发生危险的可能。一如科学的实验方法之为一种艺术,实验不精巧熟练,不惟得不到结果,而且会发生危险。所以关于直觉方法的效准(validity)问题,我主张应于运用此法之工拙精粗求之,应于是否滥用与误用此法求之,而不可泛泛指斥直觉方法之尽行不可靠。说到这里,也许我们可以参入一点斯宾诺莎的意思。按斯氏说,我们认识的正确观念愈多,则我们求知的方法愈完善,换言之,直觉的方法是不断在改进中,积理愈多,学识愈增进,涵养愈醇熟,而方法亦随之逐渐愈为完善。

有人谓直觉主义者仍不能不依形式逻辑或科学方法以发抒言论、表达思想,因此遂否认直觉之为方法。譬如斯泡尔丁(Spaul-

ding)和罗素这般人，均谓柏格森反对理智，倡导直觉，而他所著的
书仍全系根据理智写成，因而遂谓柏氏自相矛盾，而认直觉方法不
能成立。殊不知直觉方法一方面是先理智的，一方面又是后理智
的。先用直觉方法洞见其全，深入其微，然后以理智分析此全体，
以阐明此隐微，此先理智之直觉也。先从事于局部的研究，琐屑的
剖析，积久而渐能凭直觉的助力，以窥其全体，洞见其内蕴的意义，
此是后理智的直觉。直觉与理智各有其用而不相背。无一用直觉
方法的哲学家而不兼采形式逻辑及矛盾思辨的。同时亦无一理智
的哲学家而不兼用直觉方法及矛盾思辨的。有人责备杜威，谓彼
虽高倡实验方法，而所著的书所立的论据，皆大都采用以子之矛攻
子之盾的矛盾思辨法，而乏科学实验的证据。杜威答称，没有可以
绝对不用矛盾思辨法而能作哲学思考的人。因此同样我亦可说，
没有可以不用直觉方法而能作哲学思考的人。由此足见，彼持形
式逻辑一尊论者与彼持分析推论一尊论者，未免由于狭隘的偏见
所蔽，而不自知反省其认识作用有资于直觉法及矛盾思辨之处了。
换言之，形式的分析与推论、矛盾思辨法、直觉三者实为任何哲学
家所不可缺一，但各人之偏重略有不同罢了。认直觉主义绝不分
析推论，与认科学家，实验主义者或研究数理逻辑的人绝对不采用
直觉法或矛盾思辨法，皆陷于同样的错误。最近美国哲学家罗佛
乙(Lovejoy)且谓爱因斯坦之发明相对论，乃由于他能由实验科学
出发，一变而对时间的概念加以矛盾分析(dialectical analysis)有以
使然。至于爱因斯坦在研究相对论的过程中，曾有资于不少的直
觉的启示或触机，更是公认的事实。盖就推论言，推论必先有自明
的通则(axioms)以作基本，但此自明的通则，则系一种直观知识。
就分析言，分析即系剖析全体之意(To analyze is to dissect the
whole)，即黑格尔所谓"判断即特殊化总念"(To judge is to specify
the notion)之意，亦即布拉得雷所谓"判断的主体即系实在"(The

subject of every judgement is reality)之意,盖分析即分析此用直觉方法所得的对于实在、对于理念的整个印象。换言之,分析即分析直觉方法所获得之丰富材料。及至部分的分析到了面面俱到的程度,于是又借直觉之助,对于整体有更新更深的认识(注意,单是分析,即使面面俱到,亦绝不能达到整体。况分析只是愈分愈细,绝不能面面俱到,故必借直觉的助力,方可把握全体)。请看下图:

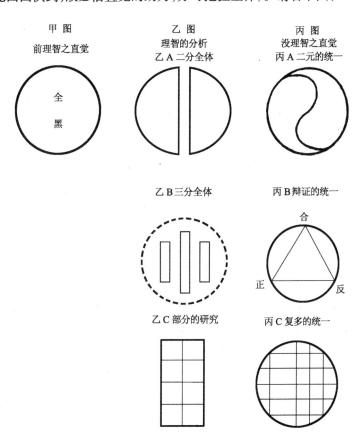

甲　图
前理智之直觉

全
黑

乙　图
理智的分析
乙 A 二分全体

丙　图
没理智之直觉
丙 A 二元的统一

乙 B 三分全体

乙 C 部分的研究

丙 B 辩证的统一

合

正　　反

丙 C 复多的统一

图甲约相当于康德之感性阶段,图乙约相当于康德之知性阶段,图丙约相当于康德之理性阶段。图丙A有似朱子的理气之统一,斯宾诺莎的思想与形气(心物)二属性之统一,图丙B代表黑格尔式的统一,图丙C约略相当于朱子所谓"物之本末精粗无不备,而吾心之全体大用无不明"之豁然贯通的直觉境界。只有第一段而无第二第三两段工夫,即是狭义的神秘主义。于不知不觉中经过第一阶段,而只重第二段之分析,不企图第三段之直觉的综合,是为狭义的理智主义。科学知识即限于第二阶段,特别限于图乙C之所代表。第一阶段只是一种混沌的经验而非知识。第二阶段为科学知识,第三阶段方为哲学知识。第三图即代表"以神秘主义为材料,以理性主义为形式"之后康德的理性主义。据此足见直觉与理智乃代表同一思想历程之不同的阶段或不同的方面,并无根本的冲突,而且近代哲学以及现代哲学的趋势,乃在于直觉方法与理智方法的综贯。

总括起来,我上面这一长篇的主要意思在指出直觉是一种方法,并且要说明第一真正的哲学的直觉方法,不是简便省事的捷径,而是精密紧严,须兼有先天的天才与后天的训练,须积理多学识富,涵养醇,方可逐渐使成完善的方法或艺术。第二,我并要说明直觉不是盲目的感觉,同时又不是支离的理智,是后理智的,认识全体的方法,而不是反理智反理性的方法。换言之,我要把直觉从狂诞的简捷的反理性主义救治过来,回复其正当的地位,发挥其应有的效能。我相信我遵循的这条路并不是无有人迹的迷津,而乃即是我亲炙过的怀特海教授所采取的途径。在他的巨著《过程与实在》的序言里他宣称他的主要工作之一,即在于将柏格森的直觉主义和詹姆士的急进的经验主义之被斥为反理智主义里救护出来。他要保持柏之直觉说,詹之纯粹经验说,但同时又不陷于反理智主义。我相信这条路实在是治哲学的康庄大道。而我们本篇研究讲心即理也或心与理一的心学或理学的宋儒的思想方法,更可以作直觉法不是反理性的见证,特别是研究提倡艰苦着力的朱子的格物穷理的直觉法或体认,更足以昭示我们直觉不但不反理性,而且也不是简便省事的捷径,而乃是紧严细密、丝毫不苟且不放松的笃实工夫。

直觉方法的意义很复杂,直觉方法的种类亦甚多,此处姑不具论。兹为方便计,可以简略地认直觉为用理智的同情以体察事物,用理智的爱以玩味事物的方法。但同一直觉方法可以向外观认,亦可以向内省察。直觉方法的一面,注重用理智的同情以观察外物,如自然、历史、书籍等。直觉方法的另一面,则注重向内反省体察,约略相当于柏格森所谓同情理解自我。一方面是向内反省,一方面是向外透视。认识自己的本心或本性,则有资于反省式的直觉,认识外界的物理或物性,则有资于透视式的直觉。朱子与陆象山的直觉方法,恰好每人代表一面。陆象山的直觉法注重向内反省以回复自己的本心,发现自己的真我。朱子的直觉法则注重向外体认物性,读书穷理。但根据宋儒所公认的"物我一理,才明彼,即晓此,合内外之道也"一原则,则用理智的同情向外穷究钻研,正所以了解自己的本性;同样,向内反省,回复本心,亦正所以了解物理。其结果亦归于达到心与理一,个人与宇宙合一的神契境界,则两者可谓殊途同归。

陆象山的直觉方法可分作两方面讲:第一,消极方面,可用"不读书"三字表示他的方法。不读书,在普通讲来,只是不受教育,只是懒惰、愚昧,绝不能谓为方法。且而凡是不学无术的军阀官僚大腹贾,全知道轻视学者,指斥读死书的无益。但欲于"不读书"中去求真学问,去把握实在,意思就比较深刻,且具有方法的意味了。其实古今中外凡持先天主义的哲学家,大都有反对读书的趋势。孟子有尽信书不如无书之说,想系象山所本。老庄也是反对读书的,西洋倡归返自然说的思想家,如卢梭一流人,且由反对读书,进而反文化,反理智,反科学。但特别提出"不读书"来作方法,且成为哲学史一大公案的,恐怕要首推陆象山。朱子也曾说象山派"其法首以读书穷理为大禁"。象山之反对读书,一半自是为矫正朱子传注章句之学而发,一半亦实是他自己一贯的思想。他由反对读书,遂附带反对著书,反对讲论。据《象山年谱》载,陆子与朱子会于鹅湖寺,朱子之意欲令人泛观博览而后归之约,二陆之意欲先发明人之本心,而后使之博览,颇不相合。象山欲更与朱子辩,以为尧舜之前有何书可读,而尧舜竟可成圣人,被复齐阻止,未曾辩论而散。又《象山语录》载:临川一学者初见,问曰:"每日如何观书?"学者曰:"守规矩。"问如何守规矩,学者曰:"伊川《易传》,胡氏《春秋》,上蔡《论语》,范氏《唐鉴》。"象山忽呵斥之曰:"陋说!"次日复来,方对学者诵"乾知太始,坤作成物;乾以易知,坤以简能"一章曰:"圣人赞易,却只是个简易字……这方叫做规矩。"因为象山以不读书为学道初步工夫,所以他的门人竟有"读书讲学实所以充塞仁义"的话说出。由反对读书,复进而反对著书。陆象山《鹅湖诗》有"留情传注翻榛塞,注意精微转陆沉"之句,并有"简易工夫终久大,支离事业竟浮沉"之语,似皆直指朱子之章句传注格物穷理之学加以攻击。象山又曾说过:"圣人之言自明白,……何须传注。学者疲精神于此,是以担子越重。到某这里,只是与他减担,只此便是格物。"足见他为学的方法,首着重在减轻学术文化上的负担,解除外界的侵蚀,以保持自己的本心,而免为教育所误(德文中有"Verbildet"一定,即使为教育所误之意,英文无与此字意义相当之字。德国有浪漫思想之青年,其选择配偶品评人物,常视其是否为教育所误,"Verbildet"丧失其纯洁的本性与天真。知教育之可误人,则知象山之反对读书,实不无深意)。书籍所蔽,文字所累。至朱子之殚精劳神去注释《楚辞》;韩文、《周易参同契》等书,更为陆派所诟病,斥为支离骛外。

的确,象山此种不读书的方法,自有其特色,不必以其立说之偏而替他隐饰。桑提耶纳说怀疑主义有一种清心作用,可以保持学者心灵的贞操,使勿轻于信从古人。而象山此法实具有此种作用,可以使此心摆脱一切,赤地新立,以便一切自真我作主,由本心出发。其实,假如任何时代的教育家,能够把握住陆象山不读书的方法的真意,认真实行起来,则教育必可大大的改观,特别是当传统的观念或外界的权威极盛或学术思想极其庞杂的时代,此种方法实足以予精神上一大解放。

其实象山也未尝不读书,不过他读书是看古人是否先得我心之已然,契合自己的本心。他未尝不著书,但著书只是出于自然,并非勉强,且不以传注为业。他亦未尝不讲论,但讲论只是启发人自己的思想,发明人的本心,教人自己反省。

因此象山的直觉方法的积极方面,可用"回复本心"四字来包括。本心即是他的本体,回复本心即是他的方法。他根本认为"此心本灵,此理本明,此性本善"。"心即是理,性即是理";"人同此心,心同此理"。所谓格物穷理,即是回复本心。回复本心在陆王的方法中亦有两方面,一是教人反省他自己的本心,注重在启发他人,唤醒他人,使之回复到他有的先天理性,有似苏格拉底的接生法;一是自己反省自己的本心,自己体认自己的真我,自己把握自己的真生命,有似柏格森所谓自己与自己表同情。我前面已经说过,直觉方法是一种艺术,而陆象山、王阳明教人反省本心的艺术,实甚高妙。象山所收的两个最大的弟子——袁洁齐,杨慈湖——都是从促人反省本心得来。据《袁洁齐传》,洁齐遇象山曰:"君今日所听扇讼,彼扇讼者心有一是有一非,若见得孰是孰非,即决定为某甲是、某乙非,非本心而何?"先生闻之,忽觉此心澄然清明,亟问曰:"止如斯耶?"象山厉声答曰:"更何有也!"先生退,拱坐达旦,质明,纳拜,遂称弟子。这两段故事最足以见象山指点本心的实

功。象山自己也常说："吾与人言，多就血脉上感动他，故人之听者
易。"所谓"就血脉上感动他"，亦即从本心指点他之意。《年谱》谓
"先生首诲以收敛精神，涵养德性，虚心听讲，诸生皆俯首拱听，非
徒讲经，每启发人之本心也"。又《年谱》载毛刚伯必疆云："先生之
讲学也，先欲复其本心，以为主宰，既得其本心，从此涵养，使日充
月明，读书考古，不过欲明此理尽此心耳，其教人为学端绪在此。"
由此愈见"回复本心"是象山生平最着重最得力的所在。据说象山
教人回复本心，促人反省，颇有感化能力，常使人发汗流泪。《年
谱》谓"从游者众，先生能知其心术之微，言中其情，多至汗下"。据
说当象山在白鹿洞讲义利之辨时，在一个很冷的春天，说得朱子也
出了一身汗，其余的听众尚有流泪的。至王阳明之善于指点人之
良知，使人涕泣感动，顿改前非的故事，亦复甚多，可无庸赘述。就
陆王之启发他人的本心的方法论，我以为约略相当于苏格拉底的
接生法和柏拉图的回忆法。苏氏的接生法，亦在于启发人自知，自
思，自己反省其道德观念。苏氏认道德不可教，更非诡辩的方法所
可教，但须用他所提出的启发式的接生法，方可教人回复其固有的
道德知识。因为苏氏亦认人性本善，无人自愿作恶，一切恶行，皆
由知识方面有蒙蔽，有缺陷，故须用启发的方式，促其反省，以回复
其道德的良知。柏拉图之回忆法亦系教人回复其原来固有，后来
遗忘隐蔽之理念或本心。柏氏《曼诺篇》对话，所举诘问一从未学
习过几何学的奴仆，使其解答几何学上的问题一例，最足以表示真
理本人所固有，非外铄我，只须有人提醒，经过一翻回忆的历程以
回复之理。与陆王之喝人诘人，以表示道德乃人所固有，非外铄
我，只须一种求放心、复本心的回忆或反省的工夫以回复其本然的
说法，实颇相似。两者均可称为反省式的直觉法。

教人回复本心，贵在指点，提醒，启发。要想自己回复自己的
本心，则在于体验，省察，反思，反求。使本心勿为物欲所蒙蔽戕

贼，而致放失。陆象山说："愚不肖者不及焉，则蔽于物欲而失其本心，贤者智者过之，则蔽于意见而失其本心。"又说："此心本灵，此理本明，至其气禀所蒙，习尚所梏，俗论邪说所蔽，则非加剖剥磨切，则灵且明者，曾无验矣。"总之，据象山看来，私欲非本心，意见非本心，见闻习染非本心，游思杂念非本心，不惟非本心，而且是蒙蔽本心，桎梏本心的障碍物。须一本"不安其旧，惟新是图"（象山语）的精神，反思反求，痛加剖剥磨切，使之扫荡无余，则本心即可回复，行为取舍即有准则，判断是非善恶自有标准了。象山有两段话最为明白："义理之在人心，实天之所与不可泯灭焉者也。彼其蔽于物而至于背理违义，盖亦弗思焉耳。诚能反而思之，则是非取舍，盖有隐然而动，判然而明，决然而无疑者矣。"又说："良心之在人心，虽或有所陷溺，亦未始泯然而尽亡也。下愚不省之人，所以自绝于仁人君子之域者，亦特其自弃而不之求耳。诚能反而求之，则是非善恶，将有所甚明，而好恶趋舍，将有不待强而自决者也。"

　　知道了象山的反省式的回复本心的直觉法，我们试再略说王阳明的直觉法以资印证。阳明的良知，即是象山的本心。阳明的致良知，即是象山的回复本心或启发本心。前者是本体，后者是工夫或方法。阳明初期倡知行合一之说，知行合一只是论知与行的关系的学说，对于知行关系之逻辑的分析和心理的研究虽有贡献，但既非本体论，亦非方法论。所以后来他才提出致良知之教，才算寻着了体用兼赅的学说。良知是本体，致良知是工夫，而他特别着重致良知的工夫。试看阳明下面一段话："人心是天渊，心之本体无所不赅，原是一个天，只为私欲障碍，则天之本体失了。心之理无穷尽，原是一个渊，只为私欲窒塞，则渊之本体失了。如今念念致良知，将此障碍窒塞一齐去尽，则本体已复，便是天渊了。"（《传习录》下）这已显然见得阳明的致良知即是象山的回复本心的工夫了。他更进一步将《大学》上的"格物"解释成向内自致良知的意思。以与朱子向外穷究物理的解释对抗,而发挥象山回复本心的说法。他说:"格物如孟子'大人格君心'之格,格者正也。格物者是去其心之不正,以全其本体'良知'之正。"这样说来,不管他是否曲解原书,他所指格物,就是致良知,就是消极的克去此心之不正,积极的回复到本心之正。甚至于《大学》上的"止至善"一语,他也本六经注我的精神,解释成致良知以回复本然之性的意思:"至善者性也,性元无一毫之恶,故曰至善。止之,是复其本原而已"(《传习录》上)。

于此足见象山之所谓本心,阳明所谓良知绝不是经验派的人如洛克所攻击的天赋观念(innate ideas),而洛克所谓由乳母之迷信、老妇之权威、邻居之喜怒赞否而积渐侵入儿童纯洁之头脑,及长,又加以风俗习惯的追认的外铄的道德观念,不惟不是陆王所谓本心或良知,恐正是象山所认为桎梏本心之物,须得剖剥磨切的,亦正是阳明所认为蒙蔽良知之物,须得格正扫除的。因此若谓陆王的本心或良知乃即是洛克所排斥的遵守传统观念,服从外界权威,使人作习俗之奴隶的天赋观念,实未免厚诬古人。若要勉强持陆王之说以与西洋思想比拟,可说是略近于康德的道德律。康德所谓道德律即是我固有之,非由外铄,心与理一的良心或本心。要想认识这种道德律,不能向外钻究,只须向内反省。因为陆王的本心,既非经验所构成,故他们的方法不能采取向外研求的经验方法,而特别提出向内反省以回复本心的直觉法。

现在要进而讨论朱子的直觉法,问题就比较困难。因为第一,许多人以为朱子的方法是科学方法而非直觉法,我们首先须说明朱子的方法何以不是科学方法;第二,讨论朱子的方法,须牵涉到朱陆异同——始异终同,殊途同归——的问题。关系第一点,我希望读者参看下文,知道朱子的方法何以是直觉法,便可恍然明白他的方法何以非科学方法了。同时我可以引用冯芝生先生的话来赞助我的说法,他的《中国哲学史》下卷论朱子一章有一条很重要的小注道:"朱子所说的格物,实为修养方法,其目的在于明吾心之全体大用。即陆王一派之道学家批评朱子所说,亦视之为修养方法而批评之。若以此为朱子之科学精神,以为此乃专为求知识者,则诬朱子矣。"若芝生先生此处之意,系指朱子所谓格物不是科学方法,则实为了解朱子一种进步,亦我之所赞同。因为朱子之格物非科学方法,自是确论。但谓朱子的格物全非科学精神,亦未免有诬朱子,盖以朱子之虚心穷理、无书不读、无物不格的爱智精神,实为科学的精神也。但他又肯定朱的格物只是修养的方法而非求知识的方法,则我却又不敢苟同。盖朱子以涵养致知并重,涵养的方法为"敬",而致知的方法则为"格物";涵养所以存心,培养能知之主体,格物所以穷理,认识所知的对象(即理)。二者虽相辅,而绝不容相混。至格物的目的乃在于达到"众物之表里精粗"(当然是指知的成分多),而明"吾心之全体大用"。所谓吾心之"全体"乃指整个的理,即太极;所谓吾心之"大用"即据理以指导行为,或"顺理以应物",而收修齐治平之效。亦是求知的成分多,而非单指修养。至陆王之批评朱子格物之说则以此说就求知言,支离破碎,不足以求德性之知;就修养言,骛外逐物,不能先立其大;仍从知行双方立论,固不仅视之为修养方法而批评之。且芝生先生固明言朱子有其"哲学系统",今格物既非他求知的方法,则他又系用什么方法,以达到关于理气太极的知识,而完成他的哲学系统呢? 若依芝生先生"科学方法即是哲学方法"之说,则朱子于非科学方法以格物之外,将另有其科学方法,以建立其哲学系统了。不然,便是朱子没有哲学方法,仅有修养方法,便可"成立一个道理",完成一个"哲学系"了。依我的说法,朱子的格物,既非探求自然知识的科学方法(如实验方法,数学方法等),亦非与主静主敬同其作用的修养方法,而乃寻求哲学或性理学知识的直觉方法,虽非科学方法,但并不违反科学违反理智,且有时科学家亦偶尔一用直觉方法,而用直觉方法的哲学家,偶尔亦可发现自然的科学知识。朱子之所以能根据他的格物穷理的直觉方法以建立他的理学系统,并附带于考据之学有贡献,且获得一些零碎的天文地理律历方面的知识——对与不对,姑不具论——即是这个原因,又直觉方法虽与涵养用敬有别,不是纯修养的方法,但因直觉既是用理智的同情以体察事物理会事物的格物方法,故并不是与情志、人格或修养毫不相干。直觉的格物法可以使人得到一种精神的真理,足以感动人的情志的真理(spiritual truth or inspiring truth),换言之,直觉法是可以使人得到宋儒所谓"德性之知"或今人所谓"价值的知识"或"规范的知识"(knowledge fo the value or norm of things)的方法。而且只有直觉方法可达到"众物之表里精粗无不到",而"吾心之全体大用无不明"的最高境界。盖只有直觉方法方能深入其里,探究其精,而纵观其全体大用。而科学方法则只求认识其表面的、粗的、部分的方面,并没有认识形而上的、里面的、精的、全体大用之职志也。

就朱陆的直觉方法之异同言,我已说过,大体上只是二人对于直觉方法之着重点与得力处不同。陆象山注重向内反省以回复本心,朱子注重向外体认,以穷究物理。但象山所得力的各点,朱子亦兼收其所长。譬如象山反对读书,朱子亦尝痛惩读书,朱子尝说:

　　日前为学,缓放反己,追思凡百皆可悔者;所论注文字,亦坐此病,多无着实处。回首茫然,计非岁月工夫,所能救治,以此愈不自快。(《答刘子澄》)

　　近觉自来为学实有向外浮泛之弊,不惟自误,而误人亦不少,方别寻得一头绪,似差简约端的,始知文字言语之外,真别有用心处,恨未得而论也。(《与刘子澄》)

使道可以多闻博观而得,则世之知道者为不少矣。熹近日因事方有少省发处。……日用之间,观此流行之体,初无间断处,有下工夫处,乃知前日自诳诳人之罪。盖不可胜赎也。

此与守书册,泥言语,全无交涉(《答何叔京》)。

以上皆见于王阳明的朱子晚年论定中,此外书札、语录类此的话头而未为阳明所采入者尚多,而以下面所引二段更为明切沉痛:

熹衰病今岁幸不至剧。觉得目前外面走作不少,颇恨盲废之不早也。(《答潘叔度书》)

今一向耽溺文字,令此心全体都在册子上,更不知有己,便是个无知觉不知痛痒的人,虽读书亦何益于我事耶!(《与吕子约》)

朱子之痛惩骛外逐物、泛泛支离、耽溺于书册文字的弊病,认为自误误人,罪不胜赎。自恨盲废之不早,恐怕象山之反对读书亦不过如是。但朱陆同是反对读书,态度亦自有不同(并非早年晚年的不同,我认为持朱陆早异晚同,或早同晚异说之无聊,且认为两人同是反对读书,或同是读书,非时间上的不同,而乃根本态度不同)。象山以不读书为入德之门的工夫,自觉地、始终一贯地反对读书。而朱子之反对读书,乃是读书过多后的翻悔或反动,而非方法。因此朱子读书愈多,埋首于故纸堆中愈久,其反对读书亦愈甚。打个比譬,象山是蔬食主义者,而朱子是饱餐大油荤后而寻求无油荤的蔬菜或水果。而且假如下次有个宴会,他也许还要大嚼一顿。据《语类》载朱子"每得未读书,必穷日夜读之。尝云,向时得《徽宗实录》,连夜看,看得眼睛都疼。一日得《韩南涧集》,一夜与文蔚同看,倦时令文蔚读听至五更尽卷"。所以,朱子一面反对读,但有一新书,必一气读完。读多了后,又自悔作了书本奴隶,痛加惩戒。而一面又宣称一物未格则一物之理未尽,一书未读,便一书之理有缺。

又如《象山年谱》载象山一日得读朱子"川源红绿一时新,暮雨朝晴更可人。书册埋头何日了,不如抛却又寻春”一诗,说道:“元晦至此有觉悟矣,是可喜也。”此点表面上似表示朱陆之相同,但其实根本态度仍不相同。盖朱子此诗乃表示由向外沉潜于书册中者,而掉转方向陶醉于大自然怀抱中,仍是向外的,与陆之向内寻求本心,一味不向外走作者大不相同。盖象山注重提醒此心,无时忘掉自我,有似费希德,而朱子不是忘掉自己于书本,即是忘掉自己于自然,放心于外,复收之回内,忘掉自己又归还自己,则有似黑格尔。盖朱子欣赏自然的诗趣,似得力于周子之堂前春草生意一般,大程子之“傍花随柳过前川”,“万物静观皆自得”。而陆子则对于自然之兴趣,远不及其对于“自我”、对于“德性”之兴趣之多(普通讲朱陆异同者,多谓朱得力于小程,陆得力于大程,自亦甚是。唯朱子之重客观,对自然有兴趣,则似大程及周子。而陆子之重主观,对自然兴较少,则似小程)。

至就修养言以及就求知言,朱子之注重向内反省,求放心,回复本心,与象山亦复相同。朱子对于大学“明德”的解释,即相当于象山所谓本心——本心即得自天之德性,即心与理一,具有仁义理智之心。朱子所谓“明明德”,即相当于象山所谓“自己回复本心”,而其所谓“新民”,即系象山“使人回复其本心”之意。《语类》有一条讲得最明白:

> 明德是我得之于天,而方寸中光明的物事。统而言之,仁义理智。……本不待自家明之,但从来为气禀所拘,物欲所蔽,一向昏昧,更不光明。而今却在挑剔揩磨出来,以复向来得之于天者,此便是明明德。我既是明得个明德,见他人为气禀物欲所昏,自家岂不恻然欲有以新之,使之亦如我挑剔揩磨,以革其向来气禀物欲之昏,而复其得之于天者。此便是新民。胡泳戊午年朱子六十八岁时录所闻。(《语类》卷十四)

朱子此处言明德之为气禀物欲所昏蔽,与象山之言本心为物欲气禀意见所桎梏,意思全同。朱子言须用"挑剔揩磨"工夫,以复明德,与象山所谓须加"剖剥磨切"工夫,以"反思""反求",可谓语意皆同。我们不能因为此条系出自门人所记的语录,而疑其有失朱子之原意。因为类此之语尚多,而朱子大学章句注释"大学之道在明明德在新民在止于至善"一章,与此条所记完全相同,语意且较简切浑融,兹不具引。又如朱子释"学而时习之"一语,而必欲参入性善问题,指出学之目的为"明善而复其初"。又如朱子释"克己复礼为仁",亦加入回复本心之德的意思,谓"复,反也。礼者,天理之节文也。为仁者,所以全其心之德也。盖心之全德,莫非天理,而亦不能不坏于人欲,故为仁者必有以胜私欲而复于礼,则事皆天理而本心之德复全于我矣"。试看他这里所以解释论语的一套玄学理论,哪一点不是与象山的回复本善之性回复本明之心的说法如合符节呢?而且朱子这种以自己的一套玄学理论来解释经典的办法又是不是与象山"六经注我,我注六经"的精神同条共贯呢?又如《语类》中有一段谓:

> 人之本心不明,一如睡人都昏了,不知有此身,须是唤醒方知。恰如瞌睡,强自唤醒,唤之不已终会醒。某看大要工夫只在唤醒上。然如此等处,须是体验教自分明。(《语类》卷十二《黄士毅录》)

朱子此处明言须用自己体验的工夫,唤醒那原来灵明的本心,更是显然与象山如出一辙。所以,如果我们试比较本篇所引的朱陆两人的说法,实在无须牵强附会,即可见得他们中间实在无有根本区别。但是如果我们另从两人的为人及其全部思想着眼,我们亦未尝不可查出他们的同中之异。据我看来,朱陆虽同言回复本心,而其不同处约有两点。

第一,就朱陆之同认"回复本心"为向内反省的直觉方法言,则应用此方法的艺术有工拙之不同。象山较工,其应用此法以自涵养,和教导他人;以持守自己本心,和唤醒别人本心,均较得力。他最善于从血脉上感动人,使之翻然改悔,几有大宗教家点化世人使之转变悔悟的风度。朱子则应用此法较拙,他自己就很难把持他的本心,不令其向外走作。他用简单有力的言语,当下即直接点化人或感动人的力量和效果似均不及象山。

第二,两人虽皆同用"回复本心"的方法,但就时间言,有先后的不同;就分量言,有多少的不同。象山以回复本心为最先最初步的工夫,朱子则以回复本心为学问思辨格物穷理方能达到的高远的最后理想,故教人先泛观博览先博学于文,然后方返之"约",然后方"复礼",方复"本心之德"。所以朱子说:"万事皆在穷理后,经不正,理不明,看他如何地持守,也只是空。"又说:"未能识得,涵养个甚? 义理不明,如何履践?"就着重此法的分量,象山专以"回复本心"教人,此外更无第二法门。朱子则仅兼以"回复本心"教人,仅用以救济博文之偏,校正读书格物之支离散漫,而他的主要方法,却另有所在。

朱子有一封与项平父的极重要的信,自道其与象山的异同的所在,实异常扼要切当,而且持平,最足以表示我这里所提出的两点:

> 大抵子思以来教人之法,以尊德性道学问为用力之要。今子静所说专是尊德性事,而熹平日所论,却是道学问上多了。所以为彼学者多持守可观,而看得义理全不仔细,又别说一种杜撰道理遮盖,不肯放下。而熹自觉虽于义理上不敢乱说,却于紧要为己为人上多不得力。今当反省用力,去短集长,庶几不堕一边耳。(据王白田考证,此书作于淳熙十年癸卯,时朱子五十四岁,象山四十五岁)

从这封短信里可以看出尊德性道学问二事朱子认为是教人的用力的主要方法,故朱子认为他与象山的异同,实是方法上的异同。此处所谓尊德性即是回复本心,反求德性之心,反思义理之心或唤醒道心的反省式的直觉法。此处所谓道学问即是格物穷理,向外透视理会的直觉方法。朱子谓"子静所说专是尊德性事",而不言"子静所说以尊德性为多",意即象山专门注重回复本心,偏重而不兼采。他自承"道学问上多了",又愿"去短取长,不堕一边",是即自道其注重格物穷理分数为多,但仍兼采回复本心之法。他坦直承认陆派学者"多持守可观",又自道其"于紧要为己为人处多不得力",是不啻明白承认象山之运用"尊德性"或"回复本心"的方法较他自己的为工,其效力较他自己应用同一方法为大了。

　　以上系指出朱子虽与象山同样反对读书,同样注重回复本心,但相同之中仍有其相异处。但朱子生平最得力最精到且卓然有以异于陆派处,而我们现在要提出来讨论的,却在于偏重向外体认钻究的直觉法。他的直觉法可以"虚心涵泳,切己体察"八字括之。虚心则客观而无成见,切己则设身处地,视物如己,以己体物。体察则用理智的同情以理会省察。涵泳有不急迫,不躁率,优游从容,玩味观赏之意。朱子《大学章句集注》,采程子之说,训"格"为"至",释"格物"为"穷至事物之理,欲其极处无不到也",其意亦是用"虚心涵泳,切己体察"的工夫,以穷究事物之理,而至乎其根本极则,贯通而无蔽碍,以达到"用力之久,而豁然贯通焉,则众物之表里精粗无不到,而吾心之全体大用无不明"的最后的直觉境界。盖训格物为至物,即含有:一,与物有亲切的接触,而无隔阂;二,深入物之中心,透视物之本质,非徒观察其表面而止;三,与物为一,物我无间之意。但朱子复力言虽训格为至物,但至物既非神秘的与物相接,亦非空泛的与物同体之意,"盖泛言同体,使人含糊昏缓而无警切之功,其弊或至于认物为己"(仁说),而神秘的与物相接,"则或徒接而不求其理,或粗求而不究其极,是以虽与物接而不能知其理之所以然与其所当然也"(《甲午答江德功书》)。所以朱子虽言至物,虽向外探求,而不陷于狭义的神秘主义与粗疏的感觉主义,即因他能用虚心涵泳切己体察的工夫以穷至事物之理故也。盖朱子格物的工夫所欲达到的非与物相接或与物一体的先理智的神秘的感性的直觉境界,而乃是欲达到心与理一的后理智的理性的直觉境界。于此更足以见得朱子的直觉法的高明、精到而且平实。

西洋哲学家之谈直觉者甚多,然试将反省式的直觉及纯感性的直觉除外,差足与朱子的直觉法比拟者大约不外三说:

一,认直觉为一种由精神的生活或文化的体验(Erlebnis)以认识真善美的价值的功能。直觉既是一种欣赏文化价值的生活,亦是一种体认文化价值形成精神科学的方法。丹麦哲学家基尔凯戈尔和德国的倡导精神科学的哲学家狄尔泰属之。他们主张以生活来体验价值,以价值来充实生活。

二,认直觉为时间的动的透视以把握自由活泼,变动不居的生命的理智的同情。直觉是破除死的范畴或符号,不站在物外去用理智分析,而深入物之内在的本性以把握其命脉其核心的真正的经验方法,此即柏格森的直觉法的大旨。

三,以直觉为超功利超时间超意欲的认识主体,竭全力从认取当下,使整个意识为呈现在眼前的对象的静穆的凝想所占据,忘怀自身于当前的对象中,而静观其本质。这就是斯宾诺莎所谓从永恒的范型下以观认事物的直觉法。

总之,第一种直观法以价值为对象,以文化生活之充实丰富为目的;第二种直观法以生命为对象,以生命之自由活泼健进为目的;第三种直观法,以形而上的真理为对象,以生活之超脱高洁,以心与理一、心与道俱为目的。而朱子的直观法,虽就平实处立论,从读书穷理处着力,但似兼具三方面而有之。譬如朱子说:"如今读书,须是加沉潜之功,将礼义去浇灌胸腹,渐渐荡涤去那许多浅近鄙陋之见,方曾见识高明。"(《语类》卷百〇四)即是以书中的义理去浇灌心灵洗涤胸襟,亦即可谓为以价值来充实生活。又如朱子尝言:"读书如吃果子,须细嚼教烂,则滋味自出。读书又如园夫灌园,须株株而灌,使泥水相合,而物得其润,自然生长。"亦即有从生活去体验书册中所昭示的文化价值之意。曾涤生尝解释朱子虚心涵泳一语,最足以表示此旨:"涵者如春雨之润花,如清渠之溉稻;泳者如鱼之游水,如人之濯足。善读书者,须视书如水,而视此心如花,如稻,如鱼,如濯。"余谓善欣赏文化或价值者亦然。

宋儒,特别朱子,最喜欢用"理会"二字。大约系"深沉潜思""忧游玩索"之意。若单就字面,将"理会"二字直解成"用理智去心领神会"之意,则意思实与柏格森所谓"理智同情",最为接近。至朱子所谓"入道之门,是将自家身体入那道理中去,渐渐相亲,久之与己为一。而今人道理在这里,自家身在外面,全不曾相干涉"(《语录》卷八)等语,则略近柏格森深入物内与物为一而不可站在外面观看之旨。

又朱子的直觉法之为一种物观法,下面各语,说得最明:

"放宽心!以他说看他说,以物观物,无以己观物";"以书观书,以物观物,不可先立自见。"(《语类》卷十一)"以圣贤之意,观圣贤之书,以天下之理,观天下之事。人多以私智去穷理,只是你自家所见,去圣贤之心尚远在。"(《与人书》)

这就是朱子虚心而无成见,从客观、从普遍的"天下之理"的立脚点以格物穷理的直观法最好的注脚,可以说是与斯宾诺莎从永恒的范型下以观认事物而达到高级的直观知识,实具同一精神。

我认我这些比拟虽似有些牵强附会,过分注重朱子的直觉法与西洋的直觉法相同的地方。但试从朱子整个生活全部思想去看,谁也不能不承认:第一,朱子对于过去的文化精神,所谓经训史籍,曾用过一番深切体验的工夫以取精用宏,以培养其品格,灌溉其心灵,充实其生活;第二,朱子于格物穷理,曾专心致志,忘怀一切,"虚心逊志","游泳其间",而达到"心与理会,自然浃洽"之境;第三,朱子由"一生辛苦读书,细微揣摩,零碎括剔",而达到"心与理一","本心以穷理而顺理以应物"的境界。就本心以穷理言,即是 To see things under the form of eternity;就顺理以应物言,即是 To act under the guidaince of reason。所以我们借西洋哲学家的直觉法的第三方面来反映朱子的直觉法亦具有此三方面,使我们对于朱子更增一层了解,似亦不无小补。

　　至于"虚心涵泳,切己体察"二语,原是朱子教人读书方法,见于《语类》卷十一:"学者读书要敛身正坐,缓视微吟,虚心涵泳,切己体察"一条,而我之所以特地提出这两句来,认为是他的格物穷理的直觉法的要素,盖因朱子自述其辛苦艰难已试之效,认为"为学之道莫先于穷理,穷理之要必在读书,欲穷天下之理而不即经训史册以穷之,则是正面墙而立尔。"(见《甲寅便殿奏札》)又朱子《辛亥答曹元可》有云:"夫天下之物莫不有理,而其精蕴则已具于圣贤之书,故必由是以求之。"故朱子所说的读书法,大体上即足以代表他格物穷理的思想方法,且足以代表朱学之有异于其他学派之处,盖朱的方法之所以是体验"经训史册"或文化的结晶的直觉方法,而非用实验观察,数学方式,以驾驭自然的科学方法在此;朱子虽与汉学家同样注重读书而其用涵泳体察的直觉以探究经籍的义理,而有以异于从考据经典中的名物训诂的考据方法亦在此;朱子虽与陆王同注重义理心性之学,同采用直觉方法,而其偏重向外透视体认的直觉法,有以异于象山之偏重向内反省本心的直觉法,亦在于此。

　　附　释:
　　联大同学中有读到此篇的,曾提出两个有思致的问题:(一)可作方法的直觉,似只宜限于后理智的直觉,前理智的直觉,似不可为方法。(二)直觉方法似宜只限于利者、巧者、精者、深者,彼钝拙粗浅之直觉似不能谓为方法。

兹分别解答如下:

(一)先理智的直觉,只是经验而绝不是方法。后理智的直觉,亦经验亦方法。方法与经验,一而二,二而一,锐敏的思想与亲切的经验合一,明觉精察之知与真切笃实之行合一,为直觉法或体验法之特色。盖方法据界说必是后理智的,任何方法均起于理智之使用。据斯宾诺莎的说法,"方法起始于真观念的获得",无真观念(理智)以作指导,绝不能有方法。直觉方法的本质为理智的同情,亦即后理智的同情。

(二)标准的直觉方法诚应只限于利者、巧者、精者、深者,但彼因滥用或误用直觉方法而陷于主观、空洞、混淆、武断,似亦不能完全否认其系用直觉方法,只能谓其用得不善,而劝人勿因噎废食耳。亦犹如一人因分析陷于支离繁琐,我们亦无法否认其系用分析方法,只能谓其分析得不善耳。我之指出直觉方法是一种艺术,目的仍在着重直觉方法是一个进展的过程,在不断地发展改进中。盖采取斯宾诺莎"我们的正确观念愈多,则我们的方法便愈完善"之旨,因而发出"积善愈多,学识愈增进,涵养愈醇熟,则方法亦随之愈为完善"的说法。

(选自《哲学与哲学史论文集》,商务印书馆 1990 年版)

　　贺麟(1902—　　),当代著名的哲学家、哲学史家、黑格尔哲学专家、教育家和翻译家。字自昭,四川金堂人。1919 年考入清华大学,1926—1930 年留学美国,后去柏林大学学习,

1931年回国任教于北京大学,建国后继续任教于北京大学6年,后一直在中国科学院哲学社会科学部哲学研究所从事外国哲学史研究。80岁加入中国共产党,第四、五、六届全国政协委员,第五、六届民盟中央委员,第一、二届民盟中央参议委员会常委。著作有《近代唯心论简释》、《当代中国哲学》、《文化与人生》、《现代西方哲学讲演录》、《黑格尔哲学讲演集》、《哲学与哲学史论文集》,翻译:黑格尔《小逻辑》、斯宾诺莎《伦理学》,合译黑格尔《哲学史讲演录》、《精神现象学》等。

　　本文写于1936年,原载《哲学评论》第7卷第1期,收入《近代唯新论简释》。作者认为,宋儒的思想方法,无论陆王所谓的致知或致良知,还是程朱所谓的格物穷理,都不是科学方法,而是我们所谓哲学或形而上学的直觉法。并深入分析了陆象山与朱熹的两派的直觉法,认为朱熹偏重向外透视体认的直觉法,象山偏重向内反省本心的直觉法。

中国哲学之特色

张岱年

（一）哲学与中国哲学

哲学是一个译名，其西文原字出于希腊，本是爱智的意思。后来西洋哲学家所立的哲学界说甚多，几乎一家一说。其实都只是一家哲学之界说，而不是一般哲学之界说。总各家哲学观之，可以说哲学是研讨宇宙人生之究竟原理及认识此种原理的方法之学问。

中国古来并无与今所谓哲学意义完全相同的名称。先秦时所谓"学"，其意义可以说与希腊所谓哲学约略相当。《韩非子·显学篇》："世之显学，儒墨也。"其所谓学，可以说即大致相当于今日所谓哲学。先秦时讲思想的书都称为某子，汉代刘歆辑《七略》，将所有的子书归为《诸子略》，于是后来所谓"诸子之学"，成为与今所谓哲学意谓大致相当的名词。

到魏晋时，有玄学的名称。南北朝时宋明帝置总明观，设儒、玄、文、史四科，科置学士十人（见《南史·王俭传》）。于是"玄学"成一专科，与经学、文学、史学平列。所谓"玄学"，意谓约略相当于今之哲学。

到宋代，又有"道学"、"义理之学"、"理学"等名称。道学、义理之学的名称，在北宋时即已有之（有人认为道学的名称起于南宋，

20世纪儒学研究大系

义理之学的名称起于清代,都是错的)。北宋张横渠《答范巽之书》有云:"朝廷以道学政术为二事,此正自古之可忧者。"程伊川称其兄明道:"功业不得施于时,道学不及传之书。"(《上孙叔曼书》)又张横渠《经学理窟》有云:"义理之学,亦须深沉方有造,非浅易轻浮之可得也。"理学一词在南宋时已甚流行,黄震《日钞》云:"自本朝讲明理学,脱出诂训。"(《读论语》)以周子二程与朱晦翁之学为理学。所谓道学、理学或义理之学,其内容与今所谓哲学甚相近。在清代,义理之学一名称尤为流行,清人将学问分成义理、考据、辞章三类,所谓义理,即是哲学。

所谓玄学与道学,其所指的范围不同。玄学以老庄《易》为本,必是与老庄或《易》相近的学说思想,方可称为玄学,而关于孟荀及墨学的研究或类似的思想,则不能称为玄学。道学或理学则即是新儒学之别名,墨家与老庄的思想正是道学所排斥的异端,当然在道学范围之外。所以玄学与道学,乃是各有其界域的,各是一派哲学或一类型的哲学之名称。在此点上,与今所谓哲学之为一般的名称,并非相同。而总括玄学与道学的一般名称,在以前实在没有。

中国先秦的诸子之学、魏晋的玄学、宋明清的道学或义理之学,合起来是不是可以现在所谓哲学称之呢?换言之,中国以前的那些关于宇宙人生的思想理论,是不是可以叫作哲学?关于此点要看我们对于哲学一词的看法如何。如所谓哲学专指西洋哲学,或认西洋哲学是哲学的唯一范型,与西洋哲学的态度方法有所不同者,即是另一种学问而非哲学;中国思想在根本态度上实与西洋的不同,则中国的学问当然不得叫作哲学了。不过我们也可以将哲学看作一个类称,而非专指西洋哲学。可以说,有一类学问,其一特例是西洋哲学,这一类学问之总名是哲学。如此,凡与西洋哲学有相似点,而可归入此类者,都可叫作哲学。以此意义看哲学,则中国旧日关于宇宙人生的那些思想理论,便非不可名为哲学。中国哲学与西洋哲学在根本态度上未必同;然而在问题及对象上及其在诸学术中的位置上,则与西洋哲学颇为相当。

中国哲学一名词,含义并不单纯,更须略加厘析。第一,所谓中国哲学,可以指中国人的哲学,也可以指中国系的哲学。哲学可以分为数系,即西洋系,印度系,中国系。中国人的哲学,未必即是中国系的哲学,如中国佛学,便是中国人的而属于印度系的哲学。其根本态度、问题、方法,都是从印度来的,所以虽产生在中国,却不属于中国系,不是由中国哲学传统中出来的,而是由印度哲学传统中出来的。哲学的系别,在今日将趋于消失,但在过去确实存在。第二,哲学又有一般的与特殊的之不同,中国哲学可以专指中国之一般哲学,也可以泛指中国之一切特殊哲学。如美术哲学、历史哲学、政治哲学,都是特殊哲学,而不在一般哲学范围之内。本书所谓中国哲学,乃是指"中国系的一般哲学"。因是专指中国系的,所以中国佛学的思想,不在本书范围之内。因是专指一般哲学,所以中国的美术哲学、历史哲学,本书也都不论及。

(二)中国哲学之区分

中国哲学家对于其所讲的学问,未尝分别部门。现在从其内容来看,可以约略分为宇宙论或天道论、人生论或人道论、致知论或方法论、修养论、政治论,五部分。其中宇宙论、人生论、致知论三部分为其主干;总此三部分,正相当于西洋所谓哲学(修养论与政治论可以说是特殊哲学,不在一般哲学范围之内)。

中国哲学中知识论及方法论颇不发达,但亦决非没有。孔子即有关于求知之方的训语,墨子似乎更注意辩说,老子孟子亦都有论方法的话。而公孙龙、《墨辩》、庄子、荀子,对于知、名、辩,尤有较详的学说。汉以后的哲学,此方面理论较略,然王充是有其真理论的;宋儒也颇注意方法,特如邵康节、张横渠、程伊川、朱晦翁,都有关于知识与方法的议论,而朱、陆争点之一可以说即在方法上。明代王阳明关于心物知行的学说,更可以说是讲知识的。清代的王船山、颜习斋、戴东原,亦颇注重于方法。所以我们实在应认为中国哲学中有致知论一部门。

宇宙论可分为二部分:一,本根论或道体论,即关于宇宙之最究竟者的理论。二,大化论,即关于宇宙历程之主要内容之探究。人生论可分为四部分:一,天人关系论,即关于人与本根之关系,人在宇宙中之位置的论究。二,人性论,即关于人性之研讨。三,人生理想论或人生最高准则论,即关于理想生活之基本准则之理论。四,人生问题论,即关于人生的各种问题如义与利、兼与独、损与益、动与静等等之讨论。致知论包含二部分:一,知论,即关于知之性质、可能、表准之理论。二,方法论,即关于求道之方、名言与辩等之理论。

中国哲学书,向来没形式上的条理系统,朱子作《近思录》,目的在分类辑录北宋诸子的哲学思想,似乎应该作一个条理分明系统严整的董理了,但结果却分成十四部分①,各部分互相出入的情形颇甚。中国哲学既本无形式上的条理系统,我们是不是应该以条理系统的形式来表述之呢?有许多人反对给中国哲学加上系统的形式,认为有伤于中国哲学之本来面目,或者以为至多应以天、道、理、气、性、命、仁、义等题目顺次论述,而不必组为系统。其实,

---

① 朱子《近思录》之区分为:一道体,二为学大要,三格物穷理,四存养,五改过迁善克己复礼,六齐家之道,七出处进退辞受之义,八治国平天下之道,九制度,十处事之方,十一教学之道,十二改过及人心疵病,十三异端之学,十四圣贤气象。

在现在来讲中国哲学,最要紧的工作却正在表出其系统。给中国哲学穿上系统的外衣,实际并无伤于其内容,至多不过如太史公作《史记》"分散数家之事",然也无碍于其为信史。我们对于中国哲学加以分析,实乃是"因其固然",依其原来隐含的分理,而加以解析,并非强加割裂。中国哲学实本有其内在的条理,不过不细心探求便不能发见之而已。

〔附注〕原本宇宙论分为三部分,第三部分为"法象论",今改。又人生理想论原作"人生至道论",今改。

(三)中国哲学之特色

中国哲学,在根本态度上很不同于西洋哲学或印度哲学;我们必须了解中国哲学的特色,然后方不至于以西洋或印度的观点来误会中国哲学。所以在讲中国哲学的理论系统之前,应先对于中国哲学之特色有所探讨。中国哲学之特点,重要的有三,次要的有三,共为六,分说如下:

第一,合知行　中国哲学在本质上是知行合一的。思想学说与生活实践,融成一片。中国哲人研究宇宙人生的大问题,常从生活实践出发,以反省自己的身心实践为入手处;最后又归于实践,将理论在实践上加以验证。即是,先在身心经验上切己体察,而得到一种了悟;了悟所至,又验之以实践。要之,学说乃以生活行动为依归。

中国哲人探求真理,目的乃在于生活之迁善,而务要表见之于生活中。孔子说:"知之者不如好之者,好之者不如乐之者。"(《论语·雍也》)所谓"乐之",即依其所知以实践,而获得一种乐趣。孟子说:"君子深造之以道,欲其自得之也,自得之则居之安,居之安则资之深,资之深则取之左右逢其原,故君子欲其自得之也。"(《孟子·离娄》)深研学问之鹄的,在于自得于道,到自得于道的境界,便能有最大的精神自由。荀子说:"君子之学也,入乎耳,箸乎心,布乎四体,形乎动静,端而言,蠕而动,一可以为法则。……君子之学也以美其身。"(《荀子·劝学》)学之目的乃在于行为之改进,道德之提高。不仅儒家有如此见解,即"散于万物而不厌"的惠施,其理论也以"泛爱万物,天地一体也"为归结。后儒如周子说:"圣人之道,入乎耳,存乎心,蕴之为德行,行之为事业。"(《通书》)研讨真知,必表见为德行事业。要之,理论是生活的解说,生活是理论的表见。所谓"广大高明不离乎日用",乃"为学"之理想境界。在日常行动上表见真理,要作到著衣吃饭都是"至理之流行"。

中国哲人在方法上更极注重道德的修养,以涵养为致知之道。庄子说:"且有真人而后有真知。"(《庄子·大宗师》)所谓真人即是无好恶爱憎之情感,忘生死善恶之区别的人。必有真人的修养,才能有真知。荀子说:"人何以知道?曰心。心何以知?曰虚壹而静。"(《荀子·解蔽》)必有"虚一而静"的修养,然后能知道。张子说:"穷神知化,乃养盛所致,非思勉之能强;故崇德而外,君子未或致知也。"(《正蒙·神化》)崇德乃致知之途径。程伊川说:"人道莫如敬,未有致知而不在敬者。"(《语录》)敬是致知所必需的修养。中国哲人,都以为欲求真知,须有一种特殊的修养。穷究宇宙人生的真际,要先在德行实践上作工夫。

以此,中国哲学中有许多名词与理论,都有其实践的意义;离开实践,便无意义。想了解其意义,必须在实践上作工夫,在生活上用心体察。这些名词与理论乃指一定的实践境界。

要之,中国哲学乃以生活实践为基础,为归宿。行是知之始,亦是知之终。研究的目的在行,研究的方法亦在行。过去中国之所谓学,本不专指知识的研究,而实亦兼指身心的修养。所谓学,是兼赅知行的。

〔附注〕 此处所谓实践,指传统哲学中所谓实践,即个人日常活动,与辩证唯物论所谓社会实践不是一个意义。

第二，一天人　中国哲学有一根本观念，即"天人合一"。认为天人本来合一，而人生最高理想，是自觉的达到天人合一之境界。物我本属一体，内外原无判隔。但为私欲所昏蔽，妄分彼此。应该去此昏蔽，而得到天人一体之自觉。中国大部分哲学家认为天是人的根本，又是人的理想；自然的规律，亦即当然的准衡。而天人之间的联系者，多数哲学家认为即是性，人受性于天，而人的理想即在于尽性；性即本根，亦即道德原则，而道德原则乃出于本根。此种倾向在宋明道学最甚。邵子说："学不际天人，不足以谓之学。"（《观物外篇》）程明道说："天人本无二，不必言合。"（《语录》）程伊川说："道未始有天人之别，但在天则为天道，在人则为人道。"（《语录》）天与人，本来一体。天道与人道，只是一道。

天人既无二，于是亦不必分别我与非我。我与非我原是一体，不必且不应将我与非我分开。于是内外之对立消弭，而人与自然，融为一片。西洋人研究宇宙，是将宇宙视为外在的而研究之；中国人则不认宇宙为外在的，而认为宇宙本根与心性相通，研究宇宙亦即是研究自己。中国哲人的宇宙论实乃以不分内外物我天人为其根本见地。

天人相通的观念，是中国哲学尤其宋明道学中的一个极根本的观念。不了解此观念，则许多思想都不能了解，而只觉其可怪而已。

第三，同真善　中国哲人认为真理即是至善，求真乃即求善。真善非二，至真的道理即是至善的准则。即真即善，即善即真。从不离开善而求真，并认为离开求善而专求真，结果只能得妄，不能得真。为求知而求知的态度，在中国哲学家甚为少有。中国思想家总认为致知与修养乃不可分；宇宙真际的探求，与人生至善之达到，是一事之两面。穷理即是尽性，崇德亦即致知。

西洋哲学本旨是爱智,以求真为目的;如谓中国哲学也是爱智,虽不为谬误,却不算十分切当,因中国哲学家未尝专以求知为务。中国哲学研究之目的,可以说是"闻道"。孔子说:"朝闻道,夕死可矣。"(《论语·里仁》)"闻道"亦曰"知道"或"睹道"。道兼赅真善:道是宇宙之基本大法,而亦是人生之至善准则。求道是求真,同时亦是求善。真善是不可分的。

第四,重人生而不重知论　中国哲人,因思想理论以生活实践为依归,所以特别注重人生实相之探求,生活准则之论究。未尝将我与非我分开,因而我如何能知非我,根本不成问题,亦不怀疑外界的实在(先秦未有怀疑外界之实在者;北宋思想家大多排斥佛家的外界虚幻之说;认为外界依附于心者惟有南宋的杨慈湖及明代王阳明),故根本不感觉知论之必要。西洋以分别我与非我为"我之自觉",中国哲人则以融合我与非我为"我之自觉"。分别我与非我,故知论特别发达;融合我与非我,则知外物即等于自觉,而实无问题。因而中国哲人虽亦言及知识与致知之方,但未尝专门研究之。

第五,重了悟而不重论证　中国哲学不注重形式上的细密论证,亦无形式上的条理系统。中国思想家认为经验上的贯通与实践上的契合,就是真的证明。能解释生活经验,并在实践上使人得到一种受用,便已足够;而不必更作文字上细微的推敲。可以说中国哲学只重生活上的实证,或内心之神秘的冥证,而不注重逻辑的论证。体验久久,忽有所悟,以前许多疑难涣然消释,日常的经验乃得到贯通,如此即是有所得。中国思想家的习惯,即直截将此所悟所得写出,而不更仔细证明之。所以中国哲学家的文章常是断片的。但中国哲学家并不认为系统的长篇较断片的缀集更为可贵。中国思想家并不认为细密论证是必要的;反之,乃以为是赘疣。

第六，既非依附科学亦不依附宗教　中国古代宗教不发达。古代人民当然信天帝神鬼，但没有正式的宗教。后来方有道教，又从外边输入了佛教。中国思想家虽亦受佛教道教的影响，然在根本态度上都是反对二教的，多以驳斥二教为己任。在先秦时，孔子疑鬼而信天，然亦不肯多言天道。惟墨子最信天鬼，有宗教气息。自老子打破天的尊崇位置后，哲学家中以天帝为主宰者，可谓绝无仅有。宋儒虽言天，然绝非指有意志之主宰。印度哲学是与宗教不分的，西洋中世哲学是宗教的奴婢，即在近世哲学中，亦多有以证明上帝存在为一重要课题的。在中国，似彼以证明上帝存在为一重要职任之情形，实完全没有。先秦哲学家中荀子最善破除迷妄，后汉王充，尤专以攻破迷妄为职任。宋儒中如张子二程子，亦极致力于破斥神鬼，更企图予鬼神二词以自然的解释。要之，中国哲学中从无以证明神的存在为务者。

中国自古即有科学萌芽，却没有成熟的科学，所以根据科学研究以成立哲学系统的情形，在以前的中国亦是没有。

以上六点，可以说是中国哲学之一般的特色，即中国哲学之一般的根本倾向，与西洋或印度的哲学不同的。至于中国哲学各部门之特点，下文另述。想了解中国哲学，必先对于中国哲学之根本性徵有所了解，不然必会对于中国哲学中许多思想感觉莫明其妙，至多懂得其皮毛，而不会深悟其精义。

〔注〕　本章所论，第一合知行，第三同真善，第五重了悟而不重论证，三则之解说中，颇采熊十力先生之意。熊先生论中国哲人之根本态度，甚为精湛。其说见《十力语要》。

〔附注〕　中国哲学的特点是一个比较艰深的问题，此处所论，简而未晰，今后当另撰专文论述。

（节选自《中国哲学史大纲·序论》，

中国社会科学出版社,1982 年版）

张岱年(1909—2004),字季同,著名哲学家、哲学史家,河北献县人。1933 年毕业于北平师范大学,曾在清华大学、私立中国大学哲学系任教。1952 年院系调整后任北京大学哲学系教授。主要著作有《中国哲学史大纲》、《中国哲学史方法论发凡》、《中国古典哲学范畴概念要论》、《文化与哲学》等,后结集为《张岱年文集》。

本文节选自《中国哲学史大纲》的序论,标题为编者所拟。在本文中作者首先对哲学的普遍性作了说明,认为中国旧日关于宇宙人生的思想即是哲学;中国哲学由宇宙论、人生论、致知论、修养论、政治论五部分构成,其中前三部分相当于西洋哲学;中国哲学与西洋、印度哲学比较,有六个特点:一、合知行;二、一天人;三、同真善;四、重人生而不重知识;五、重了悟而不重论证;六、既非依附科学亦不依附宗教。

中国传统哲学之特征(节选)

谢幼伟

欲对东方哲学作一概括式之叙述,事殊不易。本文尚思缩小范围,而仅以中国哲学为限。一因本书所含之东方哲人,除泰戈尔外①,馀均为中国哲人。二因范围缩小后,作者之说明,亦可较少困难。然作者仍不敢谓绝无困难也。作者深知其困难。作者亦深知若是之说明,必难满人意。作者唯一之希望,在使读者能从此一绪论中,略明现代中国哲学之一般趋势。故此一绪论无详细论究中国哲学之企图,惟思提纲挈领,将其数种主要特征,稍加解释,然后持与西洋哲学比观,俾知东西文化合流后之中国哲学,究为何状也。

作者认为现代中国哲学已有长足进展,一方面固能发扬中国哲学之传统精神,一方面亦能纠正中国哲学之传统缺陷。吾人虽不能谓现代中国哲学已登峰造极,足以自豪,吾人亦不能谓现代中国哲学为绝无进步。谓现代中国哲学已在进步途中,当为最公允之断语。为证实作者此一断语起见,作者不能不将中国传统哲学上之主要特征,其优点与缺点,略为叙述,使读者知作者之下此断语,非无根据也。

---

① 泰戈尔:Rabindranath Tagore(1861—1941)印度现代作家、诗人、哲学家。曾在1924年访问中国,回国后撰有《在中国的谈话》一书。

第一，在主张上，作者认为中国之传统哲学，自其一般趋势言，实以唯心论为其主潮，或至低限度，实倾向于唯心。谓过去中国哲学倾向唯心，此稍通中国哲学者，当可共认。勿论中国哲学上所谓唯心论是否同乎西洋，然中国哲学之重心，而不重物，或以心为主，而不以物为主，则当为无可否认之事实。故作者对此一点，不思多所征引，但略明孔孟及宋儒之说，即足以证实作者之所见。孔子似罕言心；"心"之一字，见于《论语》者，不出二次，然孔子之说，实以仁为主。所谓"仁"，朱子解释为"心之德，爱之理"。此虽不必为仁之确解，然仁之属于心，或为心之事，当可无疑。盖吾人决不能视仁为物质，为形器。程明道《识仁篇》谓："仁者浑然与物同体。"旋即谓："义礼智信，皆仁也。"可见仁为万物本体。人与万物，均享有之。识得此仁，便能与物不二。惟二究非一物。此乃万物生生之理，乃人心之一点灵明，虽与物共，而非即物。故刘蕺山谓："后人不识仁，将天地间一种无外之理，封作一膜看，因并不识诚敬，将本心中一点活泼之灵，滞作一物用，胥失之矣。"仁之非物，实不待辩。仁已非物，纵不可即认为心，然其与心有关，或属心之事，则殆可断言。孔子学说以仁为主，则谓孔子学说倾向唯心，必无人能加否认。孟子继之，其书中已屡言心字。《尽心》一章，最为明显。所谓："尽其心者，知其性也，知其性，则知天矣。"所谓："存其心，养其性，所以事天也。"所谓："养心莫善于寡欲。"叠以尽心、存心、养心为言，其重视心可知。而其所谓心者，又实与性、天相通，与天不二。吾人但能尽心存心，即能知天而事天。天人合一，实以此心为其脉络相关处。故曰："万物皆备于我矣，反身而诚，乐莫大焉。"诚者诚此心也。此心诚，自能窥见万物之非外于我，皆为我有矣。可乐孰有过于此者？是孟子之说，倾向唯心，更无疑问。中国哲学以孔孟为正统，汉唐学者，以注疏为能事，自莫能越其藩篱。宋儒虽稍有新见，然仍在孔孟范围中，莫能自外。彼等意见，纵有差异处，然其差异,实非根本主张之差异。在根本主张上,彼等固殊途而同归。例如,普通所谓朱陆之异,自其唯心之倾向言,朱陆必不异。朱子之重视心及以心为主,一如象山之重视心及以心为主然。朱子谓:"人之所以位天地之中,而为万物之灵,心而已矣。然心之为体,不可以闻见得,不可以思虑求,谓之有物,则不可得于言,谓之无物,则日用之间,无适而非是也。"又谓:"夫心者,人之所以主乎身者也,一而不二者也,为主而不为客者也,命物而不命于物者也。"此其言之善状心体,已为今人所乐道。朱子之唯心色彩,即此数语,已足表现。及彼谓:"心包万理,万理具于一心。"又谓:"理只在一心,此心一定,则万理毕见。"则其言直与象山同一鼻孔出气矣。象山曰:"心,一心也;理,一理也;至当归一,精义无二。此心此理,实不容有二。"又曰:"宇宙即吾心,吾心即宇宙。"读此,有不承认朱陆之说,同为唯心之说者乎?朱陆均视心为实在,为宇宙本体。宇宙万物,一切不外此心。心为物主,命物而不命于物。万物之理,具于此心。由此心以观万物,则万物之理得。此与西洋近代唯心家言,已无二致。虽宋儒中,心与性、命、理等字并言,有足使人迷乱,莫知其真意所在。然心与性、命、理之非异物,程伊川已明言之,伊川云:"在天为命,在义为理,在人为性,主于身为心,心其实一也。"心即命,即理,亦即性。一实而异名,均在说明此宇宙之本体。由此本体表现之方所不同,而有异名,实非有不同之本体。此本体,即心而已。以心为宇宙本体,宋儒以降,如阳明等,均主张之。故谓中国传统哲学倾向唯心,当无异议也。

第二,在精神上,作者认为中国传统哲学乃以反躬实践为其精神,亦即以实用或力行为其精神。忆明儒有言:"学不贵谈说,而贵躬行。不尚知解,而尚体验。"(许敬庵语①,见《明儒学案》卷四十一)窃谓此二语最足以表明中国传统哲学之精神。中国哲人之全部精神,实会集于躬行与体验上,而谈说与知解,乃其余事。谈说与知解,可省而不必有。躬行与实践,则必有而不能或缺,缺则不成其为学者,不成其为哲人或圣人。中国哲人心目中之哲学,决不在思想系统上,不在文字语言上,而在身体力行上。以思想系统或文字语言为哲学,乃西洋哲人之见解,而此土哲人则异是。此土哲人不重思想系统之创造,不重文字语言之解说,而重身心之躬行与体验。无躬行与体验之实者,则其所有言说,此土哲人必斥为空言废话,为无益身心。学须有益于身心,须身心之能躬行与体验,乃中国哲人一贯之传统精神,自孔孟以降,莫之或异者。孔子即主张无言之教,谓:"天不言,而四时行焉,百物生焉,天何言哉!"圣人法天,法天则不必多所言。孔子之述而不作,实已有见乎此。其意殆认为哲学之事,贵默识心通,而不重言说。子贡曰:"夫子之文章,可得而闻也,夫子之言性与天道,不可得而闻也。"性与天道,何以不可得而闻?以性与天道,乃哲学之事,而哲学之事,则非言说所可尽而已。此种无言之教,孟子亦主张之。孟子谓:"君子所性,仁义礼智根于心,其生色也,睟然见于面,盎于背,施于四体,四体不言而喻。"所谓"不言而喻"者,谓躬行体验之有得也。躬行体验,已有所得,则言说自为多事。是孔孟之学,皆以身体力行为主,皆思以人格事功表现其哲学,而不思以文字语言表现其哲学,实为彰明显著之事。寻求孔孟之哲学,不当仅于文字上求之,而当从其人格上求之,亦吾人所不敢否认者。然此非谓孔孟绝无言说,孔孟亦有言说。特孔孟不视言说为哲学要件,不视此一堆之文字语言,即为

---

① 许敬庵:即许孚远(1535—1604),字孟中,号敬庵。明代思想家,著有《原学》、《论学书》等。

哲学之所在。言说乃不得已之举。人称孟子好辩。孟子曰:"子岂好辩哉、予不得已也。"以文字语言之表达哲学为不得已或非完全之说,现代西洋哲人已有见及之者(可参阅本书第十篇《思想之方式》一文)。然中国哲人,自始至终,似皆保持此种精神,孔孟以后,如宋明理学家,虽著书立说,文字语言,若甚多者,但揆诸实际,所谓文字语言者,大概皆以语录与书札为主。除去语录与书札,则彼等关于哲学之文字语言,即所存无几。而语录也,书札也,自彼等观之,皆为与友朋商榷或启迪后学时不得已之举。彼等之非志在以文字语言表达其哲学,亦为无可疑之事。故朱子云:"某此间讲说时少,践履时多。事事都用你自去理会,自去体察,自去涵养。书用你自去读,道理用你自去究索。某只是做得个引路底人,做得个证明底人,有疑难处同商量而已。"又云:"学之之博,未若知之之要,知之之要,未若行之之实。"此其重视躬行与体验,亦吾人所当承认者。以故,中国哲学甚少系统完整之著述。此一方面固由中国哲人缺乏逻辑训练所致,一方面亦由中国哲人不重视文字语言之表达所致。自思想系统之完整,及文字语言之一贯而论,中国哲学自远不及西洋,此为中国哲学之所短;而其重躬行与体验,则中国哲学之所长也。

第三,在方法上,作者认为中国传统哲学乃以直觉为其方法。中国哲学之以直觉为其方法,一方面自与其躬行与体验之精神相合,一方面亦由缺乏逻辑训练所致。盖直觉诚可为哲学上之一种方法。古代哲人,不论中外,罕有不运用其直觉者。哲学家未运用其他方法以前,即凭恃其直觉,以体验真理,以把握真理。彼等之获得真理,非由知解,非由思辨,而常籍本身之一种灵光以瞥见之。彼等之哲学,皆由彼等直接有所见而得。彼等常能以肯定之语句直说其所见之真理,然往往不能证明其真理,亦即不能以系统完整之理论表达其真理。彼等之所有,多为费人思索之片义单辞。此等片义单辞,在言者或能知其所以然,在听者即不易知其所以然。换言之,彼等之表达方式为武断的,亦即有结论而无前提,有断语而无论证者。直觉所得,而以武断出之,直觉法遂与武断法结合为一。此非应有而必有之结合也。中国哲人之采用直觉法者,其表达方式,似多为武断的。故中国哲人之哲学方法,正确言之,当名为武断的直觉法。此种武断的直觉法,孔孟即开其端。孔子所谓:"默而识之。"此"默识"二字,即相当于直觉。孔子之运用直觉,可谓绝无疑问。惟其表达方式,则亦多为武断的。例如,"子在川上曰:逝者如斯夫,不舍昼夜。"此有关宇宙本体之言说也。其意殆谓宇宙本体之变化不息,有如此水之长流,不舍昼夜而已。此为何等重要主张!但孔子一言道过之后,即无下文,绝无严格之理论以证明其所见,实不能不谓为非武断的肯定。又如《易象传》上"天行健,君子以自强不息"一言(《易象传》自非孔子所作,然其思想可能与孔子有关),亦但有断语,而无理由。天行何以必健?天行健,君子又何以当自强不息?此《易象传》本身所未明告吾人者也。类此之言说,不胜枚举。孟子断之,虽较孔子为有思辩精神,然其武断肯定之言论,仍随在皆是。最明显者,莫如其批评杨墨之言。孟子曰:"杨氏为我,是无君也,墨氏兼爱,是无父也,无父无君,是禽兽也。"夫为我何以无君?兼爱又何以无父?未见孟子有一言之说明,即遽以"禽兽"二字之恶名加人,杨墨有知,岂能心服?章士钊氏谓孟子此言,犯逻辑上遁辞之谬误(见所著:《逻辑指要》,可参阅本书第六篇),实则,此不仅遁辞而已,乃武断肯定之言也。以武断肯定之言说,而表达其直觉之所见,孔孟如是,后儒亦然。程明道谓:"吾学虽有所授受,天理二字,却是自家体贴出来。"此"体贴"二字,亦相当于直觉。宋儒思想方法之为直觉的,贺麟氏已有详确之说明(见所著:《近代唯心论简释》第四篇《宋儒的思想方法》一文)。然宋儒之直觉方法,仍多为武断的,则以贺氏所未指明。尝读周子

《太极图说》，见其开口即曰："无极而太极，太极动而生阳"，等语，每有天外飞来，不知何所见而云然之感。何以"无极而太极"？此关于太极之论证何在？西哲之谈太极（The Absolute）者，不知费多少言语，乃敢下此二字。今周子一口道破，此固简易直捷矣，其如武断何！又太极何以能动？此动之原理为何？周子亦默无所言。几于通篇所有言说，莫不类是。二程与朱子比较看重道学问工夫，稍有思辩精神，然读其语录与书札，仍多武断表达之言论。是以谓中国哲人之哲学方法为武断的直觉法，或可为吾人所承认。作者并不反对直觉法。在某一意义上，每一哲学家有时必运用其直觉。但直觉而出之以武断，则当两种武断言论冲突时，吾人即无法判定其是非。且直觉如不辅之以理智，不辅之以逻辑，则其言论可重复矛盾而不自知。中国哲人之著述，所以多重复矛盾者，病即在此。故吾人不能不视此为中国哲学之一种缺点也。

　　第四，在态度上，作者认为中国传统哲学之态度为宗教的态度。谓中国哲人之态度为宗教的，表面观之，似非确论。人必谓中国正统思想上实无宗教之一事。中国哲人之于宗教问题，多避而不谈。孔子之不语怪力乱神，及其"未知生，焉知死"、"未能事人，焉能事鬼"等语，已为熟知之事实。以后儒者，亦多继承孔子此种态度，守而勿失。观唐宋儒者之辟佛排老，可为明证。如然，则谓中国哲学态度为宗教的，宁非与事实相违？实则此为皮相之谈。姑勿论中国正统思想上有无宗教之一事，即无之，而吾言仍可无误。盖所谓宗教态度者，即一种言必称先王、行必法尧舜之态度，亦即一种卫道之态度。宗教家之于其教主，固崇拜顶礼，即于其教义，亦绝对遵守，而不敢有丝毫之离异。宗教家之于其教义，但有注释解说之可能，而无标新立异之可能。宗教家有时纵有独创之见解，然常不敢自认为个人之见解，仍必引经据典，以自明其说之出乎教义，或合乎教义。否则，彼必受他一宗教家之斥责。彼可被视为异端,被斥为叛徒。甚则可遭焚逐之厄,如西洋之布鲁诺及斯宾诺莎然。故宗教家必始终在其教义之范围内,发挥其所见。发展其教义,与保卫其教义,即宗教家之唯一职责。所谓宗教态度,指此而已。试问若是之宗教态度,果中国哲人之所无耶?此吾人稍一观察,即可知其不然者。夫尧舜去春秋战国近二千载,其言行已不能详知,然孔孟之讲学,则言必称尧舜,其故何在?此岂非隐欲以尧舜为其心目中之教主,思托其言以引起吾人之信仰欤?孔孟当非意在欺人,必其内心蕴藏之一种宗教意识,自然流露而不觉耳。是中国哲人之宗教态度,实已始于孔孟,孔孟以后之儒者,其宗教态度,更为显然。西汉儒者,一切必托之六经,托之孔子,虽非孔子之言,常伪造之,以行其说。因而阴阳、五行、灾异等迷信之谈,亦杂诸六经及孔子学说之中矣。此其以孔子为心目中之教主,复何可疑。迨及宋明,哲人本多独创见解,然宋明哲人不自谓为独创见解也。宋明哲人皆自谓其说为圣人之言,为继承孔孟之遗绪,以传道卫道自任也。如伊川为明道先生墓表即曰:"周公没,圣人之道不行。孟轲死,圣人之学不传。……先生生千四百年之后,得不传之学于遗经,志将以斯道觉斯民。"其不讳言传道与卫道,几于任何儒者,莫不如是。即其排斥异己,或批评异己之说,亦非谓其说有矛盾或不合事实也,而必谓其说为非圣人之说,为离经叛道焉。又宋明儒者,多于佛家之说,有所研究。若明道尝"泛滥于诸家,出入于释老者几十年",若阳明亦尝"出入于佛老者久之"。彼等学说之不能不受佛说影响,当为无可否认之事实。然彼等不惟不敢明言,具从而排斥之。凡此均为彼等之卫道精神,亦即其宗教态度。作者决不反对宗教。但以宗教态度治哲学,则作者期期以为不可。诚以此种态度足以阻碍思想之发展与创新。中国哲学所以自周秦以降,即停顿而少进步者,此或为其一因。故吾人亦不能不承认此种态度为中国哲学上之一种缺点也。

总上观之,中国传统哲学之特征,其主张为唯心的,其精神为实践的,其方法为直觉的,其态度为宗教的。此为作者对于中国传统哲学之一种概观。

（节选自《现代哲学名著述评》,
山东人民出版社,1997年）

谢幼伟(1901—1976),现代哲学家,字佐禹,广东梅县人。毕业于东吴大学,后留学美国,受业于怀特海,获哲学硕士学位,回国后任教于国民党中央军校第四分校、陆军大学、步兵学校,并担任广州《民国日报》、《华南日报》的主笔,后任浙江大学教授。1949年去印度尼西亚,出任雅加达八华中学校长、《自由日报》总编辑。1953年去台湾,任国民党《中央日报》主笔、中央党部设计考核委员,先后任教于华侨大学、华侨中学、台湾政治大学、台湾师范学院、辅江大学、中国文化大学、香港中文大学等。著作有《伦理学大纲》、《现代哲学名著述评》等。

本文是谢幼伟《现代哲学名著述评》中的导论部分(略有删节)。作者认为中国传统哲学以孔孟为正统,汉唐宋儒均在孔孟范围中,其特征是主张上以唯心论为主调,在精神上是实践的,其方法为直觉,态度是宗教的,这种特征既是优点又是缺点。

20世纪儒学研究大系

朱熹之哲学

周予同

哲学内容之区分，学者说各不同；就其简明而有系统者言，自以区为（一）本体论、（二）价值论、（三）认识论之三分法为优。朱熹学术思想之自身，固决无若是显著之划分；其采用之术语与表示之观念，亦每多含糊难明之弊；然吾人为爬梳整理而欲获得其简单之印象计，固不妨袭用此三分法也。

一 本体论

（一）理气二元论

朱熹之本体论，简言之，实理气二元论之继承者。欲明理气二元论，须先明理与气及理气二元论思想之来源。儒家哲学，对于本体，每存而不论，或语焉不详；及至宋代，受佛家思想之激刺，于是穷究宇宙、论列本体之风始盛。周敦颐出，著《太极图说》，以太极为宇宙之根原，由太极而发生阴阳，而化分五行，而衍变万物，始立本体论之初基。程颐推广其意，以为阴阳是气，原出于道，而道即理；于是理气二元论之说出。程颐谓："离了阴阳更无道。所以阴阳者，道也；阴阳，气也。气是形而下者；道是形而上者，形而上者，则是理也。"又谓:"有理则有气,有气则有理。"皆显然以理气二元说明宇宙。朱熹之本体论,继承程颐之说,而复以理当周敦颐之太极。如云:"天地之间,有理有气。理也者,形而上之道也,生物之本也;气也者,形而下之器也,生物之具也。是以人物之生,必禀此理,然后有性;必禀此气,然后有形。"又云:"理者,形而上之道,所以生万物之原理也;气者,形而下之器,率理而铸型之质料也。"又云:"气则能凝结造作;理却无情意,无计度,无造作。"皆发挥程颐之说,而给与理气以性质上及作用上之正确的分析。又云:"所谓理与气,决是二物。但在物上看,则二物浑沦,不可分开各在一处;然不害二物之各为一物也。若在理上看,则虽未有物,而已有物之理;然亦但有理而已,未尝实有是物也。"又云:"理气本无先后之可言;然必欲推其所从来,则须说先有是理。然理又非别为一物,即存乎是气之中;无是气则是理亦无挂搭处。"又云:"只此气凝聚处,理便在其中。"则不仅阐明理气之异,而且论述其关系,以免学者误执理气以为互相抵拒之二物。顾朱熹之理气二元论,绝非完全沿袭程颐,而实杂糅周敦颐之太极说。但朱虽以太极当理,而对于周之太极一元论复屏而不用。故朱熹之本体论,实混合周程之说,而又与周程各异。朱熹之所以集宋学大成者在此,而朱熹之所以无创见者亦在此。朱熹之理即太极说,如云:"盖由其横于万物之深底而见时,曰太极;由其与气相对而见时,曰理。故曰太极只是一个理字。"又云:"太极只是天地万物之理;在天地言,则天地中有太极;在万物言,则万物中各有太极。"又云:"太极非是别有一物,即阴阳而在阴阳,即五行而在五行,即万物而在万物,只是一个理而已。"又云:"太极,理也;动静,气也。气行则理亦行,二者常相依而未尝相离也。"皆显然的采用太极一术语以当理,而与所谓气相对,以自成其二元论也。或者以为朱熹当考究宇宙之本体时,主于太极一元论,即理一元论;而说明现象界之体用时,则又主于理气二元论。故其理字的含义实歧为二：一为当于太极之理，一为与气对待之理。简言之，即朱熹实为一元的二元论者（日本渡边秀方之《中国哲学史概论》，即主此说）。按是说固亦言之成理，持之有故，但吾人似觉其不尽明显，不若直以为理气二元论之继承者之为妥切也。

(二)理一气殊说

朱熹既以理气为宇宙一切之根原，故万物个体皆含有理气二者；即理为物之性、物之心、物之精神；气为物之体、物之象、物之造作。如云："物物虽各有理，而总只是一理。"又云："万物统于一太极，而物物各具一太极"，盖以万物皆太极(理)之发现，而太极(理)在于万物。一切物体既各含一小太极，故就其具太极之点而言，万物之本质悉为同一，即所谓万物毕同。然万物既毕同，而万物形成之种类何以毕异？于此，朱熹则又采用张载之理一分殊说，而主张其理一气殊之说；以为万物之理虽同，而万物之气各殊。理无差别，气则各殊；因气之不同，是以理不能完全平等实现于万物。如云："理虽无差别，而气有种种之别，有清爽者，有昏浊者，难以一一枚举。"又云："此即万物之所以差别；然一一无不有太极，其状却如实珠之在水中。在圣贤之中，如在清水中，其精光自然发现。其在至愚不肖之中，如在浊水中，非澄去泥沙，其光不可见也。"又云："如一海水，或取得一勺，或取得一担，或取得一碗，都是海水。"则万物之所以各异，完全由于其所禀受之气有清浊多少不同之故。甚且因气之多寡，而使理有偏全。故云："论万物之一原，则理同而气异；观万物之异体，则气犹相近，而理绝不同也。气之异者，纯驳之不齐；理之异者，偏全之或异。"又云："若论本原，即有理然后有气，故理不可以偏全论；若论禀赋，则有是气然后理随以具。故有是气则有是理，无是气则无是理。是气多则是理多，是气少则是理少，又岂可不以偏全论耶？"然吾人于此，尚有一疑问：即万物既禀同一之理以生,何以不禀同一之气以出？朱熹于此问题,则委之于阴阳五行化生万物时之自然的或物理的现象。彼曾穷其玄想,描写万物生成之状况与其殊异之原因,而取譬于面磨。其说曰:"造化之运,如磨上面,常转而不止。万物之生,似磨中撒出,有粗有细,自是不齐。""昼夜运而无息,便是阴阳之两端;其两边散出纷扰者,便是游气,以生人物之万殊;如面磨相似,其四边只管层层散出。天地之气运转无已,只管层层生出人物,其中有粗有细,如人物有偏有正。"按此种论调,正所以表现其为玄学的哲学,而非科学的哲学。设吾人今日施以反诘,谓造化之运何以必如出面不匀之手工业时代之石磨,而非如粗细相似之机械时代之切面机,则朱子将难于措答矣。至于万物生成的次序,则其说大抵袭用周敦颐之《太极图说》,以为由太极动静而生阴阳;由阴阳变合而生五行;由五行交化而生万物;盖糅合《周易》与《洪范》之论,而隐附佛家地火水风四大之见,以建其万物生成说而已。

按宋儒之谈本体,其辞苦于缴绕,其义时若暧昧;且语录之作,集自门徒,亦每不尽详实;朱学虽善于辨析,然究未能自外。故今日之讨究朱学,尚未能归于一是。总之,吾人谓朱熹之本体论主于理气二元,其万物生成说主于理一气殊,盖庶几无大过矣。

二 价值论

朱熹之价值哲学,为明了计,析为四方面,即:一、伦理哲学,二、教育哲学,三、政治哲学,四、宗教哲学。兹依次论述之。

(一)伦理哲学

朱熹之伦理哲学,由其本体论演绎而来;如吾人对于其本体论有相当之了解,则其伦理哲学固不必烦言而知也。兹就其所言内容之重要者,再析为(甲)性论,(乙)心论,(丙)修养论三者述之。

（甲）性论 朱熹之本体论主於理气二元,故其性论采用张载之说,亦主于本然性、气质性之二元的解释。彼以本然之性生自理,气质之性生自气。理为绝对的善,故本然之性至善纯一;气有清浊偏全,故气质之性不能无差别。故云:"有天地之性,有气质之性。天地之性,则太极本然之妙,万殊之一本也;气质之性,则二气交运而生,一本而万殊者也。"又云:"论天地之性,则指专理而言;论气质之性,则以理与气杂而言之。"又云:"以理言之,则无不全;以气言之,则不能无偏。"盖朱熹之意,以为本然之性无有不善,其所以有恶者,则由于气质之性。然无气质之性,则本然之性又无所附丽。是以欲趋善而避恶,惟有变化气质之性,而发挥其本然之性。故云:"性者(指本然之性),人所禀于天以生之理也,浑然至善,未尝有恶。"又云:"气质之性虽是形体;然无形质,则本然之性无所以安置自己之地位。如一勺之水,非有物盛之,则水无所归著。"又云:"性譬之水,本皆清也。以净器盛之则清,以污器盛之则浊。本然之清未尝不在,但既污浊,猝难得便清。故虽愚必明,虽柔必强,也煞用气力。"若吾人进一步而研究气质之性何以因禀气而有差别,则朱熹复采摭汉儒五行五德相配之说,而发挥其玄想。其言曰:"得木气重者,恻隐之心常多,而羞恶、辞让、是非之心为之塞而不得发。得金气重者,羞恶之心常多,而恻隐、辞让、是非之心为之塞而不得发。火水亦然。故气质之性完全者,与阴阳合德。五性全备而中正,圣人是也。"然吾人倘再进一步而追询何谓木气,木气与恻隐之心何以有关系,则此玄之又玄之问题,朱熹或以为古说有之,不烦置答矣。总之,朱熹之性论虽不能满足吾人今日探究之欲,然在中国之性论史上,则固可谓集大成者矣。

（乙）心论 儒家之伦理说,近于西洋学者之动机论;凡一切行为之善恶,一以存心之良否以为判;故身心之关系,为儒家根本问题。但心之讨究,中国学者每语焉不详;至朱熹,剖释区分,而始详密。朱熹对于心之定义，一方采取程颐"在人为性，主于身为心"之说，一方又采取张载"心统性情"之说，以性情为心之体用。故云："心为一身之主宰，具众理，应万事。心之体名性，心之用名情。"又云："性以理言；情即发用之处；心即管摄性情者也。"又云："仁即性；恻隐即情。须由心上发生而来。心即统御性情者也。"又云："心统性情者也。由性之方面见之，心者寂然不动；由情之方面见之，感而遂通。"又云："心之未动时，性也；心之已动时，情也。欲是由情发来者，而欲有善恶。"又云："心如水；性犹水之静，情则水之流，欲则水之波澜；但波澜有好底，有不好底。"依朱熹之说，心虽区为性情，然情实性之附属物，而欲又为情之附属物，其性论与心论实二而一也。故朱熹于性论既受理气二元论之影响而分为本然性与气质性，则心论自亦不能不采用二元的解释。彼以为心之有理气两方，正与性同；因以发于理(本然之性)者为道心，发于气(气质之性)者为人心。无论圣凡，均有人心，亦均有道心。道心绝对至善，然易为情欲所蔽，故曰："道心惟微。"人心即情欲；得情欲之中为善，不得其中为恶；但情欲常生过与不及而陷于恶，故曰："人心惟危。"如云："道心是义理上发出来的，人心是人身上发出来的。虽圣人不能无人心，如饥食渴饮之类；虽小人不能无道心，如恻隐之心是。"又谓："圣人之教，在以道心为一身之主宰，使人心屈从其命令。如人心者，决不得灭却，亦不可灭却。"故朱熹主导人心以归道心，与其性论中主变化气质之性以归本然之性，实有连带的关系也。

(丙)修养论　吾人如已了解朱熹之性论与心论，则其修养论之要义已思过其半。关于修养论，朱熹所言虽繁；但可约为两方面言之：一、修养之目标；二、修养之方法。

朱熹以仁为伦理上之最高标准，故吾人修养之目标即在乎求仁。此种思想之形成，其远因固在孔子之仁说，其近因实受程颢

《识仁篇》之影响。考朱熹之意,以为本体之化生万物,为仁德之表显;而吾人得本体之一部分以生,则内心亦自当有仁德之存在。故其言曰:"天地以生物为心者也;而人物之生,又各得夫天地之心以为心者也。故语心之德,虽其总摄贯通,无所不备,然一言以蔽之,则曰仁而已矣。"又云:"仁之为道,乃天地生物之心,即物而在。情之未发,而此体已具;情之既发,而其用不穷。诚能体而存之,则众善之源,百行之本,莫不在是。"朱熹不仅以仁为诸德之首,而且以仁包举诸德;彼以为仁之包举义礼智,犹四时之春之于夏秋冬,乾德之元之于亨利贞,五行之木之于火金水;盖仁为仁之本体,义为仁之断制,礼为仁之节文,知为仁之分别,皆由广义之仁推演而出也。

修养之目标为仁,而其方法又可析为内外二面。内的方法为居敬,外的方法为穷理。前者属于内心方面,为情意之涵养;后者属于外物方面,为智识之陶冶。前者由内而外,后者由外而内。内外合一,浑融同体,于是达于修养之极致。按此种理论,实完全直接继承程颐"涵养须用敬,进德则在致知"之思想;所谓致知,即是穷理。关于穷理之意见,本书移至下文认识论中详言之;兹先述其居敬之方法。所谓居敬,谓专一其精神而不被诱于物欲,即程颐所云主一无适。其工夫又可析为内外二面:体察为敬之内省的工夫,静坐为外修的工夫。如云:"持敬当以静为主,须于不做工夫时频频体察,久则自熟。若觉言语多,便顺简默;意志疏阔,则加细密;轻浮浅易,便须深沉重厚。"即发挥体察之义。其他引述孟子之"存夜气","求放心"等等,皆所以补充体察之方。静坐之说,盖本于其师李侗。朱熹以儒者之静坐与禅释不同,故其言曰:"静坐非如坐禅入定,断绝思虑;只是收敛此心,使毋走于烦思虑而已。此心湛然无事,自然专心;及其有事,随事应事;事已,时复湛然。"按静坐以居敬求仁,为原始儒家之所无;虽精神不同于禅定,而其形式实袭自佛氏,无可讳言也。

伦理哲学为朱熹之中坚思想；语类文集，涉乎此者，十之七八。其言虽繁，然约而述之，不过如上所诠释而已。

(二)教育哲学

如吾人已了解朱熹之伦理思想，则其教育思想可推论而得；且上文所言之修养论，实已涉及教育学之范围；兹所陈述者，不过再就普通教育学所区分之目的论与方法论，以诠释朱熹之思想而已。

在教育目的论方面，朱熹以穷理尽性为极致，故具有教育万能论之倾向。盖朱熹以为无论圣贤下愚，其所具气质之性虽各有不同，而其本然之性则禀自本体之理，实初无二致。故无论如何下愚，变化其气质之性，发挥其本然之性，积以岁月，持以意志，自与生知之圣贤同。圣贤而能力扩其本然之性，则自与至高之本体融合，而达所谓参天地赞化育之境。惟其气质之性可以变化，本然之性可以发挥，故教育之重要与功能不言而自见。盖朱熹虽为纯粹性善论之修正者，然究主性善，其穷理尽性之说自有教育万能论之倾向也。故朱熹就学者方面言，每责以圣贤，而以教育为可能。如云："凡人须以圣贤为己任。世人多以圣贤为高，而自视为卑，故不肯进。抑不知使圣贤本自高，而己别是一样人，则早夜孜孜，别是分外事，不为亦可，为之亦可。然圣贤禀性，与常人一同；既与常人一同，又安得不以圣贤为己任。自开辟以来，生多少人，求其尽己者，千万人中无一二，只是滚同枉过一世。"又云："人性本善，只为嗜欲所迷，利害所逐，一齐昏了。圣贤能尽其性，故耳极天下之聪，目极天下之明，为子极孝，为臣极其忠。"又云："大抵为己之学，于他人无一毫干预；圣贤千言万语，只是使人反其固有而复其性耳。"就圣贤方面言，朱熹则以为当辅助天地之化育，而引教育为己责。如云："佛经云佛为一大事因缘出现于世，圣人亦是为这一大事出来。这个道理，虽人所固有；若非圣人，如何得如此光明盛大。你不晓得底，我说在这里，教你晓得；你不曾做底，我做下样子在此，与你做。只是要扶持这个道理，教它常立在世间，上拄天，下拄地，常如此端正。才一日无人维持，便倾倒了，少间脚拄天，头拄地，颠倒错乱，便都坏了。所以说天佑下民，作之君，作之师，惟其克相上帝，宠绥四方。天只生得你，付得这道理，你做与不做都在你，做得好也由你，做得不好也由你。所以又为之立君师以作成之，既抚养你，又教导你，使无一夫不遂其性。如尧舜之时，真个是宠绥四方；只是世间不好底人，不定叠底事，才遇尧舜，都安帖平定了。所以谓之克相上帝，盖助上帝之不及。"总之，朱熹之教育目的论，穷理尽性一语可以了之也。

在教育方法论方面，朱熹似颇有主意论之倾向。盖彼以为人人当以圣贤为己任；而其所以能以圣贤为己任者，第一须立志，其次须精进。关于立志说，如云："为学须先立志。志既立则学问可次第著力。立志不定，终不济事。"如云："立志要如饥渴之于饮食。才有悠悠，便是志不立。"如云："世俗之学所以与圣贤不同者，亦不难见。圣贤直是真个去做。说正心直要心正，说诚意直要意诚，修身齐家皆非空言。今之学者说正心，但将正心吟咏一饷；说诚意，又将诚意吟咏一饷；说修身，又将圣贤许多说修身处讽诵而已；或掇拾言语，缀缉时文。如此为学，却于自家身上有何交涉？这里须用着意理会。今之朋友固有乐闻圣贤之学而终不能去世俗之陋者，无他，只是心不立尔。学者大要立志，才学便要做圣人也。"又云："学者须是立志？今人所以悠悠者，只是把学问不曾做一件事看，遇事则且胡乱恁地打过了。此只是志不立。"但立志为学而无毅力以为之继，则时有功亏一篑之虞，故其次须有精进之精神。关于精进说，如云："为学极要求把篙处着力。到工夫要断绝处又更增工夫，着力不放令倒，方是向进处。为学正如撑上水船，方平稳处，尽行不妨；及到滩脊急流之中，舟人来这上一篙，不可放缓，直须着力撑上，不得一步不紧。放退一步，则此船不得上矣。"又云：

"若不见得入头处，紧也不可，慢也不得。若识得些路头，须是莫断了。若断了，便不成，待得再新整顿起来，费多少力。如鸡抱卵，看来抱得有甚暖气，只被他常常恁地抱得成；若把汤去烫，便死了；若抱才住，便冷了。"又云："圣贤千言万语，无非只说此事。须是策励此心，勇猛奋发，拔去心肝，与他去做。如两边擂起战鼓，莫问前头如何，只认卷将去，如此方做得工夫。若半上落下，半沈半浮，济得甚事。"又云："学者识得个脉路正，便须刚决向前；若半青半黄，非惟无益。"其巧譬妙喻，殊能发挥精进之要义。

关于教育方法论，朱熹又曾劝勉学者须实用切己，须先求纲领，须分别义利，要皆普通教学之谈，非朱氏精义之所在，故皆略而不述，而附论其对于教育制度之意见。

朱熹依据其教育哲学之见地，对于当时之学校制度及科举制度，诋斥颇力。其论学校也，则曰："至于后世，学校之设，虽或不异于乎先王之时；然其师之所以教，弟子之所以学，则皆忘本逐末，怀利去义，而无复先王之意。以故学校之名虽在，而其实不举。……然犹莫有察其所以然者，顾遂以学校为虚文，而无所与于道德政理之实。于是为士者求道于老子释氏之门，为吏者责治乎簿书期会之最。盖学校之仅存而不至于遂废者，亦无几耳。"（《静江府学记》）又曰："国家建立学校之官，遍于郡国，……然学不素明，法不素备；选用乎上者，以科目词艺为足以得人；受任乎下者，以规绳课试为足以尽职。盖在上者不知所以为人师之德，而在下者不知所以为人师之道。是以学校之官虽遍天下，而游其间者不过以追时好、取世资为事；至于所谓修身、齐家、治国、平天下之道，则寂乎其未有闻也。"（《送李伯谏序》）其论科举也，则曰："科举是法弊。大抵立法只是立个得人之法；若有奉行非其人，都不干法事，若只得人便可。今却是法弊，虽有良有司，亦无如之何。"又曰："今科举之弊极矣。"盖朱熹教育理想之标的为圣贤，而学校科举所得之人物仅属课艺之徒,宜其加以消极的排诋也。

　　然朱熹之于教育制度,固非以消极的排诋为止境,而实抱有积极的理想。其理想的教育制度,简明言之,分为二级制,曰小学,曰大学,依学者年龄之高低,而授以程度不同之事与理。其言曰:"古者初年入小学,只是教之以事,如礼乐射御书数及孝弟忠信之事。自十六七入大学,然后教之以理,如致知格物及所以为忠信孝弟者。"又曰:"小学者,学其事;大学者,学其小学所学之事之所以。"又曰:"小学是事,如事君、事父、事兄、处友等事,只是教他依此规矩做去;大学是发如此事之理。"又曰:"小学是直理会那事,大学是穷究那理因甚恁地。"又曰:"古者小学已自养得小儿子这里定,已是圣贤坯璞了,但未有圣贤许多知见;及其长也,令入大学,使之格物致知,长许多知见。"又曰:"古人小学养得小儿子诚敬善端发见了,然而大学等事,小儿子不会推将去,所以又入大学教之。"据朱熹之见,小学大学虽区为二,然小学所授为含理之事,而大学所究为据事之理,理事一贯,而均以伦理为依归。故朱熹遵程子之遗说,既取《小戴礼记》中之《大学》、《中庸》二篇,以为大学穷理之术;复搜集礼书传记,别辑《小学》一书,以为童蒙讲习之方。其《小学·序》云:"古者小学教人以洒扫、应对、进退之节,爱亲、敬长、隆师、亲友之道,皆所以为修身、齐家、治国、平天下之本,而必使其讲而习之于幼稚之时,欲其习与知长,化与心成,而无扞格不胜之患。"其重视小学教育,深得教育之精义,固非同时仅知高谈远议之哲人所可比伦也。

　　朱熹之理想的教育制度,不仅为纸上之空谈,尝会施之於实际,而与后代学校制度及民族文化发生重大之关系。其所修建之白鹿洞书院,实其理想的大学制之试验。白鹿洞书院学规一文,简明切实,显示朱熹对于教育之全部思想。其言曰:"父子有亲,君臣有义,夫妇有别,长幼有序,朋友有信:右五教之目。尧舜使契为司徒,敬敷五教,即此是也。学者学此而已;而其所以学之之序,亦有五焉。其别如左:博学之,审问之,慎思之,明辨之,笃行之:右为学之序。学问思辨四者,所以穷理也。若夫笃行之事,则自修身以至于处事接物,亦各有要。其别如左:言忠信,行笃敬,惩忿窒欲,迁善改过:右修身之要。正其谊不谋其利,明其道不计其功:右处事之要。己所不欲,勿施于人;行有不得,反求诸己:右接物之要。"总之,书院制度之兴盛,与人格教育思想之发达,朱熹之白鹿洞书院实与有大功焉(《民铎》杂志第七卷第十二号陈东原《庐山白鹿洞书院沿革考》可参考)。

(三)政治哲学

朱熹之政治哲学,一言以蔽之,曰:唯心论而已。唯其偏于唯心,故重人治而轻物治,主德治而薄法治;盖继承孟子"生于其心,害于其政;发于其政,害于其事"之政论,而加以发挥也。然朱熹之政治哲学何以必主于唯心?是则当求其源于其本体哲学及伦理哲学。盖朱熹以为本体中有所谓理者存,而人心则禀本体之理以为性;理无不善,是以性无不善。人君之治天下,如穷理尽性,以自正其心,则百官万民自受其感化,而达于至治之境。故朱熹之奏议封事以及论治之文,每以正君心为第一义。如云:"天下万事,有大根本;而每事之中,又各有要切处。所谓大根本者,固无出于人主之心术;而所谓要切处者,则必大本既立,然后可推而见也。"(《答张敬夫》)如云:"古先圣王,兢兢业业,持守此心。虽在纷华波动之中,幽独得肆之地,而所以精之一之,克之复之,如对神明,如临渊谷,未尝敢有须臾之息。"(《戊申封事》)如云:"盖天下万事,本于一心。而仁者,此心之存之谓也。此心既存,乃克有制;而义者,此心之制之谓也。诚使是说著明于天下,则自天子以至于庶人,人人得其本心以制万事,无一不合宜者,夫何难而不济?"(《送张仲隆序》)如云:"致精之本,则在于心。心之为物,至虚至灵,常为一身之主,以提万事之纲。一不自觉,而驰骛飞扬,以徇物欲于躯壳之外,则一身无主,万事无纲。虽其俯仰顾盼之间,盖已不自觉其身之所在,而况能反覆圣言,参考事物,以求义理至当之归乎?"(《甲寅行宫便殿奏劄二》)又唯其倾向唯心,故一承从来儒家之见解,以为道德系政治之目的,教育系政治之手段。如云:"昔者圣王作民君师,设官分职,以长以治;而其教之目则曰:父子有亲,君臣有义,夫妇有别,长幼有序,朋友有信,五者而已。"如云:"三纲五常,天理民彝之大节,而治道之本也。故圣人之治,为之教以明之,为之刑以弼之。虽其所施或先或后,或缓或急,而其丁宁深切之意未尝不在乎此也。"如云:"民虽众,毕竟只是一个心,甚易感也。"则政治与教育,实同其标的,即皆以伦理的为归宿也。又唯其倾向唯心,故蔑视法治;如云:"今日之法,君子欲为其事,以拘于法而不得骋;小人却徇其私,敢越于法而不之顾。"如云:"古人立法,只是大纲,下之人得自为。后世法皆详密,下之人只是守法;法之所在,上之人亦进退下之人不得。"如云:"今世有二弊:法弊,时弊。法弊,但一切更改之,却甚易。时弊,则皆在人;人皆以私心为之,如何变得?"皆以人心超于法纪,而大发挥其人治主义也。总之,朱熹之政论虽旁及兵刑税赋,然其出发点根于本体论与性论,与古代儒家之见解实一脉相承也。至于此种思想之优劣,与其是否有救于南宋偏安之局,则言之綦繁,非本书之责,故存而不论。

(四)宗教哲学

古代儒家,鲜及鬼神。《语论》谓:"未知生,焉知死。""未能事人,焉能事鬼。""子不语:怪、力、乱、神。"盖孔子以实践道德为依归,故不尚幽冥玄虚之谈。虽儒家注重丧葬祭祀,近似宗教;然实则假借仪式,以为修养内心、维系社会之工具;故与其斥为宗教的,不若指为伦理的之为当。下迄宋儒,于本体论多所发挥,自不能不涉及"鬼神"一观念;然其所谓鬼神,已脱离原始宗教的解释,而进于哲学的思辨,故每籍《易·系辞》"精气为物,游魂为变,是故知鬼神之情状",及《中庸》"鬼神之为德,其盛矣乎!视之而不见,听之而不闻,体物而不可遗"等语,以为发端。张载谓鬼神为二气之良能,程颐谓鬼神为天地之妙用,其哲学的意味已极显著。及至朱熹复本其本体上理气二元论之见解,而演化为阴阳二元论,更演化为鬼神二元论。虽其指导门徒,不愿多及鬼神;如云:"鬼神事自是第二着,那个无形影,是难理会底,未消去理会,且就日用紧切处做工夫。""此(鬼神有无)岂卒乍可说?便说,公亦岂能信得及?须于众理看得渐明,则此惑自解。""待日用常行处理会得透,则鬼神之理将自见得"等等;然一涉哲学的论辨,则其广譬妙喻,殊见其趣味之浓厚;故就其所遗之《语类》而言,其论及鬼神,亦颇足供吾人论述之资也。

朱熹以为本体可析为理气,气又可析为阴阳,而鬼神则不过为阴阳之灵之别名。阴阳二气,在宇宙间,无所不在,故鬼神亦无所不在。西洋哲学有所谓泛神论,附会言之,朱熹之宗教哲学亦殊有此种思想之倾向,不过其所谓神再析为鬼神二元而已。其言曰:"以二气言,则鬼者,阴之灵也;神者,阳之灵也。以一气言,则至而伸者为神,反而归者为鬼。一气即阴阳运行之气,至则皆至、去则皆去之谓也。二气谓阴阳对峙,各有所属。"又云:"鬼,阴之灵;神,阳之灵;此以二气言也。然二气之分,实一气之运;故凡气之来而方伸者为神,气之往而既屈者为鬼。阳主伸,阴主屈,此以一气言也。故以二气言,则阴为鬼,阳为神。以一气言,则方伸之气亦有伸有屈;其方伸者神之神,其既屈者神之鬼。既屈之气亦有伸有屈;其既屈者鬼之鬼,其来格者鬼之神。天地人物皆然,不离此气之往来屈伸合散而已。"朱熹既以鬼神为阴阳二气之往来屈伸合散之名,故其鬼神之含义殊广。其言曰:"日自午以前是神,午以后是鬼。月自初三以后是神,十六以后是鬼。""草木方发生来是神,雕残衰落是鬼。人自少至壮是神,衰老是鬼。鼻息呼是神,吸是鬼。"

"魄属鬼,气属神。如析木烟出是神,滋润底性是魄。人之语言动作是气,属神;精血是魄,属鬼。""神,伸也;鬼,屈也;如风雨雷电初发时,神也;及至风止雨过,雷住电息,则鬼也。""问日是神,月是鬼否?曰:亦是。""指甘蔗曰:甘香气便唤做神,其浆汁便唤做鬼。"上所引述,吾人骤聆之,直可斥为鬼话;顾细按之,亦自有其玄学上之系统。总之,鬼神一观念,由原始的宗教的意味而进于修正的玄学的思辨,则朱熹或不无功绩焉。

朱熹于鬼神一观念,虽哲学的视为阴阳之灵之别称;然对于世俗之所谓鬼神,以及人鬼物魅等,绝不加以否认,而且客观的承认其存在。就此点而言,朱熹之鬼神论,实未完全脱离原始宗教之意味,而不无大纯小疵之讥。彼以为玄学上之鬼神系正直之气所表现,世俗之所谓鬼神系邪暗之气所凝聚,又落于二元论之论调。其言曰:"雨风露雷,日月昼夜,此鬼神之迹也。此是白日公平正直之鬼神。若所谓有啸于梁,触于胸,此则所谓不正邪暗,或有或无,或去或来,或聚或散者。又有所谓祷之而应,祈之而获,此亦所谓鬼神,同一理也。世间万事皆此理,但精粗小大之不同尔。"至于人类死后之生命(即所谓人鬼),朱熹虽排斥佛家轮回之说,斥人死为鬼、鬼复为人之言为误谬;但死后之灵魂,在特殊情境之下,得以暂时存在,并非绝不可能。简言之,朱熹之人鬼论不过世俗见解之修正者而已。其言曰:"天道流行,发育万物,有理而后有气,虽是一时都有,毕竟以理为主,人得之以生。气之清者为气,浊者为质。知觉运动,阳为之也;形体,幽为之也。气曰魂,体曰魄。高诱《淮南子注》曰:'魂者,阳之神;魄者,阴之神。'所谓神者,以其主乎形气也。人所以生,精气聚也。人只有许多气,须有个尽时;尽则魂气归于天,形魄归于地而死矣。人将死时,热气上出,所谓魂升也;下体渐冷,所谓魄降也。此所以有生必有死,有始必有终也。夫聚散者,气也;若理,则只泊在气上,初不是凝结自为一物。但人分上所合当然者,便是理,不可以聚散言也。然人死虽终归于散,然亦未便散尽,故祭祀有感格之理。……然已散者不复聚,释氏却谓人死为鬼,鬼复为人;如此,则天地间常只是许多人来来去去,更不由造化生生,必无是理。"又云:"神祇之气常屈伸而不已,人鬼之气则消散而无馀矣。其消散亦有久速之异。人有不伏其死者,所以既死而此气不散,为妖为怪。如人之凶死,及僧道既死,多不散(僧道务养精神,所以凝聚不散)。若圣贤则安于死,岂有不散而为神怪者乎?"又云:"游字(游魂为变)是渐渐散。若是为妖孽者,多是不得其死,其气未散,故郁结而成妖孽。若是尪羸病死底人,这气消尽了方死,岂复更郁结成妖孽? 然不得其死者,久之亦散;如今打面做糊,中间自有成小块核不散底,久之渐渐也自会散。"总之,朱熹以为在普通情境中,人死则气散,如圣贤与凡人,故无鬼之可言;若在特殊情境之下,如不伏其死及僧道之凝聚精神,则其鬼得暂时的存在;盖与通俗之见解殊无大差异也。

朱熹不仅以为人鬼有暂时不散之可能,而且进一步承认物魅之客观的存在。其言曰:"《家语》云:'山之怪曰夔魍魉,水之怪曰龙罔象,土之怪曰羵羊。'皆是气之杂揉乖戾所生,亦非理之所无也。专以为无,则不可。如冬寒夏热,此理之正也;有时忽然夏寒冬热,岂可谓无此理;但既非理之常,便谓之怪。"又如:"问今人家多有怪者。曰:此乃魑魅魍魉之为。达州有一士人,行遇一人,只有一脚,问某人家安在。与之同行,见一脚者入某人家,数日,其家果死一子。"观此,则朱熹之物魅论,直类村妪女巫之谈,其哲学的气息已澌灭无馀矣。

朱熹既承认鬼神之客观的存在,则其祭祀观亦殊有论述之必要。祭祀之起原,本为野蛮时代避祸祈福之原始宗教的行为;及至儒家,托古改制,虽客观地否认鬼神之存在,而主观的利用祭祀以为报本返始之内心的表示,盖已由宗教的仪式而演化为伦理的手段。朱熹之祭祀论,不能于论理方面多无发挥,而复返于宗教的解释,实为宋儒哲学思想退化之一证。朱熹以为人类与鬼神之相关在于气,而一切祭祀之所以有效亦在乎气之感应。故其言曰:"鬼神是本有底物事。祖宗亦只是同此一气,但有个总脑处。子孙这身在此,祖宗之气便在此;他是有个血脉贯通。所以神不歆非类,民不祀非族,只为这气不相关。如天子祭天地,诸侯祭山川,大夫祭五祀,虽不是我祖宗,然天子者天下之主,诸侯者山川之主,大夫者五祀之主,我主得他,便是他气又总统在我身上;如此,便有个相关处。"又如:"问子孙祭祀,却有感格者,如何? 曰:毕竟子孙是祖先之气;他气虽散,他根却在这里;尽其诚敬,则亦能呼召得他气聚在此。如水波样,后水非前水,后波非前波,然却通只是一水波,子孙之气与祖考之气亦是如此。他那个当下自散了,然他根却在这里;根既在此,又却能引聚得他那气在此。此事难说,只要人自看得。"吾人如以朱熹之祭祀观与《礼记》中《祭义》、《礼器》、《郊特牲》之祭祀观相较,则一般以宋儒为能于古代儒家思想加以哲学的解释,而视为中国学术思想之进步者,不足凭信矣。

三　认识论

严格言之,中国自来之哲学思想,纯正之认识论实不多见,即朱熹之穷理说,格物致知说,实亦不过哲学的方法论;盖对于知识之本身,未曾加以分析与穷究也。兹为全部哲学体系之明了计,将朱熹讨论穷理之一部分引述于此,而析为(一)知与行,(二)致知与格物。(三)穷理与读书三者。

(一)知与行

知与行之关系,又可析为(甲)知与行之先后的关系及(乙)知与行之轻重的关系。关于后者,朱熹与一般哲人之意见无甚殊异,仍以力行为重。至知与行之先后的关系,则主先知后行说。盖知行之关系,为中国近代哲学之一重要问题,细析之,约可分为三派,即:一、先知后行说,朱熹主之;二、知行并进说,陈淳(北溪)主之;三、知行合一说,王守仁(阳明)主之。朱熹非不知知与行有密切而不可偏废之关系,然其所以主先知后行者,亦自有故。其言曰:"知行常相须,如目无足不行,足无目不见。论先后,知为先;论轻重,行为重。"又曰:"致知力行,论其先后,固当以致知为先;然论其轻重,则当以力行为重。"又曰:"知与行工夫须著并到;知之愈明,则行之愈笃;行之愈笃,则知之益明:二者皆不可偏废。……然又须先知得,方行得。所以《大学》先说致知,《中庸》说知先于仁勇,而孔子先说知及之。然学问、慎思、明辨、力行,皆不可阙一。"又曰:"夫泛论知行之理,而就一事之中以观之,则知之为先,行之为后,无可疑者(如孟子所谓知皆扩而充之,程子所谓譬如行路须得光照,及《易·文言》所谓知至至之知终终之之类,是也)。然合夫知之浅深、行之大小而言,则非有以先成乎其小,亦将何以驯致乎其大者哉?……今就其一事之中而论之,则先知后行,固各有其序矣;诚欲因夫小学之成,以进乎大学之始,则非涵养践履之有素,亦岂能居然以其杂乱纷纠之心,而格物以致其知哉?……故《大学》之书,虽以格物致知为用力之始;然非谓初不涵养履践而直从事于此也。又非谓物未格,知未至,则意可以不诚,心可以不正,身可以不修,家可以不齐也;但以为必知之至,然后所以治己治人者始有以尽其道耳。"又如:"王子充问:'某在湖南见一先生,只教人践履。'曰:'义理不明,如何践履?'曰:'他说行得便见得。'曰:'如人行路,不见便如何行?'"朱子之言,于言行之相须,返复详密,盖深恐学者误会;然其于顺序上主张先知后行之意,仍显然可见;目足之喻,见行之说,实其常识的而又哲学之论据也。

(二)致知与格物

朱熹之哲学的方法既含有主知论之倾向，则其"何谓知"及"如何以完成其知"之二问题，自必随之而产生。前一问题，为西洋哲人所究心，但中国前哲每加以忽视。朱熹自不能外此，故其所言，仅训知为识（见《大学章句》），以为包举一身之理及天地万物之理；盖取知之广义的解释，与王阳明派之以知为我心之良知，而取狭义的解释者不同。至于后一问题，即"如何以完成其知"问题，实为朱熹哲学全部精神之所在，亦为程朱学派与陆王学派争论之焦点。（前者，吾称之为宋学之归纳派；后者，吾称之为宋学之演绎派。）然吾人如欲了解二派之争点，非先明致知格物一语之来源不可。盖当佛学盛行之后、宋学初兴之际，哲学界所表现者，惟有禅宗之直觉的顿悟说与周邵之方士的宇宙观，其于方法论，绝未加意。及至程氏，始自《小戴礼记》中特取《大学》一编，以为可见古人为学次第，而推为初学入德之门。《大学》之言曰："古之欲明明德于天下者，先治其国；欲治其国者，先齐其家；欲齐其家者，先修其身；欲修其身者，先正其心；欲正其心者，先诚其意；欲诚其意者，先致其知；致知在格物。"此段文字，唯"致知在格物"一语，朱、陆之训解完全异趣，亦即朱、陆二派哲学方法论不同点之所在。陆、王一派，大抵训知为良知，训格为正；以为致知云者，非广充知识之谓，乃致吾心固有之良知；格物云者，非穷究物理之谓，乃正意念所在之事物（参阅王守仁《大学问》）。总之，其论理的方法为演绎，而含有极浓的唯心论之色彩。朱熹不然，训知为知识，训格为穷至；以为致知在格物云者，谓欲推极吾人之智识，在即凡天下之事物，而穷究其理；总之，其论理的方法为归纳，而含有近代科学之精神。其《大学章句》云："所谓'致知在格物'者，言欲致吾之知，在即物而穷其理也。盖人心之灵，莫不有知；而天下之物，莫不有理；惟于理有未穷，故其知有不尽也。是以《大学》始教，必使学者即凡天下之物，莫不因其已知之理而益穷之，以求至乎其极。至其用力之久，而一旦豁然贯通焉,则众物之表里精粗无不到,而吾心之全体大用无不明矣。此谓物格,此谓知之至也。"故朱熹之意,以为穷究物理为解决如何以完成其知之唯一法门。其所谓物,范围至广,而一仍程颐之说。程颐释格物之物为"语其大至天地之高厚,语其小至一物之所以然"。朱熹继之,故云:"凡是眼前底都是事物。"又云:"上而无极太极,下而至于一草一木一昆虫之微,各亦有理。一书不读,则阙了一书道理;一事不穷,则阙了一事道理;一物不格,则阙了一物道理;须著逐一件与他理会过。"又云:"物理无穷,故他说得来亦自多端。如读书以讲明道义,则是理存于书;如论古今人物以别其是非邪正,则是理存于古今人物;如应事接物而审处其当否,则是理存于应接事物。所存既非一物能专,则所格亦非一端而尽。"依据其言,则上自哲学,下迄动植,莫不包举。然物类无穷,人知有涯;故其所谓格物,非尽穷天下之事物,而实有赖于类推。如云:"所谓不必尽穷天下之物者,如十事已穷得八九,则其一二虽未穷得,将来凑会,自能见得。又如四方已穷得,中央虽未穷得,毕竟是在中间了,将来贯通,自能见得。程子谓'但积累多后,自当脱然有悟处',此语最好。若以为一草一木亦皆有理,今日又一一穷这草木是如何,明日又一一穷这草木是如何,则不胜其繁。"又"问程子言:'今日格一件,明日格一件,积习既久,自当脱然有贯通处';又言'格物非谓尽穷天下之理,但于一事上穷尽,其他可以类推。'二说如何?曰:'既是教类推,不是穷尽一事便了。且如孝尽得个孝底道理,故志可移于君,又须去尽得忠,以至于兄弟、夫妇、朋友,从此推之,无不尽极,始得。'"故程、朱之格物论,非绝对的,而为相对的;非逐物的实验,而为依类的推论;其所以略有科学的精神者在此,而其所以终无科学的成绩者亦在此。格物之训释既明,则致知之理论自显;盖依朱熹之见,格物与致知,实一事之异面,而非不同之二事;换言之,为说明立场之便利计,而有格物与致知之二词而已。故云:"致知,格物,只是一事。格物以理言,致知以心言。"又云:"格物是物物上穷至其理,致知是吾心无所不知。格物是零细说,致知是全体说。"又云:"格物所以致知于这物上;穷得一分之理,则我之知亦知得一分;于物之理穷得愈多,则我之知愈广;其实只是一理,才明此,即晓彼。所以《大学》说致知在格物,又不说欲致其知在格其物。盖致知便在格物中,非格之外别有致处也。"又云:"格物致知只是穷理。"总之,物就外言,就客观言;知就内言,就主观言;格与致就内外或主客观发生关系之功夫言;致知與格物,系一种修养功夫之两方面的说明,而非截然异趣之两种功夫也。

朱熹之格物说,穷理说,其含有科学之精神,原不可诬;然其结果无丝毫科学成绩可言,而仅留玄虚空疏之理学,以供后代学人攻击之资者,其故可深思也。此其原因,缘于本身方法之缺陷者二,缘于当时科学环境之贫乏者二,而前者之原因更重。所谓缘于科学环境之贫乏者,第一,因当时社会尚留滞于小农及手工业时代,缺乏科学应用之需要;科学虽非专为实用,然实用亦科学发展之一原因。第二,因当时科学之工具器械太贫乏,即欲"即物而穷其理",亦苦无下手之方。所谓缘于本身方法之缺陷者,第一,因程朱之所谓格物,其目的不在于此物或彼物之理,而在于最后之绝对真理或绝对智慧。程颐云:"自一身之中,至万物之理;但理会得多,自然豁然有觉悟处。"朱熹云:"至用力之久,而一旦豁然贯通焉,则众物之表里精粗无不到,而吾心之全体大用无不明矣。"故程、朱与陆、王,其入手之方法虽异,而其归结之目的则一,即皆着眼于"一旦豁然贯通"之顿悟的禅学之最后境界。此为科学方法之致命伤;因科学在求物疑,而玄学在求自信也。第二,科学方法之重要部分,一为实验,一为假设;但程朱之所谓格物,仅有观察而无假设。程颐云:"致知在格物,物来则知起。物各付物,不役其知,则意诚不动。""不役其知"之格物,不过被动的观察而已,何有科学成绩之可言？朱熹云："今登高山而望，群山皆为波浪之状，便是水泛如此，只不知因甚么事凝了。"又云："尝见高山有螺蚌壳，或生石中。此石即旧日之土，螺蚌即水中之物。下者却变而为高，柔者却变而为刚。此事思之至深，有可验者。"此不能谓非实地的观察，然因无假设之故，仅成为对于自然界之零碎见解，而不能发展为独成一科之地质学。王阳明以格竹致疾，讥斥程朱学说之非，实则其学说本身确亦有弱点存也。

（三）穷理与读书

朱熹之所谓格物致知，若以其自创之学术名词名之，即曰穷理。其言曰："格物致知只是穷理。圣贤欲为学者说尽曲折，故又立此名字。"又曰："穷理二字不若格物之为切。"朱熹之所谓穷理，谓即凡天下之物而穷其理，其范围本异常广大；然以为理之精蕴已具于圣贤之书，故以读书为穷理之首。其言曰："穷理之要必在于读书。"又："天下之物，莫不有理，而其精蕴则已具于圣贤之书，故必由是以求之。"又曰："夫道之体用盈于天地之间，古先圣人既深得之，而虑后世之不能以达此，于是立言垂教，自本至末，所以提撕诲饬于后人者无所不备。学者正当熟读其书，精求其义；考之吾心，以求其实；参之事物，以验其归。"又曰："读书已是第二义。盖人生道理合下完具，所以要读书者，盖是未曾经历见许多。圣人是经历见得许多，所以写在册上与人看；而今读书，只是要见得许多道理。及理会得了，又皆自家合下原有底，不是外面旋添得来。"依其所言，绝非对读书为因袭的盲目的崇信，实以读书为穷理之捷径，故虽明知其为第二义，而不能不推以为入手之方。然此种读书穷理说最易发生流弊；程、朱之末流，每每无大创见，仅将四书五经咿哦一番，即自以为达格物致知之妙境，皆坐此故。陆九渊斥朱熹之传注功夫为支离事业，亦未始毫无相当之理由。

　　（选自《朱熹》，见《周予同经学史论著选集》，上海人民出版社 1983 年版）

　　周予同（1898—1981），经学史家，教育家。1921 年毕业于北京高等师范学校，历任厦门大学教员、商务编译所编辑、《教育杂志》主编、温州十中教员、安徽大学中文系主任及文学院院长兼教授、《安徽大学月刊》主编、暨南大学历史系主任兼教授、复旦大学史地系主任兼教授等，1949 年后任复旦大学历史系教授，并担任复旦大学副教务长、上海社会科学院历史研究所副所长、上海市文教委员会副主任、上海市史学会副会长等。对经学研究造诣精深，著有《经今古文学》、《朱熹》、《群经概论》等，后结集为《周予同经学论著选集》，注释《经学历史》、《国朝汉学师承记》，主编《中国历史文选》等。

　　本文是《朱熹》一书的第三章，从本体论、价值论、认识论三个方面论述了朱熹的哲学思想，认为在本体论上，朱子是理气二元论者，理一而气殊。在价值论方面，作者从伦理哲学、教育哲学、政治哲学、宗教哲学四个方面进行分析，认为其伦理哲学为性论主本然性与气质性的二元解释；心论兼采取程颐的"在人为性，主于身为心"说和张载的心统性情说，以性情为心之体用，修养的目的在于求仁，修养方法内则居敬外则穷理。教育的目的是穷理尽性，教育方法第一是立志，其次是精进。其政治哲学是唯心论，主德治薄法治。其宗教哲学认为鬼神不过是阴阳之灵的别名。在认识论方面则论述了朱子关于知与行、致知与格物、穷理与读书的内容。

中国哲学的四点独一无二的特性

张君劢

在东西方哲学间作这种比较研究,并不是任何人凭空想到的,而是基于客观事实。不过,虽然有这许多相同的地方,可是,中国哲学仍然有其特色,使它与世上任何其他哲学体系不同。我认为中国哲学有四点独一无二的特性,以下我们逐一加以研讨。

(一)中国人在哲学方面的兴趣集中在道德价值方面。中国人认为人是宇宙的中心。人与人之间的关系应是哲学家首先考虑的对象。例如,构成社会的各个分子——君臣、父子等——应该如何共同相处?孔子的答案是:"弟子入则孝,出则弟,谨而信,泛爱众而亲仁。行有余力,则以学文。"(《论语》第一《学而篇》第六章)我们也发现这种情操常用到社会其他分子身上,如君臣、父子、夫妇。对社会上不同分子,有不同的道德规范,有些道德规范是共同遵守的,有些规范则为某些分子遵守的。中国人对宇宙的看法,采取目的论观点,这是中国思想的基本态度,目的观使中国人的兴趣倾向道德价值方面,因此,对中国人而言,道德价值比逻辑、知识论或任何纯粹抽象知识具有更重要的功用。

(二)中国人这种对伦理问题的重视,往往使西方人认为中国人思想太实际太世俗。但这种看法错误了。中国人希望解释宇宙间一切现象,因此,他们想解决世界创造问题,而这是对他们想像力的一个挑战。他们认为天是道的根源,并以自然界阴阳二力或变化来解释这个关系。他们的形上学永远是理性主义的,不带超自然主义色彩。这种诉诸理性最有名的例子是老子的《道德经》。"孟子"也是理性主义体系。周敦颐的宇宙论以及张载和朱熹对理与气的讨论,显示抽象的理论分析乃宋代中国思想中最主要的部分。

佛陀曾对其弟子表示,他们对他的信仰应该基于理性。中国人甚至比佛家更属于理性主义的。中国思想家认为上帝与自然之间没有间隔。如果形而上与形而下之间有区别的话,也只是程度上的,不是根本的。凡是形而下的都可以归溯于形而上的;凡是形而上的都应该用这世界的现象来加以解释。

(三)中国人在哲学上最大的兴趣是对心灵的控制。这种现象可以和西方人的热心研究方法论相比。中国人认为,由于心常为物欲和偏狭所蔽,所以,净心为得道的先决条件。一旦把自私的念头消灭,心便能不偏不倚,明朗和远见了。周敦颐的无欲;朱熹的致知和专心;王阳明的知行合一———这些便是达到真理标准的三条道路。

(四)中国哲学与西方哲学不同的第四个特色是重视自己所学的身体力行,甚至为了道可以牺牲性命。人若有志于道并愿献身于道的话,首先要做的便是将自己所信的原则付诸实行——自己身体力行,在自己的家庭生活以及对国家所尽的义务中具体地表现出来。举例来说:贪爱金钱,耽于色欲,热中名利等当然无补于道的领悟。发怒、暴力、说大话、饶舌同样是领悟道的阻碍物,应该避免。当程颢弟子谢良佐第一次拜谒他时,谢良佐夸张自己记得史籍甚多。程子问他说:"贤却记得许多!"(《宋元学案》卷十四《明道学案》)谢良佐听了这话不觉面红耳赤,汗流浃背。此后,他不再作记诵功夫,专心一志地致力于沉思默想。中国哲人不满于纯粹知识或哲学原则的建立,一定要身体力行自己所奉的原则。

例如,如果某一新儒家学者身居高位,除非他能谏劝皇帝的错误行事,否则,便不能算是新儒者。朱熹谏宋宁宗斥左右恶名小人,使这位哲人遭受贬谪。王阳明得罪宦官刘瑾被放逐贵州龙场。这些人对皇帝的忠言直谏,在中国永远受到广泛的赞仰,朱熹和王阳明被认为值得效法的最好榜样。明朝末年,东林党的许多哲人为了对皇帝忠言直谏而牺牲性命。这表示儒家或新儒家学者是准备为自己的信仰而牺牲性命的。宋末文天祥之死,明末刘宗周之死便是这种殉道精神的典型。孔子说:"志士仁人,无求生以害仁,有杀身以成仁。"(《论语》第十五《卫灵公篇》第八章)

西方学者如福克(Aifred Forke)、赫克曼(Heinrich Hackmann)批评中国哲学没有系统,中国语言由于缺乏印欧语的文法结构,意义含混。没有系统是由于特殊的表现方式:早期思想家以格言方式表达自己思想,而没有加以各方面的完整讨沧。可是这并非表示中国哲学根本没有系统。孔子说:"吾道一以贯之。"虽然《道德经》在文字或语言上没有系统,可是,在思想上并不是没有系统的。如果我们详细研读《孟子》,也会发现孟子是理性主义体系。同样,荀子是经验主义体系,朱熹和王阳明也是如此。

至于第二个缺点:语言的含混,这个批评倒有几分真实。中国哲学名词确有某种程度的含混。中国语言与欧洲语言根本不同,因此,西方人对中国语言之不满,乃自然而然的事情。但最重要的是了解这些思想家的基本观点,用西方人能够了解的语言来表达他们的思想,应该没有什么困难。

总之,中国哲学的确含有一些西方人必然感到不习惯的地方。中国哲学文献的大部分,对西方人来说,似乎是用一种与西方标准不同的方式写成的。但是,我们的兴趣既然在思想方面,我的目的便是尽可能明确完整地阐述思想。这可以除去西方人读中国哲学文字时感觉到的生疏感,也可以使东西方相互了解。

我尽量避免牵强附会,中国哲学和西方哲学有多少相似之处,尽量作客观描述,绝不夸大其辞。因为,如果没有知识上的忠实,公正和客观的研究便不可能。在同中见异和异中见同是正确了解的最真实南针。现在我从《柏拉图对话集·费里巴斯篇》(Philebus)中引一段话来结束本章的讨论:"关于这些整体是否真实存在呢?每一个别整体(永远相同,既不能生,也不能灭,只保持永恒的个体性)怎能视为分散和集合在生生世界的无限之中或更完整而包含在其他整体之中呢?(后者似乎是最大的可能,因为,同一个东西,怎能同时存在于一个东西和许多东西呢?)普逻达查斯(Protarchus),① 这是真正的困难所在,这是它们涉及的一和多;如果是错误的决定,它们便是困扰的根源,如果是正确的决定,便很有帮助。"(《柏拉图对话》卷三《费里巴士篇》,页149)

乔维特(Jowett)在其为《费里巴斯篇》所写的导言中,有如下的话:"知识世界永远一分再分;所有真理最初都是其他真理的敌对。然而,如果没有这种分化,便不可能有真理;如果不把各部分重新结合为一整体,也就没有完整的真理。"(同上,乔维特《费里巴士篇导言》,页127)从知识观点看,东西方已经分离了两千多年。现在是重新综合为一观念整体的时候了。

> (节选自《新儒家思想史》第一章,见《中国现代学术经典·张君劢卷》,河北教育出版社1996年版)

---

① 此处文字似有遗漏,因原文未查到,故姑且保持现状——编者。

张君劢（1887—1969），原名嘉森，字士林，号立斋，别署世界室主人。江苏宝山（今属上海市宝山区）人，现代著名学者、思想家、政治家，新儒家代表之一。曾留学日、德、法等国，师从倭铿，与柏格森、杜里舒等交游。1923年发表《人生观》讲演，引起"科学与玄学论战"，为玄学派主将。1936年出版《明日之中国文化》一书，主张精神自由，倡导儒学复兴。1958年联合唐君毅、牟宗三、徐复观等，共同发表《为中国文化敬告世界人士宣言——我们对中国学术及世界文化前途之共同认识》，将当代新儒学运动推向高潮。晚年定居美国，致力于儒学研究和阐扬，出版《新儒家思想史》、《中西印哲学文集》等。

本文选自其《新儒家思想史》第一章，题目为编者所拟。张君劢通过中西哲学的比较，认为中国哲学有四点独一无二的特性：一、中国人在哲学方面的兴趣集中在道德价值方面；二、中国人的形上学永远是理性主义的；三、中国人在哲学上最大的兴趣是对心灵的控制；四、重视自己所学的身体力行，甚至为了道可以牺牲性命。这些特色构成了中国哲学与世上其他哲学体系的不同。

20世纪儒学研究大系

新儒家哲学之基本范畴

张君劢

一　绪　论

　　自我始有志于西方哲学,迄今已四十年矣。我对于各派学说常起一种互有短长得失之感,而没有倾倒于一派门下,始也读倭伊铿、柏格森两氏之书,觉其所谓"生活体系"、"生之动力"、"行为在先"之言之新奇可喜。至于康德学派所谓"认识"、"范畴"与"概念",则两氏摈之大门外,视为不屑措意。我治倭氏、柏氏学说时,同时更以馀力读西南学派黎卡德氏《认识之所对》、《自然科学概念构成之限界》、《现代哲学时貌学说之陈述与批判》。恍然于以生活为主之哲学,但知有变有流有行,至于理知之静观默察,以求其概念与范畴,在柏格森氏视之,若生活演进中之一张死呆电影片而已。此第一次西方两派哲学之激荡,令我神魂为之不安者也。我留德期中,各大学中主持风气者,犹为康德学派。然自1913年虎塞尔氏《纯现在学》(此名词普通译为现象学,然依虎氏原义,是当下即在之义,与英人所用之"所与"二字相合,指开眼便见之对象,其与康德著作中所谓现象,黑格尔精神现象学中现象绝不相涉,今改译为现在学,即显现存在之意,以示区别,至于与时间意义之现在云云,迥然各别,更无论矣)。一书行世,是为异军突起之一派。虎氏本长于数学,早年曾有著算术哲学之计划,惟仅出第一册而止,及1901年出《逻辑研究》一书,分为两册,上册为《纯逻辑绪论》,下册《现在学与认识论之研究》。此书要点在抨击心理主义与相对主义,而坚持逻辑公例之构成共相,且奠定对象(或曰客体)之客观性。虎氏立场不独指摘英国经验派之以心理历程解释逻辑原则,同时对于德国康德学派之以心识为外界对象之立法者,亦在反对之列。虎氏既自树一帜,哈德门氏(N. Hartmann)本属于马堡学派者弃其师说而从之,倭氏之徒麦克司夏雷氏(Max Scheler)亦助虎氏为之张目。新康德学派之衰,受虎氏学派打击,从此一蹶不振矣。此第二次西方哲学界之疾风暴雨,令我神魂为之不安者也。英国哲学界,我向未与之发生传习关系,惟英人治学切实,长于分析,每事必求真凭实据,为我所向往。德人梅兹氏所著《百年间之英国哲学》,为我书柜中所保存且为我所爱好之一书,其间叙述盎格罗黑格尔主义传布,记格里恩氏、勃拉特兰氏与卜山圭氏本黑格尔逻辑辩证法,以“关系之内在”说明“实在”之性质,唯有在彻始彻终全体一贯与免于矛盾之原则中,可以了解实在。在此派学说观之,具体之各事各物失其存在除此一连串之关系外,无实在可言。孰料马尔氏于二十世纪之初,发表《驳唯心主义》一文,其人初不以算术逻辑与新物理学为凭借,但凭一点常识,指出黄色之感觉与外界黄色绝然两事不可混而为一、意谓唯心论者每谓一切由心识造成,就黄色感觉言之,黄色为一种感觉,蓝色为一种感觉,其他各色复亦如是。然黄色感觉与黄色之在外者,纯为两事。外界之黄色所以引起内心之黄色感觉,是外界黄色无待于黄色感觉而本自存在,可知黄色乃自在之客体,初不待感觉而始生。马尔氏由此达于一种结论曰:事物之存在,无待于心识。此今日英伦新唯实主义之由来。而黑氏学派为之退避三舍矣。此第三次西方哲学之忽起忽落,令我神魂不安者也。大战之中,僻处西蜀,与西方哲学著作,绝少接触。然哈特格氏《存在与时间》一书,在我1932年离德之际,固已脍炙人口,虽尝思展卷一读,然文字离奇,思想离奇,终觉格格不入而恝然置之。大战既终,由亚而美,乃知欧洲之德法两国中,生觉主义派(通常译为存在主义,此与凯尔岂格氏原义不符,凯氏注重个性之刹那,个人之选择与对上帝之热情,因此存在二字不免平凡,乃改译为生觉主义)。风行一时矣。此种思想之来源,不起于德与法,而发自十九世纪中丹麦人凯尔岂格氏。凯氏尝留学德国,读黑格尔学说而大非之。黑氏以为永久真理应求之于理性,此理性通过自我、家庭、国族而达于全体。而凯氏处处与之相反。黑氏曰真理在客观性,凯氏曰应求之于主观性,黑氏以为真理存在于理性,凯氏曰应求之于热情中。凯氏以为视个人为大全中之一部分者,即等于否定人生。凯氏曰个性之刹那,即我之所以为我。我之所以为我,非一个体系中之一节一目。凯氏视我之所以为我,上与上帝相通,非仅以体系中之一节一目视之,不免降低人之所以为人。凯氏生于1813,殁于1855,二十世纪之初三十年中,始有人就凯氏书译为德文而讨论之者,是凯氏书之埋没近七八十年矣。德人中推衍凯氏学说者,为哈特格氏与耶司丕氏二人。二人专门之学各异,思想方法各异,读耶氏书者觉其于要害处,虽不离乎凯氏,然与康德氏以理性为本者,相去不远。至于哈氏敷陈凯氏学说,侧重于空无、愁虑、死亡等问题,倘就德国传统而求其严肃、整齐、真挚之态度,可谓归于乌有矣。法国之生觉主义者如萨脱氏流为无神论者,去凯氏归依上帝之旨更远。如马赛尔氏认为凡有应分为对象(即客体)与存在两方面,人之所以为人,应分为身与我两方,身可为了解之对象,我则属于神秘部分,不可以知识体系了解之。即此所举四人,各人立说之纷歧,可以概见。其他各人见解,惟有暂时搁置,不细论矣。此为我神魂不安之第四次。此四十年我精神上之最感及之四大转变,犹如钱塘江潮,前浪后浪相继,波澜壮阔,叹观止矣。以云博学慎思明辨,可谓无一派无独到之处。

然问欧美中曾有对于各派拳拳服膺择善而固执之者乎？可谓绝无有矣。我追逐其后，求有所选择，将信从感觉主义而反对理性主义乎？返躬自问，一彼一此之去取，惟有越趄而不前。其信从黑格尔主义者之关系内在而否定唯实主义者外物存在乎？返躬自问，其越趄不前之感正复相同。抑或信生觉主义者真理应求之主观而否定真理在客观性中之言乎？此又返躬自问，而期期以不可为者矣。因此之故，在数十年中，除对西方哲学界之宗匠康德氏素所钦服外，其余各大家常觉其独到而不免于一偏。以是踌躇四顾，而不乐为某家某派旗帜下之一兵一卒。近年以来自己思想上起一种转变，曰与其对于西方某派左祖或右祖，反不如吾国儒家哲学思想为本位，刷新条理，更采西方哲学中可以与儒家相通者，互为比较，互为衡量，互为引证。或者儒家之说，得西方学者之助，更加明朗清晰。而西方哲学家言，因其移植吾国，更得所以发荣滋长。盖惟有采西方学说之长，而后吾国学说方能达于方法谨严，意义明确，分析精到，合于现代生活，亦惟有以吾国儒家哲学为本位，而后本大道并行万物并育之旨，可集合众家之说，以汇为一大洪流，兼可以发挥吾国慎思明辨而加上笃行之长。我尝就东西哲学之所以为东西哲学而比较之，东方人之视其哲学，为道之所寄托，可为择善信守之资，创始者如是，继起者如是。其有关于修己立身之道德，自必以身体力行为归宿。即其关于理论方面，如小程子之所谓性即理也一语，其支配宋明儒思想之久远，亦为人所共见。而西方人之视其哲学仅为一种学说一种意见，甲时之好尚，移时而新者代之以兴。其摆弧间之一往一返，各趋于极端，今日走理智之路者，忽一变而提倡反理智主义，今日本以客观为真理标准者，忽一变曰应以主观为标准，今日以常以永久者为观点者，忽一夜曰惟有变中乃有实在。我以为此乃西方人之视其哲学，仅为一种知识，所以表达一己之思想体系，以云信守奉行，非所计及也。吾国则反是，哲学为慎思明辨笃行之资，其理可以公诸天下，可以大家思辨，可以大家奉行。昨日所是者，何不可保存于今日，以积渐之修正，代替忽东忽西之踯躅。此乃孟、荀、周、程、张、朱、陆、王所以造成儒家哲学之传统也。此种传统之基础上，将物知心意身家国天下八者视为一律平等同时承认。虽为普遍常识中所下之判断，因而缺乏西方之严格方法，然其中却无但知有物而不知有心，或但知有心而不知有物之一偏之弊。此我所以见为儒家哲学与西方哲学之交流与互为贯通，不独可以补益东方，或者可以产生一项交配后之新种也。

　　哲学之内容，广矣大矣、精矣微矣、幽矣近矣。非一二言所能尽也。就宇宙间具体事物言之，上有天象之日月星辰，下至地上之山川草木，中为人类之生活，思想行为与制度，何一非哲学家考索之所及乎？吾国儒家之言曰：通天地人谓之儒；西方希腊以物理、伦理、逻辑与形上学四者包括宇宙一切；此同为东西两方以哲学涵赅一切事象之意也。然就其观点与其下手方法言之，自有不同之所在。吾国注重道德与人事，西方注重知识，吾国以六艺诸子百家为学问纲领，西方自希腊至今日有所谓分科之学，吾国以义理为是非之准绳，西方则以名数二者为治学方法，迄于近数百年科学发展，欧西哲学走上认识论之途径，专以研究知识之可靠性为主，于是西方哲学之题材，与吾国哲学相去距离更远矣。此二三百年来之认识论在第一次大战前后为吾国人所心摹力追者，其在西方已有望望然去之之象。德国史学家《西方衰颓》一书之作者史宾格雷氏之言曰："中国古代以及孔子，其哲人均自居于政治家、治国者与立法者，犹之西方之必大哥拉氏、巴末那底司氏与霍布斯氏及兰勃尼孳氏所孳孳厄厄者为认识论，乃人生实际生活之主要关系之知识也。"美国作家威尔迪伦氏（Will Durant）引史氏言而伸说之曰："中国哲学家不独反对认识论，更轻视冗长的形上学。吾国青年形上学家无一人认孔子为哲学家,因其向不讨论形上学,更少讨论认识论;孔子之实证的立场与斯宾塞氏孔德氏等,因其关心者独为道德与政治问题也。"以上西方人对于儒家之不治认识论,初不歧视,反而以为与西方实证学派有相类之处,其所以然之故,果安在欤?我以为吾儒家之出发点,一曰万物之有,二曰致知之心,此二者等量齐观,同认之为有,与西方之分现象与实有为二,乃以现象为云烟过眼,而进求实有永久者之更生。以观觉所及之物为实有,而或为唯实派,或以理想所构成之概念(即心)为实有,而成功唯理唯心派,此为中西哲学之差异有不可同日而语矣者。然吾国因无此特有点之故,免了许多无谓之派别之执,虽程朱、陆王理在内或理在外之辨,与西方唯心唯实两派不无相关之处,然此心物二者同为实有之特点,矻然特立数千年之久矣。

二　万物之有

外界之有,为物之自存自在乎? 抑待心而后认识乎? 此为哲学上之大争执,不易片言折狱者也。兹先冠以陆贾《新语·道基篇》之言如下:

> 传曰:天生万物,以地养之,圣人成之,功德参合,而道术生焉。故曰:张日月,列星辰,序四时,调阴阳,布气治性,次置五行,春生夏长,秋收冬藏。阳生雷电,阴成雪霜,养育群生,一茂一亡。润之以风雨,曝之以日光,温之以节气,降之以陨霜,位之以众星,制之以斗衡,苞之以六合,罗之以纪纲,改之以灾变,告之以祯祥,动之以生杀,悟之以文章。故在天者可见,在地者可量,在物者可纪,在人者可相。故地封五岳,画四渎,规洿泽,通水泉,树物养类,苞殖万根,暴形养精,以立群生,不违天时,不夺物性,不藏其情,不匿其诈。故知天者仰观

天文,知地者俯察地理,跂行喘息,蜎飞蠕动之类;水生陆行,根著叶长之属。为宁其心,而安其性,盖天地相成,气感相应而成者也。于是先圣乃仰观天文,俯察地理,图画乾坤,以定人道,民始开悟,知有父子之亲,君臣之义,夫妇之道,长幼之序。于是百官立,王道乃生。民人食肉、饮血、衣皮毛。至于神农,以为行虫走兽,难以养民,乃求可食之物,尝百草之实,察酸苦之味,教民食五谷。天下人民,野居穴处,未有室屋,则与禽兽同域。于是黄帝乃伐木构材,筑作宫室,上栋下宇,以避风雨。民知室居食谷,而未知功力,于是后稷乃列封疆,画畔界,以分土地之所宜。辟土殖谷,以用养民,种桑麻致丝枲以蔽形体,当斯之时,四渎未通,洪水为害。禹乃决江疏河,通之四渎,致之于海,大小相引,高下相受,百川顺流,各归其所。然后人民得去高险,处平土。川谷交错,风化未通,九州绝隔,未有舟车之用,以济深致远。于是奚仲乃桡曲为轮,因直为辕,驾马服牛,浮舟杖楫,以代人力,铄金镂木,分苞烧殖,以备器械。于是民知轻重,好利恶难,避劳就逸。于是皋陶乃立狱制罪,悬赏设罚,异是非,明好恶,检奸邪,消佚乱。民知畏法,而无礼义,于是中圣乃设辟雍庠序之教,以正上下之仪,明父子之礼、君臣之义。使强不凌弱,众不暴寡,弃贪鄙之心,具清洁之行。礼义独行,纲纪不立,后世衰废。于是后圣乃定五经,明六艺,承天统地,穷事察微,原情立本,以绪人伦,宗诸天地,以修篇章,垂诸来世,被诸鸟兽,以匡衰乱,天人合策,原道悉备。智者达其心,百工穷其巧,乃调之以管弦丝竹之音,设铜鼓歌舞之乐,以节奢侈,正风俗,通文雅,后世淫邪,增之以郑卫之音,民弃本趋末,技巧横出,用意各殊,则加雕文刻镂,傅致胶漆,丹青玄黄琦玮之色,以穷耳目之好,极工匠之巧。夫驴骡、骆驼、犀、象、玳瑁、琥珀、珊瑚、翠竹、珠、玉,山生水藏,择地而居,洁清明朗,润泽而濡,磨而不磷,涅而不淄。天气所生,神灵所治。幽闻清净,与神浮沉,莫之不效力为用,尽情为器。故曰,圣人成之。所以能统物通变,治情性,显仁义也。

此一篇之文,吾国文化中之重要名物可谓一齐俱备矣。道术功德情性,哲学或形上学之名物也。星辰日月,雷电雪霜,天文学之名物也。五岳四渎洿泽水泉,地理上之名物也。跛行喘息,蜎飞蠕动,根著叶长,动物学生物学之名物也。父子之亲,君臣之义,夫妇之道,长幼之序,社会伦理中之名物也。宫室栋宇,建筑学中之名物也。桑麻丝枲,农业界之名物也。轮辕舟楫,工业技术中之名物也。君臣狱罪赏罚,政制法律中之名物也。辟雍庠序,教育界之名物也。五经六艺,学术著作之名物也。仁义礼智,道德之名物也。此十二类之名物,在吾国昔日无哲学科学之分类,将各物各名使之各有所隶属,亦无所谓基本理论之学,将思考中之概念属之逻辑之中,此种种者概名之曰万事万物。道也事也心也物也常也变也,置之于同一水平之上,从不因道德以排官觉之所见,亦不挟官觉以排道德。以《大学》之八条目言之,所谓物、知、意、心、身、家、国、天下,一概平视,从未有此轻彼重之分,何尝有挟物以排心之争乎?更何有个人为国存在或国为个人存在之争乎?凡此种种,概名之曰有。张横渠曰:"凡可状者皆象也。"又曰:"有无虚实,通为一物。"张南轩曰:"在道不溺于无,在器不堕于有。"吾国学者对于内外之有,平等一视,养成一种对于一切之有、无否定之论。其主虚无寂灭之佛家,亦知有四大、五根、六尘、八识之有。儒家对于外界之存在,未有怀疑之者,亦不足怪矣。或者以为儒家之所谓有,类于西方所称之素朴的唯实主义。我以为何种唯实主义为正确,何种为不正确,此哲学上之大问题,应首先分别,而后者是非乃有定论。

近代西方自天文地理物理生物诸科学发达之后,一转而入于认识论,由英儒陆克为开宗明义之第一人。然西方近代思想之坚实基础,在于科学中之观察实验,与在乎数学逻辑之应用,乃其智识之所以正确所以有效。以言认识论之确实程度,远不如科学,因其学派分歧,主张不一。吾人惟有依事理是非与逻辑方法以为权衡取舍,而不必盲从一先生之言。举例言之,(一)既言认识是必有所认识者,为世界之存在,同时必有能认识之人与心,此二者互相对待,不可缺一。如是一方但认有物或曰但有外界,他方但知有心或曰外界乃心所造,二者同为偏见,不待辨矣。(二)世界事物,常识观点之下,分为三类:(甲)曰死物或曰物理界,(乙)曰生物,为动植两类,(丙)曰人,有思考知理义,名曰理性动物。此三类既已各别,则执定唯物主义或机械主义者,以之应用于物质,固无不可,乃欲推广而用之于生物与人类,其为一偏之见,亦不待言矣。(三)事物既已分为三类,乃欲推本而归之于一元,于是有唯物一元或曰唯心一元之学派。主唯物一元者将生物与人,视之同于物质。主唯心一元者将一切事变归之精神一元,此亦过于简易化而不合理者也。(四)自西方近代哲学之创始,两派互相对立,甲曰人之知识,以内生观念为本,是为理性主义。乙曰知识起于经验,以耳濡目染之官觉为本,因而有心为白纸之说。然吾人平情论断,知数学与逻辑所以成,由于直观中之关系,而与官觉无涉。其他各种自然科学,以官觉所见为证,然数理逻辑之基础,决不可缺。此又可见执定理性者与执定官觉者之同为偏见矣。(五)经验主义者休谟氏以心理状态分析吾人之心,其结论曰无心可言,但有一堆观念、知觉、情感与记忆。因此心理状态刹那间之观察,而归结于无心与无自我,则东方所谓返躬自省,所谓修身养性,将何自而施乎? 本此习惯,尤觉休谟氏说之一偏,与流弊之不可胜言。以上五端,在西方哲学中入主出奴攻驳相难之论屡见不一见。吾人受孔孟荀子与周程朱王之训练者,岂可不知斟酌而取舍之乎?

本此评判立场以评断"万物之有"问题,其显然可见者,西方哲学中有混淆不清之两事,一曰世界存在,二曰关于世界之知识之构成。康德氏经理性与经验两派争执之后,折衷之曰知识起于经验,即起于外界之意。然智识之所以构成,由于理解之方式,是为逻辑因素,是为康德氏心之统觉说,一转手之间,成为世界唯心所造之言。于是有唯心派否定世界存在之说矣。吾以为世界存在为一事,世界在人类降生之千万年前,既已有之,谓康德氏精于自然科学者乃不知此理乎?特康氏重知识之所由成,窥见心之职掌之重要,因而自喜其学说,称之为哥白尼式革命,亦仅谓外界之知识依心中之逻辑因素构成,无否定世界存在之意也。吾人既明此点,因以为外界存在与知识何自而来,应分为两事。伸言之,外界存在,应明白承认,而不可与知识起源混淆而为一,此一事也。承认外界存在,然不以为存在问题既已解决,而不需再问外界存在与心之关系如何,此又一事也。吾人如此立言者,所以明吾国传统哲学中"万物之有"既已保存于数千年之后,在今日言之,可谓有得而无失。正可与今日之新唯实主义之互相发明。何也?吾国学者对于外界之有,向无怀疑之说,以迄于今日。其在西欧,因有唯心派哲学家言,于是新唯实主义起而纠正,其说起于琪奇摩尔氏1903年之文,名曰唯心主义驳论。将寻常习见之事加以分析,如曰吾感觉绿色,此绿色中之感觉与外在之绿色,迥然各别,不可混同。此一篇之文,引起波涛,群起而驳斥世界由心造说之不当,且同声和之,以成为英国哲学界之思潮。然三十余年之后,禹温氏又继起而修正之曰:"此项极有理由之惟实主义运动,与一般之反动运动相同,因其走于极端,忘却其敌人绝对唯心主义者所见到之真理。"禹氏评判之辞极繁,不及具引(详见下文)。其要义不外乎但知外界之实者,不足以解决问题,不可不同时承认心之认识工作。意谓外界之实固已存在,然心之认识决不可少。是以上文以世界存在为一事,以心之认识又为一事之微意相合。可以谓实与心之两不相妨,而各处于其应处之地位而已。

以上"万物之有"之讨论中可以窥见吾国哲学思想之大体方向,较西方无多逊色。然就精密程度比较言之,则吾国不如西方远甚。第一、就有之为有之学问分科言之,所谓天文地理生物植物社会国家等学,自西方输入以来,方始有之。此由于吾国但知有六艺,而自然界之分科迄未确立。举一例以明之,近年来学者常引戴东原由文辞以通其道之句。然所谓文辞,属之语言学,所谓道属之哲学或形上学。即曰应依说文之法考订每一字之原义,然哲学中"道"之概念、文字学中之"道"二者,渺不相涉。此种混淆之故,由于学术分科之意,绝未彻底明了故也。第二、学术必以逻辑数学为基本。吾国逻辑之学在东西交通以前,不视为应用之于思辨,治学方法中不知有定义,又不立每一学问之界限,因而每一学问之基本概念不具备,亦即每一学问之系统未由建立。现代科学以数学为基础,大而日月星辰,小而原子电子,何一物能离乎质量速度之计算。吾国物理学者于原子学说之发明,亦能追随世界科学之后。然西方探幽索隐之工,岂吾人所能企及乎?第三、吾国传统向重道德轻智识,孟子曰"所恶于智者为其凿也"。其所谓智,殆指惠施等之鸡三足火不热之诡辩。因此实验事物之知识之淹没者二千余年之久。今后苟不以外界事物为研究对象,而但求之于口辩与文字考证之中,则名为注重科学,而反以害之。第四、儒家之于智识,对于一草一木,非不知注意,然在吾国既无教会之组织,因而缺少对于智识之迫害之刺激。蒲罗诺之焚烧,格里雷氏取消学说之要求,正所以促进欧人对于自然界之研究,而与吾国之不闻不问者正相反矣。此四者即年来国人所提出科学所以不发达之答案。而依我言之,名数二者之不发达,思想之不精密为其总因也。今后所以补救所以奋起之法,惟有侧重科学,此为全国人之公意,元俟烦言矣。自哲学方面言之,在乎求一平衡物心两方,而不至偏物忘心,或偏心忘物之学说而已。十数年来,我徘徊于康德氏之门,因其《纯理批判》与《实理批判》二书对于自然界知识与人生道德独能兼筹并顾之故。近年读哈德孟氏之著作,更觉其"凡有学"之对于物心并重之论,既无背于康氏,而周密过之矣。

哈德孟氏分宇宙之有为四类。曰物理层,曰生物层,曰心理层,曰客观精神层。物理层者物理化学之所研究属之。生物层者植物动物与人属之。心理层者,一人之感觉、思虑、记忆、想像属之。客观精神层者,语言、智识、道德、制度与历史,其物其事为全国人所共晓、共用、共参与、共维持,乃以成为社会与国家民族之公物。此四层之中,最上层不可缺少第二第三与第四之下层以为其底本,最下层之物质虽不必依赖三层之所以生,四层之所以思,而不碍其自成为物质。然每一层各有其特质,不可以上层之所有而轻下层,亦不可以下层之所有而轻上层。简言之,物质还其为物质,生物还其为生物,心灵还其为心灵,精神还其为精神。四者交相联系交相决定,初不以精神之高深,而视物质为不足重轻,亦不以物质之固定与可以确计而视精神为不可捉摸。此其为说既不背于科学家之重视自然,同时对于精神学派之重智识道德与历史,绝无贬抑之词。此乃合宇宙之大全,以为学术研究之对象,同时为人生观树立一种综合方向。此可谓合于吾国问学德性双管齐下或曰理气并重之观点,而垂世久远者矣。

三　致知之心

人之所以知外物,赖乎有心。心为知之管钥,尽人能言之矣。其在吾国,自战国以来,早已知心之能知,一方由于官觉,他方由于心思,二者相合而成。孟子曰:"口之于味也,有同嗜焉。耳之于声也,有同听焉。目之于色也,有同美焉。至于心独无所同然乎?心之所同然者,何也?谓理也义也。"口目耳鼻所尝所见所闻所臭者为官觉之知,义理者思中之知。孟子此段,似乎口目耳鼻之所司者为味、色、美等,而以理义属之于心。然官觉与心官之思之不可分离,以荀子之言证之足矣。荀子《正名篇》曰:

> 形体色理以目异,声音清浊调竽奇声以耳异,甘苦咸淡辛酸奇味以口异,香臭芬郁腥臊洒酸奇臭以鼻异,疾痒冷热滑铍轻重以形体异,说故喜怒哀乐爱恶欲以心异。心有征知,征知,则缘耳而知声可也,缘目而知形可也。然而征知必将待天官之当簿其类而后可也。五官簿之而不知,心征之而无说,则人莫不然,谓之不知,此所缘而以同异也。

荀子言中,最可注意,五官各有所司,目之所司为形为色,耳之所司为声之清浊节调,口之所司为味之甘苦辛酸,体之所司为疾痛与其所接触者。此五官各有所司,然其上更有复查或综合调查之心,以验其合与不合,名之曰征知。如此言之,先有官觉以分别形色声音、甜酸苦辣与体之刚柔软硬,然后再由心施以最后调查,以验五官簿籍中之所记者是否相合,与五官之所记与心是否相符,则官觉与心之不可离,孟荀已见及之矣。

孟荀两家之逻辑理论,亦有可得而言者。孔子所谓正名,君君臣臣父父子子云者,实即同于西方所谓定义,或曰界说。人类之中,分为小类,为君臣父子。君应履行君之特点曰治国爱民,臣应履行臣之特点曰忠君尽职。治国爱民乃君之所以异于他职,忠君尽职乃臣之所以异于他职,此在西方名曰特异。每一小类如君如臣,加上特异,乃西方所谓界说。此我所以谓正名与界说之相吻合也。但就孟子言之,其书中论逻辑要素有二,一曰类,二曰心之所同然。孟子书中极重类字,如曰麒麟之于走兽,是兽类也;凤凰之于飞鸟，是鸟类也；泰山之于丘垤，是山类也；河海之于行潦，是河流类也。又曰："凡同类者，举相似也，何独至于人而疑之，圣人与我同类者。故龙子曰：'不知足而为屦，我知其不为蒉也。屦之相似，天下之足同也。'"此段之中，提出三类：尧舜与一切人，有贤愚之分，然其为人一也，是为第一类。足即俗语之脚，屦为脚之所穿，制屦者按足之性为之，乃成为鞋，是为第二类。蒉为提篮，可以置物而便于携动者，是为第三类。《孟子》一书论类字详如此，正与西方逻辑中论分类一章相同者也。其二曰心之所同然，即甲之所是，乙亦是之之谓。孟子但提出义理二字，昔日注解者释之为道德仁义。然在今日可以推广言之，如曰此为黑此为白，此为事物之理。甲是甲，乙是乙，此为逻辑之理。物各有类，此为科学之理。不诚无物，此为道德或形上学之理。孟子以"心之同然"四字为扼要之说明，其不至乎心之所同然，则不名之曰理。在今日言之，亦曰知识应有人心中共同之根据，是为逻辑，是为自然律，是为道德之所同认者，此亦无背于孟子之原义者矣。

荀子之注重类与孟子同。其言曰："凡同类同情者，其天官之意物也同。"释之者曰：天下之马，虽白黑大小不同，天官意想其同类，所以共其省约之名，此与今日逻辑之所谓类，在求其特点之同者，其义一也。

　　知异实者之异名也，故使异实者莫不异名也，不可乱也。

万物之同者异者，各归之于一类，则事物各有所属，所以指而名之者，自然便易，且亦便于分别论列矣。

　　万物虽众，有时而欲偏举之，故谓之物。物也者，大共名也。推而共之，至于无共而止。有时而欲偏举（原文为篇字，按之文义，应改为偏字）之，故谓之鸟兽。鸟兽也者，别（别上去大字）名也，推而别之，……至于无别而止。

荀子此段，正与西方逻辑学中之"扑飞利氏树"相同。由物质一名,下至于人类一名,分为四级,第一级为有形体与无形体,第二级为有形体之物中分为活物死物,第三级为有感觉与无感觉,即动物与其他不受感之物,第四级为有理性者,是为人。依荀子之名词言之,以物为大共名,其不具形体者,则不在物字涵义之内,是为无共而止矣。降而下之,按其类而各有所别,人以理性为特点,他物无与共者,是为无别而止,即为人之特异点,他物无有共者矣。

吾举孟荀两家之言,所以见东西思想之相同。兹更引英国感觉主义者与大陆理性主义者之言比较之。英国感觉主义者以为知识由于五官之印象而来,彼等非不知人心之职为思考为内省,然以为思考与内省之材料,最后由于五官之感觉而来,故其所侧重为感觉,因而感觉主义之称,本与所说内容不甚相符,然已成为共通之名称,亦沿而用之。

陆克氏于其"人知论文"之言曰:

> 官觉许各种观念随之而来,以之贮于空柜中。心与之相习而熟,且入于记忆之中,而畀之以名称。……于是心乃有观念有语言有思辨之材料。材料愈多,思辨之运用中尤多,则理性之用因而益显。

> 吾人可以心为白纸,纸上无字无观念,何由而有内容?何由而此贮藏室中,涂上万有不同之形状采色?何由而有此理性中智识中之材料?我可以一字答之,曰经验。一切智识由经验来,智识之最后来源,经验也。由于观察,乃得思辨中之一切材料。

陆氏此段之文,询之荀子之有"缘耳知声缘目知形"之言者,其击节叹赏也无疑。荀子虽有"心居中虚以治五官"之言,然其《天论篇》中有错人思天则失物情之言,其侧重于物之形体,可于言外见之。荀子乃吾国经验主义之代表者也。

理性主义者为笛卡儿氏与斯宾诺沙氏。笛氏于其"心之方向之规则"文中举吾人求智识而不至陷于虚妄者有二法：一曰直觉，二曰演绎。所谓直觉者如三角之由三线而成，圆形乃由平面之一线环绕而成，此皆可以一览而知，不必有所怀疑者。所谓演绎者乃由已定之若干事若干原则，推论其有必然而不可易者。常人以为一切智识仅有盖然性，然不知除此盖然者之外，其必然而不可易之知识不少，皆由直觉与演绎中来也。

笛氏之同调，为斯宾诺沙氏。其所著《伦理学》一书，即本于《几何原本》之演绎方法以成之者。其所著《人智之改进》一文中有言曰：

> 人之理智之本身之力，造成种种理智工具，由此理智工具，更生种种理智之新运用或研究之推动力，更逐步前进，以达于智慧之高层。

斯氏所谓理智本身之力，以简单明了之词表达之，即所谓内生观念。如曰有果必有因。吾人非能将宇宙事物一概置之于五官感觉与经验之下，然吾人坚信有果必有因之原则，此由内生观念中来也。因此之故，甲派信先天，乙派重后天，甲重在内之心，乙重在外之事，甲派重理性，乙派重经验。此两派之对立，自十七世纪之中，迄于今日，已垂三百年之久，可以见其是非之不易论定矣。

以上欧西两派哲学，至今犹在争执之中。然我以为与其附和一派，而移其争执于东方，不如明白承认两派主张各有其短长得失之处。理性派之长在于承认理知自身之能力与先天命题之具有确实性，此按之数学、逻辑与道德学可以证实之者也。以云感觉主义或经验主义之长在乎自然科学之成绩，无论理性派之主张如何正确，然在其需要真凭实据之际，必以官觉界之见闻为最后判断者。如是吾人承孟荀传统之后，更兼收并蓄西方两派学说，不必借甲以排乙，或借乙以排甲。吾之所深信不疑，此非调停两可之论，实见两派之各有所长，不如合其长而参互错综之，或者可以引而至于一条新路。证之既往欧洲科学之发展，可以了然矣。试问克泊雷氏曾将火星之轨道每一位置逐一查考，乃发现火星轨道为椭圆。后之继起者，知不独火星之轨道如是，乃有其他各行星无不如是之论，此非官觉中之所见，而理论之推演为之也。及牛顿氏起，将克氏之假设推广于一切天体与寻常习见之物，其所以统一之者，名曰万有引力，此亦原则之推广，而非官觉之所见也。爱因斯坦氏更推而广之，由力学以及于电学与光学。此亦公理之推广，非关于一事一物之官觉也。更进而言之，爱氏去牛顿之绝对时空说，而代之以时空合一说。此亦思想之结构，与官觉无涉者也。吾人于相对论之发明，虽认爱氏运思之巧，然亦不忘经验派之重要，如水星行近太阳处之光之弯曲，必待日食时之照相以证明之，可知即有爱氏理论，犹且待官觉为之证实。可以见经验派之不可少，与理性派相依为用者矣。且广泛言之，一切学术不离数学与逻辑，凡有可以作结论之处，皆理性为之，而非官觉为之，凡有证据可以指出者，皆出于官觉，而理性无能为役也。此我所以认为两派应两利俱存者也。或者难曰：吾国有孟荀学说，从未能出一牛顿氏或爱因斯坦氏，即令今日起孟荀于地下，又有何用？我可以答曰：亚里斯多德昔受培根氏排斥，近年又因误数妇人口中牙齿之数，为罗素氏所非笑，然无碍于亚氏之为欧人所尊敬也。孟荀两家所言，按之今日西方学说，初无舛驰之处。吾国人何以抱一种自卑感，而视先哲之言为一文不值欲尽弃之以为快乎？此我望国人之反省也。

以上两派，虽吾人认为可以并行不背，然问题尚未解决，何也？吾国哲学界有两派意见不同。朱晦庵曰即物穷理，言理存乎事物是也。王阳明曰心即理，言理存乎心也。以阳明为是，但有理性主义一派已足，不必再有官觉主义求理于外物之主张矣。如以朱子之言为是，则求理于事，舍官觉主义其奚依哉？兹录两氏之言，再进而论之。朱子《大学补传》之言曰：

所谓致知在格物者,言欲致吾之知,在即物而穷其理也。盖人心之灵,莫不有知,而天下之物,莫不有理,惟于理有未穷,故其知有不尽也。是以大学始教,必使学者,即凡天下之物,莫不因其已知之理,而益穷之,以求至乎其极。至于用力之久,而一旦豁然贯通焉,则众物之表里精粗无不到,而吾心之全体大用无不明矣。此谓物格。此谓知之至也。

既曰格物,则由物之形体声色,进而至于物之理则,无一不应在研究之列。其不能不赖耳目五官之用明矣。是朱子学说中含有官觉主义为方法之意也。

阳明之言曰:"夫物理不外吾心,外吾心而求物理,无物理矣。遗物理而求吾心,吾心又何物耶? 心之体,性也,性即理也。故有孝亲之心,即有孝亲之理,无孝亲之心,即无孝亲之理矣。有忠君之心,即有忠君之理,无忠君之心,即无忠君之理矣,理岂外于吾心耶?""晦庵谓'人之所以为学者,心与理而已'。心虽主乎一身,而实管乎天下之理,理虽散乎万物,而实不外乎一人之心。是其一分一合之间,而未免已启学者心理为二之弊。""夫万事万物之理,不外乎吾心,而必曰穷天下之理,是殆以吾心之良知为未足,而必外求于天下之广,以裨补增益之,是犹析心与理为二也。""夫良知之于节目事变,犹规矩尺度之于方圆长短也。……毫厘千里之谬,不于吾良知一念之微而察之,亦将何以用其学乎? 是不以规矩,而欲定天下之方圆,不以尺度,而欲画天下之长短,吾见其乖张谬戾,日劳而无成也已。"

阳明所谓理,指忠孝慈爱之道德言之,是可求之于一心,无疑义矣。更以心为规矩尺度,自可视之为标准之唯一者矣。自字面言之,似乎阳明已驳倒朱子矣。然吾人举自然界之一二端,便可知阳明之说不能用之于一切事物之理。试问天文地质之理,可求之一心否乎? 一人身体之疾病,可求之一心否乎? 各种植物之生长之交配可以求之一心否乎？处此自然科学发达之日，应坦白承认自然界或物理界之知，唯有求之外界，不可求之一心。以云道德之知，在英国新唯实主义盛行之今日，亦有发为善恶之辨由直觉中认识之主张，此可以为阳明良知学说张目者矣。此物理之知与善恶之知二者，吾国昔时亦尝分之为闻见之知与德性之知之二类。知既有二类，则正与前文论世界外在与心之认识为二事者，相为表里者矣。在外之物理，以朱子之说应之，在内之德性，以阳明之说应之。此亦两说之可以并存者矣。况乎阳明氏重直觉之善，可求于一觉而得之，以云善之条目，当继之以思考，此为朱子之着眼点。如是就道德之理言之，已有本源与节目之不同，其所以达到之法，自不能出于一途。况乎除道德之理以外，更有外物之理，其所以致知之法，更非一途之所能解决，尤易见矣。与其因方法之一元而陷于过失，何如任其为二，各择其一法以处理之能各当其所乎。此朱王学说之听其为二，不必强以一是一非为之判决。亦非折衷调停之说，吾国哲学史与西方哲学史上之经过，均可为我作证者也。

以上为认识论中所以处理"心"之方法如是。至于本体论中，心与物为一为二乎？本体一乎多乎？俟下文论之。

四　结　论

"五四"以来，国中两大口号，一曰整理国故，二曰科学与民主。所谓整理国故，指历史文字语言材料言之，是否孔孟以来与宋明儒家哲学思想，视为废物而弃置之乎？其所求于西方者，曰科学与民主，则西方哲学上自柏拉图、亚里斯多德下至培根、陆克、休谟与夫笛卡儿、康德等置之不闻不问乎？窃以为就科学言之，或就科学方法言之，所应遵而行之者为演绎为归纳，为先天为后天，为直觉为官觉，为关系之内在为关系之外在，为事物之按质分类为数学逻辑关系。此皆哲学上应讨论之问题,非科学或科学方法云云者所能尽也。今后为促进科学与民主计,不能不溯而上之以达于哲学。稍加思索者,可以共见者也。孔孟以至宋明之哲学思想,何者应保存而加以刷新者乎?何者为西方哲学思想中之应采取,而与吾国所固有可以贯通者乎?此非吾国人于变法维新、共和建设、文学革命之后,所当起而直追者乎?昔日本维新之际,尝议论东西文化之短长,二者是否相容。其时有佐久间象山氏治阳明学,以直截了当之言解决之曰:儒家所言为道德,西方之长在技术,二者两不相妨。日本对于此项问题,即此了结,然吾国有中学为体西学为用之争,迄于"五四",扩大而为"打倒孔家店"之标语。……(略)儒家思想与西方科学是否相容,尚在相持不下之中。或者就中日两方比较上言之,吾国人分析之精密,有异乎日本人之思想方法者,因而此问题不易解决。然则就儒家哲学与西方哲学审查之比较之,以求更进一步之融会贯通,非今日吾国学者所不容诿卸之责任乎?

窃以为论东西哲学之短长,应以文化基础上之需要为出发点,而不以一己所好甲派或乙派之言为出发点。如曰英国之官觉主义,法国之百科全书学派,美国之实践主义,此为一派一先生之言,即令引进其说,未必能于其建立文化之永久基础有何益处。然其优点所在,如经验主义之考查事实,实用主义之注重应用,如柏格森氏主张以直觉把握实在,然于一国之知识道德上可以适用,自亦不容掩没。乃至现时流行之生觉主义,能为西方信仰耶教者所服膺,尊德性道问学者参考之资。至如英国新唯实主义与吾国"万物之有"自有相吻合之处,且可以免今后认识论之争执。然所谓世界,非仅目击耳闻之一层,而另有其他三层在,其所以识知之者,不离乎心,而心之识知,以逻辑与数学为根本,舍逻辑与数学,则思辨是非标准难以成立,安有言认识而可忘"心"者乎?然其或为理性派或为经验派,或为演绎派或为归纳派,此属于过去之争,今则不如明认各派之应同时并存可也。此数者或用其一或用其二,视问题性质决之,而不必预为拟定。如道德上之是非,有可以直觉或依孟子良知方法得之者,有应以理智为其辅佐者。在今日之英伦,且有人坚持善由直觉决定说者。吾国人何必以良知为千万年之旧说而怀疑之乎? 至于精神业力成就,为一国之制度文章,吾国人昔年过于重视文字制度,而忘其精神意义所在。我乃特别唤起国人注意于外壳与精神之分。我于吾国传统学说,初无一毫曲解或穿凿附会之意。孟荀学说之或重思或五官当簿,或性善性恶,皆有文字之可指,以资辨别。朱子与阳明之一主理智一主直觉,直截了当无可曲解。其所征引之西方学说之可以相通者,可按西方各家原著与各种哲学史互相对照,如黑白之皎然分明,非可以意颠倒。有者谓之为有,无者谓之为无,如是者谓之如是,如彼者谓之如彼。语曰吾爱吾师,吾尤爱真理。非主观客观两面俱到而可认为正确者,决不作强辞夺理之比附矣。吾之所以权衡中西思想者如是,若有人来问:我自身哲学能否自成一个系统乎? 我可以答之曰有,是为唯实的唯心主义。我之系统中,以万物之有为前提,而其论心之所以认识与文物之所以建立,则以心之综合与精神之运行为归宿。此我三四十年之心思积聚,而不敢自以为是者也。

　　或者曰如子所为,殆不免于杂糅或折衷或调停两可矣。我自问是否犯此病,如我但糅合二三派而依违其间,成为折衷派之一人。然我知我之思想自有一根骨干,而以唯心论为本,兼采唯实论之长。我之骨干,不因他派之长之采择而动摇,反因他家之长而不至走入一偏。我不敢借先哲之名为自己护符。然前人之融会贯通,自有为吾人所当取法者。朱子晦翁集宋代儒家思想之大成者也。关于宇宙创造之太极图说,非采自周濂溪乎? 其"涵养须用敬,进学在致知",非采自二程乎? 其本然之性与气质之性之分,非采自张横渠乎? 其看喜怒哀乐未发时气象之说,非学自李延平乎?

朱子集各家之言,而内断之于一心。其学说之层次,详见于《近思录》,非依门傍户,而自有一贯之主张在矣。德国大哲康德氏,一切知识起于经验之言,非采自陆克、休谟者乎?其注重道德,非受卢骚一书之影响乎?其自然界知识应以数学为本,非采自牛顿者乎?其纯理范围内之宗教论,非本之于英人托兰者乎?此为康氏所依所据,然其《纯粹理性批导》与《实行理性批导》之独出心撰,为世所同认者矣。可知学者之立言,不患采取他家成说,要其能自一个体系而具有周遍性,乃成为一种宇宙观或人生观,不陷于偏激与一偏,此则可贵者也。《庄子·天下篇》之言曰:

> 天下大乱,圣贤不明,道德不一,天下多得一察焉以自好,譬如耳目鼻口,皆有所明,不能相通,犹百家众技也。皆有所长,时有所用,虽然,不该不遍,一曲之士也。判天地之美,析万物之理,察古人之全。寡能备于天地之美,称神明之容。是故内圣外王之道,暗而不明,郁而不发。天下之人,各为其所欲焉,以自为方。悲夫百家往而不返,必不合矣。后世之学者,不幸不见天地之纯,古人之大体,道术将为天下裂。

《荀子·解蔽篇》戒人不可拘守一隅,与庄子之意正同。其言曰:

> 凡人之患,蔽于一曲而暗于大理。治则复经(经常之意),两疑则惑矣。天下无二道,圣人无两心,今诸侯异政,百家异说,则必或是或非,或治或乱,乱国之君,乱家之人,此其诚心,莫不求正而以自为也,妒缪于道,而人诱其所迨也(迨、近也),私其所积,惟恐闻其恶也。倚其所私以观异术,惟恐闻其美也。……岂不蔽于一曲而失正求也哉?

荀子论墨道名法各家之蔽,乃为之结论曰:

> 此数具者,皆道之一隅也。夫道者,体常而尽变,一隅不足以举之。曲知之人,观于道之一隅,而未之能识也。故以为足而饰之。内以自乱,外以惑人,上以蔽下,下以蔽上,此蔽塞

之祸也。

荀子评墨道名法之各有所蔽,独推尊孔子曰:

> 孔子仁知且不蔽,故学乱(即治字)术足以为先王者也。
> 一家得周道,举而用之,不蔽于成积也。

以上庄子荀子之言,足以证吾古人戒一曲之见而以求达乎道之全体为祈向,抑岂独吾之先哲如是! 柏拉图氏亦有言曰:

> 所谓哲学家其人,非徒爱知识之一部分,而爱知识之全体者也。

然知识之全岂易言哉? 本《大学》日新又新之名,《中庸》学问思辨之工,融会中西学术之通,以奠定思想上可大可久之基础,非吾人之责而谁责乎?

> (节选自《中国现代学术经典·张君劢卷》,河北教育出版社,1996 年。原书编者称,是文撰于 1960 年,初刊于当年香港《人生》杂志,后被收入张氏之《中西印度学文集》〔程文熙编〕,据该书台湾学生书局 1981 年版编选。)

中西文化有各自的渊源,有旗帜鲜明的差异,对此中西哲人似有一致的看法,张君劢针对西哲认为中国哲学的实证立场,认为儒家哲学有两个基本范畴:万物之有和致知之心,这成为儒家哲学区别于西方哲学的所在。万物之有是中国哲人对内外之有的平等对待,没有否定之论,这避免了西方哲学中关于世界存在与对世界之知识的构成的矛盾;致知之心是我国哲人认为心之能知,一方由于官觉,他方由于心思,二者相合而成。在外之物理,可以朱子之说应对;在内之德性,则以王阳明之说应对。二者不必强分是非。

宋明儒学之课题（节选）

牟宗三

如上节所述，宋、明儒是把《论》、《孟》、《中庸》、《易传》与《大学》划为孔子传统中内圣之学之代表。此五部经典，就分量方面说，亦并不甚多。但此中当有辨，据吾看，《论》、《孟》、《中庸》、《易传》是孔子成德之教(仁教)中其独特的生命智慧方向之一根而发，此中实见出其师弟相承之生命智慧之存在地相呼应。至于《大学》，则是开端别起，只列出一个综括性的，外部的(形式的)主客观实践之纲领，所谓只说出其当然，而未说出其所以然。宋明儒之大宗实以《论》、《孟》、《中庸》、《易传》为中心，只伊川、朱子以《大学》为中心。分别言之，濂溪开始，只注意《中庸》、《易传》，对于《论》、《孟》所知甚少，且无一语道及《大学》。横渠渐能注意《论》、《孟》，亦未言及《大学》。至明道，通《论》、《孟》、《中庸》、《易传》而一之，以言其"一本"义，亦少谈《大学》。胡五峰亦不论《大学》。象山纯是孟子学，以《孟子》摄《论语》。就关涉于《中庸》、《易传》之理境言，则只是一心之伸展，是亦兼摄《中庸》、《易传》也。然而亦很少论《大学》。偶有言及，亦只是假借《大学》之词语以寄意耳。自朱子权威成立后，阳明亦着力于《大学》，着落于大学以展示其系统，实则仍是孟子学，假《大学》以寄意耳。刘蕺山就《大学》言诚意，其背景仍是《中庸》、《易传》与孟子也。伊川、朱子所讲之《大学》虽亦不必合《大学》之原义，然一因伊川、朱子对于《论》、《孟》、《中庸》、《易传》所言之仁体、心体、性体、道体不能有相应之契悟（心性为二、性道只是理、心理为二），二因《大学》之"明德"不必是因地之心性，"至善之则"不能确定往何处落，故伊川、朱子以其实在论的、顺取的态度将其所理解之性体、道体、仁体（都只是理）着落于致知格物以言之，以成其能所之二，认知关系之静摄，将致知格物解为常情所易见之认知义，将"至善之则"着落在所格之物之"存在之理"上，此虽不合《大学》之原义，然因在《大学》至善之则不能确定往何处落，则如此解《大学》亦甚顺适，此即成主智论，以智决定意，此是直接从《大学》上顺着讲而即可讲出者。此是以《大学》为主而决定《论》、《孟》、《中庸》、《易传》也。是故《大学》在伊川、朱子之系统中，其比重比以《论》、《孟》、《中庸》、《易传》为主者为重，对于其系统有本质上之作用，而在其他则只是假托以寄意耳。其实意是将《大学》上提于《论》、《孟》、《中庸》、《易传》，而以《论》、《孟》、《中庸》、《易传》决定或规范《大学》也。此是宋、明儒之事实。故吾人实可将《大学》与《论》、《孟》、《中庸》、《易传》分开看，而以《大学》为待决定者，由此以识宋、明儒之大宗。若以《大学》为决定者，则即形成伊川、朱子之系统。

　　识宋、明儒之大宗即是恢复《论》、《孟》、《中庸》、《易传》之主导的地位。在此，吾人首先须知：依宋、明儒大宗之看法，《论》、《孟》、《中庸》、《易传》是通而为一而无隔者，故成德之教是道德的同时即宗教的，就学问言，道德哲学即涵一道德的形上学。在此，吾人可问：此通而为一的看法是否可允许？ 先秦儒家的发展是否能启发出此看法而可以使吾人认为此看法为合法？ 兹仍顺上节所开之大略申明之如下：

　　（一）关于仁与天。孔子所说的"天"、"天命"或"天道"当然是承《诗》、《书》中的帝、天、天命而来。此是中国历史文化中的超越意识，是一老传统。以孔子圣者之襟怀以及其历史文化意识(文统意识)之强，自不能无此超越意识，故无理由不继承下来。但孔子不以三代王者政权得失意识中的帝、天、天命为已足，其对于人类之绝大的贡献是暂时撇开客观面的帝、天、天命而不言(但不是否定)，而自主观面开启道德价值之源、德性生命之门以言"仁"。孔子是由践仁以知天，在践仁中或"肫肫其仁"中知之、默识之、契接之或崇敬。故其暂时撇开客观面的帝、天、天命而不言，并不是否定"天"或轻忽"天"，只是重在人之所以能契接"天"之主观根据(实践根据)，重人之"真正的主体性"也。重"主体性"并非否定或轻忽帝、天之客观性(或客体性)，而毋宁是更加重更真切于人之对于超越客观的天、天命、天道之契接与崇敬。不然，何以说"五十而知天命"？又何以说"畏天命"？孔子此步"践仁知天"之提供，一方豁醒人之真实主体性，一方解放了王者政权得失意识中之帝、天或天命。

《诗》、《书》中的帝、天、天命虽常有人格神的意味，然亦不如希伯来民族之强烈与凸出。《诗》、《书》中之重德行已将重点或关挠点移至人身上来，此亦可说已开孔子重"主体性"之门。孔子之提出"仁"，实由《诗》、《书》中之重德、敬德而转出也。是故《诗》、《书》中之帝、天、天命只肯认有一最高之主宰，只凸出一超越之意识，并不甚向人格神之方向凸出。迤逦而至孔子，此方向总不甚凸出。故孔子承其以前之气氛，其心目中之天、天命或天道亦只集中而为一超越意识，并不像希伯来宗教意识中之上帝那样孤峭而挺立，其意味甚为肃穆，对于天地万物甚具有一种"超越的亲和性"(引曳性 Transcendental affiinity)，冥冥穆穆运之以前进，是这样意味的一个"天"。并不向"人格神"的方向走。孔子虽未说天即是一"形而上的实体"(Metaphysical reality)，然"天何言哉？四时行焉，百物生焉。天何言哉"！实亦未尝不涵蕴此意味。"维天之命，于穆不已"，难说孔子未读此诗句，亦难说其不契此诗句。前圣后圣、其心态气氛之相感应，大体可见矣。是故后乎孔子之《中庸》即视天为"为物不贰、生物不测"之创生实体，而以"维天之命，于穆不已"明"天之所以为天"，此即以"天命不已"之实体视天也。此种以"形而上的实体"视天虽就孔子推进一步，然亦未始非孔子意之所涵与所许。此亦是其师弟相承之生命智慧之相感应相呼招，故即如此自然地视"天"也。此亦不碍超越意识之凸出，亦不碍其对于天之崇敬与尊奉。孔子前后生命智慧之相呼应既如此，则宋、明儒尤其如明道者即如孔门之呼应而亦存在地以真实生命如此呼应之，直视孔子之天为一形而上的实体而与后来之《中庸》、《易传》通而一之也。其如此看自亦不妨碍天之超越义，以及对于天之崇敬与尊奉。

天之义既如此，则仁心感通之无限即足以证实"天之所以为天"，天之为"于穆不已"，而与之合而为一。在孔子，践仁知天，虽似仁与天有距离，仁不必即是天，孔子亦未说仁与天合一或为一，然(一)因仁心之感通乃原则上不能划定其界限者，此即涵其向绝对普遍性趋之伸展，(二)因践仁知天，仁与天必有其"内容的意义"之相同处，始可由践仁以知之，默识之，或契接之，依是二故，仁与天虽表面有距离，而实最后无距离，故终可合而一之也。《中庸》言"肫肫其仁，渊渊其渊，浩浩其天"，此即示仁心仁道之深远与广大而与天为一矣。《易传》言天道"显诸仁，藏诸用，鼓万物而不与圣人同忧，盛德大业至矣哉"！此亦是仁与天为一也。此亦未始非孔子意之所涵与所许。如果天向形而上的实体走，不向人格神走，此种合一乃是必然者。此亦是孔门师弟相承，其生命智慧之相呼应，故如此自然说出也。宋明儒尤其如明道即依此呼应而亦存在地呼应之，遂直视仁与天为一矣。在此，明道对于仁之体会不误也。此须有生命智慧之存在地相感应始能知，非文字之训诂与知解事也。

自明道如此体会后,宋明儒之大宗无人不首肯。伊川朱子之讲法(以公说仁,仁性爱情,仁是心之德爱之理),不能有此呼应也。

　　以上由践仁知天,说仁与天合一,天是"实体"义的天,积极意义的天,是从正面说,从"先天而天弗违"说("天弗违"之天是形而下的天)。至于孔子说:"知天命","畏天命","知命",以及慨叹语句中的"天",则是表示一"超越的限定"义。此则不纯是以"实体"言(普通所谓以理言)的天,当然亦不纯是以气言的天,乃是"实体带着气化、气化通着实体"的"天",此是从"后天而奉天时"说。此义在此不论。

　　(二)关于仁与心性以及心性与天。孔子未说"心"字,亦未说"仁"即是吾人之道德的本心,然孔子同样亦未说仁是理,是道。心、理、道都是后人讲说时随语意带上去的。实则落实了,仁不能不是心。仁是理,是道,亦是心。孔子由"不安"指点仁,不安自是心之不安。其他不必详举。故孟子即以"不忍人之心"说仁。理义悦心,亦以"理"说仁。"仁者人也,合而言之,道也"。亦以"道"说仁。这些字都是自然带上去的,难说非孔子意之所涵,亦难说孔子必不许也。是以孟子即以道德的本心摄孔子所说之仁。

　　孔子亦未说仁即是吾人之"性"。子贡言"夫子之言性与天道不可得而闻也"。孔子亦偶尔言及"性相近也,习相远也"。其心中如何意谓"性"字很难说。"性相近也"之"性",伊川朱子俱视为气质之性,此大体亦不误。刘蕺山解"相近"为"相同"即指同一"于穆不已"之性体言,故性无不善(参看《刘子全书》卷十九《答王右仲州刺》)。吾人由此可以想孔子所说之"相近"即是孟子所说"其好恶与人相近也者几希"之"相近"。孟子说此"几希"之"相近"是指良心好恶之呈露言。所呈露者虽不多,然却是与人相同者,并无异样之良心。是则"相近"即相同。如果孔子所说之"相近"即是此意义之"相同",则"性"当是同一的义理本然之性,不能是气质之性。如果是同一的义理本然之性，则孔子当该想到仁就是性，就是吾人之性之实。即使想不到，亦未说到，后人（如孟子）如此说，亦无过。但孔子所说之"相近"是否必如此，则难定。即使与孟子所说之"相近"字面相同，而其实指不必相同。孟子可用"相近"指本然之性（良心）言，因而"相近"即"相同"，而孔子所用之"相近"不必指此本然之性言，而亦仍可用"相近"，因而"相近"不必即"相同"。如果与"唯上智与下愚不移"连在一起看，则此"可移"之"相近"者亦仍只是气性，才性之类也。是则伊川、朱子说为气质之性亦非定误。至于子贡所不可得而闻之"性"，与"天道"连在一起说，究是指何层面之"性"，则亦难说。如果指超越面的义理之性说，则当与仁为一，仁即是吾人性体之实。如果指经验面的气性、才性或"生之谓性"之性说，则仁与性不能是一。而无论自那一面说，"性"之义皆是相当奥秘而难闻的。在此，吾人对于孔子的态度不能确知。孔子前"性"字即已流行，然大体是"性者生也"，无自超越面言性者。"生之谓性"是一老传统。孔子已接触此问题，然可能一时未能消化澈，犹处于"性者生也"之老传统中，故性是性，仁是仁，齐头并列，一时未能打并为一（性者生也，虽卑之无高论，说的是现实的人性，自然生命之征象，似乎无甚难闻处，然认真讨论起来，亦并不简单。非必只同于"天道"之性、或超越面之性，为难闻也）。然孔子言仁如此亲切，而又真切，其看人性亦断然不会直说为恶，亦断然不会只从人之欲性看性。然亦同样未自觉地说到仁即是性。是则性之问题在孔子犹是敞开者。虽或偶尔触及，然未能十分正视而着力。若依子贡之语观之，虽难闻，而夫子未始不言，至少亦未始无其洞悟处。而结果终所以难闻而又不常言多言者，则或可如此说，即，性之问题、初次观之，似是属于"存有"之问题，无论卑之从"生之谓性"说，或高之从超越面说，皆然。而一涉及"存有"问题，则总是奥秘的，此即法国存在主义者马塞尔（Marcel）所谓"存有之秘密"

(Mystery of Being)是也。此其所以为难闻乎？而一个圣者如孔子则总是多偏重于自实践言道理,很少有哲学家之兴趣去积极地思议存有问题也。即使有洞悟,亦是在践履中洞悟之,因而多言践履之道如仁,而少涉及存有问题如性与天道,此其所以不常言多言也。

至孟子时,性之问题正式成立。告子顺"性者生也"之老传统说性,而孟子遮拨之,则从道德的本心说,此显然以孔子之仁为背景。在孔子,仁与性未能打并为一,至此则打并为一矣。在孔子,存有问题在践履中默契,或孤悬在那里,而在孟子,则将存有问题之性即提升至超越面而由道德的本心以言之,是即将存有问题摄于实践问题解决之,亦即等于摄"存有"于"活动"(摄实体性的存有于本心之活动)。如是,则本心即性,心与性为一也。至此,性之问题始全部明朗,而自此以后,遂无隔绝之存有问题,而中国亦永无或永不会走上西方柏拉图传统之外在的,知解的形上学中之存有论,此孟子创辟心灵之所以为不可及也。而实则是孔子之仁有以启之也。仁之全部义蕴皆收于道德之本心中,而本心即性,故孔子所指点之所谓"专言"之仁,即作为一切德之源之仁,亦即是吾人性体之实。此唯是摄性于仁、摄仁于心、摄存有于活动、而自道德实践以言之。至此,人之"真正主体性"始正式挺立而朗现,而在孔子之践仁知天,吾人虽以重主体性说之,然仁之为主体性只是吾人由孔子之指点而逼近地如此说,虽是呼之欲出,而在孔子本人究未如孟子之如此落实地开出也。此即象山所谓"夫子以仁发明斯道,其言浑无罅缝,孟子十字打开,更无隐遁"之义也。孟子如此"打开",是其生命智慧与其所私淑之孔子相呼应,故能使仁与心与性通而一之,而宋明儒如明道与象山者即如其相呼应而亦存在地呼应之,直下视仁与心与性为一也。而伊川与朱子则去此远矣。

仁与心、性既如此,则孟子处心性与天之关系即同于孔子处仁与天之关系。孟子从道德实践上只表示本心即性，只说尽心知性则知天，未说心性与天为一。然"万物皆备于我矣，反身而诚，乐莫大焉"，则心即涵一无限的伸展，即具一"体物而不可遗"的绝对普遍性。是则心本可与天合一而为一也。能尽其心，则即可知性，是则心之内容的意义与性之内容的意义全同，甚至本心即性。盖性即吾人的"内在道德性"之性，亦即能起道德创造大用，能使道德行为纯亦不已之"性"也。由尽心（充分实现其本心）而知性，即知的这个"性"。同样，若知了性，则即可知"天"，是则性之"内容的意义"亦必有其与天相同处，吾人始可即由知性而知天也。在孟子的语句上似表示心性与天尚有一点距离，本心即性，而心性似不必即天。然此一点距离，一因心之绝对普遍性，二因性或心性之内容的意义有同于天处，即可被撤消。故明道云："只心便是天，尽之便知性，知性便知天，当下便认取，更不可外求"。明道如此说，实因其生命智慧与孟子相呼应，孟子本可有此开启，故即存在地呼应之而即如此说出也。如果"天"不是向"人格神"的天走，又如果"知天"不只是知一超越的限定，与"知命"稍不同，则心性与天为一，"只心便是天"，乃系必然者。尽心知性则知天，顺心性说，则此处之"天"显然是"实体"义的天，即所谓以理言的天，从正面积极意义看的天。所谓性之内容的意义有其与天相同处亦是从积极意义的"天"、"实体"意义的天说。此所谓"内容的意义"相同实则同一创生实体也。"天"是客观地、本体宇宙论地言之，心性则是主观地、道德实践地言之。及心性显其绝对普遍性，则即与天为一矣。明道如此呼应，宋明儒之大宗亦无一不如此呼应。惟伊川朱子则转成另一系统，遂亦不能有此呼应矣。

"尽其心者知其性也，知其性则知天矣"。此相当于《乾·文言》之"先天而天弗违"。在此，唯是一实体之彻底朗现，故心性天是一（"而天弗违"之"天"是形而下的天，与"心性天是一"之天不同）。

天地鬼神皆不能违离此实体也。

"存其心,养其性,所以事天也"。此相当于《乾·文言》之"后天而奉天时"。在此,"天"须带着气化说,而吾人之心性与天不即是一。然亦须存住吾人之本心而不放失,养住吾人之道德创造之性而不凿丧,然后始能事天而奉天。及其一体而化,则天之气化即吾之气化(吾之性体纯亦不已之所显),天时之运即吾之运,知即奉,奉即知,知奉之分泯,而先后天之异亦融而为一矣。此孟子所谓"上下与天地同流",亦明道所谓之"一本"也。此是"大而化之"之圣神之境。然人毕竟亦是一现实之存在。自现实存在言,则不能不有一步谦退,因此显出一层退处之"事天"义。不但显出此退处之"事天"义,且可进而言"立命"。

"夭寿不贰,修身以俟之,所以立命也"。"立命"即立"超越之限定"义。在此,如说"天",亦是带着气化的天,而且特重气化对于吾人之限制,吾人之现实存在与此气化相顺相违之距离。在此,即有"命"之意义,此即所谓"立命"。知道有此限制,此是"命"之实。命本自有之。此是客观地立。但必须真能主观地"夭寿不贰,修身以俟之",方始真能"立命",此是主观地,实践地立。"修身"亦须以"尽心知性"、"存心养性"为根据,否则亦不能"修身"。是则"修身"即涵蕴尽心知性,存心养性也。

是故"尽心知性知天"是自"体"上言。在此,心性天是一。"存心养性事天"是自人为一现实存在言,天亦是带着气化说。在此,心性因现实存在之拘限与气化之广大,而与天不即是一。自"一体而化"言,则此分别即泯。从体上说是一,带着用说亦是一也。"立命"则是就现实存在与气化之相顺相违言,此不是说心性与天的事,而是说带着气化的天与吾人之现实存在间之相顺相违的事。至"一体而化"之境,则一切皆如如之当然,亦无所谓"命"也。言至此,知天、事天、立命以及一体而化,全部皆备,此真所谓"孟子十字打开,更无隐遁"也。

朱子解尽心知性为致知格物,解存心养性为正心诚意,固误,而王阳明以尽心知性为"生而知之",以存心养性为"学而知之",以"立命"为"困而知之",此种比配尤为不类。阳明《传习录》义理精熟圆透,很少有不顺适处,惟于此处则极显不类,滞之甚矣。不知何故。而且此义凡三见,此非偶尔之失。吾想象山决不至此也。

(三)关于"天命之谓性"。《中庸》说此语,其字面的意思是:天所命给吾人者即叫做是性,或:天定如此者即叫做是性。单就此语本身看,尚看不出此天所命而定然如此之"性"究是何层面之性。然依下句"率性之谓道"一语看,性不会是气性之性。又依"中也者天下之大本也"一语看,如果"中"字即指"性体"言,则作为"天下之大本"之中体、性体,亦决不会是气性之性。又依《中庸》后半部言诚、言尽性,诚是工夫亦是本体,是本体亦是工夫,诚体即性体,性亦不会是气性之性。此可能是根据孟子言性善而来。孟子虽从道德自觉上只道德实践地言"仁义内在",言本心即性,言"我固有之",似未客观地从天命、天定言起,然孟子亦言"心之官则思,思则得之,不思则不得也。此天之所与我者。得其大者,则其小者弗能夺也"。由"此天之所与我者"看,则于此心此性,孟子亦未尝无"天命、天定"义。又引"天生烝民,有物有则,民之秉彝,好是懿德"之诗以证性善,则"秉彝"之性亦未尝不是天所命而定然如此者。"固有"即是先天而本有即是天所命而定然如此者。然则《中庸》说"天命之谓性"即是与孟子相呼应而说出也。

宋、明儒如横渠、明道、五峰、蕺山等人不但承认此呼应,且进而表示此"天所命而定然如此"之性,其内容的意义即同于"于穆不已"之天命实体。"天命之谓性"不能直解为"于穆不已"之天命实体即叫做是性,然"天所命而定然如此"之性,如进一步看其"内容的意义",亦实涵此义。从此义说性,则孟子之自道德自觉上道德实践地所体证之心性，由其"固有"、"天之所与"，即进而提升为与"天命实体"为一矣。而此亦即形成客观地从本体宇宙论的立场说性之义。如果"天"不是人格神的天，而是"于穆不已"的"实体"义之天，而其所命给吾人而定然如此之性又是以理言的性体之性，即超越面的性，而不是气性之性，则此"性体"之实义（内容的意义）必即是一道德创生之"实体"，而此说到最后必与"天命不已"之实体（使宇宙生化可能之实体）为同一，决不会"天命实体"为一层，"性体"又为一层。依《中庸》后半部言"诚"，本是内外不隔，主客观为一，而自绝对超然的立场上以言之的，此即"诚体"即同于"于穆不已"之天命实体也。言"天地之道"为"为物不贰，生物不测"，则天地之道即是一"于穆不已"之创生实体，而此亦即是"无内外"之诚体也。《中庸》引"维天之命于穆不已"之诗句以证"天之所以为天"，则"天"非人格神的天可知。是则诚体即性体，亦即天道实体，而性体与实体之实义不能有二亦明矣。就其统天地万物而为其体言，曰实体；就其具于个体之中而为其体言，则曰性体。言之分际有异，而其为体之实义则不能有异。是即横渠所谓"天所性者通极于道，气之昏明不足以蔽之"之义。性体与道体或天命实体通而为一，故自此义言性者特重"维天之命于穆不已"之诗，遂形成客观地超越地自本体宇宙论的立场说性之义，而与孟子之自道德自觉实践地说性、特重"民之秉彝好是懿德"之诗句者有异，然而未始不相呼应、相共鸣，而亦本可如此上提也。由孟子之自道德自觉上实践地说性，由其如此所体证之性之"固有"义、"天之所与"义、以及本心即性、"万物皆备于我"、心性向绝对普遍性伸展之义，则依一形而上的洞悟渗透，充其极，即可有"性体与天命实体通而为一"之提升。《中庸》如此提升，实与孟子相呼应，而圆满地展示出。《中庸》之如此提升与孟子并非互相敌对之两途。此不可以西方康德之批判哲学与康德前之独断形上学之异来比观。此只可以圆满发展看,不可以相反之两途看。

由于《中庸》之提升,宋明儒即存在地与之相呼应,不但性体与天命实体上通而为一,而且直下由上面断定:天命实体之下贯于个体而具于个体(流注于个体)即是性。"于穆不已"即是"天"此实体之命令作用之不已,即不已地起作用也。此不已地起命令作用之实体命至何处即是作用至何处,作用至何处即是流注至何处。流注于个体即为个体之性。此是承《中庸》之圆满发展直下存有论地言之也。此虽与《中庸》稍有间,然实为《中庸》之圆满发展之所函。宋明儒如此断定,不得谓无根也。

此断定几乎是宋明儒共同之意识,即伊川朱子亦不能外乎此,即象山阳明亦不能谓此为歧出。惟积极地把握此义者是横渠、明道、五峰与蕺山,此是承《中庸》《易传》之圆满发展而言此义者之正宗。伊川朱子亦承认此义,惟对于实体、性体、理解有偏差,即理解为只是理,只存有而不活动,此即丧失"于穆不已"之实体之本义,亦丧失能起道德创造之"性体"之本义。象山阳明则纯是孟子学,纯是一心之伸展。此心即性,此心即天。如果要说天命实体,此心即是天命实体。象山云:"万物森然于方寸之中,满心而发,充塞宇宙,无非斯理"。阳明云:"充天塞地中间、只有这个灵明。人只为形体自间隔了。我的灵明便是天地鬼神的主宰。天没有我的灵明,谁去仰他高? 地没有我的灵明,谁去俯他深? 鬼神没有我的灵明,谁去辨他吉凶灾祥? 天地鬼神万物离却我的灵明,便没有天地鬼神万物了。我的灵明离却天地鬼神万物,亦没有我的灵明。如此便是一气流通的,如何与他间隔得? 又问:天地鬼神万物千古见在。何没了我的灵明,便俱无了? 曰:今看死的人,他这些精灵游散了,他的天地万物尚在何处?"(《传习录》卷三)此便是一心之伸展,一心之涵盖,一心之遍润。自道德自觉上道德实践地所体证之本心、所扩充推致之良知灵明顿地即普而为本体宇宙论的实体,道

德实践地言之者顿时即普而为存有论地言之者。惟不先客观地言
一"于穆不已"之实体而已。而先客观地言之，再回归于心以实之，
或两面皆饱满顿时即为一以言之，亦无过。此即横渠、明道、五峰、
蕺山之路也。

　　(四)关于"乾道变化，各正性命"。天命实体之下贯于个体而
具于个体即是性，此义《中庸》虽未显明地言之，而实已涵之，而显
明地表示之者则为《易传》之《乾·彖》。宋明儒即会通《中庸》《易
传》而如此断定也。《中庸》《易传》是一个方向(圆满发展)之呼应，
宋明儒即如其呼应而亦存在地呼应之。《易传》穷神知化，正式言
诚体、神体、寂感真几，此是妙运万物之实体。濂溪即由此而开宋
儒之端。此实体即曰天道，亦曰"乾道"，此仍是"于穆不已"之天命
实体之别名。

　　"乾道变化，各正性命"，此语字面的意思是：在乾道变化底过
程中，万物(各个体)皆各得正定其性命。此语本身并不表示所正
定的各个体之性命即是以理言的性命，亦可能是以气言的性命。
但首先不管是以理言的性命，抑还是以气言的性命，此总是从"乾
道变化"说下来，此即是性命之本体宇宙论的说明。此说明之方式
尚未见之于《中庸》。《中庸》只表示性体与道体通而为一，未直接
表示从道体之变化中说性命之正或成。但《易传》却直接宣明此方
式。《乾·文言》曰："乾元者始而亨者也。利贞者性情也"。从利贞
处说性情即是从个体之成处说"各正性命"也。从利贞处见个体之
成，即见性情之实，亦即见性命之正。乾道之元亨利贞即表示乾道
之变化。实则乾道自身并无所谓变化，乃假气(即带着气化)以显
耳。乾道刚健中正，生物不测，即是一创生实体，亦即一"于穆不
已"之实体。然此实体虽是一创生的实体，虽是不已地起作用，而
其自身实无所谓"变化"。"变化"者是带着气化以行，故假气化以
显耳。变化之实在气，不在此实体自身也。假气化以显，故元亨利

贞附在气化上遂亦成四阶段,因而遂俨若成为乾道之变化过程矣。然而元亨利贞亦称乾之四德,则随着气化伸展出去说为四阶段,亦可收摄回来附在乾道之体上说为四德也。既是体之四德,则伸展出去成为四阶段而显一"变化"相,此显是假气以显耳。乾道即是元,故曰:"乾元"。亨者通也,此是内通。为物不贰,生物不测,于穆不已地起作用,即是内通之亨,言诚体之不滞也。利者向也,言外通也。利而至于个体之成处,即是其"贞"相,故于个体之成处见"利贞"也。否则,乾道之于穆不已只成一虚无流,已不成其为创生实体矣。故濂溪《通书·诚上第一》云:"大哉乾元,万物资始。诚之源也。乾道变化,各正性命。诚斯立焉"。言由"各正性命"处见诚体之利贞,即见诚体之所以立。所以"立"者即诚体(乾道实体)之于此而自立自见其自己也。否则流逝无收煞。故又云:"元亨、诚之通,利贞、诚之复"。复即立也。濂溪此点拨不误,纯就体上言四德也。所谓"变化"而显四阶段者乃假气以显耳。濂溪最后又赞之曰:"大哉易也,性命之源乎"? 即就"各正性命"而说也。

然则此所正之"性命"是以理言的性命,还是以气言的性命?濂溪之赞语只表示易道是"性命之源",未表示此性命即是以理言的性命。然通极于"体"而言性命,衡之以儒家之道德意识,此性命不会是以气言的性命,历来亦无人作如此理会者。是故必是正面的、超越面的、以理言的性命。当然以气言的性命,于个体之成时,亦自然带在气之凝结处。然言道德实践之先天根据(超越的根据),却无人以此性命为气之凝结处之气之性命,却必须视为超越面的理之性命。如其是理之性命,则性即是此实体之流注于个体中。实体之流注于个体中,因而个体得正其性也。正其性即是定其性,亦即成其性。此是存有论地正、定、成也。"命"即是此性之命,乃是个体生命之方向,吾人之大分,孟子所谓"分定故也"之分。此亦是横渠所谓"天所性者通极于道,气之昏明不足以蔽之,天所命者通极于性,遇之吉凶不足以戚之"之义也。此显然不就气之凝结说气之性命也。此当是宋明儒之共同意识,故无人认"各正性命"为气之性命也。此亦由于《易传》之气氛本自如此,不会陷落下来专言气之性命也。即使气之性命亦带在内,而必以正面理之性命为主也。《说卦传》云:"昔者圣人之作《易》也,将以顺性命之理",即顺通此"通极于道、通极于性"之性命之理也。又曰:"穷理尽性以至于命"。"穷理"即穷性命之理,"尽性"即尽以理言的性。"至于命",则以理言的与以气言的俱可在内。"顺性命之理"即是通"性命之源",首先必以通正面的以理言的性命之源为主也。此一说明之方式显明地表示于《易传》中,亦显明地表示于《大戴礼记·本命篇》"分于道谓之命,形于一谓之性"之语句中。"分于道"即分得于道之命(命令之命),因分得此道之命乃成个体生命之方向,即吾人之大分。"形于一"即将此道之命形著之于一个体中便叫做是"性"。此亦是从正面说性命之源也。此与《易传》为同一思理模式。大抵先秦后期儒家通过《中庸》之性体与道体通而为一,必进而从上面由道体说性体也。此即是《易传》之阶段,此是最后之圆成,故直下从"实体"处说也。此亦当作圆满之发展看,不当视作与《论》《孟》为相反之两途。盖《论》《孟》亦总有一客观地、超越地言之之"天"也。如果"天"不向人格神方向走,则性体与实体打成一片,乃至由实体说性体,乃系必然者。此与汉人之纯粹的气化宇宙论不同,亦与西方康德前之独断形上学不同。此只是一道德意识之充其极,故只是一"道德的形上学"也。先秦儒家如此相承相呼应,而至此最后之圆满,宋明儒即就此圆满亦存在地呼应之,而直下通而一之也:仁与天为一,心性与天为一,性体与道体为一,最终由道体说性体,道体性体仍是一。若必将《中庸》《易传》抹而去之,视为歧途,则宋明儒必将去一大半,只剩下一陆王,而先秦儒家亦必只剩下一《论》《孟》,后来之呼应发展皆非是,而孔孟之"天"

亦必抹而去之,只成一气命矣。孔孟之生命智慧之方向不如此枯萎孤寒也。是故儒家之道德哲学必承认其涵有一"道德的形上学",始能将"天"收进内,始能充其智慧方向之极而至圆满。

以上是《论》《孟》《中庸》《易传》之相继承与相呼应,而宋明儒之大宗即如此圈定,认为此是孔门之传统,圆满之发展,如其呼应而亦存在地呼应之,视为一整体,直下通而一之,而不认其有隔也。此通而为一之看法既合法,则《论》《孟》《中庸》《易传》之主导地位自成立。此主导地位既确定,则《大学》即可得而规范矣。

宋、明儒以六百年之长期,费如许之言词,其所宗者只不过是《论》《孟》《中庸》《易传》与《大学》而已,分量并不多。即此五部经典,提纲挈领,其重要语句而为宋明儒所反复讲说者亦甚有限。就《论》《孟》《中庸》《易传》之通而为一、而为一整体说,其义理主脉又可系之于两诗:

(一)《大雅·烝民》:"天生烝民,有物有则。民之秉彝,好是懿德"。

(二)《颂·维天之命》:"维天之命,于穆不已。于乎不显,文王之德之纯。"前者为孟子所引以证性善,而孔子亦赞之曰:"为此诗者,其知道乎"?后者为《中庸》所引,以明"天之所以为天"以及"文王之所以为文——纯亦不已"。此颂诗即是天道性命通而为一之根源。此颂诗并未表示文王之"纯亦不已"是以"于穆不已"之天命之体为性,然实可开启此门。通过孔子之言仁,孟子之言本心即性,《中庸》《易传》即可认性体通于天命实体,并以天命实体说性体也。故此圆满发展即可系之于此诗,而以此诗表示之也。此两诗者可谓是儒家智慧开发之最根源的源泉也。孟子曰:"源泉混混,不舍昼夜,有本者若是"。儒家智慧之深远以及其开发之无穷,亦可谓"有本者若是"矣。孟子引《烝民》之诗,是孟子言性善(本心即性)与此诗之洞悟相呼应也。《中庸》引《维天之命》诗,是《中庸》作者言天道诚体与此诗之洞悟相呼应也。宋明儒能相应而契悟之，通而一之，是宋明儒之生命能与此两诗以及《论》《孟》《中庸》《易传》之智慧方向相呼应，故能通而一之也。此种生命之相呼应，智慧之相承续，亦可谓"有本者若是"矣！此与佛老有何关哉？只因秦汉后无人理解此等经典，遂淡忘之矣。至宋儒起，开始能相应而契悟之，人久昏重蔽，遂以为来自佛老矣。若谓因受佛教之刺激而豁醒可，若谓其所讲之内容乃阳儒阴释，或儒释混杂，非先秦儒家经典所固有，即大诬枉。无人能因受佛教之刺激而豁醒即谓其是阳儒阴释，或儒释混杂。焉有不接受刺激（所谓挑战），不正视对方，而能担当文运学运者乎？此种诬枉亦大部由于朱子之忌讳而成。汝自家内部尚且如此，则外人更津津有辞矣。实则皆吠影吠声，未能沉下心去，正式理会此等经典之语意，故亦无生命上之呼应也。

宋、明儒之将《论》《孟》《中庸》《易传》通而一之，其主要目的是在豁醒先秦儒家之"成德之教"，是要说明吾人之自觉的道德实践所以可能之超越的根据。此超越根据直接地是吾人之性体，同时即通"于穆不已"之实体而为一，由之以开道德行为之纯亦不已，以洞澈宇宙生化之不息。性体无外，宇宙秩序即是道德秩序，道德秩序即是宇宙秩序。故成德之极必是"与天地合其德，与日月合其明，与四时合其序，与鬼神合其吉凶，先天而天弗违，后天而奉天时"，而以圣者仁心无外之"天地气象"以证实之。此是绝对圆满之教，此是宋明儒之主要课题。此中"性体"一观念居关键之地位，最为特出。西方无此观念，故一方道德与宗教不能一，一方道德与形上学亦不能一。彼方哲人言"实体"（Reality）者多矣，如布拉得赖（F. H. Bradley）有《现象与实体》（Appearance and Reality）之作，怀悌海（N. A. Whitehead）有《历程与实体》（Process and Reality）之作，柏格森（H·Bergson）有《创化论》（Creative evolution）之作，近时海德格(M·Heidegger)之存在哲学又大讲"存有",有《时间与存有》(Time and Being)之作,即罗素(B.Russell)之《逻辑原子论》(Logicalatomism)亦有其极可欣赏之风姿。大体或自知识论之路入,如罗素与柏拉图;或自宇宙论之路入,如怀悌海与亚里士多德;或自本体论(存有论)之路入,如海德格与虎塞尔(E·Husserl);或自生物学之路入,如柏格森与摩根(L. Morgan);或自实用论(Pragmatism)之路入,如杜威(J.Dewey)与席勒(F.C.S. Schiller);或自独断的,纯分析的形上学之路入,如斯频诺萨(Spinoza)与来布尼兹(Leibniz)及笛卡尔(Descartes)。凡此等等皆有精巧繁富之理论,读之可以益人心智,开发玄思。然无论是讲实体,或是讲存有,或是讲本体(Substance),皆无一有"性体"之观念,皆无一能扣紧儒者之作为道德实践之根据、能起道德之创造之"性体"之观念而言实体、存有、或本体。无论自何路入,皆非自道德的进路入,故其所讲之实体、存有、或本体皆只是一说明现象之哲学(形上学)概念,而不能与道德实践使人成一道德的存在生关系者。故一方道德与宗教不能一,一方道德与形上学不能一,而无一能开出一即涵宗教境界之"道德的形上学"。其中唯一例外者是康德。彼自道德的进路接近本体界,建立"道德的神学"。意志自由、灵魂不灭、上帝存在、只有在实践理性上始有意义,始得其妥实性。然无"性体"一观念,视"意志自由"为设准,几使意志自由成为挂空者,几使实践理性自身成为不能落实者。而其所规划之"道德的形上学"(其内容是意志自由、物自身、道德界与自然界之合一)亦在若隐若显中,而不能全幅展示、充分作成者。黑格尔(Hegel)言精神哲学已佳矣。吾亦常借用其辞语以作诠表上之方便,如"真实主体性"、"在其自己"、"对其自己"、"具体的普遍",等等。然此只是表示方法上之借用,非谓其哲学内容与儒者成德之教同也。彼只笼统言精神之发展,而总无"性体"一核心之观念,故其全部哲学总不能落实,只展现而为一大逻辑学。夫理想主义(Idealism)自柏克莱(Berkeley)起至黑格尔而完成,本集中于三点:一曰观念性(Ideality),二曰现实性(Actuality),三曰合理性(Rationality)。此本不错。凡此皆见于吾之《认识心之批判》,读之可知其详。然如不能落实于心性,以道德实践证实之,则总不能顺适调畅,只是一套生硬之哲学理论而已。今摄之于成德之教中,点出"性体"一观念,则一一皆实而顺适调畅矣。故宋明儒所发展之儒家成德之教,一所以实现康德所规划之"道德的形上学",一所以收摄融化黑格尔之精神哲学也。而同时亦是一使宗教与道德为一,一使形上学与道德为一也。此儒家智慧方向之所以为特出,而为西方道术传统所未及。比而观之,其眉目自朗然矣。

又,亚里士多德有"Essence"一词。此词,通常译为"本质"或"体性"。此似是可类比儒者所言之"性体"。然实则不类。盖此词若作名词看,其实指是一"类概念"(Class – concept),又是一方法学上之概念,可以到处应用。而儒者所言之性体则不是一类概念。即使孟子由此以言"人之所以异于禽兽者几希",然此几希一点亦不是类概念,孟子说此几希一点亦不是视作人之定义,由定义而表示出。如当作形容词使用或当作方法学上之概念使用,则可,此如要点、本质的一点(Essential point),或人之所以为人之"本质"(The essence of human being)等皆是。此性体亦可说是人之本质的一点,是人之所以为人,乃至所以为道德的存在之本质;但即以此"本质"一词译此"性体",则非是。此亦如吾人亦说此性体即是吾人道德实践(道德行为之纯亦不已)之"先天根据"或"超越的根据",但同样不能即以先天根据或超越根据译此"性体"一词。此皆是诠表方法上之词语,可以广泛使用,俱非足以代表此"性体"一观念也。儒者所说之"性"即是能起道德创造之"性能";如视为体,即是一能起道德创造之"创造实体"(Creative reality)。此不是一"类概念"，它有绝对的普遍性(性体无外、心体无外)，惟在人而特显耳，故即以此体为人之"性"。自其有绝对普遍性而言，则与天命实体通而为一。故就统天地万物而为其体言，曰形而上的实体(道体Metaphysical reality)，此则是能起宇宙生化之"创造实体"；就其具于个体之中而为其体言，则曰"性体"，此则是能起道德创造之"创造实体"，而由人能自觉地作道德实践以证实之，此所以孟子言本心即性也。(客观地、本体宇宙论地自天命实体而言，万物皆以此为体，即潜能地或圆顿地皆以此为性。然自自觉地作道德实践言，则只有人能以此为性，宋明儒即由此言人物之别。然此区别亦非定义划类所成之类概念中本质不同之区别，故此性体非类概念中之本质也)。故此性体译为"Nature"固不恰，即译为"Essence"亦不恰，其意实只是人之能自觉地作道德实践之"道德的性能"(Moral ability)或"道德的自发自律性"(Moral spontaneity)，亦即作为"内在道德性"(Inward morality)看的"道德的性能"或"道德的自发性"也。心之自律(Autonomy of mind)，康德所谓"意志之自律"(Autonomy of will)，即是此种"性"。作"体"看，即是"道德的创造实体"(Moral creative reality)也。

"性体"义既殊特，则"心"亦必相应此"性体"义而成立。"心"以孟子所言之"道德的本心"为标准。孟子言心具体而生动，人或以"heart"一词译之。此若以诗人文学家之笔出之，亦未尝不可。然就学名言，则决不可。故孟子所言之心实即"道德的心"(Moral mind)也。此既非血肉之心，亦非经验的心理学的心，亦非"认识的心"(Cognitive mind)，乃是内在而固有的、超越的、自发、自律、自定方向的道德本心。象山言"万物森然于方寸之中"，以"方寸"喻心，此是象征的指点语，言万物皆收摄于一点，岂真是视心为血肉的方寸之心耶？此一点岂真是方寸之一点耶？刘蕺山亦言"心径寸耳"，此亦是现象学的指点语，重在以意、知、物、家、国、天下以充实之,岂真是视心为血肉的径寸之心耶? 儒者言学喜就眼前具体字眼指点,而其实义则无尽藏。是故心即是"道德的本心"。此本心即是吾人之性。如以性为首出,则此本心即是彰著性之所以为性者。故"尽其心者即知其性"。及其由"万物皆备于我"以及"尽心知性知天"而渗透于"天道性命通而为一"一面,而与自"于穆不已"之天命实体处所言之性合一,则此本心是道德的,同时亦即是形上的。此心有其绝对的普遍性,为一超然之大主,本无局限也。心体充其极,性体亦充其极。心即是体,故曰心体。自其为"形而上的心"(Metaphysical mind)言,与"于穆不已"之体合一而为一,则心也而性矣。自其为"道德的心"而言,则性因此始有真实的道德创造(道德行为之纯亦不已)之可言,是则性也而心矣。是故客观地言之曰性,主观地言之曰心。自"在其自己"而言,曰性;自其通过"对其自己"之自觉而有真实而具体的彰显呈现而言则曰心。心而性,则尧舜性之也。性而心,则汤武反之也。心性为一而不二。

客观地自"于穆不已"之天命实体言性,其"心"义首先是形而上的,自诚体、神体、寂感真几而表示。若更为形式地言之,此"心"义即为"活动"义(Activity),是"动而无动"之动。此实体、性体、本是"即存有即活动"者,故能妙运万物而起宇宙生化与道德创造之大用。与《论》《孟》通而为一而言之,即由孔子之仁与孟子之心性彰著而证实之。是故仁亦是体,故曰"仁体";而孟子之心性亦是"即活动即存有"者。

以上由《论》《孟》《中庸》《易传》通而为一以言宋明儒之主要课题为成德之教,并言其所弘扬之成德之教之殊特。此下再就宋明儒之发展以言其分系。

（节选自《心体与性体》上,上海古籍出版社 1999 年）

20世纪儒学研究大系

牟宗三(1909—1995),字离中,山东栖霞人,现代哲学家,新儒家第二代重要代表。1933年毕业于北京大学哲学系,曾任华西大学讲师、中央大学、浙江大学教授,1949年移居台湾,曾任教台湾大学、东海大学。1960年赴香港,先后在香港大学、中文大学、新亚书院任教。晚年来往于台港两地,讲学著述。1948年发表《重振鹅湖书院缘起》,提出儒学发展三期说;1958年与张君劢、唐君毅、徐复观联名发表《为中国文化敬告世界人士宣言》,以复兴儒学为职志。著有《历史哲学》、《政道与治道》、《道德理想主义》、《心体与性体》、《从陆象山到刘蕺山》等。

本文系《心体与性体》上册第一部"综论"第一章"宋明儒学之课题"中的第三节。作者认为宋明儒把《论》《孟》《中庸》《易传》和《大学》划为孔子传统中内圣之学的代表,宋明儒的大宗以前四者为中心,只有程颐朱子以《大学》为中心;宋明儒的大宗以四部经典是通而为一而无隔的,成德之教是道德的同时即宗教的。文中进而对宋明儒所关心的仁与天、仁与心性、天命之谓性、乾道变化各正性命等命题的内容进行了分析。

中国文化与世界

——我们对中国学术研究及中国文化与世界文化前途之共同认识(节选)

牟宗三　徐复观　张君劢　唐君毅

四、中国哲学思想在中国文化中之地位及其与西方哲学之不同

　　如上所说,我们研究中国之历史文化学术,要把它视作中国民族之客观的精神生命之表现来看。但这个精神生命之核心在哪里? 我们可说:它在中国人之思想或哲学之中。这并不是说,中国之思想或哲学,决定中国之文化历史。而是说,只有从中国之思想或哲学下手,才能照明中国文化历史中之精神生命。因而研究中国历史文化之大路,重要的是由中国之哲学思想之中心,再一层一层的透出去,而不应只是从分散的中国历史文物之各方面之零碎的研究,再慢慢的综结起来。后面这条路,犹如从分散的枝叶,去通到根干,似亦无不可。但是我们要知道,此分散的枝叶,同时能遮蔽其所托之根干。这常易使研究者之心灵,只是由此一叶面,再伸到另一叶面,在诸叶面上盘桓。此时人若要真寻得根干,还得要翻到枝叶下面去,直看枝叶之如何交会于一中心根干。这即是说,我们必须深入到历史留传下之书籍文物里面,探求其哲学思想之所在,以此为研究之中心。但我们在了解此根干后,又还须顺着根

干,延伸到千枝万叶上去,然后才能从此千枝竞秀、万叶争荣上,看出树木之生机郁勃的生命力量,与精神的风姿。

我们之所以要用树木之根干与枝叶之关系,来比喻中国历史文物之各方面与中国之哲学思想,对于中国文化精神生命之关系,同时是为表明中国文化之性质,兼表明要了解中国哲学思想,不能只用了解西方哲学思想之态度来了解。我们此处所指之中国文化之性质,乃指其"一本性"。此一本性乃谓中国文化,在本原上,是一个文化体系。此一本并不否认其多根。此乃比喻在古代中国,亦有不同之文化地区。但此并不妨碍中国古代文化之有一脉相承之统绪。殷革夏命而承夏之文化,周革殷命而承殷之文化,即成三代文化之一统相承。此后秦继周,汉继秦,以至唐、宋、元、明、清,中国在政治上,有分有合,但总以大一统为常道。且政治的分合,从未影响到文化学术思想的大归趋,此即所谓道统之相传。

中国历史文化中道统之说,皆非中国现代人与西方人所乐闻,但无论乐闻与否,这是中国历史上的事实。此事实,乃原于中国文化之一本性。中国人之有此统之观念,除其理论上之理由,今暂置不说外,其事实上的原因,是因中国大陆,与欧洲大陆,其文化历史,自来即不一样。欧洲古代之希腊城邦,势力分布于希腊本土及诸海上殖民地,原无一统的希腊世界。而近代西方文化,除有希腊之来源外,尚有罗马、希伯来、日耳曼、回教等之来源。中国文化,虽亦有来源于印度文化、阿拉伯文化,及昔所谓四夷者,亦有间接来自希腊、罗马者,然而在百年以前之中国,在根本上只是一个文化统系一脉相传,则是没有问题的。西方文化之统,则因现实上来源之众多,难于建立,于是乃以超现实世界之宗教信仰中之上帝,为其统,由希伯来宗教与希腊思想、罗马文化精神之结合,乃有中古时代短时存在的神圣罗马帝国之统。然此统,不久即告分裂。今欲使西方诸国家及其文化复归于统一,恐当在全人类合归天下一家之时。而中国文化则自来即有其一贯之统绪的存在。这是中西文化在来源上的根本分别，为我们所不能忽略的。

　　这种西方文化之有各种文化来源，使西方文化学术之内容，特显复杂丰富，同时亦是西方之有明显的分门别类，而相对独立之学术文化领域之原因。西方之科学哲学，源于希腊，法律源于罗马，宗教源于希伯来，其文化来源不同，研究之方法、态度、目标，亦不必相同，而各自成范围，各成界限。而单就哲学说，西方之哲学自希腊以来，即属少数哲学家作遗世独立之思辨（Speculation）之事。故哲学家之世界，恒自成一天地。每一哲学家，都欲自造一思想系统，穷老尽气，以求表现于文字、著作之中。至欲表现其思想于生活行事之中者，实寥寥可数。而此类著作，其界说严，论征多，而析理亦甚繁。故凡以西洋哲学之眼光，去看中国哲人之著作，则无不觉其粗疏简陋，此亦世界之研究中国学术文化者，不愿对中国哲学思想中多所致力的原因之一。

　　但是我们若果首先认识此中国文化之一本性，知中国之哲学、科学与宗教、政治、法律、伦理、道德，并无不同之文化来源。而中国过去，亦并无认为个人哲学之思辨，可自成一天地之说。更无哲学家必须一人自造一思想系统，以全表之于文字、著作中之说。则中国哲学著作之以要言不繁为理想，而疏于界说之厘定、论证之建立，亦不足为怪。而吾人之了解中国哲学思想，亦自始不当离哲学家之全人格、全生活，及其与所接之师友之谈论，所在之整个社会中之行事，及其文化思想之渊源，与其所尚论之古今人物等，而了解，亦彰彰明甚。而人真能由此去了解中国哲人，则可见其思想之表现于文字者，虽以粗疏简陋，而其所涵之精神意义、文化意义、历史意义，则正可极丰富而极精深。此正如一树之根干，虽极朴质简单，而透过其所贯注之千条万叶以观，则生机郁勃，而内容丰富。由此我们可知，欲了解中国文化，必须透过其哲学核心去了解，而真了解中国哲学，又还须再由此哲学之文化意义去了解。以中国文化有其一本性，在政治上有政统，故哲学中即有道统。反之，如果我们不了解中国文化之一本性，不知中国之哲人及哲学，在中国文化中所处之地位，不同于西方哲人及哲学，在西方文化中所处之地位，则我们可根本不从此去看，中国哲学思想，与中国文化之关系及多方面之意义，更不知中国哲学中，有历代相传之道统之意义所在，而将只从中国哲学著作外表之简单粗疏，以定为无多研究之价值，并或以道统之说，为西方所谓思想统制之类。而不知其以看西方哲学著作之眼光，看中国哲学著作，正由于其蔽于西方文化历史之情形，而未能肯定中国文化之独立性。未知中国文化以其来源为一本，则其文化之精神生命之表现方式，亦不必与文化来源为多元之西方文化相同也。

五、中国文化中之伦理道德与宗教精神

对于中国文化，好多年来之中国与世界人士，有一普遍流行的看法，即以中国文化，是注重人与人间之伦理道德，而不重人对神之宗教信仰的。这种看法，在原则上并不错。但在一般人的观念中，同时以中国文化所重的伦理道德，只是求现实的人与人关系的调整，以维持社会政治之秩序；同时以为中国文化中莫有宗教性的超越感性，中国之伦理道德思想，都是一些外表的行为规范的条文，缺乏内心之精神生活上的根据。这种看法，却犯了莫大的错误。这种看法的来源，盖首由于到中国之西方人初只是传教士、商人、军人与外交官，故其到中国之第一目标，并非真为了解中国，亦不必真能有机会，与能代表中国文化精神之中国人，有深切的接触。于是其所观察者，可只是中国一般人民之生活风俗之外表，而只见中国之伦理规范、礼教仪节之维持现实社会政治秩序之效用

的方面,而对中国之伦理道德,在人之内心的精神生活上之根据,及此中所包含宗教性的超越感情,却看不见。而在传教士之心中,因其目标本在传教,故其目光亦必多少不免先从中国文化之缺乏宗教精神之方面看。而传教士等初至中国之所接触者,又都是中国之下层民群。故对于中国民间流行宗教性之迷信,亦特为注意。此种迷信中,自更看不出什么高级的宗教精神。又因近百年来西方人在中国之传教事业,乃由西方之炮舰先打开了中国门户,再跟着商船来的。中国之传统文化,自来不崇拜武力与商人,因而对于随炮舰、商船来之传教士,旋即被视为西方文化侵略的象征。由此而近代中国之学术界,自清末到五四时代之学者,都不愿信西方之宗教,亦不重中国文化中之宗教精神。五四运动时代领导思想界的思想家,又多是一些只崇拜科学民主,在哲学上相信实用主义、唯物主义、自然主义的人,故其解释中国之学术文化,亦尽量从其缺宗教性方面看。而对中国之旧道德,则专从其化为形式的礼教风俗方面看,而要加以打倒。于是亦视中国之伦理道德,只是一些外表的行为规范,而无内在之精神生活之内容者。至后来之共产主义者,因其为先天的无神论者,并只重道德之社会效用者,更不愿见中国文化精神中之宗教性之成分,而更看不见中国之伦理道德之内在的精神生活上的根据。此与西方传教士等,初到中国之观感所得,正可互相配合,而归于同一之论断。

　　但是照我们的看法,则中国莫有像西方那种制度的宗教教会与宗教战争,是不成问题的。但西方所以有由中古至今之基督教会,乃由希伯来之独立的宗教文化传统,与希腊思想、罗马文化、日耳曼之民族气质结合而来。此中以基督教之来源,是一独立之希伯来文化,故有独立之教会。又以其所结合之希腊思想,罗马文化,日耳曼之民族气质之不同,故有东正教、天主教及新教之分裂,而导致宗教战争。然而在中国,则由其文化来源之一本性,中国古代文化中,并无一独立之宗教文化传统,如希伯来者,亦无希伯来之祭司僧侣之组织之传统,所以当然不能有西方那种制度的宗教。但是这一句话之涵义中,并不包含中国民族先天的缺乏宗教性的超越感情,或宗教精神,而只知重现实的伦理道德。这只当更由以证明中国民族之宗教性的超越感情及宗教精神,因与其所重之伦理道德,同来源一本之文化,而与其伦理道德之精神,遂合一而不可分。这应当是非常明白的道理。然而人们只以西方之文化历史的眼光看中国,却常把此明白的道理忽视了。照我们的看法,中国诗书中之原重上帝或天之信仰,是很明显的。此点,三百年前到中国之耶稣会士亦注意到,而祭天地、社稷之礼,亦一直为后代儒者所重视,历代帝王所遵行,至民国初年而后废。而中国民间之家庭,今亦尚有天地君亲师之神位。说中国人之祭天地、祖宗之礼中,莫有一宗教性的超越感情,是不能说的。当然过去中国之只有皇帝,才能行郊祀之礼,便使此宗教感情在民间,缺乏礼制以维持之,而归于薄弱。而皇帝之祭天,亦或是奉行故事,以自固其统治权。皇帝祭天,又是政教合一之事,尤为西方人及今之中国人所呵责。但是中国人之只以皇帝祭天,亦自有其理由。此乃以天子代表万民祭天,亦犹如西方教皇之可代表万民,向上帝祈祷。而政教合一之所以被西方人视为大忌,亦根本上由于西方教权所在之教会,与西方历史中政权所在之政府,原为不同之文化来源之故。因其来源不同,故无论以教权统制政权,或以政权统制教权,皆使一方受委屈,因而必归于政教分离,而此政教分离,亦确有其在客观上,使政治宗教各得其所之价值。此亦为我们在理论上所承认者。但以中西文化之不同,则在西方之以政教合一为大罪者,在中国过去历史中,则未必为大罪。而在西方,以宗教可与政治以及一般之社会伦理道德皆分离,固特见其有宗教。然在中国,则宗教本不与政治及伦理道德分离,亦非即无宗教。此二点,仍值得吾人研究中国文化者之注意。

至于纯从中国人之人生道德伦理之实践方面说,则此中亦明涵有宗教性之超越感情。在中国人生道德思想中,大家无论如何不能忽视,由古至今中国思想家所重视之天人合德、天人合一、天人不二、天人同体之观念。此中之所谓天之意义,自有各种之不同。在一意义下,此天即指目所见之物质之天。然而此天之观念,在中国古代思想中,明指有人格之上帝。即在孔、孟、老、庄思想中之天之意义,虽各有不同,然无论如何,我们不能否认他们所谓天之观念之所指,初为超越现实的个人自我,与现实之人与人关系的。而真正研究中国学术文化者,其真问题所在,当在问中国古代人对天之宗教信仰,如何贯注于后来思想家之对于人的思想中,而成天人合——类之思想,及中国古代文化之宗教的方面,如何融和于后来之人生伦理道德方面,及中国文化之其他方面。如果这样去研究,则不是中国思想中有无上帝或天,有无宗教之问题,而其所导向之结论,亦不是一简单的中国文化中无神、无上帝、无宗教,而是中国文化能使天人交贯,一方使天由上澈下以内在于人,一方亦使人由下升上而上通于天,这亦不是只用西方思想来直接类比,便能得一决定之了解的。

此外中国人之人生道德伦理之实践方向之学问,此乃属中国所谓义理之学中。此所谓义理之学,乃自觉的依义理之当然以定是非,以定自己之存心与行为,此亦明非只限于一表面的人与人之关系之调整,以维持政治社会之秩序,而其目标实在人之道德人格之真正的完成。此人格之完成,系于人之处处只见义理之当然,而不见利害、祸福、得失、生死。而此中之只求依义理之当然,而不求苟生、苟存,尤为儒者之学之所特注重。我们须知,凡只知重现实的功利主义者、自然主义者与唯物主义者,都不能对死之问题正视。因死乃我的现实世界之不存在,故死恒为形上的宗教的思想之对象。然而中国之儒家思想，则自来要人兼正视生，亦正视死的。所谓杀身成仁，舍生取义，志士不忘在沟壑，勇士不忘丧其元，都是要人把死之问题放在面前，而把仁义之价值之超过个人生命之价值，凸显出来。而历代之气节之士，都是能舍生取义，杀身成仁的。西方人对于殉道者，无不承认其对于道有一宗教性之超越信仰。则中国儒者之此类之教，及气节之士之心志与行为，又岂无一宗教性之信仰之存在？而中国儒者之言气节，可以从容就义为最高理想，此乃自觉的舍生取义。此中如无对义之绝对的信仰，又如何可能？此所信仰的是什么？这可说即是仁义之价值之本身，道之本身。亦可说是要留天地正气，或为要行其心之所安，而不必是上帝之诚命，或上帝的意旨。然而此中人心之所安之道之所在，即天地正气之所正，即使人可置死生于度外，则此心之所安之道，一方内在于此心，一方亦即超越过个人之现实生命之道，而人对此道之信仰，岂非即宗教性之超越信仰？

　　我们希望世界人士研究中国文化，勿以中国人只知重视现实的人与人间行为之外表规范，以维持社会政治之秩序，而须注意其中之天人合一之思想，从事道德实践时对道之宗教性的信仰。这是我们要大家注意的第一点。

六、中国心性之学的意义

　　我们从中国人对于道之宗教性信仰，便可转到论中国之心性之学。此心性之学，是中国古时所谓义理之学之又一方面，即论人之当然的义理之本原所在者。此心性之学，最为世之研究中国之学术文化者，所忽略所误解的。而实则此心性之学，正为中国学术思想之核心，亦是中国思想中之所以有天人合德之说之真正理由所在。

中国心性之学,乃至宋、明而后大盛。宋、明思想,亦实系先秦以后,中国思想第二最高阶段之发展。但在先秦之儒家、道家思想中,实已早以其对心性之认识为其思想之核心。此我们另有文讨论。《古代尚书》所谓尧、舜、禹十六字相传之心法,固是晚出的。但后人之所以要伪造此说,宋明儒之所以深信此为中国道统之传之来源所在,这正因为他们相信中国之学术文化,当以心性之学为其本原。然而现今之中国与世界之学者,皆不能了解此心性之学,为中国之学术文化之核心所在。其所以致此者,首因清代三百年之学术,乃是反宋、明儒,而重对书籍、文物之考证、训诂的,故最讨厌谈心谈性。由清末西化东渐,中国人所羡慕于西方者,初乃其炮舰、武器,进而及其他科学技术、政治法制。五四运动时代之中国思想界,一方讲科学民主,一方亦以清代考证之学中有科学方法,而人多喜提倡清代颜习斋、戴东原之学,以反对宋明儒。后来共产主义讲存在决定意识,亦不喜欢讲心性。在西方传入之宗教思想,要人自认本性中涵有原始罪恶。中国传统的心性之学,则以性善论为主流。此二者间亦至少在表面上是违反的。又宋明儒喜论理气,不似中国古代经籍中尚多言上帝。此乃自耶稣会士以来之基督教徒,亦不喜宋明儒的心性之学之故。由清末至今之中国思想界中,只有佛学者是素重心性之学的。而在清末之古文学家如章太炎,今文学家如龚定庵,及今文学家康有为之弟子如谭嗣同等,亦皆重视佛学。但佛家心性之学,不同于中国儒家心性之学。佛学之言心性,亦特有其由观照冥会而来之详密之处。故佛学家亦多少不了解中国儒家心性之学。由是中国传统的心性之学,遂为数百年之中国思想界所忽视。而在西方,则耶稣会士把中国经籍及宋明理学介绍到西方时,乃把宋明理学只当作一般西方之理性主义、自然主义、唯物主义看,此在上文已说。所以宋明理学在西方只被理性主义者如莱布尼兹、唯物主义者如荷尔巴哈(Holbach)

等引为同调。后来虽有人翻译《朱子语录》中之人性论及其他零碎的宋明儒之文章，但亦似无人能对宋、明心性之学作切实的研究者。而宋明儒之语录，又表面上较先秦诸子更为零碎，不易得其系统所在，亦与西人治哲学者之脾味不合，于是中国心性之学，遂同为今日之中国人与西方人所忽略。

中国心性之学，在今日所以又为人所误解之主要原因，则在于人恒只把此心性之学，当作西方传统哲学中之所谓理性的灵魂（Rational Soul）之理论，或认识论形上学之理论，或当做一种心理学看。而由耶稣会士下来的西方宗教家的观点，则因其初视宋明理学为无神论的自然主义，所以总想象其所谓人心人性，皆人之自然的心、自然的性。由他们直至今日，中国之性字总译为 Nature。此 Nature 一名之义，在希腊斯多噶哲学、近代之浪漫主义文学，及斯宾诺萨及少数当今之自然主义哲学家如怀特海之思想中，皆颇有一深厚之意义，足与中国之性字相应。但自基督教以 Supernature 之名与 Nature 之名相对后，则 Nature 之名之义，在近代日沦于凡俗。而在西方近代之一般自然主义、唯物主义哲学兴起以后，我们谈到 Human Nature 通常总是想到人之自然心理、自然本能、自然欲望上去，可以卑之无甚高论。人由此以看中国的心性之学，亦总从其平凡浅近处去解释，而不愿本西方较深入于人之精神生活内部之思想去解释。

然而照我们的了解，则认为把中国心性哲学，当作西方心理学或传统哲学中之理性的灵魂论，及认识论形上学去讲，都在根本上不对。而从与超自然相对之自然主义的观点，去看中国心性之学，因而只从平凡浅近处去加以解释，更属完全错误。西方近代所谓科学的心理学，乃把人之自然的行为，当作一经验科学研究的对象看。此是一纯事实的研究，而不含任何对人之心理行为，作价值的估量的。传统哲学中之理性的灵魂论，乃将人心视作一实体，而论其单一不朽,自存诸形式的性质的。西方之认识论,乃研究纯粹的理智的认识心,如何认识外界对象,而使理智的知识如何可能的。西方一般之形上学,乃先以求了解此客观宇宙之究极的实任,与一般的构造组织为目标的。而中国由孔、孟至宋明儒之心性之学,则是人之道德实践的基础,同时是随人之道德实践生活之深度,而加深此学之深度的。这不是先固定的安置一心理行为或灵魂实体作对象,在外加以研究思索,亦不是为说明知识如何可能,而有此心性之学。此心性之学中,自包含一形上学。然此形上学,乃近乎康德所谓道德的形上学,是为道德实践之基础,亦由道德实践而证实的形上学。而非一般也假定一究竟实在存于客观宇宙,而据一般的经验理性去推证之形上学。

因中国此种由孔、孟至宋、明之心性之学,有此种特殊的性质,所以如果一个人其本身不从事道德实践,或虽从事道德实践,而只以之服从一社会的道德规律或神之命令与新、旧约《圣经》一章一句为事者,都不能真有亲切的了解。换句话说,即这种学问,不容许人只先取一冷静的求知一对象,由知此一对象后,再定我们行为的态度。此种态度,可用以对外在之自然与外在之社会,至对超越之上帝。然不能以之对吾人自己之道德实践,与实践中所觉悟到之心性。此中我们必依觉悟而生实践,依实践而更增觉悟。知行二者,相依而进。此觉悟可表达之于文字,然他人之乃了解此文字,还须自己由实践而有一觉悟。此中实践如差一步,则觉悟与真实之了解,即差一须步。在如此之实践与觉悟相依而进之历程中,人之实践的行为,固为对外面之人物等的。但此觉悟,则纯是内在于人自己的。所以人之实践行为,向外面扩大了一步,此内在之觉悟,亦扩大了一步。依此,人之实践的行为及于家庭,则此内在之觉悟中,涵摄了家庭;及于国家,则此内在之觉悟中,涵摄了国家;及于天下宇宙,及于历史,及于一切吉凶祸福之环境,我们之内在的觉悟中,亦涵摄了此中之一切。由此而人生之一切行道而成物之事,皆为成德而成己之事。凡从外面看来,只是顺从社会之礼法,或上遵天命,或为天下后世,立德、立功、立言者,从此内在之觉悟中看,皆不外尽自己之心性。人之道德实践之意志,其所关涉者无限量,而此自己之心性亦无限量。对此心性之无限量,却不可悬空去拟议,而只可从当人从事于道德实践时,无限量之事物自然展现于前,而为吾人所关切,以印证吾人与天地万物实为一体。而由此印证,即见此心此性,同时即通于天。于是人能尽心知性则知天,人之存心养性亦即所以事天。而人性即天性,人德即天德,人之尽性成德之事,皆所以赞天地之化育。所以宋明儒由此而有性理即天理,人之本心即天心,人之良知之灵明即天地万物之灵明,人之良知良能即乾知坤能等之思想,亦即所谓天人合一之思想。此中精微广大之说,自非我们今所能一一加以论列者。然由先秦之孔、孟,以至宋明儒,明有一贯之共同认识。共认此道德实践之行与觉悟之知,二者系相依互进,共认一切对外在世界之道德实践行为,唯依于吾人之欲自尽此内在之心性,即出于吾人心性自身之所不容己的要求;共认人能尽此内在心性,即所以达天德、天理、天心而与天地合德,或与天地参。此即中国心性之学之传统。今人如能了解此心性之学,乃中国文化之神髓所在,则决不容许任何人视中国文化,为只重外在的现实的人与人之关系之调整,而无内在之精神生活,及宗教性形上性的超越感情之说。而当知在此心性学下,人之外在的行为,实无不为之依据,亦兼成就内在的精神生活,亦无不兼为上达天德,而赞天地之化育者。此心性之学,乃通于人之生活之内,人之与外及人与天之枢纽所在,亦即通贯社会之伦理礼法,内心修养,宗教精神,及形上学等而一之者。然而在西方文化中,言形上学、哲学、科学,则为外于道德实践之求知一客观之对象。此为希腊之传统。言宗教则先置定一上帝之命令。此为希伯来之传统。言法律、政治、礼制、伦理,则先置定其为自外规范人群者。此主要为罗马法制伦理之传统。中国心性之学则于三者皆不类。遂为今日世界与中国之学人,习于以西方文化学术观点,看中国学术文化者所忽略,或只由一片面之观点去看,而加以误解。此不知不了解中国心性之学,即不了解中国之文化也。

（节选自《港台及海外学者论传统文化与现代化》,姜义华等编,重庆出版社 1988 年）

唐君毅(1909—1978),四川宜宾人,现代著名哲学家,新儒学第二代重要代表。1932 年毕业于中央大学,曾任中央大学教授,1949 年移居香港,曾任新亚书院、香港中文大学教授。1958 年主笔撰写《为中国文化敬告世界人士宣言》,奠定港台及海外新儒学研究与发展之根本方向。著有《中西哲学之比较研究集》、《道德自我之建立》、《中国文化之精神价值》、《人文精神之重建》、《中华人文与当今世界》、《生命存在与心灵境界》等。

本文系唐君毅执笔的新儒家宣言《中国文化与世界》中第四、五、六三部分。第四部分论述了中国哲学思想在中国文化中的地位及其与西方哲学的不同,认为中国文化的性质是一本性,即从本原上是一个文化体系,哲学有道统,这与西方文化的多元性不同;第五部分论述了中国文化中的伦理道德与宗教精神,认为中国的伦理道德,在人之内心的精神生活上的根据中包含宗教性的超越感情;第六部分为中国心性之学的意义,认为心性之学为中国学术思想的核心,是中国思想中有天人合德说的真正理由所在。

生存的连续性:中国人的自然观

杜维明

生存的连续性是中国本体论的一个基本命题,中国人的这一信念在中国哲学、宗教、认识论、美学和伦理学中有着深远的影响。牟复礼评论道:

> 局外人感到很难探明的基本点是,在古代的和当代的、原始的和文明的各民族中,唯独中国人没有创世神话。也就是说,他们认为世界和人类不是被创造出来的,而是自发自生的宇宙的基本组成部分。在这个宇宙中,不存在外在于它本身的创世主、上帝、终极原因或意志。①

这一大胆论断在汉学家中引起了争论是可以理解的。牟复礼发现了中国人的思维方式的一个鲜明特征。他说:"真正的中国人的宇宙论是一种有机过程论,意思是说,整个宇宙的所有组成部分都属于一个有机整体,它们都作为参与者在一个自发地自我生成的生命过程中相互作用。"(牟复礼:《中国的文化基础》,第19页)

牟复礼着重选择中国宇宙论的这一独到方面去进行考察,尽管也显示出他的深远见识,可是他对这种独特性的描绘是成问题的。试举一例来说,中国文化史上明显缺乏创世神话的创制,是依

20世纪儒学研究大系

---

① 牟复礼:《中国的文化基础》(New York: Acfred A. knopf, 1971)第17—18页。

据着它具有一种对于现实的更为基本的设定而推论出来的,根据
此种基本设定,存在的一切样式都有机地联系在一起。但是中国
古代思想家对世界的创造问题怀有浓厚的兴趣,其中有些人,特别
是道家,甚至推究过创造主(造物主)和宇宙得以产生的过程①　由
此可以认定,中国土生土长的创世神话是有的,尽管由最优秀的历
史学家传下来的文字记载也未留下多少充足的信息来重构这些神
话②。真正的问题不在于有没有创世神话,而是在于关于宇宙的
基本假设:它的创造者是连续的,还是非连续的。假定我们所知道
的宇宙是由"大本"创造的,中国古代思想家们不会对这一假定产
生任何疑问。但他们可能不会接受这样一种观念,即存在着一个
不可理喻的外在智慧,他的意志创造了世界。当然,这种情况不是
中国人所独有的。古往今来的许多民族,都对随心所欲地从无中
创造世界的上帝观念感到不安。在中国神话中缺少的,并不是诸
如此类的创世神话,而是它的犹太—基督教的形式。但是,像人类
历史上的许多民族一样,中国人把生存的连续性认作自明的真
理③。

　　出自这个基本信念的明显结论就是所谓自发地自我生成的生
命过程具有包罗万象的性质。严格地说,这并非由于中国人没有
外在于创生宇宙的上帝观念而使他们不得不把宇宙的起源看作是

────────────

　　① 　关于这一问题的发人深思的讨论,见季拉都特:《早期道教中的神话
和意义》(Berkeley:University Of California Press,1983)第275—310页。

　　② 　有关的富于启发性的方法论论文,见威廉·G·希尔兹:《共工与洪
水:〈尧典〉中倒置的神话即历史论》,《通报》67号(1981年)第141页—153
页。布尔兹教授重构共工神话的努力表明了中国土生土长的创世神话有可
能存在。

　　③ 　杜维明:《试谈中国哲学中的三个基调》,载《中国哲学史研究》(北
京,1981年第2期)第19—25页。

一种有机过程;毋宁说,由于他们把宇宙看作是连续创造活动的展开,才使他们不能容纳"由上帝的手或上帝的意志创造的观念,以及其他一切机械论、目的论和有神论的宇宙论"(牟复礼:《中国的文化基础》,第20页)。促使中国人将自然看成是"非人为的宇宙功能的包罗万象的和谐"(同上)的,是他们对存在连续性的信奉,而不是缺乏创世神话。

中国人的世界模式,即容格①意义上的"决定性的精神生理学结构",被李约瑟描绘成"由种种意志自行组合调节而成的有序和谐'②。李约瑟描绘的中国人的有机宇宙由动态的能量场而不是由静止的物质实体所构成。确实,精神与物质的两分法根本不适合这种精神生理学结构。构成宇宙的最基本材料,既不是单一的精神,也不是单一的物质,而是它们两者。它是一种生命力。这种生命力不应当看成是游离于实在的精神或纯粹的物质③。陈荣捷在他的很有影响的《中国哲学资料选集》一书中指出,中国哲学并未在能量和物质之间作出区别。他还进一步指出,杜布斯把指称这一基本要素的中国术语"气"译为"matter—energy"(物质及能

① 见容格为《易经》所写的前言。《易经》由凯里·F·瓦列斯从里查德·威尔海姆的德译本译成英文,沃林根丛书第19卷(Princeton:Princeton University Press,1967)第24页

② 李约瑟的完整陈述如下:"这是意志的没有组织者的有序和谐,就像民间造型舞蹈中的舞蹈者自发的但(就造型来说)却是有序的活动,没有一个人受规则约束去做他们所做的动作,也没有来自幕后的他人的推动,而是众意志的自愿和谐的合作。"见李约瑟等著《中国科学技术史》第2卷第287页。

③ 事实上,精神与物质的两分法在中国人的思想中并不构成显著特色。见杜文,载《中国哲学史研究》第21—22页。

量），"基本上是正确的，虽然有些笨拙且缺乏修饰的形式"①。陈荣捷将气译成"material force"（物质力量），同时他强调说，鉴于11世纪新儒家出现以前，"气"原初"概指与生命之流相联的精神生理学的力量"，因此，它应译成"Vital force"或"Vital Power"（生命力）（同上）。

要使"气"在现代西方哲学中变得易于理解，这是异常困难的。中国形而上学的基本假设，与笛卡儿的精神和物质的两分法大相径庭。然而，要把中国人的思维模式归属于一种没有心体区别，或明确地说，没有主客区别的前笛卡儿哲学，同样也会误入歧途。其实，中国思想家们清楚地把精神与物质区分了开来。在他们看来，精神不可还原为物质，精神有独立的本体论地位，并且精神比物质具有更持久的价值。当然，也有明显的例外。但是，这样的所谓唯物主义的思想家们不仅很少，而且他们也无意在中国哲学中构成一个值得注意的传统。近年来重建中国唯物主义思想家系谱的尝试，已是苦不堪言，而且在某种情况下牵强附会②。实际上，将两位伟大的孔门思想家张载（1020—1077）和王夫之（1619—1692）描绘成中国唯物主义的典范，是以气是物质的这种虚构为基础的。他们两人确实都主张一种可称之为"气"的哲学，以作为对思辨性思想的批判。但是，在他们看来，气并不是单纯的物质，而是充满

---

① 陈荣捷：《中国哲学资料选集》（New York, Princeton: Princeton Umvesity Press, 1969）第784页

② 在中华人民共和国，除了此种流行见解，也还有显著的例外，可参见张岱年：《中国哲学发微》（山西太原：山西人民出版社1981年版）第11—38页；275—306页。

无孔不入的精神性的生命力①。

　　始终存在于中国哲学中的气的概念，作为使宇宙的基本结构和功能概念化的一种方式，虽然从提供符号方式的角度有可能被用来分析和区别精神与物质，但在实际上，它却意味着有意拒绝放弃那种把精神和物质综合为一个整体的思维方式。清晰分析的欠缺由丰富的想象来补偿。气这个概念的富有成效的模棱两可，使哲学家们有可能探索那些对受笛卡儿思维方式影响的人来说是不可思议的存在的领域。当然，关于气的不同形式的学说不能产生诸如纯粹天然的对象、原始素材或无价值的事实一类概念，从而也不能从那里创造出一个纯粹天然的、原始的和无价值的世界，以便供科学家去研究和控制。总之，关于气的学说似乎不适合充当实证主义意义上的经验科学之发展的一种哲学背景。它实际所提供的，是一种隐喻式的认知方式，一种借助比较、引喻和暗示来说明现实多层面性质的认识论尝试。

　　究竟是这种隐喻式的认知方式导致中国人把宇宙看成是有机过程，还是关于存在连续性的本体论见解影响了中国的认识论，这是一个极令人感兴趣的问题。不过，我们这里主要关心的，是理解无差别的气这一概念是怎样成为一种统一的宇宙学理论基础的。我们想知道，最无智能的存在例如石头和精神性的最高表现例如天，在什么意义上说都是由气构成的。在我们的探讨中，中国人感知现实的方式以及制约着中国人看待世界的方式的现实感，具有同等的重要性，尽管我们并不想详细论述它们之间的任何因果关系。

---

　　①　关于从医学观点对这一重要问题所作的一般讨论，见曼弗雷德·波科特：《中国医学的理论基础：对应系统》(Cambridge, Mass: MIT Press, 1974)第19—24页。

有机过程，作为自发地自我生成的生命过程，显示出三个基本特点：连续性、整体性和动态性。(杜维明：《试谈中国哲学中的三个基调》，页19—24)存在的一切形式，从石头到天，都是一个往往被称为"大化"① 的连续体不可缺少的组成部分，既然任何东西都不在这个连续体之外，因而存在的链条就永远不会断裂。在宇宙间任何成对的既定事物之间，我们总会发现一种联系。为要找出某些联系，我们必须深入地探究，而它们就在那里有待我们去发现。这些并不是我们的想象力的虚构，而是宇宙和我们生活的世界赖以建立的牢固基础。气，这种精神生理学的材料，无所不在，甚至充满"广阔的虚空"(太和)——在张载哲学中，太和为万有之源。(张载：《正蒙》，见陈荣捷：《中国哲学资料选集》第501页)气始终显现于存在的一切形式之中，使万物汇流于一体，如同一个单一过程的展开。任何事物，甚至连全能的创世主，都不在这一过程之外。

这种整体性特点是直接从包罗万象的连续性观念产生出来的。假如世界是一种由比大化更高级、且处于大化之外的智慧创造的，那么根据定义，它就是缺乏整体性的表现。与此相类似，假如世界仅仅是柏拉图理念的部分或歪曲的表现，那么它就永远不会达到原初实在的完整性。相反，如果实际的创造活动不是无中生有，而是已经存在的东西的连续转化，那么现存世界就是包罗万象的宇宙过程的真实表现。事实上，如果理念为了自身的完满必需通过有机的过程实现自身，那么世界无论在何种意义上都是理念的具体体现。当然，传统的中国思想家并没有用那些术语去推究哲理，而是用不同的概念工具传达自己的思想。对他们说来，理

----

① 　关于这一点的示范性讨论，可在《易传》中找到。见陈荣捷：《中国哲学资料选集》第264页。

解宇宙的恰当的隐喻与其说是物理学的,倒不如说是生物学的。争论的问题不是永恒的、静止的结构,而是生长和转化的动态过程。说宇宙是一个连续体,说它的一切组成部分都是内在关联的,也就等于说,它是一个在每一复杂层次上都完全一体化了的有机统一体。

在中国宇宙论思想中,连续性和整体性必须伴有第三个特点——动态性,否则有机统一体就是一个封闭系统。指出这一点是非常重要的。尽管中国思想家们批判地意识到,在人类文化中存在着最终导致停滞的惰性,但是,他们仍然将“天的进程”(天行)看成是“生气勃勃的”(健),并指导人们按照宇宙的无止境的生命过程来塑造自身①。他们对自发地自我生成的生命过程的想象,不仅仅是它的内在联系性和相互依存性,而且还有无限的发展潜能。许多历史学家指出,中国传统中类似四季更替程式的循环变化观念,与近代西方的进步观念是不一致的。当然,中国传统的历史观念缺乏如马克思用来描述历史必然性形式的生产方式概念那样由低级到高级分阶段发展的思想。不过,把中国的历史学说成是对一些定期重复的相关事件的记述,那就不对了②。中国的历史编纂不是一种循环世界观的反映。中国人的世界观既不是循环式的,也不是螺旋式的,而是转化性的。然而,它在一定时期的转化所围绕的具体曲线,是非决定性的,在形成它的形式和方向的过程中溶入了许多人为的和非人为的因素。

---

① 出自《周易》,见《周易索引》。哈佛—燕京大学汉学补充索引系列第10号(台北:中文资料及研究辅助服务中心,1966年重印发行)1/1。

② “改朝换代”这一概念也许给人一种印象,即中国历史没有发展。见埃德温·O·赖肖尔和约翰·K·费正清:《东亚:伟大的传统》(Boston:Houghton Mifflin C o,1960),第114—118页。

有机的生命过程(牟复礼认为它是真正的中国宇宙起源论)是一个开放的系统。由于时间没有可指定的开端,因此绝不能期待时间有终点。宇宙永远在扩展;大化流行永无止境。由此看来,由低级到高级分阶段发展的思想是片面的,因为它没有考虑到其他种种可能性。其实,前进式发展只是宇宙转化的几个主要形态之一。由此类推,无论是循环式还是螺旋式都不能充分描绘各种宇宙转化。既然它是开放的而不是封闭的,动态的而不是静态的,因此,任何几何学的设计都不可能酷似宇宙的复杂形态。

前面我曾遵照牟复礼的说法,把中国人的自然观描述成"非人格宇宙功能的包罗万象的和谐",并评论说,这个独特的自然观是由中国人对存在连续性的信奉促成的。在论述了中国宇宙论的三个基本特点——整体性、动态性和连续性之后,我就可以通过对它的某些含义的讨论来详细说明牟复礼独到的描述。包罗万象的和谐观念涉及两个相关联的意义。它意味着自然是自我生成的生命过程,没有什么东西能排除在这一过程之外。道家的"自然"("自然而然")概念① ——它在现代汉语中用来对译英语的"nature"——敏锐地抓住了这个精神。说"自然"无所不包,就意味着要采取一视同仁的态度,就是要容许一切存在形式按其本来面目展现自身。不过,只有到竞争、控制和侵略得到彻底改变的时候,才能出现这种局面。因此,包罗万象的和谐也意味着其内部共鸣构成了宇宙中事物的秩序的基础。就像海洋的波涛之下是平静的一样,自然中虽然存在着冲突和紧张,但它的深层状态总是平稳的。以自然作为其具体表现的大化,是和谐而不是倾轧,是结合而不是离散的结果。

① 《庄子》,第7章。见哈佛—燕京大学索引有关庄子的附录。

　　这种自然观可能暗示一种宣扬和平和博爱的放任自由的浪漫主义主张，即一种与查理·达尔文按现实主义观点所描绘的自然法则相对立的主张。不过，中国思想家们并不认为包罗万象的和谐是一种天真的童话，也不认为它是在遥远将来实现的理想主义的乌托邦。他们敏锐地意识到，我们生活的世界根本不是《礼运》①所推荐的"大同"，世界充满了包括天灾人祸在内的破坏力量。他们也清楚地知道，历史充满了自相残杀的战争、压迫、不公正和其他众多形式的残暴行为。然而，他们之所以断言和谐是有机过程的显著特征，不是出于天真的浪漫主义，而是因为他们相信它是对宇宙的本质及其状态的正确描述。

　　把"气"译为"生命力"的优点之一———请记住它与生命之流的原始联系——在于它强调了生命过程。对中国思想家来说，自然是展现着的生命力，它是连续的、整体的和动态的。但是，中国思想家们在试图理解自然的生命之流时发现，它的持久模型是联合而不是分离，是结合而不是离散，是综合而不是分立。永恒的自然之流的特征正在于，它由众多的生命力之流的分支汇合与趋同而成。正是在这个意义上，有机过程才被视为是和谐的。

　　张载在他的一篇著名的形而上学论文《正蒙》中，把宇宙定义为"太和"：

　　　　太和所谓道，中涵浮沉、升降、动静、相感之性，是生细缊、相荡、胜负、屈伸之始，其来也几微易简，其究也广大坚固，起知于易者乾乎！效法于简者坤乎！散殊而可象为气，清通而不可象为神。不如野马、细缊，不足谓之"太和"。（陈荣捷：《中国哲学资料选集》，第500—501页）

_____

　　①　狄百瑞、陈荣捷和布顿·沃森编《中国传统资料》，（New York：Columbia University，1960）第191—192页。

在他看来,自然是生命力采取实实在在的形式交融和混合的结果。山川、金石、草木、禽虫以至于人,都是能量——物质统一的形式,象征着道的创造性转换是永存的。李约瑟把中国人的宇宙看成是由种种意志自行组合调节而成的有序和谐的观点,无论如何都是不太妥当的。意志,不管怎样加以广义的界定,在这里都不起主要作用。认为天地无意识地完成转化的观点清楚地表明,有机过程的和谐状态不是通过把游离于实在的意志有序化取得的①。和谐将通过自发性而获得,这就是被牟复礼叫做"非人格宇宙功能"的东西。那么这是在什么意义上说的呢? 要回答这个问题,我们还得看一看张载的形而上学的见解:

> 游气纷扰,(阴阳)合成质者,生人物之万殊;其阴阳两端循环不已者,立天地之大义。②

气——正是它应对万物的产生负责——的内在逻辑导致了对非人格宇宙功能的自然主义描述。王夫之以巨大的说服力发挥了张载关于气的形而上学见解,他遵循张载的思路写道:

> 凡山川、动植、灵蠢、花果以至于万物之资者,皆"气"运而成也。气充满宇宙,为万物化育之本,故通行不滞;通行不滞,故诚信不爽。从晨至夕,从春至夏,从古至今,它无时不作,无时不生。犹如新芽长成繁茂之树,鱼卵演变为吞舟之鲸……③

尽管气的运动能力的观念表明,在大化流行背后确实没有任

---

① 陈荣捷:《中国哲学资料选集》,第262—266页。这一概念构成了变易哲学的基础。

② 同上,第14、505页。在这个译本中,气被译成"物质力量"。括号中的"阴阳"二字是作者加的。

③ 同上,第698—699页〔此处文字由英译返译而成——译注。〕

何拟人的上帝、动物或物体,但是这段含义隐晦的话,并不是在说明宇宙功能的非人格性。不管人的意愿和欲望如何,宇宙功能的自然性总不以人的情感为转移,但也不是反人性的。它对一切存在形式都是公正的,而不只是以人类为中心。因此,我们人类并不感到非人格宇宙功能是冷漠、外在和藐远的,虽然我们也知道它对于我们个人的思想和种种念头大体说来是漠然无视的。事实上,我们是这种功能的一个组成部分;我们本身就是气的运动能力的产物。张载的《西铭》开篇几行文字,不仅是他的信条,而且是他的关于人的本体论观点:

> 乾称父、坤称母;予兹藐焉,乃混然中处。故天地之塞,吾其体;天地之帅,吾其性。民,吾同胞;物,吾与也。(陈荣捷:《中国哲学资料选集》页 496)

张载作为单一的个人,用以把自己与整个世界联系在一起的那种亲密感,反映了他对伦理生态学的深刻意识。人类是宇宙过程的恭敬儿女,这种人道主义的见解显然具有儒家的特征。它一方面同道家"无为"概念、另一方面同佛教徒的"超脱"概念,形成了鲜明的对照。然而,作为与宇宙融为一体的人类的概念,已经广泛地为中国普通百姓和文化精英所接受,因此可以把它恰当地看成是中国人的一般世界观。

同宇宙融为一体,意思是说,既然一切存在形式都是由气构成的,因此人的生命是构成宇宙过程的生命的连续之流的一部分,人类原来就是与石头、草木和动物相联系的。在中国文学特别是通俗小说中,分立的物种之间相互作用和相互变化起着非常突出的作用,其思想基础就在这里。《西游记》中的猴子由顽石变化而成①;《红楼梦》或《石头记》的主人翁贾宝玉,据说是由一块宝玉变成的②,《白蛇传》的女主角,则未能十分成功地将自己(白蛇)变成一位美女③,这些都是妇孺皆知的故事。几个世纪以来,它们不仅作为幻想,而且作为伟大的人间戏剧,引起中国老老少少的强烈同情。想象一块顽石或一块宝玉能有足够的潜在精神性使自身变成人,这对中国人来说毫不困难。"白蛇"最值得同情的地方在于她不能战胜一位无情的和尚念起的符咒,以致她不能保持人形并与她的情人和睦相处。这段浪漫史的迷人因素在于她设法通过几百年的自我修炼而获得将自身变成女人的力量。

根据这个宇宙论的形而上学观点可以推断,任何事物都不是完全固定不变的。它不必永远是它现在所采取的形体。在中国画家道济(1641—1717)看来,山脉如江河一样流动;察看山脉的适当方式,就是把它们看作最终冻结起来的江海波涛。同样,石头也不是静态的物体,而是动态的过程,具有它们独特的能量——物质结构。我认为,借助这种自然观,我们实际上就可以谈论石头的不同程度的精神性。这大概并不是牵强附会的。变猴的顽石肯定比普通的顽石更具有精神性,变人的宝玉或许又比变猴的顽石更具有精神性,并从而被人们誉为"山川精英"④。以此类推,我们也可以

① 吴承恩:《西游记》,余国藩英译本(4卷本,\ Chicago: University of Chicago Press, 1977)第1卷第67—78页。

② 曹雪芹:《红楼梦》,大卫·霍克斯英译本《石头传奇》5卷本(Middlesex. England: Penguin Books, 1973—?),第1卷第47—49页。

③ 关于这个故事的两个有益的讨论,见傅惜华的《白蛇传集》(上海发行公司1955年版)和潘江东的《白蛇故事研究》(台北:学者出版社1981年版)。

④ 邓淑蘋:《山川精英:玉的艺术》,《中国文化新论》(台北,联经1983年版)第253—304页。

谈论整个存在链条的各种程度的精神性。石头、草木、动物、人类和神灵代表着以气的不同组合而形成的精神性的不同水平。然而,尽管有区分原则,但存在的一切形式原初就是相联系的,它们都是宇宙的连续转换过程的不可或缺的组成部分。正是在这种形而上学的意义上,我们可以说:"万物皆备于我。"

　　人之为人的独特性是不能用造物主的预先设计来说明的。像其他一切存在物一样,人是阴阳两种基本的生命力和合的结果。周敦颐(1017—1073)说:"二气交感,化生万物,万物生生而变化无穷焉。"① 然而,严格说来,人类不是创造物的统治者;如果他们想成为宇宙的护卫者,就必须通过自我修养来赢得这种荣誉。他们没有任何预定理由存有相反的考虑。但是,在汉语所谓中性的"人"的意义上,人是独特的。周敦颐提出了如下解释:

　　　　唯人也得其秀〔五性〕而最灵。形既生矣,神发知矣,五性〔仁、义、礼、智、信〕感动而善恶分,万事出矣。(陈荣捷:《中国哲学资料选集》页 496)

在这里我们不必涉及五性或五行学说。既然周敦颐清楚地指出:"阳变阴合而生水、火、木、金、土",既然"五行—阴阳也"(同上),因此它们都可以看作是气的具体形态。

　　人类获得了气的精华,这不仅表现在智力上,而且也表现在感受性方面。人是宇宙中最富感受性的存在这一思想,在中国人的思想中起着突出作用。在程颢(1032—1085)的《语录》中,人们发现了关于人的感受性的生动描绘:

　　　　医书言手足痿痹为不仁,此言最善言状。仁者以天地万物为一体,莫非己也。认得为己,何所不至? 若不有诸己,自

① 　这里原注遗漏。参见《中国哲学史教学资料选辑》(中华书局 1982年版)第 4 页。——译注。

不与己相干,如手足不仁,气已不贯;皆不属己。(同上,页530)

这种与宇宙融为一体的思想基于这样一种假定,即既然一切存在形式都由气构成,因此宇宙万物与我们同源,从而都是我们的同伴。这一见解使得明朝早期思想家王艮(1483—1540)指出,如果我们通过转化而生("化生"),那么天地就是我们的父母;如果我们通过再创造而生("形生"),那么我们的父母就是天地①。这里出现的人的形象,根本不是创造的主人,而是宇宙的孝顺的儿女。孝顺行为意味着一种深厚的感情,一种对我们周围世界无微不至的关怀。

与宇宙形成一体这句话的意义,还必须用同一篇论文的隐喻加以补充。的确,"体"清晰地表达着作为万物基础的生命力之流的气的意义。但是,人之为人的独特性,并不只是在于我们与石头、草木、动物一样是由同一种心理生理材料构成的。正是由于我们对人之为人的意识,才使我们能够探索人的超越本性的条件。无疑,存在的连续性的观点使我们无需设置一个全然外在于有机宇宙过程的创造者,但是,人性与作为万物之源的天是什么关系呢?我们应如何理解《中庸》第一章关于我们的本性受之于天的本体论设定呢(陈荣捷:《中国哲学资料选集》,页98)?"天命"是一时起作用还是连续存在的呢?对于这些问题,王夫之总的反应是耐人寻味的:

> 夫性者生理也,日生则日成也。则夫天命者,岂但初生之顷命之哉!……夫天之生物,其化不息。(同上,页699)

然而,在隐喻的意义上说,与宇宙形成一体要求人不断地努力

---

① 王艮:《与南都诸友》,《王心斋先生全集》(1507年本,藏于哈佛—燕京图书馆)第4卷第16篇下。

去培育和升华自身。我们的感受性之所以能体现整个宇宙,是因为我们已经最充分地扩展和深化了我们的感受和关怀。不过,在符号的或经验的水平上,绝无迹象表明宇宙会自动体现在我们身上。除非我们努力使天命在我们的本性中充分实现,否则我们就会辜负"万物皆备于我"的期望。(《孟子》第7卷(上)第4章)在这一点上,王夫之拒绝遵循纯粹自然主义的思路,这在下面的论述中十分明显:"君子之养性,行所无事,……斯以择善必精,执中必固。"(陈荣捷:《中国哲学资料选集》,页699—700)顺乎自然地行动而不让事物为所欲为,用新儒家的话来说,就是要循"天理"而不为"私欲"(例如,在朱熹关于道德修养的讨论中,天理是与人欲鲜明对照的。见陈荣捷:《中国哲学资料选集》,页605—606)所蒙蔽。私欲是自我中心的表现形式,它削弱人参与天地转化过程的真正能力。程颢在评《易》时指出:

> 万物之生意最可观,"此元者善之长也",斯所谓仁也。人
> 与天地一物也,而人特自小之何耶?(同上,页539)

人与天地构成三位一体,就等于与万物形成一体,它禁止我们把主——客体二分法应用于自然。把自然视为自在的外在客体,就制造了一种人为的障碍,阻挡着我们的真正视野,且损害了我们人类从内部体验自然的能力。生命力的内在反响,致使由人体最精致和最细微的气构成的心灵与自然万物不断产生一致的共鸣。这种'感情和反应"("感应")功能赋予自然以太和的特色,并告知心灵①。心灵通过转喻扩展自身而与自然形成统一体。它对自然的审美欣赏,既不是主体对客体的占用,也不是主体对客体的强求,而是通过转换和参与,把自我融入扩展着的现实。这一创造过

---

① 　在这方面的给人启发的文章,见 R·G·H·Siu:《气:新道家的生命之路》(Cambridge,Uass,MIT Press,1974)。

程,用雅各布森的话说,就是"亲近的"过程,因为我们与自然之间永远不会产生断裂①。

庄子介绍说,我们是用心而不是耳朵去听:更深一步是用气而不是用心去听②。如果用心去听涉及到不受感知影响的意识,那么用气去听必需具备什么条件呢? 难道它意味着我们是生命力本身内在反响的一部分,因而我们能听到自然的声音,或用庄子的话说,能听到作为我们的内部声音的"天音"("天籁")(《庄子》第 2 章和《庄子引得》第 8 篇第 3 章 3 节)吗? 或者,难道它意味着无所不包的气能使人和自然在总体上相互易位吗? 结果人所体验到的美感不再是个体的私下感受,而是如同传统的中国艺术家所说的,"内在情感与外界情景融为一体"③。看来不论在哪一种情况下,我们都不能将我们自己同自然拆开并且用一种令人扫兴的方式研究它。我们所做的,不仅要悬置我们的感知运动,而且要悬置我们的概念工具,以便我们能在自己的整体感受中体现自然,并使自然亲密地拥抱我们。

不过,我应当强调指出,对于自然的相互关系和直接性的审美体验,往往是坚持不懈地努力进行自我修养的结果。尽管我们有优越的智力,但我们并不对"太和"拥有特权。作为社会的和文化

---

① 诺曼·雅各布森:《语言的二体及失语障碍的两种类型》,诺曼·雅各布森和莫里斯·哈勒合著《语言的基本规则》:(Gravehage: Mouton, 1956)第55—82 页。感激高友工教授提供了这份资料。

② 《庄子》第 4 章。准确的引文可见《庄子引得》(北京,哈佛—燕京大学 1947 年版)第 27 篇第 4 章 9 节。

③ 关于这一点的系统讨论,见高友工和孙康宜《六朝时期中国的"自由批评"》,全美学术社团关于中国艺术理论的讨论会,(1979 年 6 月)论文。收入苏珊·布什和克里斯琴·默尔克主编《中国文艺理论》(Princeton, N. J, Princeton University Press,1984)。

的存在物,我们永远不能把自己撤在一边而从所谓旁观者的立场研究自然。返回自然的过程包含着无知、遗忘以及记忆。我们参与自然生命力内部共鸣的前提,是我们自己的内在转换。除非我们能首先使我们自己的情感与思想和谐一致,否则,我们就不能与自然取得和谐,更不用说"与天地精神交流"了(《庄子》第33章和《庄子引得》第66篇第33章第93节)。我们确与自然同源。但作为人,我们必须使自己与这样一种关系相称。

(节选自《儒家思想新论——创造性转化的自我》,江苏人民出版社,1991年)

　　杜维明(1940—　　),美籍华裔学者,祖籍广东海南,生于云南昆明,1949年随父迁台湾,曾就读于台湾东海大学、美国哈佛大学,毕业后留居美国,曾任普林斯顿大学东亚研究所助理教授、加州大学伯克莱校区历史系教授、哈佛大学中国历史哲学教授、哈佛燕京学社社长等。受徐复观、牟宗三、唐君毅等人的感召影响,以复兴和发展儒学为职志,提倡"儒学创新",以开放宽容的心态积极倡导和参与"全球文明对话",尝试以儒家文化精神解决全球面临的困境和危机,是第三代新儒家中的领军人物。著有《儒家思想——以创造转化为自我认同》、《儒学第三期发展的前景问题》、《现代精神与儒家传统》、《东亚价值与儒家现代性》、《杜维明:文明的冲突与对话》等。

　　本文通过对中国哲学中气论哲学的分析,认为:生存的连续性是中国本体论中的一个基本命题,在中国的宇宙论思想中,作为自发地自我生成的生命过程,它呈现出连续性、整体性和动态性的特点。

中国哲学的特性

成中英

本文从分析性的重建中国哲学的主要传统和思想来综合性地说明中国哲学的特性。我们将讨论和描述中国哲学中三种主要传统：儒家、道家和中国佛学。我们将中国哲学分成四种特征：内在的人文主义，具体的理性主义，生机性的自然主义，以及自我修养的实效主义。从此文的讨论中我们可明晰的知道，上述中国哲学的四种特征是相互关连和彼此支持的，因此，要了解四种特征就必须对各种特征的内容作一较佳的了解。在中国哲学中有许多未解决的问题，如超越经验的问题，人性的善恶问题，逻辑与理论的知识问题，这些问题都是研究中国哲学者所应提出的。如果中国哲学能帮助我们作批评性的了解这些问题，以及能为我们提供思想的各种选择性的途径，则我们就更有理由将中国哲学当作一种应受普遍关注和具有普遍意义的哲学。

西洋早期研究中国哲学的错误

在早期欧洲语言研究中国哲学中，对于中国哲学的真正性质，产生了许多混乱和误解。在许多有关中国哲学的著作中，通常有四种混乱和误解。首先他们相信中国哲学是不合理和神秘的，仅由一些直观的形式才能把握。以这种信仰作基础，就自然会认为中国哲学绝异于西方的思想模式,因之要用西方的术语来表达中国的哲学,那是不可能的。这种想法和其所预设的信仰是错误的,且容易引起误解。因为在中国哲学中显然有自然主义和理性主义的传统,同时也有一些其他普遍性的要素,应该将中国哲学和西洋哲学作一种对照和比较,这种对照和比较不仅是可理解的,而且是有益的。

与归因于神秘主义恰好不同的错误信仰是认为在中国思想中并没有新的创造性思想,而在中国思想中所包含的各种事物,已在西洋的传统中讨论过了。这种看法正是十九世纪早期欧洲对中国文化的批评,他就像第一种观点在二十世纪的美国一样的走极端。这种观点,因假设中国哲学为非理性的神秘主义,而欣赏中国文化与哲学。事实上持第二类观点的人也不是真的,因为当我们彻底了解中国哲学后,就会显示在西洋哲学中并不能发现中国哲学的根本概念。虽然如此,但中国哲学与西方某些哲学思想有许多相似的地方,而且必须指出这种相似,不但极具意义且能激发哲学的探求。事实上要引导和发展中国哲学和西洋哲学之间的对话,也只有当对中西哲学之间的同异作深入的观察后才能做到。要发展中国哲学和西洋哲学之间的对话,首先必须了解中西两种传统的语言,能以一种建设性的方式将一种语言转换成另一种语言。要做到这一点,就必须有创造性的洞察力,使能看到在一不同传统中展示的各种哲学问题和解决方法,从而用本国的语言将那些问题和解决方法予以概念化。

从中国哲学和西洋哲学之间的对话所产生的良好结果可以是很多的。其中最为相关的也许是因此得以了解自己的立场。如果哲学的功能之一是发现已被接受的预设观点和探究思想与论辩的新途径,则中西哲学的对话对于此种发现和探究事实上确能提供新的了解。没有此种发现和探究,要增进对自己的了解,那是不可能的。

与上述第二种错误有关的,是许多以机械主义论点来研究中国哲学所犯的一般错误倾向,那就是粗糙的概括中国哲学。在粗糙的概括中国哲学的性质时,他们轻而易举地将中国哲学分为唯物论与唯心论,客观主义与主观主义,无产阶级的或者是贵族阶级的。依于这些分类而作的不切实的价值判断,实无法了解所研讨的学派之真正本质。以这种途径来研究和评估中国哲学是不可接受且是不可取的。因为这种途径是基于经不起批评的武断前提的。尤有进者,这些分类的使用过于含混和一般化,不能把握特殊学派或思想家的长短得失。他们也就自然曲解中国哲学的真相而不能厘清中国哲学的问题。从上述错误中我们学习到一种教训,那就是在着手评估和研究中国哲学之前,我们应该批评自己的研究和评估的概念工具。不论是中国哲学或其他哲学也好,如果没有适当的工具来从事和形成一适当的了解,就不能对所研究的题旨有一适当的了解。为了了解的目的,概括通常是必要的,不过要记住的是,概括必须如同达到一结论一样,它是建立在细致的分析和重建上,且能鼓励未来的批评研究。作者对概括的特质持这种观点,拟将整个中国哲学予以一般的讨论。

在研究中国哲学时所流行的最后错误观点是认为中国哲学能以社会政治学、社会经济学甚至社会心理学上的条件以及思想家的性格和他所处的时代来解释。当然马克思主义者已发展一系统性的方法将哲学关连到一个时代的社会经济条件上。我们在讨论研究中国哲学所犯的第三种错误时已经指出,以这种基础来处理中国哲学是不可取的。现在还要指出的是,一些非马克思主义的知识历史学家,用历史的事件来解释中国哲学,而未发展任何系统的方法或理论上的根据。以这种途径来研究中国哲学,其结果是许多有意义的哲学观念都被归到特殊的历史事象上,因而剥夺了哲学观念的普遍意义和真理要求。这是历史的约化（reduction）之错误。这就像任何约化的形式一样，注定会使中国丰富的哲学思想内容变得贫乏，误导大家忽视中国哲学家的独立的哲学性格。

在我们一般的讨论中国哲学的整个特性之前，重要的是先处理两件事情：首先我们该明晰的说出研究和评估中国哲学的方法；其次便该将我们的方法应用到中国哲学的主要方向、传统与主要回顾上。我们所采用的表诠中国哲学的方法是一种分析和重建的方法，可简称为分析的重建方法。此方法首先在分析中国哲学中各种不同的基本论点，企图展示和显出在基本论点中所包含的内在意含和诸概念的关系。进而对这些论点直接的达成一些显明的预设和结果。最后在解析之下我们将系统的和批评性的来解释各种概念和观点。过去并没有应用如此的方法来研究中国哲学，也很少企图以明晰和系统性的哲学语言来说明中国哲学中的观点与概念，这似乎是可憾的。结果是以传统的语言来解释中国哲学的观念，就渐渐地失却直接诉诸现代人的哲学心灵。这是一种在概念上的障碍和缺少语言批评的结果。在下面我们将以解析的重建方法来讨论中国哲学，并以此途径来引导和显示中国哲学对近代哲学家和近代人是切要的，同时就可能将中国哲学和西洋哲学作一比较。

先儒家时期的原型观念

从历史的眼光来看，中国哲学开始即具有一种传统，这种传统并不是由任何系统性的方法或独断性人格化的宗教表达出来，而是由人的血缘情感与自然以及在时间中的历史感与生命的严肃性，和最后对于人与世界的真实性及潜在的完满性之信仰表达出来的。在孔子诞生以前很久的商周时代，关于终极的真实性和其决定性的权威、人成就善的潜能、人的存在之外在限定、以及人与人之间需要以处理得很好的行为模式来建立统一与和谐的关系，都已经发展了原始的观念。其时有天（上苍）、帝（高高在上的神，人的祖先神）、性（人的性质）、命（命令、命运和必然性）、德（权力、潜能、道德）、礼（礼仪与礼节）等观念。天帝的观念在古代即与对祖先的实际崇拜特别关连在一起：人的祖先与终极的真实性同一，也是人的生命之永久源泉。这一观点实具有极深的哲学意义。后来较具人格化的帝的观念为较少人格化的天的观念所代替，天代表一种较为一般的观念，为大多数的中国人所接受。就某种意义来说，我们可以视天是一种帝的普遍化的观念，这是从需要统合各不同氏族的祖先崇拜发展而来的。因之帝就可以看作是一特殊氏族的祖先，天是所有民族的祖先。在这种方式中，天就比帝较少人格化，因为天是由特殊人格化了的帝之性征转化而来的，即使天仍保有帝的特殊的和道德的力量，天比帝是较少人格化的。

　　除了上述以外，天主要是一个空间上的观念，而帝主要是一时间上的观念。从帝发展到天的观念指出人觉察到终极的真实性和至上的权威对人的有形接近。事实上天在人的意识上是很关注人民的福祉的，这就进一步地指出了这种接近。由于上天要提高人民的幸福，政府和统治者的存在才成为可能。正因为天有这种关注，统治者就有责任使人民安居乐业并然有序。天既关注人民，上天的意志也就与人民的意志同一，因此，当统治者失德和不善时，民的不满和不安就可解释为上天要收回统治者之任命的一种征象。实际上德与善不是别的，乃只是实现上天意愿和成就人的生命之潜能的力量。就一种意义来说，德与善生来就在人中，人可以依照上天的意志（命）来成就自己。人的这种可能性和培养这种可能性的能力就叫作人的天性（性）。由于人密切的与天（人的生命之源泉和使自己成为完美的型范）相关连，这一事实清楚的使我们知道人必须修养本性来实现德与善。尤有进者,人的秩序是建立在自然的秩序之上,要保存人的秩序之原则就变为人所实际关注的问题。由于有这种关注,就发展了支配人与人之间和人与神之间的关系——礼,把礼视为发展人和维持社会福祉最根本的价值。

总结起来,儒家以前时期的原始观念实具有很深的哲学意义。他们是彼此关连在一起的,且建基在人与自然之间的原始同族性的情感上。及建基在把人的存在当作一能够发展的潜在事物之情感上,因此,人的存在价值在忠实的追求和获得或实现人与真实性的统一。下面我们将看到以此作一般的基础,中国哲学的主要方向与传统是如何发展和变化的。

儒家的传统

儒家时代的开始为孔子明白承认外在天和人的内在的德(德性,力量)有一种本质上的连结,人应该以一种等级性的爱来爱他人,以此成就我们所固有的普遍人道。因此我们可以说孔子所代表的儒家是人觉醒到自己与天以及与他人的一种关系,人的这些关系是在实践中和完满的道德来实现的,完满的道德是仁(爱与慈)、义、礼与智(分辨善恶的智慧)。仁是人所普遍具有的。义是在实践仁于各种情势和关系上发生的。礼是以适当的方式来表达自己,用礼来成就仁。如果礼是在一种情境中一个人对另外一个人的外在行为模式,则义就是实际上授与行为模式的规范原则,仁是以义的精神来成就的那种自然倾向。因此,仁是使人成为一个人的根本原则。因为人是以仁为基础来成人成己和成己成人的。也就是人以仁为基础使自己与他人连系起来,以完成自己。

追求仁的人是君子,是一个知仁和了解自己能力,且必然以仁来成就自己的人。当人完满的成就仁时,他就无入而不自得,且其一切行为必能符合义和礼的严格原则，这样他不仅是一位君子，且是圣人。因此，在儒家的思想中，仁可以进一步的代表人的完满理想，仁是与全德和一切德的要素同一的。

当天被视为与人的内在德性相关连时，天就是人的勇气和智慧的源泉。但另一方面，在孔子以及后来的孟子思想中，天不仅是一个人潜能的内在源泉，且是锻炼和限定人生的外在必要因素。了解天的这层意义后，人就当接受人生许多决定性的事实，诸如死亡、不幸等等。这些决定是可能的，因为人有其客观的自然性，即人是一客体。但是孔子和孟子认为人除了受由外在原因来决定的客观自然性外，人有一种动力性的主体性质，即人是一主体，能在道德的方向上来培育自己，因之在成就自性的充分自主独立性方向上决定自己。这就说明不论作为一客体的外在决定和限定如何，人可以实现他的精神自由。孔子的重要性在于他坚持人能够成为一充分的主体，因为人有主体的性质，生命就有意义，而在关系之网的自己实际作为中，有力量追求完满。

在孔子以后的古典时代，儒家在《孟子》、《荀子》和《大学》、《中庸》的著作中，已大大地得到了发展。孟子明白的形成人性善的理论来作为人能趋向完满的自我教育之基础。他将人的自然感情和怜悯、羞恶、辞让、是非之心作为仁义礼智诸道德的基础和开始。孟子认为人的道德有一种自然的基础，而人性无非是追求道德的能力。因此人性就是完成人的固有德性，人的败德只是人放弃和迷失自己的本性，任由环境的支配。不过人不会真正失掉他的固有善性和了解需要存善的先天能力。孟子常喜欢谈论到"存心复善"。孟子爱民的政府理论，以及君主应成为人民的好榜样，就是建基在人性善的理论上。

儒家的荀子在时间上晚于孟子，他却认为人性是恶的，人的性善是人为的，不是自然的。虽然如此，荀子仍是一位忠实的儒者，相信人的能力和潜能以及个人追求完美的先天倾向。荀子的性恶论是由于看到人的欲望没有适当的限定,也就是只顾自己的利益。不过这并不是荀子有关人性的整个思想,因为荀子认为人的心灵能力或理性知能也为人的固有性质。依据经验,人必须用他的心灵和理性来成就自己和他人的利益。因此荀子讨论到以礼来教育和训练人的重要性。礼是在社会和国家中安排和组织人的行为与努力的原则。在这种意义中的礼就是理性的创造和人主要保存的美德。

儒家在中国历史中曾有许多不同的表达形式,不过在基本上,道德自我教育的必要和起码的原则,天人的合一,为了个人的自我实现,要求社会秩序和政治和谐,从汉至宋明时期,所有这些都是受到普遍肯定而从未放弃的。宋明儒家(新儒家)深深地卷入形上学冥想的(存在和理性的原理)和气(自然之气,实体与本质)的问题。理和气也用来解释人的主要善性,人与天及一切事物的实在有一种潜在的合一性,以及为什么用自我教育能实现人的固有善性和天人合一,物我一体。

道家的传统

中国哲学的另一重要传统当然是道家。我们可以指出道家代表着古典时期由天到道概念的发展阶段。事实上儒家的著作中也曾使用过这一名词,不过极力形成道家哲学的还是老子和庄子。至此道的概念是完全不同于天与帝的概念的,道是属于终极实在,完全为非人格化的概念。道在范围上比天与帝的概念更为扩大,因为道包含世界的一切事物。不过在某一方面道与以前的天和帝的概念具有某种共同点。道内在的与人相关连一样。从一种意义来说,道是人的不可或缺的存在。说到这一点,我们必须提醒道不像天和帝一样,它并不能视为带给人一种特殊的恩赐,或视为深深的关注人的福祉。道对任何事物是不偏不倚的,因此一切事物在本体上就可视作是平等的。在老子道的根本观念中实包含着本体论上平等的概念。以这种概念的道作基础,庄子就更进一步的发展了世间一切事物在本体论上平等的新意义。

依庄子的见解,一切事物在本体上平等,因为事物的形成是采取自变和共变历程的。个体事物和事物的个体性并没有实体,一切事物只是在事物自变和共变的全体中相对的被决定。因此一切事物在本体上是平等,也就有着既相互决定又自我活动的意义。

下面我们将述说道家哲学某些重要特征。首先道是整体性的。在本质上既不可界定也不可言说的。对道的不可界定和不可言说的适当解释是:道不能以任何对象来限定,也不能将其特性有限地表达出来。这也就是说没有一种对象和特征性,能代表道而对于道不会产生偏颇和错误的概念的。

因为道不能以任何有限的特性来叙述,它就与具有有限特性的事物不同。如果具有有限特性的事物称作有,道就是有的反面,老子将它叫做"无"(无有或空处)。因此,对老子来说,道并不只是一种被消极认定的实在,而是一种不受局限的且为一切事物的源泉与原始之对象。虽然老子以空无的概念来把握道的性质,我们最好用"不受局限"或"无终止的"此一名词,来提示道能实际产生人和事物的可能性。事实上老子特别认为由道所产生的一切事物都是与我们有某种关连的,我们应了解道的空无性或不受局限性,因而自道的了解中得到种种益处。

道家另一要点是,道并不是一静止的或不变的实体,而是运输与变迁的一种历程。这也就是说由道所包含的一切事物是在运转与变迁的历程中。就这一关连来说,现在须解答两个问题。在有中,道以什么样的动作产生一切事物?作为变迁与运转的历程,如何来描述道？回答第一个问题是道以化生和自现来产生一切事物。很明显的由道发生的历程是有着矛盾的，我们必须从辩证的观点解决这一矛盾。

我们已经看到是道空无而又产生一切事物的。之所以如此，是由于道是一种原理，由此原理否定可以变为肯定，潜在的可以变为实际的，空无可以变为实有，一可以变为多。正由于道的否定性和潜在性，就创造和维持了每一肯定的和实在的事物。不过就在潜在变为实际、否定变为肯定、空无变为实有，一变为多时，也就发生相反的历程。在这种意义中的道是无穷尽的，且以相反相成的辩证方式来决定变迁的作用。道家认为这种意义的道，代表人生最根本的智慧，我们可以在对人生和实在的细心反省中体验到它。

因为道是变迁的，而变迁一直是由某些事物转变为另一些事物，道自身便是两相对待事物的一种统合。道的两相对待事物分别称作阴与阳，即柔和刚的力量或原理。很明显的，老子认为阴阳力量代表一种统合力量的两方面，不论是个体或道的全体均如此。阴可以与否定的、潜在的，主体的、保存力等相同一，而阳则可以与肯定的、实际的、客体的和创造的相同一。从一种意义来说，阴代表道的一种无穷尽的力量，从这种力量引出各种形式的力或活动，阳则代表创造性的活动形式，不过这种创造性的活动形式在具体事物中有一种开始和终结，因此在具体事物的发展中，当阳的力量自身耗竭时，就转化为阴，但当阴具有支配力量时，就会大大的造成阳的活动。变迁的历程是由道的两重运动的两种力量交互影响构成的。由阳显现阴，由阴促使阳的潜在性的运动。老子曾特别强调返（或复）的观念。返是返于道的不可局限和无穷尽上。这是强调道为一种阴的力量。不过这并不是否定阳，因为除非阳的活动自身穷尽，一个事物就决不可能回到阴。因此在以道来解释一切事物产生的宇宙论原理时，老子也说明一切事物归宿的宇宙论原理。

　　老子曾将他的事物产生和事物归宿的宇宙论原理应用到人上，因为人的世界是离不开自然世界的，依照这些原理，人的福祉在于人能依循道，这也就是说，人能够保存行动的潜力，而不实际将潜力实现出来。因为人是道的一部分，且为道的产生过程的一分子。当人尽力而为耗竭自己时，他就会像作为道的一产品而遭揭弃，这可以解释为因过多努力的结果而遭受挫折与衰竭。因此，对待人生的较好方式是不盈与无为。人必须"致虚及守静"。要作到这一点就必须知"道"和养"道"。也就是学道的无为，从而使自己具有无限的创造且免于毁坏力的支配。在这种状态中，人生自然会归真返璞，事事复归其根。老子将这种理论称作无为而无不为。无为是不特意去作某些事情；无不为是依事物中的自然性去作任何事情。老子曾用了许多的比喻和形象来表达保持虚静、不盈和归真对引导人生的重要性。如果我们反省一下像水、山谷、未雕的木块、婴儿、母与阴等的自然性质与力量，就不难了解老子的论点。

　　就道的运转和获得人生的幸福来说，庄子在根本形式上是与老子不同的。首先，庄子并没有强调道是一切事物的源泉与原始。庄子认为道是一种普遍的表现且为一切事物的整体活动。在一切事物的相对性和相关性中，道便特殊的显示出来。庄子特别强调事物相对性和相关性的观念。事物的相对性和相关性有两重：事物彼此是相关的和相对的，且进一步与事物的全体相对和相关，这便是道。事物彼此相对和相关，意即每一事物是"此"又是"彼"，他们相对的和相关的被决定与被界定。事物彼此不同且又互相依赖。因之没有事物是绝对的或是世界的中心，这是因为每一事物是一绝对且为世界之一中心。对道来说，事物与道相关且是相对的。因为每一事物是道的一部分，且都是由自我型变和相互型变而产生的。在道的基础上,自我型变和相互型变的历程是没有限定的,道自身是一整体,由道展示了事物的自我型变和相互型变。因为如此,没有单个的事物和事物的差异是绝对的。也没有毫无差异的事物。

从道的观点来看,一个个体是道又不是道。其为道是因为道的自我型变的例示;因为它不是全体,故又不是道。如同我们以前指出的,这种自我型变和相互型变的原理,使事物在根本上平等。进一步的应用到人生上。认识了事物的相对性和相关性,人就不会自事物的任何特殊景象产生偏见,而能对事物中所展示的一切可能的景象和可能性产生开放的心灵。这种态度能使人过一种自然和自发的生活,即使面对困境和灾难也是如此。庄子并不认为这种态度是一种被动和退却,而是从了解道产生的一种自然积极的结果。积极的了解道即能适合道和应用道的内容,由此了解每个事物的中心性。在这种方式中,我们就可使自己具有创造性,这是因为我们准备接受变的一切可能性,且使自己趋向自由,因为我们不会把自己固着于任何单一的固定位置上。我们可以说庄子中的道学,除自然和自发以外,使人的生活目的变得自由和富创造性。

中国佛学的传统

在中国哲学中第三个重要的因素是佛学。我们必须将中国的佛学与在中国的佛学辨别开来。在中国的佛学是自印度输入的,但中国的佛学是中国本土理知的产物,为在中国佛学的后期发展。在讨论中国佛学时,一个常被疏忽的有趣事实是:中国的佛学有两派与印度佛学先辈相符合,又有两派中国佛学与印度佛学先辈不相符合。与印度佛学先辈不相符合的两派中国沸学可以视作是两派新佛学的发展,而比以前更具有意义和深度。中国佛学头两宗是三论和唯识,后两宗是天台和华严。

现在我们首先简短地讨论后两派佛学,提出其典型的概念并指明其何以比前两派佛学更重要,最后并显示这两派佛学何以可视为在理论上结合成为一种异常的地位,而广大的影响了后来的时代——慧能的禅宗立场及慧能以后的其他禅师。

在三论宗中,主要的概念是要达到不执着和圆融无碍的佛智,肯定此和肯定非此都须超越。但此四种辞端的否定之逻辑(此、彼、此与彼、非此非彼),当应用到本体论上时,就需要一种不断和无限分离与否定的概念。无论如何,这种历程是难与人自己所发现的心灵状态与稳定的实际经验相调和的。天台宗很明显的便是从关注这种型态的问题而发展的,也就是关注人与此世界的关系。

在天台宗的经典中,不断超越此与彼的否定态度是与肯定此与彼之意义的肯定态度相结合的。此世界是虚有的,因之加以弃绝,又正因虚有即是此世界,我们也就只有此世界中接受此虚有。此种思想的结果,如同天台佛学思想家所关注的,弃绝此世界即是接受此世界,接受此世界即是弃绝世界。因为我们能弃绝可以弃绝的世界,接受可以接受的世界。这样看世界,世界便是既可接受又可弃绝,既可肯定又可否定。由之真理是两层而又二而一的统合在一起。现在我们可以追问这种情形如何可能。回答是非常简单的。世界可以从辩证的观点来看,由之世界是两相对待的动性统合,而此两相对待的两端又相辅相成。有人也许可以注意到在中国经典哲学中的《老子》与《易经》中,已为这种辩证的思想提供了一种式样。

从法相宗到华严宗的理论发展历程,似乎也依循此相同的模式。在唯识的原始教义中,认为整个世界是超俗世心灵或潜意识即称作阿赖耶识的观念活动所投射(译者注:此段文句作者在原文表达技巧上极为简明,但据译者的可能了解,阿赖耶识可通潜意识但又实非潜意识,而要了解什么是阿赖耶识决不是语言层次所能表达的,"潜意识"是一个心理学上的名词,如果与佛学作类比的话,潜意识似乎属于末那识的层界内。当然要讨论心理学上的潜意识和阿赖耶识的关系,在方法上简直不知有多大的困难,而现代人研究佛学则又极需了解现代心理学。现代心理学可以大大的帮助我们了解八识中的前七识之作用,但专用现代心理学的方法是不能了解阿赖耶识的)。设定此一切能力的心或意识,从而设定附着于此心的观念,用来说明世界的存在。换一句话说,佛教认为世界是心的活动所变展而来的实在。因此若心碍观念活动继续且不改的话,生死轮回就不会止息。唯识理论最终目的之一在指出借止息心的活动从而止息生死活动的途径,以及指出借控制心的实在性从而控制世界的实在性的途径。这种观点却又是与人类的实际生活经验及世界继续存在的人之经验相冲突的。也许是基于要调和这种冲突性,华严宗便进一步的发展出一种理论,认为世界可以从多重途径来看,而智慧与真的解脱就在以多重途径来看世界,这世界就是华严的事事无碍法界观。

华严宗第一位祖师杜顺,提出了理无碍、事无碍、理事无碍、事事无碍的理论。所有这些观点,意谓世界是无穷丰富和实在的。我们就应张开自己的心眼来看此非局限于观念产物之丰富和实在的世界。从而更进一步肯定一切即一、一即一切的理论,这就可清晰地看出华严宗应是视心既为一原理又为一殊象,它存于其它一切原理与殊象中。其它一切原理与殊象,无不具有心的原理与心的殊象,这也就是万法唯心。此种互为依藉和互为关系的本体论原理,便用来恢复了世界的两种实在,及由恢复两者的原始统合而保持了世界的原有面目。这一理论也意谓着在一无限和谐的实在中,主体和客体必须互为依借,因而使主体和客体都成为一实在知识的必要属性。这种思想的可能性也可从道家和《易经》所发展的辩证观点来了解。

下面我们介绍在中国哲学中禅学的发展。前面我们已经指出此文是从分析性的重建观点来介绍中国哲学,我们最好视禅宗为在它以前中国佛学传统的最后和最好的产物。这也就是说禅宗在了解空的问题有天台宗的最佳传统,在了解心或意识的问题有华严宗的最佳传统。当我们适当的了解了天台和华严宗后,就知道禅宗实有天台和华严宗所具有的最佳传统。上面已解释了这两宗思想的主要论点。依此解释,我们可容易的看到天台宗发展了一种有关空的理论,承认世界实在和存在的丰富意义,且保留了心的现象学上的实在。华严宗发展了有关心或意识的现象学,承认和肯定世界本体上的实在。关于世界和人的心灵,华严和天台宗都指出了将本体和现象相互结合的可能性。虽然他们开始时是从不同的哲学背景和不同的论点出发,但所针对的方向却是相同的。

至此关于世界的实在性和人的本体及现象相互结合的可能性,亦即世界的本体的实在和心灵的现象上的活动相互统合的可能性,就实际的和显明的由禅宗的教义与实践表现出来了。依照禅宗的教义和实践,只要我们一旦见到自己的真性(本性)和本有心灵,我们就了解终极的实在和得到知慧,也就是不再受任何幻想、偏见和由心所产生的种种事象的束缚。但这并不是说丧失人的心灵或否定世界的存在。相反的,禅宗为了要达到开悟,肯定世界的存在和保有人的心灵是很重要的。因为只有保有自己的心灵和肯定世界的存在,才能从自己的心灵和世界存在的束缚中解脱出来。用佛学的术语来说,在实际的人生中有槃(自由),在涅槃中有实际的人生。

上述禅宗辩证性的结合,不仅仅表现在知慧的作用中,也表现在人生的实际活动中。或者用另一句话来说,不是而且不能脱离实际的人生。即使是语言,若离开了生活的内容,也不能认为是可以了解的。事实上,因为禅宗所使用的语言代表了实在的许多方面,结果就使得在实在中的一切可能性相互作用在一起。因此语言和语言的使用,除了叙述、讨论或达成一种言词上的论点外,就有许许多多的功能。通常语言可用来指其所指,我们也可以用语言指其非所指以指其所指,或者否定其所指而明即其所指。在禅学的宗师中使用语言来表示或启示开悟的境界,它的多种复杂性方式是值得仔细分析和解释的,这仍是一种大部分尚未为人进行的工作。这种分析和解释所具有的意义,不仅能显示禅宗诚朴和深厚的思想特性,且能确定语言和语言使用的潜在性质。事实上,对禅宗的宗师来说,语言的使用并不是表示或诱导开悟的唯一方法,还有其它的许多方法如身体上各种表示的动作也可以使用。

说到此处,我们对禅宗应注意的重要地方是,人的每一动作均有由现象所显明的本体意义,以及在本体上隐含着现象上的意义。禅宗法乃端在以创造性的生活和自我的觉悟之日常途径,来揭露人生的秘密,化平淡为神奇,寓神奇于平淡。因此,事实上禅宗并无门外人所称的神秘或不合理的地方,这些人仅只浮面的把握禅宗的教义和其历史背景。要紧的是禅宗是自然的与世界合而为一,并非刻意将世界落入一范畴性的悟性层面中,这一点在道家与易经中似乎也是如此的。

人人在本质上都是一道体,人人都具有佛性,在人生的意识活动中,我们就有充足的理由说人有能力实现和成就道或佛。知与行或作为二者之间的本体关系,就很容易的导致禅宗大彻大悟的理论。大彻大悟实乃主体与客体的动性统合,也就是能知的主体和被知的客体的动性统合。

在现代中国的马克思主义

最后我们要检讨在现代中国的马克思主义。中国进入二十世纪以后,在中国的智识界中便不断的企求一种持久性的哲学,来调和与适应中国的心灵、生活与文化,好符合现代世界的要求,也就是符合具有长处和困扰性的西方科学、宗教与技艺所形成的现代世界的要求。在近世中国政治、经济和社会的混乱与骚扰中,就很少有时间来分析和评估过去,以及计划,建设和预想未来。同时对于过去与现在,西方与东方,也少有时间作综合的研究。惟一的时间就用来对过去渐增不满,为了迁就现实提出变革,就一味的摈斥传统。这一点就足够解释在中国二十世纪早期马克思主义的升起,以及中国智识分子不能平稳地从过去转变到未来的普遍现象。

很明显的,中国的马克思主义是脱离了我们上面所讨论过的儒家、道家和中国佛学的传统中国哲学的。而中国的马克思主义与中国传统哲学的关系如何,它未来的方向如何,这是值得我们大家注意的问题。

中国哲学的四个特性

依据上面的讨论,我们可以列出中国哲学四个显明的特征。我们的问题不是评估中国哲学,而是以极相关的辞句来描述中国的哲学。这些描述和所指出的中国哲学的特征,可以视作是对中国哲学性质作通盘反省的结论。也可以视作是对中国哲学重要传统重建性的分析之结果。在此所表出的是中国哲学的主要特征,而非中国哲学的所有特征。无论如何,这些特征足够作为未来研究中国哲学意义与性质的基础,也足够捕捉和展示在中国哲学的辩证性和其涉及的问题。

作为内在的人文主义的中国哲学

　　中国哲学第一个重要特征是它的内在的人文主义。人文主义通常被了解为一种观点与态度，也即人在一切事物中是居于最重要的地位，人的任何活动，必须朝向人的种种价值。人文主义虽然可有许多不同的说明，但我们却可以把人文主义分为内在的与外在的两种。在西方大部分的人文主义都是外在的，然而在中国哲学中的人文主义却是内在的。在希腊哲学和在文艺复兴时代的西方哲学中，人的存在和理性的能力在事物的架式中是具有独一地位的。但由于超越经验的宗教的背景（不论是基督教或希腊神教）及思辨的形上学（不论是柏拉图的或阿奎那的），都是以一绝对的意义来分别自然与超自然，人与神、主体与客体，心灵（灵魂或精神）与肉体的。肯定人的价值就要牺牲与人不同的价值，不论是自然的或超自然的都得予以牺牲。这也就是说肯定人的价值就招致弃绝或中立与人不同或与人价值不同的价值。

　　由于文艺复兴时代的人文主义，西方人的心灵是由提高人对探求、利用或控制自然的兴趣作引导的。他们把自然当作一个无生命的物象，且把自然当作达成人的力量的方法，这样便直接的造成近代科学的发展。但当科学发展到令人起敬的状态时，人文主义被认为是过于主观，且限于研究人性，就不为科学的兴趣所重视。其所以如此，是由于科学的研究不仅在对自然的研究上剥夺了人的意义及在价值上要保持中立，抑且将人视作一科学探求的对象。科学所服膺的方法把价值看作纯是由人所创造的。这是一开始从外在来设定人文主义不可避免的结果，从外在设定的人文主义认为人与自然是不同的，因此人与自然是互相对立的。

现代存在主义所日增的反对科学的心灵也是从外在的立场来反对科学的心灵,因为存在主义强调人的绝对主体性,以之作为排除客观世界和物理性质的人文主义原理。这样便导致一种深深的挫折和羞愧的心理。

就中国哲学来说,自然被认定内在于人的存在,而人被认定内在于自然的存在,这便是中国人文主义的基础。这样在客体和主体之间、心灵与肉体之间,人与神之间,便没有一种绝对的分歧。没有这种分歧理由,从中国哲学的观点来说,当然不是应该作成分歧而在事实上没有分歧,而是不应该有分歧。在中国哲学所有大的传统和宗派中,都认为将人与自然或实在视作一和谐的统合是非常重要的,因为人自己就是一种肉体与心灵的和谐统合。尤其进者,如果我们能看先秦帝、天与道的概念为超自然的概念,那么自然和超自然之间就没有分隔。肉体与心灵彼此相互决定和界定来构成人的存在,人上下与天万物同流,发展为一种极具理想和完满的境界,使人具有人类学的也具有宇宙论的意义。也许是由于在人的心(灵)与肉体之间没有一种根本的范畴(类别),关涉到说明人的存在和其存在价值的根本范畴是生命,生命也应用到自然和创造性活动的道与天上。

简短地说来,分辨中国人文主义的内在性是:人是道或天最高的创造活动之结果,人是可与天地合其德、与日月合其明、与四时合其序、与鬼神合其吉凶的。儒家圣人、道家真人和中国佛学中的佛,都在证明着一种信仰,那就是人有一种宇宙的潜能来实现在自然中的价值和使自己成为完人。因此我们可以说中国人文主义的内在性一开始就认定人与终极的实在和人与自然之间是没有分歧的:这一点也说明了在中国哲学中缺少绝对的分离和超越经验的观念,因为在事物的相互关系作用中是不能有这些观念的。在以儒家、道家和中国佛学作基础的中心活动上,缺少这些观念也许是中国没有发展纯逻辑和科学的重要原因。但无论如何,中国的儒家、道家和佛家却使中国的社会、政治、道德在理知生活,能够获得秩序与安定。

作为具体理性主义的中国哲学

中国哲学的第二个特征是其具体的理性主义。理性主义相信透过人的理性可以得到有关实在的真理。事实上在西方哲学中理性主义的传统把理性的真理看作与事实的真理不同。他们认为知悉理性的真理是独立于经验之外的,因此它是先于经验的,而有关事实的真理则是建基在感觉经验上,因此是后天的。这种有关理性的真理之概念在理性主义的哲学中涉及到两种基本的假设:第一,在人中的理性是先天的,透过理性的理知反省,人自然能了解理性,因为这些真理本是理性所具有的。第二,理性的真理比事实的真理更确实更珍贵,因此是人类知识的范本。在西洋的理性主义中,逻辑、数学甚至理论物理学都认为是理性的真理之例子。即使在伦理学和形上学中,也多当作理性的真理之题材来讨论。只有到比较近代的时期上面所描述的理性主义才遭受到酷烈的批评与怀疑。

现在很明显的是,西方理性主义最具意义的特征是人有抽象和演绎的理性能力。这些能为知识建立抽象的和普遍的原则。由于理性的能力与经验在基本上是分离的,因此,有关理性的真理就根本的与事实的或经验的真理分离。

相对于西方哲学,中国哲学之为理性主义并不是从一个抽象的意义来说的,而是从具体的意义来建立理性精神。中国哲学家承认人是一种理性的动物,具有理性的功能来认识真理。这种信仰是从相信人与自然统合和自然的最高发展在人中表现充分的创造潜力而来的。人可自然的知道实在或道,就正因为在人的具创造性的潜力发展中是一必然的步骤。就天或道的意义来说,人所见的实在,是在具体事物中所展现的合理秩序,这是由人的探求可以了解和见到的。因为在客体和主体之间并没有一种原始的罪恶的划分,人的主体性就自然的与在自然中的客体性相符合。这一点我们可以把它当作形上学之信仰的条目,但是它具有一种性质,那就是能解除有关外在世界知识和其它心灵之间的知识论上的困惑。因此,在中国的哲学中就没有怀疑主义和智识独我论的理论。

现在有三种根本的意义,我们可用来界说在中国哲学中使用理性的意义:首先人应该将其视线置诸实在之上,观察事物的种种活动与型态。以大量的经验的观察和经验作基础,《易经》便从阴阳的相互变化发展了变的哲学。然后我们可从中国古典著作中所使用的语言看到像天或道两类的终极实在,并不是逻辑的界说之一般的和抽象的术语,而是一种普遍的和具体的内容,可以透过直接的经验和广泛的经验层面来了解。

在伦理学中我们也同样地看到儒家的道德观念密切地与人对基本情绪的经验关连在一起。如果我们将孟子所说的不忍人之心与康德的无上律令理论作比较,就会知道道德的情操是在人生具体情境经验中具体实现的,而康德的无上律令却是理性的抽象演绎。因此,要应用儒家的道德并没有什么实际的问题,而要应用康德的无上律令于人生具体情境中却发生困难的问题。另一方面,由于康德的伦理学有一种演绎性的结构和合理的说明,它就不像儒家的著作一样,对于道德的洞察,比较少系统性的组织。即使孟子也说到人的先天的善的知识(所谓良知),但是,良知并不是帮助人达成道德律令的一种能力,而是在具体的人生情境中分辨善恶的能力。因此,在儒家哲学中具体的理性并不是单单的符合康德所使用的实践理性,也不是单单的符合康德所使用的纯粹理性的抽象理性,因为在中国哲学中所示范的具体理性,不仅要处理人的实际问题,而且要保证在人生的实践中至始至终与理性相连结,这样就导致具体理性主义的第二种意义。

中国哲学一般是朝向在社会与政府中的行动和实践的,目的在成己成人,使每一个人变为完人。中国哲学更进一步的强调理论必须应用到实践上,否则徒为空言。在王阳明哲学中,理论和实际为同一事物的两端。这也就是说理论的了解必须寓于行,而任何种类的行又必须有对世界和自己的知识与智慧。中国哲学的此种特性,我们较后将稍为进一步的讨论。具体的理性主义,就是要透过自我教育和在实际具体实现的知识之历程来成就道德上的完满。在实际中实现的知识和自我教育,不仅是理性的合理活动,且在达到人生完满的理想上展示了道德。事实上我们只要将在抽象理性中的纯粹理性和具体理性中的自然理性作一对照,就会知道我们所论及的中国哲学是着重具体理性的。

最后具体理性有下列一层的意义。中国哲学主要在朝向道德与政治的目的。即使在本体论和本体论上的思辨也是有着道德和政治意义的。例如在新儒家中的理(原则、理性)即为一具体合理的理想及理念。理并不是与人生有关的基本生活经验及其它人和事物相离的,理是成就社会和谐与行政上的政治秩序之基础。

也许有人说在中国思维中理性的抽象原则和理性的具体事例之间并没有一种分别,因此就没有抽象的培养纯粹科学、数学与逻辑。这一点也多少可解释为什么在中国哲学中不把哲学自身当作一种演绎的理性活动,而是影响和指导人的活动之一种综合的道德成就。

作为生机的自然主义之中国哲学

中国哲学的第三种特性为其生机的自然主义。自然主义是中国哲学重要内容,因为中国的世界观是建基在现实世界而不是另一世界上的。事实上,我们先前已经指出在中国哲学中并不存在着人与神和自然与超自然之间的二分法。因此在中国哲学中就自然没有讨论到超越经验主义和内在主义之间的问题。中国哲学认为实在的每一形式都是一种变的历程和自然发展的。我们已经知道道家认为事物在自然中有一种变动和变化的潜力。这也就是说个体事物并没有一种静的实体,各个体事物之间彼此都是有着关系的。各事物都是在一种变的动性历程和互为关系的生机脉络中相互决定和界定的。

简单地说来,在西方的观点中,自然和实在最好描写为一种独立的具体对象,在其中展示一种为科学探求的普遍律则。但是中国哲学大部分认为自然是一种不断活动的历程,各部分成为一种有生机的整体形式,彼此动态的关连在一起。我们已经知道此种活动的历程是阴与阳的相互变动,在时间的历程中来实现自己。事实上正因为在时间的历程中事物才能实现它们的潜能及为自我的发展获得更多的潜能。只要考虑一下事物彼此关系和对终极实在的关系之发展,我们就有理由说实在是一生机的全体,各种差异的活泼统合。由于中国哲学自然主义的此种生机性质,因而在了解自然和实在一事上,就常常应用到生命一词。

在我们考虑客体与主体、物体与精神之间的关系时,我们最好保留中国哲学自然主义的生机性质。虽然有许多哲学家允许在主体和客体、物体和精神之间有一分辨,中国哲学家却认为其中的关系是一种自然的相应,互为依藉和补充,在互为依藉和补充以及自然的相应中,就成就和保存了生命与理解。事实上我们可以认为各种事物之间的关系是一种总体性继续不断的关系,因为精神和物体及主体与客体之间并没有一种实际上的分裂。物体与精神都是终极实在的道之实现,因此也就是全体实在动性历程的两部分。

在中国哲学的生机自然主义中，另一具体证明是人与社会和国家之间的生机关系。儒家认为理论，也认为人是与世界一切事物相关的，但为了要成就完善，人就必须参与道的活动，好与一切事物发生关系。人不仅是与道同一，在人与人和人与事物之间的生机关系中，事事和谐和达到和谐的过程就支配了中国哲学。但是中国哲学的此种和谐与达到和谐的意义，是深深地建立于善的价值基础之上的。善的价值是一种基本的力量，是达到和谐的结果与历程。

最后我们可以说到生机关系的终极模式。中国哲学中的生机自然主义是与《易经》中的变的哲学相关的。在《易经》和有关《易经》的注释中已充分的发展了阴与阳的相互变动的概念，并给予一种象征的和形上学的意义。因限于篇幅，我们不能讨论这方面的哲学，但只要指出《易经》中认为万物井然有序和理性是道中阴与阳的交互变动，也就够了。此种道的交互变动在以最简单的词句来解释变动为哲学的现象时，乃是一必要的条件。因此在了解变动时，阴与阳是一个最起码的范畴。以这些范畴、各种殊异的辩证历程以及实在的普遍性作基础，我们就可以简单的基础来解释许许多多的事物。这种解释包含了我们讨论的生机关系，因为这种解释产生了一种事实，那就是道的统合必须在一活动的创造性历程内与各种杂多的事物产生生机的关连。我们可以说在本质上各个事物的生机关系，分析到最后必须基于道或终极实在变动活动的辩证历程上。

作为自我修养实效主义的中国哲学

现在我们述说中国哲学的最后特征，那就是自我修养的实效主义。我们已一般地指出，中国哲学一开始就特别关注，促进个人的幸福和社会及国家的和谐与秩序。儒家的道德观念和儒学的许多思想家都清晰地表示了这种心灵。即使在老子道家哲学中也讨论到政府的最佳形式问题。无为而无不为的原理既是道的宇宙论原理，也是激励统治者有关道的政治原理。中国佛学的实践性是无需多加解释的，因为很明显的是中国佛学的目的就在实际地解决人生的根本问题。值得注意的是，在中国并没有一派哲学或思想家认为哲学只是一种思辨的活动，而是严肃地注意到实际训练、教育或改变人（或哲学家本人），使人成为一较好的存在和具有较佳的了解。易言之，我们可以说中国哲学有一种特殊的向度，这个向度就是透过哲学的修养或自我修养来实现自己。

　　在儒家和道家中曾经发展了一种特别的研究，那就是自我修养的理论或自我实现的理论。特别在儒家的《大学》与《中庸》中形成了自我修养八重步骤，并以世界和谐为其终极目的。头两个步骤是格物致知，其目的在了解世界。其次三个步骤是诚意正心修身，其目的在使自己变得完满，好使自己能肩负起社会的和政治的责任。最后三个步骤是齐家治国平天下，其目的为在人群中实现自己的德行，在一种关系的实在性中来实现一个人的潜能。

　　在此种自我修养和自我实现的历程中有两种主要的内容。第一，此种历程为成己然后扩大为成人；第二，将人内在的成就与外在的效果统合起来。这种使一个人有由内发乎外的修养历程的统合就是"内圣外王"。儒家很明显地表现了成己成人的理想，至于道家和佛家如何也可说为具有成己成人的实效主义，则并不十分清楚。在中国佛家的情况中，成佛的理想和各类佛家的说教，都是一种实效的训示，透过个人自我修养的努力来获致整个人生解脱。虽然道家基本上停留在个人本位的阶段，然而在老子的设想中，理想的统治者必须谋一切人的幸福，且须依循道以行事。历史上指出道家的理论也曾指示后来的政治家如何处理国家和社会的各种问题。韩非子的著作中就是一个例子。

由于中国哲学极力关注自我修养的实效主义,就比较少有兴趣来发展任何有关拯救人的外在和超越经验的力量的理论。事实上,由于中国哲学自我修养的实效主义,关注人生的根本问题就无需走自然的宗教了。

在中国哲学中一般认为人能达到终极和至高完美的境界,不论称其为圣人也好,真人也好或佛也好,总之,这是人人应该而且可以做得到的。换句话说,人能止于至善而无须超越他自己所处的世界。因此在中国哲学中的自我修养就代替了宗教的膜拜和至高的神。在此种自我修养实效主义作基础的道德哲学下,中国人的心灵虽具备了西方宗教的功能,但却不会招致西方宗教中独断主义的灾难。在自我修养实效主义的宗教内涵和道德自治中,其所以成为可能,还有许多其它的基础。其中各个基础都被包含在我们所说的中国哲学的内在人文主义,具体的理性主义和生机的自然主义中。

结　　论

上面我们依分析的重建方法说明了中国哲学主要传统和思想的综合特征。在中国哲学中有三种主要的传统:儒家、道家与中国佛学。在其历史和理论发展中,这三种传统交互影响和具有共同因素。依据我们从先儒家原始观念所作的讨论,我们可以看出事实上儒家和道家具有相同的原始与源泉。就某种意义来说,它们是彼此互相界定和互相补充的。这种观点从儒家和道家都接受阴与阳的辩证形上学便可看出来。

我们指出了中国哲学的四个特征:内在的人文主义、具体的理性主义、生机的自然主义与自我修养的实效主义。第一和最后特征主要在处理中国思想的道德、社会与政治方面的问题。第二和第三特征主要在处理中国思想的智识论与形上学方面的问题。不过我们须记住的是,中国思想在道德政治社会方面是内在的、辩证的与智识论和形上学交互在一起的。因为道德与社会政治有其知识论与形上学的基础。在形上学与知识论方面的思想则以道德的实践和政治与社会的改革为其目的。从我们的讨论中应可明白地看出中国哲学的四个特征是相互关连在一起和相互支持的,因此最好从各种特征的内容来了解各个特征。

我们未讨论中国哲学的各个支脉。虽然一般的讨论了儒家哲学,但未涉及中国新儒家,中国新儒家是在中国佛学影响下所特别发展的经典儒家。不过如果我们讨论新儒家,就应能看到新儒家就像中国哲学的其他主要传统一样,清晰地展示了上述的四种特征。

在我们所指出的中国哲学四种特征中,另有一点应加指明,那就是我们讨论中国哲学的问题,是从接受上述的特征来讨论中国哲学的。如果说中国哲学是广泛的建基在人与自然的统合原理,实在的原理为一阴与阳的辩证交互历程、主体与客体之间不是分歧的原理、心灵与肉体、抽象与具体,以及个人自我修养之全体完满性原理之上的话,那就会产生一些问题,此即中国哲学如何面对超越经验的需要的问题、罪恶的起源问题、逻辑的性质和在科学中理论知识的问题。此外我们又不得不探求中国哲学的原理如何与既有的超越理论、有关罪恶的思想、在西方传统中的理论知识与逻辑相调和。我们的讨论是有目的的将这些问题存而不论。如果中国哲学能使我们从一个批评的角度了解这些问题,然后提供思想的各种方法,我们就更有理由说中国哲学是值得普遍关注和具有世界意义的哲学。

[**附记**]　本文英文原稿题名"Chinese Philosophy: A Characterization",系作者为挪威出版的世界哲学杂志"Inquiry"所写之特约稿,于1971年3月份刊出。

（选自《中国文化的特质》，刘小
枫主编，三联书店，1990年）

成中英（1935—　），美籍华裔哲学家，祖籍湖北阳新县，
生于南京，1955年毕业于台湾大学外文系，1958年获华盛顿
大学哲学与逻辑学硕士学位，并入哈佛大学深造，1963年获
得哲学博士学位。后任教于夏威夷大学，同时任多所大学的
客座教授。他致力于中国哲学走向世界，并做出巨大贡献，是
《中国哲学季刊》的创立者和主编、国际中国哲学学会、国际易
经学会、中国哲学高级研究中心、远东高级研究学院等国际性
学术组织的创立者和主席，国际中国管理与现代伦理文教基
金会的奠基人。著作有《中国哲学与中国文化》、《科学真理与
人类价值》、《知识与价值：对和谐、真理与正义的探讨》、《中国
哲学的现代化与世界化》、《世纪之交的抉择——论中西哲学
的会通与融合》、《文化、伦理与管理》、《合外内之道》等。

本文通过对中国哲学中儒学、道学、佛学三种主要的哲学
传统的分析，认为这三种传统在历史和理论发展中交互影响，
具有共同的因素；中国哲学有四个特征：内在的人文主义、具
体的理性主义、生机的自然主义和自我修养的实效主义，这些
特征是相互关联在一起和相互支持的。

中国人的宇宙论的精义

方东美

今天我想开始探讨中国的宇宙论,我之所以要提出这个问题,是因为从某种意义来说,中国民族所以能有伟大的文化,与其宇宙论是息息相关的。在我们中国人看来,永恒的自然界充满生香活意,大化流行,处处都在宣畅一种活跃创造的盎然生意,就是因为这种宇宙充满机趣,所以才促使中国人奋起效法,生生不息,创造出种种伟大的成就。像老子就一再说过"道"可以为天下母,是宇宙之母,我们生于宇宙之中追求最高常德,就如同婴儿复归其母一样,也要返朴归真回到自然,婴儿代表纯真,看似无甚作为,却有无限潜能足堪大事,这从他们的想象力与游戏中也可以看出。平常当小孩正要工作或已经作完时,多会看看母亲,企求赞许或笑容,哲学思辨也是如此,老子说得好:"既得其母,以知其子;既知其子,复守其母。"所以中国的思想家永远要回到自然,在宇宙慈母的怀抱中,我们才会走向正途,完成生命价值。

现在姑且不提这些深奥玄理,我想先用平易的话指出,我们若对居住的世界没有适当的了解,将会很快毁灭。各位听了这话或许只是一笑置之,以为我在危言耸听,但这问题的确严重,我绝没有夸张其辞。像各位安坐在房内专心听讲,可能以为四周环境与我毫不相干,何必管它外在世界,何必管它什么化学变化是地球内部产生,什么物理变化在天空中产生,什么政治野心想以"战争贩子"的姿态奴隶世人,屠杀世人——所有这些都和我们毫不相干。这种看法是对的吗? 不! 一点也不对。

比方说,假定有一个庞大的星球,以极大的速度划过空间,把我们的地球撞得粉碎,或者有一个地层底下的变动,引起了极热的火力,冲破地壳,把我们成千上万的房屋城市烧成灰烬,或者,再假如有一个大规模的军事动员,恶魔般地侵略我们,刹那间,把我们可爱的国土烧焦成原子弹下的尘埃。我们仍然可以漠不关心吗?

这好像已经成了一个常规,我们平时生活在正常不变的环境里,只会看到切身的内在经验,而忽略了外在环境,有时我们生活得很惬意,很平静,没有风波,没有危险,因此学得只注重生命内相,而忽略其必要的外缘,事实上,要是脱离了外在世界的凭藉,别说生活、行动,甚至连一时一刻也不能生存。

如果对这些没有认识,那不但是生存不可能,我们甚至连做梦都做不成,以前庄子梦为蝴蝶,"栩栩然蝴蝶也"。假如在梦中没有一个梦境世界,再假如那梦境世界没有美丽的花园、可爱的草地,以及满园的花香春意,庄子即使梦蝴蝶,又怎能栩栩然陶醉其中?一言以蔽之,宇宙就是人类藉以生存的环境,而宇宙论则是对这生存环境所下的合理解释。

宇宙,在中文里原是指"空间"和"时间",上下四方的三度空间叫做"宇",古往今来的一系变化叫做"宙",宇和宙一起讲,就表示时空系统的原始统会,"宇宙"两字中间如果没有连号,就是代表一个整合的系统,只在后来分而论之的时候才称空间和时间,西方即使 Minkowski 所说的四度空间性,亚历山大教授所说的"空间——时间",都不能贴切地表达"宇宙"一词中时空的不可分割性,最接近的讲法倒是爱因斯坦所说的"统一场",在中国哲学家看来,宇宙正是所有存在的统一场。

按照近代科学的发展,一切物体的状态,一切自然事件的过程,以及一切宇宙能量的开展,都需落在时空的间架里面讲。这讲法乍看蛮好,但若从中国哲学家看来,这种科学式的讲法却是差之毫厘,失之千里,我这样讲是有道理的。因为"空间"——"时间"只是物体机械存在的场合,若拿它来当作全部生命的环境就变成只知其一,不知其二。因为生命除掉物质条件外,原兼有精神意义与价值。

从中国哲学家看来,"宇宙"所包容的不只是物质世界,还有精神世界,两者浑然一体不可分割;不像西方思想的二分法,彼此对立,截成互相排斥的两个片断。在中国,宇宙绝不是一个战场,借柏格森的一句话来说,不能有"生命与物质的交战"。当然,在这综合的宇宙全体中,也可以有某些分际,像我们在《易经·系辞传》可以看到:"形而上者之谓道,形而下者之谓器",后来宋代哲学家,像张载、朱熹,也在"虚"与"气"或"理"与"气"之间有类似的分际,但他们仍在这些分际之中,力求其一贯融通。

所有这些理论千万不能与西方形上学的二元论混为一谈,更不能矫揉削弱,曲解成偏狭的唯心论或唯物论。"宇宙"从中国人看来,是精神与物质浩然同流的生命境界,在波澜壮阔的创造过程中生生不息,宣畅一种日新又新的完满自由,绝不受任何空间或时间所束缚。

"它全心全意致力于一个目标,那就是跳出宿命论的束缚,扬弃阴郁,突破偏执,以求自我解放,神思驰骋,更而力振翅翼,征服空间,超越命运,臻于活力世界。"(Maeterlinck:"Life and Flowers",pp. 207—8)

把这一特点说明之后,我现在想把中国的宇宙观分成三层来讨论,为便于了解起见,我有时会拿中国学说和西洋思想对照来说明。

(一)宇宙在我们看来,并不只是一个机械物质活动的场合,而是普遍生命流行的境界,这种理论可以叫做"万物有生论",世界上没有一件东西真正是死的,一切现象里面都孕藏着生意。

诸位如果读过中国一部有趣的小说《镜花缘》,就可以充分了解这一层,当三月的春天来临时,西方的王母娘娘在昆仑山上设宴作寿,一切自然万有,与超自然的万有,像小神仙们、半神半人的少女们、大自然的众神、妖怪,以及所有奇奇怪怪的神仙们——包括北斗宫的魁星夫人,空中的"风姨"(在此小说中,风姨为女性,与希腊神话不同),天下的月姐,蓬莱山上的百花仙子、百兽大仙、百鸟大仙,海中的百介大仙、百鳞大仙,和木公、金童、玉女等等——所有不同类型的生物都来参加了献寿盛会。

这种文学上的幻想,直把世界上冥顽不灵的东西都看作生香活态的现象,虽然哲学不能像文学幻想一样具体描写世界的生态,但也可以假定有一种普遍流行的盎然生意贯彻于宇宙全境。在古代希腊不少哲学家,在中国历代所有大哲学家,对宇宙多持这种看法。

只有近代大多数的欧洲哲学家才是另一种想法,他们因为深受物质科学的影响,不得不认定宇宙只是一个冥顽的物质系统,照他们讲法,这宇宙只是由质与能的单位,依照刻板的机械定律,在那儿离合变化所构成。无可讳言,这种讲法若是从科学验证的方面来看,确实能成功的引发出许多抽象精密的思想系统。

但是,如果拿这种科学唯物论来解释人生,那就极为枯燥困难,格格不入,所以近代欧洲哲学家为了圆满地探求人生意义与价值,便非要另起炉灶不可。麻烦的是他们永远在精神与物质之间划出一条鸿沟,壁垒分明,难以融合。在西方历史中他们绞尽脑汁,想要建立一种哲学体系,以便世界观与人生观能够和谐并进,但是我恐怕他们的努力,即使不失败,也会产生矛盾。

对于这个问题,中国哲学家却有一套十分圆通完满的看法。

"宇宙"，从我们看来，根本就是普遍生命的大化流行，其中物质条件与精神现象融会贯通，毫无隔绝。因此，当我们生在世上，不论是以精神寄物质色相，或以物质色相染精神，都毫无困难，物质可以表现精神意义，精神也可以贯注物质核心，简单地说，精神与物质恰如水乳交融，圆融无碍，共同维系着宇宙与人类的生命。

中国人和希腊人的宇宙观大部分可以拿"万物有生论"来解释，这几乎成了一个通则，但在近代西方思想却不然，因为近代欧洲人往往把宇宙当作物质的机械系统，其中并不表现生命，即使有时遇着生命现象，比如说，在地球上的或是在火星上的生命现象，也会被化约成物理条件，以迎合物理化学等科学定律的研究，这种思想的趋势，除去新近所发展出的"新唯生论"、"有机论"与"物活论"以外"，可以称之为"宇宙无生论"。

而中国哲学家正相反，他们不常用"宇宙"这字，正代表他们不愿意把宇宙只看成一个空间与时间的机械系统，所以在经书子集中，我们常会遇到一些观念，像"天"、"天地"、"乾坤"等代表创造化育的作用，在自然创进历程中则有"道"、"自然"、"阴阳"和"五行"等观念，再如"虚"、"理"、"气"、"心"等等亦然，除此之外还有许多名词也都是用来形容宇宙的特性。

所有这些观念和名词，含义虽不同，但都是用来对宇宙秩序和结构作妥切的解释，如果我们只执著于这些差异的名词，不能会通，那中国的宇宙观就可能会被误为驳杂、纷乱，人言言殊，但是，我想这种种的理论都可以归结于一个根本要义，而表现出一种伟大的哲学见解，那就是："宇宙是一个包罗万象的广大生机，是一个普通弥漫的生命活力，无一刻不在发育创造，无一处不在流动贯通。"

孔子说过："天何言哉？四时行焉，百物生焉，天何言哉？"（《论语·阳货》，19章）《易经·系辞大传》的作者更深知乾以大生，坤以广生，故合而言之，称颂天地之大德曰"生"，像老子、庄子和列子所说的"道"，也显然是生天育地，衣养万物的母体（译注：参考《老子·上经》、《庄子·大宗师》、《列子·天端》篇）。像墨子也说："天欲其生而恶其死。"（《墨子·天志》，梅贻宝先生英译本，第7篇，26章，页136）再就孟子来说，如果你能"知性"（译注：性即"生"的意思），你便能"知天"。像汉代一位有名的思想家赵歧注解《孟子》时也说："天道荡荡守大无私，生万物而不知所由来。"

秦汉间的思想家大都笃信阴阳五行之说，以物体为基础来论天，所以看来近似唯物，但是即使如此，他们还是把积气之天与积形之地，看成是包容万物的"苍苍然生"，基本上还是采取一种"万物有生论"。

下面我将引述各家之说，以证明我方才的说法——

天地含情，万物含生。（易乾凿度易，亦见列子天瑞）

万物非天不生，非地不载。（伏生《尚书大传》）

天地有合，则生气有精矣。（韩婴《韩诗外传》）

道之于一，造分天地，化成万物。（许慎《说文》）

天者施生……地者之气之所生。（班固《白虎通》）

天之为言陈也……施生为本，转运精神。（《尔雅释文》引《礼统》）

后来宋明哲学家所继续发挥的就是这种宇宙观，朱熹有一句话可以总括从汉朝到宋朝所有儒家对宇宙的看法，他说："天以阴阳五行化生万物"；张载所谓"由太虚有天之名，由气化有道之名，合虚与气有性之名"（《正蒙·太和》篇），也是融和各说，以形容宇宙间蓬勃的生命。至于程颐、朱熹、黄勉斋、薛敬轩同说的"天地以生物为心"（朱熹《仁说》），更是透彻之言，再像程颐、王阳明说心说仁到精微处，也是要体察天地人类和万物的"生道"或"生意"（《程氏遗书卷》，21章；王阳明《传习录》第一部分，卷2，《大学问》）。

这种思想倾向可以用戴震的一句话来集大成:"气化之于品物,可以一言尽也,生生之谓欤!"(张载《原善》)所以,我们最后可以看出,中国的哲学家不像西方的思想家在科学主义的偏执下囿于"万物无生论"的边见,而且是永远在追求一种广大圆融的观点,以统摄大宇长宙中生命的创进完成,所谓"天地生物气象"即是(译注:《近思录》卷1)。

(二)宇宙,从中国人看来,是一种冲虚中和的系统,它在物质上的形式可能有限,但在观念上的功用却是无穷。我在别处也曾指出,中国的宇宙论,就"体"而言是个有限观,就"用"而言,却是个无穷观(参见方东美:《生命情调与美感》),关于这一层,也可与西方思想做个对比。像希腊人,惯于把宇宙看成是具体的东西,所以他们从几何学上来着想,上下四方都是有限的空间,宇宙就是这种有限空间中的物理现象;在这种有限空间中,所有发生的事情都好比是"现在",都要落入"现在"来设想,因此过去不存在,未来也不会存在,真正实在的只是永恒的现在。

近代欧洲人则不然,自从笛卡儿发明了他的解析几何之后,"空间"已被认为根本是无限的延伸,也就是说,在极抽象的解析中其大无外,其小无内,像天文学家们使用了巨大的望远镜,便如同"应邀进入无限的空间",因此可以观察太阳系、恒星系统和星云系统,然后"看"出——不只想像出——天外有天,永无止境,然后推论宇宙乃是一个无限"延伸"的空间;如果你想计算其直径长度,那天文数字将会大得吓人。再就"时间"来说,则现在之前有过去,过去之前还有过去,一直可以推到无穷的过去;同样,现在之后有未来,未来之后还有未来,也一直可以推到无穷的未来,正是华滋华斯所谓——

　　　　托命于空明,

　　　　娑娑削尘虑,

无穷翔远心，

去住有佳趣。(《序幕》,6 节,604—605,方东美译)

上面我们看了西方两种不同的宇宙论——古代希腊的"有限说"，和近代欧洲的"无限说"。中国的宇宙论则适居其中；以我们中国人看来，在某一方面是有限的，在另一方面却无限。对这一点我需加以说明，我们中国人设想宇宙，从空间来看，多以"四海"之内，"华盖"之下，美丽的云层以下为范围，所以空间的范围事实上并不很大。

再就时间而言，从远古数到未来，如果依照邵康节的四个纪元"世、运、会、元"来推算天地始终之运，顶多也不过数十万年(三十年为"世"，十二世为"运"，三十运计一万八百年为"会"，十二会计十二万九千六百年为"元")，当然这四个纪元因周期性的更迭轮转，仍可把时间延伸至无限。所以若只就形体而言，则中国的宇宙可算是有限大，但这只是中国宇宙论的一面而已。若从另一面看，有限的形体却能表现出功用的无穷。这中间是如何转化的呢？

中国人向来具有一种天才，凡是遇著有形迹、有障碍的东西，并不沾滞，总是把它们点化成极空灵、极冲虚的现象，我们知道如何在物理世界掩其实体，显其虚灵，世界真相因此而展现，"真"的领域因此而显豁，"善"的提升因此而完成，"美"的创造因此而实现，这正是我们中国人在智慧上所表现的特别本领。

易经大有象传说："大车以载，积中不败"，在老子也可以发现类似的话："三十辐共一毂，当其无，有车之用；埏埴以为器，当其无，有器之用；凿户牖以为室，当其无，有室之用。"(《老子》11 章)换言之，世界上很多东西的功用都不在于物体之实，而在空虚之虚。杯子之所以能装酒，汽车之所以能乘客，大厦之所以能住人，就是这道理。

就以现在这演讲厅来说，在屋顶下各位能发现什么吗？除了一大片空间,充满空气之外,什么都没有,然而在此我们就可以体会到中国智慧里"去其障,致其虚"的精神作用,我看各位已经有人对智慧相当能欣赏,而且能以最空灵的话表示,正像我们中国一首诗所说的:"含情无言最迷人",如果不是多言无益,那她的无言又有什么意思呢?

现在我们可以再回到中国哲学的这种慧见,凡是物质一着实的,就会沾滞不化,索然乏味,凡是能去迹存象,保持精神空灵以显势用的,就会顿生芳菲蓊勃的意境。这就是为什么我们永远能将实者虚之,并将物质世界以哲学心灵点化成空灵胜境,让我们再听听老子的讲法,这正是"天地之间,其犹橐籥乎?虚而不屈。动而愈出"(《老子》第5章);"大成若缺,其用不敝,大盈若冲,其用不穷"(《老子》第45章)。

朱子也极明白这种道理,所以他说:"盖自本体而言,如镜之未有所照,则虚而已矣……至语所用,则以其至虚,而好丑无所遁其形。"(朱熹《朱全公全集·舜典象形说》)再像老子所说的"大方无隅"以及墨子所说的"方不障",都是这"实者虚之"的道理,宇宙虽有形体却不生障碍,这就是为什么我们能使有限宇宙的形体,表现无穷空灵的妙用;此中所有的秘诀就在于:"损其体,去其障,致其虚。"

其次,我想请各位注意近代几何学一种有趣的理论,各位可以在纸片中画上一点,然后以这一点作圆心,画上一个圆圈,假使我把这个圆圈当作一个球体,也就是说在理论上代表这世界两度空间的平面,那么它显然在空间上是有很大的,对不对?现在我们可以再想象这平面上住了无数扁平的动物,也就是说,两度空间的动物,有长与宽而没有高度,如果让这些奇怪的动物在球体上行走,采取一种一直向前的回线,在这方式之下,它们将是周而复始,毫无止境,万一他们也有此意识,迟早便会对这两度空间的世界产生一种"无穷感"。所谓有限之体可以显无穷之用,上述的说明也是一个例证。

庄子是深知这道理的,所以他说"执其环中,以应无穷"(《庄子》卷1,第2章),这个伟大的真理在《中庸》里也说得很透彻:"致中和,天地位焉,万物育焉。"不偏为中,相应为和,道理即在此。

或问,中国人何以能将有限的宇宙形体点化成无穷的空灵妙用呢?就是因为我们能够放旷慧眼,玄览宇宙,处处使自己对"道"执其环中,以应无穷,也就是对宇宙和悦相应,中正不偏,所以在"德"上就能忠恕体物,使万物都能同情交感,对一切万有更充满喜悦和欣赏赞叹。

《中庸》说得好:"中也者天下之大本也,和也者天下之达道也。"正因为我们能守这"中和"的至高美德,眼光绝不偏颇自私,心胸绝不狭窄顽固,行动能够保持大本,生命能够遵循达道,所以,我们所了解的宇宙绝非一个封闭系统,而是一个生生不息的开放世界。"生命"对我们中国人来说,绝非呆滞僵化,而是邀请我们参赞化育,与宇宙共同创进,臻于无穷,此所以孔子会说:"君子无入而不自得。"

(三)"宇宙"在中国的智慧看来,也充满了道德性和艺术性;所以基本上来说,它是个价值领域,这一点与西方哲学大不相同,虽然希腊也有些哲学家视宇宙为价值领域,但自柏拉图以降(如果苏格拉底不算),宇宙都被截然二分了,在宇宙的底层,也就是物质世界,罪恶横行,善良衰微,虚伪充斥,盖过纯美,所以当希腊人讲到尽善尽美的境界,总认为先需超脱物质世界,才能归趋上界神境。

近代欧洲人,从科学立场上看,只把宇宙当成是自然现象,所以在转运不已的历程中并无善恶美丑可言,在他们看来,这物质世界在价值上是中性的,无所谓价值不价值,如果要谈价值,便需先撇开这物质世界,像宗教哲学家或艺术家一样,另外再建立一个超越领域,价值观念才有所依托。像康德就显然如此,斯宾诺莎也隐含此意,唯一的例外是莱布尼茨,正因如此,到了黑格尔及其学派,才产生各种不同学说。

我曾经一再说过,几乎所有的中国哲学都把宇宙看作普遍生命的流行,其中物质条件与精神现象融会贯通,浑然一体,毫无隔绝,一切至善至美的价值理想,尽可以随生命流行而充分实现。

换言之,宇宙,当我们透过中国哲学来看它,乃是一个沛然的道德园地,也是一个盎然的艺术意境。《易经·系辞传》中曾经一再说过:"一阴一阳之谓道,继之者善也,成之者性也,仁者见之谓之仁,智者见之谓之智。"

"乾以易知,坤以简能。"(乾为大生之德,以天代表,坤为广生之德,以地代表)

"易简之善配至德。"

"天地设位,而易行乎其中矣,成性存存,道义之门。"

所以说,一切事情都是透过生命而达到至善。

老子虽然有时会感叹:"天地不仁,以万物为刍狗;圣人不仁,以百姓为刍狗。"(《老子》第5章)但这显然是在痛斥那些假"圣人"之名,而践踏人性的伪君子。后起的道家常常误解这句话,只把宇宙看成自然的运行,而将善恶的观念撇开不论,这绝不是老子的本意,他从未反对宇宙的道德性,因为"道"与"德"乃是宇宙内在的真性实相,宇宙一切万物尊道而生,贵德而成,"莫之命而常自然"(四十四章),外在的天志与天意或许没有,但一切价值仍内在于万有生命,老子只在这一点和后来儒家与墨家不同,像后来的儒家皆相信天命之说,而墨子则极力主张人格神的天志才是价值的来源和权威。

上面我谈了很多价值问题,特别是道德的价值。至于艺术价值在中国宇宙论中更是普遍,无人能否认。所谓"圣人者,原天地之美而达万物之理"(《庄子》卷 10,33 章),当庄子说这话时,可说充分展现了中国人的深邃灵性。中国人在成思想家之前必先是艺术家,我们对事情的观察,往往是先直透美的本质,①这话并非我们自我夸张,一个民族的精神可能长于此而短于彼,我们特殊天赋就是长于艺术创造,而短于科学兴趣,当然这个短处日后必需要加以改善。

谈过艺术价值后,且让我们回头再看看中国后来对价值的一般看法:像汉代的思想近似自然主义,甚至唯物论,因为他们多以阴阳五行之说来描述解释自然历程,但即使如此,五行还是配合著五德来说,这种看法在董仲舒、班固、郑康成和赵歧的学说中最为明显。

宋代的哲学家则是以《周易》、《论语》、《中庸》、《孟子》之说为基础而继续发挥,比如:

> 天理流行无间,为仁之体。(陈北溪语)
> 天体物不遗,无一物而非仁也。(张载《正蒙·天道篇》)
> 善者,天地之性。(张南轩语)
> 元亨利贞仁义礼智八个字,无物不有,无时不然,充塞天地,贯彻古今。(薛敬轩语《广近思录》卷 1)
> 天地之间,理一而已。
> 天理只是仁义礼智之总名,仁义礼智便是天理之件数。

(朱子语《续近思录》卷 1)

以上所述,也都认为宇宙间所有现象充满了道德价值,所以我们可以说中国人的宇宙乃是一个道德的宇宙,关于这一层,戴震说得最透彻,他在《原善》里说:

---

①　本处中国思想在第 6 章将再详述。编者按:第六章即本书所选题曰《中国人的艺术理想》。

一阴一阳,盖言天地之化不已也,道也,一阴一阳其生生乎? 其生生而条理乎? 以是见天地之顺,故曰一阴一阳之谓道,生也,未有生生而不条理者,条理之秩序,礼至者也,条理之截然,义至者也,以是见天地之常。(戴震《原善》)

由此我们可得结论,中国哲学家处处要以价值的根源来说明宇宙秩序,本质上,中国的宇宙观乃是一种以价值为中心的哲学。

以上我已说明了中国宇宙观的一般通性,总括来说,我们中国哲学所宣扬的宇宙具有三项特色:(1)是普遍生命创造不息的大化流行。(2)是一个将有限形体点化成无穷空灵妙用的系统。(3)是一个盎然大有的价值领域,足以透过人生的各种努力加以发扬光大。若要真正了解这些特色,还必需透过一系列的原理,这系列原理我曾在旁处讲过①。现在再将它们扼要说出:

一、生 之 理

生命包容万类,绵络大道。

变通化裁,原始要终,敦仁存爱,继善成性。

无方无体,亦刚亦柔。

趣时显用,亦动亦静。

生命包容一切万类,并与大道交感相通,生命透过变通化裁而得完成,若是"原其始",即知其根植于无穷的动能源头,进而发为无穷的创进历程。若是"要其终",则知其止于至善。从"体"来看,生命是一个普遍流行的大化本体,弥漫于空间,其创造力刚劲无比,足以突破任何空间限制;若从"用"来看,则其大用在时间之流

---

① 参见方东美:《哲学三慧》,初次发表于1973年南京举行之第二届中国哲学年会。

中,更是驰骤拓展,运转无穷,它在奔进中是动态的、刚性的,在本体则是静态的、柔性的。

这普遍生命具有五种要义:

(1)育种成性义:在赓续不绝的时间之流中,创造性的生机透过个体和族类的绵延,对生命不时赋予新的形式,不论从细微的观点看,或广大的观点看,都是如此,即使是从大宇长宙的观点来看,整个宇宙发生的历程也是如此。

(2)开物成务义:生命在其奔进中创造无已,运能无穷。生命资源正是原其始的"始",像一个能源大宝库,蕴藏有无穷的动能,永不枯竭;一切生命在面临挫折困境时,就会重振大"道",以滋润焦枯,因此,生命永远有新使命。纵然是艰难的使命,但永远有充分的生机在期待我们,激发我们发扬创造精神,生命的意义因此越来越扩大,生命的价值,也就在这创造过程中,越来越增进了。

(3)创进不息义:整个宇宙是一个普遍生命的拓展系统,因此整个大化流行不但充塞苍冥,而且创进无穷,在生命的流畅节拍中,前者未尝终,后者已资始,前者正是后者创造更伟大生命的跳板,如此后先相续,波澜壮阔,乃能蔚成生命的浩瀚大海,迈向无穷的完美理想,正如上面所说,"原其始"则知雄奇的生命源自无穷上方,"要其终",则知当下的生命迈向无穷拓展,而两者之间正是绵延不绝的创造历程。

(4)变化通几义:生命之流和时间之流相同,你不能在同一个水流中投足两次,其营育成化乃是前后交奏、新新不停,更迭相酬,生生相续,如同在时间中有无穷变化,生命在变化中也有著无穷机趣。

(5)绵延不朽义:我所说的不朽就是指生生不息,创造无已,它是在生命历程中所展现的活力,在时间的创进中它是从不萎缩的,即使到了最后还是直奔"未济"(薪尽而火传),重新发扬新的生机。

我把这"不朽"看成是当下可成的，因为生命的创进并不是在另一个虚无缥缈的世界完成永恒，而是在此世的变迁发展中完成实现，不是在彼岸，而是在此地，上可原其始，下可要其终，这段历程我们已经加以说明了，是要将至善的理想贯注在具体历程中，求其完成实现。然而，这里所说的"不朽"不是指神的恩典所赐，如果是这种情形，那我们不能在此世得到，而是指人类靠著自己的奋发努力，激发出伟大的生命潜能，进而完成不朽的价值，人类固然是被创造的，但是人类身上却可以看出造物者的创造力，透过这种潜在而持续的创造力，人类足以开拓种种文化价值，在生生不息的创造活动中完成生命，这才是通往精神价值宝地的智慧之门。

二、爱 之 理

> 生生之心原本于爱，爱之情取象乎易。故易以道阴阳，建天地人物之情以成其爱。

> 爱者阴阳和会，继善成性之谓，所以合天地，摩刚柔，定人道，类物情，会典礼。

生命精神于外，就是"爱"的精神，爱的感情取象于宇宙的变易，宇宙在一阴一阳之道中建立万有之情，优美的生命才能于焉实现。这里所说的"爱"，是指两性的亲切交流，就像电流通过两极而感应，它是一个普遍交感的过程，天地于焉灿然相合，在生之喜悦中推动万物，开展生命，并进而促使刚柔协然相摩，男女欣然相配，万物秩然相聚，社会怡然相通；要之，所有生命的完成，与所有价值的实现，都得透过"爱"的精神。

爱有六相四义，六相是(1)阴阳交感，(2)雌雄和会，(3)男女构精，(4)日月贞明，(5)天地交泰，(6)乾坤定位。

四义如下——

(1)睽通:"睽"的意义,在易经里曾一再提到:"二女同居其志不同行","二女同居其志不相得"(《易经·睽象》与《革象》)。这是因为她们都是女性,同性相斥,彼此不能吸引,但是"通"在易经中又指出"天地睽而其事同,男女睽而其志通,万物睽而其事类。"(《睽象》),即使是最有敌意的人,也能化成相爱的朋友,这就是所谓"对立中的调和",或者"反对中的同爱","相反而相成"。

(2)慕悦:在相反的两性中,永远有著同情的互感,或者体贴的相伴。所谓"柔进而应乎刚"(《易经·兑象》),对柔而言,刚永远有吸引力,对刚而言,柔永远是诱人的,它们相互分享内在的本质而彼此悦慕(《易经·随象》),如 Guillaume Geefs 的一个塑像中,裸体美人就是优雅的在狮旁祈祷:"爱,你什么时候才来注意我们!"再像 Siegfreid Sasson 也是诗意盎然地说:"在我心中,连老虎都在嗅玫瑰。"我想在这方面,中国哲学最能了解这种意境,此所谓"天地感而万物化生,圣人感人心而天下和平,观其所感,而天地万物之情可见矣"(《易经·咸象》)。

(3)交泰:以易经哲学的话来说,这代表了相互的欢畅,天地和交,以示福泰,一切万有也都由衷交流内在的生命喜悦,"无往不复,天地际也。"(《易经·泰象》)对于这层,老子说得更动人:"天地相合,以降甘露……民莫之令而自均。"(《老子》32 章)这是何等一个酣畅快乐的景象!

(4)恒久:爱,作为幸福生命的化身,刚柔相济相应,必需要能恒久持续才行。此所谓"天地之道,恒久而不已也","日月得天而能久照,四时变化而能久成,圣人久于其道而天下化成,观其所恒而天地万物之情可见矣"(《易经·恒象》)。

宇宙在运转中从未消耗其爱力冲动,这意味著爱的精神与其生命精神一样不朽,那人类何以就不能永爱不渝,永保恒德呢?

三、化育之理

生命为元体,化育乃其行相,元体是一而不局限于一,故判为乾坤(一动一静),分别展现出天地的创造力与化育力,前者永远是动态的,后者则是静态的,这两种运作力量相并俱生,方能普遍完成生命而万象成焉。另外,生命的元体在创进中显其大用,故流为阴阳,一翕一辟,相薄交会,所以成和而万类出焉。生命乃是贯通天地人之道,以乾元的创造力引发坤元的化育力,然后浃化于万有生命之中,据以奔进无穷,直指不朽,这就是"化育"的精义。

四、原始统会之理

生命元体原是一,转而发为创造性的"元"后(按指乾元坤元之"元"),其用即散为万殊,以不同形式显现,老子告诉我们:"道生一,一生二,二生三,三生万物。"(《老子》42 章)道是生命的根源,是最先的"能生"(begetter),能生又产生"所生"(begotten),"所生"又生"能生",以至无穷万类,因此"道"中所含的生命正是生生不已的创进历程,这显然是"多",但如果我们究其根本,则可发现万类都是含生以相待,形成不可分割的有机整体,正如易经哲学所说,"天下之动贞夫一",老子也告诉我们"抱一以为天下式",因为宇宙全局都由生命所弥漫,而生命各自分享原始的"一"以为一,一与一又相对而成"多",而多与多互摄,又复返于"一",所以王弼说:"统之有宗,会之有元,故繁而不乱,众而不惑。"(王弼:《注易》)最能深悟大易妙道。

五、中和之理

这个"中和"之理是中国精神最高深的妙谛,也是要了解中国文化最重要的标准,它寓于中国的音乐和诗歌之中,潜移默化了中国历史和社会风俗,更进一步形成修齐治平的政治理想,要之,"中"表现出"不偏"的精神,"和"展现出"相应"的关系,在下列特性中可以领悟:

(1)一往平等性:宇宙生命充满内在价值,各种形式的个体生命都根源于此,而秉承了尊严和价值,所以必须以平等性的爱心相对待,即便是其中任何一个受到研伤,宇宙生命的内在价值都会黯然受损,因此我们必须避免这种生命的伤害。

(2)大公无私性:生命在宇宙中是无所不在,弥漫全局的,在人类也是如此,所以我们每个人的生命都包含有一个伟大的精神使命,那就是推己及人,实践广大的爱心,不仅是对我们自己的人性要完成实现,就连所有其他人的人性,以及所有其它物的物性也都要充分完成实现;真理并不是只实现自己的存有,而是要使所有形式的生命都能完成实现,这种己立而立的胸襟,不只关切自己,更还关切一切万有,必须透过大公无私的精神才能达到。

(3)同情体物性:虽然宇宙是生命弥漫全局的"一",但各个个体的生命意义与独特价值也不容抹煞,也要能从各种立场来设身处地了解,然后就会发现每一个体也自成世界,在这些自成的世界中,个体生命的形式难免有其自私性,这就需要走出自私自利的自我中心,同时能为其他每一个体着想,然后才能产生共同互惠的普遍利益,这种工夫并不容易,只有透过同情恕道才能达到;这种精神,我在以后谈到"道德观念"时将会彻底地说明。

(4)空灵取象性:所有生命动力与生动气韵都在空间展开,但

"空间"由物体所占，并不是没有窒碍的，若是滞而不化，将会使生命才情难以自由驰骋，所以，为了确保生命驰情无碍，我们就必须想法子克服"空间"所造成的窒滞，此所谓"实者虚之"，藉著精神空灵的妙用，来玄览物质空间的实体，这正是中国思想神妙之处，在中国伟大的艺术作品中最能看出这点。

(5)道通为一性：大道为生命之源，无所不在，略无窒碍，所以庄子说得好：

天地与我并生，而万物与我为一。(《庄子·齐物论》卷1，第2章)

天地虽大，其化均也；万物虽多，其治一也。(《庄子·天地篇》卷5，12章)

道枢始得其环中，以应无穷。

道通为一……凡物无成与毁，复通为一。惟达者知道通为一。(《庄子·齐物论》)

夫道，覆载万物者也，洋洋乎大哉！君子不可以不刳心焉，无为为之之谓天，无为言之之谓德，爱人利物谓之仁，不同同之之谓大，行不崖异之谓宽，……循于道之谓备。(《庄子·天地篇》)

以上这些话所代表的精神与孔子思想可说极为契合，孔子就是要在生命通而为一的形式下贞观万物，这种精神正可说是中国哲学的通性。

六、旁通之理

整个宇宙大易之用，大化常道之行，只有在"旁通"的原理下才能领悟，这旁通原理又统摄了下列各特性——

(1)生生条理性。

(2)普通相对性。

(3)通变不穷性。

(4)一贯相禅性。

要言之，大易在其普遍创进中展现"道"的历程，据此以显示天地交泰，完成万类生命，正因为它能包容一切，纤微无憾，所以易之大用堪称"广大悉备"，旁通统贯。

这种旁通原理在《易经》一书中剖析最为精辟，《易经》一书的深意限于篇幅未能在此细说，但是其中却有三个根本要义应该注意。从逻辑来看，《易经》是一个演绎系统，用一系列严谨的法则来推论易卦的构成；① 从语意来看，《易经》是一个完备的语言文字系统，很精细地说明卦爻辞中的变通法则；② 从哲学来看，《易经》又是一个动态的本体论系统。根据生生不息的原理，说明"时间之流"中的一切变迁发展；此外它更是一个通论价值的系统，根据广大和谐的原理讨论至善的起源与发展，所有这些要义都可以证实"旁通"这根本原理。

（《生命理想与文化类型——方东美新儒学
论著辑要》，中国广播电视出版社 1992 年）

　　方东美（1899—1977），名珣，字东美，安徽桐城人。中国现代新儒家第二代著名代表。1921 年赴美留学，归国后历任武昌高等师范大学副教授、东南大学、中央大学教授。1947年迁居台湾，任台湾大学教授。一生潜心研究东西方文化哲

---

① 　参见方东美：《易之逻辑问题》。

② 　在 19 世纪初叶的焦循对此曾有《易学三书》(《易图略》、《易通释》、《易章句》)论述甚佳。

学,探其源流正变。其学术追求经历了一个由东方向西方、再由西方转回东方的过程。其代表作有《科学哲学与人生》、《哲学三慧》、《中国人生哲学》、《中国哲学之精神及其发展》等。

本文认为:中国哲学中的宇宙具有三个特色:一、是普遍生命创造不息的大化流行;二、是一个将有限形体点化成无穷空灵妙用的系统;三、是一个盎然大有的价值领域,足以透过人生的各种努力加以发扬广大。对这些特色的理解,还需透过生之理、爱之理、化育之理、原始统会之理、中和之理、旁通之理等原理。

宋明儒学的特质与其现代意义

刘述先

在讨论宋明儒学的特质与其现代意义之前,首先我们必须了解宋明儒者所关心的主要课题是些什么。由于学者对于宋明儒学的看法不必尽同,所以有必要把宋明儒学的代表人物的思想作一简单的撮述,以为以后立论的张本。

依牟宗三先生的看法,宋明儒学最重要的思想家不外下列九人:周敦颐(濂溪,1017—1073),张载(横渠,1020—1077),程颢(明道,1032—1085),程颐(伊川,1033—1107),胡宏(五峰,1100—1155),朱熹(元晦,1130—1200),陆九渊(象山,1139—1193),王守仁(阳明,1472—1529),与刘宗周(蕺山,1578—1645)(牟宗三:《心体与性体》,卷一,页415—415)。

周敦颐一般认为是宋明儒学的开祖,因为他曾经在二程少时做过他们的教师。他的思想的原创性在,他首先重视《中庸》、《易传》,给与它们新的解释,发展了一套生之哲学、睿识可以溯回孔孟的根源。他在《通书》之中,进一步发扬《孟子》与《中庸》的"诚"的观念,把它当作终极的形上原理。"诚上第一"开宗明义就说:

> 诚者圣人之本。"大哉乾元,万物资始",诚之源也。"乾道变化,各正性命",诚斯立焉。纯粹至善者也,故曰:"一阴一阳之谓道,继之者善也,成之者性也"。"元亨",诚之通;"利贞",诚之复。大哉易也,性命之源乎!

　　诚在此处不可了解成为只是一种心理态度,乃至一项道德品目。它的含意是真实无妄,所代表的即是天道,世界万物之源。诚而内在于人即是圣,天人之间有一对应和谐的关系。

　　在他的《太极图说》之中,他吸纳了汉儒的阴阳五行之说,发展了一整套的宇宙论哲学。其根本原理为创造性之生,而不堕入汉儒讲符应一类的迷信之中。他的心灵是开放的,他的太极图乃取之于道家,本来是练气化神的修练图,但周子把图倒转过来,根据《易传》的睿识,讲出了一套全新的宇宙创化论,这是划时代的贡献(冯友兰:《中国思想史》,下册,页822—824)。

　　在修养工夫方面,周子讲"主静以立人极",就其宗旨而言,这是纯粹的儒家思想。同时周子深深领悟到动静无端、阴阳无始之理,对于后世新儒家思想发生了深厚的影响。

　　张载在宋明儒学之中占有一十分特殊的地位。他由道家取来"虚"的观念,但将之改造成为新儒家的根本创生原理。他又重视"气"的观念,以为万物创生之凭借。虚(一)则神,气(两)则化。合这两方面才能够穷神知化,了解宇宙的太和。他的一套与一般所谓唯物论的思想并无多大关联,无谓作许多不相干的比附。

　　张载之分别"天地之性"与"气质之性","德性之知"与"闻见之知",对于后世新儒家都产生重大的影响。但他的思想由道家转手,又多宇宙论的兴趣,由二程的观点看来,《正蒙》一书,颇多滞辞,但推尊其"西铭",以为自孟子以来所未有。程颐在答杨时问话指出"西铭"所含藏的"理一分殊"之旨,这是新儒学的一个极重要的观念。

　　从行辈来说,张载虽是二程的舅父,但他自承见道后于二程。同时周敦颐虽教过二程,也对二程有启发的影响,但二程并不真正承认濂溪为师。据伊川作《明道先生行状》云:

　　　　先生为学,自十五岁时,闻汝南周茂叔论道,遂厌科举之业,慨然有求道之志。未知其要,泛滥于诸家,出入于老释者几十年,返求诸六经而后得之。"

明道则自谓:

> 吾学虽有所受,"天理"二字却是自家体贴出来。(《二程全书》外书第十二,传闻杂记。见《上蔡语录》)

由此可见,对于"理"的观念的重视实始于程子。而濂溪生前无藉藉名,迹近一隐士,必至二程,此道始大行于天下。故此在一严格意义下来说,谓二程是宋明儒学的真正创始者亦不为过。

如所周知,二程兄弟禀性各异,春温秋杀,各擅胜场。但二人思想实也有极大之差异。然因伊川一直推尊明道,二人语录又一向印在一起,乃缺乏必要之分疏。一直到牟宗三先生著《心体与性体》之伟构,才对这一公案有根本之澄清(牟宗三:《心体与性体》,卷二,提纲见页 1—20、151—259)。固然牟先生所论细节处不必尽当,所提供之纲领则为一指路之南针,由此而可以把握到二程思想分别之实义。

大体而论,明道所体悟者为一本之论。他说:

> "天理"云者,这一个道理更有甚穷已?不为尧存,不为桀亡。人得之者,故大行不加,穷居不损。这上头来更怎生说得存亡加减?是他原无少欠,百理俱备。(《二程全书》),遗书第二上,二先生语二上。吕与叔见二先生语)[1]

理之含义,实不外乎仁道。明道著《识仁篇》,对于后世新儒家思想有莫大之影响。他说:

> 学者须先识仁。仁者浑然与物同体。义礼智信皆仁也。识得此理,以诚敬存之而已。不须防检,不须穷索。若心懈,

---

[1] 此依牟宗三先生解释。见牟宗三:《心体与性体》卷二,提纲见页 55。

则有防。心苟不懈，何防之有？理有未得，故须穷索。存久自明，安待穷索？

明道之说直承孟子，天人、知行之间全无隔阂。牟宗三先生总括明道言仁之纲领如下：

一、"仁者浑然与物同体"，"仁者以天地万物为一体，莫非己也"。

二、"医书言手足痿痹为不仁，此言最善名状"。

三、"学者识得仁体，实有诸己，只要义理栽培"。

四、"切脉最可体仁"，"观鸡雏，此可观仁"，"观天地生物气象"。

五、"万物之生意最可观，此元者善之长也，斯所谓仁也"。（《心体与性体》卷三，页231）

需要注意的是，明道最喜用譬喻以指点仁，不可以凿实的方式去了解，否则竟然误解明道思想为感觉主义，岂不冤枉。依明道之方式，只可以内在体证的方式去践仁，而不可以外在概念分析或推概的方式去体道。

伊川之说，自有多处与其老兄不异。仁、理、生等为宋明儒之共法，但细按下去，实有思想与体验上巨大之差异。牟宗三先生总括伊川言仁之纲领如下：

一、"爱自是情，仁自是性"。

二、"仁之道，要之，只消道一公字。公即是仁之理，不可将公便唤做仁。公而以人体之，故为仁"。

三、"仁是性也，孝弟是用也。性中只有仁义礼智四者，几曾有孝弟来"？

四、"心生道也。有斯心，斯有是形以生。恻隐之心，人之生道也"。

五、"心是所主言，仁是就事言"。"心譬如谷种，生之性便是仁

也"。(同上,页232)

伊川也以仁为生道,表面上与明道完全一致,但其实却大有不同。伊川是一分析性的头脑,他不能满足于用一种浑沦的方式谈仁,他必须要划分开仁的体用。这样,对他来说,仁是性(理),而爱是情(气)。理气二者的关系不即不离,理恒常而气变化,二者在现实上虽不可分,在概念上却必须加以分疏。明道虽也划分形上、形下,但道即器,器即道,二者乃一体之两面。伊川却将理气分属两层,以后朱熹才把伊川的思想充分发挥,而建立一理气二元不离不杂之世界观。依牟宗三先生的解释,明道的理乃一本之论,即活动即存有,而伊川、朱子的理却只存有而不活动,活动的是气。(同上,卷一,页44—45)如此世称程朱,实指伊川——朱子一家之思想而言,把明道夹杂在一起说,实在是一种没分晓的混漫之论,未能看到两下里思想有本质性的歧异的真相。牟先生以周张明道之体为既活动而存有,确定之为宋明儒思想继承思孟一系之正统,则伊川、朱子所开出的思路实已离开此正统,但朱子却建立道统,故有"别子为宗"的有趣的说法。(同上,页19—60)

北宋五子之中,只邵雍思想近道家,故略而不论。奇怪的是,明道虽早逝,程门高弟如杨龟山、谢上蔡所继承的却都是明道一系的思路。胡宏(五峰)之父文定(安国)与上蔡的关系在师友之间。五峰著《知言》,开湖湘一系的学统,宋室南渡之后为一个重要的学派。但五峰大弟子张南轩不能传五峰之学,常随朱子脚跟转,其他弟子也不能发扬师说,湖湘之学乃在朱子的强烈批评下渐告式微,后世已看不到这一学派的特色。但牟宗三先生独具只眼,指出五峰思想自成一个体系。(同上,页429—545)这一派的看法的重点大体是在心性对扬;性是超越原则,心是形著原则。修养工夫的目标是以心著性,尽心以成性,而最后终归于心性是一。湖湘之学主"先察识而后涵养",此处识实即明道识仁之识,并非一般知识之察识,其思想之根源毕竟在孟子。朱子对这一派思想乃完全误解,他的批评并不能把握要点,充其量只是由一个完全不同的观点所作的外在批评而已!

程门另一高弟杨龟山倡道东南,再传弟子李侗(延平),即为朱子之业师。但朱子并不契于龟山一系的"默坐澄心"之教,且不幸延平早逝,不得不自己努力,强探力索,苦参中和,一直到三十九岁才真正找到自己成熟的思路。(拙著:《朱子哲学思想的发展与完成》,页87—89)朱子自述早年误以"性为未发,心为已发",乃在未发上面用不上功夫,不免急迫浮露。后来仔细咀嚼伊川遗教,特别是"涵养须用敬,进学则在致知"二语,这才涣然冰释,为问题找到了满意的答案,从此认定性即是理,心则周流贯彻、通贯乎未发已发,在未发时只是涵养,已发之后则用省察。如此静养动察,分有所属,而敬贯动静,自此不复有疑。

朱子所发展的乃是一心性情之三分架局。性即是理,而爱是情,心统性情。这套思想的背景则是一理气二元不离不杂之形上学。理是超越而永恒的。气则是内在而具体的。性可以进一步解析为义理之性与气质之性。爱、情是气。心是气之精爽者,具众理而应万事。

朱子以同一方式界定"仁"为"心之德,爱之理"。他的"仁说"肯定仁为生德,有一总结的说法:

> 天地以生物为心者也,而人物之生又各得夫天地之心以为心者也。故语心之德,虽其总摄贯通,无所不备,然一言以蔽之,则曰仁而已矣,请试详之。盖天地之心,其德有四,曰元亨利贞,而元无不统。其运行焉,则为春夏秋冬之序,而春生之气无所不通。故人之为心,其德亦有四,曰仁义礼智,而仁无不包,其发用焉,则为爱恭宜别之情而恻隐之心无所不贯,故论天地之心者则曰乾元坤元,则四德之体用不待悉数而足。

论人心之妙者,则曰仁人心也,财四德之体用亦不待遍举而该。盖仁之为道,乃天地生物之心即物而在。情之未发而此体已具,情之既发,而其用不穷。诚能体而存之,则众善之源,百行之本,莫不在是。此孔门之教所以必使学者汲汲于求仁也。其言有曰:克己复礼为仁,言能克去己私,复乎天理,则此心之体无不在,而此心之用无不行也。(下略)

朱子遍注四书,死后其说被元代用作考试的基础。他建立道统,从祀孔庙,影响之大为孔子以后一人。但在他生时,已受到象山的严厉批评。朱陆在一方面为同道,二人都反科举,以立志明道为先。但另一方面则论道不合,鹅湖之会已见端倪,终于不能阻止分崩离析之趋势,诚为憾事。象山以朱子之学支离,见道不切。他说:

朱元晦曾作书与学者云:"陆子静专以尊德性诲人,故游其门者多践履之士,然于道问学处欠了。某教人岂不是道问学处多了些,故游某之门者践履多不及之。"观此,则是元晦欲去两短,合两长,然吾以为不可。既不知尊德性,焉有所谓道问学。(《象山全集》卷三十四)

象山之举直承孟子。他说:

吾之学问与诸处异者,只是在我全无杜撰。虽千言万语,只是觉得他底在我不曾添一些。近有议吾者云:除了"先立乎其大者"一句全无伎俩。吾闻之曰:诚然。(同上)

朱子主张心具众理,而象山直以心与理一。他说:

四方上下曰宇,往古来今曰宙。宇宙便是吾心,吾心即是宇宙。千万世之后有圣人出焉,同此心同此理也。千万世之后有圣人书焉,同此心同此理也。东南西北海有圣人出焉,同此心同此理也。(同上,卷二十二)

然朱学既成为主流,象山之学乃受到贬抑,一直到明代王阳明出,才重新恢复陆学的精神。但阳明之学乃由朱学转手而出。他少年时格竹子,便怀疑朱子格物说不当,但一直要经历百死千难,谪居龙场,始悟致良知之说。他极斥外心而求物理之说。在《传习录》上卷中,他答徐爱问曰:

"心即理也。天下又有心外之事,心外之理乎?"爱曰:"如事父之孝,事君之忠,交友之信,治民之仁,其间有许多理在,恐亦不可不察。"先生叹曰:"此说之蔽久矣,岂一语所能悟。今姑就所问者言之。且如事父不成,去父上求个孝的理?事君不成,去君上求个忠的理?交友治民不成,去友上民上求个信与仁的理?都只在此心,心即理也。此心无私欲之蔽,即是天理,不须外面添一分。以此纯乎天理之心,发之事父,便是孝;发之事君,便是忠;发之交友治民,便是信与仁,只在此心去人欲存天理上用功便是。"

阳明真切地了解,向外追求决不能建立起超越之道德原则。他又进一步倡"知行合一"之旨。

爱曰:"如今人尽有知得父当孝,兄当弟者,却不能孝,不能弟,便是知与行分明是两件。"先生曰:"此已被私欲隔断,不是知行的本体,未有知而不行者,知而不行,只是未知。圣人教人知行,正是要复那本体。不是著你只恁的便罢,故大学指个真知行与人看说,如好好色,如恶恶臭。见好色属知,好好色属行。只见那好色时,已自好了,不是见了后,又立个心去好。闻恶臭属知,恶恶臭属行,只闻那恶臭,已自恶了,不是闻了后,别立个心去恶。如鼻塞人虽见恶臭在前,鼻中不曾闻得,便亦不甚恶,亦只是不曾知臭。就如称某人知孝,某人知弟,必是其人已曾行孝行弟,方可称他知孝知弟,不成只是晓得说些孝弟的话,便可称为知孝弟。又如知痛,必有自痛了,方知痛;知寒,必已自寒了;知饥,心已自饥了。知行如何分得开？此便是知行的本体，不曾有私意隔断的。圣人教人，必要是如此，方可谓之知，不然只是不曾知。此却是何等紧切著实的功夫。"（下略）

阳明更进一步解说：

> 某尝说知是行的主意，行是知的功夫。知是行之始，行是知之成。若会得时，只说一个知，已自有行在；只说一个行，已自有知在。古人所以既说一个知，又说一个行者，只为世间有一种人，懵懵懂懂的任意去做，全不解思惟省察，也只是个冥行妄作，所以必说个知，方才行得是。又有一种人，茫茫荡荡，悬空去思索，全不肯著实躬行，也只是个揣摩影响，所以必说一个行，方才知得真。此是古人不得已，补偏救弊的说话，若见得这个意时，即一言而足。今人却就将知行分作两件去做，以为必先知了，然后能行。我如今且去讲习讨论做知的工夫，待知得真了方去做行的工夫，故遂终身不行，亦遂终身不知。此不是小病痛，其来已非一日矣。某今说个知行合一，正是对病的药。又不是某凿空杜撰知行本体，原是如此。今若知得宗旨时，即说两个亦不妨，亦只是一个。若不会宗旨，便说一个，亦济得甚事？只是闲说话。

阳明的思想极为透辟，他所强调的是良知的直接发用。但王学末流却误解了王学的宗旨，至有"满街皆圣人"之讥。针对这样的流弊，于是有蕺山之学。蕺山特别重视人的内在的修养工夫，他讲慎独，而特重大学中所谓诚意。依他之见，格致是诚意之功，故格致与诚意实二即一、一而二者也。意本之物是"至善栖真之地"。意体即诚体，故曰："意根最微，诚体本天。"蕴于心，渊然有定向者，即意也。依蕺山之见："性本天者也"，又曰："天非人不尽，性非心不体"，则心与性之关系乃是一形著之关系。依牟宗三先生的意见，蕺山之思想与五峰实为同一型态。（牟宗三：《从陆象山到刘蕺山》，页 456—457）如此，牟先生在程（伊川）朱、陆王之外，另立一系，而有宋明儒当分为三系的说法。

姑不论我们是否同意牟先生的说法，此处实毋需亟亟作一论断。以上，我们将宋明儒学等九位最重要的思想家的代表性看法，作了一番极简略的概述。取同略异，由此我们已经可以清楚地看出宋明儒学的一些特色。为清眉目，以下拟分为几点，略论如下。

（一）从文献上看，宋明儒者特别重视《学》《庸》，把这两篇东西由《礼记》提出来，与《论》《孟》一起编成四书，其重要性乃至超过五经。四书加上《易传》乃成为新儒古典的泉源。

（二）新儒学最感兴趣的问题，除了仁与生之外，即是心性与天道的问题，然孔子对于性与天道的说法，据子贡谓，乃不可得而闻也。故宋明儒是在儒学范围之内继承思孟另外增添了一个重要的面向。

（三）何以宋明儒会把兴趣转向心性、天道的问题呢？这多半是由于受到佛道的刺激而起。佛家输入中国，有成套完全不同的思想，既有复杂的宇宙观，也有细密的心理学，新儒者必须有以回应才行。但以宋明儒为阳儒阴释的说法却不称理。宋明儒的终极托付在生生之仁，这与释氏的空，老氏的无，在精神上根本相违。无疑宋明儒学的确由二氏借了不少的概念与名言，来开拓自己的领地，但决不可与之混为一谈，以至缺乏了必要的分疏。（拙著：《朱子哲学思想的发展与完成》，页 397—427）

（四）宋明儒的确在思想上有许多新的突破。他们对于理、气一类的观念，给予了全新的解释。同时他们作了一些重要的分别，如天地之性与气质之性，德性之知与见闻之知等等，对于后世产生了深厚的影响。

（五）在形上学方面，宋明儒相信，人的内部有一深刻的泉源，与天相通。透过涵养工夫，把自己天生禀赋的良知良能充分发挥出来,就可以达到一种内外合一的境界。

(六)在宇宙论方面,宋明儒相信一套生生化化、纯亦不已的创造演化观。无论在自然世界或人文世界,只要把人为的障碍或反常的现象去除,就可以体证太和。生物之中,就只有人能够提升到意识的层面直接体验到上天的好生之德,参天地、赞化育、体现一个丰富、饱满、创造的生命。

(七)但理想的境界毕竟是稀有的成就。在现实上往往是一个分崩离析的局面。这在个人,在国家,在世界,情形莫不如是。而要改善这种情形,端有赖于个人的立志;努力做修养工夫,并由内圣以至于外王把正道推广昌明于天下。宋明儒最大的贡献是在人的内心开拓出一个广阔深远的境界。这不能用时下流行的平面或深层心理学解释,方东美先生谓要另外发展一套高层心理学,来探究人生理想、境界不断提升所经历的心理状态。(方东美:《生生之德》,页 350)宋明儒这种对于价值的肯定的态度,对人应有一种震撼鼓舞的作用。

(八)最后,宋明儒者的关心决不止于个人,推己及人,以至于邦国天下,莫不是同一原理的应用。此所以统治者也一样要由正心诚意做起,推行仁政,终于达到治国、平天下的理想。

以上,对于宋明儒学的一般特质既已建立一些了解,进一步我们便可以追问,宋明儒学的理念在今天来说究竟已经完全过时,抑或仍有相当意义呢?以下我们将由形上学、伦理学、宇宙论、科学、政治等五个不同的角度来讨论这一个问题。(拙著:《朱子哲学思想的发展与完成》,页 521—551)

(一)从形上学的角度来看,一度逻辑实征论的看法甚为流行,他们认为形上学乃概念的诗篇,根本缺乏认知上的意义。但这样的看法越来越得不到学者的支持。事实上征验原则本身就无法被征验。如果我们把形上学了解成为绝对基设或者终极关怀的探究,那么可以说没有人可以避免这一层面的问题。宋明儒者相信天道流行,生生不已,这样的信念不为任何经验证据所否认。人人可以体证生生之仁,这是由于"天命之谓性"——天人之间有一直接贯通的关系。宋明儒者不是依赖外在的经验推概或理智构画建立形上学,只有通过内在的觉醒与行为的躬行实践,才能够体证到终极的形上境界。这样的信念不与科学相违,所排斥的只是错误的科学主义的信念。而科学毕竟不能解决人生终极的意义问题,此处唯有依赖吾人的智慧的抉择。

　　(二)从伦理学的角度来看,一方面现代人发现几乎不可能用一种纯客观的方式来建立任何超越普遍的道德原理,另一方面我们又不愿堕入一漫无定准的相对主义的窠臼,于是落入一两难之境地之中。然而人类道德行为若可能,必须要肯定人有自觉、自决的能力。宋明儒者继承先秦儒的传统,直下确定人有良知良能。只要能够屏除胸中大段私念,自然可以把握到行为的准则,同时宋明儒深切了解知行合一之理。他们最大的贡献在着重修养工夫,省悟到必须要在行为形著之前,自己内心能够定立主宰,始不至于漫荡无归。学庸都讲慎独,宋明儒在这方面有进一步的发挥。各家各派,竞放异彩,打开了一个内在的宽广而深邃的世界。张载《西铭》曰:"存吾顺事,殁吾宁也。"解开了生死之结,对于今日人的存在的焦虑,正是一对症的良药。宋明儒讲"理一分殊",对于仁的终极托付是绝对的,但仁的具体应用却要看实际情况而定。五四以来对于吃人礼教或封建伦理的攻击只能适用于僵固的道德教条与习俗所产生的负作用,并不能够否定人内在有一活泼仁心的泉源。宋明儒所走的道路,是要在绝对主义与相对主义之间,觅取一中道。对于整个宋明儒传统的深入研究,分别出哪些是其中万古常新的真谛,哪些是受到时代限制的产物,对于我们今日应有莫大的裨益。

（三）从宇宙论的角度来看,宋明儒有许多宇宙论的玄想,由今日的标准来衡量,固然是幼稚而粗糙的。但这些玄想背后却隐涵一些睿识,我们不应轻易加以鄙弃。中国不似西方,在发展的过程中,从未经过一科学、机械唯物论的阶段,正如李约瑟所赞扬的,始终保持一有机之自然观,存在与价值之关连从未加以切断。他们没有像近代西方人一样犯了怀德海所谓"错置具体性的谬误",而误把一些抽象的品目当作具体现实的际遇。如果有人能够根据宋明儒的睿识,采取现代的新资料,重新构造一套新宇宙论的思想,未始不可与怀德海一系的所谓"过程哲学"有互相攻错之效。罗素曾经指出,宇宙论的玄想是刺激科学有突破性发展的一个重要的因素,我们不可以过分短视,对之加以无条件的贬抑与非难。

（四）从科学的角度来看,近数百年来,中国科学技术的落后,乃是一件无可讳言的事实。究竟何以会如此? 学者有许多不同的解释。其中一个可能的原因是,中国人特别是儒家式的思维方式拒绝把形式与内容分离。这样抽象的数学思想发展不足,造成了不利的影响。同时宋明儒过分强调德性之知,比较轻视见闻之知,以至文化的发展有了偏向。梁漱溟先生论中国文化之发展过分早熟,不为无见。生命的实现是要经过一曲折的过程才行,中国式的思维极合乎常识理性,而曲折得不够,以至造成缺陷。我们现在亟需吸收西方的科技知识,事实上儒家思想对这方面不必有任何本质性的排拒。譬如日本过去曾受儒家思想深厚影响,如今在科技的某些方画,竟已能够凌越所师法之欧美先进国家。这样的情形值得我们好好作一番研究,究竟哪些传统因素与现代相违,哪些却可以相得益彰。总之各国的现代化要成功,必须建筑在其传统的基础之上。如何好好利用传统的资源,而减轻传统的负担,这是一个值得我们严肃探究的大问题。但科技究非人生的一切,对人生应有一全观,这是我们需要参考传统、超越现代的新方向。

（五）最后，从政治的角度来看，传统新儒家思想显然还有许多瓶颈未能突破。儒家一贯是民本思想，始终未能进至民主思想；同时过分着重人治，未能足够重视法治。而在传统朝廷政治的规模之下，根本缺陷有效的权力制衡机括。宋明儒虽苦口力谏君王作诚意正心的修养工夫，吁请他们亲贤人，远小人，但收效甚微。时至今日，朝廷政治早已成明日黄花。而民智日高，实行民主法治实为未来的道路。但民主的实施既不能一蹴而达，同时更不是祛除百病的万应灵药。事实上民主的分权反而可以造成一些问题，但确可以避免专制的病害，而根本解决了权力继承的问题。同时在今天，西方式的民主的流弊我们已经可以慢慢看得越来越清楚。民主政治的实施与企业利益过分结合在一起，未必一定是一件好事。故必在民主多元的架构之下，尽量提高教育与知识文化的影响。传统对道德、对人的品德的要求决不可以完全放弃。有道德有知识的人去参与现实政治，才能真正使民主的理想实现。此处我们也必须另外寻求一种传统与现代的比较合理的结合方式。

以上我们在一种粗略的方式下指出，在哪一意义之下，宋明儒学的思想确可以有重要的现代意义。一方面我们运用了现代的标准，很明显可以看出传统的严重缺失。但在另一方面，传统又尽有许多优点，不是我们轻易应予放弃的。事实上把握到传统的一些睿识，我们也可以返回头来，对现代的偏向与流弊，作出一些合理的批判。至于如何真正作出一个理想的传统与现代的结合，则还有待于今后有志之士共同的努力。

（选自《儒家思想与现代化：刘述先新儒学论著辑要》，中国广播电视出版社，1992年）

刘述先（1934—　），当代中国学者，现代新儒家第三代重要代表。原籍江西吉安，生于上海。台湾大学哲学研究所硕士，美国南伊利诺大学哲学博士。曾任台湾东海大学副教授、南伊利诺大学哲学教授、香港中文大学哲学系讲座教授、中央研究院中国文哲研究所特聘讲座教授。以"传统思想的疏释"、"传统与现代接合的构想"、"系统哲学的探索"为治学重点，立志建构"一套哲学，一方面继承中国哲学的大传统，另一方面又能面临现代的挑战"。著有《中国哲学与现代化》、《大陆与海外——传统的反省与转化》、《儒家思想与现代化》、《传统与现代的探索》、《儒家思想开拓的尝试》等。

本文通过对宋明儒家人物周敦颐、张载、二程、朱熹、陆象山、王阳明思想的简述，认为宋明儒学有如下的特质：特别注重《大学》、《中庸》，《四书》与《易传》成为泉源；最感兴趣的问题除仁与生之外即是心性与天道问题；借用了佛、道二家的概念与名言；对理、气等观念给予了新解释，对天地之性与气质之性、德性之知与闻见之知作了重要的分别；在形上学方面相信人内部有泉源与天相通；在宇宙论方面相信生生化化不已的创造演化观；在人的内心开拓出一个广阔深远的境界；宋明儒者的关怀是推己及人至于天下。本文还从形上学、伦理学、宇宙论、科学、政治等角度讨论了宋明儒学的现代意义。

仁的哲学的时代意义

韦政通

爱,是人类极古老的课题之一,也是一个万古常新的课题。它是人类社会最重要的支柱,也为人类带来无穷尽的困扰和考验。它既是具体的,又是神秘的;既在眼前,又很遥远;既很容易,又极困难。历史上一些被人讴歌的人物,造就他们伟大的内容,个个不同,但都具有一项共同的生命特质,那就是因为他们能爱。

以往探讨这个问题的,主要是哲学家、宗教家、诗人。20世纪社会科学勃兴以后,少数社会学家和心理学家,开始用新的方法重新探讨这个问题,并在现代人的处境和经验上,深刻地体会到爱对当前人类的重要性。在此时此地的读者比较熟悉的就有两个例子,一个是社会哲学家的索罗金,他在一本《创造的爱》的名著中,宣称"爱乃成为一个无论在质和量上都具有无穷可能的宇宙,"(索罗金著,孙庆馀译:《创造的爱》,第23页,1975年,时报文化出版公司。此书原名 The ways and power of love,中译本译其中一、二两部分,约占全书1/3强)认为爱能的阐扬和实践,是当前拯救感性文化危机唯一的出路,为此,他着手建立"哈佛创造性利他主义研究中心",用经验科学的方法,对爱从事广泛性的研究。另外一位是心理分析学家弗罗姆,他的《爱的艺术》,(此书有两种译本,一为大学杂志社,为几位年轻朋友合译,1968年出版。一为孟祥森译,1969年,志文出版社,下面引文据孟译本)在此间颇为流行,为青年人对这个既熟悉又陌生的问题,提供了若干比较健全的知识,他在书的结尾曾说:"如果像我前面所说,爱是人类生存问题的唯一明智及满意的解答,则任何社会,如果排斥——相对性的——爱的发展,终必因其与人类天性的基本需要相冲突而趋于毁灭。"不论古今,任何社会都多少存在着妨碍爱的发展的文化因素,(例如中国传统的孝道,过分强调顺从,顺从不一定就是发自内心的爱,教条化的结果,反而妨碍了爱的表现。与孝相对的慈,则很少被强调)但从来都没有像现代科学所制造的"非人化"("非人化",得之于裴狄雅也夫《人在现代世界中的命运》一书,该书第二章,即专门讨论这个问题,有郑圣冲的中译本,1974年,由先知出版社和光启出版社联合发行)文明,带给爱那样普遍而严重的威胁,基于这个意义,我们对社会科学的学者们,就爱所做的有力阐扬,表示由衷的感佩。

回看中国,我们传统文化最重要的一条根,本来就是建立于仁爱基础上,在这条根上,曾产生过无数人性的光辉,世世代代为仁爱精神做着鲜活的见证,才使这个文明的源头无枯竭之虞。一百多年来,中国在西方科技文明的压力下,在深沉的屈辱感中,不论是那一派的学者,都只知道以西方为标准,与之争长争短,传统文化这条最重要的根,早已隐晦,我们看不到像索罗金、弗罗姆那样探讨爱的理智的光芒,也接触不到像史怀哲、甘地那样爱的实践的光辉。倒是在这些"异地同证"的心光中,为我们揭开隐晦的幕,借这个契机重新去发现中国的人性光辉的传统,和那个以仁爱为本的文明之根。所以在这一章里,我要做一次小的尝试,把古今人爱的经验和爱的智慧,做一种综合和印证,让传统的仁学,在现代的经验之前接受一点考验。

阐扬爱的学者们,也许过分简化了当前人类面临的种种危机,但有一点是真确的,挽救危机的任何努力,都必须由爱出发,至少也不能违背这个原则。一个时代人，"非人化"的程度无论有多么深，只要在任何时刻，一旦自觉到爱的存在，对自救就不会没有信心，也不会没有希望。

一 仁是人类的基本特质

了解孔、孟所说的仁，我们必须注意，它具有双重的涵义：它既是一种概念，又代表一种动力；既是一种学说，又代表一种美德。前者是知之事，后者是行之事，前者是理论的，后者是实践的。屈万里先生说："东周以来，虽已经有了仁字，而且虽也把仁当作一种美德，但强调仁字，使它成为做人的最高准则，使它成为一个学说，则实从孔子开始。"（屈万里：《仁字涵义之史的观察》，香港《民主评论》，5卷23期）这是从思想史的观点来了解。从这个观点看，仁由"一种美德"，成为"一个学说"，是一步重大的进展。但如把仁当作人类的基本特质看，那么它使人从自然状态中突破出来，成为一个超自然的存在，人只有在超自然的存在中，才能产生所谓美德。在这里，如果仅说仁赋予人性以最重要的内容，仍不足以表达它的特性，它不仅是赋予，从"突破"的意义看，它是创造的主要动力。突破以后的发展可以分两面，德性人格的创造，是这个发展的直接形态，智性的学说系统，是经由反思作用而发展出来的间接形态。虽一根而发，智性方面既经发展以后，它所遵循的理则与德性的理则不同，在这一点上，"仁学"有它的独立意义。不过仁学的独立性，与科学的独立性又不同，科学的目的纯粹是为追求知识，它的对象是客观的自然。仁学虽也代表一套知识，它是属于人文的知识，不是自然的知识，人文的知识永远不能脱离人的生存或人的活动而有其意义，所以仁学的知识，也永远不能完全脱离德性人格的创造而有其意义，学的系统的建立，是为了帮助更多的人对仁有正确的了解,但在儒家,了解的目的不只是为了"了解",是为了实践。在道德和宗教的范围里,智性的发展,对终极的目标而言,都是过渡性的。因此,对孔、孟的仁,如果你仅把它当作一个理论,那么仍不妨和创造这个学说的人分开来看。如果你不只是把它当作一个理论,且是一个实践的准则,甚至是个人生活奋斗的目标,你就必须把学说和创造它的人合看。孔、孟的仁学,它背后如没有创造性人格作为活泉,它如何能成为一个文明的根?又如何能成为人类的基本特质?

下面让我们把这种特质列举几点:

(一)这种特质显之于人的第一个特征,是热爱生命,不是热爱物质。热爱生命的人,被生命和生长的程序所吸引,他改造或影响他人的方式是用爱不是用惩罚,他所抱的伦理观是:有益于生命成长和发展的是善,有助于毁灭或死亡的是恶。弗罗姆说:"对生命的爱,是各种不同形式的人文(人道)哲学的基础,这些哲学以不同的概念形式表达了相同的主脉;它们表达了这个原理:健康的人爱生命;忧愁是罪,喜悦是美德,生命的目的是被所有活生生的事物所吸引,并把自己同一切死的和机械的事物分开。"(弗罗姆:《人的心》,第44页,孟祥森译,1971年,有志图书出版公司)弗氏所说的人文哲学,可不可以包括中国的儒家呢?答案是完全肯定的,如果我们本诸这个原理,去检验儒家的文献,对儒家的人物、思想,立刻会感悟到一股新的生气。透过现代的经验,不但可赋予古老思想以新的生命,且可以给予一种新的解释。例如川水,本是常见的事物,可是在孔子的感受上却有所不同,他站在桥上,观赏着桥下的水流,不禁赞叹地说:"逝者如斯夫,不舍昼夜。"从弗罗姆爱之哲学的观点来了解,正是被生命程序所吸引的一个例证。宋代理学家有教人寻求孔、颜乐处的,照"喜悦是美德"的话来了解,孔、颜之乐,不必如程伊川所说是在所乐的对象上(程伊川有《颜子所好何学论》,谓颜子所独好者,是"学以至圣人之道"。见《宋元学案·伊川学案》),而是因为对生命的热爱所产生的喜悦,喜悦本身就代表一种道德的光辉。这种喜悦,不假借于名位,不托附于财富,它来自于健康的心灵,所以孔子可以"饭疏食饮水、曲肱而枕之,乐亦在其中矣",颜子虽居陋巷,过着极端贫穷的生活,依然能不失其内心的悦乐。

　　这一类的例子,在理学家的生活中,真是不少,据程明道的回忆:"周茂叔(濂溪)窗前草不除。去问之,云:'与自家意思一般。'子厚(横渠)观驴鸣,亦谓如此。"(见《宋元学案·濂溪学案》)明道自己也有类似的故事,张横浦(九成)说:"明道书窗前有茂草覆砌,或劝之芟,曰:'不可,欲常见造物生意。'又置盆池,畜小鱼数尾,时时观之。或问其故,曰:'欲观万物自得意'。"(见《宋元学案·明道学案》)所谓"与自家意思一般",这"自家意思"就是作为心德之"仁"。只有满怀恻隐的人,才能见造物生意才能领悟到各遂其生的万物自得意。一个热爱生命的人,随时随处都能被细小具有生命的事物所吸引,更何况对人类。当索罗金被逮捕下狱,并宣判了死刑,在听候执行的那六个星期中,他以"一个黯惨的心在沉痛中"学会了三件事,其中第一件就是:"生命,甚至最残破的生命,那是世上最美丽、最伟大、最奇妙的瑰宝,"(索罗金著,孙庆馀译:《创造的爱》,页18,1975年,时报文化出版公司)这与中国哲人所说的"天地之大德曰生",都是人文哲学者最重要的信条,想想我们历代的气节之士,想想那些在挫败、迫害中,依然威武不屈,贫贱不移,乐观奋斗,至死方休的儒者们,都会为这种信条做过有力的见证。孔子说:"仁者必有勇",只有热爱生命的人,才有勇气舍弃生命。

　　(二)作为人类基本特质的仁,显之于人的第二个特征,是真正平等精神的肯定。平等不是相同,是对人类生命、价值的普遍尊重。弗罗姆说:"在伟大的人道主义传统中,'平等'概念的意涵是什么？它意谓我们在这一个意义上的平等：每一个人，就其本身而言，就是一个目的，而必不可成为他人的目的之手段。"（弗罗姆著，孟祥森译：《基督教与心理分析》，第 82 页，1971 年，晨钟出版社）在另一本书中又说："人道的信条和经验是共同的，这个信条乃是：每个个人在他自身之内都具备着全部人性，而所有的人，尽管在知识、秉赋、高矮和肤色上各不相同，'为人的条件'对他们而言却是一样，是相同的。"（弗罗姆：《人的心》，页 107，孟祥森译，1971 年，有志图书出版分司）这种人道的信条和经验，也就是中国仁道传统的信条和经验。在儒家仁道的传统里，认为所有的人是平等的，所有的人心是相同的，所以说："仁者人也"、"仁，人心也"、"仁，人性也。"（"仁者人也"见《中庸》和《礼记·表记篇》。"仁，人心也"见《孟子·告子上》。"仁，人性也。"见潘平格《求仁录辑要》第一卷）孟子在这个基础上，发展出"人人有贵于己者"的"良贵"和"天爵"的观念，[①]荀子也认为"仁之所在无贫穷，仁之所亡（无）无富贵，"（《荀子·性恶篇》）因而肯定"涂之人可以为禹"，而后来"人皆可以为尧舜"，一直是儒家最普遍的信念，在这个信念上，为人类建立了真正的自尊和自信，使人相信，人生的际遇，不论穷通，在自我实现的奋斗上，皆可操之在己。在这背景的了解上，才能体会索罗金所说"爱是最佳的、最具威力的，使人性尊贵的力量（《索罗金著，孙庆馀译：《创造的爱》，页 18，1975 年，时报文化出版公司》）的真谛。

（三）作为人类基本特质的仁，显之于人的第三个特征，是使人

---

①　孟子"良贵"说，见《告子上》："欲贵者，人之同心也，人人有贵于己者，弗思耳。人之所贵者，非良贵也，赵孟之所贵，赵孟能贱之。""天爵"说，亦见《告子上》："有天爵者，有人爵者，仁义忠信，乐善不倦，此天爵也；公卿大夫，此人爵也。古之人修其天爵，而人爵从之；今之人修其天爵，以要人爵，既得人爵，而弃其天爵，则惑之甚者，终亦必亡而已矣。"

类的生命,成为创生不息的过程。人是自然的一部分,由于自觉意识的发展,又使人成为超自然的存在。当人一旦成为超自然的存在时,就开始如房龙所说的生活在一个巨大问号之下,接受拷问:

　　我们是谁?

　　我们是从哪里来的?

　　我们要往什么地方去?(房龙:《人类的故事》,第 1 页,吴奚真译,1957 年,协志工业出版公司)

　　每一个问题都是无止境的挑战和考验,人必须在面对这种无止境的挑战和考验中,才能促使生命生生不息和不断的诞生,才能赋予人生以独特的意义与价值。照房龙的说法,人类已经缓慢地,以坚毅不懈的精神,把这个问题一步一步地往前推进,推向天边一条遥远的线,希望在那里可以找到一个答案。这个答案必须每一个人自己去求,而且在"每一刻他都得回答它——不是用他的头脑,也不是用他的身体,而是'他',是那思想、做梦、睡觉、哭和笑的他,是他'整个的人',来回答他。"(弗罗姆著,孟祥森译:《禅与心理分析》,第 144 页,1971 年,志文出版社)这是说,要经由创生的过程和全人格的发展,去答复每一刻都要面临的挑战和考验。

　　赋予人成为超自然存在的意义和动力。各民族各文化所表现的形式不尽相同,在中国的儒家就是仁,它主要的意义有两面,一面是爱,所谓"仁者,所以爱人类也。"(董仲舒:《春秋繁露·必仁且智篇》)通过爱,把个己和整个人类的命运关联起来。另一面是生,生在宇宙方面的表现是"春作夏长",在人生方面的表现是"终日乾乾",也是经由爱(仁)统而为一。只有仁,只有爱,才能使人类的生命,成为创生不息的历程;只有爱,才能发现自我的真实,才能掌握人类正确的方向。

　　(四)仁是人类的基本特质,在现实的遭遇中,人要保持这种特质,需要经过无止境的考验,每一次考验,都面临一个抉择——这是第四个特征。"唯仁者,能好人,能恶人,"如果没有好恶的抉择,也就没有仁。

　　人生的抉择有大小,也有难易,一个学童捡到一包钱,要不要还给失主,如果他受过起码的爱的教育和薰陶,做个决定并不难。人慢慢长大,利害得失的考虑也就多了起来,如果面临同样的情况,做个抉择就比较不容易了。利害得失往往使人陷入困境,也是一个险境。如何使人舍利就义,就更不是一件简单的事。弗罗姆说过,"生命是否值得一活,"是现代人心目中一个新的问题,他对这种人提出的劝告是:"生命是一项独一无二的赠礼,是一项挑战,是一种考验,它不能用任何其他的东西来衡量,并且对是否'值得',一活的问题,也不会有合理解答的,因为这个问题本身就没有一点意义。"(弗罗姆:《理性的挣扎——社会健全之路》,第112页,陈利华译。1975年,志文出版社)对那些"把生命当作一种企业的见解"的所谓现代人,对那些业已失去生命的意义感的人来说,珍惜生命的劝告,还是有意义的。但是,这种人的选择,仍不过是一个利害得失的问题,一旦环境改变,机运来了,这问题就会消失,但是否就已寻找到人生的意义呢? 不然,他不过是跌入利害得失的轮回中的另一个陷阱。如果他生命的创生活力还没有完全丧失,他仍须接受生命的严厉拷问,为什么有许多表面上事业很成功的人仍会自杀? 原因之一,就是因为承受不了这种拷问而倒下去的,即是不倒下去,这种人往往也只是在心理退化中苟且偷生,他"活着",也只是自然生命尚未消失。如果说"生活是一项独一无二的赠礼",照儒家传统仁学的观点来看,绝不仅是指人的自然生命,而是同时指由自然生命发展出来的超自然的部分。人活着,如只是为了维护自然生命,与人生意义是无关的,这就是造成现代人生活危机的症结之一,他们对自然生命的照顾太多,对超自然的部分关怀太少。超自然的生命,是使生命人文化,最主要的精神是奉献、是仁、是爱,这是生命创造的源头活泉,不只是道德,生理的和心理的健康,都要依靠这种力量。只有靠这种力量,才能保住人之所以为人的特质,才能接受无止境的挑战和考验,才能做正确的有意义的抉择。要赋与生命以伟大的意义,有时候会是一件极端艰难而又困苦的事,因为人可能遭遇到"生"与"仁"之间发生冲突,甚至要牺牲生命才足以成全仁的极端情境,到这时候,人面临的是一次最大最难的抉择,他不是取孔子的"杀身以成仁",就是孟子的"舍生以取义",否则考验就会失败。在这时候,生命就不是"不能用任何其他的东西来衡量",对于是否值得一活,也不再是没有意义的问题。生活究意是一项赠礼呢? 还是一种负累? 完全要看每一个人自己是否能做不断的正确而又有意义的抉择。

二　仁是最高的善和自由

仁是最高的善,因为社会一切大小善行,都是来自这个原动力。下面要探讨的,是它表现的心理状态和客观的条件。据科学史家布罗诺斯基的了解,科学实践的条件,是独立与自由,这也恰足以说明实践善的条件,事实上布氏正是要通过科学与人文之间的这种共通性来说明科学的价值就是人文的价值。(参看布罗诺斯基:《科学与人文价值》,第三章,第5、7节,陈扬瑛、蔡仁坚合译,1977年,景象出版社)

孔子说:"仁远乎哉,我欲仁斯仁至矣。"这已说明仁的自由性,仁是自由意志的要求,不是强制的结果。《韩非子解老篇》:"仁者,谓其中欣然爱人也。"欣然是自由的心理态度,缺乏这种心理状态,就没有真正的爱。索罗金用现代的方式生动地表达了同样的体验,他说:"自由,意指一个人能够做他所喜爱的事情。在这个层面上,爱与真正的自由有相同的意义。强制,也就意味着违反爱。

因此,只要有高压存在的地方就没有爱,有爱的地方就没有高压;爱愈多,自由愈大。没有了爱,所谓的人权条例和宪法会议等,也将成为空壳。"(索罗金著,孙庆馀译:《创造的爱》,页132,1975年,时报文化出版公司)索氏不但把爱与自由等同起来,也说明了实践爱的客观条件,以及爱与社会形态之间的关系。任何时代任何社会,人际关系的维系和沟通,仁爱都是不可或缺的条件,但却从来没有一个社会是完全有利于爱之发展的,因为任何社会都存在着一些不合理的强制性,这种不合理的强制性,到现代法西斯风行的社会达到前所未有的高峰,这种社会,暴力横行,仁爱之行成为高度的奢侈品。为何弗罗姆和索罗金,这两位来自法西斯统治社会的自由人,对爱的问题特别关切,也特有体会,恐怕不是件偶然的事。相对于法西斯社会,部分的西方民主国家,是享有了较多的自由,不合理强制也较少,"只要有高压存在的地方就没有爱",可是我们却不能说,没有高压存在的地方就必定有爱,因为这些比较自由的社会,多半是高度资本主义的社会,同时技术专政的现象正日渐加剧。由于前者,使人与人之间展开残酷的竞争,这样必然导致为达目的,不择手段。由于后者,使人成为技术成品的附庸,造成普通"非人化"的现象。所以仁爱动力的逐渐消失,是20世纪国际社会普遍存在的现象,人类最尊贵的仁爱精神,正遭到空前的大挑战。人类自救的方案,尽管可以很多,但一切方案都必须先使作为人类基本特质的爱,能充分释放出来,恢复它的光芒,这又必须增强人类的自由,因为"爱愈多,自由愈大",反过来,自由愈多,爱也愈大,这种自由的获得,须要同时从法西斯统治和技术专政下解放出来。

三　沟　通

沟通指人与人之间知、情、意的交流,不但为个人的成长和发展所必须,也是维系社会最基本最重要的条件。人类一直向往一个有秩序的和谐社会,这个目标的达成,主要靠人类全面沟通的不断增强。考诸史实,令人惊讶不已的是人类一方面追求和谐,另一方面却又制造大量妨碍甚至破坏和谐的观念与制度,我族中心的思想和阶级制度的种种变形,是其中危害性最显著的部分。最大的"吊诡"是,当20世纪的文明,在许多方面都有突破性进展,技术性的沟通媒介且有惊人进步时,人与人间,国族与国族之间相沟通的困难程度,反而进入空前的阶段。例如在国际方面,铁幕的形成,以及从两个世界的对垒,又分化出所谓的第三世界;在人际方面,由于技术文明带来的"非人化",已不再是唯物主义的视人如物,而是人已经是物,物与物之间是无所谓沟通的。就在这样的背景之下,不同知识领域里的许多杰出思想家,都同样意识到这个问题的严重性,正纷纷谋求解救之道,于是沟通的问题,正日渐受到重视。

与人类社会形成的同时,就有所谓沟通的问题。只是这个问题从来没有像20世纪那样引起人深切的关怀。在中国,很久以来,就已使用着不同的概念探讨着同一问题,这些概念是仁、和、礼、乐、人伦等。许慎把"仁"解为"亲,从人二",是说在人与人之间相亲相爱的表现就是仁,这是仁显之于人的又一基本特性,就功能的意义看,也是它最最重要的特性,因为仁在这个意义上,不仅是如潘平格所说"格通人我"(潘平格:《求仁录辑要》第一卷:"求仁之学,舍格通人我,又奚适哉?")之所本,且是罗近溪"大人者连属家国天下而为一身"(罗近溪:《盱坛直诠》,讲大学)的动力。表现这一特性的仁,用现代的名词说就是沟通。"和"是表达这种沟通的效果,所以它涵有和顺、和睦、调和、和谐、和乐等义;礼乐与人伦,则为凭借之达成沟通的秩序和制度;它们共同的准则就是仁。

这些古老的概念,尤其是所涵有的意义,已逐渐为人淡忘之际,我们从现代学人们有关沟通的见解和经验中,又能重温这些古老的思想,重新体验它们的价值,这不正如谢灵运的诗所说的"谁谓古今殊,异代可同调"吗?现代学人们关于沟通的见解,下面罗列几个简明的例子,每一个例子,都可视为"仁"这一特性的恰当阐释。

(1)存在主义哲学家马赛尔,他在《有问题的人》一书中,特别指出"不安"是人性的一个特色,为了解决这种心理上的问题,他提出了"融通"的主张:我越意识到自己分享其他主体的生命,也越体会到存有的充实。这存有的充实,究竟要如何才能实现呢?马氏曾以具体的例子来说明。他说往往把自己比作一个图书室或博物馆,和别人谈话时,就像要把别人编入其中。这时别人对我来说是"他",是一个客体,我对别人也是一样,我和他彼此是外人。但如我和他之间开始有了共同经验、共同关系和共同兴趣,这时我对他已成为"你",他也以"你"对待我,这时我与他都不再是客体,而是"共同存有"的主体。我们之间相遇了,亲临了、融通了。(项退结:《现代存在思想研究》,页197,1970年,《现代学苑》月刊社)马赛尔的融通论,无异为潘平格的"格通人我"说,做了现代的注脚。

(2)希伯来人文主义哲学家马丁·蒲伯,于1922年就已出版《我与你》一书,为20世纪探讨沟通问题的先验,下面的摘录,可见其内容的一斑,他说:"透过'你',一个人才成为'我'。""爱是在'你'与'我'之间。……没有亲身体验到这个的人,不知什么是爱。""爱是一个'我'对一个'你'的负责。""'你'遇到'我'是一种恩赐,——并不借强求而找到。……'你'遇到'我'。……真的生活是相遇。"(项退结:《迈向未来的哲学思考》,页 56,1972 年,《现代学苑》月刊社)段玉裁对许慎释仁的注文是:"……相人耦犹言尔我亲密之词。独则无耦,耦则相亲,故其字从人二。"两相对比,正如项退结所说,马氏《我与你》一书的主题,竟这样直截了当地为段玉裁所点出。(同上,页 297)

(3)社会学家索罗金,一生阐扬利他主义,并企图建立"爱能"的学说,都是为了增强人类互相沟通的能力。以下征引的,不一定能完全反映出他爱能学说的主旨,但可以看出本于社会学的思考立场。他说:"任何形式的爱,都是人类互动作用的产品。任何爱的行动,不是由 A 流向 B,便是由 B 流向 A,或互相交流。""越强烈、越广大、越持久、越纯粹、越适度的爱,如果能以规律(有节奏)的方式加以更多的表达,在互动过程中造成的成果也越大。""最纯粹、最强烈的爱,主要来自家庭内、亲密朋友间、面对面小团体——学术的、宗教的、政治的、职业的、民族的(种族的)、文化的等——的互动作用。当团体的范围增大,爱的纯度和强度也随之递减,其可能产生的恨和类似因素亦随之增加。"(索罗金著,孙庆馀译:《创造的爱》,页 85—86,1975 年,时报文化出版公司)

(4)心理分析学家弗罗姆,他与其他阐扬爱的思想家不同的地方,是除了爱的积极意义之外,他同时深刻地探讨人性和社会内外两方面种种妨碍爱能表现的复杂因素。下面是涉及沟通问题的一段:"由于创造生产性的工作所达成的结合不是人与人之间的结合;由狂欢式的融合所达成的结合是一瞬即过的;而由一致化所达成的结合又是假结合。因此,这些方式对于生存问题所提供的只是片面的解答。完满的解答则在于人与人之间的结合,在于人同他人的融合,在于'爱'。这种对于人与人之间的融合之渴望,是人生命中最强有力的挣扎,它是最基本的热情,是驱使人类相聚的力量,是家庭、民族与社会的成因。"(弗罗姆著,孟祥森译:《爱的艺

术》,第28—29页,1969年,志文出版社)

(5)另一位存在主义哲学家雅斯贝尔斯,"沟通"在他思想中占一相当重要的地位,尝自述对他而言,沟通思想的冲突和求知欲占同等的位置。他主张:个人靠自己不能完成自己的人性,只有在和另一自我沟通时,人才能成为真的自我。与他人一起时,在相互的揭示中,自我才会显露出来,"沟通是导向各种形式的真理之路。"(项退结:《现代存在思想研究,页66,1970年,《现代学苑》月刊社)特别引起我注意的,是雅氏的理性,就是普遍的沟通意志,这与程明道所说"仁者浑然与物同体",以及潘平格所说"仁也者",浑然天地万物一体"中的"仁",是多么的相似?

(6)学心理学出身,曾担任美国卫生、教育及福利部部长的葛登纳博士,根据他的学科知识和工作经验,对沟通问题的见解是:"完全的个人自主是子虚乌有,不可思议之事。狄奥克里塔斯的格言:'人永远需要别人。'这句话得自现代心理学及人类学的一切知识。"(葛登纳著,马毅志译:《自我更新》,第112页,1972年,三山出版社)据史载,腓特烈二世曾作过一个实验,这位13世纪时,西西里的统治者,他想要知道希伯来语、希腊语,或者其他的语言,究竟那一种是人类最初的语言,于是他安排了许多小孩由养父母来养育,而这些养父母是不准向小孩说话的,结果小孩都死光了。(赫斯著,关绍箕译:《人这种动物》,第67页,1973年,三山出版社)在《写给战争叔叔》这本越南儿童文学的书中,提供了一个最新的例子。编这本书的日本人今井朝春先生,有一次他访问西贡市郊的孤儿院,一进门,就看到孤儿们"一个个坐在水泥地上作沉思状",当他拿着相机要拍照时,这些孤儿竟向他冲过来,有的拉他的手,有的抱他的脚,今井先生不明白这是怎么回事,翻译员对他说:"今井先生,没什么的,他们就是要人抱而已。"这一古一今的例子,恰好为"人永远需要别人"提供了有力的佐证。

根据上面的这些例子,不论是古代人还是现代人,不论是俄国人、德国人、法国人、还是美国人,也不论是哪种学科的学者,在同一个问题上,竟表达了如此相似的见解,的确反应了我们这时代沟通问题的严重性。但是我们了解到这一步,不过是一个起点,下一步的问题当在爱的实践上,小说家佛尔士特说:"爱在私人生活上是一种伟大的力量,确然是一切事物中最伟大的,但在公共事务上爱是无能为力的。"(寇琪编著,徐高阮等译:《危机时代的哲学》,第85页,1969年,幼狮文化事业公司)这当然不是说,在公共的事务上可以不需要爱,而是爱在这方面究竟如何才能表现出它的效力,历史所告诉我们的,几乎都是失败的经验,佛尔士特甚至说,要求国与国之间彼此相爱,要求商业行号或市场交易所之间应当彼此相爱,这种想法实在是荒谬、虚妄、而危险的,为什么?那是因为我们只能够爱我们个人所知的人,而我们所知是有限的。在这里,弗氏的确已把问题推进了一步,但他也同样提不出令人满意的答案,他只认为在公共事务上,在重建文明的工作上,我们需要容忍的精神,试问:如果人与人之间,国与国之间,缺乏彼此间的关爱,又如何能有真正持久的容忍?我们必须承认,在这样一个困难的问题之前,根本不可能立即找到满意的答案,像历史上许多重大的问题一样,没有满意的答案,并不表示绝望,相反的,只要我们有勇气接受挑战做有力的回应,人类就充满希望,必能在艰苦中慢慢脱离困境。我愿意重提罗素在《世界新希望》中提过的话:东西方的宗教,都曾以"爱就是智慧之门"教人,我们这时代,应更能体会这句话所启示的意义,倘若没有爱的鼓舞,一切解决问题之门都将关闭。

四　人性力量的实践

人性可以被赋予各种不同的意义,这里所说的"人性",是从

"仁者，人也"来了解的。当儒家赋予人性以"仁"的内容时，并不是为了给予人性一种抽象的定义，而是在揭示一项行动的原理。仁根本不是一种抽象的"存有"，只要你一旦能体验到它的存在，它本身就是生命中的一股强大力量，孔子说："有能一日用其力于仁矣乎，我未见力不足者。"这不只是一种鼓励，而是在指陈一项事实，世人可曾有过一个正常做母亲的人，对她的子女付不出爱的？因此，当我们面对爱在公共事务上实践的复杂难题时，乃须要先回到人性上来，重新认识它的力量，对它建立起信心，必须先把人类这股自发的永不枯竭的力量释放出来，其他的问题才有着手的余地。在这个难题上其中最感困难的一面，也许就是在国与国之间，尤其在敌对国之间，但我们应当了解，所谓国与国是很抽象的，操纵国事的毕竟是人，只要主其事者对和平仍抱有希望，对人性的力量还有信心，敌对的关系，随时都可以改变，历史的往例且不提，这几天埃及总统沙达特，与以色列总理比金之间，由心声的呼应，促使沙达特莅临敌国访问，使僵持30年的难题，有了历史性的转机，使全世界爱好和平的人士，莫不雀跃三丈。中东的和平，当然不会因此即刻到来，但总是一个新的开始，开始愿意增进彼此间的了解。不管多么困难的问题，只要人愿意，一定可以找到解决的途径。从眼前的例子，你能说要求国与国之间的彼此相爱，是荒谬、虚空的吗？

　　人性的力量是不可质疑的，从各地区许多杰出人物的共同经验，的确可以证实它的普遍存在。弗罗姆说："只要我们综观在老子、释迦、先知、苏格拉底、耶稣、斯宾诺莎及启蒙时期的哲学家诸人思想中对人性的看法，我们会惊奇地发现，即使他们之间有很大的差异，他们的概念与规范的核心却是一致的。我们在此不想作完全的、正确的说明，现在且把这个共同的核心摘述如下："人必须努力去体认真理，他对人性修养之完成亦系乎对真理体认之深浅而定。他必须是独立的、自由的，自己决定志向和目标，而不只是作他人的工具而已。他必须以仁爱对人，即使拥有所有的权势、财产与智慧，若没有爱，他也是一个空壳子。人必须知道善恶的区别，必须听良心的召唤，依从良心行事。"（弗罗姆著，林锦译：《心理分析与宗教》，第79页，1969年，美国佛教会）儒家对这种力量充满信心，所以主张"仁以为己任"，主张"己欲立而立人，己欲达而达人"，事实上也只有在立人达人的实践中，我们才能体验出这种力量的真实存在。孔子和弗罗姆所举的杰出人物，他们的生平史无一及得上那些握有权势者的显赫，可是对后世广大而深远的影响，谁又能及得上这些以仁爱对人的人？罗素说得好："那些活得高贵的人，即是及身未能显达，可无须担心虚度一生，因为他们的生命放射光芒，照示亲友、四邻，甚至久远的后世以应走的道路。"（寇琪编著，徐高阮等译：《危机时代的哲学》，页275，1969年，幼狮文化事业公司）人辨别善恶，有时候和依从良心行事一样，会发生困难，因为人在物质的、意见的刺激下，良心的呼声，往往被压得十分微弱，甚至因外在不断的刺激，而造成对它的逃避，当人陷入这种心理状态时，只要能把握机会，让他恢复体验的能力，在自责和反省中，在痛苦的深渊中，依然能使良心复生，因良心只有一时的僵化，不会永远的丧失，在复生的作用上，道德的警策，和宗教的灵修，扮演了极重要的角色，尤其是那些以仁爱对人的伟大人格，他们在重重险阻中所表现出的人性光辉，永远是促使我们精神提升的一股巨大力量。

　　关于实践爱的能力的培养，现代学者这方面的讨论不少，有的重视社会环境，有的重视客观认知的能力。仁爱虽然是人类一项基本的特质，如果缺乏适当的条件给予训练和激发，它仍可能是限于一种潜在的状态，发挥不出他应有的力量。索罗金说："我们可以由两组不同的例子证出爱的重要性，第一组是为父母所遗弃和得不到爱的孩子，他们成为少年罪犯、成人罪犯和身心缺陷的机会较一般正常儿童为高。爱的被隔绝,常使孩子们成为充满敌意、暴躁和人格不平衡。……另一组则是那些基督教的早期圣徒们,他们大多来自充满爱和和谐的家庭,因此,他们也能毫无疑惧和困难的将爱奉献出来,成为爱的传道者。"(索罗金著,孙庆馀译:《创造的爱》,页116,1975年,时报文化出版公司)这说明充满爱与和谐的家,对培养践爱能力的重要性。中国传统提倡的孝、慈与和睦,原则上是很正确的,由于对一个人使他成为自己这一点尊重不够,礼教又过分教条化、权威化,于是在激发爱的训练上,难以达到预期的效果。现代生活在都市里的人,由于忙碌和无趣,再加上竞争性和自利性的强调,使社会流行的价值,已逐渐与践爱的要求背道而驰,要想扭转这种趋势,又要碰上爱在公共事务上实践的难题了。

弗罗姆曾以客观认知的能力作为实践爱的一个重要条件,认为"能够获得客观和理性的能力,已经是在爱的艺术上走一半了。"(弗罗姆著,孟祥森译:《爱的艺术》,页28-29,1969年,志文出版社)缺乏这种能力,是造成种族偏见和纠纷的主要原因之一,"我族中心主义"的缺点,又是所有民族共有的现象,这缺点使我们无法客观了解他人的观点,甚至本于自己的情绪加以歪曲,这样如何能促进彼此间的健全关系?人类学家孟德鸠说:"此种偏见并不是天生的特质,而是团体在实际生活上受制约作用而产生的结果。一个真正文明社会的功能,应该使其成员免除此种偏见,并教育他们,使其对他人感到兴趣,而且想了解他们的价值观念。"(陈少廷:《20世纪的意义》第160页,1968年,野人出版社)在这种了解的需要上,不要说一般人,即是具有相当现代知识的学者和知识分子,要求他们对自己的文化和他人的文化做客观而理性的评价,都仍是十分不容易的事。我们的教育和实际的需要,还有一段遥远的距离。但加强这种了解,是促进国际间消除纠纷,并进一步达到互助合作的必要条件。这方面条件的培养,不单纯是认知能力的问题,还需要广泛学习不同种族以及文化的知识,现代人类学在这方面有其极重大的意义。(参看李亦园:《人类学与现代社会》,1975年,牧童出版社)中国古代哲人,早就有"道并行而不相悖"的理想,可是由于客观认知能力的不足,以及人类学知识的缺乏,亦只能空悬其理想而已。

五　终极的关切

儒家的仁学,通常我们都是从伦理的范围,或日用平常的层面去了解它,由这方面去体认,的确是较为亲切而具体。但事实上仁学从它的创始者起,就不只是这个范围或层面。从仁心出发,水平面它扩及家国天下,垂直面它可以延伸到宇宙万物;从近处看,是"仁者爱人",从远处看,仁完全同于"万物以生,万物以成"的"道"。(《管子·内业篇》:"万物以生,万物以成,命之曰道。")从过去到现在,似乎很少哲学家把仁学的这种扩延性的意义做合理的解释,为什么孔子要知天命?为什么孟子要说尽心知性最后要归向知天?为什么《易传》要说"大人者(仁者或圣人),与天地合其德,与日月合其明"?为什么宋以后的儒者喜欢说"仁者与天地万物为一体"一类的话?为什么罗近溪要说"大人者,连属家国天下而为一身者也"?如果这些只是偶然的玄思,怎么能造成那么大的吸引力,使思想史中多数重要哲学家,最后都以"天人合一"的思想为其归依?讲中国文化和哲学,必然无法避免要碰到这个问题,过去当我每次碰到这方面问题时,都无法了解它的意义何在。当代有的哲人把它解释为境界形态的形上学,以与西方实有形态的形上学相对。不过当作境界形态来了解,这种境界由艺术心态也同样可以达到,在仁学中似乎缺乏独特的意义。更重要的一点是,这种解释不足以说明仁爱精神扩延性的发展所表现的生命创造力,以及这种精神与宇宙人类命运的息息相关性。

引发我把伦理意义的"仁",与传统的"天人合一"思想,做关联性思考的,是受了保罗·田力克"终极关切"的启迪,田力克在其《宗教的动力》一书中,对宗教做了一个新的解释,认为宗教表现人们最终极的关切,由终极的关切,就会产生终极的要求和终极的满足。这一观念不一定能充分而适切地说明儒家道德形上学的意义,但它确然提供了一个能使我重新思考,并可能给予一点新解释的契机。仁爱精神是一种不息的动力,可是落在个体的生命上,它必然要受到生物意识的限制,落到人间社会的公共事务上,更是困难重重,一般人就只好在这种限制和困难之前停住了,因为他缺乏一股突破限制和困难的力量,在道德宗教上的杰出人物,都一定具有这股力量。引发这股力量的来源不止一个,但终极关切的情怀和终极的要求,显然是主要的激素之一。终极的关切,用儒家的话来说,就是一种无限承担的精神,天下有一夫失所,都为仁者所难安,那么作为一个仁者,他永远都生活在"动心忍性,增益其所不能"的奋斗中,是可以想见的。终极关切,是生命的一股催迫的力量,这股力量可以把自己从私人的忧患中解放出来,以天下为己任,把天下万世的祸福都纳入一己的责任感中。如果人间真有什么悲心大愿,就是在这种关切、要求中,同时又看不到直接而具体的效果所产生的一种心理状态。"一日克己复礼",当然不能产生"天下归仁"的效果,但在天下归仁的终极关切和无限承当中,却能保持个体生命不息的动力,仁者或圣者,他们所以能表现超人的热情,当面对险阻,仍能表现勇往直前的无畏精神,就是依靠这不息的动力。终极的关切,必须从自己的具体性出发,在近处不能实践"仁者,爱人"的人,则纵然终极关切之情的涌现,也是一时的、虚脱的;反过来,如果一个人缺乏终极关切之情,当下的仁爱表现,也难能做得圆满。终极的要求，是由当下一直贯串到永恒。终极的满足，是由生命不息的动力产生的喜悦。在这个意义上，道德形上学，就只是表达终极关切、终极要求，以及由个体蕲向普通的生命创造历程的智性化，希望通过形上学的媒介，启人以生命上达之机。从当下"尽心知性"工夫中，就能证知普遍的价值——天，道德形上学的一套说词，脱离了当下仁爱精神的亲验亲证，脱离了无限的承当精神，以及它与宇宙人类命运的一体相关性，它剩下的就只是一个无光无热的空壳子。

（原载《中国思想传统的现代反思》，选自《中国思想传统的创造转化——韦政通自选集》，云南人民出版社，2002年）

韦政通（1930— ），当代中国学者、思想家，江苏镇江人。靠自学走上研究中国哲学与中国思想史的道路。曾任台湾神学院哲学教授，清华大学人文学科哲学讲座、中国文化大学哲学教授。早年受牟宗三新儒学思想影响，信仰儒学，60年代开始与道德理想主义"分道扬镳"，逐渐开辟自己独特的学术天地。他对儒家思想的根本缺陷及其恶劣影响所作的批判解析，尤其是关于儒家"对生命体会肤浅"的论断，曾得到自由主义学者殷海光的高度推崇。后来更围绕中国思想传统的批判和重建撰写了一系列著作，执着于"自己的追求和开拓"，主要著作有《传统的透视》、《中国哲学思想批判》、《中国思想史》、《中国传统的现代反思》、《儒家与现代中国》、《中国思想传统的创造性转化》等。

本文认为，孔孟所说的仁具有双重涵义，既是一种概念、学说,又是一种动力、美德。仁作为人类的基本特质,表现在热爱生命、真正平等精神的肯定、使人类的生命成为创生不息的过程、无止境的考验所面临的抉择。仁是最高的善和自由,在现代物化了的世界中,仁为人与人的沟通、人性力量的实践、终极的关怀提供了动力。

儒家心性论的现代化课题(下)

傅伟勋

一、孟子一系心性论的转折课题

我在上篇(《鹅湖月刊》第十卷第五期)《前言》曾依牟宗三先生的解释学理路,提到儒家思想的哲学基础,是在主观性与客观性两重原则:孟子一系的心性论挺立了人存在的道德主体,易庸一系的"道德的形上学"则彰显了"宇宙秩序即是道德秩序"的(宇宙论)价值本原,亦即天命天道。我在上篇结尾又主张,"孟子的性善论,经过一番实存的本体论化(existential ontologiza—tion),终于转化而成王阳明与王龙溪的致良知教了"。我在这里想进一步说,程明道的主客"一本"之论只具"自家体贴"的个人生命体验意义,但缺哲理的深化工夫;至于总结孟子一系心性论的阳明致良知教,则有足以诉诸共识共认的哲理强制性与普遍性意义。我的意思是说,致良知教不但是孟子性善论的哲理归结;如就哲理推演的程序言,易庸一系的"客观性原则"也必须看成阳明经由一番"实存的本体论化"所导致的宇宙论观点。易庸所倡"道德的形上学"原是殷、周两朝以来天与天命等宗教的超越观念逐渐"形上学化"(意即人为地"客观化")的结果。天地自然是否原原本本彰显儒家所云"生生之化"或"天命流行"的道德意义,并没有完全独立乎道德主体的客观性证立理据可言。就其哲理的深层结构言,"道德的形上学"原是

20世纪儒学研究大系

儒家的仁人君子依其良知的自我醒悟实存地投射或推广自己的道德主体到天地自然所形成的儒家特有的本体论洞见，而'生生之化、天命流行"的儒家宇宙论，哲理上也是依此洞见而成立的。

记得三年前我致畏友蔡仁厚兄的一封信中提及个人近年来的研修心得，说："我深深了解到，以儒家为首的中国哲学的真谛是，(1)实存的自我醒悟(existential self-awakening)，(2)本体论的洞见慧识(ontological insight)，与(3)解脱论的生死智慧(soteriological enlightenment)三事一时并了"。我借用了明道之语"三事一时并了"为的是要表示，儒家"三事一时并了"的哲理根据是在特以"道德实存的自我醒悟"为中心的孟子一系心性论，亦即强调"人心醒为道心"(本心或良知)的陆王"心即理"说。此说与庄子、禅家虽然貌似，本质上却迥然不同：前者的"三事"是依道德实践的主要关心而"一时并了"的，后者则是"超道德的"(transmoral)，哲理上与解脱上并不满足于儒家"道德主义"(moralism)的立场。

我所说的"实存"，指谓人的存在(方式)，兼摄"现实存在"(actual existence)与"真实存在"(real existence)双层意涵；譬如人心、气命(自然之命)、"生之谓性"(告子)等等指涉现实存在层面，道心、正命(道德之命)、"天命之谓性"(中庸)等等则指真实存在层面。以沙特为主要代表的西方存在主义(应称"实存主义"较为正确)主张，人的现实存在即不外是"实存的自由"(existential freedom)在各种人生境况的实际呈现，不论一般人是否有此察觉；"实存的自由"呈现(不论是本然的还是非本然的方式)点出了人的真实存在层面。与此相比，以王阳明为典型代表的儒家"存在主义"，则于人的现实存在发现道德主体之实存的自我醒悟，就此点出真实本然的人存在高层次面，进而肯认现实存在(人心、气命等等)与真实存在(道心、正命等等)原是实存的一体两面。仁人君子的道德主体一旦实存地自我醒觉，哲理上也势必实存地本体论化易庸一系的"客观性原则"。依此看法,阳明通过那一次生死关头的大彻大悟所建立的致良知教,哲理上可规定之为我所云"道德实存(的自我醒悟为根基)的儒家本体论"(the Confucian ontological theory as deeply rooted in the self-awakening of man's moral existence),贯通了儒家思想的主客两重原则,综合了孟子一系的心性论与易庸一系的宇宙论。这就是为甚么哲理(证立的本末次序)上我不得不说,集儒家(内圣)思想之大成者,乃是阳明的致良知教,而非其他。这也同时说明了,为甚么阳明的致良知教能够彻底消解理与气、心与性、人心与道心、本体(体)与功夫(用)、知与行、未发与已发、动与静、内(主)与外(客)、善与恶(良知至善而无有善恶相对)等等分歧对立,而终于奠定了孔子以来儒家"一贯之道"的根本哲理。我们可以说,表面看来如此简易的致良知教,就其深层结构言,其实相当复杂而奥妙,因它不但不舍离日常世界的一切分歧对立,反而当作道德生命日日磨炼的必需条件,予以超越地收含之,统贯之,即此"事上磨炼"的功夫呈现良知。这是阳明致良知教最吸引人的地方。

但这不等于说,总结孟子一系心性论的致良知教是解决人性问题的唯一答案,是道德实践的万灵丹。如果是这样,阳明之后的儒家思想只有走上与道家相同的命运,我们也就不必讲求我所说"批判的继承与创造的发展",遑论未来的展望了。为了儒家心性论(兼及伦理学)的现代化,首要步骤是通过我所云"问题探索法"的哲学功夫,发现致良知教所产生的有关心性论(与伦理学)的种种难题。记得维根斯坦(Ludwig Wittgenstein)曾经说过,哲学家的本领是在发现真正的哲学问题,而不必是在给予解答。中国哲学工作者应多学习这种本领。

去年(一九八四)三月二十二日晚上,我在耕莘文教院大礼堂演讲"中国哲学研究改良刍议",是由中国哲学会与《中国时报》人间副刊合办,算是我十八年后重踏故土短短两周之间所作的最后一次(第六次)学术演讲。《中国论坛》第十九卷第六期(一九八四年耶诞)载有拙文《批判的继承与创造的发展》下篇,我在这里提到那次演讲的几个要点,其中一点是:"现代中国哲学工作者必须关注哲学思想(在问题设定上)的齐全性,(在问题解决上的)无瑕性,(在解决程序上的)严密性,以及(在语言表现上的)明晰性。西方第一流哲学家,如亚里斯多德或康德,都能注意到此,反观传统中国哲学家几无一人能设想得如此周到。"我深信,如果我们能够站在我所说"中国本位(专为中国哲学的继承与发展着想)的中西互为体用论"立场,针对我们所发现到的中国哲学本身的内在难题与时代课题,借用或吸纳一些合乎我们需求的西方哲学正面资粮,如解释学、日常语言解析、现象学等等,创造地转化而为中国哲学传统的一部分,我们就不难达到重新建立(reestablish)我们的哲学传统并重加活力(revitalize)的目的。牟先生的《中国哲学十九讲》结语说:"明亡以后,经过乾嘉年间,一直到民国以来的思潮,处处令人丧气,因为中国哲学早已消失了。"我想加一句说,中国哲学(尤其儒家)在现代世界还可以有进一步的新创造、新发展与新综合,我上面所建议的,或有抛砖引玉之功。依我上述的个人管见,我在这里先就致良知教所产生的有关心性论(兼及伦理学)的种种难题,举出其中荦荦大者。

　　其一,道德实存的自我醒悟是保证致良知教具有哲理强制性与普遍性的必需条件,但在平均化了的日常世俗,良知确实不易呈现,甚至隐没不显,所谓道德主体的挺立亦谈何容易。事实上,愿意接受并践行致良知教的儒家同道寥若晨星,如果良知论者随着熊十力老唱"良知是真实,是呈现"的高调,而不去同情地了解非良知论者(或非性善论者)的人性(以及伦理道德的)看法,就很容易变成孤芳自赏的极端内向型,而良知论者特有的"单元简易心态"

也由于曲高和寡,容易恶化而为"自我闭锁心态"。为了避免这种心态偏差,良知论者应该自动谋求原有"单元简易心态"与较有现代化意味的"多元开放心态"之间的融通。良知论者当然应该继续显扬致良知教单元简易的根本哲理,但为了充实本身的哲理,也得同时细听非良知论者的异见(异见不一定是"异端",也可能是优异之见,有待吸纳),而以多元开放的哲学胸襟了解它,甚至吸纳它,转化而为有助于进一步现代化地充实致良知教的思想资粮。良知论者如何重新对待(re-treat)程朱学派(的心性论),便是其中一个最大的考验。无沦如何,良知论者必须自我转折,自我充实,必须了解到"单元简易方式"与"多元开放方式"不但没有冲突矛盾,反可辩证地相彰相益(牟先生在《现象与物自身》使用"自我坎陷"一辞。此辞易生误解,且不够积极。我在这里使用"自我转折,自我充实"或可免于独断,而有助于良知论者与非良知论者之间的对谈与相互冲击)。

其二,在平均化了的日常世俗,"良知不太容易呈现"既是不可否认的事实,良知论者不得不认真探讨良知所以不易呈现的种种缘故。如果良知论者忽略有关人性的现实(actual)或事实(factual)层面,就很容易产生过分单纯的解释或不必要的误解,甚至"以理杀人"。设若有人坦白承认,他从未有过甚么"良知呈现'的经验,这可能是由于日常的自省工夫不足,或可能是个性的限制使然,也可能是他对人性与道德的个人经验与体认方式与良知论者不同。如果他的承认不是出于坦诚,而是带有一种自欺自瞒,我们还得进一步细查,他所以自欺自瞒的原因究竟为何。是他存心如此的吗? 还是他不能自已而如此呢? 这在西方人性论史上关涉到自由论与决定论孰是孰非的古来难题。去年(一九八四)年三月六日,我在香港中文大学所作的另一次演讲,题目是《(禅)佛教,心理分析与实存分析—自由论与决定论孰是孰非的古来(哲学)难题》,

听众主要是由哲学系全部师生构成。我希望在两三个月内将此讲稿重新整理,付诸出版。在这里我只想说,良知论者由于站在人性的高层次超越地简化了人类心性之种种的结果,很有忽视上述难题的偏向。我们如果讲求孟子一系心性论乃至整个儒家心性论的现代化发展与创造性综合,就得早日改正这种偏向。

其三,上述难题,如更深一层地探讨,终必涉及人类罪恶的起源问题。对此问题,儒家一向看得太简单,孟子一系的心性论者更是如此。孟子说:"耳目之官不思,而蔽于物。物交物,则引之而已矣。心之官则思,不思则不得也。"(《告子篇下》)但他并没有进一步说明,为甚么多半的人类"不思"而"蔽于物",因他觉得性心才情既是本来同一,就没有说明的必要。他又说:"若民,则无恒产,因无恒心"(《梁惠王篇上》);并且承认,"世衰道微,邪说暴行有作,臣弑其君者有之,子弑其父者有之"(《滕文公篇下》)。但他未曾说明"世衰道微"的起因,也未解释人民为何"无恒产,因无恒心"。孟子在这里轻轻带过,认为哲理上问题已经解决,只要教导人人"求其放心"即可。陆王承继孟子理路,对于恶的起源问题也无甚兴趣,也多半以"自暴自弃"、"蔽于物欲"、"此等善恶皆由汝心好恶所生"等三言两语轻轻带过,而未试予进一步的哲理分析。阳明偶尔也说:"孟子说性,直从源头上说来,亦是说个大概如此;荀子性恶之说,是从流弊上说来,也未尽说他不是,只是见得未精耳!"(《传习录》卷下)。但他的基本用意不在性恶一面,因此毫无兴趣就"流弊"处挖深关涉恶的起源的人性问题,遑论孟荀人性论的哲理综合了。以孟子一系心性论为例,我们必须设法早日克服传统以来过分简单化或笼统化(oversimplification ororvergeneralization)哲学问题与思维程序的基本缺点。

其四,良知论者在道德实践问题偏重行为动机的纯善之余,动辄忽视道德判断与行为抉择的客观性规准问题。我这里所说的

"客观性",意谓人与人间的相互主体性,不是科学意义的纯经验性;"规准"则指可望共同接受的(超越个人主观的)道理,这里特指道德理由或规范(moral reason or norm)而言。陆象山说:"汝耳自听,目自明,事父自能孝,事兄自能弟,本无少缺,不必他求,在乎自立而已。"(《陆象山全集》卷三十四《语录》上)王阳明也顺此"简易"理路,说道:"以此纯乎天理之心,发之事父便是孝,发之事君便是忠,发之交友治民便是信与仁。"(《传习录》卷上)象山虽了解到,"必欲天下之理无所不明,必至夫子耳顺之年而后可言"(卷三《与曹立之书二》),语意稍近程朱,但基本上仍循孟子老路,未有突破。阳明虽注意到"事上磨炼"的必要,却未曾了解所谓"见闻之知"(这里专指为了获致正确的道德判断与行为抉择所必需的一切有关的事实资料的知识,包括搜集、调查、分析、判定等等手续),其实也构成了道德知识(是非对错)的一大要素。尤从现代伦理学的观点看来,传统儒家所分辨的"德性之知"与"见闻之知"乃是道德知识整体的主客两面,应该并重,缺一不可。阳明对于弟子徐爱所问:"如书弑某君,伐某国,若不明其事,恐亦难断",只不过约略答谓:"如书弑君,即弑君便是罪,何必更问其弑君之详?……圣人只是删去繁文,后儒却只要添上"(《传习录》卷上)。良知论者如此偏重德性之知(良知)为本,而以见闻之知为末,在现代社会是有问题的。也许良知论者还不需要那么多的见闻之知,用来处理日常家事,如"温清之节,奉养之宜"(同上卷上),但他如果处在日日多元复杂化的现代世界,又如何以纯致良知的传统简易工夫去应付个人道德(微小规模的伦理道德)以外的政治社会道德(巨大规模的伦理道德)问题呢?再者,如果两个良知论者对于某一处境所采取的道德判断与行为抉择不尽相同,甚至完全相反,他们难道只靠彼此良知的比较来决定孰是孰非吗?尤有进者,当良知论者与非良知论者对于某一处境所采取的道德判断与行为抉择相左而有所争论之时,良知论者难道只不过引述阳明之语就可以解决争执吗?难道双方毫无需要良知以外的(包括闻见之知在内的)客观性规准吗?孟子一系的心性论者对于此类伦理学问题从未仔细想过;如果想过,他们就不得不回到原先的性善论或致良知教重新检讨,而在哲理上自求转折与充实了。总之,在儒家思想的传统里,心性论与伦理学应有相互影响、相互发展的辩证关系存在。譬如上述伦理学难题必然逼使现代的良知论者认真考虑,如何通过批判的继承,创造地(现代化地)发展孟子一系的心性论,以便适当地解决这些难题。首要步骤应该是在(新)儒家传统本身,设法谋求能够创造地综合陆王心性论与程朱心性论的新观点、新理路。为此,我们必须挖掘程朱心性论的深层结构出来。

二、程朱哲学(心性论)的深层结构

一九七四年年底,我应邀在哥伦比亚大学教授俱乐部演讲《创造的解释学:道家形上学与海德格》(Creative Hermeneutics: Taoist Metaphysics and Heidegger),算是个人构想"创造的解释学"的开端,讲稿一年半后在英文《中国哲学季刊》登载。去年(一九八四)三月二十日晚上,我在台大文学院会议室首次以国语演讲"创造的解释学",大概不久会把讲稿整理印行。创造的解释学最重要的一项是"表面结构"(surface structure)与"深层结构"(deep structure)的分辨,这一对词汇借自语言学家乔姆斯基(Chomsky)的划时代名著《句法结构》(Syntactic Structure),但我赋与了新而不同的涵义。大体上说,哲学思想(如程朱哲学)就其表面结构言,准许各种不同的解释可能性,一般研究者就在哲学思想发展史(如儒家思想史)脉络范围之内尽量公平地比较诸般解释,从中判定最客观而可取的解释。创造的解释家(亦即有意通过解释开创新理路的哲学思想家,而非纯粹学者型的思想史家),则要发掘藏在表面结构底下的深层结构,以便显现连原来思想家都意料不到的他那原本思想的哲理蕴含(philosophical implications)出来。创造的解释家一旦发现原本思想所内藏而语言表现上并不明显的哲理蕴含,就可以超越原来思想家的立场,替他理出他本应理出而未理出的独到见地。我这解释学的着想灵感源自海德格的"存在思维"(das Denken des Seins)理路。他在《甚么叫做思维?》(Was heisst Denken)这本书里说道:"(哲学)思维愈是具有独创性,则(藏在)思维之中的未被思维者(das Ungedachte)就愈显得丰富,未被思维者是思维所能赍与的最大礼物。""未被思维者"即不外是我上面所提,原有的独创性思想之中有待创造的解释家发掘出来的哲理蕴含。海德格又说:"我们的(解释学)课题是,紧紧追溯原来思想家的思维路数重新随后思维一次,紧紧追溯他的(哲学)探问重新随后探问一次。我们的课题实与时常听到的'原原本本地去了解原来思想家原原本本的思想'这个要求大异其趣。这个要求是不可能(兑现)的,因为没有一个思想家(真正)了解他自己(的思想)。"海氏此语发人深省,但因他的德文句法独特,难于直译,我的试译只能取其大意,仅求辞达而已。我们如果套用海氏此语,则可以说,程朱(尤其朱熹)二位未曾真正了解过他们自己所开创的哲学思想的本质(本来面目),更没有意识到他们的哲学思想所内藏着的种种丰富的哲理蕴含。现在且让我们重新探查,有别于其表面结构的程朱哲学(尤其心性论)的深层结构究竟是甚么。

　　依照牟先生出版《心体与性体》以前的传统定型的思想史解释,朱熹的哲学并不仅仅继承并系统化了程伊川的哲学理路,而是集宋代儒学甚至孔子以来的儒家传统的大成。理由很简单,孔子的仁义思想,孟子的性善论,荀子的礼论,易庸的天命天道思想,周敦颐的太极、无极之说,张载的"心统性情"说与"变化气质"论,乃至程氏兄弟的形上学、心性论、修养论等等,无一不在朱熹的庞大思想体系各具明显适当的定位,且相互贯通,融为一炉。由是观之,朱熹无疑是宋明理学家之中真正继承并显扬了儒家道统的最大功臣。但是,牟先生在"心体与性体"彻底推翻了这个传统定型的解释,判定朱熹本伊川所完成的所谓"横摄系统",乃系"别子为宗",不能代表儒家正统,因它有违论、孟、《中庸》、《易传》以来"纵贯系统"的本义之故。据我的理解,牟先生的独到解释,在他写出《中国哲学的特质》这本书时,还未形成。在此书第七讲牟先生说:"后者(客观性原则)源于《中庸》首句'天命之谓性'与《易传》的全部思想,下至宋儒程朱一派;前者(主观性原则)源于孟子,下至宋明儒的陆王一派"。可见牟先生那时还随顺着传统说法去了解程朱哲学的本来面目,尚无解释学上的突破迹象;也可想见"心体与性体"在他心目中所占的地位。去年三月初旬,石元康君特别为牟先生与我二十六年后的重逢,在香港一家潮州餐馆设宴款待,让我在牟先生旁陪座。欢叙之间,我稍表露自己多年来苦读牟先生一系列名著的感触说,他对《佛性与般若》一书所下的功夫恐怕最深,因我记得他在此书序尾说过:"人之生命有限,积思至今,已不觉垂垂老矣",而大乘佛学又是中国哲学思想之中最为庞杂而极难处理之故。牟先生却回答说,在他那么多的著书之中他最呕心沥血的还是《心体与性体》这三巨册,而非《佛性与般若》。我们据此不难想见,牟先生为了还出程朱哲学'别子为宗'的本来面目所下的功夫是如何艰苦的了。

我们如果专在儒家思想史脉络范围之内比观传统定型的解释与牟先生的独到解释,则可以说,前者只不过触及程朱哲学的表面结构,后者才真正彰显了它的深层结构。但是,我们也同时可以转移解释学的视线,改从"批判地继承并创造地发展"传统思想的新时代哲学思维观点,重新透视以心性论为主的程朱哲学的深层结构,而获致另一可能的解释学结论。换句话说,程朱哲学可有两种深层结构并行不悖,甚至相辅相成。一是牟先生所标示的哲学史脉络意义下的"别子为宗"这个解释学理路,另一是我将尝试的哲学思维(的现代化重建)脉络意义下的我所云"创造的解释学"理路。牟先生并不是没有想到后者的可能性,因为他在《心体与性体》第三册(第四十九页)说过:"假定两相对立,以为只此纵贯系统即已足(形式上是已足),斥横摄者为支离,为不见道,(自究竟言是如此),而不能欣赏其补充之作用与充实上之价值,则亦非是。前者是朱子之过,后者是象山之过。总之,两者只能相即相融,而不能相斥相离。此非心理上之宽容问题,乃是客观上之实理问题。"由于牟先生撰著《心体与性体》的目的并不在进一步显扬并创造地发展程朱哲学,而是在乎还出它的本来面目,故只须提醒有心的读者,朱陆"只能相即相融,而不能相斥相离"。牟先生的解释学工作确是我们谋求朱陆综合的首要步骤,就这一点说,苦读《心体与性体》要比研究朱陆全集更有助于我们哲学思维的功夫磨炼。

牟先生在《心体与性体》第三册中随处点到为止的附带话语,似乎暗示著有关"创造的解释学"理路的可能线索。譬如他在第三百五十三页说:"其(朱熹的横摄系统)在形而上学上,理气不离不杂之清新明截,由气之造作营为说明自然界之形成,此虽尚未至科学之阶段,然气之造作营为是物理的,基本原则处是科学的,而可以向科学走,则无疑。"我却认为,"理气不离不杂之清新明截"既系形上学的道理提示,就不必亦不应与自然科学的真理探求拉上关系(关于我所作"道理"与"真理"的分辨,请参阅本文上篇第二节)。朱熹本人就常混淆理气形上学与他那有关天文气象之类的"前科学性"推测。"气"当然可以看成为了记述与说明自然现象及其变化的一种前科学性(protoscientific)概念,却仍不能算是"氧气"等纯科学性的元素概念。在程朱的理气不离不杂论,"气"与"理"构成一对形上学概念,用来赋与"形下"层次的现象变化以一种形上学的说明,故具"道理"的意义,而无"真理"的性质可言。如果(哲学)"道理"与科学)"真理"混淆不清,恐对程朱哲学的进一步发展只有害而无益,且以今日高度科技的惊人发展,根本毋需程朱理气论尽"一臂之助",遑论理气论的"科学化"了。牟先生似乎多少意识到这一点,因为他又说过:"朱子之'穷在物之理'其目标是在穷其存在之理,并不是穷其存在之然之曲折本身。穷存在之理是哲学的,穷存在之然之曲折本身是科学的。"(第三百六十五页)不过我们还得加一句说,(与"理"不离的)"气"是关于"形下"(存在之然)的形上学说明所需要的"质料"概念,乃属哲学的——而非科学的——宇宙论之事;至于(与"气"不离的)"理"则是关于"形上"(存在之所以然)的形上学理据所需要的"形式"概念。我在这里借用亚里斯多德的"形式"与"质料"这一对形上学概念,主要是为了澄清,程朱的"理"与"气"也是一对形上学概念,而与科学真理毫不相干。当然这不等于说,程朱的"理、气"与亚里斯多德的"形式、质料"涵义相同。我们在这里所不应忽视的是,尽管就哲学思维的结果言,程朱的理气不离不杂论固然导致"别子为宗",而有变成似而非科学的主知主义(Pseudo-scientific intellectualism)之嫌;但就程朱的本来意图与毕生功夫而言,理气不离不杂论还有可能看成程朱二位苦心承继易庸理路而形成的一种"道德的形上学"。依此了解,我们应予解消程朱形上学中(自然存在之所以然的)"物理"与(道德规范之所当然的)"义理"之间的混淆。我的意思是说,程朱必须舍离"物理"(以及"真理"),而只保留"义理"(以及"道理")。如此,理气不离不杂论仍可以是儒家本位的一种"道德(义理)的形上学(道理)",而程朱格物致知之说也应随着舍去"物理"穷索之义,而只存留"义理"(尤指道德知识的客观性规准)探求之义了。我们只有如此重解与重建程朱形上学,才能避免"别子为宗"之嫌。

牟先生的"别子为宗"解释理路,与我所尝试的"创造的解释学"理路,不但不冲突,反有相得益彰之效,因为前者专就儒家哲学的发展史还出程朱的真面目,后者则进一步设法"挽救"前者所已指摘的哲理困局之故。程朱二位毕生坚持,他们的形上学探索基本上依循易庸以来的"道德的形上学"理路,而他们的心性论与伦理学的建构所根据的基本哲理,也是来自孟子的性善论与孔孟以来的仁义礼智信等道德观念。程朱二位的终身志愿与毕生劳作充分证明,他们一心一意所要建立的仍不外是儒家本位的哲学理论与道德实践。这是我所以想要尝试"创造的解释学"理路,专从哲学思维的创新角度,重新探现程朱哲学深层结构的主要理由之一。另一主要理由则是,我们随着牟先生发现到程朱哲学的偏差(譬如牟先生所指摘的横摄型认知主义偏向),再从哲学思维的创新角度挖出程朱哲学的深层结构,藉以改正偏差之后,更能依照牟先生的暗示去"欣赏其补充之作用与充实上之价值",进而谋求陆王与程朱两大派的现代化综合。

我在上面引述了牟先生在第三百五十三页所说过的话。他在那里又紧接着说:"其(朱熹的横摄系统)在人生道德修养上,显示本体论的存有之理之超越而遍在,正视气质之独立机桔性,深致慨于人生之命限与无可奈何,亦见横摄系统之庄严与严肃。(此本儒者之共义,纵贯系统亦非不知此,然横摄系统则更能凸显此义)"。牟先生在这里关于道德修养(伦理学)与气质命限(心性论)所作的暗示,极有助于程朱哲学的进一步发展,可以当做"创造的解释学"理路所亟需的首要线索。我曾主张,致良知教在哲理上贯通了儒家思想的主客两重原则,综合了孟子一系的心性论与易庸一系的宇宙论。如果大家能够接受此一观点,我们就不难进一步尝试陆王与程朱两大派的综合,将后者看成良知论者为了自我转折与充实,在"心即理"说的低层次自动推演而成的补充思想。为此,我们必须依"创造的解释学"观点,重新探索程朱哲学的深层结构究竟是甚么。

我认为,就哲理证立的本末次序言,程朱哲学的深层结构,乃以"心性论为主,伦理学为副";这应该是理气形上学所由成立的本来理据,只是程朱没有了解到这一点。同时,程朱原先建立的理气形上学,也应(已如上述)随之有所修正,俾能巩固其儒家本位的"道德的形上学"立场。朱熹本人以为,哲理推演的程序上他的形上学在先,心性论与伦理学在后。如果他对陆王的"心即理"说深具慧识,就会意识到,整个程序应予颠倒过来。也只有这样去了解与解释程朱哲学的深层结构,我们才能纠正它那有违儒家本义的主知主义偏差,才能重新还出它的儒家本色,也才能探讨包括程朱心性论在内的整个儒家心性论的现代化课题。

阳明在天泉桥上证道之际,消解了两位弟子汝中(王龙溪)与德洪(钱绪山)之间论学而引起的歧见,谓:"利根之人一悟本体,即是功夫,人己内外,一齐俱透了。其次不免有习心,在本体受蔽,故且教在意念上实落为善去恶,功夫熟后,渣滓去得尽时,本体亦明尽了。汝中之见,是我这里接利根人的;德洪之见,是我这里为其次立法的。二君相取为用,则中人上下,皆可引入于道。若各执一边,眼前便有失人,便于道体各有未尽。"(《传习录》卷下)阳明之所以具有足以消解两者歧见的真实本领,乃是由于他从未抹杀人的气质分限,又能收含一切分歧对立于简易真切的致良知教之故。因此阳明说道:"只是人的资质不同,施教不可躐等。中人以下的人,便与他说性说命,他也不省得,也须慢慢琢磨他起来。"(卷下)又说:"我辈致知,只是各随分限所及。……与人论学,亦须随人分限所及"(卷下)。

但是,孟子一系的心性论者(简称良知论者)若能顺着人的习心或气质分限去如实观察并描叙一大半人(中人或以下)的心性动向,则哲理上不得不吸纳程朱心性论进来,藉以补充致良知教对于低层次(负面)心性掩蔽良知之强之深所做的说明之不足,否则容易引起误会说,良知论者偏执高层次(正面)的人性观点之余,闭眼而不关注现实自然的日常心性之种种。良知论者如能采取哲学思维上的主动,谋求与程朱心性论之间的综合(其实程朱学者也同样可以自动依附或回归孟子一系的心性论理路),其结果则是:他在致良知教的高层次(真实本然的层面),当以先知先觉的道德启蒙家身份(盖因先有良知的自我呈现与证悟之故),谆谆诱导他人也像他一样,即就事上磨炼的日常功夫,自我呈现良知出来;同时又在低层次(现实自然的层面),应用程朱心性论(尤其朱熹的心性分析)的细察功夫,去同情地了解一大半人不能、不愿或不知如何呈现良知的缘因缘由。如此,程朱心性论不但可以避免"别子为宗"之嫌,反而转成致良知教的一个重要成素,稍似三论宗所云二谛(胜义谛与世俗谛)之间的辩证关系。如此,在心性的高层次既可以肯认人心与道心、心与理、未发与已发等等原本一如,而在低层次又许原本一如的此等形成分歧对立,义理之性(本然之性)与气质之性许有分辨,亦许"心统性情"之类的看法说法有其存在理由。如此,本以单元简易的哲学形态出现的致良知教,现又可以兼具多元开放的思想胸襟,经由程朱心性论的主动吸纳而获第一步现代化的自我充实了。至于程朱心性论这一边,也以依附致良知教的新方式,成为包括伦理学、理气形上学、格致说、修养论等等在内的整个程朱哲学的哲理奠基。陆王与程朱两大派之所以具有相互融合而构成高低二谛的可能性,乃是由于儒家哲学本质上讲求(相互主体性意义的)道理而非追求(客观事实性质的)真理之故。道理与道理之间可以共同形成我所云"整全(顾到全面)的多层远近观"(holistic multiperspectivism);真理与真理之间则多半形成理论的正面冲突,已是则彼非,彼是则己非,甚难并行不悖。

　　我们依循"创造的解释学"理路而现代化地综合两大派心性论的结果，"心即理"与"性即理"的长久争论，有关格物致知乃至形上(理)形下(气)分合与否的种种宋明理学的棘手难题，哲理上都可以一一迎刃而解。首就心性论与伦理学的联贯性言，我们在高层次应依致良知教，解朱熹所云"仁是爱之理"为"心之践仁施爱即不外是理"，义礼智等当亦如是观之；但在低层次应许心与性(理)暂时分歧，了解(人人分殊之)心为期求可望共识共认的客观性(实即相互主体性)规准之心。儒家义理，或我们今天所称道德知识，应该包括主(内)客(外)两面：在高层次乃不外是道德实存的自我醒悟，亦即人人道德主体性的挺立，于此层次，朱熹所分仁义礼智之性理与爱宜恭别之心情同一无别；但在低层次，则针对世俗的分殊不一，不得不讲求"他律"道德意义的客观性规准或判断。换句话说，整全的儒家义理应该同时并重行为动机的纯善心性(主或内)与行为抉择以及道德判断的普遍妥当性或相互主体的可接受性(客或外)。由是德性之知与闻见之知，或尊德性与道问学，得以"皆备于我"，无有偏缺；而良知论者与程朱学者分别偏重二者之一的弊病皆可依此纠正过来。

　　紧接此点，我们当可再进一步消解两大派有关格物致知，即物穷理的歧见。在高层次，当然要求人人当下呈现良知，当下挺立其道德主体，而解"格物"之义为人人"正其不正，以归于正"，"致知"之义为人人"致吾心之良知"；又解"即物穷理"之义为人人即就事上磨炼的日常功夫穷尽(本)心(本)性。但在低层次，仍应顺着程朱格致穷理的平实功夫，针对世俗人心分殊不一的现实处境，设法求得可望人人共识共认的普遍义理，亦即较具公平客观性的道德规律或规准。但为了避免"别子为宗"之嫌，我们只替程朱格致之说保留"义理"，而舍弃超越相互主体性脉络的"物理"之义。我们如此综合(但非折衷调和)两大派(根基于心性论的)伦理学与格致说,当有助于良知论者在日日多元复杂化的现代世界,具备一种伦理道德的应变弹性,而把原属他律道德意义的客观性规律规准吸纳到致良知教(的"世俗谛")本身。就这一点说,良知论者实有必要随顺程朱,认真探讨我所常提的"经权问题"。良知论者在高层次既已(要求人人)挺立自律道德的主体性,则容纳所谓"他律道德"于低层次,岂有困难,安有疑惧? 关于此类课题,我将在姊妹篇《儒家伦理学的现代化课题》(此系去年三月十九日晚上我在东海大学演讲的主题)另作详论。

　　最后,我既依"创造的解释学"理路,重挖易庸以来的儒家形上学的深层结构,而以此"道德的形上学"为孟子一系的心性论经由一番实存的本体论化所导致的哲理归结,则程朱的理气形上学应可置于致良知教的低层次,当做程朱心性论向外推广而成的理气不离不杂论。在"道德的形上学"高层次,良知、天理、太极乃至阴阳元气,原本一如;此"一本"之论,系由心性一番实存的本体论化而得成立。但在低层次,既许心与性(理)等等暂时分歧,当然亦可分辨形上与形下,或理与气之不离不杂,而与程朱心性论相应。但程朱学者不得不承认,理气形上学所由成立的哲理基础是在位归孟子一系的心性论低层次的程朱心性论,反之非然。

三、李退溪四端七情说的哲学考察

　　去年九月初旬,我应邀飞往西德汉堡大学,在"李退溪国际会议"上以德语念了一篇《李退溪四端七情说的哲学考察》(先以英文写成,而后自试译为德文)。李退溪与奇高峰之间关于四端七情说的(书信往返式)论战,实为朝鲜儒学史上的一大公案。我应用了"创造的解释学",试予哲理分析与澄清,而挖出退溪四端七情说的深层结构的结果,发现此说可以当做证示朱王心性论综合可能的一个佳例。我在这里依据上述拙论,予以扼要的说明。

孟子的四端说有两种形式如下:

(A)"恻隐之心,仁之端也;羞恶之心,义之端也;辞让之心,礼之端也;是非之心,智之端也。人之有是四端也,犹其有四体也。凡有四端于我者,知皆扩而充之矣,若火之始然(燃),泉之始达"(《公孙丑篇上》)。

(B)"乃若其情,则可以为善矣,乃所谓善也。若夫为不善,非才之罪也。恻隐之心,人皆有之;羞恶之心,人皆有之;恭敬之心,人皆有之;是非之心,人皆有之。恻隐之心,仁也;羞恶之心,义也;恭敬之心,礼也;是非之心,智也。仁义礼智,非由外铄我也,我固有之也,弗思耳矣。故曰:'求则得之,舍则失之'"(《告子篇上》)。

对于阳明来说,(A)与(B)只是形式上不同,本质上则无异,盖因性、心、情、才原本一如之故。朱熹则因分辨理(形上)气(形下),以及性(即理)与心(统性情)等等,故解(A)或(B),总隔一层,不合孟子原旨。譬如他解(A)说:"恻隐羞恶辞让是非,情也;仁义礼智,性也。心统性情者也。端,绪也;因其情之发而性之本然可得而见,犹有物在中而绪见于外也"(见《四书集注·〈孟子·公孙丑篇上〉》之注)。此注足以例示陆王与程朱在心性论所由分歧的关键所在。退溪与高峰皆属朱子学派,反对阳明心学。他们既然各自认为忠实的朱子学者,则如何去正确了解孟子的四端说呢?

儒家七情说出现在《礼记·礼运篇》,曰:"何谓人情?喜怒哀惧爱恶欲,七者,弗学而能。"《中庸》首章有云:"喜怒哀乐之未发",只列四情;但因关涉未发、已发的问题,退溪与高峰的论辩,惯于引用中庸的四情,代表七情。退溪主张"理气互发",而视四端与七情名实俱异;高峰则主"理气共发",而认两者名异实同。高峰指摘,退溪误辨四端与七情,有违朱子本义。

前年元月,南朝鲜退溪学研究院理事长李东俊先生以空邮赠我一套《陶山全书》(共四册,朝鲜精神文化研究院印行),有关上述论辩的往返书信,收在第二册第二十一至二十三卷。在论辩的最后阶段,高峰在"四端七情后说"与"四端七情总论"表示,大体上他愿意接受退溪的主张。我却认为,高峰不应如此轻易让步,因他对于退溪的指摘,颇有令人首肯之处。

依我观察,退溪的四端七情说至少以五种形式出现:(1)"四端发于理,七情发于气";(2)"四端之发纯理,故无不善;七情之发兼气,故有善恶";(3)"四端理之发,七情气之发";(4)"四端之发主于理,七情之发主于气";(5)"四(端)则理发而气随之,七(情)则气发而理乘之"。(1)形式之中"发"字许有两种涵义,一是"发自"(issuing from),另一是"彰显"(manifesting)。如取"发自"之义,则(1)意谓"四端自理发出,七情自气发出"。但依朱熹,四端亦不外是情,亦必自气发出,理则只存有而不活动。故"四端自理发出"之解,有违朱子本义,而陷于矛盾。如取"彰显"之义,则(1)意谓"四端与七情分别彰显理与气"。此解容易引起误会说,四端与七情分属两种范畴。然依朱子之说,在现象界理气互不可离:心由气所造成,但含有理;情亦系气所形成,有时合乎理,有时不合乎理。无论如何,如取"彰显"之义,误会难于消除。

高峰的指摘似乎迫使退溪改取(2)形式。依此,"发"字只有"彰显"义,而四端之发纯理至善似又合乎孟子原旨。但高峰认为,四端与七情皆系气所形成之人情,两者的差别并不可能在"纯理"与"兼气"之分,却是在乎"发而中节与否"。高峰更进一步说,"若泛就情上细论之,则四端之发亦有不中节者,固不可皆谓之善也;有如寻常人或有羞恶其所不当羞恶者,亦有是非其所不当是非者。……乌可以为情无有不善,又乌可以为四端无不善耶?"(第二册第38页)。退溪答云:"夫人羞恶其所不当羞恶,是非其所不当是非,皆其气昏使然。何可指此才说,以乱于四端粹然天理之发乎?"(同册第 52 页)。但高峰又引朱子驳云:"(朱子)《语类》论孟子四端处一条曰:'恻隐,羞恶也,有中节不中节。若不当恻隐而恻隐,不当羞恶而羞恶,便是不中节'。此乃就孟子所已言,发明所未备,极有意思,不可不深察也"(同册第 60 页)。很显然,高峰之论紧随朱子,退溪之解四端必皆中节,则接近孟子原旨,但违朱子之意。我们在这里不难看出,退溪必须超越朱熹,才能解决自己的理论困难。可惜退溪本人未曾意识到,他已站在超越朱熹与否的十字路口。

当退溪偶尔发现朱子之语"四端是理之发,七情是气之发"(见《朱子语类》卷五十三),便觉得此语足以证明原来的(1)形式无误,不必更改。退溪既然完全接受此语,我把它看成(3)形式。对退溪来说,(1)与(3)完全同义。其实(3)的语病较(1)更加严重,盖因(3)明白表示,四端与七情分别自理与气"发出"之故。退溪引用朱子之语"证明"(1)之"无误",顶多表示他对朱子语句的忠实,却无关乎哲理上的证立(Philosophical justification)。何况朱子此语语病不轻,只能当做朱子未经熟虑的一时浮泛之辞,退溪岂可如此偏执?

至于(4)形式,则完全避免了"发自"之歧义,而又明白表示"主于理"与"主于气"的分辨。退溪自释(4),谓:"四端之发,孟子既谓之心,则心固理气之合也。然而所指而言者,则主于理。何也?仁义礼智之性粹然在中,而四者其端绪也。七情之发,朱子谓本有当然之则,则非无理也。然而所指而言者,则在乎气。何也?外物之来,易感而先动者莫如形气,而七者其苗脉也。……二者(四端与七情)虽曰皆不外乎理气,而因其所从来,各指其所主与所重而言之,则谓之某为理,某为气,何不可之有乎?"(同册第 21 页)。但高峰无法接受退溪的解释,因他认为四端亦系对于外物的形气感动,实与七情无别。且四端与七情既系已发,惟一的问题是在中节与否,亦即合乎仁义礼智之理与否。依朱子之说,四端既有可能偶不中节,则以"主于理"与"主于气"分辨四端与七情之殊异,无甚理据与意义可言。退溪当然可以坚持,孟子所云四端无不中节之理;但此坚持终必逼使退溪超越朱熹"性即理"说,靠近阳明"心即理"说。退溪毕生服膺朱子,而视阳明如仇敌,又如何敢予超越朱子?

高峰指摘(4)的困难,似又迫使退溪换成(5)的形式,而自释云:"虽滉(退溪)亦非谓七情不干于理,外物偶相凑著而感动也。且四端感物而动,固不异于七情;但四(端)则理发而气随之,七(情)则气发而理乘之耳。公(高峰)意以仁义礼智是未发时名,故为纯理;四端是已发后名,非气不行,故亦为气耳。愚谓四端虽云乘气,然孟子所指不在乘气处,只在纯理发处,故曰'仁之端,义之端'……"(同册第47页)退溪固可如此"迁就"孟子本意,但此"迁就"当必使他同时肯认性、理、心、气等等原本一如,而不得不放弃朱熹的理气形上学与心性论。终身拳拳服膺朱熹的退溪与高峰,亦如朱熹本人,从未意识到程朱心性论(与形上学)与孟子一系的心性论实隔一层。因此,高峰反在最后关头莫名其妙地自我认输,而退溪也自以为己说无可动摇,而丝毫没有觉察自己已被迫在两大派的十字路口站立不定。

假如退溪十分了解到,回归孟子原路就得超越朱熹,就得脱胎换骨,重新体认陆王"心即理"说,则他实有可能综合两大派的心性论,而置程朱心性论于致良知教的低层次了。他在《四书总论》说道:"《大学》言心而不言性,《中庸》言性而不言心,《论语》不兼言性命仁义,而《孟子》又兼言而详说之。又何也?盖心性一理也。自其禀于天而言,谓之性;自其存诸人而言,谓之心。《大学》虽不言性,而明德明命何莫非禀于天之性乎?《中庸》虽不言心,而其戒惧谨独何莫非存诸人之心乎?性命仁义无二致也。分而言之,固有不同;总而言之,皆天所赋。"(第四册第 325 页)当我发现退溪此语,不觉手舞足蹈,因我十年来依"创造的解释学"所构想出来的"整全(顾及全面)的多层远近观",居然在退溪此语(尤其最后一句)获得印证。"分而言之"即指我所云"多层远近观"(multiperspectivism);"总而言之"则指我所称"整全"或"顾及全面"(holistic)。退溪实可依此创造地解释两大派的心性论,而在高低层次适予安顿"心即理"说与"性即理"说。可惜退溪过度服膺朱熹之余,既不敢如此尝试,亦无能为力。蔡仁厚兄在《朱子学的纲脉与朝鲜前期之朱子学》的结尾说:"(朝鲜前期的儒学)可能由于一意专讲朱子学,对于北宋诸儒的义理乃至先秦儒家的基本原旨,似乎发挥较少。而对陆王一系则采取批驳固拒的态度,因而近世儒学中一个极为重要的'心即理'与'性即理'的问题,一直未被重视。就儒家之学的完整性以及朝鲜学术的丰富性言,这似乎不能不说是一件憾事。"(见《新儒家的精神方向》第 201 页)仁厚兄的观察十分正确,我在这里只想补充一句说,早期朝鲜儒者(尤其退溪)如曾依循我所强调的"创造的解释学"理路,针对根本哲理的分歧原由认真探讨过两大派的真谛,就不至于如此忽视"心即理"与"性即理"的问题了。

四、儒家心性论与其他心性论的比观

创造地综合陆王与程朱两大派的心性论,算是探讨儒家心性论的现代化课题的首要步骤。我们的课题探讨却不能只停留在这个(儒家圈内)阶段,因为东西人性论史上还有其他不少极其重要的心性论说,足与儒家心性论争长竞短,相互抗衡。因此,我们课题探讨的第二步骤是,面对其他心性论者的思想挑激,细心研究他们的着眼点与基本看法,再进一步设法吸纳其中极有助于现代化地充实儒家心性论的一些思想资粮,做为新时代儒家哲学的一部分。由于儒家自孟子以来一向不太重视负面人性的问题,我在这里专取对于负面人性关注最切的佛教、耶教与弗洛依德(Freud)的心理分析学说三者,做为讨论的焦点,以收抛砖引玉之效。佛教心性论包括大小乘各宗理论之种种,极其复杂而难于处理。依我十几年来在天普大学开设"大乘佛学"、"佛学与实存的现象学"等博士班课程的教学经验,我认为最有助于充实儒家心性论的第一部(大乘)佛学典籍是《大乘起信论》。事实上,此书与海德格的《存在与时间》(Being and Time)是我在"佛学与实存的现象学"这一门课规定使用的两大教材。而最近又读牟先生的《中国哲学十九讲》,发现他对大乘起信论的"一心开二门"所予创造的解释,更印证了我多年来的想法。因此,佛教心性论方面,我在这里只选《大乘起信论》的如来藏思想为例,探讨儒家心性论进一步自我充实的现代课题。

　　牟先生在《佛性与般若》自序云:"严格讲,佛教并未中国化而有所变质,只是中国人讲纯粹的佛教,直称经论义理而发展,发展至圆满之境界。"若以智颢的天台圆教为准判定佛教各宗教义之高低,固然可以如此说;但从"创造的解释学"观点,去探讨中国大乘佛学的现代化发展课题以及儒道佛三教辩证的哲理综合课题,我们就得打破"中国佛教只不过是印度佛教的延伸与圆熟化"这个看法。有趣的是,牟先生在《心体与性体》第三册第109页上,似乎已以创造的解释家姿态说出我很想说的话:"在佛家,真常心义乃后起。中国佛教特喜此宗,亦是中国心态之反映,亦是孟子灵魂之再现于佛家,亦是因中国儒家原有如此之骨格。……佛家之华严与禅所以特喜真常心倒是不自觉地以中国儒家本有之骨格为背景,此所以谓之为中国心态之反映,谓之为孟子灵魂之再现于佛家也。"真常心性论最精彩的表现是,大乘起信论以"一心开二门"方式展开出来的如来藏思想,言简意深,耐人寻味。

对于儒家心性论的现代化课题探讨而言,大乘起信论实可以看成最有思想冲击性或挑激性的一部典籍;它又能够提供我们,为了创造地发展以心性论为核心的未来中国哲学与宗教思想所急切需要的思维灵感与正面资粮,不容我们忽视。譬如"一心开二门"的心性论模型,不但有助于我们辩证地综合陆王与程朱两大派的心性论,更有助于我们进行不断修正、扩充与深化(儒释道为主的)整个中国心性论的重建工作。特就这一点说,牟先生的下面一段话极具"创造的解释学"深意:"(一心开二门)是哲学思想上一个很重要的格局。这个格局非常有贡献,不能只看作是佛教内的一套说法。我们可以把它视为一个公共的模型,有普遍的适用性,可以拿它来对治一个很重要的哲学问题。这也是我这几年反复思考,才看出来的。"(《中国哲学十九讲》第 291 页)

不过,牟先生一方面把"一心开二门"看成"一个有普遍性的共同模型",但又仅仅提示"可以适用于儒释道三教,甚至亦可笼罩及康德的系统"(第 298 页),因为牟先生认为"大乘起信论的'一心开二门'是属于道德的形上学或超绝的形上学的层次。因此,此一架构亦唯有在道德的形上学或超绝的形上学中才有意义,才有贡献"(第 299 页)。我却认为,我们如能建立两三年来我一直强调着的"中国本位(专为中国思想之批判的继承与创造的发展着想)的中西互为体用论"这个新时代的观点,我们就有办法突破原有"一心开二门"的理论局限性,扩充而成"一心开(出高低)多门",以便重新建构牟先生所已暗示的"一个公共的(心性论)模型,有(其)普遍的适用性"。如此,我们才能进一步笼罩或吸纳康德系统以外的其他颇具(后)现代意义的心性论,包括新旧派心理分析等等科学的或人文的心理学说(scientific or humanistic psychological theories),而在高低不同的心性层次予以辩证的综合与定位(a dialectical synthesis and orientation)。这不但不是放弃儒家心性论或道德的理想主义,反而是现代化的自我转折与充实。新时代的良知论者应该兼具单元简易的(儒家)哲理信念与多元开放的思想胸襟,应该成为我所云"哲理探索的荆棘道路上勇往直前的求全主义者"(a perfectionist marching forward on the thorny way of philosophical inquiry),但永不变成毫无原则的妥协主义者。

　　起信论的"一心"(如来藏自性清净心,相应于儒家的良知或本心本性)所开出的二门,是心真如门(清净无漏的一切法)与心生灭门(生死流转的一切法);而此二门的关系是"依如来藏故有生灭心",或"依本觉故而有不觉,依不觉故说有始觉",充分显扬如来藏思想的根本立场,亦与孟子一系的心性论立场共鸣相应。由是可知,起信论作者对于心生灭门所作的现象学说明,并不具有价值中位的科学性质,而是带有一种(本)心(本)性之实存的唤醒作用。换言之,他对心生灭门之种种相状样态所进行的我所说"实存的现象学分析",决不能视如日常心理活动事实的一种纯客观性观察与记述,而是有意唤起众生的心性(誓愿超度一切众生),使其能从生死流转的非本然性状态(不觉)实存地自我觉醒(始觉)之后复归本然心源(本觉)的一种诱导或启蒙工作。他对真如(如来藏)与无明(一切染因)时时刻刻交相熏习的描叙,类似宋明理学所云天理与人欲的交战相克,或耶教所说灵肉二门的交争;其描叙的目的当然是在(心性论上)保证真如应必(应然必然)克服无明,有如"存天理,去人欲"。起信论对于心性不觉与始觉的观察细密入微而了解亦极深透,对于儒家心性论一方面暗示陆王与程朱两大派的综合可能性;另一方面又提供了超越朱熹,再进一层扩充与深化(负面)心识分析所需要的线索,这对一向专求单元简易的良知论者尤其构成很值得深思熟虑的思想冲击。

　　为了重新建构具有普遍适用性的心性论模型,我已暗示扩充

"一心开二门"而为"一心开多门"的理论必要性。这就是说,在心真如门(暂称"心性本然门")与心生灭门(暂称"心性应然门",如描述妄心妄境以示应该如何复归真如,或如说明气质之性以显应当如何变化气质)之下,至少应设纯属现实自然而价值中立的"心性实然门",以及暴露整个生命完全陷于昏沉埋没状态的所谓"心性沉没门"。告子的"生之谓性"等自然主义的心性论,或从心理学、人类文化学等实然观点考察而形成的各种科学的心性论属于"心性实然门",至于耶教的"原罪"与佛教的"无明"之类,则属"心性沉没门"。

　　属于"心性实然门"的科学性质的心性论,实有助于儒家心性论者自我转折(或牟先生所说"自我坎陷"),暂把"德性之知"(亦即"心性本然门"与"心性应然门")放在括弧之内,针对心性的现实自然层面探索"闻见之知"(亦即"心性实然门")。"德性之知"与"见闻之知"在心性论建构上的暂时分离,只有打开良知论者的思想胸襟而去同情地了解"心性实然门"的好处,决不至于影响儒家谆谆教导人人呈现良知的本来志愿,因为(道德)启蒙教育的终身工作是(有关高层次的)一件事,如实了解良知未有呈现的实然心性又是(有关低层次的)另一件事,毫不冲突。这里有一点值得注目的是,一般科学的心性论,原则上虽是价值中立,实际上很难具有百分之百的客观真理性格,总多少会涉及相互主体性意义的道理,也多少受有特定时代与社会等等的种种人为制约。尤其每当两种科学的心性论对于自由论与决定论孰是孰非的古来难题所下的结论有所相左之时,无形中暴露出来隐藏在各别理论之中的某种价值判断,弗洛依德所开创的心理分析学说便是一个显著的例子。弗氏自以为,他的心理分析完全是价值中立的科学心性论。但是,当其心性三分(本能冲动、自我与超自我)与无意识心理的模型导致"人被内外因素完全决定而无(道德的)自由可言"的危险结论,就有新派心理分析学者设法修正弗洛依德原有的模型,以便重新发现"人的自由"出来。道德自由与社会实践的关心促使弗洛姆(Erich Fromm)等人另创人本主义的新派心理分析,也促使沙特(Sartre)与傅朗克(Frankl)等人分别新创存在主义的"实存(的心理)分析"(existential psychoanalysis)与"意义治疗法"(logotherapy)。总之,我在这里对于心理分析之种种所作的简单说明,当可引起现代儒家学者试予建构"一心开多门"这心性论模型的理论兴趣。此一模型的建立算是我所说"整全的多层远近观"的一种应用实例。

"心性实然门"的科学心性论如果偏向自由(意志)论,则很容易接上"心性应然门",甚至"心性本然门",上述的实存分析与意义治疗法都是如此。但如偏向决定论,就有分成"温和的决定论"(soft determinism)与"强硬的(即绝对不可移的)决定论"(hard determinism)的两种可能性。多半的科学心性论偏取前者,承认科学规律脉络范围之内仍有可能存在着有限制的"自由";弗洛依德的古典心理分析却常被解释成为后者。这样,古典心理分析为例的绝对决定论就很容易与"心性沉没门"的耶教所谓"原罪"或佛教所云"无明"相接。就这一点说,起信论的心性论所笼罩的心性层面与范围实比儒家心性论深广得多。如有必要,无明(或原罪)可与真如(或耶稣的赎罪)完全分开来看,以便透视生命最昏沉黑暗的那一面。这样,最高层次的"心性本然门"与最低层次的"心性沉没门"形成极端的对比,可让我们深深了解复杂无比的人(类心)性事实,也让良知论者除了自己已有的良知(相应于佛教所云"真智"或"根本(无分别)智")之外,学得一种佛教所云"俗智"或"后得智",以便如实知见包括"无明"、"原罪"之类的"心性沉没门"在内的心性差别分殊之相。儒家自孔子以来也常谈及"惟上智与下愚不移"(《论语·阳货篇》),却无甚兴致层层挖深"不移"的可能意涵,直至"心性沉没门"(即"世上确有某些人完全没有呈现过良知",譬如杀过父母的"一阐提"等是)的发现为止。宋明理学家,或以良知涵盖一切,全不理会"不移"一事;或如伊川,以"性只一般,岂不可移?却被他自暴自弃,不肯去学,故移不得。使肯学时,亦有可移之理"(遗书卷十八)等三言两语轻轻带过就以为了事。这就部份说明了为什么常有人说,儒家对于负面人性与宗教需求的了解远远不及耶教与佛教之深之透。

一九七一年秋天,我以纯粹哲学的专长从哲学系(台大、伊大、俄大三校)改到宗教系(天普大学)任教,多年来常与代表耶教以及其他各大传统的(来自世界各地的)敝系同事们交谈对论的结果,今天使(偏重哲理的)我不得不承认,终极地说,我们的人间世永找不到绝对可行的评断标准,来让我们决定,哲理探索之路与宗教解脱之道两者,究竟孰高孰低,孰优孰劣。儒家的理想主义以"良知的呈现"强调"日日新又日新"的自律道德与乐天知命,而耶教与大乘佛教净土宗则自罪孽深重的人间负面现象出发,讲求他力解脱,提倡平等博爱与慈悲救人,各有千秋,难分上下。我只能说,我们倘要谋求儒家心性论的现代化发展,则应可以建构儒家本位的"一心开多门"这心性论模型,安插"心性沉没门"在它的最低层次,以显儒家的独特立场,有别于耶教等专以宗教救济为终极关怀的其他各大传统。而我为了儒家心性论的现代化课题,绞尽脑汁至此,已觉精疲力尽,还谈不上实质上的建构尝试,只望两三年后"重整旗鼓,卷土重来"了。

一九八五年元月十四日于费城郊外,
(原载《鹅湖月刊》第十卷第八期)

(节选自《从西方哲学到禅佛教》,三联书店 1989 年)

傅伟勋(1933—1996)，当代著名哲学家，生于台湾新竹，曾先后在台湾大学、夏威夷大学、加州大学等校的哲学系或哲学研究所攻读近现代西方哲学，在伊利诺大学获博士学位，任教于台湾大学、伊利诺大学、俄亥俄大学，1971年应聘到天普大学主持博士班。他是当代中国哲学家中研究领域最广、语言工具最为齐备、训练最为完整的学者之一，提出"文化中国与中国文化"，推动海峡两岸的学术文化交流。著有《西洋哲学史》、《哲学与宗教》(论文集，四册)、《中国哲学指导》等，主编《世界哲学家丛书》、《战后世界宗教运动及其争端》、《亚洲哲学宗教思想丛书》等。

《儒家心性论的现代化课题》篇幅较大，特选取其下部。本文从"创造的解释学"的角度，综合程朱、陆王两大派的心性论，探讨了心性论的现代化课题。共分四部分：第一部分论述了孟子一系心性论致良知教的四个方面内在难题；第二部分论述了程朱心性论哲学的以"心性论为主，伦理学为副"的深层结构；第三部分则论述了李退溪四端七情说的哲学；第四部分论述了儒家心性论与佛教起信论、科学心性论等的比较。

儒家之两轮哲学与现代化

陈荣捷

儒家之重要传统为中庸之道,此为老生常谈,尽人皆知。普通皆释为无过不及,如《中庸》之"知者过之,愚者不及"(《中庸》,第四章),《论语》之"过犹不及"(《论语》,《先进篇》第十一、第十六章),"关雎乐而不淫,哀而不伤"(同上,《八佾篇》第三、第二十章),与"唯酒无量,不及乱"(同上,《乡党篇》第十、第八章)等等。惟程子伊川(程颐,1033—1107)释"中"曰,"不偏之谓中"(《遗书》四部备要本《二程全书》卷七,页三下)。所谓不偏,即不倾于一边。其实中庸此义比无过不及之义为强。凡中和,已发未发,大本达道,显微,施己施人,言行,仁义,生知安行,天道人道,诚明,内外,成己成物,尊德性道问学,知天知人,皆当并行不悖,如"小德川流,大德敦化"(《中庸》第十三章)。凡此皆基于《论语》之忠恕,博文约礼,克己复礼,言忠信行笃敬,礼示,敬简,文质,知仁,下学上达,与大学之三纲八目,本末,先后,始终。其后衍为孟子之居仁由义,存心养性,良知良能,及性与命。此是儒家一贯之传统,亦即道统。故朱子(朱熹,1130—1200)《中庸章句·序》首言道统,乃述《书经》"人心惟危,道心惟微。惟精惟一,允执厥中"之十六字诀(《书经》,《大禹谟》第十五节)以后成为儒家传授心法。此处"中"字,实含无过不及与不偏二义。故朱子曰,"中一名而有二义,程子固言之矣。今以其说推之。不偏不倚云者,程子所谓在中之义。未发之前,无所偏倚之名也。无过不及者，程子所谓中之道也。见诸行事，各得其中之名也。盖不偏不倚，犹立而不近四旁，心之体，地之中也。无过不及，犹行而不先不后，理之当，事之中也"（《中庸或问》（近世汉籍丛刊本），页一上）。《朱子语类》问答数则，亦申此义（《朱子语类》卷六二第七至十一条，页二三四八至二三五〇，正中书局，1970年）。

　　程子不偏之义，莫如其名句"涵养须用敬，进学则在致知"（《遗书》卷十八页五下）。此两语影响朱子甚大。答吕伯恭（吕祖谦，1137—1181）书云，"熹旧读程子之书有年矣，而不得其要。比因讲究《中庸》首章之旨，乃知所谓'涵养须用敬，进学则在致知'者，两言虽约，其实入德之门，无逾于此"（《朱子文集》（四部备要本名《朱子大全》）卷三三，页二下《答吕伯恭第四书》）。答刘子澄（刘清之，1139—1195）书亦云，"程夫子曰，'涵养须用敬，进学则在致知'，此二言者，体用本末，无不该备"（同上，卷三五，页十二下《答刘子澄第二书》）。王懋竑（1668—1741）云，"按自庚寅（1170）与吕东莱（吕祖谦）刘子澄书，拈出程子两语，生平学问大指，盖定于此，即《中庸》'尊德性道问学'（《中庸》第二十七章），《易大传》'敬以直内，养以方外'（《易经·坤卦·文言》）从古圣贤相传，若合符节。至甲寅（1194），与孙敬甫（孙自修）书云，'程夫子之言曰，"涵养须用敬，进学则在致知"。此两言者，如车两轮，如鸟两翼。未有废其一而可行可飞者也'（《朱子文集》卷六三，页十九上《与孙敬甫第一书》），尤为直截分明。盖相距二十五年矣，而其言无毫发异也"（《朱子年谱》（丛书集成本），考异卷一，页二六九）。故朱子之学，可谓之两轮哲学，而儒家传统，亦可谓之两轮传统也。

　　朱子之两轮哲学，辞句甚多。白鹿洞赋之"诚明两进，敬义偕之"（《朱子文集》卷一，《白鹿洞赋》，页二十），其一例耳。最值得讨论者，莫如其修养方面之尊德性与道问学与哲学方面之体用论。

试详论之。

　　学者好以朱子代表理学而以陆象山(陆九渊,1139—1193)代表心学,谓象山主尊德性而朱子主道问学。更有谓淳熙二年乙未(1175)在江西鹅湖寺之会,乃在谋学术异同之分解,而所谓学术之异者,乃指朱子道问学与象山尊德性之冲突也。于是以后数百年,陆门与朱门之对抗,即为尊德性与道问学之对抗。然予尝细考鹅湖之讨论题目为简易与支离与九卦之序,并未提及尊德性与道问学。谈话之间,亦未及此(详见拙著《朱学论集》,台北,学生书局,1982年,页二三三至二四九《朱陆鹅湖之会补述》)。此会不欢而散,诚是事实。会后朱子书札中屡谓陆氏自信凡过,规模狭窄,亦未尝以尊德性道问学为争论之点也。

　　历来门户之见,每以尊德性道问学对垒,始创之者,恐是象山本人。朱子曾致项平父(项安世,嘉定元年戊辰,1208卒)云,“大抵子思以来教人之法,惟以尊德性道问学两事为用力之要。今子静(陆象山)所说,专是尊德性事,而熹平日所论,却是问学上多了。所以为彼学者,多持守可观,而看得义理,全不仔细。又别说一种杜撰道理遮盖,不肯放下。而熹自觉虽于义理上不敢乱说,却于紧要为己为人上,多不得力。今当反身用力,去短集长,庶几不堕一边耳”(《朱子文集》卷五四,《答项平父第二书》,页五下至六上)。此是评己评人,集长补短,力求中庸之道,态度谦虚而公正。象山闻之曰,“朱元晦(朱熹)欲去两短合两长,然吾以为不可。既不知尊德性,焉有所谓道问学”(《象山全集》四部备要本卷三六,《年谱》,页十一下)? 观此可知象山不肯去短集长,而竟以朱子之“问学上多了”为“不知尊德性”。朱子果不知尊德性耶? 今当严检象山所言之是非。

　　朱子释“尊德性”道问学”曰,“尊者,恭敬奉持之意。德性者,吾所受于天之正理。道,由也”(《中庸章句》,注第二十七章)。又曰,"尊只是把做一件物事,尊崇抬起他。道只是行,如去做他相似"(《朱子语类》卷六四,第一四九条,页二五二二)。更详言之曰,不过是'居处恭,执事敬'(《论语·子罕篇》第十三、第十九章),'言忠信,行笃敬'(《论语·卫灵公篇》第十五、第五章)之类,都是德性。至于问学,却煞阔,条项甚多,事事物物,皆是问学,无穷无尽。……将这德性做一件重要事,莫轻忽他。如此是尊。……且为这一柄扇,自家不会做,去问人扇如何做?人教之以如何做,如何做。既听得了,便是去做这扇便得。如此方是道问学。若只问得去,却掉下不去做,如是便不是道问学"(《朱子语类》卷一一八,第八十六条,页四五六八)。

尊德性与道问学两者比较,则后者功夫节目繁多,前者工夫则甚简约(同上,卷六四,第一四八条页二五二一)。尊德性为本,为大。道问学为末,为小。故"此学以尊德性求放心为本"(《朱子文集》卷四七,《答吕子约(祖俭)第二十四书》,页二十四)。"不尊德性,则懈怠弛慢矣。学问何从而进"(《朱子语类》卷六四,第一三一条,页二五一七)?"能尊德性,便能道问学,所谓本得而末自顺也"(同上,第一五一条,页二五二二)。朱子晚年《玉山讲义》云,"圣贤教人,始终本末,循循有序。精粗巨细,无有或遗。故才尊德性,便是简道问学一段事。虽当各自加功,然亦不是判然两事也。……故君子之学,既能尊德性以全其大,便须道问学以尽其小。……学者于此固当以尊德性为主,然于道问学亦不可不尽其力。要当使之有以交相滋益,互相发明,则自然该贯通达,而于道体之全,无欠阙处矣"(《朱子文集》卷七四,《玉山讲义》,页二十一上下。玉山县在江西)。以尊德性为本,而与道问学交相为用,可谓之朱子晚年定论矣。此互用之旨,屡屡发诸言表。曰"两脚"(《朱子语类》卷二四,第十七条,页九一八至九一九),曰"两边的工夫"(同上,卷六四,第一五四条,页二五二四),曰"互相为用"(同上,第一五七条,页二五二五),其意一也。

或谓以上所引,皆淳熙十年癸卯(1183)象山谓之不知尊德性以后之书札或对话。岂非受象山之激刺,因而,由偏于道问学一边而转向于两边并重耶?予应之曰:朱子致项平父书,只谓"问学上多了",非谓偏于一边也。因其"多了",故要去短集长。且与吕、刘两书,远在陆氏谓其不知尊德性十年以前。虽其因人施教,或有所独重,而其两轮大指,早已坚立矣。

元儒吴澄(1249—1333)著《尊德性道问学斋记》,谓"程氏四传而至朱,文义之精密,句谈而字义,又孟氏以来所未有者。而其学徒往往滞于此而溺其心"(《吴文正公全集》(乾隆二十一年丙子,一七五六)卷二十二,《尊德性道问学记》,页一下)。即是谓朱子偏于道问学之意。故王阳明(王守仁,1472—1529)于其《朱子晚年定论》摘录朱子三十四书札之后(《传习录》卷下附),几全采吴氏此篇,以证阳明所谓朱子晚年趋于涵养,渐与其本人思想相同之说(参看拙著《朱学论集》,页二五三至二八三,《从〈朱子晚年定论〉看阳明之于朱子》)。虽李祖(陶跋斋记),力言吴氏志在矫正末学而非以驳朱子,然影响所及,即黄宗羲(1601—1695)亦以朱子"以道问学为主"(《宋元学案》四部备要本卷五八,《象山学案》,页二上),而其子黄百家(壮年1695)沿之,亦谓"朱子主乎道问学"(同上,页三上)。观于上述朱子关于尊德性道问学之讨论,此说不攻自破矣。盖朱子之两轮哲学,不特本人之本指,而亦儒家之中心传统也。

儒家之两轮思想,又可于朱子之体用论见之。朱子之言体用,大体沿程子之"体用一源,显微无间"(程颐:《易传序》),与心"有指体而言者,有指用而言者"(《伊川文集》四部备要二程全书本卷五,《与吕大临论中书》,页十二上)两语。然朱子范围之广,分析之详,远出乎程子之上,亦为后儒之所未及者。朱子未尝著一有统系之

体用论,然讨论每一问题,几乎皆由体用两面着眼。从其言语文字之间,可以发见下列六种原则:

(1)体用有别。朱子曰,"至于形而上下,却有分别。须分得此是体,彼是用,方说得一源。分得此是象,彼是理,方说得无间。若只是一物,却不须更说一源无间也"(《朱子文集》卷四八,《答吕子约第四十一书》,页十七下)。关于体用之别,朱子讨论甚详,举例甚多。理与象,微与显(同上,卷四十,《答何叔京(何镐)第二十九书》),页三十八下)现在与将来,(《朱子语类》卷六,第二十一条,页一六二)天地与鬼神(同上,卷六八,第十七条,页二六八一),皆各为体用而不可混。天道为体,人道为用(同上,卷二十七,第三十四条,页一〇八〇)。大本为体,达道为用(《中庸章句》,注第一章)。性对情(《朱子语类》卷五,第六五条,页一四八;卷二十七,第四十七条,页一〇九一);《朱子文集》卷四十,《答何叔京第二十八书》,页三十六下),未发对已发(《朱子语类》卷五,第六十二条,页一四六),中对和(《中庸或问》,页十下,总页二十),,仁对爱(《朱子语类》卷二十,第一百条,页七五一),忠对恕(同上,卷二十七,第九条,页一〇七四;第三、四条,页一〇八〇;第四四条,页一〇八九),仁义礼智对恻隐羞恶恭敬是非(同上,卷六,第四十条,页一六六;《朱子文集》卷五十,《答郑子上(可学)第五书》,页三十七上;《孟子集注》,注《公孙丑篇》第二上,第六章),皆以体对用而言。此外如耳体听用(《朱子语类》卷一,第十二条,页四),德体才用(同上,卷二四,第五十九条,页九三三),持敬以存其体,穷理以致其用(《朱子文集》卷五九,《答吴斗南(仁杰)书》,页二十下),为数尚多,不胜枚举。

(2)体用不离。体用固然有别,然并不相离。朱子云,"未发者,其体也。已发者,其用也。以未发言,则仁义礼智,浑然在中者,非想象之可得,又不见其用之所施行。指其发处而言,则日用之间,莫非切要,而其未发之理,固未尝不行乎其间。要之体用未尝相离"(《孟子或问》,宝诰堂朱子遗书本卷十三,页七上下)。又云,"体与用不相离。且如身是体,要起行去便是用"(《朱子语类》卷十七,第五十条,页六一九)。

解释体用不离之说,莫若其心之理论。此理论沿自张载(1020—1077)心统性情之说。(《张子语录》四部丛刊本卷下,页一上)。程子发明之,以心可指体而言,亦可指用而言(同上,注四十)。朱子以之说明体用之并行,被以为性是体,情是用,而心统之(《朱子语类》卷五,第六十五条,页一四八)。朱子云,"仁义礼智,性也,体也。恻隐羞恶辞逊是非,情也,用也。统性情,该体用者,心也"(《朱子文集》卷五十六,《答方宾王(方谊)第四书》,页十四下)。体用不离,又可于其延续见之。用前又是体,体前又是用,如是延续不已(《朱子语类》卷一,第一条,页一)。朱子云,"只一念间,已具此体用。发者方往,而未发者方来。了无间断隔截处"(《朱子文集》卷三十,《与张钦夫(张栻)第四书》,页二十上)

(3)体用一源。所谓一源,不止同一出处,而是体中有用,用中有体。换言之,体用相摄。论者或谓此即佛家一多相摄之说。影响容或有之,然此是体用不离之自然发展,无需外来之助力,况佛家重体轻用耶?

朱子云,"太极自是涵动静之理,却不可以动静分体用,盖静即太极之体也,动即太极之用也。譬如扇子,只是一个扇子,动摇便是用,放下便是体。才放下时,便只是一个道理。及摇动时,亦只是这一个道理"(《朱子语类》卷九四第二十九条,页三七六六至三七六七)。一源者,"这一个"也。此中要点,在乎体中有用,用中有体。朱子又云,"体用一源者,自理而观,则理为体,象为用,而理中有象,是一源也。显微无间者,自象而观,则象为显,理为微,而象中有理,是无间也"(《朱子文集》卷四十《答何叔京第二十九书》,页三十八下）。语类文集讨论体用一源处甚多，以其为朱子体用之中心思想也。

（4）自有体用。体中虽有用，用中虽有体，然体仍自为体，用仍自为用。故上文一源无间之后，朱子续曰，"其实体用显微之分，则不能无也"。盖谓体不能作用，用不能作体。然一物之中，有其体，又有其用。在朱子体用统系之中，各事理自有其体用。心可以体而言，亦可以用而言。仁义道德知皆然。仁有仁之体用，义有义之体用（《朱子语类》第一三〇条，页一九四。又卷九四，第八十七条，页三七八三）。

（5）体用无定。事物既可作体作用，故体用不能以一时一位而言。如仁兼义言，则仁是体，义是用。专言仁者，则仁兼体用（同上，卷六，第八十八条页一八六），盖义礼智皆在其中也（同上，卷六二，第九条页二三四九）。"以中对和而言，则中者体，和者用。此是指已发未发而言。以中对庸而言，则又折转来庸是体，中是用。……以中和对中庸而言，则中和又是体。中庸又是用"（《朱子语类》卷六三，第八条，页二四一七）。可知体用之系统参差复杂，纵横交架，为从来所未有。门人问：上蔡（谢良佐，1050—约1120）云，"礼乐异用而同体"（《论语说》，《学而篇》第一、第十二章），是心为体，敬和为用。（《论语》）集注又云敬为体，和为用。其不同何也？朱子答曰，"自心而言，则心为体，敬和为用。以敬对和而言，则敬为体，和为用。大抵体用无定时，只管恁地移将去，如自南而视北，则北为北，南为南。移向北立，则北中又自有南北。体用无定。这处体用在这里，那处体用在那里。这道理尽无穷。四方八面无不是，千头万绪相贯串"（《朱子语类》卷二二，第六十五条，页八三八至八三九）。

（6）同体异用。朱子释同体异用云，"礼主于敬，乐主于和，此异用也。皆本之于一心，是同体也"（《同上，第六十三条，页八三七》)。然对五峰(胡宏,1106—1161)"天理人欲,同体而异用,同行而异情"(《朱子文集》卷七十三,《胡子知言疑义》,页四十一下),则极力反对。朱子云,"同行异情,盖亦有之",然"体中只有天理,无人欲。谓之同体,则非也"(《朱子语类》卷一〇一,第一八二条,页四一一九)。此是批评五峰混天理人欲为一之说,而非谓同体异用之说为不当也。

以上讨论中庸不偏之义,经朱子阐释发挥,从哲学之体用方面与修养之尊德性道问学方面,巩固儒家之中庸传统,成为两轮哲学。可为孔孟以后之反照与近七百年之放光。以下继续此两轮哲学之如何应用于现代。

所谓现代,通常解作西方或新式。当然近代种种新式之制度物品与方法,均来自西方。如普及教育,男女平等,个人自由,以至飞机电火等等,均源自西方。是以"五四"时代以西化为口号,大呼全盘西化。至今仍是西倾。此是事所固然,亦理所当然。然现代与西化并非同义。"现代"一词,非止以时间言,而实以价值言。即近代人类所共同努力以求实现之价值,如上面所举教育普及男女平等,等等是也。西方之吸毒、罪行、宗教冲突与种族竞争,皆非人类寻索之价值。故谓现代与西方不同。此等价值,亦未必新式时髦。即如现时美国青年男女反对婚礼,随便同居,断非人类乐享之价值也。今以价值而言,试看儒家之两轮传统如何应用于政治、思想、社会三方面。

(1)德治与法治。儒家素以德治为本,法治为末,不得已而后用法。有如割症,非病不为。有治人而后有治法。孔子曰,"道之以政,齐之以刑,民免而无耻。道之以德,齐之以礼,有耻且格"(《论语·为政篇》第二、第三章)。此是法治之消极方面。历代执法,均以刑罚为言。儒家政治传统之弱点,不在德治,而在法治之消极性。

　或说儒家志在愚民，举孔子"民可使由之，不可使知之"(同上，《泰伯篇》第八，第九章)为证。然历来注家均从何晏(190—249)注之说，谓"百姓能日用而不能知"(参看刘宝楠，《论语正义》)，非谓为治者专意愚民而乃谓百姓之无知也。程子论此句云，"圣人非不欲民知之也。盖圣人设教，非不欲家喻户晓，'比屋皆可封'(《汉书》四部丛刊本卷九十九上，《王莽传》，页三十八下)，盖圣人但能使天下由之耳。安能使人尽知? 此是圣人不能。"(《遗书》卷十八，页二十八下)至朱子增一新义。其《答范伯崇书》曰，"前书所询民可使由之一段，熹窃谓两说似不相妨，盖民但可使由之耳。至于知之，必待自觉，非可使也。由之而不知，不害其为循理。及其自觉此理而知之，则沛然矣。必使之知，则人求知之心胜，而由之不安。甚者遂不复由，而唯知之为务，其害岂可胜言"(《朱子文集》卷三九，《答范崇伯(范念德)第一书》，页三十一上)? 朱子侧重在"使"字。问题不在圣人之能不能，而在至人之使不使。苟必使之，即是强之，则求知心胜，由亦不安，而知亦过之矣。故必须自动追求，乃可知。于是重心不在圣人而在民。不但并非愚民，而根本精神乃是民之自主。攻击朱子者谓其拥护封建政府，压制农民起义，而不知其落职罢祠，正因其反对权威。胡适先生(1891—1962)曾有朱子"论尊君卑臣"之汇钞，极力批评秦人尊君卑臣之法(《胡适手稿》第九集，卷一，页一二五至一三〇)。吾人更可指出朱子之社仓与书院制度，虽赖朝廷鼓吹，而主权仍属私有。朱子之民主思想，实是出人意外。

　"五四"攻击军阀时代，又谓杀人盈野，征以当时情况，诚是事实。然中外同声，谓儒家政治素来腐败，则实冤枉。若以儒家二千余年之政治与欧洲各国数百年或古代罗马数百年政治之比较，其光明程度，并不示弱，或且过之。今日所需者，不在自贬，而在采取欧西法治之积极精神。即是法治不限于刑罚之消极方面，而独重要者在其积极方面,即保障民权,维护自由是也。民权主义之精神,即在于此。我国于此近年大有进步,自当加勉。然切勿以法律替代道德,有如美国现有之危机者。美国以宪法立国,高标民权,诚足为吾人模范。然亦有纠枉过正之病。如品格行为父子夫妇关系等等,往者尚有宗教与教育以维系之,今则一任法庭解决,故宗教家庭渐趋冰解。名为法治,实则法而不治。以致个人社会,均觉不安。吾人仰慕美国之杰,可为鉴戒。勿以德治为不合时髦,而以法治为新进。务使德法兼施,两轮并行,乃可前进无已。

(2)直觉与理性。五十年前夏威夷大学举行第一次东西哲学家会议。事后耶鲁大学教授诺梭普博士(Northrop)著《东西之会》,以西方重假设与分析,因而科学发达。东方则重延续与全体,以故美术宗教为强。主张彼此调和,东西综合(F. M. C. Northrop, The Meeting of East and West(New York:Macmillan 1946)),此书惊动一时,叹为20世纪重要之作。当世人以东西不能凑合,而且低视东方之际,而诺教授竟视东西为相等,两轮并进,厥功诚伟。然以西方之思想为理性,以东方之思想为直觉,则未免过于简单。西方之美术宗教,比东方并无逊色,而我国之思想,实含直觉与理性而并有之。试问朱子语录过万,书札逾千,另杂著无数,时间历四五十年,有何思想冲突或欠乏逻辑之处? 其思想之一致,诚足以惊人。中国哲人因与实际生活严密之关系,故重书札往来,与对话。《论语》而后,莫不如是。董仲舒(约前176—约前104)之《春秋繁露》,王充(公元27—100)之《论衡》,以至戴震(1724—1777)之《孟子字义疏证》,皆短篇汇集而成,而无如康德之《批判的理性》之长篇大论,逐层分析。然此是传统问题,与思维之方法无关,盖语录短文,均可含有直觉与理性也。

今日学者尚有不少主张中国思想理性化,亦即西化。犹忆"五四"时代,力主语体欧化,以为中国语言不合逻辑,而应采用英文文法。不审语言乃人生之一部,自然生长,非可强加外套,以人力改变其面目。今者语体欧化之声浪已息。但恐思想西化之命运,亦同一结局耳。吾人并非反对逻辑,轻视分析,只是反对以儒家绝无逻辑、绝无分析之论调耳。

至于我国科学落后,无可讳言。然此是近数世纪之事,非谓历史以来皆落后也。李约瑟(Joseph Needham)为中国科学史之世界权威,著《中国科学史》八九巨册,屡谓15世纪西方近代科学发达以前,中国之工程水利等等技术发明,皆与世界各国并驾齐驱,或且过之。吾人所知,指南针、火药、造纸、印刷之四大发明,尽人皆知,而不知其他科学亦有成绩灿然可观者。近世落后之由,人言言殊。李氏以道家乃中国科学之原动力(Joseph Needham, *Science and Civilisation in China*, Vol. II: *History of Scientific Thought* (Cambridge: The University Press, 1956), pp. 57, 161.)。儒家之维护封建与官僚主义,皆是以阻碍科学之发展。此点于其《中国科学与文明》第二册(科学思想史),言之屡屡。此是主见,无需辩论。其最有力之假设,则为欧洲信上帝为亲自立法之神,故有科学原则而产生科学。中国人不信人格神,故无亲自立法者,从而自然律例之观念不能演进(同上,页五一八、五六二、五六七、五八二)。此说颇动观听。然欧洲科学之兴,果由其信人格神耶?使有之,则中国亦必须信人格神乃能发展科学乎?且欧人信人格神已二千年,何以科学至近代乃能发达耶?谓儒家不信上帝,亦未为当。朱子言天有三义"有说苍苍者也,有说主宰者也,有单训理时"(《朱子语类》卷一,第二十二条,页八)。主宰即创造天地之上帝,然"帝是理为主"(同上,第二十一条,页八),"非如道家说其有个三清大帝著衣服如此坐耳"(同上,卷二十五,第八十三条,页一○○一)。孔子云"五十而知天命"(《论语·为政篇》第二,第四章),《中庸》云"天命之谓性"(《中庸》第一章),独非谆谆然命之耳?

朱子根据《易》之阴阳之理，竟然发见化石。《语类》载朱子云，"常见高山有螺蚌壳，或生石中。此石即旧日之土。螺蚌即水中之物。下者却变而为高，柔者变为刚。此事思之至深有可验者"（《朱子语类》，卷九四，第十六条，页三七五九。参看第十七条，页三七六一）。欧西至 15 世纪下半叶 Leonardo da Vinci（1452—1519）然后发见化石。故胡适谓朱子之发见化石比欧洲早三百年（Hu Shih, *The Chinese Renaissnce*（Chicago: University of Chicago Press, 1934）, P. 59.）。然朱子并无假设，亦无实验。虽其考据分析，开清代考据学之先河，然清代考据学者，只有科学之精神，而无科学之实验方法。如顾炎武（1613—1682）举一百六十据以证一字之古音。当欧洲学者着力于自然现象之时，考据家仍埋头于古代典籍。胡氏以此为近代科学落后之主因（同上，页六十四至七十四），诚是至论。今者国内科学进步甚急，得诺贝尔科学奖者已有四人。此四人皆是美国大学产品，然其基本传统，则来自中国。且欧西科学进程之中，每与宗教如水火之不相容，如美国教程之进化论与宗教之创造论，相持不下。我国则科学发展之中，与宗教并不发生若何问题。我国传统三教调和，亦即中庸之道，不只两轮而已也。此是我国一大幸运，不可不知。

（3）个人与社会。近代西方大倡民权主义，大半实指个人之权，甚至与社会对抗。反观我国传统，则家族主义为强。近来西风东渐，个人主义于焉日盛。东西思想比较学者，曾有三次讨论专论个人与社会之关系。一为 1930 年英国牛津大学之七讲，一为 1964 年之夏威夷大学第四次东西哲学家会议，一为 1981 年美国学会联合会主办之国际讨论会，金以西方以个人为中心，东方则以社会为中心①。实则个人与团体，无论东方西方，均重调和，并非黑白分明，彼此不容也。然比较而论，则西方偏于个人主义，我国则偏于家族主义，此为无可否认者。今后问题，即在儒学传统之中，有无两轮哲学，以为调和之根据。此处儒家哲学最为特色，即仁之主训是也。

《论语》四百九十九章之中，论仁者达五十八章，十份超一。仁字共用一百零五次，远出乎孝、弟、天、礼等字之上。各家以言仁。韩愈(768—824)扩大之为博爱。(《韩昌黎全集》四部备要本卷十一，《原道》，页一上)。张子横渠(张载)作《西铭》，以天地万物为一体而各有其分(《张子全书》四部备要本卷一，《西铭》，页一上至六下)此程子所以谓此铭为理一分殊也(《伊川文集》卷五，《答杨时论西铭书》，页十二下)。程子又以仁为谷种(《遗书》卷十八，页二上)，更是新意。至朱子《仁说》，而其两轮哲学，在个人与社会方面，至为明显。《仁说》经十余年之讨论，数易其稿，为朱子主要之作，亦即儒家传统之巨著(《朱子文集》卷六七，《仁说》，页二十上至二十一下)。以"心之德，爱之理"为仁之定义。开首即曰，"天地以生物为心者也，而人物之生，又各得天地之心以为心者也"。上语引程颐(《外书》二程全书本卷三，页一上)，下语为朱子所增。于是，开始即置伦理于宗教基础之上。儒家虽非有机构之宗教，然其宗教性，则不可诬也。

---

　　①　三次之论文集为(1). E. R. Hughes, ed. , *The Individual in East and West* (London：Oxford University Press, 1937)；(2)Charles A. Moore, ed. , *The Status of the Individual in East and West*(Hnolulu：University of Hawaii Press, 1968)；(3)Donald Munro, ed. , *Individudism and Holism* , *Studies in Confucian and Taoist Values*(Ann Arbor, University of Michigan：Center for Chinese Studies, 1985).

《仁说》又云,"盖仁之为道,乃天地生物之心,即物而在。其情之未发,而此体已具。情之既发,而其用不穷。诚能体而存之,则众善之源,百行之本,莫不在是。此孔子之教,所以必使学者汲于求仁也"。朱子注《孟子》"仁,人心也"(《孟子·告子篇》第六上,第十一章)云,"仁者心之德,程子所谓心如谷种,仁则其生之性是也"(《孟子集注》,注上章)。此乃根于生物之心。仁有生意,故仁者必孝必弟必忠必信。故为爱之理。仁是体,爱是用(《朱子语类》卷二十,第九十条,页七四八)。朱子云,"仁是爱之理,爱是仁之用。未发时只唤做仁,仁却无形影。即发后方唤做爱,爱却有形影。未发而言仁,可以包义礼智。既发而言恻隐,可以包恭敬谦逊,是非"(同上,第九十三条,页七五〇)。然性情不可分两截,体用不离故也。

朱子致书其好友张栻(1133—1180)讨论仁说四书(《朱子文集》卷三十二,《答张钦夫(张栻)论仁说第四十二至四十五书》,页十六上至二十二下),又作仁说图(《朱子语类》卷一〇五,第四十三条页四一八四至四一八五),其为朱子中心思想,绝无疑义。此亦儒家之中心哲学。盖仁字有两边,左边为个人,右边注家不同,然皆是社会之意。《论语》之忠恕一贯之道(《论语·里仁》第四、第十五章),己立立人(《孔子·雍也》第六、第二十八章),《中庸》之施己施人(《中庸》第十三章),与成己成物(同上,第二十五章),皆是此意。程子解"尽己之谓忠,推己及人之谓恕"(《伊川经说》,二程全书本,卷六,《论语说》,页四下),可为儒家两轮哲学之结论。

(原载《哲学与文化》十五卷二期,1988年2月,
选自《释中国》,上海文艺出版社1998年版)

陈荣捷(1901—1994),美籍华裔哲学家,哲学史家。广东

升平人,1924 年毕业于岭南大学,同年留学美国,1929 年获哈佛大学哲学博士学位,是年回国任教于岭南大学。1936 年再度赴美,任夏威夷大学教授,1942 年应达幕斯学院邀请,任该校中国文化哲学教授。1966 年退休,后任彻谈幕学院讲座教授,1982 年再度荣休。从 1975 年始为哥伦比亚大学定期讲新儒学。1978 年选为台湾中研院院士,1980 年选为亚洲及比较哲学学会会长。著作有《近代中国宗教趋势》、《中国哲学资料书》、《朱子门人》、《朱学论集》、《王阳明与禅》、《朱子新探索》,英译《近思录》、《传习录》等,为中国哲学及新儒家哲学的世界化做出了重要贡献。

　　本文认为中庸之道为儒家的重要传统,程颐释中为不偏,所谓不偏,体现在"涵养须用敬,进学则在致知"。这对朱熹影响甚大,构成朱子的两轮哲学,儒家的传统也可谓两轮传统。文中进而讨论了朱子在修养方面的尊德性与道问学及体用论的两轮哲学,以及儒家的两轮哲学与现代化的关系。

20世纪儒学研究大系

中国传统哲学的特点

冯 契

一、从近代哲学革命回顾传统哲学

光辉灿烂的中国文化和中国哲学,是我国各民族共同创造的。它经历了几千年的独立发展,虽然曾一度受到印度佛教文化的影响,但基本上是中华民族独特的贡献。到了近代,情况就不一样了。中国文化和西方文化相接触,打了败仗,这才发现我们是落后了。于是,当时一些先进的中国人开始正视西方,主张向西方学习,并对自己的传统进行反省。这就开始了贯串于整个近代史的"古今"、"中西"之争。从哲学来说,就逐步展开了一场深刻的哲学革命。

为了进行哲学革命,就必须认识中国传统哲学的特点。严复是第一个认真比较了中西哲学特点的人。他说:"尝谓中西事理,其最不同而断乎不可合者,莫大于中之人好古而忽今,西之人力今以胜古。"(《论世变之亟》)以为"好古"与"力今"是中西之间的最大区别。在严复看来,"古今"之争与"中西"之争是一回事,"中西"之争就是"古今"之争。就天人关系说,严复以为"中国委天数,而西人恃人力"(同上)。在认识论上,"中国夸多识,而西人尊新知"(同上)。在伦理学上,"夫自由一言,真中国历古圣贤之所深畏,而未尝立以为教者也。……中国最重三纲,而西人首明平等"(《论世变之巫》)等等。严复的这种比较研究,在当时是有进步意义的。他还批判了"中学为体、西学为用"的洋务派理论,说:"中学有中学之体用,西学有西学之体用,分之则并立,合之则两亡。"(《与〈外交报〉主人论教育书》)严复认为,不能搞调和折衷,必须用西学代替中学,用新学代替旧学。他以科学的进化论作武器,将西方近代资产阶级世界观和中国封建社会腐朽的统治思想作比较,鼓励人们向西方学习,以求中华民族的"自强保种"。严复出于满腔爱国热情,向中国人民介绍和宣传进化论思想。可以说,这标志着中国近代哲学第一阶段革命的开始。

从19世纪90年代到20世纪初,整整一代求进步的中国人,都以为西学(新学)即西方资产阶级的民主主义文化可以救中国。就世界观说,他们都主张进化论。然而,辛亥革命以后,帝国主义变本加厉地侵略中国,粉碎了人们以为西学可以救中国的美梦。第一次世界大战爆发,更暴露了资本主义文化的弱点,增长了人们对西学的怀疑情绪。就哲学来说,进化论并未能回答"古今"、"中西"之争。诚然,进化论作为一种世界观,它以近代科学(首先是生物学)为根据,把人类社会了解为自然发展的产物,是一个进化的历程,这有合理的因素;但是用进化论来解释人类社会历史(无论是"物竞天择,适者生存"的观点,还是"社会有机体"中各部分要协作、调和的观点),归根到底是不科学的。所以,为了回答"中国向何处去"的问题(亦即"古今""中西'之争),就必须寻找更新更有力的理论武器。

"五四"时期的一些先进人物,在十月革命的影响下,终于找到了马克思列宁主义,以此作为解放中华民族的最好的思想武器。于是就开始了中国近代哲学的第二阶段革命,这也是中国哲学史上空前伟大的革命变革(与之相比,前一阶段的进化论不过是小小的前奏曲而已)。从"问题与主义"的论战开始,经过多次的论战,包括人生观问题的论战、关于中国社会性质的论战等,唯物史观一个战役一个战役地打了胜仗。在反对右倾投降主义和"左"倾冒险主义的斗争以及克服教条主义与经验主义的过程中,逐步实现马克思主义的普遍真理同中国革命实践相结合,这就使中国革命从根本上改变了面貌,也使中国哲学发生了根本性的变革。毛泽东同志的《实践论》、《矛盾论》、《论持久战》、《新民主主义论》等著作的发表,标志着马克思主义哲学的中国化,标志着中国哲学史进入了辩证唯物主义的发展阶段。

文化上的"古今"、"中西"之争,经过一百年的论战,由毛泽东同志的《新民主主义论》作了科学的总结。他指出:"民族的科学的大众的文化,就是人民大众反帝反封建的文化,就是新民主主义的文化,就是中华民族的新文化。"(《新民主主义论》,《毛泽东选集》第3卷,页669)用周恩来同志的话说,就是新文化要具有"民族的形式,科学的内容,大众的方向"(《人民政协共同纲领草案的特点》,《周恩来选集》上卷,页370)但有了这个总结,并不等于无事可做了。要在各个领域里实现"民族的形式,科学的内容,大众的方向",是非常艰巨的事,有待于大家的努力。

哲学革命又进一步深入到各个领域,包括哲学史领域。用马克思主义观点研究中国哲学史已经取得了可喜的成果,从解放前到建国后,已经出版了许多著作。关于中国传统哲学与西方哲学相比较的特点问题,哲学史工作者经过共同努力和多次讨论,在以下的几点上也已经取得了一致的看法:

中西哲学遵循着共同的规律,都是随着社会经济的发展而发展变化的;阶级斗争制约着哲学发展,所以必须运用阶级分析的方法来考察中国哲学史上的斗争;思维与存在的关系问题是哲学根本问题,唯物主义与唯心主义的斗争贯串于全部哲学史中。但是,西方哲学史和中国哲学史各有其特殊性。在西方,高度发展的是奴隶社会和资本主义社会,而在中国,奴隶制并不像古希腊罗马那样发展,资本主义也不像近代欧美各国那样发展;中国有特别长的和得到了最充分发展的封建社会的历史,到现代又较早地(相对世界各国而言)进入了社会主义阶段。这一社会发展的特殊性就规定了中国哲学发展进程有其不同于西方的特点。中国古代哲学主要是封建时代的哲学,与欧洲相比,中国有着更为悠久的朴素唯物主义和朴素辩证法的传统,而像西方近代的机械唯物论哲学,在中国没有得到充分的发展。以上这样一些看法,大体上已为哲学史工作者所公认。

不过,这不等于已把中国传统哲学的特点穷尽了。讲中国传统哲学有其不同于西方哲学的特点,本来可以而且也应该从不同的角度来作比较,探索,以求获得越来越深刻的认识。同时,哲学革命还要进一步发展。马克思主义哲学的生命力,就在于它永远随着实践和科学的发展而取得更新的面貌,决不会停滞不前。现在我们从发展哲学革命的高度来回顾历史,并把哲学史作为人类认识史的精华来看待,把哲学史了解为根源于人类社会实践主要围绕着思维和存在关系问题而展开的认识的辩证运动。从这样的角度来考察,中国传统哲学有些什么特点呢?

二、哲学史上的认识论问题

有一种流行的见解:中国哲学家着重讲做人,西方哲学家着重讲求知。由于中国人较多地讲道德实践和修养,而较少讲知识,所以中国哲学中认识论不占重要地位,或者说认识论不发达。这种说法对不对? 值得研究。既然我们把哲学史作为人类认识史的精华来看待,如果说中国传统哲学中认识论不占重要地位,那么中国哲学在世界哲学史中自然不会占重要地位了。

问题在于如何理解"认识论"一词。认识论包括哪些内容,哲学家们有不同的看法。按照辩证唯物主义的观点,思维和存在的关系问题作为认识论的根本问题,已经由列宁(根据恩格斯)提出"三个重要的认识论的结论":

（一）物是不依赖于我们的意识、我们的感觉而在我们之外存在着的。……

（二）在现象和自在之物之间决没有而且也不可能有任何原则的差别。差别只存在于已经认识的东西和尚未认识的东西之间。……

（三）在认识论上和在科学的其他一切领域中一样,我们应该辩证地思考,也就是说,不要以为我们的认识是一成不变的,而要去分析怎样从不知到知,怎样从不完全的不确切的知识到比较完全比较确切的知识。（《唯物主义和经验批判主义》,《列宁选集》第 2 卷,人民出版社 1972 年版,页 100）

列宁的这三个重要结论把辩证唯物主义认识论同唯心主义、不可知论和形而上学划清了界限,同时也说明了认识论研究的内容包括:认识的来源(认识的最终来源是不依赖于我们的意识而存在着的物);知识之所以可能的条件(也就是尚未认识的自在之物化为被认识了的为我之物的条件);认识的辩证发展的过程。

基于实践的认识的辩证发展过程有不同环节,因而认识的成果(知识)有不同层次;而人在认识和改造客观世界的同时,也认识和改造着人自身。历史上的哲学家往往抓住了某个环节(层次)或某个方面来提出问题,进行探讨。因此,认识论的问题就显得多样化了。我们站在辩证唯物主义认识论的高度来回顾哲学史,便可知道:哲学史上提出过的认识论问题,大体说来可以概括为四个:

第一,感觉能否给予客观实在?

第二,理论思维能否达到科学真理? 换一个提法,普遍必然的科学知识何以可能？用康德的话，就是纯数学和纯自然科学何以可能？

第三，逻辑思维能否把握具体真理(首先是世界统一原理、宇宙发展法则)？用康德的话，就是"形而上学"作为科学何以可能？

上面三个问题，用德国古典哲学的术语来说，就是关于"感性"、"知性"、"理性"的问题。

第四，人能否获得自由？也可以换一个提法，自由人格或理想人格如何培养？

这四个问题，可以说是在中西哲学史上反复讨论了的问题。感性和理性、绝对和相对、客观规律性和主观能动性这些人类认识的环节，正是通过上述问题的讨论而得到了考察研究。辩证唯物主义以实践标准作为认识论的基础，应用辩证法于认识论，从而对每一个问题的回答都贯彻了列宁所说的三个结论，同唯心主义、不可知论和形而上学划清了界限。

在欧洲近代，随着实证科学的发展，形而上学的思辩遭到不断的抨击，哲学的各部门(认识论、本体论、逻辑学、伦理学、美学等)被分别地进行研究。这是一个进步，但也带来了局限性，产生了一种颇为流行的狭义认识论观点，以为认识论的范围限于研究实证科学知识之所以可能的条件，只研究上面列举的前两个问题，即"感觉能否给予客观实在"和"科学知识何以可能"。而后两个问题，即"逻辑思维能否把握宇宙发展法则"和"理想人格如何培养"，他们认为那是属于形而上学范围的问题。这种狭义的认识论特别为实证论各流派所鼓吹。实证论者主张取消形而上学，他们以为后两个问题是没有意义的，如果作回答，只能是虚妄的命题。至于前两个问题，他们虽然认为是有意义的，却也往往作出唯心主义和不可知论的回答。当然，持狭义认识论观点的不一定是实证论者，不过只要把认识论的范围限于前两个问题，便会觉得认识论在中国哲学中不占重要地位,因为在中国古代没有近代的实证科学,当然不会有人像休谟,康德那样来提出问题。

其实,稍作一番考察就知道,在中国古代,从孔墨开始,就已在讨论感性和理论思维的关系了。而庄子已对"感觉能否给予客观实在"和"理论思维能否达到客观真理"提出种种责难。所以不能说中国人不关心前两个问题。而就欧洲近代哲学来说,也不是只热衷于讨论前两个问题。德国古典哲学和马克思主义已经比较深入地考察了后两个问题。黑格尔和马克思主义关于辩证法、认识论和逻辑学统一的原理,就是在回答逻辑思维能否把握具体真理或宇宙发展法则这个问题时提出来的。而唯物史观的创立,就给"人如何由自在变成自为、由必然王国进入自由王国而实现真善美统一的理想"这个既属历史观也属认识论的问题,作了科学的解答。所以,在辩证唯物主义看来,不应把认识论局限于前两个问题。

中国古代哲学就像欧洲古代和中世纪一样,还没有分化为各部门,许多科学也还没有从哲学的母体分离出去,因此就比较朴素。但也有个优点,那就是在中国古代哲学中认识论和辩证法、逻辑学是互相联系着的,认识论和伦理学、美学也是互相联系着的,没有近代西方那种实证论的狭隘观点。而且应该说,由于中国古代哲学(从先秦到鸦片战争以前)同欧洲古代和中世纪相比,曾经历了更长期的持续发展,因而倒是较多和较长期地考察了上述后两个问题:逻辑思维能否把握宇宙发展法则的问题,发端于先秦的"名实"之辩;理想人格如何培养的问题,发端于先秦的"天人"之辩;"天人"、"名实"之辩贯串于整个中国哲学史。所以正是在对这两个问题的考察上,显示出中国传统哲学的特点。

下面我们来分别作一些说明。

三、在逻辑学和自然观上的特点

在中国哲学史上，认识论问题的讨论，首先是围绕"名实"之辩而展开的。"名实"之辩包括概念（名）是否来源于感觉经验和客观实在、概念的知识是否具有客观必然性这样的问题，也包括言、意能否把握道，即逻辑思维能否把握宇宙发展法则的问题。在先秦，老、庄（特别是庄子）对言、意能否把握道的问题提出了许多责难，经过各学派的争论，由荀子和《易传》作了肯定的回答。秦汉以后，"名实"之辩仍以不同形式继续着，到魏晋，演变为"言意"之辩。到宋明，"名实'、"言意'之辩就和道与器（象）关系的争论结合在一起。言、意能否把握道的问题经过了长期考察之后，由王夫之作了肯定的回答，提出了朴素唯物主义前提下的名与实、言与意、象与道的对立统一学说，触及了唯物主义的认识论与逻辑学、客观辩证法三者统一的原理。

但是，认为中国传统哲学中认识论不占重要地位的人，大概都以为中国哲学"重人生而轻自然，长于伦理而忽视逻辑"。就是说，与认识论不发达相联系，中国传统哲学不重视逻辑学与自然哲学的研究。在三十年代，某些哲学史家就提出这样的看法：中国以往的哲学家，其兴趣为伦理的而非逻辑的，注意"立德"、"立功"，而不重视"立言"，因此中国哲学在理论的阐明和论证方面，比之欧洲哲学和印度哲学大有逊色。据这些哲学史家说，中国哲学的这一弱点，是同中国文化的弱点分不开的：中国传统文化在政治、道德、文学、艺术方面确有突出成就，唯独在科学上缺乏贡献，因此影响到哲学，使得认识论、逻辑学和自然观成了中国哲学的薄弱环节。

英国著名科学史家李约瑟教授研究了中国科学技术史，以大量无可辩驳的资料证明：在明代以前，中国人在科学技术上一直居于世界领先地位。现在,未必有人敢于坚持"中国传统文化缺乏科学"之类的说法了。但是在哲学史的领域,以为中国哲学"长于伦理而忽视逻辑"的看法却还有一定影响。中国哲学注重伦理,是公认的事实。中国人对形式逻辑的研究,在《墨辩》中虽有很高成就,后来却被冷淡了,所以确实不如欧洲人和印度人热心。因此上述看法并不是毫无道理。

爱因斯坦在一封信中说:"西方科学的发展是以两个伟大的成就为基础,那就是:希腊哲学家发明形式逻辑体系(在欧几里得几何学中),以及通过系统的实验发现有可能找出因果关系(在文艺复兴时期)。在我看来,中国的贤哲没有走上这两步,那是用不着惊奇的。令人惊奇的倒是这些发现[在中国]全都做出来了。(《给J.E. 斯威策的信》,《爱因斯坦文集》第1卷,页574)这是一个外国的伟大科学家提出来的问题,中国古代有那么多科学发现和创造,是用什么逻辑、什么方法搞出来的? 这确是一个令人惊奇、需要我们认真研究的重大问题。李约瑟在他的《中国科学技术史)中提出了一个论点:"当希腊人和印度人很早就仔细地考虑形式逻辑的时候,中国人则一直倾向于发展辩证逻辑。与此相应,在希腊人和印度人发展机械原子论的时候,中国人则发展了有机宇宙的哲学。"(李约瑟:《中国科学技术史》第3卷,页337)李约瑟关于中国科学思想的哲学基础的探讨(在他的巨著的第二卷中)是富于启发而可以争论的,但我基本上同意他的上述论点。

前面已说,哲学的历史发展表现为一系列的圆圈,表现为近似于螺旋形的曲线。每当哲学发展完成一个圆圈,达到总结阶段,思维进入辩证法领域,这时便可能有哲学家、逻辑学家对辩证思维的形式进行考察,提出辩证逻辑的一些原理。又因为一定时代的人类思维是一个有机联系的整体,所以这时也可能有一些科学领域运用这些原理作为方法,或者倒过来说,这时会有一些科学领域的方法达到辩证法阶段,可以从中概括出辩证逻辑原理。我们以后将会说明,在先秦哲学的总结阶段,《荀子》、《易传》、《月令》、《内经》已具有辩证逻辑的雏形;到宋明,从沈括、张载到王夫之、黄宗羲,辩证逻辑又有了进一步的比较大的发展。当然,古代的辩证法是朴素的、自发的,还不具备严密的科学形态。但是说它自发,是相对于唯物辩证法说的。如果古代哲学家已经提出某些辩证思维的原理,而当时的科学家已在运用它们作为科学方法,那就是有一定程度的自觉。从总体上看,人类的逻辑思维是一个由自发到自觉、由较少自觉到较多自觉的历史发展过程。逻辑学作为科学(包括形式逻辑与辩证逻辑),是对思维的逻辑(正确思维的形式与规律)的自觉掌握,这个自觉掌握也是一个过程,即由简单到丰富、由雏形到完备的历史发展过程。辩证逻辑在中国古代经历了长期的发展,有较大的成就,它虽然还是朴素的(缺乏近代科学的基础),但已经具有高级阶段的许多要素的萌芽,值得我们仔细地加以研究。

中国比较早地发展了辩证逻辑,也比较早地发展了辩证法的自然观。这种自然观是以气一元论为基础的,认为气分为阴阳,阴阳的对立统一就是道,即自然发展的规律。从伯阳父,荀子到张载、王夫之,许多唯物主义哲学家都主张这种学说,而中国古代科学如天文、历法、音律、农学、医学等等,也都是建立在气一元论基础上的。已经有人指出,中国人讲的"气",很接近于近代物理学的"场"。确实,中国人比较早地发展了类似"场"的思想,这可说是在自然观上的特点。

在西方,原子论得到比较早的发展,自然观长期与原子论相联系,类似"场"的思想虽然古代也有,但直到十九世纪电磁场理论提出后,才受到充分重视。中国古代也有类似原子论的思想,例如,《墨辩》说:"非半弗斱,则不动,说在端。"《墨子·经下》这个"端"就是指不可分割的物质粒子。《庄子·天下》篇里记载着辩者的论题："一尺之棰,日取其半,万世不竭。"《墨辩》反对这种物质无限可分的思想,以为一尺之棰,日取其半,达到一定阶段,便不能再取半(即"非半"),于是就不能斫("弗斫"),亦即斫不动了,这就达到了"端"。《墨辩》从经验科学的观点,肯定具有一定特性的物体是由不可分割的粒子(端)构成的。不过,《墨辩》的原子论思想在中国古代哲学和科学中没有得到进一步发展,就如同它的形式逻辑没有得到发展一样。

原子论思想和形式逻辑没有得到充分发展,这是中国传统哲学的一个弱点。但是中国人却比较早地发展了朴素的辩证逻辑和朴素的辩证法自然观(气一元论),从而对逻辑思维能否把握宇宙发展法则这个认识论问题作了肯定的回答和多方面的考察,这却是一个优点。

四、在考察人的自由问题上的特点

接着我们来讲中国传统哲学在回答"人能否获得自由"或"理想人格如何培养"这个问题上的特点。

中国传统哲学、特别是儒家哲学重人生、重伦理,这是人们一致公认的。但是,所谓中国哲学"重人生""长于伦理"到底是什么意思呢? 难道西方哲学不重人生、不长于伦理吗? 恐怕不能这样说。黑格尔说孔子只是讲了些常识道德,东方哲学应被排斥在世界哲学史之外;杜威说中国哲学偏重伦理人生,没有什么高超的思想。这是由于他们对中国哲学的无知而产生的偏见。

关于人的自由,从认识论来看,首先是人和自然的关系问题。不少人认为中西哲学的不同,在于西方人把我与物,人与自然对立起来,人生态度是"向外寻求";而中国人则讲"天人合一",以为"仁者浑然与物同体"，"此道与物无对"（皆程颢语），我与物、人与自然本来浑然一体，所以人生态度是认定"重心在内"，只需"复性"（恢复"天命之性"），就获得自由，有了"孔颜乐趣"了。

在持上述观点的人的心目中，中国哲学是以正统派儒学，特别是宋明理学为代表。诚然，理学唯心主义者确是从"无对""复性"（"复其初"）来讲"天人合一"的。我们从辩证唯物主义的观点来考察，也认为程、朱、陆、王的哲学有其一定的历史地位，但中国哲学的优秀传统却主要不体现在这些理学唯心主义者那里。在中国哲学史上有不少唯物主义者和辩证论者，更值得我们注意。例如，荀子强调"明于天人之分"，又讲"制天命而用之"，认为人通过和自然作斗争，把握自然的必然法则，由此达到"天地官而万物役"，人成了自然界的主人，也就是获得了自由。柳宗元和刘禹锡的哲学思想，可归结为"天人不相预"和"天人交相胜"。王夫之比较多的讲"天人合一"，但他讲"天人合一"是指天人交互作用，以为在气一元论前提下，"人定而胜天亦一理也"；而且他认为不能"任天"，而要"相天""造命"，即要发挥主观能动性，治理自然，并在人和自然界的交往中，不断改造自己，培养人的德性。在这些哲学家那里，不是把天人关系了解为"无对""复性"，而是朴素地把握了自然和人的辩证关系，把人的自由看作是在人和自然交互作用的过程中获得的，并从而引申出"积善成德"（荀子语）、"性日生而日成"（王夫之语）的命题。这种理论虽然还是抽象的人性论，却包含着真理的因素。

程、朱、陆、王是儒家，荀子和王夫之等也是儒家。儒家作为一个总体来看，共同的观点不在于讲"无对""复性"，而在于强调不能离开人和人之间的伦理关系来讲"天人之际"。就这一点说，从孔、孟、荀到程、朱、陆、王和王夫之、戴震等，都是一致的。孔子提出仁智统一学说，就是要在社会伦理关系中来培养理想人格。仁智统一,意味着人道(仁爱)原则和理性原则的统一,伦理学和认识论的统一。孔子讲认识论主要是讲伦理学("知人"),而讲伦理学也是着重从认识论角度来考虑("未知,焉得仁?")。这里也包含着这样的意思:人的道德规范是根据理性原则来的;真正的道德行为是自觉的,而这种自觉性来源于理性认识;正是根据这一点,人可以通过教育和修养而成为有道德的人。

　　道德行为,即合乎道德规范的行为,包含着三个要素:第一,道德理想表现于人的行为,在行为中具体化为处理人和人的关系的准则(规范);第二,合乎规范的行为应该是合理的,是根据理性认识来的,因此是自觉的行为;第三,道德行为应该是自愿的,是出于意志自由的活动,如果不是出于自愿选择而是出于被迫,那就谈不上行善或作恶。这些要素,在西方,亚里士多德在《尼可马克伦理学》中已经作了考察①;在中国先秦,荀子也都提出来了。荀子既指出:"心不可劫而使易意"、"其择也无禁",即意志能自主地进行选择,不受外力的强制;又要求"心之所可中理",不能"离道而内自择",即要求根据理性认识来判断是非,自觉地按照"道"来选择;这样自觉而又自愿地以"道"(礼义)作为准则,在行动中坚持不懈地加以贯彻,日积月累,就能"积善成德"。

　　虽然中国和西方的古代哲学家都已指出道德行为要自觉自愿,但自觉是理性的品格,自愿是意志的品格,两者是有区别的,因此在伦理学说上可以产生不同偏向。应该说,先秦儒家(孔、孟、荀)都注意到了自觉与自愿、理性与意志的统一,但是他们较多地考察了自觉原则,而较少地讨论自愿原则。儒家也重视"志",认为道德行为要由意志力来贯彻,而这种意志力则是凭借理性认识和

　　① 《尼可马克伦理学》第三篇:《意志》,参见《西方伦理学名著选辑》(上卷),商务印书馆1964年版,第305—310页。

进行持久的修养锻炼来培养的。所以儒家认为意志应服从于理性，杀身成仁，舍身取义，都出于理性的自觉。这无疑是正确的，而且在历史上也起了积极的影响。不过儒家这样讲意志，注意的是意志的"专一"的品格；而对意志的"自愿"的品格，并没有作深入的考察。孔子哲学的最高原理是"天命"，他以为要"知天命"、"顺天命"，而后才能"从心所欲不逾矩"。这样讲人的自由，实际上已陷入宿命论了。后代的儒家正统派为了替封建专制主义辩护，更加忽视了自由是意志的自愿选择这一点，更加发展了宿命论。理学家说："君臣、父子，天下之定理，无所逃于天地之间。"他们把三纲五常形而上学化为"天理"，而天理即在人性之中，所以只须"识得此理，以诚敬存之"，就可以达到"浑然与物同体"的"无对"的境界，给人以无限乐趣。这种唯心主义理论，似乎也很强调理性的自觉，实际上是说"天理"或"天命"已决定一切。"存天理，灭人欲"，以求"复性"，不过是要求人们"自觉"地屈服于命运、屈服于封建专制主义的统治罢了。总之，中国传统哲学中的伦理思想以儒家为主体。儒家着重考察了道德行为的自觉原则，是一个贡献；但是占统治地位的儒家不仅忽视了道德行为的自愿原则，而且把宿命论精致化，使之披上了迷人的画皮，似乎它能给人以"受用"的"境界"，其实却是反动的。

相比之下，如果说中国哲学较多地考察了伦理学上的自觉原则和"为学之方"（道德的教育和修养），那么西方哲学则较多地考察了自愿原则和意志自由问题。意志自由是道德责任的前提，所以是伦理学上的重要问题。伊壁鸠鲁学派用原子的偏离运动来论证意志自由，反对了斯多葛派的宿命论。卢克莱修在《物性论》中对此作了详细讨论①。那是唯物主义者的学说。但是过分强调意志自由，就会导致唯心论。在西方，从中世纪到宗教改革，神学热衷于讨论原罪是否出于自由意志的问题；到近代，从康德、费希特、叔本华、尼采、柏格森、詹姆士以至存在主义，形成了一个很深的唯意志论传统。而在中国古代，虽然某些哲学家(如李筌、泰州学派等)有唯意志论倾向，却没有形成像西方那样的传统。到了近代，由于受了西方的影响，有些人以为提倡唯意志论可以反抗宿命论，有些人以为可以对儒家或法家的学说作唯意志论的解释，这都只能造成思想的混乱，在实践上是有害的。

人的自由不仅是认识论和伦理学的问题，而且也是美学的问题。庄子反对儒家的"仁义"，提出了另一种自由观念，即他所说的"逍遥"。他以为伦理关系只能给人以束缚，主张人应该回到自然去。"天地有大美而不言"，自然界就是最美的音乐，人与自然为一，就得到了逍遥(自由)。庄子讲逍遥，包含有神秘主义。不过他用"庖丁解牛"等寓言来说明如何由"技"进于"道"而获得自由的过程，却触及了艺术创造的规律性。庖丁的技艺达到了非常熟练的地步，真正能"依乎天理"、"因其固然"，完全按照客观规律来活动；劳动成了完全自由的，人与自然过程为一，一举一动都合乎音乐与舞蹈的节奏，于是，劳动就成了审美的对象；庖丁欣赏着自己行动的节奏，解完了牛，"为之踌躇满志"。这可说已触及了由必然王国进入自由王国的问题，而这里的自由是指审美活动的自由。

同时，先秦儒家讲礼乐，提出了"言志"说。《礼记·乐记》(它可能是荀子《乐论》的发展)说人心感于物而动，于是有喜怒哀乐，发而为声，声音有节奏，就成为音乐。音乐、舞蹈、诗歌，都是人的思

① 参见卢克莱修《物性论》，三联书店 1958 年版，第 111—114 页。

想感情体现于有节奏的艺术形象,而这些艺术又转过来培养、教育了人。儒家的言志说和上述庄子寓言中所包含的思想相结合,就逐渐发展成为中国美学史上的艺术意境理论。意境的理论是关于抒情艺术的理论,即如何用艺术形象来抒写思想感情,在艺术中实现人的自由的学说。

不论是中国还是西方,古代都有哲学家指出:人在艺术创造和艺术欣赏中是自由的,艺术对培养人的性格、陶冶人的性情具有重要作用。在艺术作品中,一定的审美理想体现于灌注着感情的生动的形象,构成了艺术形象。如果这种艺术形象侧重于抒情,就叫做意境;如侧重于人物造型,那就是描写了典型性格。亚里士多德的《诗学》总结了希腊人的艺术创造,特别是研究了希腊人的史诗和悲剧,他提出"悲剧是对于比一般人好的人的模仿"(亚里士多德:《诗学》,人民文学出版社,1962年1版,页50)。这是最早的典型性格的理论。西方人比较早地提出了美学上的模仿说(再现说)和典型性格理论,而中国人则比较早地发展了美学上的言志说(表现说)和意境理论,这是不同的特点。

当然,在唯物史观诞生之前,对人的自由问题不可能有真正科学的回答。过去所谓的理想人格(圣贤、哲人、英雄)都被打上了剥削阶级的烙印,不可能是真正自由的人格。但是并不能否认过去的哲学家也曾提出过一些合理见解。中国传统哲学从人和自然的交互作用来探讨人的德性的形成过程,比较早地考察了伦理学上的自觉原则和美学上的意境理论,从而对理想人格如何培养这个认识论问题(这个问题也牵涉到真、善、美三者的关系),提出了一些富于民族特色的合理见解。当然,中国传统哲学和西方哲学各有其不足之处。中国古代哲学中有一个以"乐天安命"为自由、以"浑然与物同体'为最高"境界"的传统,那是非常腐朽的东西。

五、形成中国传统哲学特点的原因

以上说的两个认识论问题,即逻辑思维能否把握宇宙发展法则和理想人格如何培养的问题,发端于先秦的"名实"之辩和"天人"之辩(当然,"天人""名实"之辩还包括其他方面的问题),一直为历代哲学家所注意。概括地说,中国古代哲学的优秀传统,就表现在对认识论的这两个重大问题作了朴素唯物主义和朴素辩证法的解答。与此相联系,在逻辑学、自然观、伦理学、美学各方面,也都显示出了民族的特色。但与西方哲学相比,这些方面又都有其明显的不足之处。而同长期的封建专制主义的统治相联系,形成了根深蒂固的宿命论思想,则是阻碍着历史前进的坏的传统。

接着,我们来探讨一下形成这些特点的原因。

第一,从社会历史条件来分析。

关于中国历史的分期问题,学术界意见还不尽一致。不过大家公认:中国传统哲学主要是封建时代的哲学,长期处于朴素唯物主义的发展阶段。中国封建制有两个显著的特点:一是和宗法制密切相联系,这是从农村公社、奴隶社会中承袭下来的;二是很早就形成了统一的封建专制主义的中央集权国家,形成了一整套越来越完备的维护封建宗法制度的上层建筑。有了这两个特点,再加上中国周围的其他民族的文化水平都及不上中华民族,这就使得中国的封建制具有特别的稳固性。不过,在长期的封建社会中,农业和手工业生产是向前发展的,生产水平和科学技术在当时居世界领先地位。同时,随着历史的前进,封建社会的阶级矛盾也越来越尖锐,农民揭竿而起反抗压迫和剥削,农民起义之多和规模之大在世界史上是仅见的。这就是说,中华民族有着勤劳(发展生产)、勇敢(反抗压迫)和智慧(追求科学真理)的传统。这种悠久深厚的进步传统,是中国古代哲学之所以具有源流深长的朴素唯物主义和朴素辩证法的社会原因。但是,封建专制主义和宗法制度也给哲学打上了很深的烙印,比如说,宿命论与复古主义就是这样的印记。严复所说的"中国委天数"、"好古而忽今"这些中国传统哲学的缺点,就像中国封建制一样,是非常顽固的。

第二,从哲学和科学及其他意识形态的关系来分析。

首先,科学和哲学一样,也是以理论思维的方式来掌握世界,所以科学和哲学的关系特别密切。封建经济主要是农业经济。因此,和农业相联系的科学,如天文学、地学、历法、医学、农学、生物学等在中国古代得到较大的发展。中国古代这些科学把人和自然界看作是有机联系的,是相互作用的,因而就使朴素的辩证逻辑和辩证法的自然观得到人们较早的注意。中国古代哲学家把阴阳之气作为物质实体,这种自然观显然是和上面讲的那些与农业密切相联的科学得到较大发展有关的。而西方的原子论则是同那些与工业生产密切相关的科学,如光学、力学、化学等的发展有较大的关系。·

其次,哲学作为一种意识形态,它的发展同其他社会意识形态也是联系着的。在一定的历史时期,往往有某一种意识形态占据支配地位。在西方,"中世纪只知道一种意识形态,即宗教和神学","中世纪把意识形态的其他一切形式——哲学、政治、法学,都合并到神学中,使它们成为神学中的科目"(恩格斯:《路德维希·费尔巴哈和德国古典哲学的终结》,《马克思恩格斯选集》第4卷,页231、251)。而中国封建社会的情况却不是这样。中国人的宗教观念特别淡薄,全世界民族中,只有汉族最少有宗教信仰。即使是中国最初的原始神话如盘古开天辟地、女娲炼石补天等,也不过是把和自然界斗争的人加以神化。中国人一开始就重视现实,重视人世。当然,在中国的封建时代,佛教、道教也曾盛行,但占据统治地位的意识形态始终是儒学。正统派儒家的"天命"代替了西方基督教的上帝,礼教几乎起了与西方宗教同样的作用,其他意识形态都或多或少地成了从属于儒学的科目。儒学讲名教,同宗教一样,也是人的本质的异化。所以,正如欧洲近代资产阶级兴起时,把矛头对准中世纪的主要意识形态神学一样,中国明清之际的那些伟大思想家的批判锋芒直接指向占据支配地位的宋明理学,直到五四新文化运动,也是把矛头对准了孔家店。正因为在西方中世纪是宗教神学占主导地位,而中国封建社会是儒学占统治地位,所以西方的道德理论和宗教密切相联,而中国的道德思想和儒学不可分割。信仰上帝,往往盲目而自愿;遵守礼教,却往往自觉而并不乐意。所以中国伦理学的特点是比较强调自觉,而易陷入宿命论;西方伦理学的特点则是比较强调自愿,而易导致唯意志论。

再次,在艺术上,希腊人和印度人一开始是讲故事,而中国人一开始是写诗。中国人是抒情的民族,从《诗经》《楚辞》到唐诗,一直热衷于写诗,而讲故事、写小说、演戏,是比较晚出的。希腊人却早就写了史诗、悲剧、喜剧,这些著作给我们描绘了很多典型性格。还有人物雕塑,在古希腊也已达到完美的程度。而在中国,造型艺术也要求给人意境。为什么中国人较早地发展了抒情艺术?这是个值得深入研究的问题。中国哲学表现在美学的言志说和意境理论上的特点,显然是和抒情艺术的传统有关的。

第三,从哲学本身的演变、发展来分析。

先秦的百家争鸣到秦汉统一而结束。在先秦,儒墨并称"显学";到汉代,却是一方面墨学衰微,另一方面儒术独尊。而儒术独尊实际是儒法合流,只不过是法家隐蔽在儒家背后。以后到魏晋,儒道合一,产生了玄学。又经过隋唐时期儒道释三者相互作用,产生了理学。理学在宋元明清时期一直处于支配地位。

墨家这个学派是和手工业生产密切相联系的,因此很自然地重视形式逻辑和产生原子论的思想。以后墨学衰微，原子论思想和形式逻辑也就得不到发展。而《荀子》、《易传》、《内经》、《月令》等所包含的朴素的辩证逻辑和辩证自然观则得到了较大的发展，产生了深远影响。

汉代儒学独尊以及后来儒道合一，使得儒、道中的积极的东西如儒家的仁智统一学说以及道家的崇尚自然的思想得到了发展，使伦理学上的自觉原则和美学上的意境理论得到了比较早的考察，这对整个民族文化起了很大影响。

随着墨学的衰微，墨子的"非命"学说被人们逐渐遗忘了。然而儒、道的宿命论却深入人心。同时，儒法合流，法家藏在儒家的旗帜下了。封建专制主义者用仁义说教和刑罚两手来统治人民，造成王夫之所说的"在上者为申韩，在下者为佛老"的情况。统治者打着"天命"、"天理"的招牌，"以理杀人"，老百姓感到无法和"天命"、"天理"相对抗，于是，宿命论就把人们驱向佛老，到宗教中去寻求安慰。这是中国传统哲学中坏的一面。

中国传统哲学的优点，一直影响到近代。中国人比较快地找到了马克思主义，并把马克思主义和中国革命实践相结合，这同中国富有朴素唯物主义和朴素辩证法的传统有关。我们党形成三大作风，使党成为培养人教育人的学校，这和传统中注重自觉的原则有关。中国的艺术至今还是以意境来引人入胜，如京剧、山水画、园林艺术等等。我们的祖先在认识论的两个重大问题上，提出了自己的很有民族特色的理论，形成了优秀的传统，至今还起着作用。但是这个传统也有着不足之处和缺点。中国古代哲学的辩证法是朴素的，因而有些界限就不分明，有时就和相对主义、中庸之道，或独断论的"斗争哲学"相混淆。这就要求我们努力掌握马克思主义，使辩证法建立在现代科学的基础上。这就要求我们学习西方的长处，学习他们的形式逻辑、数理逻辑和现代科学的方法。

同时,在培养理想人格方面,中国古代哲学家除了阶级和时代的局限之外,在理论上也有着严重的宿命论倾向。因此,我们要培养共产主义的人格,就必须批判这种十分腐朽的东西。西方伦理学上的自愿原则和美学上的现实主义的典型性格理论,可以弥补我们传统的不足,但在向西方学习时又要注意抵制唯意志论。

总之,我们今天要站在共产主义思想的高度,在马克思主义哲学的指导下,发扬我国传统哲学的优点,克服其弱点;学习西方哲学的长处,避免其短处。这对于建设社会主义文化和培养共产主义新人是大有帮助的;同时对于发展哲学革命,促使中国哲学和西方哲学进一步合流为统一的世界哲学也是很有必要的。

（选自《释中国》,上海文艺出版社,1998年）

冯契（1915—1995）,当代著名哲学家、哲学史家,生于浙江诸暨。1941年毕业于清华大学哲学系,并成为清华大学研究院研究生,受教于金岳霖、冯友兰、汤用彤等著名哲学家。1949年起,先后任教于云南大学、同济大学、复旦大学,自1951年开始,一直在华东师范大学任教。曾担任上海社会科学院哲学研究所副所长和副院长,上海社会科学联合会副主席、中国哲学史学会副会长、上海市哲学学会会长等。50年代提出“化理论为方法,化理论为德性”,认为“哲学是哲学史的总结,哲学史是哲学的展开”。著作有《中国古代哲学的逻辑发展》、《智慧说三篇》、《中国近代哲学的革命进程》等,后结集为《冯契文集》;主编《哲学大辞典》、《中国近代哲学史》等。

本文从中西哲学比较的角度,认为中国哲学有如下特点:有悠久的朴素唯物主义和朴素辩证法的传统,像西方近代的机械唯物论哲学,在中国则没有得到充分发展;发端于先秦的名实之辨,是中国哲学逻辑思维能否把握宇宙法则的问题,天人之辨是关于理想人格如何培养的问题,天人、名实之辨贯穿于整个中国哲学史;原子论思想和形式逻辑没有充分发展,是这个哲学的一个弱点,而中国的朴素的辩证逻辑和辩证法自然观却是一个优点;中西哲学各有其特点。

荀易庸记要

李泽厚

一　人的族类特征

荀子或被视为法家，或曰儒法过渡人物，或"很明显地可以看得出百家的影响(郭沫若《十批判书·荀子的批判》，第185页。人民出版社，1954)。然而按传统说法他是儒家，比较起来，仍然更为准确。但因为传统的说法是儒家自己的，便经常突出他与孔孟正统特别是孟子的歧异和对立。其实，荀与孔孟的共同点，其一脉相承处是更为基本和主要的。荀子可说上承孔孟，下接易庸，旁收诸子，开启汉儒，是中国思想史从先秦到汉代的一个关键。

荀子与孔孟一样，是所谓"彼其人者，生乎今之世而志乎古之道，"(《荀子·君道》)的。在政治、经济、文化、思想各方面，荀子实际都大体遵循了孔孟的路线。例如：

"行一不义，杀一无罪，而得天下，仁者不为也。"(《荀子·王霸》)"贤齐则其亲者先贵；能齐则其故者先官。"(《荀子·富国》)虽然加了一定的前提条件("贤齐""能齐")，但仍然主张"亲亲"、"尊尊"。而"行一不义"等语不也见诸孟子么？

"田野什一，关市讥而不征。山林泽梁，以时禁发而不税。"(《荀子·王制》)"轻田野之税，平关市之征，省商贾之数，罕兴力役，无夺农时。"(《荀子·富国》)以及"故家五亩宅百亩田"(《荀子·大略》)等等,也完全可以与孟子"关市讥而不征"、"五亩之宅,树之以桑","无夺农时"相对照(特别是《大略》等篇似乎渗入了不少孟子的思想)。

"天之生民,非为君也;天之立君,以为民也"(同上)"从道不从君"(《荀子·臣道》)等等也可与孟子著名的"民为贵","天与贤则与贤"等相比拟①。

所有这些(还有许多)与孟子同样保持了孔门传统。这个传统就是我已在许多文章中所指出的氏族民主和人道遗风,根源则是远古氏族社会的世袭贵族统治体系。

所以,这些经济政治主张的共同处有一个中心点,这就是"一是以修身为本"。由"修身"而"齐家"而"治国"而"平天下",这正是原始氏族制度所要求于统治者们的必经程序。由自身做起,才可能在本氏族内取得威信,然后才可能去当部落和部落联盟的有威望的首领。所谓"人皆可以为尧舜"(孟),"涂之人皆可以为禹"(荀)等道德原则,其实却曾经是绵延过数千年之久的历史的真实。尽管在春秋战国,这个远古制度早已崩毁无余,但它留给人们思想的印痕、观念和传统却并未磨灭,而由"信而好古"的孔门儒学保存下来,把本是现实社会政治体制变而成意识形态中的伦常道德精神。我以为这正是儒家思想学说的主要特征之一,它对后世的中国文化影响极大,孔孟荀在这方面也是一脉相承的。

但是,时代毕竟大不同了。战国末期,氏族政经制度早已彻底

① 孟荀一致处,郭沫若曾一再指出:"但这见解(指义荣势荣,义辱势辱)又分明是从孟子的天爵人爵之说演变出来的"(《十批判书》第205页),"和孟子一样,在原则上是重视王道的"(同上206页),"和孟子天与贤则与贤,天与子则与子,可以说是异曲同工"(同上214页)等。但郭未指出孔孟荀一致的社会根源。

瓦解,地域性的后期奴隶制国家已经确立。因之,荀子在遵循孔门传统中,也就作了许多变通。例如孔孟只讲"仁义",不大讲兵(打仗),"军旅之事,未之学也"(《论语·卫灵公15·1》);荀子却大议其兵。而议兵中又仍不离仁义:"彼仁者爱人,爱人故恶人之害之也。……彼兵者,所以禁暴除害也,非争夺也",(《荀子·议兵》)。孔孟以"仁义"释"礼",不重"刑政",荀则大讲"刑政",并称"礼"、"法",成为荀学区别于孔孟的基本特色。但是这特色又仍然从属于上述儒家轨道,仍然是"有乱君,无乱国;有治人,无治法"。(《荀子·君道》)。"故械数者,治之流也,非治之原也;君子者,治之原也"(《同上》)。即仍然归结到"得人"、"君子",也就是说仍然归结到从"修身"出发:"请问为国,曰闻修身,未尝闻为国也"(《同上》)。荀子是在新时代条件下的儒家,他不是法家,也不再是像孔孟那样的儒家。这种"不像",也正表现为荀学中的原始民主和人道遗风毕竟大大削减,从而更为明白地呈展出它的阶级统治面目。近代人读《荀子》不如读《孟子》那么使人心神旺畅,其根本原因恐怕也在这里①。荀子的理论是更为条理化,更有逻辑,更具有唯物主义的精神;然而却更少那种打动人的原始人道情感和吸引人的原始民主力量。

　　之所以如此,理论本身的原因则在于,同样是所谓"修身",与孟子大讲"仁义"偏重内在心理的发掘不同,荀子重新强调了外在规范的约束。"礼"本来就是一种外在的规定、约束和要求,孔子以"仁"释"礼",企图为这种古老的外在规范寻求某种心理依据;孟子发展这一线索而成为内在论的人性哲学,而颇不重视礼乐本有的

---

　　①　郭沫若:"我本来是不太喜欢荀子的人,……我之比较推崇孔子和孟轲,是因为他们的思想在各家中是比较富于人民本位的色彩。荀子已经渐从这种中心思想脱离。"(《十批判书》第423—424页)

外在的社会强制性的规范功能。荀子批评孟子"略法先王而不知其统",也即指此而言;即是说,孟子不知道古代的"礼"对社会人群从而也对个体修身所必需具有的客观的纲纪统领作用。在这里,孔孟荀的共同处是,充分注意了作为群体的人类社会的秩序规范(外)与作为个体人性的主观心理结构(内)相互适应这个重大问题,也即是所谓人性论问题。他们的差异处是,孔子只提出仁学的文化心理结构,孟子发展了这个结构中的心理和个体人格价值的方面(仁学结构的第二、第四因素)(同上),它由内而外。荀子则强调发挥了治国平天下的群体秩序规范的方面(第三因素(同上),亦即强调阐解"礼"作为准绳尺度的方面,它由外而内。

　　人所公认,"礼"是荀学的核心观念。"礼"是什么? 其来何自? 在当时已不是很清楚了:"凡礼:事生,饰欢也;送死,饰哀也;祭祀,饰敬也;师旅,饰威也。是百王之所同,古今之所一也,未有知其所由来者也"(《荀子·礼论》)。但是,对这种来源于巫术图腾活动而在当时已沦为装饰的礼仪文饰,荀子却作了自己的理性主义的解释:

　　"礼起于何也? 曰人生而有欲,欲而不得,则不能无求,求而无度量分界,则不能不争。争则乱,乱则穷。先王恶其乱也,故制礼义以分之,以养人之欲,给人之求。使欲必不穷于物,物必不屈于欲,两者相持而长,是礼之所起也"(同上)。"人之生不能无群,群而无分则争,争则乱"(《荀子·富国》)。"故先王案为之制礼义以分之,使有贵贱之等,长幼之差,知愚、能不能之分,皆使人载其事而各得其宜,然后使悫禄多少厚薄之称,是夫群居和一之道也"(《荀子·荣辱》)。在这里,"礼"不再是僵硬规定的形式仪容,也不再是无可解释的传统观念,而被认为是清醒理知的历史产物。即把作为社会等级秩序、统治法规的"礼"溯源和归结为人群维持生存所

20世纪儒学研究大系

必需。在荀子看来，"礼"起于人群之间的分享（首要当然是食物的分享），只有这样才能免于无秩序的争夺。可见，第一，人必须生存在群体之中。第二，既然如此，如果没有一定的规矩尺度来确定各种等差制度，这个群体也就无法维持，而这就是"礼"。有意思的是，现代古人类学家也指出，人性起源于分享食物①。二千年前荀子以对"礼"的理性主义的"群"、"分"来解释人禽区别，应该说是一种非常了不起的见解："今夫狌狌形笑亦二足而毛也，然而君子啜其羹，食其胾。故人之所以为人者，非特以其二足而无毛也，以其有辨也。夫禽兽有父子而无父子之亲，有牝牡而无男女之别，故人道莫不有辨。辨莫大于分，分莫大于礼"（《荀子·非相》）。"水火有气而无生，草木有生而无知，禽兽有知而无义；人有气有生有知亦且有义，故最为天下贵也。力不若牛，走不若马，而牛马为用，何也？曰人能群，彼不能群也。人何以能群？曰分。分何以能行？曰义"②。

总之，"礼"到荀子这里，作为社会法度、规范、秩序，对其原起已经有了高度理知的历史的理解。"礼"这个"贵贱有等，长幼有差，贫富轻重皆有称者"（《荀子·礼论》）的"度量分界"，被视作是"百王之所积"，亦即是久远历史的成果，而并非只是"圣人"独创的意思。

正因为从人类生存这一现实性的根本点出发，荀子把"类"看得比"礼"和"法"更高一层，即所谓"礼者，法之大分，类之纲纪也"。《儒效》篇里说"雅儒"、"大儒"之别在于，前者"其言行已有大法矣，然而明不能齐法教之所不及、闻见之所未至，则知不能类也"；后者

---

①　R. E. Leaker:《Origins》p. 66～p67. London, 1977.

②　《荀子·王制》。严复："(斯宾塞)大阐人伦治化之事，号其学曰群学。群学者何？犹荀卿子言，人之贵于禽兽者，以其能群也。"（《原强》）

则是"……以古持今，以一持万，苟仁义之类也，虽在鸟兽之中若别白黑；倚物怪变，所未尝闻也，所未尝见也，卒然起一方，则举统类而应之"。所谓"类"，就是指生物族类而特别是指人类而言的秩序规则："先祖者，类之本也"（同上）。"类"（统类）是"礼""法"之所以能为"万世则"的根本理由。所以荀子讲"群"、讲"分"、讲"礼""法"，其最高层次是"若夫总方略，齐言行，一统类"。就是说，一切社会秩序和规则（"礼"）乃是人作为特殊族类存在所必需的，从而它们就不是根源于先验的心理或本能的道德，如孟子讲的那样。荀子的"类"具有一种现实性的社会内容。从而荀子的"人道"便不同于孟子的"人道"，它不是先验的内在的道德心理，而是区别人禽族类的外在的社会规范；不是个体自发的善良本性，而是对个体具有强制性质的群体要求。在荀子看来，内在的仁义道德必须通由这种外在的规范才有可能存在。所以，"礼"才是"仁义"的"经纬蹊径"和"人道"准则；"故绳者，直之至；衡者，平之至；规矩者，方圆之至；礼者，人道之极也"（《荀子·礼论》）。

总之，荀子对氏族血缘传统的"礼"赋予了历史的解释，"礼"的传统旧瓶装上了时代新酒。所谓"旧瓶"，是说荀子依然如孔子那样，突出"礼"的基础地位，仍然重视个人的修身、齐家等等。所谓"新酒"，是说这一切都具有了新的内容和含义，它实际已不是从氏族贵族或首领们的个体修养立场出发，而是从进行社会规范的整体统治立场出发。正因为此，它才不再仅仅着眼于个体的仁义孝悌，而是更强调整体的礼法纲纪，并认为前者是服从于后者的，"入孝出悌，人之小行也。上顺下笃，人之中行也。从道不从君，从义不从父，人之大行也。若夫志以礼安，言以类使，则儒道毕矣。虽舜不能加毫末于是矣"（《荀子·子道》）。从而，也就很自然地要"法

20世纪儒学研究大系

后王，一制度"，"隆君权"，主一尊①。荀子失去了氏族传统的民主、人道气息，却赢得了对阶级统治的现实论证，实际上是开创了后世以严格等差级别为统治秩序的专制国家的思想基础。所以谭嗣同要说，"二千年来之学，荀学也。"这种从社会统治整体着眼的理知——历史理论，比起孔孟仍依循氏族传统的情感——心理——道德理论，在当时具有更现实的进步意义。而这，很可能与荀子在齐国吸收了管仲思想（也开始从地域性国家的统治着眼）有关。

也正因为从现实的群体规范秩序出发，荀子才有性恶论。孟子讲"性善"，是指人先验地具有善的道德理性。荀子说"性恶"，是说人必须自觉地用现实社会的秩序规范来努力改造自己，所以说"其善者，伪也"（《荀子·性恶》），是控制、节制、改变自己内在自然性（动物性）的结果。可见"性善""性恶"之争，来源于对社会秩序规范的根源的不同理解：孟子归结于心理的先验，荀子归结于现实的历史；从而前者着重于主观意识的内省修养，后者着重客观现实的人为改造。而荀子的这个客观现实既包括外在的自然，也包括内在的"人性"。所以，同样一个所谓"修身"，孟荀便完全分道扬镳了。

从这里，便逻辑地引向荀学的第二大关键："天人之分"。荀子认为，人要与自然相奋斗，才能生存。因之荀子也就强调刻苦努力，强调人必须"学"。孔子《论语》以"学而"为第一章，荀子也是以"劝学"为首篇。但尽管荀子也以"始乎诵经，终乎读礼"作为"学"的内容和全程，"学"在荀子的解释里，由于上述思想背景，却具有更为广阔的意义。他论证说"为之，人也；舍之，禽兽也"（《荀子·劝

---

① 《荀子·致士》："君者，国之隆也；父者，家之隆也。隆一而治，二而乱，自古及今，未有二隆争重而能长久者。"

学》），"可学而能、可事而成之在人者，谓之伪"（《荀子·性恶》），荀子把"学"与"为"连结了起来，使"劝学"与"性伪"有了内在的联系。这个"学"实质上便已不限于"修身"，而是与整个人类生存的特征——善于利用外物、制造事物以达到自己的目的——有了联系："陶人诞殖而为器，然则器生于工人之伪，非故生于人之性也"（《荀子·性恶》），"假舆马者，非利足也，而致千里；假舟楫者，非能水也，而绝江河。君子生非异也，善假于物也"（《荀子·劝学》）。这不但把孔子"工欲善其事，必先利其器"这一经验之谈提到极为重要的理论高度，而且它成为荀子的整个理论的脊梁骨架，使荀子的"礼论"、"性伪"、"劝学"和"天人之分"由之而构成一个严整的体系。这个严整体系的逻辑基础正是这样：人类（社会）维持自己的生存发展必须组合在一起（"群"）而与自然相奋斗（对付外在的自然），这就产生了"礼"；"礼"是为了"分享""止争"，使群体能够存在和延续而建立起的规范秩序；这秩序正在于克制、改造、约束、节度人的自然欲求（改造内在的人性）；因此要维系这种社会秩序（外）和节度自然欲求（内），就必须"学"，必须"为"，必须"伪"；可见"学""为"对于人便有关系存在的根本意义。这样，"学"、"为"在荀子这里也达到了本体高度。孟子的"学"是"收放心"，回到超越的善的心性本体；荀子的"学"则从"木受绳则直"的外在规范，而可达到"天见其明，地见其光"的宇宙本体。

正是在这基础上，出现了"天人之分"的观念：

君子敬其在己者，而不慕其在天者，是以日进也；小人错在己者，而慕其在天者，是以日退也……（《荀子·天论》）

大天而思之，孰与物畜而制之；从天而颂之，孰与制天命而用之；望时而待之，孰与应时而使之；因物而多之，孰与骋能而化之……（同上）

这已成为人生的颂歌、伟大的名句。它充分表现了人类以自己的力量来赢得生存和发展,从而区别于众多物种之所在。如果说,孟子在中国思想史上最先树立了伟大的个体人格观念;那么,荀子便在中国思想史上最先树立了伟大的人类族类的整体气概。荀子把这种气概提到了与"天地参"的世界观的最高度:

> 天有其时,地有其财,人有其治,夫是之谓能参。(《荀子·天论》)

> 天地者,生之始也;礼义者,治之始也;君子者,礼义之始也。为之,贯之,积重之,致好之者,君子之始也。故天地生君子,君子理天地。君子者,天地之参也……。(《荀子·王制》)

虽然这里讲的是统治者必须努力学习,积极治理,使社会的等级秩序与天地"同理",但它在理论层次上突出了人能主宰万物而与天地并立,无需任何神意干预的奋斗理想。荀子说,"良农不为水旱不耕,良贾不为折阅不市,士君子不为贫穷怠乎道(《荀子·修身》),这正是儒家积极精神的极大发扬。如果说,孟子对孔学的发扬主要在"内圣",那么荀子则主要是"外王"①。"外王"比"内圣"具有更为充分的现实实践品格,也是更为基础的方面。人类的心理、道德是在外在实践活动基础之上才能形成并逐渐内化、凝聚和积淀的。所以,荀子强调的方面,实际是更为根本的一面。而"骐骥一跃,不能十步;驽马十驾,功在不舍。锲而舍之,朽木不折;锲而不舍,金石可镂"(《荀子·劝学》)。这种勤劳坚韧、孜孜不倦、愚公移山式的实践行动精神,不正是中国民族的重要的传统品德吗?

关于荀子的论著已经非常多了,本文以为,在荀子所有的思想观念中,最重要最突出的便是上述这点:即追溯"礼"的起源及其服务于人群秩序的需要,从而认为人必须努力学习,自觉地用社会的

---

① 说"主要"是因为孟也有"外王"的一面,而荀也有"内圣"方面。

规范法度来约束和改造自己,利用和支配自然。

　　这里一个要注意的问题是,人们经常没有足够重视在荀子"制天命而用之"("天人之分")思想中,仍然有着"顺天"的重要内容。在荀子那里,"天"已不是有人格有意志的神,而是无预于人事的自然。"天"既不能主宰人的命运,人也不能依赖天或抱怨"天"。人只有靠自己的努力去顺应和利用"天"的规律而生存发展。所以,一方面荀子说"强本而节用,则天不能贫;善备而动时,则天不能病;修道而不二,则天不能祸;故水旱不能使之饥,寒暑不能使之疾,祅怪不能使之凶……"(《荀子·天论》);但另方面荀子又认为"圣人清其天君,正其天官,备其天养,顺其天政,善其天情,以全其天功"(同上)。一方面"唯圣人为不求知天"(同上);另一方面,"其行曲治,其养曲适,其生不伤,夫是之谓知天"(同上)。即是说,一方面,事在人为,命运非由"天"定(这里实际上已经吸收了墨家许多思想,包括"重力"、"非命"、"疆本"在内),"天"不能主宰人事(这又和墨家不同),所以不必去深究"天"的奥秘,只需弄明人的规律就够了。另方面,人本身及其环境又是自然存在物,有其"天"(自然)的方面,从而如何处理好人的这个方面,即人如何遵循客观自然规律,使"天地官而万物役",也就是"知天",这恰恰又是荀子所非常重视的。

　　可见,荀子讲的"天人之分""制天命而用之",并不排斥而是包含着对自然("天")与人事如何相适应相符合的重视和了解。荀子不求了解和重视与人事无关的自然,而要求了解和重视与人事相关或能用人事控制和改造的自然。而在这相关和改造中,当然就有顺应自然规律的问题。因为如果只讲人为,便会陷入盲动而达不到所期望的目的和效果,所以必须强调遵循客观规律的必要性。因之,与表面现象相反,荀子虽然提出"天人之分",却又仍然有着"天人合一"的思想,只是这种思想不像孟子那样充满了神秘意志或目的主宰等内容罢了。荀子说：

> ……春耕夏耘秋收冬藏，四者不失时，故五谷不绝而百姓
> 有余食也。污池渊沼川泽，谨其时禁，故鱼鳖优多而百姓有余
> 用也；斩伐养长不失其时，故山林不童而百姓有余材也。圣王
> 之用也：上察于天，下错于地，塞备天地之间，加施万物之上。
> （《荀子·王制》）

这里强调三个"不失其时"，也就是要依据客观世界的规律来种植耕作，足见"天人之分"也必须"顺天"。"顺天"（"天人合一"）在这里倒无宁是更为具体和更为现实的。

当然，这就难免带来一些矛盾。特别是关于人性恶的问题。一方面，"性者，天之就也，……不可学不可事而在天者，谓之性"（《荀子·性恶》）；另方面，人必须"化性而起伪"，使"性伪合"。那么，"性出于天"的"天"（自然）到底是善呢还是恶？第二，荀子说："性者，本始材朴也。伪者，文理隆盛也。无性则伪之无所加，无伪则性不能自美。性伪合，然后成圣人之名，一天下之功于是就也"（《荀子·礼论》）。人为的改造活动（"伪"）必须有对象（"性"），这没有问题。问题在于，这种改造（"伪"）又是如何可能的呢？即是说，恶的自然（"性"）又如何可能接受改造呢？王国维曾问："荀子云人之性恶，其善者伪也，然使之能伪者，又何也？"（《静庵文集·论性》）荀子认为这是由于人有心知，再积以学的原故，是由于"心""知"礼义，才能节制情欲。那么，"心"又如何可能知"礼义"呢？荀子似乎没有非常明确的回答。在荀子看来，这固然是由感性到理性的唯物主义学习过程；但另一方面，荀又强调作为理性作用的"心"具有某种先验性："凡以知，人之性也"（《荀子·解蔽》）。因之，人之所以能改造自己、学得"礼义"，就仍有赖于本有的"心知"。荀子说，"礼

以顺人心为本"①。这样,"天""性"的二重性便出现了:一方面是需要加以抗争、反对、改造,克制的自然性("天"),如有害于人群生活的水旱(外在的)、情欲(内在的);另方面又是必须依据、遵循、认识、顺应的自然性("天"),如四时顺序(外在的),心知神明(内在的)②。在大量的具体论证中,后一方面在荀子那里倒常常是更为重要的方面。例如荀子讲究"虚一而静",以达到"心"的"大清明"而认识对象,使人在认识上从而在行为中符合和遵循客观的规律法则("道")。可见,总起来,"天人之分"是指某种主观清醒态度和奋斗精神;要有实效,仍必须"天人合一",即要求以遵循自然规律性为基础。中国"天人合一"思想根源于历史悠久的农业小生产,这使得即使强调"天人之分"的荀子也在根本上不能脱出这个基础。并且,如果说,《老子》的辩证法可能与兵家有关(参阅《孙老韩合说》);那么可否说,荀子这种既强调与天奋争又强调顺天的思想,与古希腊(航海)、近代(工业)不同,是与当时正迅速发展、成熟着的农业相关呢? 荀子是极端重视农业生产的,比起许多其他思想家,他更多地谈及了具体农事。农业生产确乎一方面要讲究工具、积极耕作,并与"天"(自然)相奋争;另方面,而且是主要方面,又要求注意遵循"天"(自然)的客观规律办事。先秦农家面目已不复可知,如果参看后世农家著作,强调"力能胜贫","田者不强,困

---

①　(《荀子·大略》)。陈登原说,"……曰感动善心,又曰心术如水,又曰凡顺人心者皆礼。凡此所言,又与孟子所谓羞恶之心是状之心,毫无二致"(《国史旧闻》,第一分册第281页。中华书局,1958),其实不然,孟子的"心"主要是具有先验道德的"情感心",荀子的"心"主要是包括先验和经验的"认知心",并不包括情感内容。

②　荀子的"心"因为被强调有"君形"作用,似乎也具有某种神秘性,但总起来看,它是指不为各种主观情欲干扰的"心"对外在规律性的认识和把握,仍大不同于孟子,而毋宁吸取了老、墨。

仓不盈"(《齐民要术·序》)"欲善其事,先利其器……,需调习器械,
务令快利"(《齐民要术·杂说》),"观其地势,干湿得所","仰著土
块,并待孟春"(同上)等等,应该说,这些观念与荀子许多思想倒是
颇为接近和类似的。

　　荀子在驳斥墨子限制奢侈消费时,也正是从强调人可以创造
出足够消费的农产品出发的:

　　　　今是土之生五亩也,人善治之,则亩数盈,一岁而再获之,然
　　　　后瓜桃枣李,一本数以盆鼓,然后荤菜百疏以泽量,然后六畜禽兽
　　　　一而刳车……可以相食养者,不可胜数也。(《荀子·富国》)

　　这种一方面强调工具、劳作以利用自然而"养生",同时又十分
注意遵循自然规律、重视天时地利的长久农业实践活动,也许就是
荀子思想的真正根源? 它使荀子在世界观上一方面是唯物论,另
方面又仍是循环论("始则终,终则始,若环之无端"——《荀子·王
制》);在认识论上,一方面强调"虚一而静",要求排除主观成见、情
感的干扰,客观冷静地去认识世界;另方面又仍然排斥一切所谓不
切实际的抽象思辨①,强调认识的经验性和实用性。在前一方面
(冷静理知),荀与老、韩有共同处。其不同在于,老、韩是一种旁观
式的历史智慧,它是无情的。荀子尽管少讲先验道德和心理情感,
却仍然突出了孔门"积善而不忘"的乐观奋斗精神。他斥责"老子
有见于诎不见于信",坚决肯定人类主体的实践力量,强调"与天地
参"的人生理想,它是冷静理知而又乐观积极的。也正是这种对待
自然的积极改造的思想,使传统的"天人合一"观念中原来具有的

---

　　①　荀子坚决反对名家,非常鲜明地表露了他的实用理性,如"夫坚白同
异有厚无厚之察,非不察也,然而君子不辨,止之也"(《修身》),"杀盗非杀人
也,此惑于用名,以乱名者也"(《正名》),"言无用而辨,辨不惠而察,治之大殃
也"(《非十二子》)等等。

宗教神秘性质的情感因素,获得了真正现实的物质实践基石,而为后世许多献身现实改革的仁人志士所承继。这便是荀子的伟大贡献所在。尽管它在哲学理论上还没有得到充分的发展。

从宋明理学到"现代新儒家",都一贯抨击荀子,表彰孟子,并以朱熹王阳明直接孟子,认为这才是值得继承发扬的中国思想史的主流正宗。而三十年来国内的研究则又大都只赞扬表彰荀的唯物论,或则抨击他的尊君尚礼的法家倾向。这些似乎都没抓住荀的要害。孟子固然有其光辉的一面,但如果完全遵循孟子的路线发展下去,儒家很可能早已走进神秘主义和宗教里去了。正是荀子强调人为,并以改造自然的性恶论与孟子追求先验的性善论鲜明对立,才克服和冲淡了这种神秘方向;同时由于尽量吸取了墨家、道家、法家中冷静理知和重实际经验的历史因素,使儒学的重人为、重社会的传统得到了很大的充实,从而把儒家积极乐观的人生理想提高到"与天地参"的世界观的崇高地位。不是神秘、主宰的"天",也不是先验道德的人,而是现实生活活动中的人,由于"积学"而成为万物之长,宇宙之光。正是这一观念,为儒家由孔孟的道德论过渡到易庸的世界观再到汉儒的宇宙论,提供了一个不可或缺的中间环节。荀子说,"凡礼,始乎梲,成乎文……天地以合,日月以明,四时以序,星辰以行,江河以流,万物以昌,好恶以节,喜怒以当……,礼岂不至矣哉(《荀子·礼论》),这实际则已在为董仲舒的天人感应的系统图式作准备。可以说,没有荀子,就没有汉儒;没有汉儒,就很难想象中国文化会是什么样子。所以连痛斥荀子的谭嗣同也说:"荀子生孟子后,倡法后王而尊君统,务反孟子民主之说,嗣同尝斥之为乡愿矣。然荀子究天人之际,多发前人所未发,上可补孟子之阙,下则行于王仲任之一派,此其可非乎?"("致唐佛尘",《中国哲学》,第 4 辑第 424 页,人民出版社,1980)这段话正好指出了两点,一是"究天人之际""多发前人所未发",这就是本文所讲的给传统的"天人合一"思想以客观实践的性格,并提到了世界观的高度;二是它充分地展现了清醒冷静的理性批判态度,这正是张衡、王充(王仲任)、刘禹锡、柳宗元一直到戴震、章太炎之所本;这两点彼此渗透交溶。荀学通过这种具体方式,发展了孔子仁学的实用理性。这种理性仍然不在对自然作实证的科学探究,而是站在对自然采取常识的经验立场上,反对一切超经验的迷信和虚妄。从荀子的"天行有常,不为尧存,不为桀亡","天不为人之恶寒也辍冬,地不为人之恶辽远也辍广"(《荀子·天论》),到王充"何以知其自然也,以天无口目也……今无口目之欲,于物无所求索,夫何为乎","天动不欲以生物而物自生,此则自然也"《论衡·自然》,正是一脉相承的线索。这条线索在中国哲学迈向意志论、目的论或神秘主义时,经常起着重要的抗衡作用。例如,从思孟到董仲舒到汉代谶纬,从魏晋到隋唐,荀子、王充、范缜、刘禹锡、柳宗元等人便分别起了这种重要的理性清醒剂的解毒抗衡作用。这在中国哲学和中国文化心理结构的形成上具有不容低估的地位。

二　儒家世界观的建立

　　关于《易传》时代、来由、各部分的先后关系等等,本文不拟讨论。当然更不拟讨论在来源和实质上与《易传》不同的《易经》。本文采《易传》与荀学有关说①。这种有关也主要是从理论体系的发

---

　　①　郭沫若:"两者(指《荀子·大略篇》与《象下传》)之相类似是很明显的。……《易传》显明地是把荀子的话更展开了。它把他的见解由君臣父子的人伦问题扩展到了天地万物的宇宙观上去了","《系辞传》至少其中的一部分也明明受了荀子的影响,从思想系统上可以见到它们的关系"(《青铜时代·周易之制作时代》第78页,群益出版社,1946)。

展史程来看的。《易传》的最大特点，我以为，便是沿袭了荀学中刚健奋斗的基本精神，舍弃了"天人之分"、"制天命而用之"的具体提法或具体命题，把它们改造为"天行健（或作"天行，乾"），君子以自强不息"，赋予自然以人的品德色彩，提到"一阴一阳之谓道"的形而上学的明确高度，创造性地建构了一个完整的世界观。《易传》终于成为整个儒家最基本和最高的哲学典籍。

　　《易传》明显具有综合儒学各派和《老子》、法家学说的特色，同时与阴阳家大概也有重要关系。它讲的"天"，多指外在自然，与荀子同。但荀子作为外在自然的"天"是与人无关、自身无价值和意义、与人相分的"天"。《易传》则赋予外在自然的"天"以肯定性的价值和意义，并类比于人事，亦即是具有道德甚至情感内容的"天"。如前所述，不同于工业社会，以农业生产为基础的人们，长期习惯于"顺天"，特别是合规律性的四时季候、昼夜寒暑，风调雨顺对生产和生活的巨大作用在人们观念中留有深刻的印痕，使人们对天地自然怀有和产生感激和亲近的情感和观念。《易传》把这种有深厚根基的"天人合一"的传统观念和情感，在荀学的基础上，构造成一种系统，其中最重要的精神正是：

　　　　天地之大德曰生（《易·系辞下》，参阅《荀子》："天地者，生之本也"〔《礼论》〕，"天地者，生之始也"〔《王制》〕）。

　　这已不是荀子外在自然的"天"，但也不是孟子内在主宰的"天"。它是外在的，却又具有道德品格和感情色彩。因为这样，它似乎接近于孟子。但它又并不是如孟子那样从个体的内在心性先验道德论出发，而是以荀子那种广阔的人类外在活动与自然史程出发的。《易传》讲了许多人类历史和宇宙事物的起源演变和发展；从整体说，它更近于荀而不近于孟：

　　　　古者庖牺氏之王天下也，仰则观象于天，俯则观法于地，观鸟兽之文与地之宜，近取诸身，远取诸物，于是始作八卦以

通神明之德,以类万物之情……(《易·系辞下》)

它叙说了所谓庖牺、神农、黄帝、尧舜以来的人类历史的演化,把它们统统与"八卦"联系起来。作为《易经》的八卦,本是用于占卜的概括性的符号,其中包含有远古先民对自然现象和历史经历的经验描述和理解;《易传》却对它们作了哲理性的提升阐释,把人类历史与整个自然的历史相贯串联系起来,予以系统化,这就是《易传》的基本主题:

> 昔者圣人之作易也,幽赞于神明而生蓍,参天两地而倚数,观变于阴阳而立卦,发挥于刚柔而生爻,和顺于道德而理于义,穷理尽性以至于命。

> 昔者圣人之作易也,将以顺性命之理。是以立天之道曰阴与阳,立地之道曰柔与刚,立人之道曰仁与义……(《易·说卦》)

> 有天地然后有万物,有万物然后有男女、有男女然后有夫妇,有夫妇然后有父子,有父子然后有君臣,有君臣然后有上下,有上下然后礼义有所错。(《易·序卦》)

从天地到万物到男女夫妇到伦常礼义,"易"以贯之。原来以往事(《易经》中充满了许多历史故事)来解说未来的巫术占卦,终于在儒家仁学精神洗礼和道家法家的冷静理知力量的从旁刺激下,变成了这样一种既理性又情感的哲理世界观。它是世界观、历史观,同时也是人生观。世界观与人生观合而为一正是中国哲学的特征之一。

它是历史的理性。它客观地记叙了历史的变迁和人道的来由,从男女交配到父子家族,再到君臣礼义,其中还有造舟楫、服牛马、制弓矢、建宫室、立文字等等,都几乎描述为一种自然的史程,其中包括把鬼神、生死、吉凶也都纳入这个图式,成为可理解可解说的一个部分。从而强调宇宙自然与人类存在构成为一个和谐的整体,它本身高于一切。从而也就不再需要别有创造主了[①]:"先天而天弗违……天且弗违,而况于人乎? 而况于鬼神乎?"(《易·乾文言》)尽管《易传》中仍然夹杂着大量的巫术、迷信等不可以理知解释的说明、提法和论断(很可能这与传统流行的以天文星历占卜人事等有关),而就总体实质言,却与荀子无神论思想接近。《易传》说"观天之神道而四时不忒,圣人以神道设教,而天下服矣"(《易·观象》),与荀子神道设想的思想便完全一致。

它是情感的。因为它把"人道"与"天道"、"人生"与"世界","历史"与"自然"合在一起,赋予后者以活跃的生命性质,使本是自然的"天"具有了不断生长的、向前发展的积极乐观的主调,即所谓"日新之谓盛德,生生之谓易"(《易·系辞上》)。这样,就使乐观的人生意识渗入了自然观,终于构成了世界观与人生观相统一的自然——历史哲学。

它之所以是哲学,在于它把"天道"、"地道"、"人道"一统于"乾坤"、"阴阳"、"刚柔"的交感作用,即两种矛盾而又互补着的力量的渗透、推移和运动。以它来解释"八卦",从而解释一切事物:宇宙始源、万物发生、人事规律;既知过去,又卜未来;万物、时空和人事在《易》中似乎具有一种相互牵制而影响着的密切关系。《易传》正是要用这种宇宙普遍秩序("天道")与现有社会秩序("人道")的推演一致和相互肯定,企图包罗万象,一统事物,"范围天地之化而不过,曲成万物而不遗"(同上)。以对自然和历史有某种合规律性的观念,来建构秩序图式。《易传》这一特色,正是吸取道、法,走向秦汉新时代的儒家所追求建立的统一整体的宇宙论的开始:

> 天尊地卑,乾坤定矣。卑高以陈,贵贱位矣。(《易·系辞

[①] Joseph Needham、Dert Bodde 均强调中国哲学无创造主观念是根本特色。这一特色在《易传》世界观中相当明显。参阅本书《试论中国的智慧》

上》,这里明显有对法家思想——如"势"的观念——的吸取)

夫易,圣人所以崇德而广业也,知崇礼卑。崇效天,卑法地,天地设位而易行乎其中矣。成性存存,道义之门。(《易·系辞上》)

是故法象莫大乎天地,变通莫大乎四时,悬象著明莫大乎日月,崇高莫大乎富贵,备物致用,立成器以为天下利,莫大乎圣人……(同上)。

比起《老子》来,《易传》的辩证法有了自觉的系统,即有了一定的顺序次列,不再是分散零碎的了。它是变中的不变。而这种序列图式又是非常明了简捷的。所以"变易"(万物和人世的不断变化)、"不易"(各种卦象作为共同公式的客观规律的确定不移)和"简易"(对其规律的要领掌握)便构成《易》的基本内容。荀子说,"善为易者不占"。"易"到荀子手里或荀子这个时代,已经由占卜转为哲学,由迷信上帝到自我主宰。它已由大量占卜中的共同卦式连系着的各种历史传闻,逐渐提高为具有共同模式的抽象哲理。荀子提出"善言古者必有节于今,善言天者必有征于人,……故坐而言之,起而可设,张而可施行"(《荀子·性恶》),这种"究天人之际,通古今之变",对自然和历史作统一的解释,大概是本之于上古传统(以天象卜人事),而由《易传》从哲学上予以完成,然后到汉代再系统化而大流行的。

包括"天人感应"的观念,在《易传》中便已存在:不仅"天道"作用和影响"人道","人道"也作用和影响"天道"。所以说"言行,君子之所以动天地也,可不慎乎?(《易·系辞上》)也正因为这样,人才能"与天地参","夫大人者与天地合其德,与日月合其明,与四时合其序,与鬼神合其吉凶"(《易·乾文言》)。一方面,人必须顺天之道,循阴阳之理;另方面,"天"(自然)也具有人的品格性能。总之,"天"、"人"在这里连成一气,自然的"天"与意志的"天"在这里完全溶合。从而这就不同于《老子》那种客观宁静、冷眼旁观的无情的"道"(参阅《孙老韩合说》),而充满着人的存在和进取的情感和精神。《老子》是把"人道"上升为"天道",由"德"而"道","人道"反而被动地服从于"天道";《易传》则是从"天道"推演到"人道",但"人道"主动地参与"天道"。《易》原是占卜以决定行动的,其中本就包含有吉凶祸福可以趋避的主动性,而不只是命定的预言而已,所以要强调"知几"、"察微",以获得人事的成功。《易传》把这一特性推上哲理水平,认为"一阴一阳之谓道,继之者善也,成之者性也"《易·系辞上》,由"天"而"人",人应该觉察"天道"、遵循"天道"而发挥其主动作用。这也就是哲学史家们常讲的《老子》贵柔、守雌、尚静的辩证法与《易传》重刚、行健、主动的辩证法的差异。

这种差异如加以具体的分析,可以发现,原因之一是《易传》系统地赋予了"阴阳"这个变化总规则以确定的经验含义。整个《易传》以"阴阳"为中心而展开:"观变于阴阳而立卦,发挥于刚柔而生爻"《易·说卦》,"刚柔者,立本者也"《易·系辞下》。它的具体展现就是乾卦与坤卦,《易传》分别赋予它们以"健""顺"的哲理含义:

> 夫乾,天下之至健也,德行恒易以知险。夫坤,天下之至顺也,德行恒简以知阻(《易·系辞下》)。

许多人都指出乾卦象征太阳(白天)、男性,具有运动、生长、活力、刚强等性质或功能。坤卦象征月亮(夜晚)、女性,具有抚育、接受、柔顺、安宁等性质或功能。《易传》强调的是两者的不可分离,并确定"阳"是主导,"阴"是基础。在主导和基础中更强调前者。乾卦被《易传》认为是首卦。"大哉乾元,万物资始,乃统天"(《易·乾传》);"大哉乾乎,刚健中正,纯粹精也"(《易·乾文言》)。《易》一再这么赞叹"乾",从而在乾坤阴阳这对矛盾构成中,乾、阳便成为推动矛盾发展的动力方面。这也就与《老子》相区别开来了。《老子》只是散漫和并列地揭示了矛盾及其转化,看不出这种转化是如何可能的,即不明确或缺乏转化的动力,而成为静态的;它只是既存现象的静态描述。《易传》则注意了矛盾中的"刚柔相摩、八卦相荡"(《易·系辞上》)的动态过程,从而也就具有演进发展的序列结构(如《序卦》),有建造一个系统图式的观念①,而"阳刚"作为动力的主导地位也就十分突出,与《老子》那种冷静的人生智慧颇为不同。这里,也确有阶级基础的差异,与《老子》对当时正在急剧动荡、变化、变革中的社会持否定态度不同,荀、易都毋宁是为这个新时代作辩护和论证的。《易传》说,"天地革而四时成,汤武革命顺乎天而应乎人,革之时义大矣哉"(《易·革象》);"神农氏没,黄帝尧舜氏作,通其变,使民不倦,神而化之,使民宜之。易穷则变,变则通,通则久,是以自天佑之,吉无不利"(《易·系辞下》)等等,都反映出这一点。时代在进化,变动是好的。比起《老子》来,它有着更多的对未来的历史主义的乐观眺望。而这一点也正是周易的重要精神。后代的改革者们,直到清末的谭嗣同,也仍然需要周易这种理论来进行自己的事业。

与荀子一样,《易传》也尊礼、定分、主治、明罚,如"物畜然后有礼,故受之以履"(《易·序卦》),"履,君子以辨上下,定民志"(《易·履象》),等等,这些也大不同于《老子》反"礼"的立场和态度。

但尽管如此,《易传》与《老子》又仍然有许多共同的基本特征。

第一,两者都是实用理性的辩证法,都直接应用于现实生活、政治斗争和伦常制度,而不是概念的辩证法和纯理论的思辨抽象。它们都有具体经验的要求。例如《易传》说,"往者屈也,来者信也,屈信相感而利生焉。尺蠖之屈,以求信也;龙蛇之蛰,以存身也。精义入神,以致用也"《易·系辞下》。一切往来、屈伸等都是与有利

①　后世以至今日,一些研究者还总想把周《易》弄成一个完备的系统(天文系统、数的系统⋯⋯等等)。

于人,于"致用"相关的。不脱开人事经验而思索矛盾与变化。这与老子是相同的。

第二,都重视和追求事物的均衡、和谐和稳定。《老子》是以守柔、贵雌、主静来达到这一目标,《易传》则以主动、行健、重刚来达到同一目标。但《易传》仍强调"阳刚"必须与"阴柔"适当配合,"刚""柔"必须相济。刚、阳不能过分,否则就要失败、垮台、死亡。"亢龙有悔,盈不可久也"(《易·乾象》);"刚中而柔外,说以利贞,是以顺乎天而应乎人";"乾道变化,各正性命,保合太和,乃利贞"(同上)。"保合太和"也就是求得和谐、均衡和稳定。乾(阳、刚)虽至健但要知险,坤(阴、柔)虽至顺但要知阻。《易传》中相当具体地反复强调了各种困苦艰难的情势、局面、境况,再三叮咛要谦虚谨慎才能存其位。"天地之大德曰生,圣人之大宝曰位,何以守位曰仁,何以聚人曰财,理财正辞,禁民为非曰义"(《易·系辞下》)。应该说,与荀子一样,这正是从新的阶级统治角度概括了自孔子以来的儒学。

总起来看,荀子沿着孔学传统已经吸收了道、墨、法的许多东西,走向广大的外在世界,从天地自然到人间制度;《易传》就将这一外在倾向予以高度哲学化。随后,以董仲舒为代表的儒家,便沿着这一思想发展的逻辑线索,由《易传》的世界观发展而构造成更为复杂细密的宇宙论。

三　天、道、人

熊十力说"《中庸》本演易之书"(《原儒》下卷第一页)。冯友兰也把"易庸"连在一起讲,说"中庸的主要意思与易传的主要意思,有许多相同之处。……他们的中间,有密切的关系"(《新原道》第61页,商务印书馆,1945年版)。但实际上,《易》(均指《易传》)

《庸》很有不同。《易》是世界观,《庸》则将它转为内在论。《易》是由天而人,对外在世界即宇宙、历史、生活作了多方面的论证。《庸》却完全以人的意识修养为中心,主要是对内在人性心灵的形而上的发掘。所以,虽同属儒学正宗,二者在思想倾向上并不一致。也正因为《中庸》主要是内的追求意识,所以从信奉佛教的梁武帝到大讲人性的宋明理学,一直到今日的所谓"现代新儒家",都十分重视它。

如果可以说,《易传》接着荀子,吸收了《老子》"道"的思想,从外在历史眼界建立起天人相通的世界观;那么,也可以说,《中庸》承续孟子①,也吸取了"道"的思想,从内在心性探讨建立了同样的世界观。它的基本特征是将儒学出发点立足地的"修身"赋以世界观的形上基石,提出了"天命之谓性,率性之谓道,修道之谓教"(《中庸·第 1 章》)的总纲领。从而把"人性"提到"天命"高度,进一步把"天"("命")与"人"("性")联结起来,发展了孟子理论。它强调了人性由天赋予,所以普遍必然地是先验的善,人必须努力实现自己的善性("尽性""成己"),这也就是"道"。发愤修养以自觉意识它,便是"教"。

《中庸》撇开了宽广的历史进程,显得拘谨而局促,但它在理论建构的精深紧凑上,却又超过了《易传》。它与《易传》的共同处正在于对道家世界观的吸取改造。儒道两家的差异在一定意义和范围内表现在"天""道"这两个范畴的高低上。在道家,"道"是最高功能和实体,"天法道"(《老子》),"道"高于"天";儒家则相反,"天"高于"道","道之大原出于天,天不变道亦不变"(董仲舒)。儒家之

---

① 本文采《中庸》非子思作应后于孟子的一般观点。

所以能如此,正是通过《易传》《中庸》而确定的①。"道"是无心的,无往而不在;"天"是有心的("生生"、"诚""仁"……),与人亲近而相通。正是《易传》赋予"天"以与人相通的生命、情感;《中庸》则更使"人性"成为"天命",遵循这个"天命"便是"道"。而它们基本共性又都是"不息"。《易传》讲"天行健,君子以自强不息";《中庸》讲"故至诚无息"(《中庸·第26章》);都把儒学重"学"、重"教"、重人为、重修养的内容赋予了自然的"道"和主宰的"天"。《中庸》大讲"博学之,审问之,慎思之,明辨之,笃行之"(《中庸·第20章》)。"人一能之己百之,人十能之己千之,果能此道矣,虽愚必明,虽柔必强"(同上),具体地突出了人为修养的主动性。

可见,在这里,"道"不再是与人无干而成为与人息息相关不可分割的东西。《中庸》强调"道也者,不可须臾离也,可离非道也"(《中庸·第1章》)。这就把老子韩非那种君临万物冷漠无情的客观规律性的"道",化而为与人的每一刻的存在、作为、修养、意识相贯通交溶而合一的"道"。"天道""人道"从而就是一个"道"。这本是儒家传统思想,但《中庸》把它提到了形而上学的世界观高度;正因为此,在这个"天道""人道"相合一、亦即客观世界的规律性与主体存在的目的性相合一的"道"中,人于是就可以"参天地""赞化育",达到所谓"中和"最高境界了。

《中庸》说,"喜怒哀乐之未发谓之中,发而皆中节谓之和。中也者,天下之大本也,和也者,天下之达道也。致中和,天地位焉,万物育焉"(同上)。如果比较一下荀子"曷谓中? 礼义是也"(《荀子·儒效》),便见出两者颇不相同。它与《易传》也很不同,《中庸》讲的这种"天人合一"主要和首先是一种通由个体修养而达到的主

---

①　二程朱熹而后,"天"与"理"合一,成为最高范畴,它表现为"道"(与"器"对待而言),"道"更无自然实体意了。

观精神境界的高扬,与外部物质世界的运动变化关系不大。主观意识的追求在这里是第一性的和本原的。

《中庸》的核心观念是"诚"。孟子讲"诚":"反身而诚,乐莫大焉"(《孟子·尽心上》)。荀子也有大段讲"诚"的话:"君子养心莫善于诚。……天地为大矣,不诚则不能化万物;圣人为知矣,不诚则不能化万民;父子为亲矣,不诚则疏;君上为尊矣,不诚则卑。夫诚者,君子之所守也,而政事之本也。"(《荀子·不苟》)孟从内在心理讲,荀从外在政事讲。《中庸》中,荀、孟两者有所合一,却以孟为根本。

究竟什么是"诚"?

《中庸》说,"诚者,天之道也;诚之者,人之道也"(《中庸·第20章》)。"诚"被首先规定为"天"的根本性质,这一方面可以说是《易传》将自然予以道德化、人情化的沿承;但另方面却又是它的倒转,即由超越而走入内在。从而这里思辨的实际逻辑过程是:先将宇宙本体("天")品德化("诚"),亦即将宇宙以道德本体义,然后又把它作为人性自觉的来源和本质("自诚明谓性"——《中庸·第21章》),人必须努力修养以达到它("自明诚谓之教"——同上)。这样,主观的道德修养("人")与这个客观品德化的宇宙本体("天")、普遍的外在运动("诚者")与独自的内在修养("诚之者")、先验本体与情感心理,就不但变成了一个东西,而且主体内在的道德修养还成为具有决定性的关键环节。从而君臣、父子、夫妇、兄弟、朋友的外在社会伦常秩序("五达道")反过来必须依赖于内在的"知、仁、勇"("三达德")的主观意识修养才能建立和存在。这里由"修身"("知斯三者,则知所以修身"——《中庸·第20章》)而"治国""平天下"的道路便完全失去荀子、《易传》那里的现实形态和性质,而逐渐成为某种"虽圣人亦所不知""所不能"的神秘过程和境界。《中庸》盛赞鬼神,大讲祯兆,说"至诚如神"(《中庸·第24章》),"至诚之道,可以前知"(同上),以及所谓"君子戒慎乎其所不睹,恐惧乎其所不闻,莫见乎隐,莫显乎微,故君子慎其独也"(《中庸·第1章》)等等,这种纯从内在心性来求天人相通,就必然会带上准宗教气息。这些都是孔孟荀易所未曾有,而为后世理学所发扬的。所以它与强调对待外部世界的荀学以及《易传》虽同属儒门,同讲"天人",倾向却大有歧异。不过《中庸》毕竟还不是后世的理学,因为它只是企图将心理原则、个体修养与外在治平统一起来而构成世界观;尽管这种世界观已不同于《易传》的世界观,而是某种内在论,却还没有达到后世理学心性伦理的本体论,虽然已经作了它的先驱。

但秦汉专制帝国所需要的"治国平天下"的哲学,却并不是这种强调主观意识修养的世界观,而毋宁是以论证外在世界(包括自然和社会)为主的宇宙系统论。所以不是孟子、《中庸》而毋宁是荀子、《易传》为这种宇宙系统论铺平了道路。这就是我在《秦汉思想简议》中所讲的问题了。

(原载《文史哲》1985年第1期,选自《中国古代思想史论》,人民出版社,1986年)

李泽厚(1930—　　),著名美学家、哲学家、中国思想史家,生于湖南长沙。1955年毕业于北京大学哲学系,曾任中国社会科学院哲学研究所研究员。在哲学、美学、思想史等领域提出许多创见性概念和学说,如"积淀"说、"西体中用"说、"实用理性"、"乐感文化"等,在学界产生广泛深远的影响。近年又提出"情感本体论"、"巫史传统"等,也引起广泛关注。主要著作有《中国近代思想史论》、《中国古代思想史论》、《中国现代思想史论》、《康有为谭嗣同思想研究》、《批判哲学的批判——康德述评》、《美的历程》、《情感本体论》、《〈论语〉今读》等。

　　本文分三个部分,第一部分论述了荀子以礼为特征的人的族类特征,并充分肯定了荀子在儒学及中国思想史中的地位;第二部分论述了《易传》所构筑的儒家世界观,这是将荀子从天地自然到人间制度的高度哲学化;第三部分则论述了《中庸》继承了孟子从内在心性方面建立了天人相通的世界观。

论康有为的哲学思想

李泽厚

(一)思想体系和哲学基础

康有为的思想产生成熟在19世纪80年代至90年代初,它代表当时封建社会上层进步阶层主要是正兴起的地主资产阶级自由派的意向和主张,它的现实的经济政治要求和利益。同时,康有为的思想也是数千年来封建主义思想体系终于在最后一代封建士大夫们身上分崩瓦解和向资产阶级思想方向蜕化的表现,作为一面镜子,它清晰地照出了晚清这一整代人新旧并陈青黄不接的思想面貌和阶级性格。

康有为的思想是一个较完整的体系。如加以剖解分析,大致可以分为四个方面:第一方面是表现在他的积极的社会政治活动中和《上皇帝书》、《戊戌奏稿》中的变法维新思想。它的主要内容是就当前经济、政治、军事、文化以及社会风习各方面现实生活中的迫切问题,提出了一系列的具体的改革主张、建议、措施和方法,其中要点是要求开放政权,用立宪制度代替封建君主专制制度,通过和缓的改良方法,从上面来进行资产阶级民主改革,发展资本主义工商业。这些要求和建议是直接承继、综合19世纪70至90年代整个改良主义变法思潮而来,是它的最后的政纲政策式的提出和概括。作为行动纲领,这一方面的思想直接服务于当时的变法运动,对康本人和改良派具有最直接的实践意义。康有为在其他方面的思想理论活动和宣传组织活动,大都是服务于这一实践目的和现实政纲的。康氏 90 年代在士大夫知识分子中竭力宣传而弄得满城风雨的"孔子托古改制"的学术理论,其实质也是如此,这种学术活动是为了在理论上论证变法运动的合乎"圣人之道",从而用这个"圣人之道"的旗号在实践上来煽动、争取封建士大夫,要他们在长期传统思想束缚的沉睡中惊醒过来,注意和赞同当前的改良主义变法运动。康有为这种旧瓶新酒的活动,符合了当时时代和其阶级的特点和需要,起了进步的作用。这是康氏思想的第二个方面。康有为思想的第三个方面,是他的"大同"理想。这个理想与其他思想不同的地方,在于它是一个建筑在相当彻底和急进的经济、政治、道德等社会原理原则上的雄伟的社会主义乌托邦,它是中国近代空想社会主义思想发展史上一个突出的重镇;但是,另一方面,它又是与当时现实斗争完全脱节和无关的资产阶级自由主义式的乌托邦,它仅仅是一种完全空悬着的对未来"世界乐园"的启蒙者的乐观的信念和展望。康有为思想第四个方面就是他的哲学观点,这是他的整个思想的基础和出发点,它紧密地与上面三个方面不可分割地渗透联系着而构成了一个相当典型的中国近代资产阶级自由主义改良派的思想体系。

* 　　　　* 　　　　*

康有为这一思想体系的全面构成和完全成熟,是在 1885——1893 年期间,即在他三十岁左右的时候。它的成熟经历了一个复杂的发展过程。这个发展过程是当时先进人物在封建主义正统体系中挣扎苦斗而还不能完全蜕脱出来的过程,它满身带上了新陈交错、半生不熟的斑痕,却具有着很大的时代、阶级的代表性。

出身和生长在一个"世以理学传家"(梁启超:《南海康先生传》)的"名门望族"("至于先生,凡为士人十二代矣")———官僚地主家庭环境,所以能终于突破整套根深蒂固的封建传统思想的圈子,年轻的康有为除依靠从其老师(爱国学者朱九江)那里所学习来的中国历代优秀知识分子那种"经世致用"关怀国事民瘼的现实学风和态度以外,更重要的则仍然是当时客观时代、局势对他的刺激。一贯饱读诗书、在"圣贤正道"的严格教诲下,一个年刚二十余岁的青年的思想中却产生了反传统束缚的现象:

> ……四库要书大义,略知其概,以日埋故纸堆中,泪其灵明,渐厌之。日有新思,思考据家著书满家,如戴东原,究复何用? 因弃之而私心好求安心立命之所。忽绝学捐书,闭门谢友朋,静坐养心。同学大怪之。……静坐时忽见天地万物皆我一体,大放光明,自以为圣人则欣喜而笑,忽思苍生困苦,则闷然而哭……同门见歌哭无常,以为狂而有心疾矣……此楞严所谓飞魔入心,求道迫切,未有归依之时,多如此。……

> 于时舍弃考据帖括之学,专意养心,既念民生艰难,天与我聪明才力拯救之,乃哀物悼世,以经营天下为志,则时时取周礼王制、太平经国书、文献通考、经世文编、天下郡国利病全书、读史方舆纪要……俛读仰思,笔记皆经世纬宙之言,既而得西国近年汇编环游地球新录及西书数种览之,薄游香港览西人宫室之瑰丽,道路之整洁,巡捕之严密,乃始知西人治国有法度不得以古旧之夷狄视之,渐收西学之书,为讲西学之基矣。(《康南海自编年谱》)

由对长期沉浸其中的传统的学术、思想、生活的怀疑和不满足,经过对人生意义的徬徨苦闷和"无所依归",最后终于转到讲求西学,"以经营天下为志",这种思想的巨大波动和变化,并不能单纯地看作偶然的个人主观现象,实际上它不正清晰地体现出那个时代的精神么? 旧的一套已无法应付新局面,生活要求新思想的诞生,人们不能不对那些神圣的经典产生"究复何用"的狐疑了,在传统重压下的士大夫知识青年也不能不逐渐觉醒、徬徨苦闷、"求道心切",来开始寻求新的出路,踏入了对人生和真理的探索和追求中。康有为这种探索和追求,在中法战争猛烈刺激的催生下,终于达到了一个质变点,在八十年代中开始产生了自己对整个世界整个人生的概括的观点和看法,康有为的基本哲学观点诞生了。康有为自己形容说,他这时正"想入非无……合经子之奥言,探儒佛之微旨,参中西之新理,穷天人之赜变,搜合诸教,披析大地,剖析今故,穷察后来,自生物之源,人群之合,诸天之介,众星之世,生生色色之故,大小长短之度,有定无定之理……六通四辟,浩然自得"(《自编年谱》),从而"乃手定大同之制,名曰人类公理"(同上)。

康氏具有了所谓"以元为体"的发展的自然观和"以仁为主"的博爱的人生观,并在这基础上展开了对未来社会理想构图。康有为的哲学观点是他对他当时所了解的自然科学和所看到的社会局势的一种直观的(非经过真正科学的分析了解,因此是笼统模糊的)综合、概括和把握。在他所吸取的来自中外古今、四面八方的错杂的思想原料中,自然科学在其中起了很重要的作用:

> ……于海幢华林读佛典颇多……兼为算学,涉猎西学书,秋冬独居一楼……俛读仰思……所悟日深。因显微镜之万数千倍者,视虱如轮,见蚁如象,而悟大小齐同之理,因电机光线一秒数十万里,而悟久速齐同之理。知至大之外,尚有大者,至小之内,尚包小者,剖一而无尽,吹万而不同,根元气之混仑,推太平之世宙……(《自编年谱》)

此外陆王心学和中国古代的民主思想和乌托邦思想(如《礼运》、《孟子》和明末清初思潮)也占有着重要地位。这些传统思想或在解脱传统封建束缚上(如陆王之反程朱),或在建立新世界观上(如充满辩证观念的佛学),为新时代的思想家所需要。

根据《自编年谱》等材料,可以看出,康有为的基本哲学观点,是其整个思想中最先产生和确定的部分，但是，动荡的时代，却使他不得不走出他的"澹如楼"——哲学沉思的书室，投入现实生活的政治风波中。在"手定大同之制"的后三年，即1888年，康氏第二次到了北京，在这里，时局的危难使他"登高极望，辄有山河人民之感"（《自编年谱》），在当时改良派人士的支持下，"乃发愤上书万言，极言时危，请及时变法"（同上），这就是冒着大风险因而惊动一时的康有为第一次的"布衣上书"。正已酝酿成熟的改良主义变法维新思潮的大旗，就这样为康有为勇敢地接过来，并高高地举起了，思潮在这里转化为实践的行动。从此以后，康有为更积极地进行变法维新运动的鼓吹和组织工作（如讲学，广泛联系士大夫等），正式开始了他的政治活动的生涯。但是，变法维新的思想主张原只是一种很有限度的改良，它与康有为在其"澹如楼"中所构造的雄伟的大同理想还悬着一个大的距离和矛盾，这里就需要一座桥梁把这两者在理论上连结和统一起来。正是在这种体系本身的迫切需要下，也正是在康氏必须把自己的哲学政治观点以合乎士大夫和传统习惯的形式应用在当前形势的要求下，廖季平的反古文经的著作，才会那样迅速地使康氏一见倾心，"尽弃其旧说"（梁启超）而全盘接受了过来。这正象闪电似地启迪了康有为：中国古代公羊三世说正是当时最需要的东西，正是它能够作为一种最好（对改良主义者来说）的历史发展观来贯串康氏的全部思想，调和其中的距离和矛盾（如高大的大同理想与矮小的变法纲领），而把这些思想连成一个完整的体系；正是它恰好可以作为一种最响亮的旗号和名义，以便在士大夫中来抬出自己的这个体系，把它扮成是"孔子微言大义"的"圣人之道"的真传；也正是它能够作为一个最恰当的批判的武器，来进攻摧击旧有的封建神圣观念和经典。在早年，康氏对"公羊三世"的这种巨大功能，并不是这样明确清楚的。在著《人类公理》的前后，康氏还写过后来为自己毁弃的反对公羊学的《何氏纠谬》、《教学通议》等著作。但是,到九十年代,康氏则已完全定"公羊今文学"为正统,强调自己思想是这一传统的光荣的继承者了。康有为用它来教导学生(见《长兴学记》《桂学答问》),抛出了震撼当时整个学术思想界的《新学伪经考》、《孔子改制考》等著作。在这时,康氏的哲学观点,找到了各种明确的形式,具体地渗透贯串了其整个思想体系,与其他方面的观点主张不可分割地直接地联系沾合在一起了。在这时,康氏的整个思想的体系便宣告了最终的构成和成熟。"吾学三十岁已成,此后不复有进,亦不必求进"(《清代学术概论》述康有为语)。从此,康有为的思想也的确没有再进一步。

＊　　　　＊　　　　＊

康有为的哲学思想,从内容说,它是当时传入的自然科学影响和当时初起的中国资产阶级政治、经济要求的表现,从形式说,它是中国古代哲学的继续,是这一古典传统在近代的终结。所以,从内容到形式,从思想到语言,康有为的哲学无处不显示着新旧时代的交替。

康有为以"元"作为世界之本体,《自编年谱》总叙自己的哲学体系时说:

　　……其道以元为体,以阴阳为用。理皆有阴阳,则气之有冷热,力之有拒吸,质之有凝流,形之有方圆,光之有白黑,声之有清浊,体之有雌雄,神之有魂魄,以此八统物理焉。以诸天界,诸星界,地界,身界,魂界,血轮界,统世界焉。(《自编年谱》)

"元",康有为所用的这一概念主要取自董仲舒的哲学。康氏用它表示世界(自然界)的根本、本质和起源。康氏在很多地方说,天地万物从"元"生出:"天地之始,易所谓乾元统天者也。天地阴阳四时鬼神,皆元之分转变化,万物资始也。"(《礼运注》)"孔子系万物而统之元,以立其一;又散元以为天地阴阳五行与人,以之共十,而后万物生焉。此孔子大道之统也。"(《春秋董氏学》)

那末,问题就在于:"元"究竟是甚么呢?

康有为引汉代何休《公羊传注》的话:"元者,气也。无形以起,有形以分,起造天地,天地之始也。"康有为说,"元者,气也"(《万木草堂口说》),"易称大哉乾元乃统天,天地之本,皆运于气。列子谓天地空中之细物,素问谓天为大气举之,何休谓元者气也,易纬谓太初为气之始……"(《春秋董氏学》)

"气"在中国哲学上,一向是作为物质或物质性来了解的。"理""气"先后之争,是中国古代哲学中"断言精神先于自然"还是"把自然看成根本"的两派哲学的斗争。康有为对此表示了相当明确的意见:

> 凡物皆始于气,既有气,然后有理,生人生物者气也。
>
> 有气即有阴阳,其热者为阳,冻者为阴。
>
> 朱子以理在气之前,其说非。(以上《万木草堂口说》抄本,藏北京大学图书馆)气生势,势生道,道生理,……物生象,象生数。(《春秋董氏学》)

此外,关于"无极""太极"等传统论争,康氏也大体采取了与否定"理在气先"的同样态度,否定了无极的存在,反对"无极生太极""无中生有"的观点:"太一者,太极也,即元也"(《中庸注》),"太极以前,无得而言"(《万木草堂口说》),"既知无无,则专以生有为存存"(《年谱》)等等。所以在自然观上,康有为基本上是承继了中国古代气一元论的哲学传统。其中特别是用阴阳五行来理解自然界的产生变化的素朴的观点。

然而,重要的是,康有为站在近代的知识水平上发挥了古代的陈旧说法。康有为是依据他当时所学习到和了解到的西方自然科学知识,来建立其自然观的体系的。应该指出,这一点——对科学的信任和追求就是构成其含有唯物主义因素的自然观的最主要的原因。与当时反动派和愚昧的封建士大夫仇恨嫉恨自然科学相反,康有为、谭嗣同这些当时的先进人物,像冲出蒙昧争着去迎接知识的黎明一样,他们是那样欢欣和坚信地去迎接了第一次打开在他们面前的新奇而雄伟的科学图画。这些真理的追求者,以难以仿效的天真和热情,急急地来把他们一知半解的科学见闻揉杂在自己思想里。因此,来不及作任何真正的了解和融会,在他们哲学自然观上,就出现了一张为他们的空想和幻觉所添增的荒唐的科学漫画。谭嗣同在《仁学》中,康有为在《诸天讲》和《大同书》等著作中,都用尽自己的力量描绘了一幅无始无终,无限广大,"无量数不可思议"的宇宙图画。尽管这些图画荒唐到把"佛教三十三天"(康有为),以及甚么"世界种""世界海"(谭嗣同)与真正的天文科学混淆在一块,因此看来是如此之错误幼稚、粗陋可笑,但这完全合理显示了他们对当时自然科学所解说的作为物质存在的世界的态度:不是没落阶级的怀疑、否定和厌弃,而是对科学发展、对它的无限的认识威力的孩童式的欢乐和拚命的吸取、接受①。所以,在这些启蒙思想家那里,外间世界之作为科学的客观存在的事实是当然的、无庸置疑的,他们常常是最大限度(常常是超过了这种限度,所以变为荒唐和怪想)地利用了当时他们所接受和了解的科学知识来企图解释世界、万物、人体以至智慧精神的存在构造。在充满着"声光电化"的科学名词和中国哲学的古老词汇极不调和的混杂中,我们可以看出他们的这种企图②。从而,中国古代唯物主

---

①　在以后,在二十世纪初期,康梁以及许多以前的先进人物在"欧游"之后,都表示了他们对科学对物质文明的怀疑和否定,这与他们以前的态度是正好相反的。

②　这种情况在孙中山和二十世纪初年革命派那里就告终结,与康、谭等人尽量把自然科学附会、适应和填塞中国古典哲学不同,在革命派他们那里,经验的自然科学开始真正作为他们哲学思想的基础或内容,"元"、"太极"等古典哲学术语只是单纯的外衣了。这种不同取决于时代的不同、两代知识分子科学知识的水平的不同。

义中的作为物质的客观存在的"气"的概念就这样在康有为他们手里被饱饱地填进了化学物理学的科学物质概念——"以太""电""元素"——的内容。近代科学的知识,使他们知道以前看来是奇异神秘的声、光和虚空等等,都是物质或物质的存在形式。这样,就使他们在哲学上也总结出:"天地之间若虚而实……气之于水如水之于泥,故无往而不实也。"(康有为:《春秋董氏学》)谭嗣同所以把当时物理科学的物质概念"以太"作为构成万物的单位的哲学观点,也是这样。在这里,他们并不真正以为外间广漠无垠的世界必须依存于人或人类的主观才存在。他们也并不以为神或人类的主观智慧是无限广大的世界本体或主宰者。相反,康有为在描绘其宇宙图画时就嘲笑过古代"以占验言天":"古言天地相配大谬","以占验为凶灾固大谬"(《诸天讲》①)等等。因为,在他看来,人和人生存在于其上的地球只是太空宇宙(天)中极渺小的一点点,用它来"配"天,来与天相提并论,是极其可笑的,至于封建时代中,人们不理解自然界的科学法则,企图以渺小的人事去比测天,更是一种愚昧。同时,在康有为的早年观点中,连各宗教和教主,包括康所最崇拜的佛教的教主以至孔子,也完全不是世界的创造者,"诸教主生于此微尘地球上称尊,不过比众生蠢蠢稍有智慧耳,诸教主亦一生物,智慧即有限","古教主生在古昔,未有精镜(指望远镜),谈天无有不误"(同上)。

　　一方面与中国古代哲学的发展观(在康有为主要是春秋三世说)相结合,但主要却仍是自然科学的影响所致,康有为、谭嗣同和当时大部分先进思想家都相信和坚持事物发展进化的观点。康有为在自然观点上也坚持着进化发展的观点。《自编年谱》中载其信

----

① 《诸天讲》开始写得很早,成书却晚,其中早晚期思想均有,但大体还一致,基本观点是早期便有的。

证"人由猿猴变出"，这显然是受了十九世纪达尔文进化论的影响。肯定自然和社会的进化发展，是整个近代中国的哲学思想的特色。发展进化观点是康有为整个思想体系的一个主要的理论骨髓。正是康有为首先将改良主义变法维新的政治主张，提高和升华为一种论证发展的历史哲学的系统观点。

　　从上面看来，很清楚，康有为(以及谭嗣同)在自然观上基本上采取了朴素的唯物主义的立场。这种立场是当时时代所赋予这些科学和真理的追求者们的合理的自然的倾向。尽管这种自然观并不能代表其整个哲学体系，尽管在真正哲学问题例如存在与思维的关系等基本问题上，这些思想家们一个一个地都跌倒在唯心主义的陷阱中，在他们的哲学狂热中随时可以听到许多十足的唯心主义、神秘论和宗教的昏话呓语；但仍然不能因之而过分轻视和过低估计了他们这种素朴的唯物主义倾向的科学自然观。特别是自然观在这个时期具有重要意义，它是这个时代的哲学中一个重要环节。正如欧洲文艺复兴时期，自然观在哲学上具有重要意义一样，从中国封建中世纪走出来的第一代人的这种自然科学因素也具有哲学唯物主义的重要含义。康有为这一代人在哲学上与中国古代哲学完全侧重社会伦理问题很不相同，他们恰好把在接受近代科学影响的自然观作为他们哲学的基石，他们都强调从宇宙万物的究竟来谈社会人世和政治伦理。只有深入估计这一点，才能对康、谭等人的唯心主义哲学体系和准泛神论的特色，作出正确的分析和评价。应该看到，康有为他们是承继了中国"气"一元论的传统和形式，加添了他们当时所能了解的近代科学的新内容，而这正是当时哲学思想发展中的一个主要的事实、现象和倾向，也是康有为他们的哲学思想的特点。所以，如果完全忽视或甩开这一区别于以前封建哲学的近代新的基本倾向，把他们在认识论以及其他方面的唯心主义的因素成分夸大和绝对化，作为他们的整个哲学,那就是不全面不准确的。

＊　　　＊　　　＊

与谭嗣同思想的逻辑历程几乎完全一样,康有为同样有着接受自然科学的素朴唯物主义倾向的自然观,同样经由对人类意识问题的庸俗唯物主义和机械论的理解,同样走进唯心主义的迷宫。谭嗣同由"心力＝电"而得出"心力"可以代替"以太",宇宙世界只是"心力"表现的唯心主义;康有为则由"魂知＝电"而陷在"天"(自然)"人"(意识)平行而相互独立的心物二元的尴尬地位。他们的唯心主义体系与唯物主义倾向的交错,又使他们都带着一种准泛神论的色彩,这种色彩又正是康、谭哲学的共同时代阶级特征。作为哲学思想家,谭嗣同比康有为更精深,谭氏哲学内在的唯物主义与唯心主义的矛盾冲突,也发展和呈现得更为深刻和尖锐。但是,如果我们舍弃康、谭二者之间的次要的差异和出入,而作为一种共同的时代思潮的体现者来观察,就可以看出,他们哲学发展的逻辑道路,他们的强处和弱点是多么地一致,是多么近似地反映和表象着一种共同的社会阶级的特点和当时这些先进人们的科学知识水平的特点。所以,任务就不在于摘几段引文来简单地判决他们的哲学体系是唯心主义还是唯物主义,也不仅在于解释和争辩他们的这些体系中是如此这般地矛盾着……,更重要的是,必须论证他们为甚么有这些矛盾,这些矛盾的方面为甚么和怎样地联系、过渡和统一着,它们的内在逻辑关系是怎样的。这样,也才能确定他们的基本倾向到底是甚么,也才能真正充分地看出这些"体系"的出现的时代必然性,看出它们的社会政治意义,这才是科学的哲学史的任务。不然,如果一方面强调谭嗣同的哲学是反动的主观唯心主义,而又同时认为这个反动的主观唯心主义哲学家的哲学政治观点在当时却又有很大的"进步作用",但这两者的必然联系却始终缺乏论证,这就不能令人信服。

谭嗣同下文就要专门讲到,这里仍只谈康有为。但康有为在意识问题方面的观点与谭嗣同却几乎是完全一致的,他们正是同从这个大门而走进"泥坑"的。所以应该注意:这个问题是当时这些"哲学体系"的结构中的一个关键,是各种矛盾和混乱的纽结。

意识和人类意识的问题是古今中外哲学家科学家们的老问题。意识究竟是甚么东西? 它究竟是怎么来的? 它为甚么会是那样的灵明神奇? ……这个问题在历史上有过各种各样的解答。但这些解答中最正确的也不过是作了某些天才的猜测。而康有为他们的答案却不幸是其中最荒唐的一种。本来,在中国古典哲学中也常有认为人类意识精神是一种独立于肉体之外的"精气"的物质存在(与希腊哲学中认为灵魂是"精微的原子"相近似),也承认鬼神之作为一种自然物质现象的存在①,康有为正是因袭和承继着这种观点,而赋以近代科学的附会。但是,这样一来,在古代唯物主义中的这种不甚显著的唯心主义缺陷,就变化、膨胀为一种有害的唯心主义的谬误了。康有为等把精神、意识与物质的"电"等同起来,在他们当时看来,这两个东西是多么近似,都是那么的变化莫测神奇灵通,都是那么的无远弗届贯通一切……,在对神奇的"电"的怪异膜拜中,他们却正好找到了一个对精神的"最好"的注释,找到了一个解决精神问题的荒唐的钥匙。他们欢呼着,电就是精神,精神就是电,这两者基本上是同一种或同一个的东西。"不忍人之心,仁也,电也,以太也","无物无电,无物无神,夫神者,知气也,魂知也"(康有为:《大同书》)。"脑为有形质之电,是电必为无形质之脑"(谭嗣同:《仁学》),"脑气筋为电学之理"(唐才常:《觉

---

① 如张载:"鬼神乃二气之良能""物之初生,气已至而滋息,物生既盈,气日反而游散。至谓之神,以其伸也;反谓之鬼,以其归也"。

冥颠斋内言》)①。认为电与脑与意识精神的类似和等同,几乎是当时这些思想家们普遍一致的看法,这种看法充满在他们的哲学著作中,康有为说:

> 五官百骸肌肤血液,身之体也。魄者,脑气之白团及腰之白肋如块者,周身之脑气筋专司运动微有知觉强厉不化者,知气者,灵魂也,略同电气,物皆有之。而团聚尤灵,而有知,亦曰性。养之久者团聚不散,尤为灵明者,则为精气为神明,亦曰明德,其义一也。盖人之死者,体魄而已,若魂气有知,浮游在上,固未尝死也。(《礼运注》)

这种观点固然一方面是把物质(电)神化了,另一方面它又把神物质化了。一方面使物质的作用带有神秘的精神性质,另一方面又使精神等同于可以计算控制的物质的机械作用和功能。但重要的是,这种观点逻辑地引到这样的结论:意识、精神既近似虚空的电,那末,它便也可以是完全不依赖人类肉体而独立存在的东西。它不过是在一定时期内暂居在人体中罢了。所以,康有为会自然地相信"有魂知无体魄"但具有自然规定性和物质性的鬼神的合法存在,为了对付人民,康氏也常强调鬼神存在的主宰监督作用,使"百众以畏万民以服"(《中庸注》),甚至强调因果报应等陈腐思想;会荒唐地在大同理想里讲求人类专养灵魂以求不生不灭的"仙佛之学"(谭嗣同也认为将来人类可以"发达""进化"到没有体魄专有灵魂的地步)。康有为把人的体魄和灵魂看作是两个互相独立的东西,"魂灵精气与魄质形体合会而后成人"(《礼运注》),"元为万物之本,人(指意识、精神)与天(指物质世界)同本于元,犹

---

　　① 甚至章太炎早年也曾认为"恣其爱行为善之长,是以贵仁也","电也者,渺万物而为言者也,……以是知天地之间非爱恶相攻,则不能集事"(《訄书〈木刻本〉·独圣上》)。

波涛与沤同起于海,人与天实同起也"(《春秋董氏学》)。在康氏许多著作中,都特别强调人为父、母与天"三合而生",形体方面是得自父母(祖、父),而精神智慧则得自"天"(即"元"),"盖性命知觉之生本于天也,人类形体之模本于祖父也。若但生于天,则不定其必为人类形体也,若但生于祖父,则无以有此性命知觉也"(《春秋董氏学》),这就是说,人的体魄与人的灵知是完全可以分开而互不干涉的两回事,它们的起源是平行而相互独立的。"其有知祖父而不知天者,徇形体而忘知气,是谓不智;其有知尊天而弃祖父者,舍传类而忘腹育,是谓不仁"(《中庸注》)。一方面指出人非天不生,人的精神意识不是父母所能给予控制,因而要求人们精神上的平等自由和独立;另一方面指出形体必须依赖父母,因而认为人们仍须遵循一定的人间现有的规范而不要完全舍弃封建秩序伦常……。所以,除了科学知识的局限以外(不了解电、人类意识的真正内容),这种哲学观点更主要的基础是改良主义的社会阶级立场。康有为他们把心物分割开来,把心知从体魄中独立出来,主要就是为了要夸张心知,降低体魄。谭嗣同曾强调"重灵魂舍体魄","吾贵知不贵行"。康有为也说:"心有知者也,体无知者也。物无知而人有知,故人贵于物。知人贵于物,则知心贵于体矣。"(《春秋董氏学》)而他们所以要如此夸张心知,降低体魄,主要是因为他们在现实体魄斗争中的无力与软弱,只好从事追求灵魂的空想,追求神秘的"超度人心"。物质斗争手段的贫乏,便使他们用吹胀精神的方法。谭嗣同说:"轻灭体魄之事,使人人不困于伦常而已矣。"用消灭体魄专任灵魂的方法来消灭体魄所遭受的封建伦常的困苦束缚……,这可说相当典型地表现了他们的这种特色——要求自由而又同时要求避开革命的自由主义。这些自由主义者真诚地希望用"心"来解脱困苦,解放世界。谭嗣同想用宗教的"心力"使万物相通,人我合一,以实现平等自由;康有为则由"电"是"知气"是"仁心"出发,宣布了他的博爱的哲学。康有为认为"电"是"知"(精神意识),"知"即是"仁",是"爱",是"不忍人之心",它们不过是"异名而同实",是一个东西。"有觉知则有吸摄,……不忍者,吸摄之力也。"(《大同书》)〔物质的机械吸引力又被加上了人类精神(知、仁)的性质!〕"其觉知少者,其爱心亦少;其觉知大者,其仁心亦大。……爱与觉之大小多少为比例焉。"(《大同书》)"仁从二人,人道相偶,有吸引之意,即爱力也,实电力也。"(《中庸注》)

在这里,康有为的"元",就直接等同于"知"、"魂"、精神意识了。"夫浩浩元气,起造天地。元者,一物之魂虚也。……无物无神,无物无神。夫神者,知气也,魂知也,精爽也,灵明也,明德也;数者异名而同实。有觉知则有吸摄之力。不忍者,吸摄之力也。故仁智同藏而知为先,仁智同用而仁为贵矣。"(《大同书》)总之,元＝魂＝神＝知＝仁＝不忍人之心＝博爱,它构成宇宙万物的本体。万物皆有接受人的"知——仁——爱力"的可能,"乾坤为父母,万物同胞体,电气流徙无有远迩,莫不通焉"(《中庸》句);而另一方面人是知气之最灵明者,就更应发挥其不忍人之本性——仁——博爱。"仁者在天为生生之理,在人为博爱之德"(《中庸注》),"孔子本仁,最重兼爱"(《春秋董氏学》),"乾为吾父,坤为吾母,人身特天之分气耳。……凡众生繁殖皆吾同气也,必思仁而爱之,使一民一物得其所焉"(《中庸注》)。康氏特别侧重在社会伦理观上,在"不忍人之心"的博爱意义上来规定和解说"仁",谭嗣同则更明确更抽象地把"仁"完全提升为自然规律的哲学本体了:

> 不忍人之心,仁也,电也,以太也,人人皆有之……,一切仁政,皆从不忍之心生,为万化之海,为一切根为一切源,……人道之仁爱,人道之文明,人道之进化,至于太平大同,皆从此

出。(《孟子微》)①

康氏很早便以"日日以救世为心,刻刻以救世为事"(《自编年谱》)的英雄自居,而一再以"广宣教惠""同体饥溺"作为孔子"依于仁"的具体内容来规约教导学生(《长兴学记》),所以,学生们也就干脆把这种哲学观叫做"博爱派的哲学":

> 先生之哲学,博爱派哲学也。先生之论理,以"仁"字为唯一之宗旨,以为世界之所以立,众生之所以生,家国之所以存,礼义之所以起,无一不本于仁,苟无爱力,则乾坤应时而灭矣。……故先生之论政论学,皆发于不忍人之心,人人有不忍人之心,则其救国救天下也,欲己而不能自己。……其哲学之大本,盖在于是。(梁启超:《康南海传》。张伯桢的康传亦有相同的说法)

这确是康氏哲学的一个显著表征。康氏自己对此有许多的概括说明,今录其一如下:

> 盖仁与知皆吾性之德,则己与物皆性之体。物我一体无彼此之界,天人同气无内外之分,水之周于全身,电之遍于长空,……物即己而己即物,天即人而人即天,凡我知之所及即我仁之所及,……以元元为己,以天天为身,以万物为体,……山河大地,皆吾遍现,翠竹黄花,皆我英华。……(《中庸注》)

这里显然可以看出唯心主义的巨大暗影。"如无爱力则乾坤应时而灭","山河大地皆吾遍现",这还不是主观唯心主义? 正是如此。

---

① 《孟子微》《中庸注》写作年代略晚,成于1903年前即改良派尚未全面反动之时(参见本书另文)。与梁启超不同,康这时思想已趋保守,在哲学上亦有反映(如更突出"诚""鬼神""存养"等等),但基本变化不大。认为戊戌变法一失败,康的哲学世界观也就随着来了个根本变化,是不符事实的。何况一般说来,政治思想可以较快变化,哲学世界观体系则相对较稳定。

原来被康氏认为是"气"的"元"，在这里竟完全变成了"己"，变成了主观的"仁知"了。夸张人类主观仁爱的结果，自然会达到这种论调。正因为看到自己现实肉体力量的渺小，就喜欢把自己的精神力量鼓吹得万分巨大。我的体魄在这世界上虽然无力、渺小，但我的精神却是这个世界的创造者主宰者。所以，体魄算不了什么，一切都归结于心灵智慧、博爱慈悲，归结于我们这些救世英雄的心灵智慧、博爱慈悲。唯心主义就常这样有其深刻的社会根源——它反映着改良主义者们的软弱①。

当然，另一方面，爱的哲学固然是他们唯心主义倾向的原因和内容，但毕竟还不是他们的博爱的全部或主要内容。因为他们讲求的博爱，并不全是"超度人心"之类的灵魂空想，它还有许多改革现实生活的实际内容。谭嗣同并不专讲神秘的"心力"，康有为也并不专谈宗教的"超度"，恰好相反，他们讲"心力"、讲佛学，讲神、魂，却总认为这些唯心主义的实体、本体无处不在无物不有，它并不超脱现实以至物质，因之，神与自然、天与人、"心力"、"仁""知"与"气"、讲求佛学超度人心（精神）与变法维新拯救世界（物质）……，才奇异地变成了同一件事情。这就正是他们哲学体系非常突出的准泛神论色彩（参阅本书谭嗣同文）。他们这种"博爱哲学"注意讲求如何用现实方法来"拯民水火"，如何改革社会生活，如何在现实体魄上实现人类的自由平等等问题，康有为说，

> 凡圣人立教，必有根本，老子以天地为不仁，孔子以天地为仁，此宗旨之异处。取仁于天，而仁此为道本，……凡百条理，从此出矣。……大同之治，不独亲其亲，子其子，老有所

① 康有为讲的"博爱"与孙中山讲的"博爱"，其理论根据和阶级基础都是不同的。孙中山是小资产阶级革命民主主义和民粹主义的"博爱"，康有为则是资产阶级自由派的启蒙主义者的"博爱"。

终,壮有所用,鳏寡孤独废疾者有养,则仁参天矣。(《春秋董氏学》)

从韩愈到张载,封建地主与门阀领主不同,曾经宣扬过"博爱之谓仁"、"民吾同胞,物吾与焉"的封建仁政哲学,康有为明显是沿袭了这一传统观念,但把这些传统观念灌注了一种新的资产阶级人本主义和人道主义的实质。正是在这基础上,康有为建立起"去苦求乐"、"天下一家"的大同理想,建立其积极参加政治运动主张变法维新的人生态度。

由推己及人的博爱而至无父无君的大同,这种潜伏着危险性的爱的哲学,激起了反动人物的忧虑和攻击,反动派恐惧多讲仁爱将破坏其"君君臣臣父父子子"的金城汤池,是"引儒入墨""墨氏复炽",而一定要把仁爱归纳包含在"礼"的规约中,而免"谬以毫厘,差以千里":

> ……礼教明而仁在其中矣,……言其体也;爱有差等,……言其用也。舍此而言仁,则墨氏之兼爱,释氏之慈悲,摩西氏之救世主,谬以毫厘,差以千里矣。人人亲其亲长而长,天下之至私实天下之至公,……舍此而言爱则五伦去其四,一以朋友处之,而君臣父子兄弟夫妇之道苦矣。(朱一新:《佩弦斋杂存卷·复王子裳同年》)

在封建主义思想体系内,"仁"与"礼"两者本来是互相调和补充的,但在这里却出现了尖锐的对立和斗争,资产阶级改良派强调"仁",封建正统的卫道者们则坚持"礼"。反理(礼)而主仁(人),是康有为、谭嗣同一派人的基本论点。"仁"在这里被他们提到空前的哲学高度,甚至把它看作是一种不生不灭万古不朽的人类本性、自然规律和世界实体,给它带来了反封建主义的近代资产阶级的自由、平等博爱的内容,它自然为封建卫道者们所敌视。当然,反动派其实也不必过分担心,因为康有为的"博爱"也仍然通过"由近及远"的理论,这在一定范围内保留了"爱有差等"的封建伦理,改良派正是需要通过逐步渐进方式慢慢地解除"理"(礼)的束缚来实现"仁"——"人的本性"。

总而言之,康有为他们在意识对存在的关系这一哲学基本问题上,是完全错误的。从逻辑上看,他们由于不了解意识的本质,把意识与物质混淆等同起来,由庸俗唯物主义而堕入了唯心主义。从阶级意义来看,这明显地反映了这些启蒙思想家的软弱,不是强调通过物质力量(体魄斗争)而是强调用主观心灵来拯救世界。

(二)资产阶级的自然人性论

康有为的博爱哲学是与其人性论相密切联系的。人性善恶问题是中国传统哲学中争论不休的老问题。康有为与封建主义正统思想家的论辩是这个哲学问题的最后一次论辩。在这里,我们又可以看到新旧交替时代的内容和形式问题,又可以看到如马克思主义经典作家所说的还没有学会用新语言表达思想的学生,总是先在有着巨大保守力量的传统中变换花样。所以,不要为下面这些似乎是无穷的烦琐哲学的空谈苦恼,在这些古旧的传统语言中,应看出它的近代的新意义,认出它的近代资产阶级自然人性论的新的光芒。

康有为对待传统人性善恶问题上,宣称自己是告子"性无善恶"理论的信徒。"性者,生之质也,未有善恶。""凡论性之说皆告子是而孟子非。"(《万木草堂口说》)"告子生之谓性,自是确论,与孔子说合。……程子、张子、朱子分性为二,有气质,有义理……盖附会孟子,实则性全是气质,所谓义理,自气质出,不得强分也。"(《长兴学记》)"性是天生,善是人为。"等等。

既然"性"和"善"(这里的"善"是指封建主义规定的伦常道德

的规范准则等等)不是生来就在一起的,既然"性"中本没有先天主宰着的"善","性"只是气质,"义理之性"(即"善")是从属于气质的后天习得,那末,从这里将要得出甚么结论呢?

第一个结论,就是倡人欲反天理,反对封建主义的禁欲主义。谭嗣同从这里建立起他的一整套社会伦理观,猛烈冲击着封建伦常。"天理即在人欲中,无人欲天理亦无从发现"(《仁学》),这是反封建礼教最响亮的道德论。康有为也是在这种人性等于自然的理论上,多方面地论证了人生去苦求乐的正义和合理,肯定发展物质文明的必然和幸福,要求改善人们的苦难生活,要在地上建筑"大同"世界的美满天堂。他强调指出"孔子之道"就是本于"人性","循人之性以为道",而"人性"则"本于天生",这种天性也就是情欲快乐等等人类肉体和精神的需要,而首先还是肉体的要求。"人道无求苦去乐者也"(《大同书》),"普天之下,有生之徒,皆以求乐免苦而已,无他道矣。其在迂其途,假其道,曲折以赴,行苦而不厌者,亦以求乐而已"(同上)。所以,人欲并不是"恶",压制人欲的理则(天理)并不是"善","性"本身才是"善",而"性"本身又却不过是"人欲"——去苦求乐而已。这样,就得出了与封建主义正统思想恰恰完全对立的论点:封建正统认为"恶"(人欲)的,这里却被认为是"善"(人性本身),封建正统认为是"善"(压制人欲)的,在这里却被认为是"恶"(因为这种压抑违反了自然本性的发展)。结论就是:必须争取个性的自由,个人的权利,肯定世俗的欢乐,地上的幸福……。康有为就这样把他所标榜的"孔子之道"建筑在这种自然人性论的基础上:"孔子之道乃天人自然之理","圣人之为道,亦但因民性之所利而利导之,……所以不废声色","凡道民者,因人情所必趋物性所不能遁者,其道必行"(《春秋董氏学》)。"立法创教,令人有乐而无苦,善之善者也,能令人乐多苦少,善而未尽善者也;令人苦多乐少,不善者也"(《大同书》)。如同法国资产阶级唯物主义者从唯物主义感觉论上建立起自然人性论的伦理学一样①，中国自由主义改良派的康有为、谭嗣同的自然观与人性论也被这种思维的必然规律所支配，把人性看作是一个物质性的自然存在与其唯物主义倾向的自然观有逻辑的连系。"性——善"的问题在根本上就是"气——理"的问题，"先性后善"实质上正是"先气后理"的表现形式和逻辑演绎。康有为认为，正如不是先有一个主宰和决定着"气"的"理"一样，也没有一个在"性"之先而决定着"性"的"善"；"理"在"气"中而从属于"气"，就正如"善"在"性"中，"性"本身就是"善"一样②。

但是，封建正统思想家却不是这样想的。他们的观点与康有为的观点正相对立。他们认为，"善"必须在"性"之先，必须主宰节制着"性"，这就正如同"理"必须在"气"之先而主宰节制着"气"一样。反动派也看出了人性问题与世界观问题的联系，他们也把这问题提到哲学根本问题上两条不同路线的高度上来论争：

> 性如茧如卵，亦知丝在茧中，苟无丝何有茧？雏在卵中，苟无雏何有卵乎？卵之不能为丝，茧之不能为雏，理也，惟性之不能为恶亦理也。……性自皆善不可即以性为善，容得谓性之非本善乎？譬诸茧自出丝，卵自出雏，不可即以茧为丝以卵为雏，容得谓茧非起于丝卵非起于雏乎？有雏种而后成卵，有丝种而后成茧，有继善而后成性……天道无不善，则禀乎天以为性者，安有不善？董子但知善出于性，而不知性实出于善……（朱一新：《答康长孺第五书》，见《翼教从编》）

先有丝后有茧，先有雏后有蛋，先有善后有性，作为先天的雏

---

① "照霍尔巴哈看来，……人从对象感受到一些印象，其中有一些使他愉快，有一些使他痛苦，……他把一切使他愉快的叫做善，把一切使他痛苦的叫做恶"（普列汉诺夫：《唯物论史论丛》）。

② 在谭嗣同那里，"以太"与"性"的关系也是这样。

的本质先于蛋并决定主宰着蛋,作为先天的"善"也就先于"性"并决定主宰着性。这个决定"性"的先天的"善"实质上当然就不是别的,正是那个决定"气"的"天道"——"理","善"就是"天道"、"天理"。这个"理"当然实质上又不是别的,就是"礼"——封建主义统治阶级的社会秩序、社会意识。正因为如此,他们才特别强调要求这个"理"——"善"必须来决定和主宰人民大众物质生活的"气"——"性",使"气"——"性"循规蹈矩地从属和服从它们,这就是他们主张"人性善"的本质:

> 惟气有理以为之宰,故性可节……夫性何以节,恃有礼而已。礼也者,理之不可易者也,本于太一,散于万殊,皆所以范其血气心知以渐复乎天命之本……有物必有则,有气质必有义理,有父子必有慈爱,有君臣必有等威,放诸东海而准,放之西海而准……(同上)

一切都很清楚,这位封建主义老儒生所以如此不惮烦地反复和康有为辩论这么枯燥的人性问题,不是别的甚么原故,而只是因为害怕康有为"性无善恶"的理论将破坏封建主义的统治秩序,"将圣人立教之意皆认为矫揉造作而非本乎性之自然,势必至于弃礼蔑义而后止"(《佩弦斋杂存·答某生》)。"弃礼蔑义",在他们看来,便是人们不再用"善"的"天理"来管制自己的"性"和"人欲",当然是使"人欲肆而天理灭"了。所以,总括起来,康有为把"性"与"情""欲"结合起来,认为"性"的本质就是它们,"性"就是这种"气质之性";它们本身无所谓先天道德的善恶,"善"是它们正当的发展,"恶"是阻碍它们的发展。与此对立,封建正统主义把"性"与"情""欲"割裂和对立起来,认为"情""欲"本身多半为"恶",在这种恶的"气质之性"之上必须君临着善的"义理之性",它才是"性"的本质,人们必须应该用它来管制自己的"气质"和情欲,即所谓"人性循此本然之善,乃能穷理以尽性"。而"尽性"者,即尽封建主义之伦常道德也。这也就是所谓"圣人不授权于气质而必以善归诸性"——必须压低"气质之性"的道理。所以，同样说着"人性本善"，同样强调"圣人之道"本于人的"本性"，仍可以清楚地看出了人的"本性"有着两种不同的解说——近代资产阶级人性自然论和封建主义的天理人欲论：一种是把自然的情欲当作"人的本性"，一种是把"天理"的礼义当作"人的本性"。这也正如康有为自己所说，"孔子之道本诸身，人身本有好货好色好乐之欲，圣人不禁，但欲其推以同人，盖孔孟之学在仁，故推之而弥广；朱子之学在义，故敛之而愈啬，而民情实不能绝也"(《孟子微》)，康有为他们这种自然人性论是直接继承明末清初思潮而来，是这一民族思潮在近代的发扬，康有为他们使这一传统真正带上了比较明确的资产阶级的性质。此外，康氏接受佛学和陆王心学的影响，也与此有关。因为陆王心学具有程朱理学的对抗者的身分，佛学也有着反束缚反世俗的特征，两者都着重"心"，都认"心"作"性"。"心"比"理"毕竟有远为丰富的情欲知觉等具体的人类自然实性。"理"是一种逻辑的抽象，"心"却有着肉体的内容。朱熹曾以告子斥责陆象山和佛学，朱熹认为佛学和象山"以心为性，正告子生之谓性之说"。但是，"以心为性""生之谓性"等等中国古典哲学传统中任何对人类自然情欲的肯定的倾向或因素，就正是近代资产阶级所特别需要加以发挥的理论资料；无怪乎封建唯心主义的陆王心学能够在清末的时代思潮中取得比程朱理学远为优越的地位①。自明末清初一直到近

---

①　王阳明哲学中，"心"被区划为"道心"(天理)"人心"(人欲)。"道心"反对"人心"而又须依赖"人心"才能存在，这当中即已蕴藏着破裂其整个体系的必然矛盾。因为"道心"须通过"人心"的知、意、觉来体现，良知即是顺应自然。这样，知、意、觉则已带有人类肉体心理性质而已不是纯粹的逻辑的理了。从这里，必然发展出"天理即在人欲中""理在气中"的唯物主义。

代,进步思潮的一个特色是对社会统治思想的程朱理学的反抗,"理在气先"的唯心主义,专制君主的政治观点,人欲为恶的道德理论……这个束缚心灵压制行动的封建恶魔,是近代人们所最不能忍受的仇敌。近代先进的思想家们几乎一无例外地都对它进行过批判和攻击(以谭嗣同、宋恕为最激烈,康有为是其中较和缓的)。此外,陆王心学以及佛学唯心主义的被欢迎和接受,固与反对封建束缚有关,但与他们夸张主观心知的投合,仍是更主要的原因。这一点我们在上一节中已看得很清楚。

从自然人性论得出来的第二个结论,就是人性平等论。这一结论实际是博爱说和人欲无恶说的推演。这种宣传"仁——博爱"的哲学与宣传平等民权的政治便这样融会贯通自形体系:"推己及人乃孔子立教之本;与民同之,自主平等乃孔子立治之本"(《中庸注》),康的"教"(哲学)与"治"(政治)原来就是这样紧密连在一块的。性的善恶既然不是因为服从或叛离先天的规约准则而决定,那么,它就只能是后天的合理或不合理的发展结果而已。那么,人在自然本质上就当然都是平等而相近的,都有同样的气质、欲求和权利。皇帝与小民,"君子"与"野人",并没有先天的差异和不平等,康有为正是从这里逐渐引申出"天赋人权"类型的资产阶级平等思想:"人人性善(按此性善即自然生性即善,性即善),文王亦不过性善,故文王与人平等相同……,凡人亦可自立为圣人","人人既是天生,则直录于天,人人皆独立而平等"(同上),"人人为天所生,人人皆为天之子,但圣人姑别其名称,独以王者为天之子而庶人为母之子,其实人人皆为天之子"(《春秋董氏学》)。不仅如此,正如认为万物皆有知觉精神与人类只不过有"团聚"与否的量的差异一样,康氏认为就先天来说,人与动物与草木在自然本质上也是相近而一致的:"夫性者,受天命之自然,至顺者也。不独人有之,禽兽有之,草木亦有之。……故孔子曰性相近也。夫相近则平等之谓,故有性无学,人人相等,同是食味,别声被色,无所谓小人,无所谓大人也。有性无学,则人与禽兽相等,同是视听运动,无人禽之别也。"(《长兴学记》)一切的差异都是后天"学"与"不学"而来,并没有先天的智慧、知识和学问。康氏的确常有这种重视后天习得的唯物主义认识论倾向。"物至知至,而后好恶形焉。""物理无穷也,非假到学问,虽生知之圣,亦不能通其名物象数,况其他乎?故以问学为道路也。"他们所以如此,是因为寻找救国真理就必须艰苦认真学习,必须采取"道问学""格物致知"的现实态度,而不可能完全沉溺在以心为天地万物的"致良知"的纯粹主观空想中,陆王心学和佛教唯心主义并不是这些真理追求者的全部哲学。然而,人性善恶的问题因涉及先天与后天、本性与环境的关系,常具有哲学认识论的意义,康有为他们一牵涉到人类意识智慧的问题,便立即在理论上陷入那个不可救药的"知=电"的公式中。尽管在实践和现实中他们无时不指出必须学而后才能知,必须"下学而上达",大力讲求科学等等。

　　封建主义正统思想是反对人性平等物性平等的理论的。在他看来,世上的等级、差异和不平等正是上天的旨意,正是先验规约的体现。礼者,理也。"君子"生来就体现着"天理",就是"善","小人"一出世因为"气质"("人欲")像浊水一样,"天理"大半为"人欲"所"蔽",就多半是"恶"。"君子"和"小人"(实际上,在客观阶级意义上,这就是地主和农民、统治阶级和被统治者),他们所得的"理"因为"气禀"(人欲)不一样,因为受"气质"(人欲)所蔽障不一样,从而在实际上的"性"(天理)就并不相近或平等,至于人和禽兽草木(统治者就正是把具有人欲的人民骂作禽兽的)的"性"当然更不会相近似了。在二程那里,就有"天地之间皆有对,……有善则有恶,君子小人之气常停,不可都生君子"(《遗书》卷十五)的说法。所以,当时的卫道者们痛斥康有为"以平等为相近,以禽兽与人为无别",强调"孟子言犬牛之性与人不同,是人禽之异不因学不学也"(叶德辉:《长兴学记驳议》)。归根结蒂,这个问题的哲学意义仍在于:封建主义反动思想家需要有一个主宰的"善"——"天理"(礼)作为人"性"的本质的存在,"天理"(善)之于君子小人禽兽草木,在实际上所保有的并不一样,因此,人性物性也就不能真正平等:"苟无是理以宰是气,则人物之生浑然一致,而人之性真同犬牛之性矣。"(朱一新:《答康长素第五书》)而改良派却认为人性物性既同样是自然本身,并没有所谓"天理"("善")的"性"是不是为人欲气质所蔽障的问题,那末,每个人的"性"当然就是平等相近的。改良派这种思想固然也是一种在理论上完全谬误的抽象的自然人性论。它完全不懂得所谓"人性"的社会历史性质和阶级性质,把人性归结为一种生理的体质,错误的认为它与"物性""浑然一致"。但是,在绝对的理论意义上来讲是谬误和荒唐的东西,在当时相对的历史意义上可能是进步和必要的。资产阶级自然人性论在反封建的时代里,正是如此。这种在理论上并不正确的思想,在历史上起了反对比它更荒谬的封建主义的人性思想的进步作用。所以,重要的问题还不在这一学说的理论本质的谬误,倒在于康有为不能把这一理论明确地坚持到底,以之来彻底反对封建主义;与此相反,康氏最后却是把它与封建主义旧理论调和妥协起来了。它又一次的显示出康有为所代表的那个社会力量的历史实质——它的改良主义自由派的软弱。

与以谭嗣同为代表的改良派左翼在人性问题上的激烈态度和对封建伦常的光辉的批判不同,康有为从其基本观点出发,不但没有贯串到底,从而得出攻击旧封建纲常礼教的逻辑论断;反而是愈涉及当前的实际,便愈向后倒退。例如,在早年对学生的讲学及在其著作中(例如《大同书》、《万木草堂口说》、《长兴学记》等书中),康氏还能够较大胆地说出自己真正的观点,还能够说出"告子是而孟子非",但是在以后其它特别是注经的著作中(如《中庸注》、《孟子微》等书),康氏就采取了与现实社会及封建经典妥协调和的怯懦态度。这固然是为了利用封建经典进行理论政治宣传活动大注经典,从而只得迁就封建经典的原意(如注解《孟子》当然就不能说《孟子》非),同时(包括注经典的本身)也是迁就当时封建社会的环境。康有为对现实迁就调和的主张和态度浸透了他的整个思想体系,也浸到了他的人性主张中。例如,康有为在《孟子微》(戊戌变法后作)中用相当大的篇章论证了人性善恶的问题。他列举中国古代各派说法的异同而得出一个与早年论点不同的折中主义的庸俗结论:"告子、荀子、董子与孟子实无丝毫之不合。特辩名有殊而要归则一也。"照康氏这里的说法,则性中本来有善恶两种因素,后天若发挥善则为善,发挥恶则为恶。如同丝的本质早已包括在茧中,善的本质也早已包含在性中,善是人循"性之善端"后天扩充而成的,"茧待缲以涫汤而后能为丝,性待渐于教训而后能为善"。归结起来,也就是董仲舒的老话:"性者,天质之朴也;善者,王教之化也。无其质则王教不能化,无王教则质朴不能善。"这虽与程朱封建主义正统的性善论仍有所不同,仍强调了后天教化的因素,但它毕竟逐渐脱离了性无先天外在的善恶、善即是自然人性的立场,承认了性中已先有某种道德规范的"善"的本质的存在,这样也就逐渐会承认性中有某种"义理"的本质而将它与自然气质分开来,结果必然重新又回到封建主义巢臼里,又把"理""气"分开,"性""善"分开,认"性"是"理"("义理之性")"气"("气质之性")两者所组成了。康有为的道路正是这样走的,在《中庸注》中,康氏承认了"义理之性":"性有质性,有德性,德性者,天生我明德之性,附气质之中而昭灵不昧者也……后世称为义理之性,或言灵魂,或言性识……。"在《孟子微》中:

　　然以气言之,则知觉运动,人与物各不异也;以理言之,则仁义礼智之禀,岂物之所得而全哉? 此人之性所以无不善而为万物之灵也。告子不知性之为理而以所谓气者当之,此章之误乃其本根。

魂气之灵则仁,体魄之气则贪。……魂魄常相争,……使魂能制魄则君子,使魄强挟魂则小人。

这与天理人欲论已毫无区别,这几乎完全是其论敌朱一新的论调了。

这种倒退和妥协是其哲学体系的特征。与由唯物主义的自然观走上心物二元的道路息息相联,康有为因为"贵知""轻物","贵心知轻体魄",分开心知与体魄,所以在这里,他也毕竟会把"义理"与"气质"分开来,"善"与"性"分开来,而认"善"("义理")作"魂知","性"("气质")作"体魄",从而又贯串了康有为那个心爱的公式——善＝知＝仁＝电,于是便专讲"魂知""义理",而把"气质""体魄"作为赘物轻蔑地抛在道旁了。这当然便回到了封建唯心主义以"心知"和"义理"为本体的老路。

(三)"公羊三世说"的历史观

装在"公羊三世说"陈旧的套子里,康有为强调发展的历史观是他的思想体系的主要脊梁。因为在以后许多地方我们都将谈到,这里只简单提一下。

中国近代哲学的特色是辩证法观念的丰富。康有为也是如此,这完全是当时时代情况和科学情况的特色的反映。新旧交替的社会变动给人们带来了一幅错综复杂五光十色的社会图景,自然科学也带来了一幅同样新奇怪异五光十色的自然图景。生活在猛烈的动荡,事物在迅速的变易和交替,矛盾在急烈的冲突和发展,原来认为永恒不变的尺度标准现在全不适用了,原来认为固定不移的事物现在分崩瓦解向前变化了，……到底是甚么原故呢？是怎样的规律在决定制约着呢？这一切像一支万花筒似地在人们眼前闪耀炫动着，骚扰着人们的头脑，迫使着当时先进人们在万花撩乱之中尽量地努力去捕捉它，了解它，来刷新自己的观念，使自己的思想能正确反映这种客观环境、客观规律。他们在自然科学和社会生活中看到了以前认为是孤立静止的事物，原来是如此的息息相关互相依赖，是如此的变易不居生生不已，看到了以前认为是固定统一的事物，原来本身是充满着如此尖锐的矛盾和对立，这些矛盾和对立又如此地奇异复杂地相互依存着转化着。更重要的，是他们在这样众多繁复的联系、变易和矛盾中，毕竟看出了相信了一根主要的线——这就是自然和社会必然向前发展的观念。于是，这就与主张"天不变道亦不变"的封建主义的形而上学相对立了。达尔文的进化论等近代自然科学知识和社会生活向前发展（如西方资本主义社会在封建制度前所显出的优越性）的现实，是他们这种观念产生的根源。康有为正是把这种发展观念系统地提出来作为思想骨干来建筑其整个体系的思想家。虽然建筑这个体系所用的砖瓦材料还完全是封建主义哲学的陈旧材料，建筑这个体系的目的，也标榜着是为供养封建圣人而必需的新式庙堂。但是，在这庙堂的道貌岸然的神像中，我们却终于认出了资产阶级自由主义的俏皮的鬼脸。在康有为庄严肃穆、慎重其事的"春秋微言大义"的"公羊三世说"的"圣人心传"中，是对封建主义的真正微言大义的捣乱式的危险的笑脸，康有为所供奉的，是资产阶级化了的封建圣像。

　　康有为的思想体系的最大的本钱，就是他的这个用以威吓人们的新牌的"孔子圣道"——"由据乱而升平而太平"（"由君主而君民共主而民主，由专制而立宪而共和"）的公羊三世的"微言大义"。康有为借着这个"微言大义"提出和表述了自己的资产阶级进化论的社会历史观：

> 人道进化，皆有定位，自族制而为部落，而成国家，由国家
> 而成大统；由独人而渐立酋长，由酋长而渐正君臣，由君主而
> 渐至立宪，由立宪而渐为共和；由独人而渐为夫妇，由夫妇而
> 渐定父子，由父子而兼锡尔类，由锡类而渐为大同，于是复为
> 独人。盖自据乱进为升平，升平进为太平，进化有渐，因革有
> 由，验之万国，莫不同风。……孔子之为春秋，张为三世，……
> 盖推进化之理而为之。（《论语注》）

由这个大义，康有为树立起变法维新活动的理论依据，因为社
会必须由"据乱"进到"升平"，由"君主"进到"君民共主"，由专制进
到"立宪"，而变法改良不就正是为了执行这个"伟大"的历史的使
命，执行这个神圣的孔子的遗言么？这样，就在理论上使变法主张
在封建主义面前立于正义的不败之地。正因为如此，康有为就敢
于举起"孔子改制立教"的大旗，号召摧毁传统的"伪经""新学"以
实现致太平的"孔子真道"。由这个大义，康有为构造出其理想社
会的蓝图，画出了一幅万分美妙的大同太平之世的空想远景……。
康有为装在"公羊三世"旧框子里的历史发展观，在其思想体系中
就起了这样一种基干的作用。同时，也可以看出，这种历史发展观
是与"去苦求乐"的自然人性论密切联系，它的发展首先就是指社
会物质生活的发展，"大同之世"首先是一个物质文明高度发达、科
学文化突飞猛进的时代。标志着这种不同发展阶段的，就是政治
法律制度的差异。康氏在这里，深刻地把"自由""平等"等等看作
了是一定历史阶段和物质生活的必然产物。康有为认为，中国与
欧美以及非澳等地落后国家之不同，只是因为处在不同的社会阶
段上（即"据乱"、"升平"等等），相信它们将必然按照一定的规律和

顺序向前发展①。所以，封建主义中国必须也必然走上欧美资本主义的道路。康氏只是肯定和强调了自然和社会向上的必然发展和进步，但推动这种发展和进步的东西即社会发展的根本动力究竟是甚么，康是完全不知道的，甚至他根本还未明确提出过这个问题，最多只是极为空洞地认为"圣人""考饮食男女之欲，审喜怒哀乐之性"，因而，"推三世至太平"，这就是说，社会的前进只是受人性生理自然要求所推动——这当然只是一种极其贫乏抽象的资产阶级自由派的人本主义②。

康有为这种历史发展观，同时还是一种典型的改良主义的庸俗进化论。这种进化观的特点是对发展中的飞跃、革命、连续性的中断的坚决否认，康有为坚持"循序渐进"："据乱"必须经由"升平"才能到"太平"，"君主专制"必经由"立宪民主"才能到完全的"共和民主"，这就是所谓"三世不能飞跃"的"理论"。康是一贯强调这点的，如说："春秋义分三世，与贤不与子，是太平世；若据乱世则与正不与贤，宣公在据乱世时而行太平世之义，不中乎法，故孔子不取。"（《春秋董氏学》）并且，公羊三世说在康氏手里还是一种狡黠的工具。康氏把"三世"中的每一世又划为"小三世"："每世之中又有三世焉。则据乱亦有乱世之升平太平焉，太平世之始亦有其据乱升平之别。每小三世中又有三世焉。于大三世中又有三世焉。

① 康有为还猜测式地提到了历史发展的曲折的形态，他认为"大同太平之世"在表面现象上有着原始人们平等自由生活的特征，而与有着严格等级制度的现象的"小康升平之世"在表面上完全相反，"太平与据乱（这里所指的据乱是指原始社会）相近而实远，据乱与升平相反而实近"……等等。

② 孙中山提出了"民生"——人民生活为社会发展的动力，这比康有为在理论上大进了一步，并反映了阶级路线的不同。与康有为这种自由主义启蒙思想的人本主义不同，孙中山的人本主义则具有革命民主主义的性质。详本书另文。

故三世而三重之为九世,九世而为三重之为八十一世,展转三重可至无量数,以待世运之变而为进化之法。"(《中庸注》)很清楚,这种进化之法就只能是点点滴滴乌龟爬行式的改良。所以,这种卑屈的发展观一方面固然是宣传了进化,但同时反对了飞跃的进化。在一定条件下(在革命飞跃已出现的情况下),这种发展观必然迅速地转化到它的对立方面,由否定飞跃而根本否定发展、进化,成为革命的阻碍①。

正如承认发展但否定飞跃一样,康有为承认矛盾但否定矛盾的斗争。康认为任何事物一开始就无不具有对立的两面,沿袭着中国传统哲学术语("阴阳"),强调:"天下之物无一不具阴阳者","以阴阳括天下之物理,未有能出其外者,就一身言之,面背为阴阳,就一木言之,枝干为阴阳,就光言之,明暗为阴阳……"。康氏并指出了矛盾的相互依存的同一性:

> ……元与太极太一,不可得而见也,其可见可论者,必为二矣。……周子谓太极动而生阳,动极而静,静极而生阴,……不知生物之始,一形一滋,阴阳并时而著,所谓天道之常,一阴一阳,凡物必有合也,有合为横,互根为从,周子尚未知之也。(《春秋董氏学》)

但是,这种对立同一的结果是调和。在社会历史上,就是用"爱——仁"来泯灭掩盖矛盾和对抗。他们的矛盾、变化、发展的辩证法观念就为这种怯懦的阶级性格所大大冲淡了。与谭嗣同一样,康有为的辩证观念也常常在许多地方(特别是在认识论上)流

---

① 如康有为《答南北美洲诸华侨论中国可行立宪不可行革命书》:"时势之所在,即理之所在,……盖今日由小康而大同,由君主而民主,正当过渡之世,孔子所谓升平之世也。万无一跃超飞之理,凡君专制、立宪、民主三法,必当一一循序行之。若紊其序则必大乱。"等等。

入了"大小齐同""久速齐同"的相对主义和诡辩论。

＊　　　　＊　　　　＊

康有为的思想体系以及作为这个体系的基础的哲学思想，是一种典型的中国近代早期资产阶级改良主义者的意识形态。它在烦琐陈老的旧形式(如讨论的问题、形式、术语等等)中注入了烦扰和激动着当代人心的新内容(反封建主义、反愚昧落后的近代启蒙思想)。一方面，它是中国古典哲学的继承和终结，另一方面它显示了中国近代哲学将要真正开始。

处在一个空前的变易动荡的年代里，处在一个社会政治斗争十分急剧的舞台中，中国近代资产阶级思想家们根本来不及构造出一些具有比较完备系统的理论体系。迫切等待和迎接着他们的是现实的政治斗争，他们的思想只得跟着瞬息万变的社会局势和随时得来的科学知识而矛盾错杂地弯弯曲曲地向前发展着或倒退着。他们的世界观体系不是一个无矛盾的整体，恰好相反，他们常常在不同时期不同方面陷入甚至在逻辑上都是根本冲突不能自圆其说的地步。当康有为认世界本体——"元"是物质的"精气"时，当他描绘其科学的世界图景时，他正走向唯物主义；但当他又认为"元"不过是"心知"，"以元元为己"时，他便陷进了唯心主义。这正如当谭嗣同认"以太"为世界的根元和本质时，他具有唯物主义的倾向，而当他把"以太"完全归结为"心力"时，他便作了唯心主义的归宿。总括起来，可以说，他们在自然观、人性论以及社会历史发展等问题上，反映着资产阶级的经济政治要求，他们大致是采取了素朴的自然科学和进化论的思想立场，其中包含了唯物主义的进步的成分和因素；但在认识论、意识论以及如何改造世界等方面，反映着阶级性格的自由主义的软弱，他们几乎大都是唯心主义者，而连结这两者的理论纽带和逻辑关键则是对人类精神智慧问题在科学影响下的非科学的庸俗了解，从而表现出一种泛神论的近代色彩。所以,在这种种矛盾错杂着互相冲突的内容中,不能简单地给他们挂一个唯物主义或唯心主义的招牌了事,而应该深入具体地去分析揭露其中的各种矛盾,实事求是地在全面的论证中,看出他们的主要倾向。不但要看出他们的这种倾向,而且还应该把它与中国近代先进哲学思想的整个发展倾向联系起来考察。从龚自珍、魏源一直到孙中山、鲁迅(前期),整个中国近代进步哲学思潮,一方面存在着清醒的现实主义和唯物主义成分,而另一方面也一直有着很浓厚的强调心知的唯心主义和神秘论的因素。但是,中国近代先进哲学思想的主要的或基本的总趋势和特点,却是辩证观念的丰富,是对科学和理性的尊重和信任,是对自然和社会的客观规律的努力地寻求和解说,是对以程朱理学为核心的封建主义正统的唯心主义的对抗和斗争,是对黑暗现实要求改变的进步精神和乐观态度……。康有为的思想基本上也是如此。比起谭嗣同,康的"大同"理想和历史进化论比谭是远为深刻博大的,但在哲学的深度上,康则不如谭。比起孙中山那种真正素朴的自然科学的自然观和以革命实践经验为基础(这正是康、谭所没有因而在哲学上走入唯心主义的"心力""仁知"的重要原因)的唯物主义的认识论(知行学说),康当然更为逊色。但是,康有为的思想毕竟是中国的哲学史上一个重要的关键和环节,是近代中国一个思潮的主要代表,深入研究这一思想体系及其哲学基础对于了解中国近代史有重要的意义。

(选自《中国近代思想史论》,人民出版社,1979 年)

　　本文分三部分:一、康有为的思想体系和哲学基础。康的思想有完整的体系,可分四个方面:变法维新思想、孔子托古改制的学术理论、大同理想、哲学观点。其哲学以元为世界本体,认为元是物质的精气,走向唯物主义,当元为心知时就陷入了唯心主义,充满了新旧时代的矛盾。二、资产阶级的自然人性论。康有为博爱的人性思想体现在倡人欲反天理、反对封建主义的禁欲主义、人性平等,但这种思想得出攻击封建纲常礼教的论断,使康越涉及现实问题,越向后倒退。三、公羊三世说的历史观。康以公羊三世说的历史观表述了自己的资产阶级进化论的社会历史观,这也是典型的改良主义的庸俗进化论。

三　分

庞　朴

　　承认对立而又尚中,很自然地,世界便被分成左中右或上中下,分成过去现在和未来。以三分观点观察一切和处理一切,构成儒学的基本方法———三分法。

　　道家也承认对立,但他们向往的是"天地与我并生而万物与我为一"(《庄子·齐物论》),即在主观上消溶对立为一体。法家也承认对立,但他们强调的是"知臣主之异利者王,以为同者劫,与共事者杀"(《韩非子·八经》),即要求确保这种不两立的对立。这也就是说,道家向往一,法家保持二;而儒家则提倡三,有所谓圣人"与天地参","德配天地"(《礼记·经解》)。这是先秦三大学派的一个很有趣的也是很有实际价值和理论意义的差别。从辩证法的角度来比较,向往一的道家,更多地注意于对立的直接同一;保持二的法家,着眼于对立的绝对对立;而提倡三的儒家,倒似乎兼顾及对立和同一,虽仍不能忘情于调和统一。他们在各自的领域内,对于辩证思想的发掘,都做出了贡献;而他们的先后嬗递,又为辩证思想的辩证发展,绘出了一幅生动的画图。儒家由孔子始到荀子终,正好占据了这个过程的首尾两端,一起一合,地位十分重要。

　　世界上的许多古老民族,仿佛都对"三""五"两数发生过特殊兴趣。并在自己的思想文化中刻下这样那样的痕迹。黑格尔的这一段话可以借来代替烦琐的引证:"印度人在他们的观察意识中认识到凡是真实的与自在自为的就包含三个范畴,并且理念的总念是在三个环节中得到完成的。这个对于三位一体的高卓的意识,我们在柏拉图和其他人的思想中也再度看到。"(《哲学史讲演录》第一卷第一四二页)据现有材料推断,我们的祖先商族,大概对"五"的兴趣更大一些;而周族似较喜欢"三"。这或许便是五行和八卦(八卦是二的三次方)最早作为两种体系而分立的缘由。后来周室代商并大力吸收殷人文化,"五"和"三"便结了缘,共同构成中华文化的数字骨架。

"三""五"两数中,"五"之得到青睐,显然是手指、足趾的功劳,并在十进位制中得到巩固,可谓毫无疑问;而"三"的神奇地位之获得,则总是思辨的结果。这在中外文化中,都是一样的。从表现形式来说,中华文化之尚三,又常以尚参尚中的面貌出现,这便和儒家思想大有关系。

"参"字和"三"数,起初并无关系。"参"字始见于金文,作 ,"象参宿三星在人头上,光芒下射之形"(朱芳圃:《金文释丛》);或省去人,作 ;或省光芒,作 。"参"之和"三"挂钩,是后来的事;可是,又比会计体之以"参"为"三"出现的时间要早得多。一般认为,会计体数字始行于西汉;而"参"用如"三",在《左传》《国语》中已非罕见,因而应另有原因。

首先,"参"字之可以作"三",一个显见的原因在于它的造型。参宿凡七星,两颗零等亮星分列头尾对角,为参宿四和参宿七。其一、二、三星(现代所谓猎户座的腰带)虽然只有二等的亮度,却因连列宿中而特别显眼,以至名列前茅,成为本宿的代表。金文"参"字头上的三颗星,以及"参"之借用为"三",当由此来。所以在一些时候,"参"字简单地就等于数词"三",如:

> 君子博学而参省乎已。(《荀子·劝学》)

这个"参省"就是《论语·学而》上说的"吾日三省吾身"。只是这种并非由于会计需要而写"三"作"参"的例子,终究是少数,因为它除了增加笔画外,别无其他实际意义。在更多的场合,"参"字都用在与"三"有关的引申意义上。

一种情况是,以"参"字同时表示"三"数和某种量,成为一个既是数词又是量词的数量词。如:

> 恤民为德,正直为正,正曲为直:参和为仁。(《左传·襄公七年》)。

> 舆人为车,轮崇、车广、衡长,参如一,谓之参称。(《周礼·考工记》)

这里,"参和"是说德、正、直三者之和;"参称"是指轮、车、衡三者的崇、广、长相称。这些"参",不简单是数词三,而且容纳不同的量词于自身,内涵丰富多了。

另一些时候,"参"也用来表示第三和并列而三,即表示出时间和空间的关系来。如"参乘"就是车主和御夫以外的第三者;"名参天地""与日月参光",则是与天地或日月鼎立的意思。

有趣的是,这个第三和并列而三者,有时又常不在一、二之外独立自在,而是依存于一、二之中;当人们说到三件物事时,第三者未必真实出场,前两者便充当了"三"的代表。例如,有一种天文仪器叫"参表",有个地方以它为例说:

> 上惠其道,下敦其业,上下相希,若望参表,则邪者可知也。(《管子·君臣上》)

这种"参表",并无三根表,只是两根表,外加所望的太阳在内,三点成线,故而有了"参"。《管子》将"上下相希"比如"望参表",也因为"上""下"两者相望,却能望出一个第三者——"邪者"来。

与此类似的,还可举两个有趣的例子。一个叫"尧舜参牟子"(《荀子·非相》)。一些注《荀子》的人说,"参牟子"就是三个瞳孔。这比"舜目重瞳"之说,更难令人置信。看来"参牟子"应该像上述

"参表"一样,实存的还是两眸子,第三者是虚的,它是一颗存在于两眼之中而非实在的第三只慧眼,它可以洞察一切,见常人之不见、察现象之本质等等。

另一例叫"禹耳参漏",见于《淮南子·修务》和《潜夫论》。一些注者以为"参漏"即"三孔穴"。不论是两耳各有三孔还是共有三孔,恐怕都不可能,亦非论者原意。看来它也和"参表"一样,实际上只有两个漏,第三漏是虚的,存在于这两个漏的存在之中。后来说的"兼听则明",由"兼"而得"明",同这里的由两漏而得第三漏的说法,正相一致;只是一个抽象,一个形象罢了。

这些"参表""参牟子""参漏"所说的"参",都不是独立自在的三,而是依存于一、二之中的三,它不是一个简单的数字之三,而是辩证之三,所以写作"参"。这个"参",是儒家辩证法所追求的一种境界,一种修养的境界,也是解决一切疑难的办法。《荀子·大略》篇说:

> 是非疑,则度之以远事,验之以近物,参之以平心。

这是说的决疑法。"度之""验之""参之",仿佛是三个同等的动作;"远事""近物""平心",仿佛是三个同位的要素。其实不然。这里的"平心",系指对待"远事"、"近物"乃至一切客观实际存在的对立应该持平,应该保持一种客观的、公平的精神状态,并非以内"心"与"远事""近物"鼎立。所谓"参之以平心",是说要从"远事""近物"这种导致疑意引起蔽塞的对立中,以平心得出一个第三者来。

因为儒家认为,任何一隅之见,都是偏见,即所谓"一曲"(《荀子·解蔽》),它可以蔽塞人心,不得真知。有一隅就意味着有另一隅与之对立,这另一隅也同样是"一曲",所谓:

> 欲为蔽,恶为蔽;始为蔽,终为蔽;远为蔽,近为蔽;博为蔽,浅为蔽;古为蔽,今为蔽;凡万物异则莫不相为蔽,此心术

之公患也。(《荀子·解蔽》)

要想避免和克服这种公患，只有一个办法：

> 圣人知心术之患，见蔽塞之祸，故无欲无恶，无始无终，无近无远，无博无浅，无古无今，兼陈万物而中悬衡焉，是故众异不得相蔽以乱其伦也。(同上)

所谓"兼陈万物而中悬衡"，主要就是兼陈对立两端而参之以平心，即从对立相较中取舍各端之优劣，裁决出一个第三者来；那时候，蔽塞之患便不复存在，而真理也就得到了。孔子说的"攻乎异端，斯害也已"(《论语·为政》)，也正是这个意思。

因此，这样的"参"，便不是独立自在的第三者，更准确地说，它只是一种动作，究其特点，大体包括：1.动作的对象有两个，"欲恶""始终""近远"等等；2.就这两个对象互相比较誉应，取长补短，便是动作的本身；3.由此得出一个既不同于原对象，又不离于原对象的结果来，它高于原对象，比它更深刻地捉住了事物的真相。

因此，简略地说，这个"参"，就是"二生三"。在通常情况下，它总是突出"二生"这一点，动作本身仿佛就是一切，那结果的第三者，倒往往不在计议之中。因为必先有"二"，始得相互比较而生"三"；有了"二"，"三"便在不言之中，有了"二"，"三"便可以参验而出，"举杯邀明月，对影成三人"。没有"二"，或者客观中有"二"而未能找到，那"三"便只能是蓬莱三岛，真是"山在虚无缥缈中"了。

所以，这一类的"参"，慢慢变得与"三"没有什么形式上的联系，而只与"二"往还了。如：

> (何武)疾朋党。问文吏必于儒者，问儒者必于文吏，以相参验。(《汉书·何武传》)

所谓"以相参验"，就是以儒者之见与文吏之见来互相校核。这个动作当然预期着一个非此非彼、亦此亦彼的第三种见解，这是它所以谓之"参"验而不谓之别的什么"验"的根源。但是,第三者的痕迹在这里是十分暗淡的;"以相参验"所强调的,分明只是二者的互验,是这种互验的动作,而不提结果。所以,有的地方,干脆称这种"参"为"参贰"如:

> 鸿知所言,参贰经传。(《论衡·案书》)
>
> 予参贰国政。(范仲淹:《邠州建学记》)

"参贰"的完整意思,是说对第一者提出一个二,即对立者,以供得出三。这里,"经传"或"国政"是"一","鸿知"或"予"提出一个"二",供博雅君子或决策者去"参",即得出"三"来。这也正是老子所说的"一生二,二生三"。有了与"一"正相对立的"二",虽不直接提出"三"来,"三"也便在其中,呼之欲出了。这是一种进言的艺术,也是一种引而不发的辩证方法。

需要强调指出的是,这个所谓"二",不是任意一个别物,而是与"一"正相对立的别物,黑格尔所谓的"自身之别物",这一点至为关键。仅仅存在差异而并非正相对立的两物,不能暴露此类事物的全部矛盾,不能概括此类事物的全部本质,因而也得不出一个更为完整的"参"来,收不到"参"的效果,解决不了前进一步的要求。古训有所谓"顽贪以疑,疑意以两,平两以参"(《逸周书·常训》)者,说的就是这个意思。而大凡明哲之士的明智之举,多能自觉地去发现对立乃至树立对立,以使自己由"一"通过"二"而进至"三",以收"参"的效果,达到更高的境界。如:

> 西门豹为邺令,而辞乎魏文侯。文侯曰:子往矣,必就子之功,而成子之名。西门豹曰:敢问就功成名亦有术乎? 文侯曰:有之。夫乡邑老者而先受坐之;士子入,而问其贤良之士而师事之;求其好掩人之美而扬人之丑者而参验之。(《战国策·魏策一》)

"乡邑老者"和"贤良之士"大体上是值得信任的,但终难免于一曲。

为能做到有可参验,不惜寻求"好掩人之美而扬人之丑"的人,即存心去寻找对立面。没有这个"二",便生不出"三"来,得不到"参验"。再如:

> 卫嗣君重如耳(人名),爱世姬,而恐其皆因爱重以壅己也,乃贵薄疑(人名)以敌如耳,尊魏姬以耦世姬。曰:以是相参也。(《韩非子·内储说上》)

这个叙述特别用了"敌"字"耦"字,都是正相对立的意思。给宠爱的人设立对立面,使一成了二,结论不是"以是相贰也",不是为二而二,不是自陷于二,而是"以是相参",以二求三。

一切带"参"字的动词,本来都是这个意思,如参考、参校、参议、参稽、参观、参验、参预、参加……,都是要求就原先的"一",加入一个正相对立的"二",以使矛盾暴露,本质显现,从而得到一个更好的"三"。所谓"君所谓可,而有否焉;臣献其否,以成其可。君所谓否,而有可焉;臣献其可,以去其否"(《左传·昭公二十年》晏子曰);并非察颜观色,随声附和,便得谓之参议、参预的。

儒家相信,这种不即又不离于二的第三者,并非别自一物,而正好便是对立二者的调和、折衷与统一。他们确认,一曲是不好的、不真的;对立实即各执一端,更是双倍的一曲。纵然此方得以在一定条件下超过彼方,或彼方在另一条件下胜过此方,都免不了一曲之陋。只有二者长短互补,彼此优劣相和,方是最佳状态。故有所谓:

> 子曰:质胜文则野,文胜质则史;文质彬彬,然后君子。(《论语·雍也》)

彬彬的状态,就是文质二者优点之和,它可以看做亦 A 亦 B,也可以说是不 A 不 B,更准确点说,它是参,是免除了文之史和质之野、兼收了文之华和质之实的第三者、中间者,也是文化修养上的最佳状态。又如:

> 子曰:不得中行而与之,必也狂狷乎! 狂者进取,狷者有
> 所不为也。(《论语·子路》)

这是说的品格,性狂者急于进取,性狷者滞于不为,各流于一偏。调和二者使得中行,也就是用中,或者叫中庸。从这里可以看得清楚,中行或中庸,就是第三者,就是参。

不仅中行或中庸是参,儒家还相信,整个儒家学说,正是一个参。孟子说过:

> 逃墨必归于杨,逃杨必归于儒。归,斯受之而已矣。今之与
> 杨墨辩者,如追放豚,既入其苙,又从而招之。(《孟子·尽心下》)

墨氏兼爱,杨氏为我,构成正相对立的两派。"逃墨必归于杨",从一个极端走向另一极端,这是事物发展的一般情景,也是学说史的一般情景。由于史料阙失,我们未必能以指出某谁逃墨归杨的例证;但可相信,孟子这话绝非无的之矢。"逃杨必归于儒",这位逃者或这批逃者不必正是上次的逃者,从整个学说史的发展来说,总的趋势理应如此。从兼爱之不得实行而转向为我,这是逃墨归杨;而为我的彻底推行又将使社会崩裂,下一步,势必向中间摆动,或者说,兼采二家之长;这便是逃杨归儒。在这里,儒家是个第三者,也可看成是二家之参。虽然从具体历史来说,儒家出现于墨杨之前,是儒家的仁爱诱发了墨家的兼爱,不是相反;但我们不要忘记,儒家到孟子呈现中兴,确立了仁义并举的体系,则显系在墨杨之后,参照了二家的短长所致。孟子以通天教主自命,不愿说出也不能说出这个史实,但终究还是说出了"归,斯受之而已矣"的话。这句话,与其看成是叮嘱弟子们宽宏大量,不如看成是儒学至此又容纳了新的内容,更为符合真实一些,也符合这个真实在孟子头脑中的曲折反映。所以孟子又反复告诫弟子,对杨墨要能兼收并蓄,不要像追放豚那样,关进圈里,再把它捆上;因为他们必然趋向于儒,不会再跑了。

由此，我们很容易会想起孔子的一个类似论断，叫做"齐一变，至于鲁；鲁一变，至于道"(《论语·雍也》)。据说齐政"尊贤上功"，鲁政"亲亲上恩"，这是正相对立的两极。孔子认为逃齐必归于鲁；但鲁的单纯亲亲也不是最好的办法，最终只有走向在亲亲中贯彻尚贤之一途，即兼采两国之得，这便是逃鲁必归于道。

由以上诸端可以看出，"参"的状态，不简单是一个第三者，而是二者之"中"；也不简单是鼎立之三，而是最佳状态。儒家自认为他们的学说正是这样一个最佳的中道。

这样，我们就又接触到了上一章中已多少碰到过的问题，即儒家所理解的最佳，并不是常人所理解的最上乘，或理论上可能想象的最上乘。所谓"参"的状态，实际上只是眼下可行的最佳状态，从而也是真实的最佳状态，乃至绝对的最佳状态，这便是中庸的庸字所包含的意思。如下一段名言，可以证明这个推论：

> 子贡曰：如有博施于民而能济众，何如？可谓仁乎？子曰：何事于仁，必也圣乎！尧舜其犹病诸！夫仁者己欲立而立人，己欲达而达人。(《论语·雍也》)

子贡所想象的这个"博施于民而能济众"全无一己之私的境界，只是一种理论上的最佳状态，是政治上的一种极项，做为一个虚悬的目标，当作口号来喊喊，或许是可以的，事实上连尧舜都难以做到。汲汲用世的儒家，不愿拿这种空头作为自己的行动纲领。当然相反的另一极，残贼民众，聚敛自肥，或知道无济于事而不为，也是要不得的。真实可行的，只是一种中间状态，就是既立己又立人，既达己又达人；为了立己、达己而立人、达人，这就叫仁。但即使是这种仁，虽然真实可行，却并非既已存在；虽是大多数人都能达到的，却并非大多数人都已理解并能笃行不移的。从这样一个现实考虑出发，这种中间状态，也就成了最佳状态。

孔子甚至认为他自己就是一个中等的人：

子曰:三人行,必有我师焉:择其善者而从之,其不善者而改之。(《论语·述而》)

只要三人相聚,必有善于我者和不善于我者,比较而言,我则居中。这里当然不限于人品或才能的整个评价;在某些点上,总会发现有善于自己的人和不善于自己的人,自己总是处于中游。另外,"三人行"也不必在数量上刚好三个,"凡有人群的地方,都有左中右"(毛泽东语),人群都可按某个标准一分为三,而中间往往是大量。这大概便是儒家思想的社会基础之所在。

据说孔门弟子也是一分为三,有过有不及。孔子的办法是因材施教,损有余,补不足,务期于中。后来的儒书上,常常以子贡作为过的典型,子路作为不及的典型,颜渊作为中的典型,形象化地演说儒学的奥义。如:

子路入。子曰:由,知(智)者若何? 仁者若何? 子路对曰:知者使人知己,仁者使人爱己。子曰:可谓士矣。

子贡入。子曰:赐,知者若何? 仁者若何? 子贡对曰:知者知人,仁者爱人。子曰:可谓士君子矣。

颜渊入。子曰:回,知者若何? 仁者若何? 颜渊对曰:知者自知,仁者自爱。子曰:可谓明君子矣。[1] (《荀子·子道》)

这里是一份三位学生对同一口试题目的不同答案和不同评语的记录,即使出于后人想象或追记,并未失事实真相,至少也未失儒家思想的真谛。这三位典型提出了三种智仁观。子路不求进取,只知道要求别人知己爱己;子贡正巧相反,主张自己去知爱别人,无

---

[1]　子路、子贡、颜渊三分法,习见于汉初的《韩诗外传》,《淮南子·人间训》也有一条。《荀子·子道》如果时间在前,应该是作俑者。不过它们又都脱胎于《庄子·让王》的"孔子穷于陈蔡"和《论语·公冶长》的"颜渊季路侍"各章。

我无私;而孔子亦曾为之自愧不如的颜渊,则取了中道,他强调自知自爱。在实际生活中,大概唯有自知,才能不带主观成见,准确地知人,并博得别人知己;唯有自爱,才能摆脱主观好恶,忠诚地爱人,并换得别人爱己。这正是子路、子贡所片面追求而不可求得的效果。把这一些话换成我们前已证明了的话来说,子路想的只是"己欲立""己欲达",子贡想的只是"立人""达人";而颜渊的"自知""自爱",则包含欲立欲达与立人达人于自身,是二者的有机综合,是目的与手段的高度统一,它本身不复再是目的或手段,只因它已包有它们于自身,它是智仁的自我完成。从这一点来看,颜渊的答案,是最完满的,是对智仁的最好解释,所以孔子许之为"明"。"明"在儒家经典中,是一种切实而又难能的品德。

但是我们都还记得,子贡所答的"知者知人,仁者爱人",曾是孔子的原话,孔子在一次回答樊迟问仁智时正是如此说的(见《论语·颜渊》)。为什么子贡袭用了这些答案却未得到满分呢? 这里有无因材施教的方法在运用着,暂且不论;我们至少可以看出,这种无我的智仁观,大概有如"博施于民而能济众"一样,只有理论上的价值,而在实际上是"尧舜其犹病诸"的。所以,倒是颜渊所答的那种作为正反之合的答案,反而成了最佳定义了。

与此类似的例子还有:

> 或曰:"以德报怨如何?"子曰:"何以报德? 以直报怨,以德报德。"(《论语·宪问》)

以德报怨,当然是了不起的宽弘大量,但多半只是说说而已,推行起来至为困难。反过来,以怨报德,那将成为小人,也不行。唯一真正可行的,恰在二者之中,即以德报德,以怨(直,值也)报怨,以眼还眼,以牙还牙。这种做法,看上去不那样高尚,讲起来也不怎么堂皇,但却是人人可行、人人应行的正道。

只是孔子已经遗憾地发现,这个正道,这种以参和之中为最佳状态的真理,总是不能为常人准确领悟;上焉者追求过高,下焉者所见过低,以至于本来并无多少玄妙的儒家之道,竟然到处碰起壁来:

> 道之不行也,我知之矣:知者过之,愚者不及也。道之不明也,我知之矣:贤者过之,不肖者不及也。人莫不饮食也,鲜能知味也。(《礼记·中庸》)

我们在这里不去讨论这席话是否真是孔子言论的实录,至少可以当做儒家思想来对待。这里把人分成三等:智者贤者,愚者不肖者,以及介乎二者之间的不智不贤不愚不不肖者。这后一等人,应该就是上述的"中行"之人。三等人各有自己的"道",或过或不及;只有中行之人的中庸之道,为每一个人所普遍实行着,正如"人莫不饮食"一样。只不过上下两等人食而不知其味,倒是中行之人最懂得人生和宇宙的真理;于是,相比起来,智者反而不智、贤者反而不贤,中行之人反而成了大智大贤了。与此相应,过于中庸之道的高调,实际上并不为高,而有如"人莫不饮食"一般的中庸之道,倒由于人人无可逃脱而真正高了起来。

这样,我们可以说,儒家以三分法划分世界,但在价值评定上,它并不以上者为上,而是以中为上的。至少在孔子时候确然如此。这一点很值得注意。

孔子以后,诸子蜂起,墨者主张兼爱利他,道家鼓吹报怨以德,调子越唱越高,天国的入门券不断跌价。流风所至,波及荀子,他虽然依旧运用三分法去观察世界,但在评价上,却不便将中等状态誉为最佳状态,听任别人去贩卖廉价的高调,而不得不时时瞩目于逻辑上可能导出的上等,拿来作为自己的旗帜挥舞了。

例如,他在列举治国御民办法的时候说:

> 不利而利之,不如利而后利之之利也;不爱而用之,不如爱而后用之之功也。利而后利之,不如利而不利者之利也;爱

而后用之,不如爱而不用者之功也。

利而不利也,爱而不用也:取天下矣也。

利而后利之,爱而后用之者:保社稷也。

不利而利之,不爱而用之者:危国家也。(《荀子·富国》)

这里有三种治国方案:上等的,利民而不自利,爱民而不用民,或者叫予而不取,但最终可以取天下。中等的,利民而后利己,爱民而后用民,或者叫予而后取,结果是保社稷。下等的,不利民而自利,不爱民而用民,或者叫不予而取,结局是危国家。

治人者食于人。"取""用"是他们得以生存的条件,也是他们一切行为的目的;"爱""予"不过是手段。前面说过,知道"取"的目的应该通过对立者"予"的手段来达到,并且照办了,那就很了不起了,那叫做仁道和恕道。现在我们却看到,这仁恕在荀子口中,身价并不是最高的,它被认定是"不如利而不利者之利"、"不如爱而不用者之功";就是说,不仅从宣传鼓动的意义上或理论的价值上,即使从"功""利"的角度来看,它也是次等的。

我们都还记得,那个上等的办法,在孔子那里,是被当成不可实行、即无功利可言的高调,是"尧舜其犹病诸"的空想。也许正由于是空想,便具有迷人的魅力,便可以轻易允诺,而一经鼓吹起来,便无人敢予亵渎,便成为思想史上的一种传统,所以以承接孔子自命而又博雅如荀子者,既然生当诸子之殿,免不了也人云亦云,大唱其利他而不自利、爱民而不用民的高调来。

在一些篇章里,荀子更给这种高调作了理论上的论证,说对社会现象进行三分可见,其中、下二段,都还属于"人"的阶段,是人心、人道;而上段便是知"天"和法"天",是道心、王道了。"天"的特点是不为而成,是博施而无事,相当于人世间的爱而不用、予而不取;天的人格化,便是圣人。而圣人和王道,又被认定是可以出现和实现的。这样,荀子和孔子在对三分的评价上,便存在着明显的不同。

但荀子这种观点在儒家经典中，并非创见，它亦有所根据。《诗经》有：

> 帝谓文王，予怀明德，不大声以色，不长夏以革。不识不知，顺帝之则。（《大雅·皇矣》）

所谓"不识不知，顺帝之则"，和荀子的法天正是一个意思。甚至在《论语》中，也可见到"天何言哉"（《阳货》）的赞叹，《礼记·中庸》里也追求"不见而章，不动而变，无为而成"的境界。它们和荀子的道心说，是相通的。

虽说如此，荀子之推崇三分中的最上阶段，在儒家队伍里仍属相当突出的。这里除有思想演变上的原因如前所述外，更根本的，当同荀子反映了社会上急进力量的要求有关。就这样，从孔子提倡三开始，中经道家追求一、法家强调二的种种演化，到荀子之回复至三，构成了先秦辩证思想发展上的一个大圆圈。这一个三分法的大圆圈，本身也是符合三分法的。

在结束本章之前，愿再重复强调一句：三分法是一个有关辩证思想的问题，不是一个数学问题。因之，并非任何三的并列或连列都可视为三分法。如：

> 孔子曰：益者三友，损者三友。友直，友谅，友多闻，益矣。友便辟，友善柔，友便佞，损矣。

> 孔子曰：益者三乐，损者三乐。乐节礼乐，乐道人之善，乐多贤友，益矣。乐骄乐，乐佚游，乐宴乐，损矣。

> 孔子曰：侍于君子有三言：言未及之而言谓之躁，言及之而不言谓之隐，未及颜色而言谓之瞽。

> 孔子曰：君子有三戒：少之时，血气未定，戒之在色；及其壮也，血气方刚，戒之在斗；及其老也，血气既衰，戒之在得。

> 子曰：君子有三畏：畏天命，畏大人，畏圣人之言。小人不

知天命而不畏也,狎大人,侮圣人之言。(《论语·季氏》)
这一连串的三,便不可视为三分法的运用,因为它们并无内在的
正、反、中的逻辑,而只是一些简单的三数并列和连列。当然,它们
的出现,亦非全无思想史上的价值。为什么这一连串的诫条都是
三点,而不见参差? 是这种尚三的风气诱发出三分法来,还是相反
或无大关系? 就是一些很值得研究的问题。

　　另一方面,也有这样的情况,虽然在表述上呈现的不是三个
数,而是两个或四、五个或更多,但却仍是三分的结果。两个数的
例子,前面谈"二生三"时已经见过了;下面且看大于三的实例:

　　　　无国而不有治法,无国而不有乱法;无国而不有贤士,无
　　国而不有罢士;无国而不有愿民,无国而不有悍民;无国而不
　　有美俗,无国而不有恶俗。

　　　　两者并行而国在,上偏而国安,下偏而国危;上一而王,下
　　一而亡。(《荀子·王霸》)
这里提出了由"王"至"亡"的五种情况:在、安、危、王、亡。"王"是
上等,"亡"是下等,"安"是中上,"在"是中中,"危"是中下。所以,
情况虽有五种,但却仍是三分,不是五分;其法是在第一次按"一"
或"并"三分为上等、中等,下等以后,又将中等继续加以三分,而有
了上偏的"安"、下偏的"危"和不偏的"在"。这是三分法的连续运
用。事实上,国家的"王""亡"之间,可以细分出若干个状态的系列
来。善于辩证思维的人,必将首先分之为上中下。在一般情况下,
中间状态是大量的,继续三分下去,便出来五。如果对上下两等亦
予三分,便成为九。如此等等,可至无穷。

　　当然这里也需注意,"九"数在中国古典文献中,是经常碰得到
的,有时表示最大、最多或极顶,有时则是尚三的一种形式。就是
说,在很多场合,九的出现并非三分的结果,而只是一些数的简单
并列或连列。例如,《中庸》上说:

凡为天下国家有九经,曰:修身也,尊贤也,亲亲也,敬大臣也,体群臣也,子庶民也,来百工也,柔远人也,怀诸侯也。

这九条治国的原则,由近而远地排开,缺乏内在的逻辑,便与三分法没有什么关系。

三分法不是一个数学分割方法,它是辩证的逻辑。见对立而尚中,因对立、尚中而有三分法,这大概便是儒家辩证法的体系。

(节选自《儒家辩证法研究》,中华书局,1984 年)

庞朴(1928—),中国思想文化史专家。江苏淮阴人。1954 年毕业于中国人民大学哲学研究生班,曾任教于山东大学历史系,后转《历史研究》编辑部任编辑、副主编、主编,1981 年起任中国社会科学院研究员,联合国教科文组织《人类文化史》国际编委。在对中国古代"火历"、儒家辩证法、《帛书五行篇》、文化学等方面的研究上多有创发,在学术界有很大影响。主要著作有《公孙龙子研究》、《帛书五行篇研究》、《儒家辩证法研究》、《文化的民族性与时代性》、《一分为三论》等。

本文选自著者的《儒家辩证法研究》一书。作者认为承认对立而又尚中,世界被分成左中右或上中下、过去现在和未来;以三分观点观察、处理一切,构成了儒学的基本方法——三分法,对立而尚中的三分法是儒家辩证法的体系。

天人合一与知行合一

张世英

一

我们一提到知行问题,就想到认识与实践,并且认为认识就是指主体认识到客体、对象是什么,实践就是指改造世界、改造自然,使其为主体服务。但中国哲学史所讲的知行问题是否只是指的这种含义呢?或者更具体地说,是否主要地是指这种含义呢。其实,这种含义主要来自西方哲学传统,至于中国哲学传统所讲的知行,主要地不是指这种含义,而是指道德意义的知和道德意义的行。前一种含义的认识与实践问题是一个认识论的问题,后一种含义的知行问题是一个伦理道德问题。中国哲学传统所讲的知行问题主要地是伦理道德问题,当然也包含认识论问题。把中国哲学史上的知行问题主要地当作认识问题来讨论,从而把中国哲学史上的知行理论主要地当作某种认识论来批判,未免文不对题,至少是不恰当的。

中国哲学史上占主导地位的儒家大都有知行合一的思想,尽管他们中间有的重知,有的重行,尽管"知行合一"的命题直至王阳明才明确提出。孔子反对"言过其行",孟子主张"养"浩然之气,将善端扩而充之,"强恕而行,求仁莫近焉"(《孟子·尽心上》),都含有知行合一之意。程伊川虽然主张"以知为本",但认为"知之深则行之必至,无有知而不能行者","知而不能行,只是知得浅"(《语录》十五)。这可算作是王阳明知行合一说之先声。朱熹也讲知先行后,但仍认为知行不可分离:"知行常相须,如目无足不行,足无目不见。论先后,知为先;论轻重,行为重"(《语录》九)。王阳明更明确地提出了"知行合一"说。他认为知与行是一件事情的两个方面:"知之真切笃实处即是行,行之明确精察处即是知,知行工夫本不可离"(《答顾东桥书》)。他也认为知与行是一个过程,即所谓"知是行的主意,行是知的工夫。知是行之始,行是知之成。若会得时,只说一个知,已自有行在;只说一个行,已自有知在"(《传习录》)。如果说,王阳明以前的一些儒家还只是主张知与行两者不可分离,却仍然认为它们是有明确区分的两件事,那么,王阳明所明确提出的"知行合一"说则把知行合一的思想推进到了这样的地步:知与行不仅仅是不可分离的两件事,而且就是一件事物的两个方面,犹如手心之于手背,从这一面看是手心,从另一面看是手背,从"明确精察"的方面看是知,从"真切笃实"的方面看是行,从一事之"始"看是知,从一事之"成"看是行。有一种看法,认为王阳明混淆了知与行,从而"知行不分"。这种看法并不符合实际。王阳明的"知行合一"说对前人知行合一思想的发展,多少有点像斯宾诺莎把笛卡尔的精神物质的二元论发展成为同一实体的两个方面、两种属性的一元论的情况,我们不能说斯宾诺莎把精神与物质、思维与广袤混为一谈,同样,我们亦不能说王阳明混淆了知与行,"知行不分","以知为行","销行归知"。

　　王阳明以前的一些儒家特别是程伊川和朱熹一派的理学家,其所谓知行虽然主要地仍然是指道德意义上的知行,但比起王阳明来,毕竟还包含有西方哲学传统所讲的认识论意义上的认识与实践的含义,所以他们关于知行问题的理论总起来说虽然还是以知行合一的思想为主导,但毕竟还包含有把知与行看作是两事而非一事的思想,因为认识论意义上的知与行即认识与实践,的确是可以发生知而不行(即有了认识,但不去实践)或行而不知的情形的。可是道德意义上的知与行则是紧密联系,不可须臾分离的。王阳明专从道德意义上讲知行,几乎不讲认识论意义的知行,所以在他那里,知与行相合一的程度达到了前人所未曾达到的最高峰。王阳明所谓"一念发动处便是行"(《传习录》)更明显地是指道德意义上的行。若把它当作认识论上的问题,则诚如王阳明所说,"只因知行分作两件,故有一念发动,虽是不善,然却未曾行,便不去禁止"(同上)。但此"一念"既是道德意义之"念",则念善便是道德,念恶便是不道德,故一念之初便已是行。道德意义之念即是道德意义之行,道德就是要讲动机("念")。王阳明的原话:"我今说个知行合一,正要人晓得一念发动处便即是行了,发动处有不善就将这不善的念克倒了,须要彻根彻底,不使那一念不善潜伏在胸中,此是我立言宗旨"(同上)。可见王阳明"知行合一"说的"立言宗旨"就是有道德意义的。他虽然也提到学问思辨亦是行,但那种意义的行并不是他立论的主旨,而且他主要是为强调"工夫"之切实才说这番话的:"凡谓之行者,只是着实去做这件事,若着实做学问思辨工夫,则学问思辨亦便是行矣"(《传习录》,重点号为作者所加)。王阳明从道德意义上明确提出"知行合一"说,把道德意义的知行作为"知行合一"说的"立言宗旨",正是抓住了以往儒家一贯偏重道德意义的知行问题的探讨和强调知行不可分离的思想的核心,可算是对中国哲学史上知行理论的一个总结和发展。

二

　　"知行合一"与儒家的"天人合一"有密切的关系,可以说,知行合一就是为了达到天人合一的最高境界,知行合一是方法,是手段,天人合一是理想,是目标。

　　孟子认为人之善端乃"天之所与我者",但必须扩而充之,"强恕求仁",也就是必须通过修养之行,"反身而诚",才能达到与天为一、与万物为一的天人合一境界,至此,人就可以成为最有道德的圣人。

　　程伊川强调"学者须是真知,才知得便是泰然行将去也"。"人既能知见,岂有不能行?"知就是知理,而"理性本善",故"真知"也就是知"良知"。能知良知,知理性本善,则只要"循理而行"《宋元学案·伊川学案上》,就可以达到"与理为一"的天人合一境界。

　　朱熹讲"知行常相须",其所谓知,就是知"天理",而朱熹所谓"天理"或"太极"的主要内容是"仁",也就是有道德意义的义理之天。他说:"义理不明,如何践履?(《语类》九)所以朱熹和伊川一样,也认为循理而行即可达到"与理为一"的天人合一之境。

　　王阳明的知行合一说最明显地表达了它与天人合一说的密切关系。王阳明所谓的知是指良知,所谓行主要是致良知。人与天地万物原是一体,人之良知即天地万物之良知,人之心即天地万物之心。此心或良知又称"明德"或"一体之仁",人皆有之,"是故见孺子之入井,而必有怵惕恻隐之心焉,是其仁与孺子而为一体也。孺子犹同类者也,见鸟兽之哀鸣觳觫而必有不忍之心焉,是其仁之与鸟兽而为一体也。鸟兽犹有知觉者也,见草木之摧折而必有悯恤之心焉,是其仁之与草木而为一体也。见瓦石之毁坏而必有顾惜之心焉,是其仁之与瓦石而为一体也(《大学问》)总之,人与一切生物以至非生物皆息息相通,"一气流通",这是王阳明的天人合一说之主旨。王阳明认为,当人不为私欲所蔽时,人既能"自知"其良知,亦必能实行此良知,故"知行合一"之"本体"就是"天人合一"。但因私欲障碍,人往往不能实行其良知,知行分离,于是天人相隔,这既"不是知行的本体"(《传习录》),也不是天人合一,不是天地万物一体之本然。只有"去其私欲之蔽,以自明其明德"(《大学问》),亦即致良知——实行良知,才能"复其天地万物一体之本然"(同上),回复到天人合一,这也同时就是回复到"知行的本体"即知行合一。可见在王阳明那里,知行合一与天人合一已经达到一而二、二而一的地步:知与行合一则天与人合一,知与行分离则天人相隔。可以说,王阳明把中国儒家天人合一的思想与知行合一的思想以及二者间密切相关的思想都发展到了中国哲学史上的顶点。

王阳明以后,天人合一与知行合一的思想逐渐衰退,西方传统哲学中占主导地位的主客二分思想在中国哲学史上也逐渐抬头。主客二分式的一个主要特点是主体与客体原本相互外在,彼此对立,而主体要通过自身的主体性,认识客体(认识)和改造客体(实践),从而达到主客的统一。这样,以道德意义为核心的知行合一的思想,也就逐渐为认识论意义的认识与实践的思想所代替。明清之际以后的哲学发展趋势大体上就是如此。

王船山既有天人合一的思想,也有主客二分即所谓"能所"的思想,所以他既有道德意义的知行合一的思想,也有认识论意义的认识与实践的思想。而认识论在王船山哲学中占有比前人哲学中更重要的地位,就如同主客二分思想在他那里占有比天人合一更重要的地位一样。王船山明确反对程朱的知先行后说和王阳明的知行合一说,而主张"知以行为功"(《尚书引义》卷三),颇有强调实践在认识中的地位之意,当然,这里说的实践还不是指阶级斗争和生产斗争,而是指一般的日常活动和行动。

颜元提倡"事物之学",攻击程朱陆王的"主静空谈之学",他所主张的"习行"虽然仍以"习礼","习乐"为主,但他也从认识论角度强调实际活动在认识中的作用,他认为"格物致知"之"格"即"手格猛兽之格","格物"即"犯手实做其事"(《言行录》),必须"手格其物而后知至","必箸取而纳之口,乃知如此味辛"(《四书正误》)。颜元实际上是形象地、具体地强调了实践在认识中的基础地位。

魏源公开反对天人合一和万物一体的思想，与此相应，他颇多主客二分的思想，着重从认识论角度谈知行问题，他强调"及之而后知，履之而后艰"（《默觚》）。

魏源以后的一些近代先进思想家如谭嗣同、梁启超等人也都不注重讲天人合一，他们强调"我"或"心之力"，实际上就是强调西方传统哲学中的主体性思想，着重讲认识论，讲主体改造客体即实践的作用，尽管他们中有的人也谈知行合一，但那已不是重要的了。至孙中山则明确提出心物二元论，公开反对以王阳明为代表的知行合一说，提倡"知难行易"说。不管他的知行观有这样那样的可以指责之处，但无论如何他摆脱了儒家主要从道德意义谈知行问题的旧传统，而专门从认识论角度谈知行问题，并强调实践的重要性，这是中国近代史上一些先进思想家向西方学习主客二分思想和主体性原则的一个总结和成就，是中国哲学史上的一大突破。如果说中国哲学史在王阳明以前是以天人合一和知行合一的思想为主流，那么，中国近代哲学史，或者说得早一点，自明清之际的王船山以后，则是一段学习和发展主客二分思想和以之为基础的认识与实践理论的历史。前者重道德修养，后者重科学认识。前者以王阳明为集其大成者，后者至孙中山而告一大的段落。

三

中国哲学史上占主导地位的儒家传统的知行合一思想决定了中国哲学史上的哲学家一般都要求把自己的哲学观点付诸实践，使哲学与实际生活，包括政治生活，打成一片，他们不单是讲哲学，而且要用哲学，身体力行。所以一般哲学家，当然主要是儒家，都集哲学与政治思想、伦理思想于一身，他们往往既是哲学家，又是政治家、道德家。儒家所讲的内圣外王最典型地说明了这一点。我很赞赏金岳霖对这个道理所作的概括：既有内在的圣智，就必然可以外在化为王者治国安邦之道，哲学思想必然可以在经国济世的活动中得到实现，哲学家必然要成为政治家（见《金岳霖学术论文选》，中国社会科学出版社，1990 年版，第 359 页）。所以"一位杰出的儒家哲人，即便不在生前，至少在他死后"，可以成为"无冕之王"（同上）。

儒家哲人的这种特点不仅与知行合一思想直接相关，而且说到底还是他们的天人合一思想的表现。儒家的天人合一本来就是一种人生哲学。人主要地不是作为认识者与天地万物打交道，而是主要地作为一个人伦道德意义的行为者与天地万物打交道，故儒家的天人合一境界是一个最充满人伦道德意义的境界，在此境界中，哲学思想与道德理想，政治理想融为一体，个人与他人、与社会融为一体。这样，在儒家传统中，哲学与实际的政治生活、人伦生活合而为一，哲学家与实践的政治家、道德家合而为一，便是很自然的事情了。

和这种情况不同，西方哲学传统重主客二分，重对自然的认识与征服，重认识论与方法论，比起中国儒家传统来，较少重人生哲学。如果用"为道"与"为学"的术语来说，中国儒家传统是重"为道"，而西方哲学传统则是重"为学"。重"为道"的哲学家必然把自己的哲学与人生、与生活紧密联系在一起，"按照自己的哲学信念生活"（《金岳霖学术论选》，第 361 页）；重"为学"的哲学家则比较脱离实际生活，处在实际生活之外，用金岳霖的话来说，"他推理、论证，但是并不传道。……他懂哲学，却不用哲学"（同上）。也可以说，他"知"哲学而不"行"哲学，不身体力行。前者往往兼作政治家、道德家，后者则往往脱离实际，对哲学作学究式的研究，在自己的哲学推理和论证中自得其乐。这当然不是说西方传统哲学家不讲政治思想和伦理思想,相反,他们大都有自己的系统的政治思想和伦理思想。但在大多数情况下,他们的政治思想、伦理思想或则与他们本人的生活虽有紧密联系,却与他们的哲学思想并无紧密联系,或则与他们的哲学思想虽有紧密联系,却与他们本人的生活并无紧密联系,他们都不像中国的儒家哲人那样,其政治思想、伦理思想既与哲学家的哲学思想紧密联系在一起,同时又与哲学家本人的生活紧密联系在一起(参阅《金岳霖学术论文选》,第359页;我这里基本上采用了金岳霖在该书中阐发的观点),甚至于哲学家与政治家、道德家,哲学思想与政治思想、伦理思想都是同一的。

西方哲学的这种特点大都表现在西方近代哲学史上。上面所说的西方传统哲学主要地也是指近代哲学。这仍然是由于上面已提到的主客二分式的发展所造成的。主客二分式和主体性是西方近代哲学的模式和原则,故上述特点在西方近代哲学史上表现得较普遍、较明显。古希腊的苏格拉底、柏拉图和亚里士多德就不是这样,他们的情况和中国儒家颇有些类似(同上,第357—358、360页),柏拉图的"哲学王"就很像中国儒家的"内圣外王"之王。西方现代哲学家尽管仍然保持近代哲学史上的基本情况,但已经有接近中国传统的趋势。在这一点上,我倒是不完全赞同金岳霖的看法。金岳霖在"中国哲学"一文中认为西方现当代的哲学家与中国哲学家"大异其趣","中国哲学家都是不同程度的苏格拉底式人物。其所以如此,是因为伦理、政治、反思和认识集于哲学家一身,在他那里知识和美德是不可分的一体"。至于西方现当代,则"苏格拉底式的人物已经一去不复返","现代苏格拉底是再也不会有的"(《金岳霖学术论文选》,第360、361页)。金岳霖的主要理由是求知有分工,"每个知识部门都取得了很多专门成就,要我们这些庸才全部掌握是几乎不可能的",所以我们"不必野心勃勃地要求某一位学者独立统一不同的知识部门"(同上,第360页)。我以为分工明细固然使哲学家不可能再像苏格拉底那样集伦理、政治、反思和认识于哲学家一身，不可能使哲学家同时成为政治家，道德家，就像中国哲学的情况那样，但西方传统哲学之所以具有哲学或哲学家与实际生活（政治生活、伦理道德生活等）的联系不那么紧密的特点，其主要原因还是在于人对世界的态度问题。中国儒家哲人的天人合一与知行合一的思想态度决定着儒家既是哲学家又是政治家、道德家，西方近代哲学的主客二分的思想态度及认识与实践的理论决定着西方近代哲学家与实际生活有不同程度的分离的特点；至于西方现当代哲学中现象学和存在主义以至后结构主义思潮中的哲学家，则大反主客二分式，他们中的大多数人所提倡的实际上是类乎中国天人合一的思想（当然不是儒家式的天人合一），他们都把哲学思想与人的实际生活结合在一起，而人的实际生活在他们看来，不仅是认识自然、改造自然的认识活动与实践活动，也不仅是道德行为，而更重要的是人的感情、情欲等等，他们大都公开反对做书呆子式的、学究式的学者，反对那种把人看作是只有认识，只知向自然索取而没有感情，情欲，只知理性至上而无非理性因素的干巴巴的观点。基尔凯廓尔、尼采，狄尔泰、海德格尔、萨特等基本上都是如此。他们不一定全都像中国儒家哲人那样既是哲学家，又是政治家、道德家，但他们都关心实际生活，以致关心政治生活，他们的哲学都是不同形式、不同程度的人生哲学，他们也都要求身体力行自己的哲学，要求"按照自己的哲学信念生活"，这一点却是和中国儒家哲人非常相似的。尼采不就是由于自己的哲学信念而疯狂致死吗？尼采反对苏格拉底、柏拉图，主要是反对他们过份吹捧理性，吹捧知识，但就尼采哲学之紧密联系人生，紧密联系生活而言，则与苏格拉底、柏拉图有相通之处，尼采实际上是要超越以主客二分和主体性为模式和原则以及重认识的西方近代哲学而回复到古希腊的某种意义的天人合一的时代。海德格尔之向往前苏格拉底哲学也是一个明显的例子。萨特明确主张哲学应具有实践性,他本人就是一个实践家,一个身体力行其哲学的哲学家。看来,西方现当代哲学中现象学、存在主义等思潮,就其要求与人生、与实际生活紧密结合这一点来说,颇有以新的形式回复古希腊哲学之势,也是向中国哲学靠拢的一种表现。也许西方现当代哲学中的分析哲学多有金岳霖所说的那种情况,但毕竟分析哲学不是西方现当代哲学之全部。当然,金岳霖也举了分析哲学以外的英国新黑格尔主义的例子,他认为新黑格尔主义者的政治思想与其哲学虽有内在联系,但与这些哲学家本人("只有格林除外")的联系却"非常外在"(《金岳霖学术论文选》,第359页)。但金岳霖毕竟没有看到分析哲学和新黑格尔主义以外的现象学和存在主义哲学家们那种把哲学与实际生活紧密结合起来,并身体力行其哲学的特点。还是用"为道"与"为学"的术语来说吧。西方现当代的现象学与存在主义思潮反对西方近代哲学史上的重"为学"的旧传统,颇有中国哲学史上重"为道"的思想,故其哲学以及哲学家本人多与实际生活紧密相联。金岳霖说西方现当代哲学家"推理、论证,但是并不传道",这个说法未免笼统,其实,例如基尔凯廓尔、尼采就不搞甚至反对脱离实际生活的推理、论证,而着重"传道",只是这里的"道"不能理解为中国儒家之"道"。基尔凯廓尔、尼采不但"传道",而且身体力行其"道"。

四

　　西方现当代一些哲学家们所传的"道"或"天人合一"(借用中国哲学的术语来说)思想类乎中国道家式的"道"或"天人合一"。(关于两者的区别,这里不打算论述。)道家的"天"和"道"是没有道德意义的,这和儒家的"天"和"道"具有道德意义特别是封建道德意义很不相同。道家讲在天人合一境界中达到超脱,他们乃是既要超脱功利,又要超脱仁义。道家的情况似乎证明天人合一的思想并不一定导致知行合一,并不一定导致哲学家及其哲学与实际生活紧密结合,似乎只有在儒家那里才有这种由前者导致后者的关系。这种理解实际上只是表面的。儒家的天主要是有道德意义的义理之天,它所讲的知行问题主要是道德问题,故由天人合一导致知行合一,非常明显,易于说明;道家否定天和道的道德含义,其哲学似乎是脱离实际行动和实际生活的,但深考察一下道家就知道,他们讲超功利,超仁义,却并不脱离实际行动和实际生活,他们并不是不关心社会政治生活的学究。超功利、超仁义也是一种实际行动和实际生活。道家也重"为道",只是不为儒家之道,至于道家轻"为学",则比儒家往往有过之而无不及。所以道家也不像西方传统的哲学家那样"推理、论证,但是并不传道",而是既传道,也身体力行其道。道家和儒家都属中国传统,道家哲人和儒家哲人一样都关心社会,关心政治,都把哲学与社会思想,政治思想紧密结合起来,都有自己的政治思想和社会理想,只不过道家的哲学和政治理想、社会理想是企图超功利、超仁义的,当然,道家不像儒家那样大都是政治家。《老子》:"法令滋彰,盗贼多有"(第 57 章)。"我无为而民自化,我好静而民自正,我无事而民自富,我无欲而民自朴"(第 57 章)。这些,既是《老子》的哲学,又是其社会政治思想,可称做无为而治的社会政治哲学。《老子》还说:"小国寡民……。甘其食,美其服,安其居,乐其俗。邻国相望,鸡犬之声相闻,民至老死不相往来"(第 80 章)。这是《老子》的社会政治理想。可见《老子》有明确的社会政治思想,而且与其哲学结合成了一个有机的整体,只不过它是一种反传统的社会政治思想。庄子的逍遥游和齐物论的思想既是一种哲学,也是一种讲绝对平等自由、讲超功利、超仁义的社会政治思想。庄子妻死,鼓盆而歌,乃是庄子身体力行其哲学的一种表现。

老庄虽不谈知行关系,但实际上都主张不但要知"道",而且要行"道"。庄子说:"且有真人而后有真知"(《庄子·大宗师》)。"真知"当然不是像西方哲学传统那样指认识自然,而是指了悟"道",也就是以道观物,达到天人合一,以见物无不齐,物我不分。但要达到这种境界,需要修养,修养就是行。儒家的修养是道德修养,即"去私",这是儒家的行;道家的修养是"去知"、"忘我",这是道家的行。儒家要求通过行达到人与道德意义的义理之天合一,道家要求通过行达到人与无道德意之道合一。庄子讲"体道",也许就是指身体力行其道。

哲学与实际的社会政治生活紧密相连,与哲学家本人的生活、行动紧密相联,这是中国哲学传统所走的道路;哲学与这些有不同程度的分离,乃是西方哲学传统所走的道路。中国哲学传统的老路一直保持到今天,似乎没有什么改变,"学哲学,用哲学",集哲学家、政治家,以及其他各种家于一身,仍为当今的风尚。至于西方哲学传统的老路,如前所述,似乎更多地存在于近代,而现当代西方哲学中则兴起了一种与之异趣的思潮。我以为哲学是关于人的学问,本不应自外于实际生活,哲学家本人也应按自己的哲学信念生活,否则,哲学便会失去自己的光辉和生命力,中国哲学传统的道路在这方面是值得继承的,西方现当代哲学中现象学和存在主义等流派把哲学与人生紧密联系起来的思潮也是值得我们吸取的。但是第一,中国儒家的义理之天必须打倒,儒家的天人合一与知行合一的道德含义必须清除,只有这样,我们才能既把哲学与实际生活紧密联系起来,又不致使我们的哲学与实际生活被一套封建道德生活与政治生活的教条所束缚。这是在儒家传统根深蒂固的中国这个国度里发展哲学所应注意的一个重要问题。

其次,哲学既然应当与实际生活紧密相联,那么,每个人的实际生活不一样,则每个人的哲学思想和哲学信念也不可能完全一样,这是一个不可否认的事实。不同的哲学思想和哲学信念可以通过彼此间的交往和讨论,或相互融合,或更进而加深其自身,发展其自身,这都不是用外在的力量所能强求的。

第三,哲学虽然应与实际生活紧密相联,但这并不是说哲学与实际生活包括政治思想,伦理思想就没有区别。与西方哲学传统相比,中国哲学传统未免有些与实际的社会政治思想和生活搅混在一起了。就此而言,西方哲学传统把两者的距离拉得远一些,也有它好的一面,即可以使哲学得到更多、更深入的专门研究,不致出现集各种"家"于一身而对哲学并无深入的专门研究的哲学家;其实,把这样的人称为思想家也许更为合适。当今之世,求知为道,都有分工明细的特点,金岳霖所指出的这个事实是对的,我们不能因强调哲学应与实际生活紧密相连,就把哲学与实际的社会政治思想与生活不加区分地搅混在一起而不对哲学作专门的研究,搅混在一起的作法与看法确实是不合时宜的。

(节选自《天人之际——中西哲学的
困惑与选择》,人民出版社,1995 年)

张世英(1921—),西方哲学史家、黑格尔研究专家。武汉人。1946 年毕业于西南联合大学哲学系,曾任教于天津南开大学、武汉大学,1952 年调入北京大学任教至今。全国高等院校外国哲学史学科重点带头人,中西哲学与文化研究会会长;《德国哲学》丛刊主编、《中西哲学与文化》丛刊主编、《世界哲学年鉴》编委。长期致力于德国哲学尤其是黑格尔哲学的研究,近年又从事中西哲学的比较研究。主要著作有《论黑格尔的哲学》、《黑格尔精神现象学述评》、《论黑格尔的逻辑学》、《论黑格尔的精神哲学》、《天人之际——中西哲学的困惑与选择》等。

　　本文系著者《天人之际——中西哲学的困惑与选择》一书的第十二章。作者认为中国哲学中的知行问题主要是伦理道德问题，是道德意义上的知和行，也有但却不是主要的认识与实践的认识论问题。儒家多有知行合一的思想，王阳明提出知行合一的命题并对中国哲学史中知行理论作了总结；知行合一是为了达到天人合一的最高境界，知行合一是方法，天人合一是理想、目标；王阳明以后，这种思想逐渐衰退，西方哲学中的主客二分思想在中国哲学史上逐渐抬头，知行问题主要是认识论的问题了。儒家的思想态度决定他们既是哲学家又是政治家、道德家；西方近代哲学的主客二分思想及认识与实践的理论决定着他们与实际生活有不同程度分离的特点。

简述"理"的演变

蒙培元

"理"是宋明理学的中心范畴,也是中国古代哲学的重要范畴。从"理"字作为一个哲学范畴出现,到它成为理学的最高范畴,再到宋明理学的结束,经历了长期曲折的演变。这种演变从一个侧面反映了人类认识发展的规律。

"理"和其它任何范畴一样,是历史的产物,有其产生、发展和演变的过程。在哲学史上,没有绝对永恒的范畴。每一个哲学范畴包括"理",都有其存在的必然性,也有其历史的暂时性。在其发展中,它或者被新范畴所代替,或者不断获得新的含义。不管哪种形式,它都是不断自我否定或扬弃的过程。但这种否定不是简单地抛弃,而是汲收和保存了原有的积极内容。人类认识就是通过各个范畴及其联系的这种演变,由简单到复杂,由低级向高级逐步发展的。

"理"作为人们对于世界和自身的本质、规律性认识的一个范畴,其产生、发展和演变,与各个不同时期的哲学思潮有密切联系。它是在各个不同思潮中与其他范畴相联系而发展的,受一般思潮的影响,在不同思潮中占有不同地位,具有不同作用,与其它范畴的关系也不同。

（一）

"理"字从先秦文献看，最早出现于《诗经》。《小雅·信南山》："我疆我理，东南其亩。"《大雅·绵》："迺疆迺理，迺宣迺亩。"原意是治理土地疆界的意思，是动词而不是名词。《说文》："理，治玉也，从玉里声。"玉有天然文理，按其文理而治之，是为"理"。这说明"理"字首先是从生产实践中产生总结的，开始时还不具有哲学范畴的意义。后来，随着认识和实践的发展，"理"逐渐引深为某种事物的条理或文理，如腠理、肤理、脉理、地理等等，开始具有哲学意义的萌芽，但也只是初级的抽象，还不能成为哲学范畴。

在先秦诸子中，孔子和老子，还没有提出"理"这个范畴。但在战国百家争鸣中，"理"开始作为哲学范畴出现了，并且被广泛使用，成为各个学派理论体系中的组成部分。墨家首先从逻辑学的一般概念或推理的意义上使用了"理"，提出"类"、"故"、"理"的范畴，成为"名理"、"辩理"之学。这是用逻辑思维形式反映客观事物及其联系的早期表现形式，是人类思维的自觉活动。儒、道两家建立了比较系统的哲学体系，围绕天人关系问题，开始从规律、本质等抽象意义上认识、把握自然或人类自身，因而出现了"理"的哲学。不过在道家哲学中，"理"多与道、气相联系；在儒家哲学中，"理"多与礼、义相联系。前者侧重于自然界的认识，后者侧重于人类本身的认识。二者虽有区别，但是互相有影响，因此不是绝对的。

《管子·心术篇》说；"礼者因人之情，缘义之理而为之节文者也。故礼者谓有理也，理也者，明分以谕义之意也。故礼出乎义，义出乎理，理因乎宜者也。"这是先秦诸子中，对于"理"的比较早的论述。在这里，"理"和礼义是直接联系在一起的，在于说明礼义等社会伦理规范出于某种自然规律。理有"分"的意义,可谓之"分理",即把不同事物分别开来,使各得其宜。它是直接说明"义"的。《心术篇》的作者还提出"静因之道"的思想,把理和物联系起来,说:"因也者,舍已而以物为法者也。"以物为法,就是虚其心,不存主观成见,以客观事物为法则。就是"言不得过实,实不得延名",名就是名理。所谓"不与万物异理",就是使自己的主观认识同客观事物的规律相一致。因此,他提倡"缘理而动"。《心术篇》即按照事物的规律办事。《心术篇》的作者,想把儒家礼义和"道"联系起来,提出"理"的范畴作为中间环节,这在先秦哲学思想演变中,是一个重要现象。《管子·四时篇》则提出:"阴阳者,天地之大理也;四时者,阴阳之大经也。"把理和气联系起来,认为阴阳两种气的性质及相互作用是天地宇宙的基本规律。

　　儒家孟子用"理"来解释礼义,论证了他的道德人性论。他说:"至于心,独无所同然乎? 心之所同然者何也? 谓理也,义也。圣人先得我心之所同然耳。故理义之悦我心,犹刍豢之悦我口。"(《孟子·告子上》)孟子认为,理义是人人所具有的一种道德观念,是人之所以异于禽兽者,也就是人性的主要内容。孟子是最早把"理"和"性"联系起来,用"理"来说明"性"的一位哲学家。他有时把"仁"、"义"、"礼"、"智"作为"性"的重要内容而连用,有时只提"仁"、"义"或"理义"。他所谓理,可能指义,但已不是礼义节文一类东西,而是指某种抽象的观念,即羞恶之心之类。也可能包括仁义礼智在内。"理义"连用,不仅指某种先验道德观念,而且是判断是非善恶的标准。后来有所谓"义理之学",就是从这里发展而来的。《庄子·天下篇》说:儒家"以仁为恩,以义为理,以礼为行,以乐为和"。进一步说明理是规定或解释义的,具有是非、条理等意义。此外,儒家著作《易传》,已建立了一个初步的范畴体系,它虽然没有专门讨论到理的问题,但它提出了"道"与"器","形而上"与"形而下"等范畴,与理有一定联系。《易传》提出"穷理尽性以至于命"以及"顺性命之理"的思想,把"理"、"性"、"命"联系起来,也就是把天人联系起来,对以后的哲学特别是宋明理学产生了重大影响。

在道家《庄子》中,大量出现"理"字,用法虽不尽相同,但大体有两方面意义:一是指"天理"和"万物之理";一是指"生理"。这里所谓"天",指自然之天。所谓"天理",即自然无为之理,有自然规律的意思。《秋水篇》有"天地之理,万物之情"的说法,"天地之理"就是"天理","万物之情"与"万物之理"相联系。《天道篇》说:"夫至乐者先应之以人事,顺之以天理。"《刻意篇》:"去知与故,循天之理。"郭象注曰:"天理自然,知、故无为乎其间。"可见,《庄子》作者在这里是把天理和人事对立起来说的。自然无为,人事有为,天地变化自然而然,没有上帝一类意志的支配,但自身有其规律:这就是"天理"。《养生主》所谓庖丁解牛,"依乎天理",就是顺从自然规律的意思。《庄子》中的一个突出的思想,就是人事必须服从天理,不可"以人灭天",如络马首、凿混沌之类。《缮性篇》还提出"德,和也;道,理也"的命题,用"理"来解释道,这是对老子思想的一个重要发展。万物之理指事物在气化运动中具有的秩序或条理,"消息盈虚,终则有始。是所以语大义之方,论万物之理也。"(《秋水篇》)《知北游》:"万物有成理而不说,圣人者达天地美而达万物之理,是故圣人无为。"说明万物之理也是自然无为的,是以天理为依归的。但既是"物理",就必然表现在万事万物的运动变化之中,万物的盛衰往来,生死存亡,是相互转化的,而不是固定不变的,这就是"万物之理"。荀子批评庄子"蔽于天而不知人"(《荀子·解蔽篇》),这是对的。但《庄子》书中提出自然规律的思想,这不能不说是人类认识史上的一个成果。

除"天理"、"物理"之外,《庄子》中还提出"生理"的范畴,生理就是性,即生人之理。《天地篇》说:"泰初有无,无有无名。一之所起,有一而未形。物得以生谓之德。未形者有分,且然无间,谓之命。留动而生物,物成生理,谓之形。形体保神,各有仪则,谓之性。"这是《庄子》中关于道德性命问题的比较系统的论述。它认为"无"是万物的本原,也就是道。"一"可能指元气,元气生于道,又生出万物。万物禀受了道,即所谓德。万物禀受元气的一部分,而与"一"没有间断,这就是命。气之动静生出有生命之物,物成而具有"生理",便成形体,有形便有神,其形与神,各有其则,这就是性。但《庄子》所说"生理",既来源于道、德,也必将复归于道、德。所谓"性修反德,德至同于初,同乃虚,虚乃大"(《天地篇》)。修治其性,是为了反回到德,德之至就是"泰初有无"之道,虚而且大。《庄子》所说的道,与儒家不同,它是无形无象的精神实体,又以自然素朴为特征,是反对儒家仁义的。

荀子是先秦诸子之集大成者,他对"理"的论述最多,意义也比较广泛。他虽然没有提出关于"理"的系统论述,"理"在他的哲学中还不是重要的范畴,但他的哲学的理性主义特点是很明显的。

荀子提出了"道理"、"事理"、"物理"、"大理"、"文理"、"肤理"、"色理"、"义理"、"经理"等概念。在这些不同概念中,理有一个共同的含义,就是秩序、条理即规律的意思。他不仅把"理"运用到自然界和人类社会,以说明自然现象和社会现象等不同内容,而且运用到认识论、逻辑学,提出名辩之理。

首先,荀子从主体和客体,主观同客观的关系上肯定了理的客观性,认为理是客观事物乃至整个自然界运动变化的规律,人的认识必须以客观事物的规律为对象。他说:"凡以知人之性也,可以,知物之理也。"(《荀子·解蔽篇》)所谓"人之性",即主观认识能力;"物之理",即客观事物的规律性。既然理是客观规律,人的认识必须"尽其理"(《大略篇》),作到心如盘水一样,"足以见须眉而察理(《解蔽篇》),人的行动必须遵循客观规律,即"循理"、"缘理"。"凡人之患,蔽于一曲而暗于大理。"(《解蔽篇》)所谓"大理",就是对于事物规律的全面认识,比如"顺逆之理",就是"天下之大理"(《正论》),只认识到顺的一方面,或逆的一方面,那只是一曲之理,只有认识顺逆两方面及其相互关系,才是"大理"。天人关系也是如此。在这里,荀子初步把握到对立面统一的思想,把握到理的全面性。

荀子在肯定理的客观性的同时,强调人类认识的能动性,强调利用自然规律,改造自然界的重要性。他认为,人之所以能与天地"参",就在于能够"经纬天地而材官万物,制割大理而宇宙裹矣"(《解蔽》)。这并不是说,人可以违反自然规律,任意改变天地万物,而是说,在认识自然规律的基础上,运用万物之理以治理万物。万事万物,错综复杂,变化不居,但如果掌握了"万物之理",就可以顺手成章,使万物为我所用,这叫"用天地理,万变而不疑"(《君道篇》)。在他看来,理约而不繁,是变中之不变者,具有稳定性的特征。可以说,荀子已达到对于事物的规律性的比较深刻的认识,并且提出了理性主义的认识论。

在社会问题上,荀子很强调"礼",他企图为礼找到一个理论根据,这个根据就是"理"。这一点同《管子·心术篇》的思想有联系。他说:"乐也者,和之不可变者也;礼也者,理之不可易者也。"(《乐论》)认为礼是理的表现形式,即所谓"文理"。文者文明、文彩之意,具有精神文明的意思。他认为,"礼之理诚深矣",文理之所以重要,在于"养人之欲,给人之求",即"礼义文理之所以养情也"(《礼论》)。这样,他把理和人们的生活需要,即所谓情欲统一起来了。荀子所谓"文理",其来源是天地阴阳之气,其实际内容是贵贱、长幼、贫富等封建等级制度及其礼节仪式。他认为这是一种社会历史的必然性,是永恒不变的,"百王之无变,足以为道贯,……理贯不乱"(《天论》)。这固然表现了他对新制度的前途充满了信心,同时却包含着形而上学的因素。

在先秦，对"理"这一范畴作出理论总结的，要算是韩非了。可以说，只有在韩非的哲学中，"理"作为一个重要的哲学范畴真正被提出来了。他虽以道为他的哲学的最高范畴，但道和理不可分。道是天地万物的总规律，理是事物的具体规律。没有总规律，不会有具体规律，但如果没有理，道也就不存在了。他说："道者，万物之所然也，万理之所稽也。理者，成物之文也；道者，万物之所以成也。故曰：道，理之者也。物有理，不可以相薄。物有理不可以相薄，故理之为物之制。万物各异理，万物各异理而道尽。"(《韩非子·解老》)他通过论述理和道的关系，阐明了理的意义，实际上提出了一般规律和具体规律的关系问题。所谓"成物之文"，就是事物的条理、秩序；所谓"为物之制"，就是事物的法则。理和物是不可分的，故称"物理"。事物不同，其理则异，故"万物各异理"。合万物之理，便是道。

韩非还进一步提出，理是由对立面构成的，是有变化的。这是对荀子思想的一个发展。他举出方圆，长短、粗细、坚脆、大小、轻重、白黑等等为例，说明对立面的互相斗争是"定理"，"故定理有存亡，有死生，有盛衰"，即有对立面及其转化。就是说，理本身包含着发展变化的内容。在常变这个问题上，他坚持了理有变的思想，富有辩证法精神。

韩非认为，理对于事物，犹如规矩之于方圆，是不可缺少的。"万物莫不有规矩"，欲成方圆，则必有规矩。"欲成方圆而随其规矩，则万事之功形矣"(《解老》)。因此，他强调对于规律的认识和运用，认为这是指导行动取得成功的基本前提。"思虑熟则得事理，"……得事理则必成功"；"夫缘道理以从事者，无不能成"(《解老》)，"因事之理，则不劳而成"(《外储说右下》)。这些论述，表现了他勇于认识和掌握事物规律以取得事业成功的积极进取精神。

但韩非是一个法家，他虽然从一般理论即世界观的高度提出并论证了理这一范畴,并提出理有变的思想,但他的根本目的是论证“法”的合理性。他认为法生于道,主张“以道为常,以法为本”(《饰邪》)。因此,在韩非哲学中,理仍然是一个过渡性的范畴。

（二）

战国时期,是中国哲学史上思想最活跃的一个时期,也是各个范畴相继提出和初步展开的重要时期,“理”这一范畴就是这时提出来的。“理”所包含的各种意义,差不多都已经提出来了。这说明先秦哲学已经达到较高的理论思维水平。但这一时期,总的来说,还只是初级的、个别的、直观的认识。

两汉时期,中国哲学史的发展进入了一个新的阶段,出现了新的思潮,它以万物发生说为特征。“理”的演变也同这一思潮有密切联系,就是说,“理”是在万物如何发生这一意义上出现的。由于这一思潮同时带有神学目的论和经验主义的性质,“理”这个具有理性主义特点的范畴在其发展中不能不受到整个思潮的影响。

汉初的哲学家贾谊,第一个讨论了“理”的问题。他接受了黄老思想,提出“道生德”、“德生理”的命题,认为理生于德,而以道为本。“道者无形”,是万物的本原;“德者离无而之有”,是“变及物理之所出也”。可见,“物理”是由道和德生出来的。他又说,道具有“神”的作用,变化无所不为,“物理及诸变之起,皆神之所化也”(《新书·道德说》)。这样说来,理来源于神化。但神化也是道的作用。总之,“德生理,理立则有宜适之谓义,义者理也”;“德生于道而有理,守理则合于道”(《新书·道德说》)。就是说,有道而后有德,有德而后有理,合于道者即是理。但道不可见,理则是道的具体表现,故守理则合于道。他虽然作了这样的介说,但他的思想不是十分清楚的。

汉朝的儒家大师董仲舒,从天人目的论出发,提出阴阳四时变化之理。他说:"阴阳四时之理,相受而次矣。……阴阳调和,万物靡不得其理矣。"(《春秋繁露·十指》)万物之理,是由阴阳二气的和谐的运动所产生的。他所谓"理",也是指秩序、规律的意思。天地之理,就是四时变化的规律。"天地之理,分一岁之变以为四时。"(《官制象天》)但他的哲学的基本思想是,天是一个神。虽有阴阳四时的变化,但这种变化不是纯粹自然界的物质变化,而是天的有目的有意志的活动。"阴阳,理人之法也。阴,刑气也;阳,德气也。"(《阳尊阴卑》)阴阳变化,是天有意识为人而设的。因此,在他看来,理是天所授予万物的秩序,故称为"天理"。人间的一切秩序和人伦道德,都必须符合"天理","行有伦理,付天地也"(《人付天数》),"人之德行,化天理而义"(《为人者天》)。这叫"人理之付天道也"(《五道通》)。事物虽有变化,但天理、天道是不变的。"新王改制者,非改其道,非变其理。"(《楚庄王》)董仲舒提出了目的论的哲学,他把理说成是某种合目的的秩序,把人的认识的能动性化为异己的力量,变成人和万物的有意志的主宰,这就通向了神学。

王充批判了董仲舒的天人目的论,同时,也批判了董仲舒的"天理"论。王充认为,理有两方面的意义,一是指"义理","伦理"、或"性理",是关于人性方面的;一是指"实理"、"事理"、或"物气之理",是关于自然界方面的。就性理而言,王充指出了人和动物的本质区别,在于人有伦理道德。他说:"圣人不能使鸟兽为义理之行","禽兽之性,则乱不知伦理。"(《论衡集解·虫虚篇》87页)因此,他提出要"尽性之理"(《本性篇》67页)以完成人性。就物理而言,他批判天人感应论"违道理之实",不符合自然界运动变化的实际情形。他提出"物气之理"这一概念,论证了自然界一切变化都是阴阳之气自然变化的结果,并非"天"的有意志的活动。比如目的论者提出,寒温之气是由于"人能动天"的结果,王充认为,这是

"不达物气之理",因为寒温之气,纯属自然界的现象,"系于天地而统于阴阳,人事国政,安能动之?"(《变动篇》304页)诸如此类,不一而足。这说明王充坚持用自然界的本来面目解释自然界,把自然界和人作了区分,在当时具有进步意义。王充的思想具有实事求是的精神,一切是非道理,都要以客观事实为依据,而天地万物都是由气构成的。他所谓"物气之理",显然是同他的气一元论哲学相联系的。但是,他有经验主义的倾向,对于事物的规律即理的性质,未作进一步的探讨。

魏晋玄学由发生论发展到本体论,出现了以"名理"为特征的思辩哲学。从思维发展看,这时人们的认识已由直观进入抽象。对理的认识也是从具体进到抽象,由个别进到一般,即达到一般性的结论,但这种认识服从于以"有无"为体用的本体论哲学,并没有达到完全自觉的理性主义认识。

玄学的代表人物王弼,提出"名理"问题,他说:"夫不能辩名,则不可与言理。"(《老子指略》,《王弼集校释》199页)这里涉及到名与实、一般和个别的关系问题。所谓"名",指代表某一事物的名称,也就是概念,概念代表事物的一般属性,这就是理。王弼认为,理是事物的规律或所以然者,"夫识物之动,则其所以然之理皆可知也。"(《周易注上经》,《王弼集校释》216页)所以然之理,就是指事物运动变化的原因或根据。又说:"物无妄然,必由其理。统之有宗,会之有元。故繁而不乱,众而不惑。"(《周易略例明象》,《王弼集校释》591页)这里所谓"理",即事物运动变化的规律,他指出事物虽然众多繁复,但规律能起统会作用,规律和事物是一般和个别的关系。他也承认,事物的规律通过推理可以认识,"寻而后既其义,推而后尽其理。"(《老子指略》,《王弼集校释》179页)但王弼所谓"理",不只是具体事物的规律,而且与事物的本体相联系的。与本体相联系的理,实际上就是抽空了具体内容的"无",或"道"。

他说:"夫事有归,理有会。故得其归,事虽殷大,可以一名举;总其会,理虽博,可以至约穷也。"(《论语释疑》,《王弼集校释》620 页)至约之理,就是一,是最高的抽象,故又称为"至理"或"本理"。"反从本理",则"不失其道"(《周易讼卦注》,《王弼集校释》250 页)。本理就是本体无,理和物的关系变成了体和用、本和末的关系。王弼哲学的主要特点,是把事物的规律从事物中抽象出来而本体化的一个重要步骤,对理学的产生有重要影响。

裴頠批评了王弼"以无为宗"的理论,"若谓至理以无为宗,则偏而害当矣"(《崇有论》)。裴頠是崇有论者,他认为理以有为体而不是以无为体。实际存在的事物是理的根源所在,"恉感错综,理迹之原也"(《崇有论》)。但裴頠批判王弼是为了提倡儒家礼义,他所谓理,以社会的贫富贵贱等级制度即"名教"为主要内容。

欧阳建从"言意"关系论证了理的客观性及其与物的关系,指出理是客观事物的规律,不依人的主观称谓为转移;但理可以认识,人的语言可以表达。他批判了"言不尽意论",同时也就批判了理以无为宗的本无论。他说:"名之于物,无施者也;言之于理,无为者也。……诚以理得于心,非言不畅;物定于彼,非名不辩。"(《言尽意论》)欧阳建的"言尽意论",是以肯定语言在认识事物规律中的作用为特征的。他还提出,"名逐物而迁,言因理而变"(《言尽意论》)的命题,肯定规律是随事物的变化而变化的,人们的认识必须随之而变化。欧阳建从认识方法论的角度,对于理所作的精彩论述,说明人们对于事物规律的认识又前进了一步。

另一位玄学家郭象,却从另一方面论述了理。他首先指出,理是必然性,"不得已者,理之必然者也"(《庄子·人间世注》)。他也承认事物有变化之理,"往来者,自然之常理也"(《庄子·知北游注》),并且提出"物理无穷"的思想。但他认为,必然就是"自然"。因此又叫"自然之理"或"天理自然"。所谓自然,就是没有绝对精神或"真宰"一类主宰者使之然,自然而然便是如此,如:"君臣上下,手足内外,乃天理自然,岂真人之所为哉?"(《庄子·逍遥游注》)他否定了有一个主宰者,同时也否定了事物的因果性和相互联系。在他看来,必然也就是偶然,物各自生,理各自定,事物突然产生,又突然消灭,自生自灭,这就是理。唇之与齿,形之与影,没有必然联系,但又不可缺一。他还认为"物有自然,理有至极","至理者尽于自得也"(《庄子·逍遥游注》)。所谓至极之理,就是自性。"至理无辩"(《庄子·秋水注》)不可以言说。既是至极,便是自足。"人之生也,理自生矣","既禀之自然,其理已足"(《庄子·德充符注》)。这个至极自足之理,正是郭象所要追求的。他把"理"和"性",自然和名教,必然和偶然合而为一,同时也就取消了必然。他从客观回到主观,论证了"自性"的完美性。提出"理虽万殊而性同得"(《庄子·逍遥游注》),认为性是事物的宗极。他还提出"理根于太初之极"(《庄子·天下篇注》)的思想,这个太初之极,可能就是性。这实际上开了"理一分殊"论的先河。他的"穷理至命"之学,提倡得性而达理,如果人人能够自足其性,这就是"内圣外王"之学。应该说郭象的思想,对于后来的性理之学,有着深刻的影响。

佛学思潮是魏晋玄学的继续和发展,其理论核心是讨论心性问题。但华严宗在宗教哲学的形式下提出了"理事"范畴。法藏说:"事者心缘色碍者,理者平等真如。"(《华严经义海百门》,《大藏经》卷四十五)他所说的事,并不是客观物质世界,而是佛教因缘说中的客相,心因事而起,事因心而生,事其实就是幻相,但既是幻相,也不可说不存在。他所谓理,就是真如本体。理和事的关系是体用关系。为了把二者调和起来,他提出体中有用,用中有体,体即是用,用即是体的说法。他说,"谓了达尘无生无性,一味是体;智照理时不碍事相,宛然是用。事虽宛然,恒无所有,是故用即体也,如会百川以归于海;理虽一味,恒自随缘,是故体即用也,如举

大海以明百川。"(《华严经义海百门》,《大藏经》卷四十五)又说:
"虽理事不同,而相即相融,不相妨碍",故"理即事,事即理,理中
事,事中理"(同上)。华严宗关于理、事的论述,涉及到现象和本质
的关系问题,他认为,"事显而理隐"(《华严经回答》,《大藏经》卷四
十五)。事有似于现象,理有似于本质,二者是互相交融不可分离
的。但他的"理事无碍"说,和我们所说的现象和本质,不是一回
事。重要的是,它以空无为宗,以真如佛性为依归,从根本上把客
观世界及其规律彻底否定了。

(三)

北宋以后,随着理学思潮的出现,"理"开始成为哲学家们共同
讨论的中心问题,变成了最重要的哲学范畴,甚至成为最高范畴。
它之成为理学的基本范畴,是理论思维长期发展的结果,也是对玄
学和佛学批判的结果。它说明人们对于世界的认识,已超出感性
直观阶段,也不是停留在纯粹空洞的抽象思维阶段,而是企图把具
体和抽象、个别和一般、现象和本质统一起来,对于宇宙和人生问
题,作出解释。理学家们普遍重视理性思维的作用,他们把认识的
理性主义同道德的理性主义结合起来,完成了一种特殊形态的哲
学,即所谓"理学"。

这种思潮以恢复儒家思想的面貌出现,其实质是为现实社会
的伦理道德提供理论根据。但由于他们从理论高度对于自然界和
人的本质,以及人和自然、社会的关系问题,作了比较深入的探讨,
达到了以往的哲学所未能达到的理论水平。

被称为"理学之宗"的周敦颐,提出了"理性命"的问题,但未来
得及作进一步发挥。张载从气为万物之源的气本体论哲学出发,
初步提出理是气化运动的一般规律。他说:"天地之气,虽聚散、攻

取百涂,然其为理也顺而不妄。"(《正蒙·太和篇》,《张载集》7 页)顺而不妄之理,是气化运动所固有的。因此,他提出"由气化,有道之名"的命题,肯定了道的物质统一性。他又说:"理不在人皆在物,人但物中之一物耳。"(《语录上》,《张载集》313 页)即从主体和客体的关系方面,指出了理的客观性以及理不离物的思想。他还提出"穷理"的重要性,说:"万物皆有理,若不知穷理,如梦过一生。"(《语录上》,《张载集》321 页)他所说的"理",包括人伦、物理两方面的意义,他所谓"穷理",也包括"明庶物,察人伦"两方面。但"理"在张载哲学中还不是主要范畴。

　　他还提出"形而上"与"形而下"的问题,说:"运于无形之谓道,形而下者不足以言之。"(《正蒙·天道篇》,《张载集》14 页)他认为无形之道(理)是形而上者,他虽然提出天德、天道"一于气"的思想,但是当他把天理和人欲、德性和见闻,性和气、"形而上"与"形而下"对立起来的时候,他所谓道或天理,就具有本体论的意义。而这一思想,同他的气本体论是自相矛盾的。

　　二程第一次建立了以"理"为最高范畴的哲学。反映事物规律的"理",变成了创造万物的精神本体,"理"被形而上学化了。他们认为,理是"形而上者",是事物之"所以然者",世界万物都是从"理"派生出来的。程颢认为天就是理,程颐说,理是"冲漠无朕,万象森然已具,未应不是先,已应不是后"(《遗书》卷十五,《二程全书》)的精神实体,这显然是颠倒了精神同物质的关系。在二程哲学中,事事物物各有其理,这理有规律的意义。但万物之上还有一个理,这就是"天理"。这是"天下之定理,无所逃于天地之间"。他们否定了佛教以空无为本体的思想,同时也否定了张载的气本体论思想,而把仁义礼智等封建伦理道德说成世界本体,说这是天下之"实理","天下无实于理者"。二程的"形而上学"理本论哲学,虽然是思维抽象的产物,但不是真正的科学抽象。他们把"理"从现实事物中抽象出来,却变成了存在于事物之上的绝对精神,这样就割裂了一般和个别的关系。但二程虽然严格区分了形而上同形而下的界限,同时却又强调二者的统一性。程颢认为形而上之道(理)同形而下之器不可分离,程颐提出"体用一源,显微无间"的命题,认为作为本体的理体现在万事万物之中。此外,二程理学的特点是把理和性进一步联系起来了,程颐提出"性即理也"的命题,把人的本质和人生的意义,归结为道德化了的"天理",他很强调道德精神的价值,但是却忽视甚至抹杀了更重要的东西。

朱熹作为理学集大成者,不仅继承了二程思想,而且完成了理学体系。他把"理"说成是宇宙本体,是无形体、无方所、无造作而洁净空阔的观念世界,是形而上者,是生物之"本"。它是事物之所当然与所以然,先于天地万物而存在,又在天地万物中。它是世界万物的"主宰",一切运动和变化的"使之然者",但又"挂搭"在形而下的气(物)中。它是万事万物的规律,又是真理和道德的标准。在朱熹理学体系中,"理"是个具有多方面内容的多层次的范畴。他的"理一分殊"说,建立了"理"有层次的学说。物物各有其理,物物又各具一太极,太极(理)在万物之上,又在万物之中。总之,理是本体,是形而上者,但又不离形而下。从逻辑上讲,理在气先,从事实上讲,理在气中。这正是朱熹理学的特点。他比较深刻地认识到一般和个别、现象和本质的关系,并且企图把二者统一起来,但是,归根到底他还是颠倒了二者的关系。

朱熹还从理气关系,即从精神同物质的关系的角度,讨论了理的性质和作用,这就把问题引向深入了。他所谓"理",即是同物质气相对立的观念性存在,即精神本体,因此,远不是规律所能概括的。但是,在朱熹那里,"理"确有规律的意义。他说:"阴阳五行,错综不失条绪,便是理。"(《朱子语类》卷一)他广泛地讨论了自然界的各种现象,承认具体事物都是有规律的。这些思想具有唯物主义因素。他的"即物穷理"说，承认一事一物各有其理，每一物都要"格"，每一理都要"穷"，尽管他的最终目的是明心中之理，但他的认识方法，却包含了某些积极因素。这是朱熹理学中的矛盾。

理学中的心学派，用"心即理也"这一命题，把理变成了主观精神，与理学派有所不同，但陆九渊同样认为，理是"所以然者"，是人所共由而不能违抗的天下之"实理"、"定理"、"公理"、"常理"。在这一点上，他和朱熹并无区别。他更强调道德化的主观精神，而对于一草一木之理并不关心。此外，陆九渊不讲"形而上"，这一点似乎不同于朱熹。王阳明说理是"气之条理"，但他认为，天人一气，天人一体，实以心为本体。但这气不是心外之气，而是心中之气，因此，理不在心外。他还提出"心之本体便是天理"，"天理"即是至善的命题，进一步把理变成了主观的道德精神。

但明中期以后，随着理学的演变，对理的认识发生了新的变化。

罗钦顺是从理学中分化出来的第一位哲学家，他的重要贡献，在于否定了理是万物"主宰"的思想，明确提出理是物质运动的规律。他说："理只是气之理，当于气之转折处观之。"（《困知记续》卷上）他认为物质气是世界万物的唯一本源，自然界和人类社会的一切事物，一切现象都是气之聚散、往来、动静、阖辟、升降等运动所产生的，而不是理所派生的。气的运动具有一种必然性、规律性，这就是所谓"理"。理是气所固有的，而不是气外别有一物"主宰乎其间"。他说："气本一也，而一动一静，一往一来，一阖一辟，一升一降，循环无已，积微而著，由著复微，为四时之温凉寒暑，为万物之生长收藏，为斯民之日用彝伦，为人事之成败得失，千条万绪，纷纭膠轕而卒不可乱，有莫能其所以然而然，是即所谓理也。"（同上）罗钦顺从物质运动的观点解释理，这就批判了朱熹"理气为二物"以及"理主宰气"的思想，他所谓"理"，同朱熹已有本质区别。

罗钦顺虽认理气为一物,但并不认为理就是气,他说:"理须就气上认取,然认气为理便不是。"(同上)规律是物质气所固有的,但作为物质运动的本质属性,同物质本身还不是一回事。明确提出这一观点,是罗钦顺的又一贡献。这说明他对理学不是简单地否定,而是通过批判改造,汲取了其中的积极内容。

罗钦顺还提出物有生灭、理有存亡的思想,批评了张载"知死生之不亡者,可与言性"的说法,从而否定了理是永恒不变的理学观点。在这一方面,更为突出的还有王廷相。他反对在元气之上、元气之先有一个主宰者,认为理者气之理,故气一则理一,气万则理万,理随气而变,理随物而迁,进一步否定了永恒不变之理。

明清之际的王夫之,全面总结和批判了理学,系统地论证了"理"的学说,认为理是"物之固然,事之所以然也"(《张子正蒙注·至当篇》)。即客观事物所固有的规律性。他也承认理是"形而上者",无形不可见,但这与程朱所说有本质区别。他认为"理与气元不可分作两截",故理不是另有一个精神存在,与气相对立。理只是存在于事物中的一般规律,是抽象一般,故不可见。但理不离气,"形而上"不离"形而下",存在于"形而下"之中。"形而下"之气可见,则理不是不可捉摸的。他说:"理本非一成可执之物,不可得而见;气之条绪节文,乃理之可见者也。故其始之有理,即于气上见理;迨已得理,则自然成势,又只在势之必然处见理。"(《孟子离娄上》,《读四书大全说》卷九)就是说,客观规律是通过物质运动表现出来的。有气而有理,有理而有势。理是物质运动所固有的,其作用则通过势,即事物发展的必然趋势表现出来。对理的这一认识,是批判改造理学所取得的一个重要成果。

王夫之所谓"理",除了指事物的规律,还指人性的来源。他说:"凡言理者有二,一则天地万物已然之条理;一则健顺五常,天以命人而人受为性之至理。二者皆全乎天之事。"(《论语泰伯篇》，《读四书大全说》卷五)前者是就客观世界而言，后者指人的本质而言。他认为人性来源于阴阳五行之理，但只有成质而后性成，理只能是气之理，"气外更无虚托孤立之理"。他所谓"天"，也就是自然界，它统一于物质气。他的"格物穷理"之学，既表现了对客观规律的尊重，又肯定了人们认识世界的能力，达到了古代哲学的最高水平。在人性问题上，王夫之虽然还没有摆脱理学的说法，并且论证了仁、义、礼、智等封建道德的合理性，但他从气一元论出发提出理在欲中的观点，在当时具有重要理论意义。

继王夫之之后，颜元、戴震等人进一步批判了理学家的性命之理。颜元指出："理者，木中纹理也，指条理言。"(《四书正误》卷六)故不离事。而宋儒"性命之理，不可讲也"(《存学编》卷一)。戴震以解释先秦诸子的方式明确提出"分理"的思想，强调理是具体的，是区别事物特殊本质的范畴。他说："理者，察之而几微必区以别之名也，是故谓之分理；在物之质，曰肌理，曰腠理，曰文理；得其分则有条而不紊，谓之条理。"(《孟子字义疏证·理》)分理就是事物所以相互区别的特殊本质，条理就是不同事物所具有的特殊规律。戴震明确提出"类"概念的问题，指出事物以类相别，是由于不同类的事物具有不同的特殊本质或规律所决定的，并由此论证了人性与物性的本质区别(王夫之也有类似思想)。戴震把理和物，必然和自然统一起来，提出物是实体实事，是自然，理是事物之则，是必然。二者是统一的，不是对立的。他说："由血气之自然，而审察之以知其必然，是之谓理义；自然之与必然，非二事也。就其自然，明之尽而无几微之失焉，是其必然也。……故归于必然，适完其自然。"(《孟子字义疏证·理》)必然之理就在自然之物中，认识必然必须以自然为基础；但如果只停留在自然阶段，就会流于失而反丧其自然，因此，只有以必然为指导才能完成自然。这虽然是一种抽象论证,但他批判了以理为"如有物焉"的理学思想,解决了长期争论的一个重要理论问题,把自然和必然,理和欲统一起来,在认识史上作出了重要贡献。

就中国古代哲学而言,王夫之、戴震是"理"的演变中的最后两位大师。他们从理论上结束了理本论哲学,恢复了理范畴的客观物质基础,但这不是简单地恢复,而是在更高基础上的发展。特别是王夫之,同朱熹一样,从精神和物质关系的高度论证了理的性质,成为理学唯物主义集大成者。但王夫之、戴震的理论,从总体上说,还没有越出古代哲学的形态。这是因为,封建社会的生产方式,限制了自然科学的发展,而如果没有近代科学,就不可能出现新的哲学理论。

(四)

逻辑和历史是统一的。"理"的历史演变,曲折地反映了理论思维的逻辑发展,体现了人类认识由低级向高级发展的一般规律。

首先,"理"作为哲学范畴,在其演变中,经历了由具体到抽象再到具体这样的逻辑发展过程。这个过程说明,人类对于世界的认识,如何由外部现象深入到内部本质和内部联系,即规律性,并且由片面到全面,由初级本质到更高级本质的发展过程。"理"一开始就具有规律和本质的意义,对理的认识一开始就是一种理性思维的抽象。列宁说过,本质、规律、一般等等,是同一序列的范畴,它们是对世界的内部联系的认识,只凭感觉经验是不可能取得的,它须要理性思维即逻辑推理。战国时期的哲学家们,普遍接触到"理",即接触到对于事物的某些本质、规律性的认识,这说明我国战国时代理性思维的发展水平是很高的。但这种认识总的来说,还只是初步的、个别的、具体的,或者说是直观的、质朴的认识。

是一种初级的具体的抽象思维。这个时期的哲学家,对理有各种各样的解释和说法,比如"物理"、"天理"、"阴阳大理"以及"义理"等等,这些说法都是对世界(包括自然界和社会)的个别方面的认识,还没有从中抽象出一般的规律,即规律一般。"物理"在于强调具体的客观事物是有条理的;"天理"在于强调理是自然过程,而不是某种意识活动;"阴阳之理"是以阴阳两种对立的势力来说明自然界的运动是相互交替而有秩序的,而不是杂乱无章的。这在先秦是一种较高的抽象,但仍然是用某种具体的物质形态来解释自然界及其发展过程,而且这种认识只是在个别的情况下提出来的。至于"义理",则是社会伦理道德方面的一种是非观念,又是价值观念。孟子提出,这种认识由"思"而得,这可以说是一种理性的自觉,但他把人性归结为某种先验的道德本质,其结论却是错误的。战国末年的韩非,似乎讨论到一般规律的问题,但他还没有摆脱老子哲学的影响,他所谓理,作为具体规律,依附于道这个总规律,而道在某种意义上又具有实体性。

两汉时期,就理论思维的发展说,比先秦虽然有所前进,但并没有更大的突破。这是因为,他们主要讨论宇宙构成和发生的问题,而对于规律、本质方面的认识,还没有产生更大的兴趣。这是"形而下"的经验论哲学所具有的特点。董仲舒把"理"解释为阴阳四时运动的秩序,但它受天的意志所支配,是宇宙目的的一种体现。王充把"理"归结为天地阴阳之气的自然过程,但并没有着重讨论这种过程发展的规律性问题。但经验论哲学是中国哲学史上一个重要的、不可缺少的发展阶段,没有这个阶段,就不会有后来的"形而上"的理性主义哲学。

魏晋玄学的出现,是理论思维的一次飞跃,抽象思维能力达到了新的水平,进入了新的阶段。玄学家所讨论的本末、体用等问题,实质上是讨论现象世界的背后有没有本质以及世界的本质是什么这样一些问题,这就同"理"联系起来了。但本体并不就是理,而理恰恰是本体的表现。就理的内容说,它和本体"无"一样,具有"寡"、"约"等特点,万事万物之所以繁而不乱,正因为有理统帅。从这一点讲,理有规律的意思。它是抽象一般,不同于具体事物。但理和本体直接联系起来时,它的具体内容实际上被抽空了,只剩下一个空洞的"一",或者叫"本理",或者叫"性理"。这是一种高度而又贫乏的抽象,并没有达到对于事物本质和规律的更加深入具体的认识。

宋明理学是古代理论思维发展的更高阶段,也是对以前各个认识阶段的一次总结。理学家二程和朱熹,一方面发展了玄学的体用、本末的观念和佛教华严宗以理为本体的理事观,把理从事物中抽象出来,作为最高范畴,变成世界本体,不免陷入唯心论。但另一方面,他们把"理"作为重要范畴进行研究,探讨了许多重要问题,包含着比较丰富而具体的内容。玄学否定了先秦关于理的具体内容,提出了否定性的概念,理由"是什么"变成了"不是什么",理学又否定了玄学和佛学关于"无"和"空"的概念,认为理是实的,并非空无。他们从天地之所以高深,鬼神之所以幽显,以至万事万物之所以然,无不讨论,同时还提出了一套格物穷理的方法。有些理学家如朱熹,还讨论到理的多方面的内容,涉及到理的全面性的问题以及理有层次的问题。他一方面说,理先于事物而存在;另一方面又说,理不离气,理不离物,物物各有其理,一物不穷,便缺了一物道理,一事不穷,便缺了一事道理。而事事物物之中,又各有一个太极之理。从某种意义上说,他对理的认识已达到具体的抽象(这也是相对而言),虽然他的根本观点是唯心主义的。在理学的演变中,"理"作为世界本体这一思想,经罗钦顺、王夫之、戴震等人的批判,被否定了,而"理"作为物质运动的规律这一思想,却得到了充分的论证和发展。本质和现象、一般和个别,规律和具体事物的关系问题,也得到了正确的解决。在如何认识本质和规律的问题上,已把感觉经验和理性思维初步统一起来,达到了对于真理的比较具体的认识。而在戴震那里,特别强调"理"的具体性,称之为"分理"。看起来似乎又回到先秦那种个别、具体的认识,但这是在总结以往认识的基础上提出来的,因而是更高阶段上的发展,并且带有近代哲学的某些特征。这种发展,正好是一个否定之否定的过程。

其次,"理"这一范畴,在中国哲学史上具有自己独特的内容和特点。它一开始就具有两方面的意义,一是指自然规律,即物理;一是指人的本质,即性理。这同中国哲学史所讨论的主要问题,即天人关系问题有密切联系。在先秦时期,总的说来,有两大思潮,一是强调自然规律的探讨,以道家为代表;一是强调社会伦理方面的研究,以儒家为代表。道家《庄子》认为,理来源于道,而道尚自然,故人性亦以自然为宗。儒家孟子则认为,理来源于心,尽心即可以知性知天。两汉时期,董仲舒发展了孔孟思想,而以天为理的来源,人性要合于天道。王充则发展了道家天道自然的思想而又吸收了儒家性理之说。玄学崇尚"自然",以名教服从于自然之理,但发展到郭象时,却合名教与自然而为一,又强调性理。理学总结了儒、道思想,建立了天人合一的性理之学。理学家朱熹认为,理既是"所以然",又是"所当然"。所以然者,自然如此,是宇宙的自然规律,自然界的必然性,体现于万事万物之中。当然者,应当如此,是伦理学上的道德原则,人性之所固有,故不离人伦日用。当然即所以然,所以然也就是当然。这样,理就被说成既是自然规律而又是道德标准。即"必然而不容已,当然而不可易。"这正是理学的特点,是逻辑思维和道德观念、认识论和伦理学的有机统一。这是一种特殊形态的理性主义。理学家很推崇孔子的"从心所欲不逾矩",认为这个矩就是理,它既是自然规律,又是道德原则,达到这种境界,就达到了对于规律的自觉的认识,同时也就实现了人性的自觉。用自然规律来说明人性,说明人的本质,这似乎是理学所达到的最高认识,其结论当然是错误的。但在当时条件下,他们还不能对人性作出科学的解释,更不懂得人的本质就是社会关系的总和。他们重视人在宇宙中的地位,提倡理性主义,强调理性认识和道德实践的重要作用,这在人类认识发展中是值得重视的。至于理学家把道德理性主义发展到极端,提出"存天理,灭人欲"的口号,当然具有禁欲主义的色彩,后来的唯物主义者罗钦顺、王廷相、王夫之、颜元、戴震等人予以批判,表现了人类认识不断完善的前进运动。

最后,"理"这个范畴的发展,同其他范畴一样,与唯物主义同唯心主义的对立以及相互渗透,是密切联系的。在每一个认识发展阶段上,"理"都有不同的甚至相反的两种解释。有道德论的解释,就有自然论者出来批判;有以无为本的理解,就有崇有论者予以否定;有以理为本体的理学,就有以气为本体的理论进行反对;这也是中国哲学范畴发展的特点。对于"理"的唯心主义解释,一般地都是同某种形式的物质及其运动(比如气)相联系,理被解释为某种客观规律性或事物的原则。对于"理"的唯心主义的解释,则必然脱离客观物质存在,或者是"道"的产物,或者是"心"所固有,或者竟变成精神本体。但这些不同甚至对立的认识,又是互相影响、互相转化的。只有经过理学唯心主义阶段,才能达到象王夫之这样的认识水平。这也是人类认识发展的辩证法。

一九八三年九月初稿

一九八四年四月修改

(选自《中国哲学范畴集》,人民出版社,1985年)

蒙培元（1938—　），生于甘肃庄浪县，1966 年北大哲学系中国哲学史专业研究生毕业。曾在中学任教，也曾在北大出版社从事编辑工作，1980 年调入中国社会科学院哲学研究所，从事中国古代哲学的研究至今。主要著作有：《理学的演变》、《理学范畴系统》、《中国心性论》、《中国哲学主体思维》等。

本文论述了理这一哲学范畴的历史演变，认为理作为哲学范畴，经历了从具体到抽象再到具体的逻辑发展过程，从战国时代历经汉魏的发展，到宋明，理成了宋明理学的最高范畴。理作为世界本体的思想，经王夫之、戴震等的批判，被否定了，而理作为物质运动的规律思想，却得到了论证和发展；理具有自然规律和人的本质两方面的意义，这与中国哲学史中的主要问题天人关系问题有密切的联系。

张载哲学逻辑范畴体系论

陈俊民

要理清张载范畴体系的内在逻辑,最重要的问题,首先是要分析他的逻辑起点及其必然形成的层次进程。正犹如《正蒙》外在形式所隐涵的内在逻辑与其范畴系列大致相合一样,张载范畴体系的逻辑起点与其所表达的哲学的起点,也是完全一致的。其哲学,从"天人一气"的世界统一性出发,展开了宇宙自然史与人类社会史同一"气化"的辩证过程,其逻辑,则从对"气"范畴的直接规定开始,用"气化"论证"气本",层层展开了"道"——"性"——"心"——"诚"的阶梯进程。这两个过程,其实是一个过程,皆从论证宇宙本体的"太虚之气"发端。

一、"气本""气化"的层次进程

张载哲学范畴体系的内在逻辑,是从"气"范畴的直接规定开始,是通过论证"太虚即气""气之为物"的命题,在"太虚""太和"与"天地""万物"的关系中进行的。

(甲)"气"的规定与层次

(1)"太虚"

"太虚"与"太和"在张载"气"范畴中,处于同一层次,是一个外延最大,内涵最小的最抽象的规定。是气存在的原始状态。张载以"气"为逻辑起点,实即从"太虚"开始。

"太虚"一词,"《六经》、孔、孟无是言也"(《孟子字义疏证》卷上《理》)。本来,《六经》、孔、孟重立"人道",不重"天道",很少讲"气"①,更不言"虚"或"太虚";"气""虚"或"太虚",最早见于先秦道论诸书,《管子》《心术》、《内业》中,有所谓"气者,身之充也""精也者,气之精者也"的精气之说,《老》《庄》有"致虚极,守静笃"(《老子·十六章》)、"游乎太虚""通天下一气"(《庄子·知北游》)之论,但讲"气""虚"或"太虚"最多的,还要算《黄帝内经》。《内经》引《太始天元玉册·运气微旨篇》文云:"太虚寥廓,肇其化元,虚皇转运,变易渊玄,万物资始,五运终天,布气真灵,总统坤元,九星悬朗,七曜周旋,曰阴曰阳,曰柔曰刚,幽显既位,寒暑驰张,生生化化,品物咸章"(见《素问·天元纪大论》);《素问》、《灵枢》中所谓"太虚埃昏""太虚苍埃""气虚""气实""天气""地气""人气""大气""心气""血气""骨气""胃气""阴阳之气""天地之气""苍天之气",几乎篇篇皆有,贯通全书。这对于熟知医学② 深研《六经》,而又曾"访诸释老

---

① 《易经》无"气"字,《易传》仅有"精气为物"一见;《礼记》虽有"气也者,神之盛也"(《祭义》)、"气衰则生物不遂"、"气盛而化神"(《乐记》),《论语》虽有"屏气"、"食气"(《乡党》),《礼记》虽载孔子语有"气志不违"、"气志如神"、"气志既起"、"气志既得"、"气志既从"(《孔子闲居》),《孟子》虽有"志,气之帅也;气,体之充也"、"志至焉,气次焉"、"志壹则动气,气壹则动志也"、"其为气也,至大至刚"、"其为气也,配义与道"、"我善养吾浩然之气"(《公孙丑上》)等等,但这些多属主观精神性的"志气"、"意气",与张载气论甚少相涉。

② 据南宋邵伯温(邵氏闻见录)卷十五记载:熙宁十年(1077),子厚(张载)"复召还馆,康节(邵雍)已病,子厚知医,亦喜谈命,诊康节脉曰:'先生之疾无虑。'……又据《正蒙·动物篇》张载所云:"医谓'饥梦取,饱梦与',凡寤梦所感,专语气于五藏之变,容有取焉尔。"可知张载不仅掌握天文、物理、动植等自然科学,尤其精通医学。

之书"的张载来说,肯定全然明白这个事实:"太虚"一词,"《六经》之所未载;圣人之所不言",而佛道又以"无"为"虚",用"虚"否定客观世界的存在。为了"与浮屠老子辩",以弄清"是非曲直",他自然要从《老》《庄》道书、尤其是《黄帝内经》中,汲取概念范畴,将"太虚"作为规定"气"的重要范畴,赋予它以新的哲学规定。

首先,他针对佛道"幻化""虚无"之说,断定"太虚即气则无无",把"太虚"规定为"无形""无体""至静无感""清通而不可象"的"气之本体",即阴阳未分如"野马、𬘓缊"之"太和"的宇宙原始状态。张载认真仔细地分析了《老》、《庄》、《内经》以来,由于人们不可能科学地认识"虚""气""物"的辩证统一关系,而必然产生出"有无""虚实""动静"的哲学难题,认为:"太虚"与"气"之间,仅仅只有存在形态的不同,"散殊而可象为气,清通而不可象为神","神者,太虚妙应之目";除此之外,它们两者毫无本质区别,并非绝然不同的两个东西,而是同一个宇宙本体,就像"冰凝释于水"一样,太虚不能无气","气之聚散于太虚"(《太和篇》),"气之性本虚而神,则神与性(疑作"虚")乃气所固有"(《乾称篇》)。既然"太虚"乃"气所固有",而"凡可状,皆有也;凡有,皆象也;凡象,皆气也。"(同上)"气"是"有",那么"气所固有"的"太虚",当然不是"无"。

至于它存在形态的"无形"、"无体",不可状,不可象,那只是表明,它这种"太虚之气"比"可状"、"可象"的"阴阳之气"与"天地之气",更为宇宙之本根,天地之始祖,正如张子所说:"天地以虚为德,至善者虚也。虚者天地之祖,天地从虚中来。"(《张子语录》中)"太虚"与"阴阳""天地"之间,仅只有在同一"气"范畴中的层次差异,或者说,它们同作为宇宙本体,只有程度的不同罢了,而根本不存在绝对的"有无"之别。

接着,张载进而分析了之所以会产生"虚"与"气""物"不相资、"有"与"无"绝然对立的哲学认识根源。他说:

太虚无形，气之本体，其聚其散，变化之客形尔；至静无感，性之渊源，有识有知，物交之客感尔。客感客形与无感无形，惟尽性者一之。（《太和篇》）

这就是说，人们通常所谓的"有无"，并不全然以客观事物的真实存在与否为根据，而主要是以客观事物的"有形"或"无形"和人们主观"见闻之知"的"有感"或"无感"为直接依据。"太虚无形"，人们目穷于视，耳穷于听，"离明不得施"而"无感"，所以谓之"无"；"气聚则离明得施而有形"有象，人们视之而见，听之而闻，所以谓之"有"；凡"有"，功效可居，亦谓之"实"；凡"无"，顽然寂静，亦谓之"虚"（参见《张子正蒙注》卷九）。佛道二氏正是利用人们这种"物交而知"的感性认识之局限，炽传所谓"虚能生气"、"有生于无"的"自然之论"和"以山河大地为见病之说"。佛教"以人生为幻妄，以有为为疣赘，以世界为荫浊"，明确否定人们"见闻之知"的现实世界（"有"），"直语太虚，不以昼夜、阴阳（气）累其心"，旨在"销碍入空"，灭"有"以归于"无"（《乾称篇》）；老、庄、道教"徇生执有"，表面上不否定人们"见闻之知"的现实世界（"有"），但以"虚无"为本，旨从"无"中生"有"。这同佛教一样，看起来是"以灭闻见为用"，其实"皆以闻见为心故也"（《张子正蒙注》卷九），均与常人俗流相同，以"见闻之知"为唯一根据，将"太虚"与"气""有"与"无"割裂开来，将"太虚"（"无"）置于"气"（"有"）之外，只知"有"之有而不知"无"之有，只知虚之"虚"而不知虚之"实"。结果，导致了"虚无穷，气有限，体用殊绝"的理论错误。

所以，张载特别强调，对"太虚"的规定，绝不能单靠见闻直观的"有无"进行表面的直接规定，而必须凭借自然科学和理性思辨，作科学抽象的间接规定。他说："有无一，内外合（庸圣同），此人心之所自来也。若圣人则不专以闻见为心，故能不专以闻见为用"（《乾称篇》）；"气无内外，假有形而言尔"（《诚明篇》），"所谓气也者,非待其蒸郁凝聚,接于目而后知之;苟健、顺、动、止、浩然、湛然之得言,皆可名之象尔。"(《神化篇》)由此,便可以肯定"太虚即气"、"虚空即气","太虚",实即不依赖任何主观感觉而存在的"所谓有无混一之常"的客观实在("太虚者,天之实也")。并且认为:"至静无感(即"太虚"),性之渊源"(《太和篇》),无论人们主观上对它"客感"还是"无感",都无以改变其本性,"惟尽性者一之"。

(2)"天性"

"太虚之气",究竟为什么会产生"有无"、"虚实"的存在形态而使人们主观"有感"或"无感"呢?张载针对佛教离"物"而言"性"所以沦于"空寂"、道教舍"气"("器")而言"道"所以溺于"虚无"的过失,进一步分析了"太虚"、"太和"本体内"中涵浮沉、升降、动静、相感"的能动性问题。由此,深入到"气"范畴的"阴阳"与"万物"两个层次。

如果说,以上是张载在"太虚"与"气"的关系中,确定"太虚之气"的本质属性为"实有";那么,这里则是张载在"太虚"与"物"的关系中,确定"太虚之气"的本质属性为"能动"。张载认为,"至静无感"的"太虚"是"性之渊源","性通极于无,气其一物尔";正因"太虚"中涵"性","太虚"才能"至虚之实,实而不固;至静之动,动而不穷。实而不固,则一而散;动而不穷,则往且来"(《乾称篇》);正因"太虚之气"自身具有这种"屈伸、动静、终始之能",才使"无形""无象"的自身,聚而为"有象"、"可状"的"阴阳之气","阴阳之气","则循环迭至,聚散相荡,升降相求,絪缊相揉"(《参两篇》),不能不聚而为"有形"的"万物",而"万物"最终又"不能不散而为太虚"。这种"形聚为物,形溃反原","循是出入,是皆不得已而然也"(《太和篇》),是"太虚之气"自身能动性的必然过程,因而,决定其自身必然居于统一天地万物的宇宙本体地位。

可见,张载对"太虚之气"自身能动性的这一规定,其哲学价值是不可低估的。其一,由于规定了"太虚"自身的永恒运动,"游魂为变","散则万殊,人莫知其一也;合则混然,人不见其殊也"(《乾称篇》),这就使哲学家长期争论的"有无""虚实"的哲学难题,得以正确说明;而且纠正了《内经》以来,以"有者为实,无者为虚",谓"气去曰虚"(《素问》卷五《调经论》),将"虚"——"气"——"物"绝然割裂、对立的形而上学观念。其二,由于规定了"太虚"自身的永恒运动,散入无形,适得其体,聚为有象,不失其常,"其聚其散"而其体"死之不亡",永不消灭,这就从根本上驳倒了二氏"寂灭"、"虚无"的谬说,并为解决三教普遍关注的"一多"关系问题,提供了可能和条件。总之,由于张载把"太虚之气"规定为:不依赖任何主观感觉而存在,永恒运动,"死而不亡",所谓"清虚一大",能统天人万物于一体的客观实在,这就使他的全部哲学,立于唯物辩证的理论基础之上,从而在整个理学思潮中,与程朱陆王诸学派迥然异趣,独树一帜,《伊洛渊源录》里,关于"清虚一大"之辩①,就是证件。

　　然而,很值得注意的是,"太虚之气"自身固有的这种能动本性,张载称之为"天性",与"太虚""太和"均处于"气"范畴的同一层次,因其能动的本性,推动着"气"范畴朝纵深方向展开。他的思路是,先把"性"解作"能":"天能谓性,人谋谓能"(《诚明篇》),然后说:

　　　　天性,乾坤、阴阳也,二端故有感,本一故能合。天地生万

---

①　据朱熹《伊洛渊源录》中所载:问:"横渠有'清虚一大'之说,又要兼清浊虚实。"曰:"渠初所云'清虚一大'为伊川诘难,乃云'清兼浊,虚兼实,一兼二,大兼小。'渠本要说形而上,反成形而下,最是于此处不分明。……"又问:"横渠云'太虚即气',乃是指理为虚,似非形而下。"曰:"纵指理为虚,亦如何夹气作一处?"类似记载,尚见多有。足见,在"太虚"范畴上的争论,直接关系到张程朱各派哲学性质的不同。

物,所受虽不同,皆无须臾之不感;所谓性即天道也。

感者性之神,性者感之体。(自注:在天在人,其究一也。)
惟屈伸、动静、终始之能一也,故所以妙万物而谓之神,通万物
而谓之道,体万物而谓之性。(《乾称篇》)

显而易见,张载在这里"强索精思",从"太虚之气"与其自身运动的
不可分割性出发,公然改造了以往以"天"、以"气"而就天言"命",
以"生"、"成"、以"形"而近人言"性",仅仅把"性"范畴限定于"凡
既生以后所有之事,所具之能,所全之德"(《孟子字义疏证》卷中
《性》)的传统规定,诸如:"成之者性也"(《易传·系辞上》),"生之所
以然者谓之性"(《荀子·正名》),"天命之谓性"(《中庸》),"形于一
谓之性"(《大戴礼记》),"生之谓性"(《孟子·告子上》),"性,生而然
者也"(《论衡·初禀篇》)等等,而首先明确规定:"未尝无之谓体,体
之谓性","性其总,合两也","性天德"(《诚明篇》),"德其体","性"
与"太虚""太和",同为"气之本体","万物之一源",并非人之"得私
也"。"气"是宇宙本体,"性"也是宇宙本体;"气无内外",可通乎天
地人物,"性乃气所固有",理所当然地同气一起,无所不在,真可堪
称为:"有无虚实通为一物者,性也"(《乾称篇》)。这就确立了"天
性"与"气"不可分割的宇宙本体地位。

紧接着,张载依此前提,由"性"之"能动"的规定性,推论出
"感"、"神"、"道"、"一两"诸范畴。他认为,动必有感,"有感必通"
(《天道篇》),"感"乃性之阴阳二端相感相应,相依相荡,产生"气
化";其"气化"形式,不外"聚散"两种,"阴性凝聚,阳性发散"(《参
两篇》);其"气化"之速,人莫能测,"清通而不可象",妙应万物而人
不知,可谓"神"矣;其"气化"之行程,"运于无形之谓道"(《天道
篇》);但"道"与"神"之间,又是体用关系,"神,天德;化,天道。德
其体,道其用,一于气而已。"(《神化篇》)而"一物两体,气也。"(《参
两篇》)因之,"性即天道","天道"的这一切运行变化,都是气自身

能动本性的表现,而气自身的"一两"矛盾,才是它之所以"能动"的根据。

总而言之,"有天德,然后天地之道可一言而尽。"(《天道篇》)正由于"天德"、"天性"这种为"气所固有"而"非自外也"的能动本义,导致"气"从"本体"的客观存在,进入"气化"的辩证运动。

(乙)气化过程的诸范畴

现在,我们就来具体分析以上关于气化过程中的几个主要范畴。

(3)"天道"与"神化"

"道"是中国传统哲学广泛应用的一个最基本范畴,也是宋明理学中一个最主要的范畴。理学家把"性"与"天道"作为论证的中心,张载把"性与天道合一"作为构筑理论体系的骨架;但"道"在张载哲学中,既不完全同于以往各派哲学之"道"义,又与程朱理学之"道",迥然有别,其焦点还是在"道"与"气"、"道"与"神"的关系问题上。

先说"道即气化"。古人最初命"道"字,着眼于日用人事,是从人所通行共由的"行"上起意。《诗》三百篇,每每所云"女子喜怀,亦各有行"、"女子有行,远父母兄弟",多以"行"字当"道"字;《洪范》言"初一曰五行","行"亦"道"之通称;《说文》云:"所行,道也。从辵从首。"而"辵"乃"乍行乍止也","首"乃"古文百也","百,头也",象行走之人的侧面头。所以,"𧗷""衖"皆古"道"字(《晋书音义》),"古人称名,道也,行也,路也,三名而一实"(戴震《绪言》卷上),均近取人之所行,就人伦日用上立义。偏重于运用"近取远及"的道德经验论思维方式的秦汉儒家所谓:"天下有道"、"吾道一以贯之"、"本立而道生"(《论语》)、"达不离道"(《孟子》)、"率性之谓道"、"极高明而道中庸"(《中庸》)、"道也者,治之经理也"(《荀子》)、"道,三德三行也"、"道谓仁义也"(《礼记》注)……皆依此多言人道。若要推原来历，其根源却是从"天"而来。但道家、道教和玄学皆以"无"为"道"① 以"寂然无体"之"道"为"生万物"之本，离"气"而言"道"，甚而将"道"神化为超万物的绝对；《易传》作者，虽肯定"形而上者谓之道"，赞同道家的"道体无形"说，却认为"一阴一阳之谓道"，明确提出"道即阴阳"说。张载正是沿着佛道嚣然攻击的这种"儒者言道，阴阳而已矣"（《周易外传》卷五）的易传思想，吸收道、玄"道体无形"的合理成分，将"所行，道也"的本义，推原于阴阳之气化，提出了"气化即道"的命题，给"道"以新义。

他承认"道，行也，所行即道"的古义（《横渠易说·乾卦》），但认为，"道"的本原，绝不限于人伦日用之"行"，更不能将"语'道'断自仲尼"，孔子以前所语之"道"，"虽文字不能传，然义理不灭"，一定"有此言语，不到得绝"，虽"不知仲尼以前更有古可稽"（《经学理窟。义理》），但《易》亦言'天行健'"，"天行"即"天道也"（《横渠易说。乾卦》），而世人只知老、庄"道之自然"，却"未始"追究"自然之为体尔"，不识"太虚者"即"自然之道"（《张子语录》中）。其实，"太虚"、"太和"、"阴阳"之气，是"道"范畴的渊源，也是"道"范畴的内涵。如张载所说："由太虚，有天之名；由气化，有道之名"，"太和所谓道"，"阴阳者，天之气也（自注：亦可谓道）"（《张载语录》中）。显然，正因"太虚"、"太和"自身的阴阳矛盾运动，推动着气化流行，品汇万物，才有"生生进进"的天地变化之道；"道所以可久可大，以其

---

① 《老子》云："有物混成，先天地生。寂兮寥兮！独立不改，周行而不殆，可以为天下母。吾不知其名，字之曰道"（二十五章）碧虚子陈景元曰："夫道者，杳然难言，……在人灵府之自悟尔，谓之无为自然也"（《道德真经集注》卷一）；本来子邵若愚曰，"大道者，至虚至静无形无名……无始无终……自虚无始化一气……"（同上）；王弼云，"道者何？无之称也，无不通也，无不由也。"（《周易注》）"道者虚也"（《周易略例》），这些，均把"道"规定为"无"，认为"有生于无"，主张"以无为本"。

肖天地而不杂也"，若与气化天地不尽同一，那"其违道也远矣"
(《性理拾遗》)。可见，"气"是"道"的实体，"道"是"气"的妙用，有
"太虚"即有"气"，有"气化"即有"道"，"道"不离"气"，离"气"非
"道"矣。

张载"道气"不离的这一思想，尔后被王廷相、王夫之和戴震继
承发挥，并一步一步明确化为："元气即道体"、"气即道，道即气，不
得以离合论者"(《雅述》上篇)、"气外无理(道)"、"无其器则无其
道"(《周易外传》卷五)、"阴阳五行，道之实体也"(《孟子字义疏证》
卷中《天道》)等等哲学命题。然而，程颐、朱熹却借释《易传》"形而
上者谓之道，形而下者谓之器"，有意制造"道气"的形而上下之分，
使"道气"体用殊绝，上下分离，导引出"道即理"、"道"为"生物之
本"的理本论。因此，正确说明"形而上下"问题，就直接关系到能
否正确规定"道"的内涵与外延。张载当时似乎已意识到了这一难
点，他解释说：

> 运于无形之谓道，形而下者不足以言之。(《天道篇》)
> "形而上者"，是无形体者，故形而上者谓之道也；"形而下
> 者"，是有形体者，故形而下者谓之器。无形迹者即道也，如大
> 德敦化是也；有形迹者即器也，见于事实即礼义是也。凡不形
> 以上者，皆谓之道，惟是有无相接与形不形处知之为难。须知
> 气从此首，盖为气能一有无，无则气自然生，气之生即是道是
> 易。(《横渠易说·系辞上》)

这就是说，"形而上者"即"无形体者"，"形而下者"即"有形体者"，
两者一气贯通；"太虚之气"，无形无感，太和絪缊，"气自然生"，"气
生即是道"；"道"的外延同"气"一样大，即在"有形体"的天地事物
运动之中，也在"有状有象"的阴阳气化之内，更不能离开"无形体"
的"太虚"、"太和"这个"气之本体"。"道"是气化流行，生生不息的
全部过程，气无始无终，其道也无首无尾，若仅以气化"形而下者"

论"道"，是"不足以言之"的。何况，气化过程并无绝对分明的"有无相接与形不形处"，在人们认识这一过程里，说"形而上者"，实已"得意斯得名，得名斯得象"；否则，"语道至于不能象，则名言亡矣"（《天道篇》），那何谈什么"形而上下"呢？

因此，张载肯定的"形而上者"，是指无形迹的"太虚之气"为形而上；"道"的形而上，只是表明"太虚之气"本身运行变化之"不测"，可谓"天道神化"、"神之道与"！而二程批评张载说："子厚以清虚一大名天道，是以器言，非形而上者。"（《濂洛关闽书·天地》）却正说明，张载主张"气"是本，"道"其属，"道"不离"气"；二程主张"道"为体，"气"是未，"道"离"气"而独立存在。这就是关学、洛学的根本分歧，也正是宋代理学从气本论向理本论转化的重要契机，这可按下不说。

再说"神化"。"神化"与"天性"处于同一层次，是"天之良能"，表示气化动因的范畴。尽管张载有各种说法，但这一特定义蕴，却十分清楚。张载依据《易传》和《内经》所谓"阴阳不测之谓神"，首先断言：

> 神化者，天之良能，非人能；
>
> 惟神为能变化，以其一天下之动也。人能知变化之道，其必知神之为也（《神化篇》）；
>
> 鼓天下之动者存乎神。天下之动，神鼓之也，神则主乎动，故天下之动，皆神之为也。（《横渠易说·系辞上》）

这就是说，"神"不是"属人而言"，也不是就"地"而说（"地，物也；天，神也"），而是以"天"之所以"能动""气"之所以"变化"为其内涵。这就从根本上排除了宗教意义上的各类有意志的人格神，和主观精神意义上的鬼魂神灵。他批评"庄生缪妄，又谓有神入焉"（《神化篇》），是"不识义理也"，"又谓至人真人，其辞险窄，皆无可取。"（《横渠易说·乾卦》），就是对传统有神论的否定。虽说他还保留着"鬼神"的概念,但这不过只是表示阴阳气化之"良能"及"其伸其归"、"往来、屈伸之义"罢了。

然而,"神化"毕竟不完全等同于"天性"。如果说"天性"内涵的能动本性,还是"气"一种潜在的本能,那么,"神化"内涵的"能动""变化",实际就是"太虚之气"潜在本能在气化万物过程中的奇妙应用("妙万物而谓之神"),其显著特点是:神而"不测",化而"难知","鼓舞万物","用之不穷","无心之妙,非有心所及也"!其所以如此,乃因"神化""天性"同"太虚""太和"是不可分割的同一层次的范畴,"太虚之气"的无形无感、"清通无碍",决定了"神之充塞无间","虚明照鉴"。诚然,"化"还不同于"神","气有阴阳,推行有渐为化,合一不测为神。"(《神化篇》)"神"是"气之本体(太虚)"阴阳合一的妙用("一故神"),"化"是其阴阳分二,互相推荡的妙用("两故化"),但二者都是气化的微妙形式(不同于"变"的显著形式),都是气本身"一物两体"的内在矛盾运动,不越乎气之"二端而已矣"!

(4)"一两"与"仇和"

"一物两体"是张载规定整个世界及其一切具体事物本质自身中对立统一关系的辩证论题,也是张载初步探求气化流行的根源及其规律的重要范畴。这一范畴,既是如上"太虚"——"阴阳"——"天性"——"天道"——"神化"逻辑过程的必然一环,也是对如上宇宙"气本"、"气化"实质的精确概括。

早在《易说》里,张载就用"阴阳之合"的"太和",改造了《易传》"是生两仪"的"太极",提出:"一物而两体者,其太极之谓欤","有两则有一,是太极也。若一则有两,有两亦一在,无两亦一在。然无两则安用一? 不以太极,空虚而已,非天参也"。他所说的"一物两体",既指作为宇宙本体的"气",也泛言气化万物中的每一具体事物都是一个对立统一体;"一物"或"一",是包涵、统摄阴阳"两"

的统一体（"太和"、"太虚"之气）；"两体"或"两"，是统一于这个统一体的两个对立面。"一两"，实指对立面的统一体或统一体的对立面，以及统一体与对立面之间的依存关系。在《正蒙》中，张载充分发挥了这一辩证思想，把它贯彻在各个方面。

他突出强调的是，"不有两则无一"，"乾坤毁则无以见易"，"两"的存在是普遍的、绝对的。从"无感无形"的宇宙本体到"客感客形"的天地人物，处处都是"对"和"两"，气有"阴阳""虚实""清浊""有无""动静""聚散""浮沉""升降""胜负"的矛盾，物有"刚柔""先后""大小""高下""左右"的矛盾，人有"男女""君臣""长幼""父子""夫妇"的矛盾，整个世界就是"乾坤""天地""动植""人物"的对立统一。所以，"圣人以刚柔立本"（《太和篇》），立足于事物的矛盾，认识事物的本质。

但是，张载强调"两"的主旨，却是为了进一步肯定"一"。他凡讲到"两"时，无不是为了论"一"，为了更突出强调"两"与"一"的依赖关系，特别指明"其究一而已"。他说："两不立，则一不可见；一不可见，则两之用息。"（同上）如果没有对立面，就不能构成统一体；反之，如果没有统一体，对立面失去了互相联系、共同依存的根据，也就失去了对立面的作用。他认为，对立面（"两"）之间的对立作用，主要表现为"相荡""相揉""相感""相兼""相制""互藏"而相互"合异"，"通一无二"。他说，"阴阳之精，互藏其宅，则各得其所安"（《参两篇》）；又说："感即合也，咸也。以万物本一，故一能合异；以其能合异，故谓之感；若非有异则无合。天性，乾坤、阴阳也，二端故有感，本一故能合。"（《乾称篇》）"两"之所以能"互藏"、"感"而"合异"，归根到底，还是由"湛一，气之本"（《诚明篇》）这个宇宙统一本体决定的。

正是在这个意义下，张载建立了世界统一性学说，发见到宇宙万物"对——反——仇——和"的内在规律。他所肯定的"物无孤

立之理,非同异、屈伸、终始以发明之,则虽物非物也"(《动物篇》);
"《易》一物而合三才;阴阳气也,而谓之天;刚柔质也,而谓之地;
仁义德也,而谓之人。"(《大易篇》)"天人一气","万物本一",这就
是张载规定"一两"范畴,特别强调对立面之间和对立面与统一体
之间相互依存关系的逻辑结论。尽管,他没有深入到"一"之"两"
的内部,具体分析"两"的矛盾转化关系,以真正阐明"动非自外"的
内在动因,但他从"一"之"两"的交感、推荡、"合而成质"、"推行于
一"的"天道神化"过程里,已清醒地认识到:"气本之虚,则湛一无
形;感而生,则聚而有象。有象斯有对,对必反其为;有反斯有仇,
仇必和而解。"这种由"阴阳两端,循环不已"的"感"、"对"、"反"、
"仇"、"和"的辩证运动,实即"立天地之大义"(《太和篇》),是气化
天人万物的总规律。

　　沿着这个规律,张载展开了"人道"诸范畴的逻辑层次。

二、"性""心""礼(理)""诚"的逻辑展开

　　张载将同一"气化"过程,从宇宙自然史推向人类社会史之后,
没有像尔后潜心继承他的王夫之那样着重去考察"为人之独"的社
会历史规律;更多注意到的却是"天人之本无二",人与天的"异"中
之"同",精思力索的是,人如何以"躬行礼教为本",通过"尽心""穷
理""知天","上达反天理"的社会道德规范。对"性""心"的规定,
自然成了他由"天道"转入"人道"的中介环节。

(甲)"性"、"心"的二重规定性

　　按照"天人一气"的逻辑思路,张载把人视为"与天地同流,异
行而已"的社会主体。这个主体地位,就决定了人性、心知所固有
的本质特性。

　　(1)"人性"

　　"性"在张载哲学里,是一个"合两""极总之要"的总概念、大范畴。它至少有三种含义:一曰"天性",即如前说及的"能动"性;二曰"物性",即各种物质属性,诸如:气之"阴性阳性"、天体之"七政之性"(《参两篇》)、"金性刚,火性热,牛之性,马之性"(《性理拾遗》)等等;三曰"人性",即人的道德属性、生理本能和心知天人万物的认识本性,这是张载性论的重点,在其著作中大量出现,具有不同以前各种人性论的显著特色,"其有功性教,夫岂浅小哉!"(张伯行《康熙四十七年本张横渠集序》)这里,主要先说人的道德属性和生理本能。"知"性,容后于"心"范畴中再表。

　　首先,他考察了"人性"与"天性"、"物性"的统一关系。一方面认为,"天性"即"人性","天性在人,正犹水性之在冰,凝释虽异,为物一也;受光有大小、昏明,其照纳不二也。""天良能本吾良能",天的能动性也是人的能动性;另一方面又认为"尽人之性"即"尽物之性","性其总,合两也",性是"人性"与"物性"的总合,"尽其性能尽人物之性,至于命者亦能至人物之命",人与物"莫不性诸道,命诸天。我体物未尝遗,物体我知其不遗也",人、物均为"天所自不能已"的必然之"命","人物之性"理所当然的共同根源于"天性",实即气的"太虚"本然之性与气化过程中"阴阳"二性的结合、统一。所以,张载说:

　　　性其总,合两也;命其受,有则也;不极总之要,则不至受之分,尽性穷理而不可变,乃吾则也。天所自不能已者谓命,物所不能无感者谓性。

　　　君子所性,与天地同流,异行而已焉。(《诚明篇》)
　　这就是"合虚与气,有性之名"的实际内容。

　　继此,他从人物共具的"太虚"本性出发,把"天地之性"与"气质之性"规定为"人性"的两大内涵。所谓"天地之性",《周髀算经》

解作"天地阴阳"的"自然"之性，即其古义①；汉儒董仲舒始将其道德化。董在《天人三策》里引《孝经》载孔子言"天地之性人为贵"，说："故孔子曰：'天地之性人为贵'。明于天性，知自贵于物；知自贵于物，然后知仁谊；知仁谊，然后重礼节；重礼节，然后安处善；安处善，然后乐循理；乐循理，然后谓之君子。故孔子曰'不知命，亡以为君子'，此之谓也。"（《汉书》卷五六《董仲舒传》）很明显，董仲舒将孔子以"生"、以"命"谓"性"的"天地之性"，已变换成了神灵的"天性""天命"赋予人的"仁义""礼节"等道德属性。王充机智地否定了董仲舒这种神灵的"天地之性"，恢复了"天地之性""自然也"的古义，从"自然"的"天地之性"所涵"上中下之差"中，推导出了人性的善恶差别，认为："天地之性，上古有之"（《论衡·书虚篇》），"人禀天地之性，怀五常之气，或仁或义，性术乖也；动作趋翔，或重或轻，性识诡也；面色或白或黑，身形或长或短，至老极死不可变易，天性然也。"（《论衡·本性篇》）张载正是沿着王充这种天性自然之差决定人性善恶不同的思路，为了反对佛教的本体"真性"与见闻"自性"之分，而提出了"天地之性"，与"气质之性"对立统一的人性论。

　　张载虽然没有展开论证"天地之性"，但从他对"天地之性"与"气质之性"的并列叙说中，足见其不同于"气质之性"的义蕴。

　　　　形而后有气质之性，善反之则天地之性存焉。故气质之性，君子有弗性者焉；

　　　　性于人无不善，系其善反不善反而已，过天地之化，不善反者也；

①　《周髀算经》下云："此天地阴阳之性，自然也"；《左传》卷二五《昭公二十五年》载子大叔云："哀乐不失，乃能协于天地之性，是以长久。"这均非就人性而言，而是指天地阴阳变化的"自然"之性，可看作"天地之性"的古义。

天地之性,久大而已矣。(《诚明篇》)

饮食男女皆性也,是乌可灭?(《乾称篇》)

这就是说,"天地之性"是一种"久大"永恒的善性,它本"不言而四时行"(《天道篇》),它"本无心"而能"生成万物"(《经学理窟·气质》)。此"天地之仁",就是仁人君子所气禀的"无不善"之性,是仁义礼智道德之本,正如王夫之所说:它"固无恶而一于善",因为"阴阳健顺之德本善也"(《张子正蒙注》卷三)。由于阴阳气化,自无形而有形,成乎其人,人形而后,耳目口鼻身必然产生"饮食男女"、声色臭味等生理之欲,从而使人同时具有这种"气质之性"。"天地之性",永久长存,"气质之性"亦永"乌可灭"。

对人性的这种二重性规定,表面看来,确乎是个矛盾。但若按照张载的总体思路,排除其诸如"性未成则善恶混"的个别说法,其实,这个二重规定是可以并存不悖,"相待而不相害"的。因为:第一,"天地之性"与"气质之性"是同一气化过程的两种属性。"天性"是人未成形以前的"太虚之气"的本性,它清澈纯一,洁而无瑕,实际无所谓"善恶"的。人经"气化"成形以后,便犹如有形之冰涵水性一样,而人人具有"天地之性","天地之性"就赋予每个人以"无不善"的天赋道德属性。同时,每个人因"耳目口腹之欲",产生了"饮食男女"的后天生理本能。这两种不同性质的属性,对人来说,都是不可须臾离弃的永恒人性,"天地之性原存而未去,气质之性亦初不相悖害"(《张子正蒙注》卷三),两者统一于同一气化过程。

第二,在现实的道德属性中,的确存在着善与恶的矛盾,但这不是"天地之性"与"气质之性"的矛盾,而是由于人禀气之偏全不同而有"才与不才""贤与不肖"的差异所造成的矛盾。"天本参和不偏","人之刚柔、缓急、有才与不才",乃得"气之偏也",得"气之偏"者,必"不才""不肖",不能节制"耳目口腹之欲"以"变化气质",

导致了道德品质的"恶"。与此相反，仁人君子既得气之"不偏"，又不将"气质之性"据为己性；既能保全"天地之性"，又能自觉"变化气质"，制之有节；即使万一"徇人欲"而无节，又时时"善反之"，"纤恶必除"，自省"天地之性"。因而，君子"上达反天理，下达徇人欲"（《诚明篇》），却永葆善性，不存在善恶矛盾，只存在禀气之"偏"与"不偏"和人"才与不才"所带来的"理"、"欲"分驰。

由此可见，张载试图用"气"说明历来聚讼莫解的人性善恶难题，把人仅仅看作自然界的一部分，"天地之塞，吾其体；天地之帅，吾其性。"（《乾称篇》）用人与物共同的自然性，说明人不同于物的社会道德、阶级属性，不知人的本质属性，只能从现实社会关系的总和中去理解、作规定，最终必然陷入唯心主义泥潭，这是往日一切人性论者的共同命运。尽管，结论是一样的唯心，但张载如上对人性的精心论证和规定，毕竟是中国古代人性论研究的一个进步。他同孟子一样，主张先天性善说，但他纠正了孟子唯心的先验论，把"天地之性"看作"太虚之气"的本性；他同王充一样，用"气"说明人性，但他已开始意识到从王充到二程的许多哲人，以"才"之用，当"性"之体，混淆"才""性"的认识错误，改造了王充诸儒以人禀"气"的多少、清浊、厚薄，决定"性有贤愚"的粗浅提法，他同二程一样主张人性内涵"天地之性"与"气质之性"，但二程将两者直接视作善恶，对立为二，导引出"性即理"和"存天理，去人欲"的结论，张载却把两者规定为人的社会道德属性和生理自然属性的有机统一，觉得在这个意义下，"上达反天理，下达徇人欲"是合理不悖的，关键只要"尽心""尽性""穷理""自求变化气质"。总之，他似乎想分清"才""性"之别，从人禀气之"偏与不偏"，找出人心之官"才与不才"和理欲、善恶的内在联系，虽说终归未能辨明，但其"辨性之功"可谓"大矣哉"（《张子正蒙注》卷三）！

　　(2)"心(知)"

　　"尽心""穷理"是张载"变化气质",以保"天地之性"与"气质之性"统一的根本途径和方法。由此出发,张载对传统的"心""理"范畴,重新做了规定。这里先说"心"。

　　"心"字,自古先哲虽有"人心""道心"之分,毕竟还是主要说"人心"。《说文》云:"心,人心。土藏也,在身之中象形";《管子》云:"心也者,智之舍也"(《心术上》);《孟子》云:"心之官则思"(《告子上》);《荀子》云:"心生而有知","心者,形之君也而神明之主也"(《解蔽》)。张载尊从"人心"主"思"、生"知"的本义,不谈"道心",更否定天有"心"(尽管保留着"天心"概念),而着重从"心""性""知"的关系中,考察了"心"所潜在的"知性""尽性""穷理""能体天下之物"的无限认识能力及其道德属性。

　　首先,张载肯定,"合性与知觉,有心之名","性"和"知"是作为认识主体之"心"所固有而尚待实现的思维能动本性。他认为,人要自觉发挥"心"认识外物的能动性("尽心"),就必知"心所从来"?"知"所从来? 始终不要忘记人"以性成身"之所自。

　　　人病其以耳目见闻累其心而不务尽其心,故思尽其心者,
　　　必知心所从来而后能。

　　　成吾身者,天之神也。不知以性成身而自谓因身发智,贪
　　　天功为己力,吾不知其知也。民何知哉? 因物同异相形,万变
　　　相感,耳目内外之合,贪天功而自谓己知尔。(《大心篇》)
"不知以性成身",必不会知"心所从来而后能(知)"。"太虚之气"自身固有的能动本性("天性")使阴阳气化,而合五行之秀以成乎人身,"天性"从而凝于"人性";人本原于"太虚"而顺乎"气化",这决定了人凭借身之耳目,无不可知:"天之明莫大于日,故有目接之","天之声莫大于雷霆,故有耳属之";但耳目的"知觉"是十分有限的,目接之日,却"不知其几万里之高也",耳属之雷霆,却"莫知其几万里之远也"。因此,便自然产生了"人心"(实即大脑)这个高

度发展起来的、具有特殊功能的思维器官。"天之不御莫大于太虚，故必知廓之，莫究其极也"(《大心篇》)，只有"心"才有这样的能动作用。人"心"的这种"良能"，实即"天能(性)"的表现，那世人为何还要"贪天功而自谓己知"呢？

张载没有进一步回答这个问题。当然，他同世人一样，不可能理解人"心"(脑)与"心思"是物质发展的最高产物，是高度完善的物质——大脑的属性和机能，但他立足于"天人一气"，强调"以性成身"、由"性"生"知"、"尽心则知性知天"，把"心"归结为形气之人"知觉"的最高发展，既从根本上驳倒了释氏"妄意天性而不知范围天用"、"以心法起灭天地"的唯心谬说，又纠正了世人"因身发智"、由"心"生"知"的俗浅观念。这不正表现了他在探索人类思维奥秘中的可贵努力吗?，只有王夫之对此心领神契，他引申说：

> 故由性生知，以知知性，交涵于聚，而有间之中统于一心，由此言之则谓之心。(《张子正蒙注》卷一)

"由性生知"，性、知"统于一心"，这正是张载对"心"的基本规定。也是他"以心尽性"的理论前提。

其次，张载从这个前提出发，论证了"知"的来源，揭示了交涵于"心"的"有识有知"的能动性如何变为现实的问题。他说：

> 人本无心，因物为心(《张子语录》下)；
>
> 有识有知，物交之客感尔(《太和篇》)；
>
> 人谓己有知，由耳目有受也；人之有受，由内外之合也。知合内外于耳目之外，则其知也过人远矣；
>
> 耳目虽为性累，然合内外之德，知其为启之之要也。(《大心篇》)

如果说，前面张载从"心所从来"，规定"心"特殊的能"知"本性时，是把认识主体的"人""心"同宇宙客体的"天""物"，看作同一气化过程，一滚论之；那么，这里张载实际已把认识主体和客观存在、主观和客观即"心"和"物",开始"内外"对置起来,展开了耳、目、心的主观认识活动。他认为,人"心"虽有"知"的本能,但"知"的内容却不是人"心"固有的,而是通过人的耳目接触外物,实现"合内外"之后获得的,倘若没有"耳目见闻"在"合内外"中的开启作用,那就不会产生认识。正是在这个意义下,他看到了"闻见不足以尽物,然又须要他。耳目不得则是木石,要他便合得内外之道,若不闻不见又何验?"(《张子语录》上)他丝毫不否认"闻见"在认识中的地位,这无疑是唯物的反映论。

但是,张载没有看到只有人的实践活动,才能实现"合内外",主客观才能由分而合,这才真正是耳目见闻"合内外"的"启之之要"!而且,当他由认识来源问题上,开始触及认识辩证过程问题时,却因看到"闻见之狭",又不明白"心御见闻"、"心统性情"的真实关系,结果,不仅没有沿着人类认识的正确途径,使感性"见闻"通向理性"心思",反而合乎逻辑的走进了"德性所知"的道德殿堂。正如他说:

> 世人之心,止于闻见之狭。圣人尽性,不以见闻梏其心,其视天下无一物非我,孟子谓尽心则知性知天以此。天大无外,故有外之心不足以合天心。见闻之知,乃物交而知,非德性所知;德性所知,不萌于见闻。(《大心篇》)

张载面对世人"以见闻梏其心"之蔽,尤其面对佛教"以六根之微,因缘天地","不知穷理而自谓之性"(《中正篇》)的严重错误,把由耳目感官所获得的感性认识,称之为"见闻之知",分析了"见闻之知"的局限性。认为,周围世界的万事万物,无穷无尽,"今盈天地间者皆物也,如只据己之闻见,所接几何? 安能尽天下之物?"(《张子语录》下)个人有限的感官,不能穷尽无限的客观事物("闻见安能尽物!"),这个矛盾只有靠"尽心"去解决,"今所言尽物,盖欲尽心耳。"(同上)"尽心"所获得的知识,方是他追求的"德性所知"。

那么,何谓"尽心"? 怎样"尽心"呢? 按照张载的意思,一要"大其心",二要"立心"(即立"中正"之心),三要"存心"、"养心",以至"实到"。张载认为,"心大则百物皆通,心小则百物皆病"(《经学理窟·气质》),只有"大其心",将人"心"的思维扩展到与无限的"天心"一样大,才能"尽物"、"穷理","体天下之物";只要认识尽"天下之物",也才能掌握其规律,"尽其细理"(《张子语录》下),"烛天理如向明,万象无所隐"(《中正篇》)。一切包摄于"心",这正如他所直言不讳的:和孟子"万物皆备于我矣"(《张子语录》下)的"尽心'说,一脉相承! 但他指出,"大其心"并非随心妄想,梦游荒远,而是要立"中正"之心,"极其大而后中可求,止其中而后大可有",为此,就得"存心"、"养心",既像孔子那样,做到"绝四"("毋意,毋必,毋固,毋我。"),"四者尽去",则"直养而无害","心"若"太虚","明知天德";又要像孟子那样,"既知之,又行之惟艰","万物皆备于我矣,又却要强恕而行,求仁为近"(同上)。

显而易见,张载所谓"尽心""穷理"的"德性所知",其实质不过是一种超现实的道德修养。它并非尔后王夫之所说的那种"立名"(概念)、"起义"(判断)"习其故"(推理)、"以理御心"的理性认识,而至多只是一种"以心循理"的知性能力而已。这不正是在探索人类认识辩证过程的科学长河上,一次令人惋惜的偏航吗? 它不只为程朱"理"学、而且为陆王"心"学,留下了必然有机衔接的隙缝。然而,却使张载合乎逻辑的通过"德性所知",把交涵于"心"的认识能动本性,进一层扩展到非常现实的社会政治道德规范之中。

(乙)从"礼(理)"到"诚"的致思趋向

张载的修养之道,是由他所规定"心"的"尽物"致知论中派生的。当他面向现实社会的政治道德领域,具体规定"礼"这一人伦准则时,他没有像尔后王夫之那样,踏进历史辩证法的门坎,而却把自己的致知思路,终结在"性与天道合一存乎诚"的理想境界。

(3)"礼(理)"

世人皆知,张子之学"以立礼为本","尊礼贵德",平生用心莫过于"复三代之礼"。据历史记载①,他曾"知太常礼院",做过礼官,明庶物,察人伦,"冠婚丧祭之礼",无所不精;学者有问,"多告以知礼成性变化气质之道";退居横渠后,亲自"正经界、分宅里,立敛法,广储蓄,兴学校,成礼俗,救灾恤患,敦本抑末","以推先王之遗法,明当今之可行"。真可谓:"好礼效古人,勿为时俗牵"!

但是,人们往往容易忽略张载对"礼"的本质规定,却与三代不尽相同。《左传》记载孔子的一段话云:"君子之行也,度于礼","礼"是君子行为的准则("度"),即"周公之典"(卷二九《哀公十一年》),是周公总结三代所实行的一些具体典章制度;从《孟》、《荀》到《三礼》,虽肯定"礼"是典章制度,却认为它不直接等同于强权政令和刑罚,而把它放在"仁义智礼"或"礼乐刑政"的儒学"人道"结构中加以规定。或者说:"仁之实,事亲是也;义之实,从兄是也;智之实,知斯二者弗去是也;礼之实,节文斯二者是也。"(《孟子·离娄上》)或者说:"礼以道(导)其志,乐以和其声,政以一其行,刑以防其奸,礼乐刑政,其极一也。"(《礼记·乐记》)均认为"礼"是连接"仁义"道德与"政刑"政治之间的中介环节,其社会功能是,运用传统习俗和宗教信仰,通过一系列数不清的戒律信条、礼节仪式和烦琐说教② 使每个社会成员各守其"分",以维护"贵贱有等,衣服有别,朝廷有位"(《礼记·坊民》)的社会秩序。这无疑比孔子以前人们对"礼"的认识,前进了一步。

---

① 参见:吕大临《横渠先生行状》,《宋史·张载传》,司马光《哀横渠诗》等。

② 《中庸》谓"礼仪三百,威仪三千",其实,各朝各代,究竟有多少"礼",谁也难以统计清楚。

这样，自然由"礼"的社会作用上，提出了一个关于"礼"的本质问题。荀子已从哲学角度看到："制礼反本成末，然后礼也""礼以顺人心为本，故亡于《礼经》而顺人心者，皆礼也。"(《荀子·大略》)但他没有从"人心"之外，去追究"礼"的本原。张载沿革荀子的思路，不再将"礼"置于仁义礼"三者皆通"的原始儒学体系中，而是把它放在"性与天道合一"的理学结构里，从"礼"与"性"、"理"的关系上，重新加以规定。

首先，他不赞成传统儒学"专以礼出于人"的观点，认为"礼本天之自然"，"礼即天地之德也"。

> 礼不必皆出于人，至如无人，天地之礼自然而有，何假于人？天之生物便有尊卑大小之象，人顺之而已，此所以为礼也。(《《经学理窟·礼乐》)

张载熟知经典，明明知道："人道曰礼"，"礼"之本义为"人之所履也"，是人"所以事神致福也"，是谓"人所服行也"，成为"国之纪"、"政之本"、"法之大分，群类之纲纪"、"尊卑之差，上下之制也"①；但他依据《礼记·礼器》"礼反其所自生"之说，觉得"礼"之所以能对社会起"别异"定"分"的作用，因为它"不忘本"，"礼天生自有分别，人须推原其自然"，而后才"能推本为之节文"(《经学理窟·礼乐》)，作为每个社会成员行为的准则。"不忘本"，就必然能使每个社会成员，从根本上明白"知礼成性而道义出"，犹如"天地位定而易行乎其中"一样的道理，做到"知及之"而"礼性之"(《至当篇》)。这样，人们自觉遵守社会上"尊卑上下"之分的"礼"，也就等于保持了自己的本性，所以他说：

> 礼所以持性，盖本出于性，持性，反本也。凡未成性，须礼

---

① 　参见：《周书·武顺》，《荀子·大略》，《说文》，《中庸》，《国语·晋语》，《大戴礼记·哀公问于孔子》，《荀子·劝学》等。

以持之,能守礼已不畔道矣。(《经学理窟·礼乐》)

既然,"守礼"能"持性","知礼以成性,性乃存,然后道义从此出";那么,天地本然之性,理所当然便是"礼"。虽然各种具体的"典礼",可依"时措之宜"、"时中之义"而随时适应,随地变通,但"礼"的这一本质,却"如天叙天秩之类,如何可变!"(《横渠易说·系辞上》)这种"可变"或"不须变"的"礼",其实就是他所说的"能悦诸心,能通天下之志"、"时义而已"的"天理"。

接着,张载便将"礼"归结为"理"。认为:"盖礼者理也,须是学穷理,礼则所以行其义,知理则能制礼,然则礼出于理之后",如果不先"穷理",不认识天道运行的规律,就难以"制礼"。至于现实社会通行的封建礼制,他主张凡"合此理者,即是圣人之制",应坚决照办;凡"不合者,即是诸儒添入,可以去取"(《张子语录》下)。而他所说的"理",诸如"交胜之理"、"性命之理"、"自然之理"、"知之之理"、"易简之理"、"天下之理"、"物无逾神之理"等等,或者指"义理",或者指"条理",或者指"所以然"的道理,无论何者,均具有客观规律之义蕴。的确,这不同于后来程朱作为精神本体的"理";但由于张载用"理"把作为当世社会政治经济制度和道德风俗的"礼",从本质上规定为永恒不变的天道运行的客观规律,却和程朱一样,殊途同归,均达到了使封建伦常本体化、永恒化的理学目的。

最后,张载进而提出了如何"顺理"而"行礼"的问题。认为"至诚则顺理而利,伪则不循理而害"(《诚明篇》);"成就其身者须在礼,而成就礼则须至诚",诚心苟息,"则礼不备,文不当"。因此,"修持之道,既须虚心,又须得礼,内外发明,此合内外之道也。"(《经学理窟·气质》)以"变化气质"为出发点的"尽心"、"穷理"、"行礼",就这样,落脚到"合内外之道"的"诚"了。

(4)"诚"

"诚"本是《中庸》的中心范畴,"信也"、"实也"、"成也"、"敬也"、"一也",即其古义①。南宋陈惇以为:"诚字后世多说差了",只有"到伊川(程颐)方云'无妄之谓诚',字义始明;至晦翁(朱熹)又增两字,曰'真实无妄之谓诚',道理尤见分晓。"(《北溪字义》卷上《诚》)其不知,程朱之前,张载利用《中庸》"诚者,天之道也;诚之者,人之道也""诚者自成""物之终始""合外内之道也"诸古老命题,早给"诚"作了"天之实""行实事""性与天道合一"的新规定。从而为他自己的逻辑范畴体系,找到了归宿。

他先就"天道"而论:

> 诚则实也,大虚者天之实也。万物取足于太虚,人亦出于太虚,太虚者心之实也;

> 天地之道无非以至虚为实,人须于虚中求出实。……金铁有时而腐,山岳有时而摧,凡有形之物即易坏,惟太虚无动摇,故为至实。(《张子语录》中)

> 天所以长久不已之道,乃所谓诚。(《诚明篇》)

按照张载在这里的推论:"诚则实也","实"是"诚"最根本的内涵;而宇宙"至实"者,莫过于"气之本体"——"太虚";"太虚"是不"腐"无"摧"而"长久不已"的"天之实""心之实""万物"与"人"之实。因此,"诚"即"太虚",便是他必然推出的结论。这似乎是用"太虚"规定"诚",其实是以"诚"所涵"至实"的客观实在性,来进一步规定"太虚",说明天人万物统一的"太虚"本体,实即名曰"诚"的客观实有。这表明"太虚"范畴,由抽象上升到具体,开始一步一步地接近于后人对"物质"的科学抽象。

他再就"人道"而论:

> 人生固有天道。人之事在行,不行则无诚,不诚则无物,

---

① 　参见:《说文》,《尔雅·释诂》,《孟子·尽心上》注,《广雅·释诂》,《说苑·反质》等。

故须行实事。惟圣人践形为实之至,得人之形,可离非道也。
(《张子语录》中)

"诚"字就人来说,在于"行实事"、能"践形"。张载由此本应象尔后王夫之那样,引出"实践"范畴,进一步将人的客观实在性("诚"),规定为人的社会实践及其在实践中的自我认识,但由于他过分倾心于"变化气质"的修养之道,竟把自己的致思,由"行实事"转向"自明诚"和"自诚明"的精神追求。他认为,"行之要在思"(同上),只要"思诚","由穷理而尽性","由尽性而穷理",无限扩充自己的"天德良知",使人心"足以合天心",使天人无"异用"、无"异知","性与天道不见乎小大之别",就自然达到了"性与天道合一存乎诚"的理学境界(《诚明篇》)。

这便是张载"历年致思之所得"的最后结论,也是它整个范畴体系的逻辑终点。

三、结　语

综上所述,我们可以比较清楚地看到,张载关学,实即北宋关中学者在新儒学运动中独创的哲学。这个哲学,力辟二氏,"精思力践","从杂博中过来",最富有逻辑思辩,因而,形成了自己的逻辑范畴体系和运用范畴的辩证方法。

张载的范畴体系,是他"天人一气"的世界统一性学说的逻辑形式,但不是空洞的外壳。他从拯救北宋理论危机的现实斗争中,确立了"天人合一"而"一于气"的《易说》主题,并把它当作自己哲学所追求的最高《西铭》理想。这种表现北宋时代精神之精华的统一性学说,必然要求有一个与之相适应的逻辑表达形式,和足以统摄一切思想的中心范畴,因而,张载晚年在《正蒙》里,才最后凝结出"气——道——性——心——诚"的范畴系列。

在这个范畴系列里，"气"是最高的中心范畴，既是逻辑起点，亦是终点。"气之本体"，首先是一个"至虚之实"、"至静之动"、"一物两体"的规定，它固有能动的"天性"，推动着自身聚散，气化不息，形成"天道神化"，产生动植万物；"得天地之最灵为人"，人禀"天地之气"，得"天地之性"，以"性"成身，特具"心思"，能动地认识到"天秩天序"即人伦礼制，"天性"即"人性"，自觉地"变化气质"，"尽心"、"穷理"、"灭欲"，最后达到"性与天道合一"，进入"孔颜乐处"的"诚明"境界。这一切，乃是"气"范畴中的应有之义，这一切范畴，实际也皆是对"气"的各种规定。

这种寻求哲学理论的统一性与逻辑范畴的简单性，正是人类科学思维进化的内在动力。正是从这个意义上说，无论张载以"气"为中心范畴的关学，程朱以"理"为中心范畴的洛学、闽学，还是陆王以"心"为中心范畴的心学，都不同程度的表现出中华民族理论思维发展的进步。

然而，也正是这种进步，给张载带来了难以避免的失足。由于他处处着眼于"天人一气"，追求"合""同"，使"人道"等同"天道"，把社会规律归结为自然规律，让"人性"本于"天性"，视人"心之实"同于太虚"天之实"，最后，不能不使自己的"气"一本论，打上"气性"二本之烙印，使二程只须用一个"性即理也"的简单论断，就顺理成章的推导出"理"一本的结论。张子死后，其弟子诸吕、苏、范，实际也就是这样，使关学"洛学"化的。这是张载历年致思于就其"异"而谋其"同"、察其"两"而求其"一"的必然结果，在他自己的总体逻辑里，并不存在什么根本的"内在矛盾"。

张载之所以能如此以"气本"、"气化"的世界统一性学说，成为中国传统哲学螺旋发展的一个必然环节，除了他始终坚守自己"为天地立心，为生民立道，为去圣继绝学，为万世开太平"的关学价值观之外，主要还同他构筑逻辑范畴体系的辩证方法，直接相关。他没有创造出一个新范畴,但把每一个范畴,都置于与其他范畴的不同层次和序列的特定关系中,重新加以规定,"新故相资而新其故"。他从"气"与"太虚"、"太虚"与"物"的内在联系中,规定了"气"的客观实在性与永恒能动性,从"气道""道神"的体用关系里,揭示出"一两"、"仇和"的规律性;从"人性"与"天性""物性"的同异关系中,看到了"人性"的双重性及其统一性。这种动态分析法,正是他"一物两体"的辩证法在范畴体系中的生动应用,也正是这个辩证的逻辑范畴论,使以后同他"难肯向风"的程朱理学,得以长足的发展。

（节选自《张载哲学及关学学派》,人民出版社 1986 年）

陈俊民（1939—　）,陕西华阴县人。1964 年毕业于陕西师范大学,留校任教,曾任陕西师范大学副校长、出版社总编辑兼社长、陕西省中国哲学史研究会会长等。1989 年受聘于浙江大学,工作至今。长期致力于关学的研究,校理出《关学编》、《二曲集》、《关中三李年谱》、《兰田吕氏遗著辑校》等典籍,主要著作有《张载哲学思想及关学学派》、《吕大临易学发微》等。

本文系著者的《张载哲学及关学学派》一书的"本论四"。作者认为,张载在晚年的《正蒙》中形成了"气——道——性——心——诚"的范畴系列,在这个系列中,气是最高的中心范畴,既是逻辑的起点,又是终点。其哲学从天人一气的世界统一性出发,展开了宇宙自然史与人类社会史同一的气化过程;其逻辑,则从对气范畴的直接规定开始,用气化论证气本,展开了道、性、心、诚的进程。这两个过程,实为一个过程,都从论证宇宙本体的太虚之气发端。

朱子的自然哲学

范寿康

　　在论述朱子的思想以前,我们从他的主要著作略把他一生为学的立场加以说明,这对于朱子思想的了解上,也许是很有用处的。在他许多著作中,关于《五经》方面的计有三种,就是:《周易本义》十二卷,《诗集传》八卷,《仪礼经传通解》三十七卷。对《易》而论,朱子以为《易》的经文本系卜筮之书,可是《十翼》在解释经文上却多依据着义理,所以我们解《易》,应该象数与义理并重。因此,他把邵子的数学与程子的易传加以折衷,另成一家之说。就《诗》而论,朱子以为《诗序》乃成于东汉卫宏及后代的学者之手,殊不足信,所以他抛弃了《诗序》,专就《诗》本身想把诗人的本意(义理)加以阐明。再就《礼》而论,朱子以为《仪礼》是不完全的,他从古代文献中把关于礼的部分加以辑集,藉以补充《仪礼》的缺陷,并以为《礼记》的一部分乃系《仪礼》的注解,他想把经与注汇合,写成《仪礼经传通解》。书未完成,他竟不幸逝世。至对《书》与《春秋》,朱子虽未曾亲自写过注释,但是他的门人蔡沈禀承他的意思,写了一部《书集传》(六卷),书中曾把今文、古文加以区别,开了后世学者怀疑古文之先河。我们由此足见朱子识见的高超。于《春秋》,则诚如其弟子黄幹所说,朱子对传注之穿凿表示不满,以为圣心正大,不应如是。要之,朱子研究《五经》,完全不受旧有注疏的拘束,一凭自己独立的新眼光,重新加以检讨。这不得不说是他的卓越过人处。

　　还有,比对《五经》的解释更为重要的,乃是朱子对于《四书》的集注。考《四书》之中,《论语》与《孟子》早行于世,可是《大学》与《中庸》,自汉以来,只不过是《礼记》中的二篇,向不受世人的重视(这二篇文字受人注意,是在唐韩愈、李翱以后),到了朱子,他竟把这二篇文字与《论》、《孟》并列,称为《四书》。他以为《论语》为孔子的语录,《大学》传曾子之学,《中庸》为子思之作,《孟子》系孟轲所著,从这《四书》,人们可以窥见从孔子以至孟子,儒家道统的延续,因此,他特地为《学》、《庸》写了《章句》,为《论》、《孟》写了《集注》。

　　此外,朱子又对周敦颐的《太极图说》与《通书》作成了《太极图说解》与《通书解》,对张载的《西铭》与《正蒙》作成了《西铭解》与《正蒙解》,对二程子的语录加以整理,以阐明二程子的学说,又辑《近思录》十四卷,汇集有宋四子(周、张、二程)的要语,编《伊洛渊源录》十六卷,明示宋学的系统。总之,朱子的哲学乃系把周、张、二程的思想加以综合与折衷而成,他是依据着他独特的一家之见,把孔、曾、思、孟之书施以解释,因而把宋代的所谓"道学"或"理学"(亦即现代所谓"新儒学")加以大成的。

　　至就朱子的自然哲学言,他的见解乃系综合了周子的《太极图说》、张子的《西铭》以及二程子的哲学(尤其是伊川的哲学)而自成一家的。他曾在《西铭解》的最后附有结论说:"天地之间,理一而已。然乾道成男,坤道成女,二气交感,万物化生,则其大小之分,亲疏之等,至于十百千万而不能齐也。非圣贤者出,孰能合其异,反其同乎?西铭之作,意盖如此。程子以为明'理一而分殊',可谓一言以蔽之矣。"这段话明示着朱子是用"理一分殊"之说来解释张子的《西铭》的,可见朱子自己也同程子一样是主张"理一分殊"的。而就由"理一"产生"分殊"的历程言,朱子又依据周子的《太极图说》加以说明。照周子《太极图说》讲,无极即太极,流转而成为阴阳二气,阴阳二气变合而成为水、火、木、金、土五行,无极之真与二气五行之精妙合交感而化生万物。朱子解释为太极或无极之真就是程子(伊川)所谓理;二气五行之精就是程子(伊川)所谓气。依朱子的说明,太极为形而上的道,而阴阳为形而下的器。这样,综合起来,我们也可以说,太极乃是形而上的理,而阴阳乃是形而下的气。朱子曾把理气二个概念的区别看做十分明显。他说:"天地之间,有理有气。理也者,形而上之道也,生物之本也。气也者,形而下之器也,生物之具也。是以人物之生,必禀此理然后有性,必禀此气然后有形。其性其形,虽不外于一身,然道器之间,分际甚明,不可乱也。"(《朱子文集》卷五十八《答黄道夫书》)从这段话看,似乎朱子把理气二者看做完全不同的东西。可是在另一处,他却又说:"所谓理与气,决是二物。但在物上看,则二物浑沦,不可分开各在一处,然仍不害二物之各为一物也。若在理上看,则未有物,先有物之理,然亦但有其理而未尝实有此物也。大凡看此等处,须认得分明,又兼始终,方是不错。只看太极图熹所解之第一段,便见意思。"(《朱子文集》卷四十六《答刘叔文书》)我们把来综合,朱子的本意大概是这样罢。理气二者当然截然不同,但是从事物上着眼时,二者混合一起,不易分辨;而换一方面,若从论理(即逻辑)上讲,太极的一理还是最基本的根源,而这一个理流转而成为形而下的器时,理气二个概念方才得以并存。因此,我们可把朱子的看法解释如下,就是太极为形而上的理,这一个理流转而降到形而下的时候,于是阴阳二气方才出现,同时,阴阳之理也一定潜在气中,与气不能分离;气为赋与万物之形的原因,理为决定万物之性的原因。所以,《太极图说解》说:"太极,形而上之道也。阴阳,形而下之器也。……虽然,推之于前,不见其始之合;引之于后,不见其终之离。"朱子这段话的意义是:太极即形而上之道,为万物之本始,其时只存一理,并不见理气的并合;可是一旦形而上之理流转而降为形而下之气时，理气二者就密切结合而不能分离了。这样，朱子对于自然的本质的问题是采取理一元论的。他所谓理气二元的对立要在形而上之理流转而降为形而下之气时，也就是要在现象世界里面，方才可被我们所认到。

其次，再就形而下的现象加以考察，在于朱子，所谓现象世界的一切事物都具有理与气的两面。理把事物的性加以决定，气则对于事物赋与形体。而因为阴阳五行之气的结合方式千差万别，所以现象世界的事物也就有各种不同的形体；可是在于他面，就性而言，因为太极的一理是照本来的面目依存在万殊的形体之中而毫无变化，万物的性乃是同一的。朱子在《太极图说解》中说："从万物观之，则万物各一其性而万物一太极也。盖合而言之，则万物之统体一太极也；分而言之，一物各具一太极也。"就是这个意思。这样，照朱子看来，万物的差别，就是"分殊"的原因在于阴阳、五行之气，即形而下的器，却不在于形而上的理；万物虽千差万别，潜存在万物里面的理却是普遍同一的。（即所谓"理一"。）在这一点，朱子的见解是较程子（伊川）更进一步。为什么呢？在于程子，所谓"理一分殊"是说本体之一理分散在事象之上，因而产生事象的差别，就是说本体之一理与各种事象里面所具有的理是不同的，每个事象中所具有的理只是本体之理的一极微小的部分。可是在于朱子，事象的差别乃是由于形气的差异，在形气的深奥处潜存着的那个理，不拘在任何事象都是同一的，因此，万物在于理这一点乃是绝对如一或绝对同一的。

朱子自然哲学的要旨已如上述。现在更拟分项作较详的申述如下。

第一节　朱子的本体论——理、太极

考朱子的本体论，大体讲，是以周子的《太极图说》为基本，而以邵子、张子、二程子之说融合之。所谓本体,当然是指形而上者,即朱子所谓"道";至于所谓现象,则指形而下者,亦即朱子所谓"器"。道器之分,源出于《易》《系辞》,自不待言。他在《与陆子静书》中说:"凡有形有象者,即器也。所以为是器之理者,则道也。"(《朱子文集》卷三十六)这样,所谓道是指抽象的原理,所谓器却是指具体的事物。所以他又说:"形而上者,无形无影,是此理。形而下者,有形有状,是此器。"(《朱子语类》卷九十五)又说:"无极而太极,不是说有个物事,光辉辉地在那里。只是说当初皆无一物,只是此理而已。……惟其理有许多,故物有许多。"(《朱子语类》卷九十四)从上面几段话看来,朱子对于本体,所用名称颇多,如道、理、无极、太极,指的都是形而上的本体。所谓形而上者,当然是指抽象的、无形的、超越时空的东西,而所谓形而下者,却是指具体的、有形的、有时空性的东西。因为本体是抽象的、超时空的、无形的,所以所谓太极是视之不见的,是"不是说有个物事光辉辉地在那里"。这就是周子所说"无极而太极"的意思。朱子解释说:"无极而太极,只是说无形而有理。"(同上)

这种本体,朱子通常称之为"理",乃是宇宙万物的基本,宇宙间(即现象界)一切事物莫不依据这个"理"产生出来,所以他说:"惟其理有许多,故物有许多。""做出那事,便是这里有那理。凡天地生出那物,便是那里有那理。"(《朱子语类》卷四)《语类》卷四又说:"问:理是人物同得于天者,如物之无情者亦有理否? 曰:固有是理。如舟只可行之于水,车只可行之于陆。"这样,任何事物,不拘其为天然的或人为的,有生命的或无生命的,都具有其所以然之理,而这种理,在论理上,都存在于其物之先。朱子曾说:"若在理上看,则虽未有物而已有物之理。然亦但有其理而已,未尝有是物也。"(《朱子文集》卷四十六《答刘叔文》)在现象世界中,砖、瓦、舟、车尚未存在之时,砖、瓦、舟、车之理(或概念)在本体世界中固已存在。可是那时只有概念而无实例,就是所谓"但有其理而已,未尝实有是物也。"所谓发明砖、瓦、舟、车,不过发现砖、瓦、舟、车之理而依之制造出实际的砖、瓦、舟、车(就是砖、瓦、舟、车等概念之实例)罢了。所以,凡是在现象世界中可能存在的任何事物,在形而上的本体世界(理的世界)中本已具有其理。《语类》卷一载有下面的一段问答:"徐问:天地未判时,下面许多都已有否?曰:只是都有此理。天地生物千万年,古今只不离许多物。"所谓"天地未判时下面许多"似指世界上一切可能有之物。"天地未判时",其物虽还未存在,其理却先已"都有"。"天地生物千万年,古今只不离许多物",是说,有理者才能在现象世界中出现,无理者却是绝对不能出现的。

每一事物之理,就是这一事物之最完全的形式,也就是这一事物之最高的标准。所以,"理"也叫做"极",而所谓"太极"乃指天地万物之理的总和,也就是指天地万物的最高标准而言。《语类》卷九十四说:"事事物物皆有个极,是道理极至。蒋元进曰:如君之仁、臣之敬便是极。先生曰:此是一事一物之极。总天地万物之理,便是太极。太极本无此名,只是个表德。""太极只是个极好至善的道理。……周子所谓太极,是天地人物万善至好的表德。""太极只是一个理字。""太极者,如屋之有极,天之有极,到这里更没去处,理之极至者也。"(上三条俱见《朱子全书》卷四十九)这样,本体之理是最基本,最极至的东西,同时,又是万善至好的东西,所以周子用"太极"二字来形容理的这些性质,"太极"二字所以可说是对理的性质所加的形容词(表德)。至于所谓"无极"只是说这个太极之理是无形的,抽象的,不可把捉的。(注:《朱子全书》卷四十九说:"原极之所以得名,盖取枢极之义。圣人谓之太极者,所以指夫天地万物之根也。周子因之而又谓之无极者,所以大无声无臭之妙也。")还有"周子恐人于太极之外,更寻太极,故以无极言之;既

谓之无极,则不可以'有底道理'(按即指现象界的道理。现象界的
事物都受因果律的支配,即每一事物必有其所以成立的原因)强搜
寻也"(《朱子全书》卷四十九),既称无极,可以使人免得在太极之
上再去寻找太极的根源(即把因果律再应用于太极上面)。

　　如上所述,太极既为天地万物之理的总和,所以太极之中万理
毕具,换句话说:太极的内容至为充实,决不是空荡虚无的。朱子
说:"太极是五行、阴阳之理皆有,不是空的物事。若是空时,如释
氏说性相似。"又说:"释氏只见得个皮壳,里面许多道理他却不见。
他皆以君臣、父子为幻妄。"(《朱子语类》卷九十四)"太极,形而上
之道也;阴阳,形而下之器也。是以自其著者而观之,则动静不同
时,阴阳不同位,而太极无不在焉。自其微者而观之,则冲穆无朕,
而动静阴阳之理已悉具于其中矣。"(《太极图说解》)"此有李伯闻
者,旧尝学佛,自以学有所见,辩论累年,不肯少屈。近尝来访,复
理前语。熹因问天命之谓性,此句谓空无一法耶? 谓万理毕具耶?
若空,则浮屠胜;果实,则儒者是。此亦不待两言而决矣。"(《朱子
文集·答张敬夫》)这样,从具体事物(著者)看,太极普遍存在于万
物之中,而从太极的本体(微者)看,那末,太极之中,万理毕具,内
容极为充实。在这一点,朱子以为儒家之学与佛家之学是大有差
别的。

　　太极又是超越时空的,太极是无时不在,无地不在的。朱子
说:"有此理后,方有此气。既有此气,然后此理有安顿处。大而天
地,细而蝼蚁,其生皆是如此……。要之,理之一字,不可以有无
论,未有天地之时,便已如此了也。"(《朱子文集·答杨志仁书》)未
有天地之时,太极已经存要,太极的存在是不可以时间计算的,太
极的存在是无始无终的。又说:"太极无方所,无形体,无地位可顿
放。"这是说太极的存在也决不是空间所能范围,太极是超越空间
的。朱子形容太极的超时空性说:"太极是个大物事。四方上下曰

宇。古往今来曰宙。无一个物是宇样大。四方去无极,上下去无极,是多少大! 无一个物似宙样长远。亘古亘今,往来不穷。自家心下须常认得这意思。"(《朱子全书》卷四十九)

至就太极与动静的关系论,朱子以为太极具有动静之理,而不具动静之实。他说:"天地之间,只有动静两端,循环不已,更无余事。此之谓'易'。而其动其静,则必有所以动静之理,是则所谓太极也。"(《朱子全书》卷四十九)"有这动之理,便能动而生阳;有这静之理,便能静而生阴。既动,则理又在动之中;既静,则理又在静之中。曰:动静是气也。有此理为气之主,气便能如此否? 曰:是也。"(《朱子语类》卷九十四)因为太极具有动静之理,所以气得依据此理以显现动静之实。气动者为阳,静者为阴。阴阳为形而下者,动静之实(即实际的动静)也是属于形而下的。这样,实际的动与阳气的产生是同时的,实际的静与阴气的产生也是同时的。若问阴阳动静何先何后? 朱子以为"动静无端,阴阳无始,本不可以先后言",所谓先后,是就中间截断言之而已。(见《朱子文集·答王子合书》)至于形而上的动静之理,则所谓"不可以动静言",就是不便迳说它是动的或迳说它是静的。

其次,再就太极与万物的关系论,朱子以为每一事物,不但各自具有这事物之所以然之理,并且具有太极之全体。他说:"人人有一太极。物物有一太极。"(《朱子全书》卷四十九)"统体是一太极,然又一物各具一太极。"(《朱子语类》卷九十四)"问:理性命章注云:'自其本而之末,则一理之实而万物分之以为体,故万物各有一太极。'如此,则是太极有分裂乎? 曰:本只是一太极,而万物各有禀受,又自各全具一太极尔。如月在天,只一而已,及散在江湖,则随处而见,不可谓月已分也。"(《朱子语类》卷九十四)照这些话看来,世界上一切事物之中,除其自己之所以然之理外,并且各具一太极,就是一切理之全体。太极在一切事物之中,也"不是割成片去，只如月印万川相似。"（《朱子语类》卷九十四）由于这"月印万川"的看法，朱子的"理一分殊"说是较伊川的"理一分殊"说更进一步的。

关于无极、太极、理三者，要点略如上述。最后再把朱子著作中所说理之种类加以检讨。《大学·或问》说："至于天下之物，则必各有所以然之故与其所当然之则，所谓理也。"天下的事物都具有所以然之故及所当然之则。天下之所谓理，要不外乎此二者。朱子所谓穷理，要在使人们对这二者加以穷究。所以在《大学·或问》中他诲人穷理说："身心性情之德，人伦日用之常，以至于天地鬼神之变，鸟兽草木之宜，由其一物之中，莫不有见于以其所当然而不可已与其所以然而不可易者。"以今日哲学的术语言之，所谓理不外是理法或法则，那末，前者为当然的法则，后者为自然（必然）的法则。当然的法则是属于理想方面的法则，而自然（必然）的法则却是属于现实方面的法则。（见注）在于朱子，他往往把理想方面当然的法则从属于现实方面自然的法则，以为自然界的最高理法是尽善尽美的，所以一切理想上当然的法则都是依据事物自然的本性而来，并且也都由于自然的本性的实现——能被达成。例如万物生生不息，这是天地的所当然之则，鸢飞戾天，鱼跃于渊，这是鸢鱼的所当然之则；在于人类，则耳聪目明为耳目的所当然之则，君仁、臣敬、父慈、子孝，这些是君臣父子的各自的所当然之则。为什么天地会把生生不息看做是当然的法则？……以至为什么君臣父子会把仁敬慈孝看做是各自的当然的法则呢？这都出于自然的安排，丝毫不出于人为的做作，换句话说，把上述各事视为当然的最主要原因实在于"天命"或"性"。《论语·为政》篇的《集注》说："天命即天道流行而赋于物者，乃事物所以当然之故也。"孟子尽心上篇《集注》也说："如父之坐，子之立。其所以然，非出于安排也。一出于天命之性，自然而然，而有不得不然者也。"这样，朱子把所以然之故看做是性,而把所当然之则看做源出于性。他这种见解,明显地是从《中庸》"天命之谓性,率性之谓道"发展而来的。可是我们的观察如能更深刻些,更精密些时,我们实在不难发觉自然的现实未必都能尽善尽美,也就是未必一定都能符合理想的当然,所以《中庸》的这种看法大有斟酌的余地。朱子后来自己也说:"至于气化流行,则阴阳寒暑,吉凶灾祥,不能尽得其正者尤多。"(《中庸·或问》)又说:"造化亦有差处,如冬热夏寒,所生人物有厚薄,有善恶,不知是甚处差将来?便没理解了。"(同书)他竟把天道流行之未合理想(也就是自然不能合于当然)的道理诿为不可知之数了。

〔注〕朱子似乎根本不了解自然的法则与当然的法则之差别。这二者根本是不同的,一为关于事实(To-be)的法则,一为关于价值(Should-be or ought-to-be)的法则。

又朱子在论人生时(见后)常把当然与自然看做符合一致。这不得不说是他的思想自相矛盾处。

第二节　朱子的现象论——气、万物

依朱子的见解,形而上的本体世界里面只有理。由论理(逻辑)言,形而上的本体世界里面有了那一种理,形而下的现象世界里面才有那一种器。本体世界中的理乃是现象世界中的一切器的根源。所谓气也是现象世界中的器的一种,而且是最早发生的一种。

这一种所谓气(形而下者),在于朱子,实是构成形而下的现象世界或具体世界里面一切事物的材料。用希腊哲学的术语来讲,朱子所谓理是形式,而气就是材料。就事实言,形而下的现象世界里面的一切事物都是由形式与材料二者,也就是理与气二者综合而成的。所以朱子说："天地之间,有理有气。理也者,形而上之道也,生物之本也。气也者,形而下之器也,生物之具也。是以人物之生,必禀此理然后有性,必禀此气然后有形。"(《朱子文集》卷五十八)又说:"气则能凝结造作,理却无情意,无计度,无造作。只此气凝聚处,理便在其中。……若理,则只是个净洁空阔的世界,无形迹,他却不会造作。但有此气,则理便在其中。"(《朱子语类》卷一〇三)这样,本体(理)世界为一"无形迹"的"净洁空阔的世界","无情意,无计度,无造作"。正因为如此,本体(理)才能超越时空,才能永恒常住。现象世界或具体世界为气所造作,不过,同时,气之造作就必须依据着理。譬如有人以砖、瓦、木料等材料建筑房屋,这些材料固属必要,然而建筑之时,必须先有房屋之形式(图样或匠人心目中的式样)。砖、瓦、木料等材料正如形而下之器,就是建筑此房屋之"具"。房屋的形式正如形而上之理,就是建筑此房屋之"本"。等到房屋落成,那末,房屋的形式也就存在其中。自然创造万物正复如此。

依逻辑或理论言,理虽另有一个世界;可是就事实言,理就存在于具体的事物之中,理气相即,不可分离。朱子说:"理搭在阴阳上,如人跨马相似。"(《朱子语类》卷九十四)"气之所聚,理即在焉。"(《朱子文集·答王子合》)《语类》又说:"问理在气中,发现处如何?曰:如阴阳五行,错综不失条绪便是理。若气不结聚时,理亦无所附著。"(卷一〇三)这样,气不结聚,理就无所附著,换句话说,如气不结聚,理就不能表现成为具体的事物。具体的事物中的秩序、条理,就是理在气中之发现处。

至对于理气的先后问题,朱子曾屡次提及。《语类》中载有多条,兹摘录十条于后。

　　未有天地之先,毕竟是先有此理。(卷一)
　　未有天地之先,毕竟也只是理。有此理便有此天地。若

无此理,便亦无天地,无人无物,都无该载了。有理便有气,流行发育万物。(卷一)

问:先有理? 抑先有气? 曰:理未尝离乎气。然理,形而上者;气,形而下者。自形而上下言,岂无先后?(卷一)

有是理,便有是气。但理是本,而且从理上说气。(卷一)

有理而后有气,虽是一时都有,毕竟以理为主。(卷一)

或问必有是理,然后有是气,如何? 曰:此本无先后之可言。然必欲推其所从来,则须说先有是理。(卷一)

未有这事,先有这理。如未有君臣,已先有君臣之理。未有父子,已先有父子之理。不成元无此理,直待有君臣父子,却旋时道理入在里面?(卷九十五)

理未曾离乎气。(卷一)

天下未有无理之气,亦未有无气之理。气之成形,理亦赋焉。(卷一)

太极(理)自在阴阳(气)之中,非能离阴阳也。然至论太极自是太极,阴阳自是阴阳。(卷五)

这样,由朱子看来,一理的存在必在其具体的事例之先,因为若无此理,就决不会产生这具体的事例。至于理气二者的存在孰先孰后? 对此问题,则须从两方面加以解答,就是一从"事实"言,则有理即有气,所谓"动静无端,阴阳无始",理气相即,始终同在;二从"理论"或"逻辑"言,则"须说先有是理"。因理是形而上的,超时空的,永恒不变的,而气却是形而下的,有时空性的,变化无常的,所以我们在"理论"或"逻辑"上,一定"须说先有是理"。

理之全体为太极。周子《太极图说》云:"无极而太极。"朱子解释得好:"周子所以谓之无极,正以其无方所,无形状,以为在无物之前,而未尝不立于有物之后,以为在阴阳之外,而未尝不行乎阴阳之中,以为通贯全体,无乎不载,而又初无声臭影响之可言也。"

(《朱子文集·答陆子静书》)所以理气的先后可说是极为微妙的问题,值得我们深思的。

〔注〕某学者在其所著《中国哲学史》里面说:"周濂溪谓'太极动而生阳,动极而静,静而生阴。'此言在朱子系统中为不通之论。盖在朱子系统中,吾人只能言,太极有动之理,故气动而为阳气;太极有静之理,故气静而为阴气。濂溪之太极,依朱子之系统言,盖亦形而下者。濂溪之'无极而太极'实近老子'天地万物生于有,有生于无'之说。陆象山指出此点是矣(《象山全集》卷二,《与朱元晦书》)。朱子虽用濂溪之说,而其对于濂溪之解释,则固不必即濂溪之意也。"冯氏这段话极为精当。按朱子也曾经说:"谓太极含动静则可,以'本体'而言也。谓太极有动静则可,以'流行'而言也。若谓太极便是动静,则是形而上下者不可分,而《易》有太极之言亦赘矣。"(《朱子文集·答杨子直》)《语类》中又有一段话:"问动而生阳,静而生阴。注:太极者,本然之妙。动静者,所乘之机。太极只是理,不可以动静言。惟动而生阳,静而生阴,理寓于气,不能无动静。所乘之机,乘如乘载之乘,其动静者,乃乘载在气上,不觉动了,静了又动。曰:然。"可见朱子明白主张有实际的动静者为形而下的气,而非形而上的理。他又说:"未发者,太极之静。已发者,太极之动。"(同书《答吕子约》)朱子以为即说太极有动静,也不过是指"流行"上面的已发、未发而言,决不是指形而下方面动而生阳,静而生阴的那种实际的动静而言。

其次,就天地万物的生成言之。太极含有动静之理,气依据此理而有实际的动静。气之动者,流行而为阳气;气之静者,凝聚而为阴气。(注:朱子说:"阴阳只是一气。阴气流行即为阳,阳气凝聚即为阴,非直有二物相对也。此理甚明。周先生于《太极图》中已言之矣。"(见《朱子文集·答杨元范》))朱子对周子《太极图说》加以解释说:"一动一静,互为其根。动而静,静而动,开阖往来,更无休息。分阴分阳,两仪立焉。两仪是天地,与画卦两仪意思又别。……浑沦未判,阴阳之气,混合幽暗。及其既分,中间放得宽阔光朗，而两仪始立。康节以十二万九千六百年为一元，则是十二万九千六百年之前，又是一个大开阖，更以上亦复如此，直是动静无端，阴阳无始。小者大之影，只昼夜便可见。(按言其循环不已)……阳变阴合，而生水、火、木、金、土。阴阳，气也，生此五行之质。天地生物，五行独先。地即是土，土便包含许多金、木之类。天地之间，何事而非五行？五行、阴阳七者滚合，便是生物的材料。"(《朱子语类》卷九十四)(注：下加小点者系《太极图说》原文)

　　既从一气动静而生阴阳，轻清的阳气散发而为天，重浊的阴气凝聚在中央，乃成为地。天地的中间，则又充满着气。近于地的气是重浊的，去地渐远，则气也随之逐渐轻清。最高处的气是最轻清的，与天相接。天地中间的气，不像天、地二气来得紧密，所以能够容纳许多品物的存在。这样，地的气最为重浊，天的气最为轻清。天地中间的气，则轻清不如天，重浊不如地，随着高低而有各种不同轻重清浊的差别。地为结聚成块之物，天的气经常透过地中(因为朱子认地上地下都是天，地决不在天的下面。)地受了天的气的渗透，所以能够发育万物。(注：《朱子语类》卷一说："天地初开，只是阴阳之气。这一个气运行，磨来磨去，磨得急了，便拶去许多渣滓，里面无处出，便结成个地在中央。气之清者，便为天，为日月，为星辰，只在外常周环运转。地便在中央不动，不是在下。")

　　一气动静，分为天地二气，也就是阴阳二气以后，这天地二气互相纲缊，即所谓"阳变阴合"，(注：朱子解释为"阳行而阴随之。")乃生五行。五行就是水、火、木、金、土。而当天地二气结合为五行时，所含二气的比例并不相等。水、火含天的气多，含地的气少；木、金、土则含天的气少，含地的气多。因此，水、火是清明的，而木、金、土却为浊暗的。五行，无论其中任何一种，都由阴阳二气结合而生，所以每一种都包含有阴阳二气在内，自不待言。其所以分为五种，也是因为结合成每一种的阴阳二气的分量各有不同的缘故。〔注：五行既从阴阳产生，所以五行仍各包含着阴阳，周子所谓"五行，一阴阳也。"(《太极图说》)就是指此。朱子在《答黄商伯书》中也说："阴阳之为五行，有分而言之者，如木火，阳，而金水，阴也。有合而言之者，(按即言五行的每一种都各含阴阳)，如木之甲，火之丙，土之戊，金之庚，水之壬，皆阳，而乙(木)，丁(火)，己(土)，辛(金)，癸(水)，皆阴也。"〕而在所谓轻清的天的气之中，更有清浊重轻之别；在所谓重浊的地的气之中，也更有清浊重轻之差。当五行生成时，有时是由特别轻清的二气所合成，又有时是由特别重浊的二气所合成。前者，朱子名之曰"五行之气"或"五气"。后者，朱子名之曰"五行之质"。五行之气与五行之质决非同一的东西，气自气，质自质，我们对二者决不可加以混同。所谓五行之气是轻清的，还未凝聚的。所谓五行之质却是重浊的，已经凝结的。此地所谓质，就是指形质之质，与所谓气是对立的。所谓形质，是指虽然还未结聚成为具体的一物，却已具有一定形体的东西而言。至于所谓五行之气，尚未具有定形，所以能在天地之间，周流自在。若五行之质，既具定形，所以已经不能如气一样，周流转动。朱子说："五行者，质具于地，而气行于天者"(《太极图说解》)，就是这个意思。(注：朱子此言，意谓五行之轻清者为五行之气，周流天空；而五行之重浊者为五行之质，已具定形，降入于地。)想来他所谓五行之质就是我们在地上所能看到的水、火、木、金、土五物罢。

　　五行之气，如上所述，是流行于天的。现在就其流行的顺序言之，则为由水而木，由木而火，由火而土，由土而金，由金而水，循环不已(见《太极图》)。朱子以为举凡四时的运行，温、凉、寒、暑的交替等等都是因此而起的。所以《太极图说解》说："以气而语其行之序，则曰木、火、土、金、水。"(按此说与汉儒"五行相生"说相合)他似乎想依据阴阳与五气的流行来解释自然界中一切时间的现象，如他把日月的运行，昼夜的交代，一寒一暑的更替等等都归诸阴阳二气的循环,又把四时的往来,温、凉、寒、暑的交替等等都归诸五气的顺布,就是其例。他这种理论全出古来的传说与个人的想像。在于今日,这种理论固然令人难以了解,并且难逃牵强附会之讥;但在当时,世界的科学尚未发达,朱子研究范围的广大与探求真理的努力却是值得后人敬佩的(注:朱子在此以木、火为阳,水、金为阴,因春夏为阳,秋冬为阴,土则以十八日分配于四季之中)。

次就朱子所说五行之质的生成的顺序言,他依据着《尚书·洪范》及张子《正蒙》之说。他说:"以质而语其生之序,则曰、水、火、木、金、土。"(《太极图说解》)"大抵天地生物,先自其轻清者,然后次第及于重浊者。"(《朱子语类》卷九十四)五行之质里面,水、火最为轻清,木、金次之,土又次之,所以天地阴阳二气变合而最先产生的为水、火。水、火二者,流动闪铄,其体尚虚,其成形犹未定。次生木、金,则就确然具有定形。土的生成则在最后(注:此地朱子则以水、木为阳,火、金为阴。因天一生水,地二生火,天三生木,地四生金,一三为阳,二四为阴。还有,朱子在《语类》中又说:"水、火初是自生。木、金则资于土,五行之属皆从土中旋生出来。"此说又与上说有不同处。

五行既生,则"无极之真,二五之精,妙合而凝,乾道成男,坤道成女,二气交感,化生万物,万物生生而变化无穷焉"(《太极图说》)。就是说,无极之真,二五之精。再加上五行之气与五行之质,互相感应,互相妙合,乃生形体(形体的生成尤赖于五行之质)阳气多而健者为男,阴气多而顺者为女。这就是人类产生的原始。这样,由阴阳、五行的妙合,化生原始的男女,这是,在于朱子,叫做"气化"。既有一男一女,以后人类的繁殖则赖于"形化"或"形生"了(注:朱子在《语类》中说:"生物之初,阴阳之精自凝结成两个,盖是气化而生。如虱子,自然爆出来。既有此两个,一牝一牡,后来却从种子渐渐生去,便是以形化。万物皆然。""天地之初,如何讨个人种？自是气蒸结成两个人。……那个个人便如今人身上虱，自然变化出来。"关于其他生物的产生与繁殖，道理也是一样）。

　　再就具体的现象世界的成毁言之。对这一问题，朱子似采用着邵子(康节)的象数之说。他曾说："康节以十二万九千六百年为一元，则是十二万九千六百年之前又是一个大开阖，更以上亦复如此。"(《朱子语类》卷九十四)他相信具体世界有成有毁，而且是循环不已的。又说："太极之前，须有世界来，正如昨日之夜，今日之昼耳。阴阳亦一大开阖也。又问：今推太极之前如此，后来又须如此？曰：固然。程子云：'动静无端，阴阳无始。'此语见得分明。""问：动静无端，阴阳无始。曰：这不可说道有个始。他那有始以前，毕竟是个甚麽？他自是做一番天地了。坏了后又恁地做起来，那个有甚穷尽？"(俱见《语类》卷九十四)这些话完全出诸臆测，殊鲜学术上的价值，自不消说(注："又问天地会坏否？曰：不会坏。只是相将人无道极了，便一齐打合混沌一番。人物都尽，又重新起。"朱子此话又与上说自相矛盾了)。

　　最后，我们拟就朱子所谓气的概念(尤其是气的量与质)加以简明的分析。照朱子的看法，天地之气凝聚而成万物的形体；天地之气一经分散，则万物的形体也就随之消灭(《语类》说："气聚则生，气散则死。"《中庸集注》说："物之终始，莫非阴阳合散之所为。")。果是如此，朱子所谓气不得不为一种具有一定分量的物质。为什么？因为任何形体都是具有分量的。若气具有分量，那末，气的分量的大小怎样？他说："只是这一个气。人毫厘丝忽里去，也是这阴阳；包罗天地，也是这阴阳。"(《朱子语类》卷六十二)既说气能钻入毫厘丝忽里去，例如往来地中，或透过金、石等，那末，我们就可想见他所谓气是极为微细的。因为气是极为微细，所以我们的感官当然无法加以知觉。一定要等到这个气凝聚结合成为物体时，才能成为我们认识的对象。

朱子说："天地只是包许多气，在这里无出处。"(《朱子文语纂编》卷一)他又说："乾阳坤阴，此天地之气，塞乎两间，而人物之所资以为体者也。"(《西铭解》)这样，气虽至微至小，可是这种气却充塞于宇宙之间，气的数目却是无限的。又因为气的性质都是同一的，所以他总称之为"一气"。这个在分量上极为微小、在数目上多至无限的气乃是构成物体的最基本的元素，也是我们不能再加分析的同一量的单一物质。

考宇宙万物虽同系理气二者所合成，而万物在其分量与性质上实际却是千差万别。我们苟想对万物的生成加以检讨，那末，我们就必须对这两方面(量与质)的差异的原因首先加以阐明。可是，照朱子的见解，理在天地万物，到处都是同一的。所以，我们不能把万物差异的原因求之于理，换句话说，我们只能求之于气。各个的气既为极微小的单一物质，而分量又都相等，所以对于万物的量的差异，我们可以把构成每一物体的气的总数的多寡看做原因。只是对于万物的质的差异，我们究应在何处求得其原因呢？

由朱子言，天地初始，各个的气既无量的差异，也无质的差异。假定各个的气本来既无质的差异，永久也不发生质的差异的话，那末，我们对于万物的质的差异就无法说明其原因了。因为始终等质的气，即便聚合的数目有多有少，万物的质的差异也是无从生起的。可是，宇宙万物之间，性质的千差万别乃是至明至确的事实，而他对于这种差别的原因，又不得不求之于气。这样，朱子只好想以为所谓气，在当初固系等质，但后来却会变成异质了。而他把气变质的原因归之于气的转动的作用。他说："二气、五行，始何尝不正？只滚来滚去，便有不正。"(《朱子语类》卷四)又说："下滚来滚去，便有昏明厚薄之异。"(同书)在于朱子，气的转动，(所谓"滚来滚去"使等质的气变成异质，而这气的异质也就成为万物的质的差别的基本原因了。

关于气的转动后所产生的各种不同的性质,略如下表。

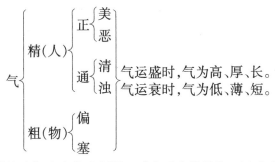

(注)详见后章"人生的现实"第一节气质之性部分。(该章未录于此书——编著)

至关于气的生灭,朱子抱着下面的见解。朱子论气,常言动静,也常言屈伸、往来与聚散,因而也言及鬼神。大体讲,他所谓动静,其实与他所谓聚散、所谓往来、所谓屈伸意义相同。动等于聚、来、伸;而静等于散、往、屈。朱子在《中庸·或问》里面说:"以其往来者言之,则来者伸而为神,往者既屈而为鬼。盖二气之分,实一气之运,故阳主伸,阴主屈。"又说:"鬼是散而静了,更无形,故曰往而不来。"(《中庸或问大全小注》)这样,所谓鬼神也不过是气之所变。鬼是阴、散、屈、往、静的气,而神却是阳、聚、伸、来、动的气。朱子又说:"岂有散而复聚之气?"(《朱子语类》卷一)"也是气散,只是才散便无。"(同书卷三)这样,所谓散、静的气,结局就要归于无,就要完全消灭。气聚则生物;气散则就归于消灭,决不能再聚而成物,如佛教所谓"轮回"者然。朱子以为这一点也是儒佛的不同处。

(节选自范寿康《朱子及其哲学》,中华书局 1983 年)

范寿康(1896—1983),浙江上虞人,著名的教育家、哲学家。1913 年赴日留学,先习医后改学教育与哲学,毕业于东京帝国大学,获硕士学位。1923 年回国,历任商务编译所编辑、《学艺》杂志主编、学艺大学教务长、中山大学秘书长、春晖中学校长、安徽大学教授及文学院院长、武汉大学哲学教育系主任兼教授,抗日战争时期任北伐军总政治部第三厅副厅长,抗战胜利后去台湾任行政长官公署教育处处长、台湾大学哲学系教授兼图书馆馆长。1970 年退休,1981 年赴美,1982 年4 月回大陆,12 月选为全国政协常委。著作有《中国哲学史通论》、《朱子及其哲学》、《哲学通论》、《现代德国哲学概论》、《范寿康教育文选》等。

本文系《朱子及其哲学》一书的第五章,作者认为朱子的自然哲学是综合了周敦颐的《太极图说》、张载的《西铭》和二程的哲学而成一家之言的;朱熹认为太极即形而上的道,为万物之本始,形而上的理流转而降为形而下的气时,理气就密切结合不能分离了,这是一种理一元论;他所谓的现象世界的一切失误都具有理气的两面,理决定事物的性,气则对事物赋予形体;事物的差别是由于形气的差异,而决定事物的理却是同一的。

论儒家哲学中的内在性与
超越性问题（节选）

汤一介

一个民族的哲学有它的源起，就像一个民族的文化有它的源起一样。但是，一个民族的哲学的源起又和一个民族的文化的源起不同，一个民族的文化从有这个民族就有了这个民族的文化，然而并不是有了这个民族就有了这个民族的哲学。有些民族很可能一直处于没有创造出它自身的哲学体系的阶段，甚至可以在这个民族还没有自己的民族哲学时就完全衰落以至于灭亡了或者完全接受其他民族的哲学而继续存在着。中华民族是一个包含着许多民族的广泛名称，这个民族从野蛮进入文明时期至少有四五千年了，但是这个民族的哲学、特别是形成较为完整体系的哲学应是产生在春秋末期。

在春秋末期，中国产生了几个伟大的哲学家，孔子、老子、墨子等等。照说老子是早于孔子，但《老子》这部书又是形成于战国时期，因此把孔子看成中国最早的一个真正哲学家也许是可以的。在现存的《论语》一书中包含着许多长期影响着中国哲学发展的哲学问题。我认为其中有一个很重要的问题就是关于"超越性和内在性的"的问题。照我看这个问题应是一个真的哲学问题，有了真的哲学问题才可能有为解决这个问题的哲学理论体系。

在《论语》中记载了子贡的一段话:"夫子之言性与天道不可得而闻也。"这句话非常重要,因为它是一个真正的哲学问题。为什么孔子的"天道"与"性命"的问题不可得而闻呢? 这就是因为所谓"天道"的问题是个宇宙人生的"超越性"的问题,而所谓"性命"的问题则是一个宇宙人生的"内在性"的问题,这两个问题本来都是形而上的哲学问题,照中国哲学的说法它是"超言绝象"的。"超言绝象"自然不可说,说了别人也不懂,所以子贡才说了上面引用的那段话。那么超越性的"天道"如何去把握,内在性的"性命"如何去体证,这两者的关系究竟如何,就成了中国哲学的重要课题。儒家从孔孟一直到程朱陆王,他们的哲学大体上都是在解决或说明这两个相互联系的问题。

儒家哲学中的"超越性"和"内在性"指什么,当然可以有各种各样的解释,但据上引子贡的那段话看,所谓"内在性"应是指"人的本性",即人之所以为人者的内在精神,如"仁",如"神明"等等;所谓"超越性"应是指宇宙存在的根据或宇宙本体,即"存在之所以存在者",如"天道""天理""太极"等等。而儒家哲学的"超越性"和"内在性"是统一的,或者说是在不断论证着这两者是统一的,这样就形成了"内在的超越性"或"超越的内在性"的问题。"内在的超越性"或"超越的内在性"就成为儒家哲学"天人合一"的思想基础,是儒家所追求的一种理想境界,也是儒家之所以为儒家的精神所在。我这样说,正是因为子贡把孔子关于"性命"与"天道"问题同时提出来,所以这两个问题实为一个问题的两面。

子贡说:"夫子之文章,可得而闻也;夫子之言性与天道,不可得而闻也。"其实《论语》一书所讲的许多都是和"天道"与"性命"有关的问题,大概子贡还没有真正了解孔子和孔子哲学。孔子说:"古之学者为己,今之学者为人。"这句话非常重要,"为己之学"应是一内在性问题,即"做人"应发挥其内在的精神来实现其自我完善；"为人之学"是表现在外的，它带有很大的功利性。荀子说："古之学者为己，今之学者为人。君子之学也，以美其身；小人之学也，以为禽犊。"(《劝学》，杨倞注："禽犊，馈献之物。")《论语集注》："程子曰：为己欲得之于己也，为人欲见知于人也。"可见"为己之学"是一种内在精神的体现，它可以不受外在环境的影响，所以孔子说："为仁由己，而由人乎哉！"孔子尝称赞他的弟子颜回说："贤哉，回也！一箪食，一瓢饮，在陋巷，人不堪其忧，回也不改其乐。贤哉，回也！"这是说的一种内在的精神境界，它可以不受客观条件的影响。这种"为己之学"不仅是内在的，而且是超越的。照孔子看，"为己之学"就是"尧舜之道"，他说："唯天为大，唯尧则之。"所以尧舜的精神是神圣的、永恒的，因此也是超越的。但儒家思想中的"超越性"并非不与世事，并非外在于世间，而是超世间又即世间的。孔子说："朝闻道，夕可死矣。""道"是超越的，但闻道的人可以为"道"而舍弃一切，这正是一种"内在的超越精神"，是可以做到的。也许最能代表孔子的内在的超越精神应该是他说的他自己的实现其"为己之学"的过程，他说："吾十有五而志于学，三十而立，四十而不惑，五十而知天命，六十而耳顺，七十而从心所欲不逾矩。""知天命"是知"天道"之超越性，故仍以"天"为知的对象；"六十而耳顺"，是说孔子至六十在心灵上与"天道"会合了。至"从心所欲不逾矩"则达到了完全的"内在的超越"境界了，或者说这就是儒家所体现的"内在的超越"精神所在。"天道"不仅是超越的，而且是内在的，因此它本身就是："内在超越的"，"人性"同样不仅是内在的，而且是超越的，因此它本身也是"内在超越的"。由此可见，我们说孔子的哲学是中国传统哲学的源头，从这方面看也许不为过。

　　当然本来在孔子思想中也有若干"外在超越"的因素，不过这方面没有得到发挥。例如孔子说："君子有三畏：畏天命，畏大人，畏圣人之言。"此处的"畏天命"实是把"天"看成一种外在的超越力量。但是我们从《论语》中可以看到,在孔子思想中这种以外超越形式出现的"天"多半是以一种情绪化的语言表达出来的,没有多少理论上的意义,如他说:"获罪于天,无所祷也";"天生德于予,桓魋其如予何?""不怨天,不尤人,下学而上达,知我者其天乎? 据《论语》记载:"颜渊死,子曰:噫,天丧予,天丧予!""子见南子,子路不说,子矢之曰:予所否者,天厌之,天厌之",如此等等。从这些情绪化的言语中,我们可以看出孔子非常认真地把"天"看成是对人有绝对影响的外在的超越力量。当然孔子思想中还有所谓"命"的问题,最典型的就是"死生有命,富贵在天"这句话了。所谓"死生有命"无非是说生和死是一客观存在的事实,人是无能为力的;而"富贵在天",此"天"可以理解为"天生如此",这正是当时中国社会的宗法等级制度的体现。因此,我们说孔子思想的基本方面是一种以伦理道德为基础的人生哲学或人文思想,而非一种典型意义的宗教,只能说他的思想带有某种宗教性。总之,孔子哲学是以"内在超越"为特征的。

继孔子之后有孟子,孟子充分发挥了孔子哲学中"内在性"的思想,他说:"尽其心者,知其性也。知其性,则知天矣。"这表现了孟子由知"人"的"内在性"而推向知"天"之"超越性"。照孟子看,人人都有"恻隐之心"、"羞恶之心"、"辞让之心"、"是非之心",此四端为人之内在所具有的,发挥它就可以体现"仁"、"义"、"礼"、"智"等人之本性,这是"天"所付与的,而"天"是至高无上的,故为超越性的。所以孟子又说:"存其心,养其性,所以事天也。"又说:"莫之为而为者天也,莫之致而至者命也。"非人力所能作成的是"天",非人力所能达到的是"命"。盖"天命"是一超越的力量。这里或者可能产生一个问题,是否可以说孟子认为有一个外在超越性的"天"?我想也许并非如此。我们知道,古希腊哲学有这样的问题。在柏拉图和亚里士多德那里大体上把世界二分为超越性的本体与现实的世界。其后基督教更是如此，有一外在的超越性的上帝。在孟子哲学中至少这个问题没有那么突出。照孟子看，"天"虽然是超越的，但并非与人对立而外在于人，这点我们可以从以下两方面来看：第一，孟子把"天道"和"人道"看成是统一的，他说："诚身有道，不明乎善，不诚其身矣。是故诚者，天之道也；思诚者，人之道也。至诚而不动者，未之有也；不诚，未有能动者也。"使自己完成"诚"的方法首先要明白什么是"善"，所以"诚"虽然是"天之道"，但追求"诚"则是"人之道"，能实现"诚"就能动天地。这里的关键在"明于善"，"善"乃"天道"和"人道"之本，朱熹说："天理乃至善之表德"，盖此之谓也。第二，从《万章上》《万章曰：尧以天下与舜有诸》一节可见。孟子引《泰誓》"天视自我民视，天听自我民听"以说明超越性的"天"并不脱离现实性的"人"，此可谓"超越性寓于现实性"之中。而"民"之所以接受舜，是在于他们都有一内在的"善性"，所以归根到底"天道"的超越性与"人性"的内在性是统一的。因此，"天道"与"人性"均为"内在超越"的。孟子的哲学也是一种以"内在超越"为特征的思想体系。

　　《易经》的《系辞传》长期以来虽有以为是先秦道家思想之发展，但我认为从总体上看仍当属儒家，至少以后的儒家多发挥《系辞》以建立和完善其形而上学体系，故《系辞》仍应属儒家哲学系统，或者说是先秦儒道结合的哲学体系。《系辞》中说："一阴一阳谓之道，继之者善，成之者性，仁者见之谓之仁，知者见之谓之知，故君子之道鲜矣。"此说"天道"变化深不可测，故仁者见仁，智者见智。虽深不可测，但"顺继此道，则为善也；成之在人，则为性也"（程子语）。它仍为人性之内在根据。盖"人性"从"道"而来，所以从根本上说它是善的。由此"天道"之超越性而之"人性"之内在性（善）。《系辞》又说："形而上者谓之道，形而下者谓之器，化而裁之

谓之变,推而行之谓之通,举而错之天下之民谓之事业。"这里的
"道"就是"一阴一阳谓之道"的"道",把"道"和"器"相对用"形上"、
"形下"提出,就更肯定了"道"的超越性。《易经》系统可以说建构
了一种宇宙存在的模式,它"范围天地之化而不过,曲成万物而不
遗",所以它是超时空的,是天地的准则,"易与天地准,故能弥纶天
地之道"。这就是说,"易"的系统中的形而上的原则和自然社会的
原则是一一相当的,所以它包罗了"天地之道",任何事物都不能离
开"道",都不能违背"道"。因此,照我看《周易》哲学和孟子哲学相
比,它是由"天道"的超越性推向"人性"的内在性,而不是像孟子那
样由"人性"的内在性推向"天道"的超越性。但两者都认为,"天
道"的超越性和"人性"的"内在性"从根本上说是统一的,是不能分
开的,所以《易傅》仍是一以"内在超越"为特征的思想体系。

　　宋明理学是儒家思想发展的第二期,从根本上说它是在更深
一层次上解决着孔子关于"性与天道"的问题,从而使儒家哲学"内
在超越性"的特点更加系统和理论化了。程朱的"性即理"和陆王
的"心即理",虽入手处不同,但所要解决的问题仍是一个。程朱是
由"天理"的超越性而推向"人性"的内在性,陆王则由"人性"的内
在性而推向"天理"的超越性,以证"性即理"或"心即理",而发展了
儒家哲学"内在超越性"的特征。

　　程朱的"性即理"的理论是建立在"天人非二"的基础上的,程
颐说:"天有是理,圣人循而行之,所谓道也",故"道一也,未有尽人
而不尽天地也,以天人为二非也"。"天理"不仅是超越的,而且是
内在的,这是因为它不仅是一超越的客观标准,"所以阴阳者道",
"所以开阖者道";而且是一内在的主体精神,"穷理尽性至命,只是
一事","性即理也,所谓理,性是也。天下之理,原其所至,未有不
善"。程颐又说:"在天为命,在义为理,在人为性,主于身为心,其
实一也。"这就是说,存在于人身上的理就是心性,心性与天理是一

个。天理是客观的精神,心性是主观的精神,客观的精神与主观的精神只是一个内在的超越精神。朱熹虽认为"天理"从原则上说是可以先于天地万物而存在的,如说:"未有天地之先,毕竟也只是先有是理,便有此天地。若无此理,便亦无天地,无人,无物,都无该载。"但是,"天理"并不外在于人、物,故朱熹说:"理无情意,无计度,无造作,只此气凝聚处,理便在其中。"所以"天理"虽为超越性的,却并非外在超越性的,而为内在超越性的。朱熹又说:"性只是理,万理之总名。此理亦只是天地间公共之理,禀得来,便为我所有。"钱穆《朱子新学案》中说:"此是说天理禀赋在人物为性"。所以"性即理"。朱熹更进一步认为:"心、性、理,拈著一个,则都贯穿。"这就是说:从"心"、从"性"、从"理"无论哪一说,都可以把其他二者贯通起来,这是因为"性便是心之所有之理","心便是理之所会之地"。"心"、"性"、"理"从根本上说实无可分,理在性而不离心,所以"天理"既为内在超越的,"人性"亦为内在超越的。

"心即理"是陆象山的根本命题,他在《与李宰书》中说:"人皆有是心,心皆具是理,心即理也。""心"何以是"理"? 他论证说:"心,一心也;理,一理也。至当归一,精义无二,此心此理实不容有二。"这就是说,人人的心只是一个"心",宇宙的理只是一个"理",从最根本处说只是一个东西,不可能把心与理分开,所以心就是理。那么什么是"心"? 陆象山所谓的"心"又叫"本心",他解释"本心"说:"恻隐,仁之端也;羞恶,义之端也;辞让,礼之端也;是非,智之端也,此即是本心。""本心"即内在的善性。"本心"不仅是内在的善性,而且是超越的本体。照象山的弟子看"象山之学"是"道德、性命、形上的",所以如此,盖因象山以"人心至灵,此理至明,人皆有是心,心皆具是理"。因此,"本心"并不受时空的限制,"万物森然于方寸之间,满心而发,充塞宇宙,无非此理"。"心"既是内在的又是超越的,故"理"也是既是内在的又是超越的。

王阳明继象山之后，倡"心外无理"，此当亦基于其以"心"为内在而超越的，"理"亦为内在而超越的，如他说："心即理也，此心无私欲之蔽，即是天理，不须外面添一分。"人之所以为人如不被私欲所蒙蔽，即可充分发挥其内在的本性（良知）而达到超越境界，这是不需要任何外在力量所强制的。盖儒家学说无非教人如何"成圣成贤"，即寻个所谓"孔颜乐处"。照王阳明看，如果人能致其良知，则可达到圣人的境界，他说："自己良知原与圣人一般，若体认得良知明白，即圣人气象不在圣人而在我矣。""体认得良知"即可超越自我而与圣人同，所以他说："良知是造化的精灵，这些精灵，生天生地，成鬼成帝，皆从此出，真是与物无对，人若得他完完全全，无少亏欠，自不觉手舞足蹈，不知天地间更有何乐可代。"充分发挥良知、良能即是圣人，即入天地境界（借用冯友兰先生《新原人》用语），此天地境是即世间又超世间的。如何达到此超越的天地境界，照王阳明看，盖因"知"（按指"良知"）是"心之本体，心自然会知，见父母自然知孝，见兄自然知弟，见孺子入井自然知恻隐，此便是良知，不假外求"。"良知"是人之所以为人者的内在本质，不是由外在力量给与的。因此必须靠自己的力量来使之充分发挥作用，这样才能达到圣人的悟道的超越境界，王阳明说："道之全体，圣人亦难与人语，须是学者自修自悟。"（以上王阳明语均见《传习录》）可见王阳明的"心外无理"，亦当其于其"心"为内在而超越的，故其"理"亦为内在而超越的，其哲学体系也是以"内在超越"为特征的。

总上，程朱与陆王学说入手处虽不同，然其所要论证者均为天道与性命合一，以内在超越为特征的哲学体系。

据以上所说，我们或可得出以下结论：

1. 儒家哲学是一种以"内在超越"为特征的思想体系，这一思想体系对中国社会影响甚巨。盖因儒家哲学虽也提出"礼"这一外在的规范作用,但它从来就认为"礼"这种外在规范必须以内在的道德修养或内在的本心的作用为基础,孔子说:"人而不仁,如礼何?"即此意也。《大学》首章中说:"物格而后知至,知至而后意诚,意诚而后心正,心正而后身修,身修而后家齐,家齐而后国治,国治而后天下平。自天子以至庶人,壹是皆以修身为本,其本乱而末治者否矣。"(重点为笔者所加)照儒家看,道德修养为一切之根本,社会之兴衰治乱均以道德之兴废为转移。为什么儒家特别强调人的内在的心性修养,我想这很可能和中国古代社会是以亲亲的宗法制为基础的社会,一切社会关系都是从亲亲的宗法关系推演出来的有关。《论语》载有子说:"孝弟也者,其为仁之本与。"儒家所要求维护的人际关系从根本上说是要用道德来维系的,而不是由法律来维系,因而在中国长期的封建专制社会里儒家思想表现为一种泛道德主义的倾向,它往往把政治道德化,也把道德政治化,维系社会主要靠"人治",而不是靠"法治"。因此,我们是否可以说,一种以"内在超越"为特征的哲学思想体系是不利于建立维系社会的客观有效的政治法律制度的。

2. 四百年前西方的一位传教士利玛窦曾经评论过儒家学说之得失,他说过不少赞美儒家道德学说的话,但他同时提出:"吾窃贵邦儒者,病正在此常言明德之修,而不知人意易疲,不能自勉而修;又不知瞻仰天主,以祈慈父之佑,成德者所以鲜见。"(引自《天主实义》)如上所述,儒家哲学与西方哲学与宗教很不相同,古希腊哲学在柏拉图、亚里士多德那里大体把世界二分为超越性的本体与现实世界,其后基督教更要有一个外在超越性的上帝,而儒家哲学则是以"内在超越"为特征的。利玛窦认为,仅仅靠人们自身的内在道德修养是很难达到完满的超越境界,必须有一至高无上的外在的超越力量来推动,因此要有对上帝的信仰。这里我们不想来评论中西哲学的高下,中西哲学自各有其自身的价值,都是人类文化中的宝贵财富。但西方社会为什么比较容易建立起客观有效的政治法律制度，我认为不能说和西方哲学与基督教无关。

3. 如果说宋明理学为儒学在中国的第二期发展，那么儒家思想可不可能有第三期发展呢？本世纪二十年代后，中国一些学者提倡儒学，这是在中国传统哲学受到西方思想的冲击，又是在人类社会走向科学与民主的时代的背景下，他们希望找到儒家在现代社会中的价值所在。对这些学者所继承和发挥或建立现代的儒学是否可以视为第三期儒家姑且不论，因为这个问题太大，太难作出判断。我只是想说，儒家如果可以有第三期发展，就必须解决两个问题：即能否由此以"内在超越"为特征的"内圣之学"开出适应现代民主社会要求的"外王之道"来，和能否由此以"内在超越"为特征的"心性之学"开出科学的认识论体系来。照我看也许困难很大。因为以"内在超越"为基础的"天道性命"之学说基本上是一种泛道德主义，它把道德性的"善"作为"天道性命"的根本内容，过分地强调人自身的觉悟的功能和人的主观精神和人的内在善性，要求人由其内在的自觉性约束自己。这样的结果可以导致"圣王"的观念，以为靠"圣王"就可以把天下治理好。但人并不能仅仅靠其内在的善性就自觉，多数人是很难使其内在的超越性得到充分发挥的，所以"为己"之学只是一种理想，只能是为少数人设计的。而且实际上也不可能有什么"圣王"，而往往造就了"王圣"，即以其在"王"（最高统治者）的地位就自己认为或被别人推崇是有最高道德和最高智慧的"圣人"，这样势必造成不重"法治"，而重"人治"的局面。当然我无意否认这一"为己"之学对人类文化的贡献，更无意否定以内在超越为特征的哲学的特殊价值，因为它终究是人类的一个美好理想。但是，我们面对现实社会，是否也应要求一种"外在超越"的哲学呢？我想也是必须的。对于人类社会来说，要求有一种外在超越的力量来约束人，例如相信外在超越力量的宗教和西方哲学中外在的超现实世界的理论,以及与这种宗教、哲学相适应的政治法律制度,这套政治法律制度的哲学基础也是根据其外在超越性的。如果以"内在超越"为特征的中国传统哲学能充分吸收并融合以外在超越为特征的宗教和哲学以及以此为基础的政治法律制度,使中国的传统哲学能在一更高的基础上自我完善,也许它才可以较好地适应现代社会发展的要求。我认为,这也许是一个应该认真讨论的问题。

（选自《当代学者自选文库·汤一介卷》,安徽教育出版社,1999 年版）

　　汤一介(1927——　),中国哲学史家。祖籍湖北黄梅,生于天津。毕业于北京大学哲学系,任北京大学哲学系教授、中国哲学与文化研究所所长、中国文化书院院长等。对中国哲学范畴及其内在超越等问题有独到研究。主要著作有《郭象与魏晋玄学》、《魏晋南北朝时的道教》、《论中国传统文化中的儒道释》、《论传统与反传统》、《儒道释与内在超越问题》等。

　　作者认为儒家哲学中的内在性是指人之所以为人的内在精神,超越性指宇宙存在的根据或宇宙本体,这二者是统一的,从而形成内在的超越性或超越的内在性,这成为儒家哲学天人合一的思想基础。天人合一是儒家追求的理想境界,也是儒之为儒的精神所在。

20世纪儒学研究大系

孔子的知行学说

方克立

我国古代第一个重要学派儒家的创始人孔丘（公元前 551——前 479 年），在后人为他记述的语录《论语》一书中，虽然没有建立起系统的哲学学说和认识理论，但是已经讨论到关于知识和教育的一系列问题，其中就包括了他的知行观。

孔丘生活于春秋末年，这是一个社会大变革的时代。他本人出身于旧奴隶主贵族家庭，曾受到传统思想文化的巨大影响和熏习，在思想感情上总是同情、留恋奴隶制的旧事物。但由于他一生的大部分时间是从事教育工作，接触到广泛的社会阶层，体察到时代脉搏的跳荡，因此他也不能不面对现实，接受和容纳一些新的东西。在孔丘的思想中，充满了新和旧、进步和保守、唯物和唯心的矛盾，他的知行观也表现出同样的矛盾性格。

孔丘说："生而知之者，上也；学而知之者，次也；困而学之，又其次也；困而不学，民斯为下矣。"（《论语·季氏》，下引此书，只注篇名）

这段话是他的认识论思想最集中最完整的表述，也可以说是他的认识论的纲领。

在这里，孔丘以知识为标准，把人划分为若干等级，其中提出了三条界限：一是能知和不能知的界限，二是生知和学知的界限，三是学知和困学的界限。这种等级划分，赤裸裸地暴露了他的阶级偏见。

第一,关于能知和不能知的界限。孔丘认为,只有奴隶主阶级才能成为认识的主体,才有获得知识的权利,而把广大奴隶和劳动人民污蔑为"困而不学"的下愚,认为他们根本没有学习的资格,不能成为认识的主体。孔丘还说:"民可使由之,不可使知之。"(《泰伯》)就是说,老百姓只能听凭奴隶主统治者随意驱使,照着奴隶主的命令去做,而不能让他们知道为什么要这样做的道理。这是孔丘向统治者奉献的愚民政策。他明白地主张知和行的分离,认为"知"是奴隶主阶级专有的权利,广大奴隶和劳动人民只能"由之",即照着"知"者的指示去做(行)。他根本否定从行中获得知的可能性,而实际上一切真知都是劳动人民从行即生产斗争和阶级斗争的实践中得来的。

孔丘还把劳动人民和最高奴隶主统治者的认识能力的差别绝对化、固定化,鼓吹"唯上智与下愚不移"(《季氏》),否定不知可以转化为知,"愚"可以转化为"智"。这就是说,垄断了知识文化的奴隶主贵族永远是统治者,广大奴隶和劳动人民永远只能行而不知,永远是"知"者统治和奴役的对象,只能永远做牛马。这是为奴隶社会极端不合理的阶级统治关系作辩护的一种哲学理论。

第二,关于生知和学知的界限。孔丘提出了两种互相矛盾的知识起源说,即"生而知之"和"学而知之"。前者肯定上智的"圣人"的知识是先天固有、与生俱来的,这是明显的唯心论的先验论,后者则强调一般奴隶主贵族的知识还是来源于后天的学习,这似乎又是同先验论正相反对的经验论。对于这种"矛盾",我们必须加以具体分析,才能认清孔丘的认识论的特点。

孔丘明确肯定有"生而知之"的人,并且认为这种先天获得的知识是最上等的。这同他的天命观是相一致的,是唯心主义先验论的露骨的表现形式。但是,《论语》中提到许多历史人物,以及当

20世纪儒学研究大系

时的诸侯、大夫、卿士、隐逸、诸弟子等,孔丘并没有许任何人为"生而知之"者;至于他自己,孔丘曾明确地说过:"我非生而知之者,好古敏以求之者也。"(《述而》)就是说,他的知识、学问也是通过后天的学习得来的。关于孔丘的"好学"、"博学",《论语》中有许多记载,如说:

> 十室之邑,必有忠信如丘者焉,不如丘之好学也。(《公冶长》)

> 若圣与仁,则吾岂敢? 抑为之不厌,诲人不倦,则可谓云尔已矣。(《述而》)①

> 吾十有五而志于学,三十而立,四十而不惑,五十而知天命,六十而耳顺,七十而从心所欲,不逾矩。(《为政》)

这些都说明,孔丘认为自己的知识和学问,主要是通过"学知"的途径获得的。关于学习的重要,他曾对弟子子路(仲由)说过:"好仁不好学,其蔽也愚;好知不好学,其蔽也荡;好信不好学,其蔽也贼;好直不好学,其蔽也绞;好勇不好学,其蔽也乱;好刚不好学,其蔽也狂。"(《阳货》)总之,一个人要有渊博的知识和完美的道德,不学习是不行的。他对"学知"的内容和方法有大量的具体论述。可见在孔丘那里,"生而知之"只是虚悬一格,他是更加重视"学而知之"这一知识的实际来源的。

第三,关于学知和困学的界限。孔丘把"上圣"(生而知之者)和"下愚"(困而不学者)之间的人叫做中等人,认为这种人是可以通过学习获得知识的,因而是可以教育的。但是,对这些人进行教育,也要根据他们的天赋认识能力的差别。孔丘说:"中人以上,可以语上也;中人以下,不可以语上也。"(《雍也》)资质禀赋好的,有

20世纪儒学研究大系

---

① "为之"即"学之"之意。《孟子·公孙丑上》记载孔丘的话是:"圣则吾不能,我学不厌而教不倦也。"

学习的自觉性,而且一学就知道,这种人可以对他讲高深的学问;资质禀赋差的,没有迫切的求知欲,临事遇到困难才去学习,对这种人不能讲高深的学问。这就是区分所谓"中人以上"和"中人以下"的界限。孔丘把这两种人的认识能力的差别也绝对化、固定化了。"可以语上"和"不可以语上"的差别,同样是奴隶社会人的等级划分的反映。不过就认识的来源说,这两种人同属于"学而知之"的范畴。

现在需要着重研究的是孔丘所谓"学知"的具体内容。从《论语》的记载看,孔丘所谓"学",内容很广泛。人们获得知识的具体途径是多种多样的,总起来就叫做"学而知之"。我们分几点说明如下:

一,孔丘所谓"学",主要是"学文",即学习书本知识,学习古代的文化典籍,包括《诗》、《书》、《礼》、《乐》、《易》、《春秋》等等。孔丘是以博学著称的,当时人就说他"博于诗书,察于礼乐,详于万物"(《墨子·公孟》)。孔丘读《易》,"韦编三绝",把连贯书简的绳子都磨断了三次。可见他本人是十分注意学习古代的历史知识的,这些也是他教育学生的主要内容。他的学生子路比较注重实际政事,曾当着孔丘的面,发表过这样一通议论:"有民人焉,有社稷焉,何必读书,然后为学?"孔丘气呼呼地指斥他为"佞者"(《先进》)。这说明孔丘是把读书放在第一位的。

读书是获得知识的一个重要途径。合乎实际的书本知识,是前人生产斗争和阶级斗争经验的概括和总结,是人类文明的宝贵财富。但是,并非一切书本知识都是科学的真理。孔丘爱好的那些古典文献——《诗》、《书》、《礼》、《乐》、《易》、《春秋》等所谓"六经",一方面保存了古代的典章制度和历史文化,另一方面,它们都是按照奴隶主贵族的是非标准编纂而成的,其中也包含大量的糟粕。孔丘把被奴隶主阶级的文化官们歪曲了的书本知识当作神圣的教条,叫人们学习,实际上是要用它来禁锢人们的头脑,培养为奴隶制效劳的人才。

书本知识是间接经验。由于脱离人民群众的生产斗争和阶级斗争实践,孔丘不可能懂得一切真知都是从直接经验发源的道理。不过,他在谈到古代的东西时,有时也要求能于现在得到证实,要求有充足的材料。如说:"夏礼,吾能言之,杞不足征也;殷礼,吾能言之,宋不足征也。文献不足故也;足,则吾能征之矣。"(《八佾》)这里所谓"文献",和今日"文献"一词意义不尽相同,除指文字资料外,还包括了解历史的所谓"贤人"提供的资料。不论是文字资料,还是时贤提供的资料,都是间接经验,而不是直接经验。

二,孔丘所谓"学",一个重要内容就是向别人学习。他的学生子贡说过:"夫子焉不学,而亦何常师之有?"(《子张》)就是说,孔丘没有一定的老师,凡是有一些特长的人,都可以做他的老师。孔丘自己也说:"三人行,必有我师焉,择其善者而从之,其不善者而改之。"(《述而》)他主张要向一切人学习,不但要向"善者"学习,而且要善于向"不善者"即反面教员学习。

向别人学习,就少不了问。《论语》中"问"字凡一百二十一见,"问"的内容和"学"的内容是完全一致的,如"问政""问智""问仁""问孝""问礼之本""问禘之说"等等。所以后来"学问"连称,成了一个专门名词。

孔丘注意向别人学习,很重视问。"子入太庙,每事问。"(《八佾》)问的主要是祭祀的礼仪制度。有人就这件事评论说他不"知礼",孔丘的看法是:不懂就问,这正是礼呀!毛泽东同志要我们"学个孔夫子的'每事问'"(《反对本本主义》,《毛泽东著作选读》甲种本上册第 18 页),就是要学习他的这种勤学好问的精神,不以问人为耻,反以为礼。他主张不要怕向知识、才能不如自己的人学习,"以能问于不能,以多问于寡"(《泰伯》),这种态度是学者应该具有的。他曾赞扬过子路"不耻下问"的精神,在回答子贡提出的"夫子何以谓之文也"的问题时,也说:"敏而好学,不耻下问,是以谓之文也。"(《公冶长》)他把"下问"和"好学"联系在一起,认为"问"是"学"的一个重要方面。

"每事问"、"无常师"的态度当然是好的。但是,由于奴隶主贵族的阶级本性,孔丘及其门徒实际上是不可能完全做到的。他们脱离劳动人民,甚至攻击劳动人民是"不可与同群"的"鸟兽",怎么可能虚心向普通的老百姓求教,拜劳动人民为师呢?他们同劳动人民的对立到了这样的程度,甚至在耕作的农民面前,连一个渡口都问不出来,还怎么谈得上向劳动人民学习呢?

向别人学习,所得到的知识,也还是间接经验,不过比较学习古代经典,就更接近认识的直接来源了。

三,孔丘所谓"学",也不排除"多闻""多见"的直接感觉经验。他说:"盖有不知而作之者,我无是也。多闻,择其善者而从之,多见而识之,知之次也。"(《述而》)通过"多闻"、"多见"去获得知识,虽然比较"生而知之"是次一等的,但仍不失为知识的一个来源。对待闻见所得的知识,他还采取一种"阙疑"的态度,只讲或只去实行那些无可怀疑的部分,他认为这样就可以少犯错误。如说:"多闻阙疑,慎言其余,则寡尤;多见阙殆,慎行其余,则寡悔。"(《为政》)对待闻见所得的知识采取分析的态度是应该的,但这段话也说明,孔丘对感觉经验的信任是有限度的。不仅如此,他更以奴隶主阶级的政治伦理规范"仁"和"礼"去限制人们的感觉、言论和行动,如"非礼勿视,非礼勿听,非礼勿言,非礼勿动"(《颜渊》)的所谓"四勿",就是限制人们正确地认识世界和改造世界的桎梏。这样,孔丘所允许的"见"和"闻"的范围,也仅只局限于合乎"仁"和"礼"的要求的限界之内,而不是以无限丰富生动的整个客观物质世界为对象。

四,在一定意义上说,孔丘的所谓"学",也包括"行"在内。这就直接涉及到了他对知行关系的看法。孔丘说:

> 弟子入则孝,出则弟,谨而信,泛爱众而亲仁。行有余力,则以学文。(《学而》)

> 贤贤易色,事父母能竭其力,事君能致其身,与朋友交言而有信,虽曰未学,吾必谓之学矣。(同上)

> 君子食无求饱,居无求安,敏于事而慎于言,就有道而正焉,可谓好学也已。(同上)

> 有颜回者好学,不迁怒,不贰过。(《雍也》)

从这些话里可以看到,孔丘很重视"行"。从一定意义上说,他认为"行"比"学"更重要,"行"在"学"先("行有余力,则以学文");或者说,"行"就是"学","学"里面就包括"行","学"好的标准就是"行"。只要道德修养好了,"虽曰未学,吾必谓之学矣"。

孔丘所谓"学",实兼有"知"、"行"二义。我们必须搞清楚,孔丘所说的"行",不是我们通常说的"实践"的意思,不是指社会的生产斗争、阶级斗争和科学试验三大革命运动,而主要是指奴隶主贵族的道德修养,为了实现"忠""孝"等道德原则的个人修身养性活动。实现这些奴隶主阶级的道德原则,是孔丘教学的主要内容之一。"子以四教:文、行、忠、信。"(《述而》)除了学"文"一项外,其余三项都属于道德修养的范围。孔丘培养出来的高足,分别在"德行"、"言语"、"政事"、"文学"等方面表现出出色才能的,不过十余人,而他最看重的是德行第一的颜渊。鲁哀公问:"弟子孰为好学?"孔丘答道:"有颜回者好学,不迁怒,不贰过。不幸短命死矣,今也则亡(无),未闻好学者也。"(《雍也》)可见孔丘所谓"学",很重要一部分内容是讲的道德修养问题。"学"兼"知"、"行"二义,就是说,一方面它是求得知识的途径,另一方面是讲的道德修养问题。在古希腊,"哲学"(Philosophy)原是爱智慧的意思。中国古代的哲学，除了这层意思外，还加上了一层修养成为圣人的意思，是"爱智"和"为圣"的统一。从孔丘开始，"好学"、"致知"就不是单纯讲的认识论问题，它还有很大一部分内容是讲的伦理学问题，往往是两者混揉在一起。研究中国哲学史上的知行问题，不能不把握住这一特点。

孔丘所说的"行"，虽不能说和认识论一无关系，但从前述议论看，主要是讲道德修养问题，则是无疑的。有人说，《论语》中的"学"字，是与实践一体相连的范畴，它具有"由行而致知"、"以实践为格物穷理的动力"的意义。这种意见，我们不敢苟同。孔丘确实很重视"行"，但他是格外注重奴隶主阶级的道德教育和实践，根本不是辩证唯物主义认识论的"实践第一"的观点。所谓"行有余力，则以学文"，这是把道德修养看得比读书学习更重要，虽然讲行和学文的秩序是行在学先，但并没有讲行和学文（知）之间有什么必然的内在的联系，更没有行是知的基础和来源的意思，"由行而致知"又从何谈起呢？

五，孔丘所谓"学"，把作为认识的真正来源的生产斗争和阶级斗争实践是根本排除在外的。孔丘极端鄙视生产劳动，据《论语》记载：

> 樊迟请学稼。子曰："吾不如老农。"请学为圃。曰："吾不如老圃。"樊迟出，子曰："小人哉，樊须也！上好礼，则民莫敢不敬；上好义，则民莫敢不服；上好信，则民莫敢不用情。夫如是，则四方之民襁负其子而至矣，焉用稼？"（《子路》）

这段记载，赤裸裸地暴露了孔丘鄙视生产劳动和劳动人民的"治人者"的观点。在他看来，只要掌握好了"礼"、"义"、"信"这些奴隶主阶级的政治道德原则，老百姓自然会乖乖地种出粮食和蔬菜来供统治者享用，剥削阶级的"君子"是用不着亲自动手去干这类"鄙事"的。

　　孔丘不讳言自己在青年时期也干过一些体力劳动的技艺之事，但他对这些技能或才艺却持轻蔑的态度。他说：

　　　　吾少也贱，故多能鄙事。君子多乎哉？不多也。（《子罕》）

　　　　吾不试，故艺。（同上）

何晏《论语集解》引郑玄注云："试，用也。""不试"就是不被见用、没有当官的意思。孔丘"多能鄙事"是在贫贱和倒霉时不得已才去干的事情。在他看来，技能或才艺乃是小人之事，"君子"和"多能"、"多艺"是不相容的。所以，他对实际生活中的一切技能，如卜医、农圃、工艺、货殖、军旅等，一概斥之为"小道"、"小知"而加以鄙弃。卫灵公问阵于孔丘，他以"军旅之事，未尝学也"（《卫灵公》）支吾溜走。他的学生中以艺能著称并善于处理经济事务的，如冉求、子贡等，都曾多次受到他的警告或斥责。

　　毛泽东同志曾尖锐地批判孔丘和他的学生们"不喜欢什么生产运动"、"不实行劳动"（《青年运动的方向》，《毛泽东选集》第2卷第532页）的剥削阶级思想和作风。创造物质财富的生产活动，是最基本的社会实践活动。人的认识，主要地依赖于物质的生产活动，脱离和反对生产实践，就不可能得到真正的知识。这正是孔丘认识论的致命弱点。这也使他不可能真正解决认识的来源问题。当时的劳动人民就骂孔丘一伙是"四体不勤、五谷不分"（《微子》）的寄生虫，指出他们脱离实践，自命不凡，而实际上是最不懂得世界上的事情的人。

　　综上所述，孔丘所谓的"学"，除去伦理学的意义之外，它是一个以"多识前言往行"的间接经验为主要内容的认识论范畴。尽管他以"生知"为"上"，"学知"为"次"，但对于奴隶主阶级的一般成员来说，学习乃是获得知识的唯一的现实途径，不学习就得不到知识。由于孔丘极端贱视生产劳动，把实践根本排除在"学"即认识论的范围之外,他不可能认识到行是知的来源,提出"由行而致知"的命题。"学"作为一个后天经验的范畴,在孔丘那里,主要是间接经验;和轻视实践的态度相联系,他对直接感觉经验的信任是有限度的,且不注重自然事物的认识,所谓"多识鸟兽草木之名"(《阳货》),并不是以自然为研究对象,而是一种比兴的方法。

孔丘也接触到理性思维在认识中的作用的问题,这就是他对于"学"和"思",即感性认识和理性认识关系的探讨。

孔丘说:

> 学而不思则罔,思而不学则殆。(《为政》)

这是说,在认识过程中要采取学思并重、学思结合的方法。只注意一个方面,忽视另一个方面,都达不到好的学习效果。在学和思二者的关系中,他看到了学是思的基础,离开经验的获得和积累,凭空去思索,是不会有什么收获的。故说:

> 吾尝终日不食,终夜不寝,以思,无益,不如学也。(《卫灵公》)

他所说的"思",和"学"相对立,即是认识论上讲的思考、思索、推理、研究,为认识过程中之一重要阶段。但是,在孔丘那里,和"学"一样,"思"往往也要受到奴隶主阶级的政治伦理的限制,即所谓"君子思不出其位"(《宪问》)。他要求"视思明,听思聪,色思温,貌思恭,言思忠,事思敬,疑思问,忿思难,见得思义","祭思敬,丧思哀","见贤思齐","见利思义"等等。这种"思",就不是把感性认识提高到理性认识,对丰富的感觉材料加以分析综合,达到概念、判断、推理的认识阶段,而是用一系列先定的道德原则和规范来限制人们的感觉和实践,因此,这种"思"就具有内思反省的意义。

关于感觉经验如何提高到理性思维的方法,在孔丘那里实在是很贫乏的。他在教学过程中,经常运用一种"举一反三"的启发式,即基于感觉经验的类推法,这就是所谓"温故而知新"(《为政》)、"告诸往而知来者"(《学而》)、"举一隅而以三隅反"(《述而》)、"闻一以知二"、"闻一以知十"(《公冶长》)的方法,运用到政治伦理上,就是"能近取譬"、"推己及人"的方法。这种由此及彼的推理方法,虽然已经运用了思维的工夫,但还很难做到去粗取精、去伪存真、由表及里,深刻揭示事物的内在本质。

孔丘所说的"学"和"思",均属于"学而知之"的范畴,是学知过程中不同的两个认识阶段,或互相联系的两种认识方法。对于"生而知之者"来说,当然不存在"学"和"思"的问题,因为他们是"不学而能"、"不虑而知"(《孟子·尽心上》)的。提出认识过程中两个阶段的关系问题,对于知识的来源和致知的方法作了进一步的回答,这是孔丘在中国哲学史上的一个贡献。

为了全面了解孔丘的知行观,最后还有必要对他关于"言"和"行"的关系的论述作些考察。前面说过,孔丘是很重视"行"的,他讲的"行"主要是指奴隶主贵族的道德修养活动,即要求把"忠"、"孝"、"仁"、"义"等道德原则贯彻到实际行动中去。这是符合统治阶级的长远利益的。但是,作为统治阶级成员的各个个人,由他们的特殊物质利益所决定的行动,又往往和这些道德原则相背驰。所以,代表这个阶级的长远利益的一些思想家,从理论上总是强调言行一致、知行统一的重要性,即反对把"忠"、"孝"等原则停留在主观认识阶段或口头上,而要求付诸实际行动。对奴隶制的旧事物怀有深厚感情的孔丘,在他的以道德教育为主的诸多言论中,自然会把言行一致的要求强调地提出来。他这方面的言论有:

> 君子耻其言之过其行也。(《宪问》)
> 古者言之不出,耻躬之不逮也。(《里仁》)
> 君子欲讷于言而敏于行。(同上)
> 君子……敏于事而慎于言。(《学而》)
> 先行其言而后从之。(《为政》)

听其言而观其行。(《公冶长》)

君子名之必可言也,言之必可行也。君子于其言,无所苟
而已矣。(《子路》)

这些都是要求说到就必须做到,反对言过其行,言行不一。是否做
到言行一致,是道德上划分“君子”和“小人”的一个重要标准。

有人说,孔丘关于言行问题的论述,纯属伦理学的范围,和认
识论殊不相关。我们认为,言行一致固然是对理想的“君子”的道
德要求,同时它和认识论上的知行问题有密切的联系。语言是思
想的物质表现,言行关系问题归根到底也就是知行关系问题。言
行不一是知行脱节的表现,要求言行一致也就是要求知和行的统
一。

要求言行一致、知行统一的前提是承认“知”对“行”有指导意
义。孔丘说:“不知命,无以为君子也;不知礼,无以立也;不知言,
无以知人也。”(《尧曰》)“知命”、“知礼”等等乃是做人行事的准则,
道德上的“言”和“行”离不开世界观的指导,离不开对自然和社会
的认识。当然,“言行一致”的要求本身并没有解决道德上的“言”
或“知”的来源问题,只是强调了要把这种“知”贯彻到实际行动中
去,把“言”变成“行”。所以,它只涉及到知行关系问题的一个方
面,而不是全部。

对于奴隶主阶级来说,提出言行一致、知行统一的要求是一回
事,能不能做到是另一回事,就连孔丘本人的行动也是常常违背自
己宣布的原则的。例如,一个“信”字常常挂在他的嘴上,说什么
“民无信不立”(《颜渊》),“人而无信,不知其可也”(《为政》)。可是
行动又如何呢? 有一次孔丘在蒲乡遭到群众的围困,他曾指天发
誓,与蒲人订下盟约,保证不到卫国去。谁知刚一获释,他就直奔
卫国,极力怂恿卫君出兵镇压蒲乡人民。这种背信弃义的行为,暴
露了他的伪君子、两面派的面目。对于孔丘一类的剥削阶级思想

家,我们如果"听其言而信其行",那就不免要上当受骗;倒是他自己肯定过的"听其言而观其行"的方法,帮助我们认清了剥削阶级的种种道德言词的虚伪性。

在中国哲学史上,孔丘是第一个自觉地探讨了知行问题的思想家。他提出了人类知识的来源问题,并以其独特的解答方式,对后来哲学上两条认识路线的斗争和发展产生了深远影响。由于他脱离甚至反对劳动人民的生产实践,因此不可能了解认识对于社会实践的依赖关系。他的"生知"和"学知"并提的知识起源论,基调是唯心主义的,同时带有折衷主义、二元论的特征。不能否认,他对后天的学习的重视,是包含有唯物主义经验论的因素的。

孔丘哲学思想的矛盾是客观存在的。我们到处看到他调和唯物和唯心的企图,而始终不离殷周以来传统的宗教天命观的基础,正如他在政治上总是企图调和新和旧,而基本立脚点始终站在奴隶制一边一样。抹煞和回避矛盾是无济于事的,需要的是对这些客观存在的矛盾作出合乎历史实际的马克思主义的分析和回答。

从孔丘开始,中国哲学史上的知行问题就不单纯是一个认识论问题,道德上的知和行往往成为讨论的主题,它既有一般认识论的意义,同时又有特殊的伦理学的意义。我们要分清这两重意义,认识它们的区别和联系,不要把古人讲的知和行同现代人讲的认识和实践简单地划等号,也不要以为古人是讲道德上的知和行,就否定它有一般认识论的意义。

（节选自《中国哲学史上的知行观》第二章《先秦诸子的知行学说》,人民出版社 1982 年版）

方克立（1938—　　）,湖南湘潭人。1962 年中国人民大学哲学系毕业,留校任教。1973 年调入南开大学,后任中国社会科学院研究生院院长至今,并担任国务院学位委员会哲学评议组成员、全国哲学社会科学规划小组及中华社会科学基金会哲学学科评审组成员、中国哲学史学会副会长等。主要著作有《中国哲学史上的知行观》等,主编《现代新儒学辑要丛书》、《现代新儒学研究丛书》、《现代新儒家学案》、《中国哲学大辞典》等。

　　本文系《中国哲学史上的知行观》第二章第一节"儒家学派"的"孔丘"部分,题目为编者拟定。本文认为:孔子是中国哲学史上第一个自觉讨论知行问题的思想家,他提出了人类知识的来源问题,并以其独特的解答影响了后来哲学上两条认识路线的发展;其"生知"和"学知"并提的认识起源论,基调是唯心主义,同时有折衷主义、二元论的特征;对后天的学习的重视,包含了唯物主义经验论的因素。

理气先后
——朱熹理气观的形成与演变

陈　来

关于理气先后的讨论是朱熹哲学中一个比较重要的问题,它决定着朱熹哲学的基本性质(唯物、唯心或二元)和理论形态(本体论或宇宙论),无论从哪个意义上来说,它都确乎是这个体系中的"哲学基本问题"。

以朱熹的理气观为理在气先的理一元论,是学术界长期以来比较普遍的看法。然而,不仅也有学者主张朱熹的哲学是二元论,在对理在气先思想的具体把握方面也有很大的差别,如有的学者强调在朱熹哲学中理对于气是逻辑上而不是时间上在先的关系,而在断定朱熹哲学中理在时间上先于气的学者中则更有提出朱熹是讲理能生气的①。这些表明,对朱熹理气先后的思想应做更进一步的研究。

稍加注意就会发现,研究朱熹理气观的复杂性在于,上述种种看法各自具有一定的资料依据。这恰恰说明,上述种种看法都尚未能反映出朱熹思想的全貌。实际上,朱熹理气观中出现的这些

---

①　二元说可见周予同《朱熹》;逻辑在先说可参见冯友兰旧著《中国哲学史》下册;理生气说可见侯外庐《中国思想通史》第四卷下。

复杂现象主要是由于:第一,朱熹19岁进士,71岁死去,他的思想,包括理气先后的思想经历了一个复杂的发展和演变过程。第二,朱熹对理气关系的讨论常常是从不同问题,不同角度出发的。就是说,朱熹关于理气先后的思想不是静态的,而是动态的;不是单一的,而是复合的,朱熹学说的这种客观情况要求我们在研究上必须相应地采取时(历史演变)、空(层次角度)的方法加以考察。这应当不仅是研究朱熹理气先后说也是研究他的其他思想的基本方法。注重把历史和逻辑结合起来的方法不仅对于研究一个断代或跨越若干断代的哲学发展是必要的,对于研究那些活动时期较长的大思想家同样是必要的。

一

朱熹早年从学李侗时,曾与李侗讨论过太极阴阳问题①,但由于朱熹当时的注意力完全集中在"已发未发"的学说上,他所注重的是以《太极图说》来论证"已发未发"说,还没有表现出对《太极图说》包含的本体论思想发生兴趣。

李侗死后,乾道三年朱熹(38岁)访张栻于长沙,后同游南岳,临别时张栻赠诗有云:"超然会太极,眼底无全牛"(《南轩文集》卷一《诗送元晦尊兄》),朱熹答诗亦云"始知太极蕴,要眇难名论"(《朱文公文集》〔以下简称《文集》〕卷五《诗奉酬敬夫赠言以为别》),这说明朱熹湖湘之行曾与张栻讨论过太极问题。但从当时二人所关心的问题来看,二人都是从"性"的方面理解太极。张栻

① 见《延平答问》辛巳二月二十四日书。按朱子时年32岁,其思想远未成熟,但此书中李侗以太极为天地本原之理的思想却值得注意,虽然朱熹当时并未对之作出积极反应。

喜以太极论性,朱熹当时颇受其影响。朱熹答诗即是论性。他认为太极即未发之性,是心之本体。因为性是未发,所以说"要眇难名论","谓有宁有迹",但可以据其已发而识其未发,通过察识端倪来体认未发之性,所以诗说"惟应酬酢处,特达见本根"①。后来在己丑所作的《已发未发说》中朱熹仍然强调周敦颐讲无极而太极是指论性而言。这都说明朱熹在很长一个时期中还没有深入到《太极图说》的本体论问题。

真正从本体论上阐发理气关系,还是始于《太极解义》(按《太极图解》、《太极图说解》合称为《太极解义》)。据朱熹与张栻、吕祖谦论学书信,《太极解义》初稿写成于乾道庚寅(朱熹41岁),中间经与张、吕诸人讨论修改,至乾道癸巳(44岁)基本定稿②。

《太极解义》是朱熹对周敦颐《太极图》及《太极图说》的阐释。《太极图》之源于道教,前人已多论说。《太极图说》提出了"无极而太极,太极动而生阳,静而生阴"的宇宙发展图式,其中吸收了一些道家思想也很明显。但《太极图说》过于简约,对诸如什么是无极和太极,它们有什么关系等重要问题都未给以明确说明。朱熹以《太极图说》首句为"无极而太极",又以"理"来解释太极,这就明确

---

① 王懋竑亦云:"朱子诗云始知太极蕴……盖皆以未发为太极也。"(《白田草堂存稿》卷七)

② 《东莱文集》吕祖谦与朱侍讲第二云:"《太极图解》近方得本玩味",其书在庚寅。《南轩文集》张栻答朱元晦秘书第四十六:"《太极图解》析理精绎,开发多矣",亦在庚寅。朱熹《太极解义注后记》作在癸巳四月,是其书定稿于癸巳无疑。然注后记未收入文集,今见于《周子全书》。

地把周敦颐的《太极图说》纳入"理"学的体系里来①。

《太极图说解》以太极为"形而上之道",为"动静阴阳之理",表明朱熹已开始明确地用理来规定太极的内涵。这一基本思想除当有李侗影响而外,胡宏《知言》的影响也应注意。据朱、张、吕在庚寅至壬辰间往来书信,这一期间三人讨论了胡宏的《知言》。虽然这一讨论主要与心性论有关,但《太极图说解》提出的"太极,形而上之道也"与《知言》"道谓何也,谓太极也"显然有密切联系。《太极图说解》所谓"性为之主"更是发挥了《知言》中"气之流行,性为之主"的思想。

朱熹以太极为理,阴阳为气,这就发生了理气关系的问题。

---

①　《太极图说》首句公案,迄无定论,按南宋时图、说皆有不同传本。如今本太极图,第一圈无极太极,第二圈阳动阴静,而与朱熹同时之胡广仲所藏旧本则第一圈为阴静,第二圈为阳动(见《文集》四十二答胡广仲五,据《朱子语类》"时紫芝亦曾见尹和靖来,尝注太极图,不知何故渠当时所传图本第一个圈子内误有一点,紫芝于是从此起意,谓太极之妙皆在此一点"(卷九十四)。至于图说,除朱熹于淳熙末年所见当时所修国史之《濂溪传》中作"自无极而为太极"(《文集》七十一,《记濂溪传》)外,时杨方九江旧本则作"无极而生太极"(见《延平本跋》,载周子全书卷十一,未收入《文集》)),可见当时通过不同途径所传的图、说互有差别。朱熹所定图、说,固与其哲学思想密切关联,然《濂溪传》之见在朱子定本已出十余年后,故未可言朱子初即为牵就己意而去掉"自"、"为"二字,且孝宗乾道年间,《太极图说》已为学者普遍注意,张南轩亦有一《太极解》,若朱熹所订图、说皆出于己意之私,同时学者必然提出异议,而除胡广仲外,张、吕诸人与朱论辩《太极解义》时从未提出这些问题,可见朱子定本亦非全无根据。

张南轩之《太极解》今见于《元公周先生濂溪集》(北京图书馆藏宋本)卷三,又南轩答彭子寿书"问无极而太极曰:此语只作一句玩味,无极而太极存焉,太极本无极也,若曰自无而生有,则是析为二体矣"。可见南轩亦以图说首句为"无极而太极,非朱子为然。"

《太极图说》本言"太极动而生阳,静而生阴",撇开周敦颐的本来思想不说,对这个命题可以有不同的理解。朱熹在《太极解义》中就没有从理能生气去理解和解释,这是值得注意的。《太极解义》也没有明确涉及理气先后的问题。从当时朱熹的其它文字综合来看,这个时期还没有形成理先气后的思想。

《太极解义》所表现的主要是一种从体用角度理解理气关系的"本体论"思想。《太极图解》说:

> 此(太极)所谓无极而太极也,所以动而阳,静而阴之本体也。然非有以离乎阴阳也,即阴阳而指其本体,不杂乎阴阳而为言耳。

这是说,理是本体,是阴阳动静与存在的所以根据,气的动静则是理的外在过程和表现。理在气中与气不相离,但又是与气不相杂的本体。朱熹后来在答杨子直书中也说,他在就稿之初是以"太极为体,动静为用"。虽然后来在《太极解义》定稿时对这句话作了修改,但以太极为本体的思想并未改变。这使我们看到,实际上,朱熹在当时主要是用体用的观点来解释太极与阴阳动静的关系。这样一种观点实际上也就是自魏晋以来在中国哲学以及在中国佛学中占有重要地位的唯心主义"本体论"观点①。对哲学基本问题何者为第一性的解决,不是采取谁先谁后的形式,而是采取何者为根本,何者决定何者的形式,以此说明第一性与第二性的关系,这是"本体论"的一个特点。

正是由于朱熹这一时期完全采取这种"本体论"的立场,所以在《太极图说解》中没有提出理气先后的问题,相反,他强调:

> 太极者,本然之妙也;动静者,所乘之机也。太极,形而上

---

① 中国哲学的"本体论",始于先秦老子,至魏晋始大行,此处所说"本体论"系与宇宙发生论相对而言,故皆以引号别之。

之道也;阴阳,形而下之气也。……推之于前而不见其始之
合,引之于后而不见其终之离也。故程子曰:动静无端,阴阳
无始,非识道者,孰能识之!

这是说本体是太极,动静阴阳是理(太极)借以表现的外在过程。
理与气在时间上都没有开始和终结,两者又始终是不杂不离的。
朱熹的这些思想显然是继承了和发展了程颐"体用一源"和"阴阳
无始"的观念。所以他在同时的《斋居感兴诗》中也突出了阴阳无
始无终的观念①。

　　基于上述思想,朱熹以为在理气之间是没有先后的。在与《太
极解义》成稿同年的一封与友人论《太极图说》的信中他明确说
到:

　　盖天地之间只有动静两端,循环不已,更无余事,此之谓
易。而其动其静则必有所以动静之理焉,是则所谓太极者也。
圣人既指其实而名之,周子又为之图以象之,其所以发明表
著,可谓无余蕴矣。原极之所以得名,盖取枢极之义,圣人谓
之太极者,所以指夫天地万物之根也。周子因之而又谓之无
极者,所以著夫无声无臭之妙也。然曰无极而太极、太极本无
极,则非无极之后别生太极,而太极之上先有无极也。又曰五
行阴阳、阴阳太极,则非太极之后别生二五,而二五之上先有
太极也。以至于成男成女化生万物,而无极之妙盖未始不在
是焉。此一图之纲领,大易之遗意,与老子所谓物生于有、有
生于无,而以造化为真有始终者,正南北矣。(《文集》四十五,

────────

　　① 《斋居感兴二十首》是以诗的形式表达的哲学思想,见于《文集》卷
四,以该卷之序推之,当作于乾道癸巳(朱44岁)。其第二首云"吾观阴阳化,
升降八纮中,前瞻既无始,后际那有终……"。

《答杨子直第一》)①

《太极图说解》提出太极是"造化之枢纽、品汇之根柢",是以太极为世界存在、运动的所以根据,也就是这里所渭"枢极"和"指夫天地万物之根"。但这里所说的根柢与现象世界是体与用,本然之妙与所乘之机的关系,并不意味着在二者之间有所先后。所以决不能说先有太极然后才有二五,正如不能说先有无极后有太极一样。朱熹强调指出,如果以为太极先于二五,那就与老子的思想无法划清界线。从这种立场出发,他认为周敦颐的学说是不讲什么"无物之先"的(见《文集》四十,《答何叔京二十五,癸巳甲午》)。这些思想与他后来如与陆九渊辩无极太极时所持观点显然有很大不同。

可见,在《太极解义》这个时期朱熹还没有提出理在气先的思想。这主要是由于,朱熹理气思想在提出和形成的开始主要还是继承程颐的"本体论"思想,因为程颐即着眼于理与事物的体用一源关系,并没有提出理气先后的问题。此外,朱熹在这一时期所注重的乃是如何把人性论与本体论结合起来。二程曾提出"性即理也",这一命题在二程体系中主要表达的是一种天人合一的思想,强调天理与人性的内容完全一致。至于天理人性何以能够一致,这个问题二程并没有提出,也没有解决。而朱熹《太极解义》所要解决的问题,归根到底,是人性的本体论来源问题。按照《太极解义》的基本思想,在阴阳动静的流行过程中太极与阴阳不离不杂;在阴阳之气不断构成具体事物之后,太极仍在阴阳之中并随之转变为人物之性。从而每一具体事物无不是无极之真(理)与二五之

---

① 答杨子直此书《年谱》以在乾道九年癸巳,时朱熹44岁,以下朱子书信凡《年谱》所考无误者,皆据为说,不再注明凡《年谱》未考或有误者,则略加考证。

精(气)的结合。因此不但人性在直接意义上就是禀受而来的天地之理(太极),而太极浑然全体也普遍存在于一切事物之中。这样朱熹就为"性即理"提供了新的、本体论的论证。显然,程颐的"本体论"思想已经满足了朱熹在这里为说明人性来源的需要。

　　由以上可见,朱熹在这一时期的思想主要是一种"理本体论"的思想,对于这种学说,如果仅从先后的关系考察,则理气无先后。但这不是二元论,当然更不是唯物论。

二

　　淳熙六年至八年,朱熹曾守南康,在南康时他曾与同时学者程迥(字可久,号沙随)书信往来辩论太极问题①。他在答复程迥的一封信中说:

> 太极之义正谓理之极致耳。有是理即有是物,无先后次序之可言。故曰易有太极,则是太极乃在阴阳之中而非在阴阳之外也。今以大中训之,又以乾坤未判,大衍未分之时论之,恐未安也。形而上者谓之道,形而下者谓之器。今论太极而曰其物谓之神,又以天地未分之气合而为一者言之,亦恐未安也。有是理即有是气,气则无不两者,故易曰太极生两仪。而老子乃谓道先生一而后一乃生二,则其察理亦不精矣。(《文集》三十七,《答程可久第三》)

---

　　① 《文集》三十八答程可久第三、第四皆论易有太极之义。按答曹立之第一云:"进贤宰(程迥时为进贤令)昨日亦得书,论易数条,已据鄙见报之,未知以为如何。"(《文集》五十一)当即指此二书答程可久论易者。曹立之先曾学于沙随,后从二陆,朱子守南康时来学,答曹书在淳熙七年庚子,故知朱子答程两书亦当皆在庚子,时朱子51岁。

程迥之说已难详考。但可以看到,在这里提出了太极阴阳先后的问题。程迥主张太极在阴阳之先,认为太极既是理(大中),又是浑然之气(大衍未分)。朱熹则认为形而上为理,形而下为气,两者不能合为一说,混为一谈,太极即理,理气无先后,所以太极在阴阳之中而不在阴阳之外。这个观点与《太极解义》时期的思想大体相同。

然而到下一封信中,他的说法似乎有些含混。他说:"熹前所谓太极不在阴阳之外者,正与来教所谓不倚于阴阳而生阴阳者合。但熹以形而上下者其实初不相杂,故曰在阴阳之中;吾丈以形而上下者其名不可相杂,故曰不在阴阳之外。虽所自而言不同,而初未尝有异也。但如今日所引旧说,则太极乃在天地未分之前,而无所与于今日之为阴阳,此恐于前所谓不倚于阴阳生阴阳者有自相矛盾处。"(《答程可久第四》)程迥答朱熹前一书自不可考,而朱熹何以由强调太极在阴阳之中而不在阴阳之外变为承认太极"不倚于阴阳而生阴阳",亦有些含混不清。从朱熹叙述的具体内容看,一方面他强调太极与阴阳不杂,这可能就是他认为自己与程迥认太极为不倚于阴阳之说相合的理由。另一方面他不赞成把太极仅仅看作宇宙的初始本原,主张太极作为宇宙存在的根据必须在现存世界发挥作用。这样看来,程迥所谓"不倚于阴阳而生阴阳"的命题在朱熹似被理解为太极不杂于阴阳而又是使阴阳之气生生不息的根据。这里涉及到"生"的问题的讨论就较之《太极解义》更进了一步。

淳熙十一年甲辰,陈亮为人所诬,"事下大理,笞亮无完肤,诬服为不轨(《宋史·本传》)。孝宗为之解,得免。同年四月朱熹就此事写信给陈亮①,说:"今兹之故,虽不知所由,或未必有以召之,然平日之所积,似亦不为无以集众尤而信谗口者矣。老兄高明刚决,非吝于改过者,愿以愚言思之,绌去义利双行、王霸并用之说,而从事于惩忿窒欲,迁善改过之事,粹然以醇儒之道自律,岂独免于人道之祸!"(《文集》三十六,《答陈同甫第四》)这封以长者诲人姿态出现的信便引出了陈亮的著名答书《甲辰秋书》,由此在两人之间展开了一场著名的辩论。

在辩论中朱熹提出:"若论道之常存,却又初非人所能予,只是此个,自是亘古亘今常在不灭之物。"(同上《答陈同甫六》)②朱熹在这里极力地突出了道(理)的永恒性与绝对性,这些思想也就是后来理先气后说由以出发的认识基础。因此,这里不拟对朱陈之辩细加研究,只是说明,如果从朱熹理气思想的整个行程来看,这一论辩在促进朱熹对理的永恒性与绝对性的理解方面有重大作用,因而其影响也就超出纯粹历史观的范围。所以,应当把它视为朱熹思想发展的一个环节。在这个环节上我们可以说朱熹理在气先的思想尚在形成之中,而它的进一步发展和表现,由另一场著名的辩论——朱陆太极之辩提供了刺激和机会。

淳熙十三年丙午,陆九韶(字子美,号梭山,陆九渊之兄)致书朱熹,对周敦颐的《太极图说》(以及张载《西铭》)实质上也是朱熹的《太极解义》提出异议。陆九韶认为"无极"之说非圣人之言,对周敦颐是否作过图说表示怀疑,这当然无异于搬动朱熹全部哲学

---

① 《陈亮集》甲辰秋书答朱熹此书曰:"到家始见潘叔度兄弟递到四月间所惠教,故知朱子答陈同甫此书乃在淳熙甲辰四月,时55岁。

② 此书即答陈亮《甲辰秋书》之书。陈亮《乙巳春书之一》乃答此书,其首云"去秋辱答教",故知此书作在甲辰之秋,时朱子55岁。

的基石,故陆氏之论对朱熹无疑是个严重的挑战①。

朱熹答书说:"只如太极篇首一句,最是长得所深排。然殊不知不言无极则太极同于一物而不足为万化之根,不言太极则无极沦于空寂而不能为万化之根。"(《文集》三十六,《答陆子美一》,丙午)随之在第二封答书中又说:"谓著无极字便有虚无好高之弊,则未知尊兄所谓太极,是有形器之物耶? 无形器之物耶? 若果无形而但有理,则无极即是无形,太极即是有理明矣。"(《答陆子美二》,丁未初)早在《太极图说解》中朱熹就明确指出:"上天之载,无声无臭,而实造化之枢纽、品汇之根柢也。故曰无极而太极,非太极之外复有无极也。"这是说太极为造化的枢纽,无极则是指太极的"无声无臭"的特点而言,无极并非太极之外的另一实体。答杨子直书也说:"圣人谓之太极者,所以指夫天地万物之根也。周子因之,而又谓之无极者,所以著夫无声无臭之妙也。"所以朱熹答陆九韶书所谓以"无极而太极"为"无形而但有理"实际上重申了《太极解义》的思想。

朱熹与陆九韶的分歧主要在于对《太极图说》的理解不同,而从根本上说,两人又都是为了维护周敦颐的儒家形象以区别于二氏。从朱熹与陆九韶第三书看,陆已无意继续论争,朱熹亦就此为止。然而,由于朱陆(九渊)关系的紧张,不久陆九渊又出来打抱不平,从而使辩论继续而且激化了。

淳熙十五年戊申,朱熹(59 岁)奉命入对,五月末抵阙下,六月中旬离临安,归至江西玉山时收到陆九渊的来信。陆九渊在信中说:"其(太极)为万化之根本固自素定,其足不足,能不能,岂以人言不言之故耶?"(《陆九渊集》卷二,《与朱元晦一》)所谓足与不足、

---

①　梭山与朱子书,《宋元学案》已云不可得见,《周子全书》载有二条,要亦非全录也。又象山书中有梭山兄谓云云,亦可参之。

能与不能,即指朱熹答陆九韶第一书所说的"不言无极则太极同于一物而不足为万化之根,不言太极则无极沦于空寂而不能为万化之根",朱熹是说倘不讲无极太极则在理论上可能遇到困难,并非如陆指责的以为太极作为万化根本这一客观事实须待人言(可见陆九渊亦以太极为万化根本)。朱陆之辩所涉及的濂溪学术渊源、字义训讲等无须赘论。陆九渊与陆九韶基本观点相同,认为历史上所有儒家经典都不讲无极,也从未有人产生过把太极当作具体器物的误解,所以朱熹所谓提出无极以防止人们误认"太极同于一物"的说法是完全牵强的,因此无极只能是老子的东西,《太极图说》不会是周敦颐的作品或者只是其不成熟时的作品。陆九渊大胆指出《太极图说》与道家的关联是有见地的,他关于《太极图说》可能是周的早年著作的推测也不无道理①。但是如朱熹反驳的,先儒未尝讲者不等于后儒不可讲,先后发明,讲者不为多,不讲者不为少,且无极乃指无形不必认为非儒者言而断以早年未定之说。

更有意义的是,朱熹在答书中进一步推进了他的太极阴阳思想:

> 至于大传既曰形而上者谓之道矣,而又曰一阴一阳之谓道,此岂真以阴阳为形而上哉? 正所以见一阴一阳虽属形器,然其所以一阴而一阳者,是乃道体之所为也。故语道体之至极则谓之太极,语太极之流行则谓之道,虽有二名初无二体。周子所以谓之无极,正以其无方所,无形状,以为在无物之前而未尝不立于有物之后,以为在阴阳之外而未尝不行乎阴阳之中,以为通贯全体无乎不在,则又初无声臭影响之可言也。今乃深诋无极之不然,则是直以太极为有形状有方所矣,直以

---

① 按《濂溪年谱》云相传濂溪十四岁游月崖而悟太极,其说虽不足以为据,然通书未尝一及无极字,故陆说亦有其理。

阴阳为形而上者,则又昧于道器之分矣。(《文集》三十六,《答陆子静第五》戊申)

与陆九韶的所不同的是,陆九渊进一步提出了形上形下的问题。在关于阴阳属形上还是形下的问题上,分歧主要在于两人对阴阳的理解有差别。陆是把阴阳理解为概括一切对立性质的范畴抽象所以指为形上。而朱熹则主伊川之说,把一阴一阳理解为阴阳之气的一往一来,注重把"一阴一阳之谓道"与"形而上者谓之道形而下者谓之器"对应起来,以阴阳为气,阐发理气哲学。中国古代哲学的阴阳范畴本具有不同意义,朱陆可谓各执一说。然而在朱熹看来,以阴阳为形而上就等于不区别形上形下,与程颐关于一阴又一阳之所以然者为道的思想背道而驰,几乎是违反了道学的起码常识。

区分形上形下是程朱理气论的方法论基础,从思维抽象及其对对象的把握方面来说,反映了人类认识的某种深入,在宋明理学的发展中有其合理的作用。但是形上形下统一于客观事物之中,规律、共相不能脱离事物独立存在,朱熹的错误不在乎区分形上与形下,而在于他把形上形下割裂开来,认为形上可以先于或独立于形下,这就从区分形上形下这种还比较接近真理的立场多走了一步。

在《太极解义》时期朱熹宣称周敦颐是不讲"无物之先"的,而在这里他认定周敦颐所说的太极不但立于有物之后,而且也在"无物之前"。在与程迥论太极时他还坚持"太极乃在阴阳之中而非在阴阳之外",现在则肯定"太极"不但行乎阴阳之中,同时也在"阴阳之外"。正如黄宗羲所说:"朱子谓无极即是太极,太极即是有理,在无物之前而未尝不立于有物之后,在阴阳之外而未尝不行于阴阳之中,此朱子自以理气先后之说解周子。"(《宋元学案》卷十二)朱熹的这些思想正是理在气先的思想。

　　陆九渊第二封信重复了第一封信的观点,朱熹以条析的形式作答,其内容也不多,其中说"太极乃是天地万物本然之理,亘古亘今颠扑不破者也"(《文集》三十六《答陆子静第六》己酉)。朱陈之辩的余迹尚依稀可辨。信尾说"各尊所闻,各行所知亦可矣,无复可望于必同也",争论即告停止。从整个朱熹思想发展看,朱陆之太极辩是有意义的,它使朱熹有机会整理南康以来的思想发展,集中力量同主要对手讨论一些本体论方面的问题,并且标志着朱子理在气先思想的明确形成。

　　在谈到理在气先思想的形成时有必要提到淳熙末年朱熹发表的著作,特别是《易学启蒙》。淳熙十三年丙午,《易学启蒙》成,时朱熹57岁。这是以初学者为对象的阐述周易象数的著作,书中说:"《易》非独以河图而作也,盖盈天地之间莫非太极阴阳之妙,圣人于此俯仰观察,远求近取,固有以超然而默契于心矣。故自两仪之未分也,浑然太极,两仪四象六十四卦之理已粲然于其中。"(卷二)在朱熹看来,周易象数也反映着天地间太极阴阳之妙,筮法、易理与天地之化相互统一,因此,太极在《启蒙》筮法中的地位及其解释可以同时作为朱熹对太极在天地之化中所处地位的认识来考察。

　　按照朱熹的解释,所谓"易有太极"是指"太极者,象数未形而其理已具之称,形器已具而其理无朕之目,在河图洛书皆虚中之象也。周子曰'无极而太极',邵子曰'道为太极',又曰'心为太极',此之谓也"(卷二)。所谓"是生两仪",他认为是指"太极之判始生一奇一偶而为一画者,二是为两仪,其数则阳一而阴二,在河图洛书则奇偶是也。周子所谓'太极动而生阳,动极而静,静而生阴,静极复动,一动一静,互为其根,分阴分阳,两仪立焉',邵子所谓'一分为二'者,皆此谓也(卷三)。朱熹不但吸收了邵雍加一倍法的筮法学说,而且在解释上把它与《太极图说》统一起来,这样看,"象数未形而其理已具","两仪未分也,浑然太极,两仪四象六十四卦之理已粲然于其中","自太极而分两仪",这些以象数形式表现的说法,与"在无物之前未尝不立于有物之后","在阴阳之外而未尝不行于阴阳之中"、"道之未始有物而实为万物之根柢"的思想完全一致。正如朱熹自己所宣称的,象数关系同时反映着天地阴阳太极之妙。从儒家的传统立场看,《易》本来就是模拟天地之化的,对《易》的解释往往同时包含着解释者对宇宙发展和结构的理解。当然,轻易地对易说作本体论的解释往往导致偏差,但把朱熹这一时期的思想联系起来,应当承认,《启蒙》书中已包含有理先气后的思想。

这一点说明,易学思想所反映的世界观在朱熹理气思想的形成和演变中有不容忽视的作用,换言之,象数易的思想对朱熹的世界观有一定影响。朱熹在南康时与辩太极的程迥即持象数思想的易学家,所以后者坚持太极阴阳有所先后。《四库提要》云:"其(程迥)说本邵子加一倍法,据系辞说卦发明其义,用逆数以尚占知来,大旨备见于自序,后朱熹作启蒙,多用其例。"(《经部》易类三《周易古占法》)南康易说之论辩往来朱熹是否受其影响不得而知。朱子《启蒙》一书,前人曾有谓朱子门人蔡元定(字季通,号西山)所作,此说之误日本学者亦多有驳辩。然《启蒙》成书前朱子与蔡元定通书多次讨论,见于《朱子文集》可证;又《启蒙》书中明引蔡季通之言云云,故朱子《启蒙》之书有蔡氏影响决无可疑。按西山及其子节斋(蔡渊)、九峰(蔡沈)兄弟皆学于朱门,而实本于家学,此在黄全学案中早已指明。季通之父私淑康节之学,蔡氏兄弟祖孙皆主其说,故朱子作《启蒙》吸收邵氏之说,应主要受到蔡氏影响。

象数易思想在哲学上属于宇宙发生论,邵雍所谓画前元有易即以为天地万物之前宇宙原理已存,由太极而派生一切事物。朱熹理在气先思想正是在早年"本体论"思想基础上进一步吸收了象数派的宇宙论思想,而这一吸收是以对易学的象数研究为桥梁的。后来,到更晚年朱熹又提出逻辑在先说,以避免宇宙论的种种困难,故朱熹死后,门人对理气先后多含糊其辞,而惟西山蔡氏一支仍持理在气先,太极始万物,如蔡渊之《易意象言》、蔡沈之《洪范皇极之篇》皆可见,这也很能说明问题。

《易学启蒙》成书次年,淳熙十四年丁未,朱熹(58岁)作《周子通书后记》,他强调说:"此一篇本号易通,与太极图说并出程氏以传于世,而其为说实相表里,大抵推一理二气五行之分合……"(《文集》八十一),《通书解》初成于乾道末年,与《太极解义》同时(据《年谱》),朱熹几次作通书后序(己丑、己亥及丁未),只是在这里才明确提出"一理二气五行"是《通书》的基本宇宙模式,这是和其理气观的演进相对应的。

朱陆太极之辩稍后,淳熙十六年己酉春,朱熹(60岁)订定《大学章句》、《中庸章句》及二书的《或问》。《大学或问》中说:

> 天道流行,发育万物,其所以为造化者,阴阳五行而已。而所谓阴阳者,又必有是理而后有是气。及其生物,则又必得是气之聚而后有是形。故人物之生必得是理然后有以为健顺仁义礼智之性,必得是气然后有以为魂魄五脏百骸之身。(卷一)

表明理在气先思想确已形成。

总起来看,淳熙最后十年是朱熹(50—60岁)理气论发展的一个重要时期。这个时期的几次论辩对朱熹思想有重要影响。这一时期形成的思想,在以后一个时期(绍熙年间)得到了进一步的表述和发展。

三

淳熙十六年八月朱熹除江南东路转运副使,十一月改知漳州,
再辞不允,次年四月,朱熹(61 岁)赴漳之任,又次年四月,因长子
亡故去漳。守漳前后是朱熹一生接收弟子最多的时期。《太极解
义》的公诸于世,《学》《庸》章句的订定完成,以及影响颇大的朱陆
太极之辩,使朱熹这一时期与学徒间的答问充满了理气、太极阴阳
的内容。

《语类》记载:“徐问天地未判时,下面许多都已有否? 曰:只是
都有此理。”(卷一,陈淳录)徐问指徐㝢发问,徐㝢亦漳州与陈淳同
问学于朱熹者,故此条当为漳州所录①。又如:“问:太极,不是未
有天地之先,有个浑成之物,是天地万物之理总名否? 曰:太极只
是天地万物之理。在天地言,则天地中有太极。在万物言,则万物
中各有太极。未有天地之先,毕竟是先有此理。”(同上)按照朱熹
的思想,从本原上说太极在天地之先,就现存世界来说太极即在天
地万物之中。又如杨敬仲录:“先有个天理了,却有气,气积为质而
性具焉。”(卷一,62 岁)② 这些材料表明,在《太极》《学》《庸》诸书
见世的背景下,理气孰先孰后,守漳前后弟子们明确地向朱熹提出
来,要求他明确回答。

《语类》又载:“未有此气,便有此理,既有此理,必有此气。”(卷

---

① 徐㝢亦录:“问天地未判时下面许多都已有否? 曰:事物虽未有,其
理则具。”(《语类》六十二)此条下注“可学录别出”,乃知与郑可学同闻而异
录,据《语录姓氏》郑录皆在辛亥,故此条当亦在辛亥,朱子 62 岁。

② 按语录之记录年代,一般以《语类》之《语录姓氏》为据。如杨敬仲录
《语录姓氏》谓辛亥所闻,故据为说。下凡据《语录姓氏》者,不更加说明。

六十三,杨道夫录,60 岁后)廖德明录:"有是理,后生是气。"(卷一)"问太极动而生阳,静而生阴,见得理先而气后。曰:虽是如此,然亦不须如此理会。"(卷九十四)按《语录姓氏》德明录皆在癸巳之后,即朱子 44 岁以后。朱熹在《太极解义》(44 岁)时期尚无理先气后思想,故这些记录当为后来所闻,且以守漳时为近①。

《文集》这一时期的书信与《语类》是一致的。朱熹门人黄灏(字商伯)写信问朱熹:"张子神与性乃气所固有之语,似主气而言。却恐学者疑性出于气,而不悟理先于气,语似未莹,未审然否?"黄商伯从朱学的立场批评张载主气之论不明理在气先,朱熹对此回答说"此论甚善,但张子语不记子细"(《文集》四十六,《答黄商伯四》,60 岁后)②。对黄商伯的理先气后思想加以肯定。朱熹在复答复门人郑可学(字子上,见《答郑子上十四》)、吴必大(字伯丰,见《答吴伯丰十二》、《答吴伯丰十九》),也都分别肯定了他们在询问中提出的"理先而气后"、"有理而后有气"、"有是理则有是气"的思想③。

上述材料表明,守漳前后朱熹理在气先的思想得到了进一步表述和发展。在这个时期朱熹的思想中还有一些重要问题值得注意。

---

①　据田中谦二《朱门弟子师事年考》(《东方学报》44 期)廖德明后于朱子 57、62、67 岁时再从学于朱子。

②　此答黄商伯书乃答其《中庸章句》问目,《中庸章句》成书于己酉,时朱子 60 岁,故此书当在章句成书稍后。

③　考答吴伯丰诸书,第九在辛亥,十三、十四、十五皆在甲寅,故以序推之,十二当在壬子。而第十九答《孟子》问目,即十五书所谓"诸疑义略为条析"者,亦在甲寅,壬子朱子 63 岁,甲寅朱子 65 岁。答郑子上十四书引郑语"在临漳问仁公……",郑可学漳州从学,《语录姓氏》辛亥所闻,故此书当在辛亥(朱子 62 岁)稍后。

首先,在朱熹这一时期的言论中常可以见到理生气的说法。如:"动而生阳,静而生阴,动即太极之动,静即太极之静,动而后生阳,静而后生阴,生此阴阳之气。"(《语类》九十四,周谟录)① 又说:"动而生阳静而生阴,说一生字便是见其自太极而来。……无极而太极,言无能生有也。"(同上,郑可学录)还说:"气虽是理之所生,然既生出,则理管他不得。"(《语类》卷四,潘时举录)这些思想都是说理先气后理能生气。

如果说朱熹以无能生有喻理能生气,这一记录的可靠性或准确性还可提出怀疑的话,那么,另一句话就颇为清楚:

> 太极生阴阳,理生气也。阴阳既生,太极在其中,理复在气之内也。(引自《元公周先生濂溪集》上卷二)

按此条所录虽亦见于《性理大全》、《周子全书》,然出处未详,考《朱子抄释》卷二亦有此条,据吕楠之序,抄释"乃取朱子门人杨与立所篇编《朱子语略》者,遗其重复,取其切近,抄出一帙条释于下",故可知此条原当出于朱子门人杨与立所编《朱子语略》②,据《语录姓氏》,杨与立所录皆在壬子(朱子63岁)故此条所录亦当在绍熙间。

理生气这一思想,就思想资料的直接来源说,一是来源于"易有太极,是生两仪"(《周易·系辞》),一是来源于"太极动而生阳"(《太极图说》)。当然,朱熹所谓生气以及《易》与《太极图说》所谓"生"的观念都可有两种解释。一种是理可产生气,另一种是把"生"解释为"使之生",这两种意思在朱熹可能都有。不过,一般说

---

①　周谟乃南康从学,故《语录姓氏》云己亥(50岁)后所闻,然此条语录下注"可学录别出",则此条当与郑可学同闻异录,而可学所录皆在辛亥,故此条亦当录于辛亥。

②　参见拙作《关于程朱理气思想的两条资料的考证》,载《中国哲学史研究》,1983年,第2期。

来朱熹在理学家中对概念的使用是比较清楚的。而且对于语录的口语性质来说,第二种解释似无必要。实际上这两种解释对于讨论宇宙的究极本源来说差别不大。如果说"这里当初皆无一物,只有此理而已",宇宙曾经只有理而没有气,那么说气从理中产生或理使气从虚空中产生,两种说法便无很大差别。

其次,理气关系所涉及的不同问题也被区别开了。对理气是否有先后的问题,要根据所对问题(本原论还是构成论)作出不同回答,在一封信中他谈到:

> 若论本原,即有理然后有气,故理不可以偏全论;若论禀赋,则有是气而后理随以具,故有是气则有是理,是气多则是理多,是气少则是理少,又岂不可以偏全论耶?(《文集》五十九,《答赵致道第一》)

此书在绍熙年间①。理气偏全问题这里不论,详见理气同异章。这里重要的在于提示我们,对理气是否有先后的回答,根据论本原和论构成(禀赋)的区别而有不同。从本源上说理先而气后,从构成上说理随气而具。显然,注意区别朱熹论述理气关系所从出发的不同角度对于把握朱熹理气观是重要的。因为朱熹在论述理气关系时常常并不具体地说明所指是本源还是构成的问题,而《语类》的片断记载也往往略去了问题的前后联系。在本源上朱熹讲理在气先,但在构成上朱熹并不讲理在气先,而常常强调理气无先后。如果把论本源当做论构成,或者反过来把论构成当做论本源而由此断言朱熹哲学始终是理气无先后的二元论,在理解朱熹思想上都必然发生混乱。

---

① 赵致道乃朱子孙婿,绍熙元年进士,其从学当在进士之后。又庆元中致道专助朱子编礼,故答赵致道一、二论理气书当在绍熙中从学之初,朱子61—65岁。

朱熹在另一封信中指出："所谓理与气,此绝是二物,但在物上看,则二物浑沦,不可分开各在一处,然不害二物各为一物也。若在理上看,则虽未有物而已有物之理,然亦但有其理而已,未尝实有是物也"(《答刘叔文一》①,《文集》卷四十六)。

从构成上说理气不可分开各在一处,但理是第一性的,从这个角度说理在气先,理在物先,在万物构成上朱熹认为:

> 天地之间有理有气。理也者,形而上之道也,生物之本也。气也者,形而下之器也,生物之具也。是以人物之生必禀此理然后有性,必禀此气然后有形(《文集》卷五十八,《答黄道夫一》)。

黄樵仲字道夫,亦漳州从学,此书当在从学之初。这里论"天地之间"而言,不是讨论"未有天地之先"。朱熹认为理和气在构成万物上作用不同,理构成万物之性,气构成万物之形,一个事物只有兼禀理气才成其为一个现实事物。正如《太极解义》一样,在这种构成论中理的实体化更加明显。

构成问题直接关乎人性,朱熹对此有大量论述,表现出道学家对人性问题的特殊关切。他强调在构成上理气不可分,如说:"性只是理,然无那天气地质则此理没安顿处。"(《语类》卷四,程端蒙录)又说:"才有天命,便有气质,不能相离。若阙一则生物不得。既有天命,须是有此气方能承当得此理,若无此气,此理如何顿放。"(同上,黄螗录)朱熹所谓安顿、顿放都是指成之者性而言,所

---

① 按刘叔文未详其名,陈荣捷《朱子门人》有刘镜字叔光者,当即刘叔文,其书引自《道南源委》云"与杨至、陈易、杨履正俱游朱门"。考朱子答杨至第一书云"子顺(杨履正)、子能为学复如何? 彼中朋友后之(陈易)讲论可师叔文持守可法,"故刘镜当字叔文,又杨至、陈易、杨履正与刘叔文皆漳州从学,故朱子此书当作于守漳时或稍后。朱子守漳在庚戌至辛亥,61—62岁。

谓无气质则无安顿处并不意味着理气在本原上也永不相离。所以，朱熹在这方面大量的理气不离的语录都应当按照他自己对本原和构成问题的区分得到恰当的理解。至于后来的一些思想家利用朱熹论构成时强调的理气不离观点向唯物主义方面发展则是另外的问题。

以上所述表明，朱熹理在气先的思想在这一时期得到了充分发展。他从早年的"本体论"到后来吸收了宇宙论，在理论思维上也有其发展。和一切哲学问题一样，在理论上作出理在气先的论断需要一定的认识基础，它是对一定哲学问题处理的结果，这个问题就是理气关系中包含的一般和个别问题。一类事物的"理"作为这一类事物的共同本质和规律，不为此类事物中某一个别事物所私有，不以个别事物的产生、消灭为转移。因此，久已有的一类事物的理对于此类中后来的某个事物来说，可以是"理在物先"，这表现了规律具有的一般性。但是一般不能离开个别独立存在。一类事物都不存在，它们的理当然也就不能存在，夸大规律具有的这种一般性，认为一类事物产生之前其理已存，以致认为一般规律可以先于整个世界而存在，就会导致唯心主义，这也正是理学程朱派所犯的错误。

四

绍熙五年，朱熹(65岁)受任知漳州。未几，光宗内禅，宁宗继位，诏朱熹赴行往，除焕章阁待制兼侍讲。以上疏忤韩侂胄，除在外宫观。次年庆元元年，朱熹66岁，韩赵党争激化，赵汝愚罢窜永州，死在衡阳，韩党攻击道学为伪学，朱熹被诬为"伪学之魁以匹夫窃人主之柄,鼓动天下",并被横加各种不实之词①,于庆元二年落职罢祠,至庆元六年三月(71岁)死去,这是朱熹一生最艰难的年代。

这一时期朱熹关于理气先后的思想产生了一些新的演变。《语类》载:

> 或问理在先气在后,曰:理与气本无先后之可言,但推上去时,却如理在先、气在后相似。(卷一,曾祖道录,68岁)

按照朱熹在这里的说法,理与气在本源上实际上并无先后,但从理论上讲理在气先。意义完全相同的另一段记录是:

> 或问:必有是理然后有是气,如何? 曰:此本无先后之可言,然必欲推其所以来,则须说先有是理。(卷一,万人杰录)

按万正淳字人杰,朱熹守南康时从学,故《语录姓氏》注"庚子后所闻"。上面所引这两条语录显然是相同的,这种"推说在先"的说法不仅是南康时期也是守漳时期所没有的。因此万人杰所录此条当为晚出。据《语类》百〇七,庆元三年(朱子68岁)初,朱熹罢祠落职,蔡元定编管道州,为蔡元定饯行时万正淳也在朱熹身边。这一年即曾祖道所录上条之年。由此可以推断,万人杰所录即使不是与曾祖道同闻而录,也应是同一时期的思想。这一时期的思想还可见于另一条:

> 或问先有理后有气之说,曰:不消如此说,而今知得他合

---

① 按朱子落职罢祠后作谢表(《文集》八十五)列述各种诬蔑之词而后云"谅皆考核以非诬,"此本为含混之词,盖一则出于政治高压,二则乃为谢表之不得不然,非朱子承认确有其事也,当无可疑者。又据朱子丁巳初答黄干书"谢表为众人改坏了,彼犹有语,是直令人不得出气也,此辈略不自思自家是何等物类,乃敢如此,殊可笑也"(《续集》卷一,答黄值卿三十)。是谢表中云亦非皆出朱子手笔也。

下是先有理后有气耶？后有理先有气耶？皆不可得而推究。
然以意度之,则疑此气是依傍这理行,及此气之聚,则理亦在
焉。盖气则能凝结造作,理却无情意,无计度,无造作。(《语
类》卷一,沈僩录,69岁后)

这也是说理气的先后在实际上难以推究。至少,我们不能肯定地
断定哪一个在先。"依傍"指并行,即朱熹常讲的理附气而行之意。

按照朱熹这些说法,第一,理与气实际上无所谓先后。第二,
从逻辑上"推上去"、"推其所从来",可以说理在气先。这里要注意
的是,不是说推论的结果理在时间上先于气,而是说这种推论及其
结果本身只表明理气的先后是一种逻辑上的关系。应当承认,冯
友兰先生在旧著《中国哲学史》中把这种思想概括为逻辑在先还是
恰当的。这里所说的逻辑不是如某些人所以为的只是某种形式逻
辑的关系,而是广义地指理论上的联系。

既然理与气实际上并无先后,又为什么要在逻辑上规定二者
的先后关系？朱熹说:

要之也先有理。只不可说是今日有是理,明日却有是气。
也须有先后。且如万一山河大地都陷了,毕竟理却只在这里。
(《语类》卷一,胡泳录,69岁)

照这里所说,理先于气不是指今天明天那样一种时间的先后,实际
指哲学上何者为第一性。朱熹解释他的逻辑说:"万一山河大地都
陷了,毕竟理却只在这里",这是说设使一切物质都消灭了,理仍然
存在。因为气(物)可生灭,理作为形而上者则无生灭。因此从道
理上说,理既然可以不因物质消灭而消灭,应当也可以在物质尚未
产生就存在。一方面,这些思想表明朱熹以理可以脱离世界及其
具体发展的唯心主义思想并未改变。而另一方面,物质消灭,山河
大地都陷了,在这里只是一种"万一"的逻辑假设,朱熹的思想认为
物质的消灭在逻辑上是允许的,理则无论如何永远存在。而在实

际上他并不认为物质会彻底消灭。在这一点上也就涉及到朱熹晚年何以会改变说法的问题。

从早年起,朱熹就非常重视二程"动静无端,阴阳无始"的思想。他的言论中(如《太极解义》及同时之《斋居感兴诗》)无论从天地之化还是从修养之方上,"动静无端,阴阳无始"两句话极为常见。就二程思想来说,这与他们的本体论思想联系在一起。但这个思想确有其合理性,这就是否认宇宙有始和承认运动无限的思想,这一思想对促进人的辩证思维有不容忽视的积极作用。而这一思想与宇宙发生论的有始、始生的观念显然处于矛盾。按照这个思想,个别事物有生有灭,但就宇宙整体来说,气生生不息,无时不存。因此不能承认有物质尚未产生或完全消失阶段的存在,朱熹早年不讲理先气后,与动静无端,阴阳无始不发生矛盾。后来主张理在气先,在逻辑上便与动静无端,阴阳无始发生冲突。如果说"这里当初皆无一物","动而生阳,元未有物",这样动静阴阳必然有端有始。就朱熹本人而言似乎并未及时意识到这个矛盾,所以在相当一个时期矛盾着的两方面思想在他是并存的。然而这一矛盾终究要被意识到,"问动静无端阴阳无始,曰:这不可说道有个始,他那有始之前毕竟是个甚么。"(《语类》九十四,黄义刚录,64岁后)从而要求一种解决,因此逐步意识到理在气先说与阴阳无始观念的矛盾应是朱熹晚年走向逻辑在先说的一个主要原因。

朱熹一方面承认理气在时间上没有先后,但同时又强调在两者之间须要规定一种并非今天明天那样一种先后("也须有先后","要之也先有理")。即是说二者在时间上虽无先后,但双方的地位不是平行的,所谓也须有先后就是指两者之间还须区分第一性与第二性的不同。从这里看,逻辑在先说仍是以理为第一性的更精致的唯心主义说法。

朱熹晚年思想的这种演变若归结为"狡滑"那就难免失之于简

单和浅薄。朱熹晚年思想的这种变化极其自然地使人想到柏拉图晚年对自己把理念与事物分离的思想的批评①。东西方古代哲学最大的客观唯心论者,不但他们的最高哲学范畴有相似之处,两者的归宿亦何其相似乃尔。这一有趣的历史现象表明,态度认真的唯心主义哲学家往往会注意到并正视自己学说的困难。而研究这些哲学家的学说、矛盾、演变同样应取严肃而认真的态度。

朱熹关于理气先后思想的最晚一个材料是林学履在朱熹 70 岁一年记录的:

> 周子康节说太极,和阴阳滚说。《易》中便抬起说。周子言"太极动而生阳、静而生阴",如言太极动是阳,动极而静,静便是阴。动时便是阳之太极,静时便是阴之太极,盖太极即在阴阳里。如"易有太极,是生两仪",则先从实理处说。若论其生则俱生,太极依旧在阴阳里,但言这次序,须有这实理方始有阴阳也,其理则一,虽然,自见在事物而观之则阴阳函太极,推其本则太极生阴阳。(《语类》七十五)

"推其本"即前所说"推上去"、"推其所从来"。"推其本则太极生阴阳"是否表明朱熹仍主理能生气呢? 显然不是。他明确宣称周子所谓太极动静生阴阳不过是和阴阳滚说,意思是"太极即在阴阳里"。而理与气"论其生则俱生,太极依旧在阴阳里",两者的存在并无先后。只是从理论上说,"但言这次序",有理而后有气。所以,所谓"推其本"即"但言这次序",亦即前引曾祖道等所录从理论上"推上去"之意。朱熹在其他地方谈到"次序"时说:

---

① 陈康先生说:"《费都篇》—《国家篇》时期中的"相论"诚然是西洋哲学史上几个影响很大的思想之一,……但首先放弃这个学说的不是任何其他的人,乃是那伟大的勇于自新的柏拉图自己,他在老年以一种范畴论代替了那个同名的相论。"(《巴曼尼德斯篇》)

> 天秉阳,垂日星;地秉阴,穿于山川。播五行于四时,和而后月生也。阴阳变化,一时撒出,非今日生此明日生彼,但论其先后之序则当如此耳。(《语类》八十七,李闳祖录,59 岁后)

又说:

> 有国家者不成说家未齐,未能治国,且待我去齐得家了却来治国?家未齐者,不成说身未修,且待我修身了却来齐家?无此理。但细推其次序,须著如此做。若随其所遇,合当做处则一齐做始得。(《语类》十五,沈僴录,69 岁后)

可见"论其生则俱生,太极依旧在阴阳里,但言这次序,须有这实理方始有阴阳也",这里所说的"但言这次序"是从理论上、逻辑上讲的,并不是指事实上的次序。由此,我们可以说朱熹关于理气先后的"晚年定论"是逻辑在先说。

经过如上考察,可以做如下结论:从横的方面看,朱熹对理气是否有先后的讨论可分为论本源与论构成两个不同问题。这种不同的讨论角度导致朱熹在理气关系上的一些不同说法。应当注意把朱熹论构成方面的二元说法与论本源问题区别开来。从纵的方面看,朱熹的理气先后思想经历了一个发展演变的过程。早年他从理本论出发,主张理气无先后。理在气先的思想由南康之后经朱陈之辩到朱陆太极之辩逐步形成。理能生气曾经是他们的理先气后思想的一个内容。而他的晚年定论是逻辑在先,逻辑在先说是在更高的形态上返回本体论思想,是一个否定之否定。当然,这个发展和演变的过程并不是对立面的演进和交替,在本质上,是以不同的形式确认理对于气的第一性地位。

(节选自《朱熹哲学研究》,中国社会科学出版社,1988 年)

20世纪儒学研究大系

陈来(1952—　)，浙江温州人。1976年毕业于中南工业大学，1985年获北京大学哲学博士学位，现任北京大学哲学系教授，国际中国哲学会中国大陆分会秘书长，中华孔子学会学术委员会副主任。主要从事于儒家哲学尤其是宋明理学及后五四时代的儒家哲学研究。著作有《朱熹哲学研究》、《朱子书信编年考证》、《有无之境——王阳明哲学的精神》、《宋明理学》、《哲学与传统——后五四时代的儒家哲学与现代中国文化》、《古代宗教与伦理——儒家思想的根源》、《人文主义的视界》等。

本文选自《朱熹哲学研究》之第一章。朱熹哲学中理气有无先后，所谓理在气先是指时间上的还是逻辑上的，本文通过对朱子理气思想的全面考察，认为，从横的方面看，朱熹对理气有无先后的讨论可分为本源与构成两个不同的问题，这种不同导致了朱熹在理气关系上的一些不同说法；从纵的方面看，朱熹的理先气后思想经历了一个复杂的演变过程，早年他从理本论出发，强调理气没有先后，理在气先的思想由南康之后经过朱陈之辩到淳熙末年逐步形成，而他的晚年定论是逻辑在先，这是在更高的形态上返回本体论思想，是一个否定之否定。

论著目录索引

著　作

谢无量　中国哲学史　上海,中华书局 1916 年

胡　适　中国哲学史大纲(卷上)　上海,商务印书馆 1919 年

梁漱溟　东西方文化及其哲学　上海,商务印书馆 1923 年

朱谦之　古学卮言　上海,泰东图书局 1922 年

陈钟凡　诸子通谊　上海,商务印书馆 1925 年

梁启超　中国古代学术思想变迁史　上海,群众图书公司 1926 年

江恒源　中国先哲人性论　上海,商务印书馆 1928 年

钟　泰　中国哲学史　上海,商务印书馆 1929 年

李　季　胡适中国哲学史大纲批判　上海,神州国光社 1931 年

冯友兰　中国哲学史　上海,商务印书馆 1934 年

冯友兰　中国哲学小史　上海,商务印书馆 1933 年

冯友兰　中国哲学史补　上海,商务印书馆 1936 年

蒋维乔、杨大膺　中国哲学史纲要　上海,中华书局 1934—1943 年

范寿康　中国哲学史通论　上海,开明书店 1937 年

向林冰、赵纪彬　中国哲学史纲要　重庆 1939 年

金公亮　中国哲学史　重庆,正中书局 1940 年

赵纪彬　中国哲学思想　上海,中华书局 1948 年

严灵峰　胡适中国哲学史批判　江西赣县,中华正气出版社 1943 年

蔡尚思　中国学术大纲　上海,启智书局 1931 年

蔡尚思　中国思想研究法　长沙,商务印书馆 1939 年

刘东侯　释仁　北平 1932 年

胡怀琛　中国先贤学说　南京,正中书局 1935 年

李石岑　中国哲学十讲　上海,世界书局 1935 年

贾丰臻　中国理学史　上海,商务印书馆 1936 年

唐文治　性理学大义　无锡,国学专修学校 1936 年

李圣华　中国哲学心解　广州,志成印书馆 1936 年

易君左　我们的思想家　南京,正中书局 1937 年

方东美　中国人生哲学概要　上海,商务印书馆 1937 年

杨荣国　中国古代唯物论研究　桂林,写读出版社 1940 年

蒋伯潜、蒋祖怡　诸子与理学　上海,世界书局 1941 年

朱右白　诸家人性论评述　南京,(伪)中日文化协会 1941 年

胡汉民　中国哲学史之唯物的研究　重庆,中国文化服务社 1940 年

郭沫若　十批判书　重庆,群益出版社 1945 年

唐君毅　中西哲学思想之比较研究　南京,正中书局 1947 年

新中华杂志社编　中国传统思想之检讨　上海,中华书局 1948 年

蔡尚思　中国传统思想总批判　棠棣出版社 1950 年

杨荣国　中国古代思想史　人民出版社 1954 年

杜国庠　杜国庠文集　人民出版社 1962 年

赵纪彬　困知录　中华书局 1963 年

赵纪彬　困知二录　中华书局 1991 年

孙叔平　中国哲学史稿(上下)　上海人民出版社 1980、1982 年

肖箑父、李锦全　中国哲学史　人民出版社 1982 年

张岱年　中国哲学史方法论发凡　中华书局 1983 年

《哲学研究》编辑部编　中国哲学史文集　吉林人民出版社 1979 年

《哲学研究》编辑部编　中国哲学史文集(第 1、2 辑)　山东人民出
　　　版社 1979—1980 年

《社会科学战线》编辑部编　哲学史论丛　吉林人民出版社 1980 年

20世纪儒学研究大系

《中国社会科学》哲学编辑室编　哲学论文集（1980、1981、1982）
　　四川人民出版社 1981—1983 年

中国社会科学院哲学研究所中国哲学史研究室编　中国哲学史方
　　法论讨论集　社会科学出版社 1980 年

中国社会科学院哲学研究所《哲学研究》编辑部、中国哲学史研究
　　室编　中国哲学史研究集刊（第 1、2 辑）　上海人民出版
　　社 1980—1982 年

刘培育等编　中国逻辑思想论文选　三联书店 1981 年

任继愈　中国哲学史论　上海人民出版社 1981 年

中国社会科学院哲学研究所中国哲学史研究室编　中国哲学史论
　　山西人民出版社 1983 年

《中国哲学史研究》编辑部编　中国哲学史论丛　福建人民出版社
　　1984 年

朱维铮编　周予同经学史论著选集　上海人民出版社 1983 年;增
　　订本 1996 年

陈修斋、肖萐父主编　哲学史方法论研究　武汉大学出版社 1984 年

冯友兰　中国哲学简史　北京大学出版社 1985 年

侯外庐　中国思想通史（五卷）　人民出版社 1957—1962 年

张岱年　中国哲学大纲　商务印书馆 1958 年;中国社会科学出版
　　社 1982 年

张岱年　中国哲学发微　山西人民出版社 1982 年

任继愈　中国哲学史（四卷）　人民出版社 1964 年

唐君毅　中国哲学原论·导论篇　人生出版社 1966 年

唐君毅　中国哲学原论·原性篇　新亚研究所出版 1968 年

唐君毅　中国哲学原论·原道篇（3 册）　新亚研究所出版 1973 年

唐君毅　中国哲学原论·原教篇　新亚出版社 1975 年

韦政通　中国哲学思想批判　台北大林出版社 1968 年

蔡仁厚　中国哲学史大纲　台北学生书局 1978 年

韦政通　中国思想史(上下)　台北大林出版社 1979、1980 年

蔡仁厚　新儒家的精神方向　台北学生书局 1982 年

冯　契　中国古代哲学的逻辑发展(上中下)　上海人民出版社 1983—1985 年

潘富恩　中国哲学论稿　重庆出版社 1984 年

潘富恩　中国古代认识论史稿　复旦大学出版社 1984 年

葛荣晋　中国哲学范畴史　黑龙江人民出版社 1987 年

张立文　中国哲学范畴发展史(天道篇)　中国人民大学出版社 1988 年

张岱年　中国古典哲学概念范畴要论　中国社会科学出版社 1989 年

方立天　中国古代哲学问题发展史(上下)　中华书局 1990 年

蔡仁厚　儒家心性之学论要　台北文津出版社 1990 年

蔡仁厚　儒学的常与变　台北东大图书公司 1990 年

肖箑父主编　中国辩证法思想史(第一卷)　武汉大学出版社 1990 年

中国哲学范畴集　人民出版社 1985 年

冯友兰　中国哲学史论文集　上海人民出版社 1958 年

哲学研究编辑部　中国哲学史论文初集　科学出版社 1959 年

中国近代思想史论文集　上海人民出版社 1958 年

罗　光　中国哲学思想史(7 卷 9 册)　台湾学生书局 1975—1986 年

罗　光　中国哲学的展望　台湾学生书局 1977 年

劳思光　新编中国哲学史(3 卷)　台湾三民书局 1981 年

方克立　中国哲学史上的知行观　人民出版社 1982 年

罗　光　儒家哲学的体系　台湾学生书局 1983 年

罗　光　儒家哲学的体系续编　台湾学生书局 1989 年

张立文　中国哲学逻辑结构论　中国社会科学出版社 1989 年

任继愈　中国哲学发展史(7 卷)　人民出版社 1983 年

李泽厚　中国古代思想史论　人民出版社 1985 年

杨宪邦　中国哲学通史(3 卷)　中国人民大学出版社 1987 年

罗　光　中国哲学的精神　台湾学生书局 1990 年

蒙培元　中国心性论　台湾学生书局 1990 年

张岱年　张岱年文集(6 卷)　清华大学出版社 1990 年

庞　朴　儒家辩证法研究　中华书局 1979 年

方克立等　中国哲学史论文索引(5 册)　中华书局 1991 年

马　序　中国古代哲学史新编纲要——从一多关系研究传统哲学　兰州大学出版社 1991 年

夏甄陶　中国认识论思想史稿(上下)　中国人民大学出版社 1992 年

张世英　天人之际——中西哲学的困惑与选择　人民出版社 1995 年

张立文　中国哲学范畴发展史(人道篇)　中国人民大学出版社 1995 年

冯友兰　中国哲学史新编(6 卷)　人民出版社 1982—1989 年

张岂之　中国儒学思想史　陕西人民出版社 1990 年

蒙培元　中国哲学主体思维　东方出版社 1991 年

赵吉惠等　中国儒学史　中州古籍出版社 1991 年

蔡尚思　中国礼教思想史　香港中华书局 1991 年

刘宗贤、谢祥皓　中国儒学　四川人民出版社 1998 年

刘蔚华、赵宗正主编　中国儒家学术思想史　山东教育出版社 1996 年

韩　强　儒家心性论　经济科学出版社 1998 年

姜林祥主编　中国儒学史(7 卷)　广东教育出版社 1998 年

葛兆光　中国思想史(第1、2卷)　复旦大学出版社 1998、2000 年

李　申　中国儒教史(上下)　上海人民出版社 1999、2000 年

韦政通　中国哲学辞典　台北大林出版社 1977 年;北京世界图书
　　　　出版公司 1993 年

严北溟主编　哲学大辞典·中国哲学史卷　上海辞书出版社 1985 年

赵宗正主编　儒学大辞典　山东友谊出版社 1995 年

张立文主编　中国哲学范畴精粹丛书(道、理、气、心、性等)　中国
　　　　人民大学出版社 1989—1996 年

匡亚明主编　中国思想家评传丛书　南京大学出版社

旷世大儒丛书　河北人民出版社 2000 年

罗　光　儒家形上学　辅仁出版社 1981 年

杨国荣　善的历程　上海人民出版社 1994 年

黎红雷　儒家管理哲学　广东高等教育出版社 1997 年

劳思光　新编中国哲学史(三卷)　台湾三民书局 1981 年

汤一介　论中国传统文化中儒道释　中国和平出版社 1988 年

汤一介　儒释道与内在超越问题　江西人民出版社 1992 年

张岂之　儒学、理学、实学、新学　陕西人民出版社 1991 年

冯友兰　三松堂学术文集　北京大学出版社 1984 年

梁启超　先秦政治思想史　上海,商务印书馆 1923 年

李麦麦　中国古代政治哲学批判　上海,新生命书局 1933 年

杨予秀　中国哲学史研究,北平　吹薤庐 1933 年

吕思勉　先秦学术概论　上海,世界书局 1933 年

郭沫若　先秦天道观之进展　上海,商务印书馆 1936 年

郭沫若　十批判书　重庆,群益出版社 1945 年

郭沫若　青铜时代　重庆,文治出版社 1945 年

陈元德　中国古代哲学史　上海,中华书局 1937 年

侯外庐　中国古代思想学说史　重庆,文风书局 1944 年

20世纪儒学研究大系

杜守素　先秦诸子思想　上海,生活书店1946年

杜守素　先秦诸子批判　上海,作家书屋1948年

李显相　先秦诸子哲学　北平,世界科学社1946年

蔡尚思　中国三大思想之比观　上海,启智书局1930年

杨荣国　孔墨的思想　上海,生活书店1946年

童书业　先秦七子思想研究　齐鲁书社1982年

刘毓璜　先秦诸子初探　江苏人民出版社1984年

蔡仁厚　孔孟荀哲学(3卷)　台北学生书局1984年

韦政通　先秦七大哲学家　水牛出版社1985年

徐复观　中国人性论史(先秦篇)　台湾商务印书馆1988年

赵宗正等主编　孔孟荀比较研究　山东大学出版社1989年

邹化政　先秦儒家哲学新探　黑龙江人民出版社1990年

钱　逊　先秦儒学　辽宁教育出版社1991年

尹建章、萧月贤　先秦儒家与现代社会　中州古籍出版社1992年

陈　来　古代宗教与伦理——儒家思想的根源　三联书店1996年

吴龙辉　原始儒家考述　中国社会科学出版社1996年

李景林　教养的本原——哲学突破期的儒家心性论　辽宁人民出版社1998年

朱伯崑　易学哲学史(4册)　北京大学出版社1986、1988、1995年;台湾兰灯文化事业股份有限公司1991年出全;华夏出版社1994年

李玉洁　先秦诸子思想研究　中州古籍出版社2000年

廖　平　孔经哲学发微　上海,中华书局1913年

朱奉闲　儒道贯　北平1928年

兰自我　孔门一贯哲学概论　上海,商务印书馆1930年

梁启超　儒家哲学　上海,中华书局1936年

毕承庚　儒家一元哲学与周官国民政治经济的体系　1936年

任觉五　中国正统思想体系　成都,启文印刷局1941年

陶希圣　论道集　重庆,南方印书馆1942年

毛邦汉　儒家之性与命　江苏雪堰桥,佛教净业社1943年

杜金铭　中国儒学史纲要　北平,国立华北编译局1943年

燕义权　儒家精神　重庆,新中国文化社1944年

蒙文通　儒学五论　成都,路明书店1944年

贺　麟等　儒家思想新论　上海,正中书局1948年

王治心　孔子哲学　上海,国学社1925年

蔡尚思　孔子哲学之真面目　上海,启智书局1930年

杨大膺　孔子哲学研究　上海,中华书局1931年

汪　震　孔子哲学　天津,百城书局1931年

梁启超　孔子　上海,中华书局1936年

谢无量　孔子　上海,中华书局1915年

赵纪彬　古代儒家哲学批判　人民出版社1958年

严北溟　孔子的哲学思想　上海人民出版社1959年

中国科学院山东分院历史所　孔子讨论文集　山东人民出版社
1961年

《哲学研究》编辑部　孔子哲学讨论集　中华书局1962年

吴　康　孔孟荀哲学(上下)　台湾商务印书馆1967、1971年

冯友兰　论孔丘　人民出版社1975年

山东大学历史系　孔子及孔子思想再评价　吉林人民出版社
1980年

蔡尚思　孔子思想体系　上海人民出版社1982年

钟肇鹏　孔子研究　中国社会科学出版社1983年;

杜任之、高树帜　孔子学说精华体系　山西人民出版社1985年

徐志祥、李金山主编　孔子研究四十年　巴蜀书社1990年

赵光贤　孔子新论　巴蜀书社1992年

20世纪儒学研究大系

韦政通　孔子　台北东大图书公司 1996 年

郝大维、安乐哲　孔子哲学思维　江苏人民出版社 1996 年

中国孔子基金会学术委员会　近四十年来孔子研究论文选　齐鲁
　　书社 1987 年

李启谦　孔门弟子研究　齐鲁书社 1987 年

中华孔子研究所编　孔子研究论文集　教育科学出版社 1987 年

曲阜师范大学孔子研究所编，罗祖基编辑　孔子思想研究论集
　　齐鲁书社 1987 年

中国孔子基金会、新加坡东亚哲学研究所编　儒学国际学术讨论
　　会论文集（上、下）　齐鲁书社 1989 年

中国孔子基金会编　孔子诞辰 2540 周年纪念与学术讨论会论文
　　集（上、中、下）　上海三联书店 1992 年

董乃强主编　孔学知识词典　中国国际广播出版社 1990 年

徐志祥、李金山主编　孔子研究四十年　巴蜀书社 1990 年

曲阜师大孔子研究会、孔子研究所编　孔子儒学与当代社会文集
　　齐鲁书社 1991 年

山西省孔子学术研究会编　孔子思想研究文集　山西人民出版社
　　1988 年

山西省孔子学术研究会编　孔子思想研究文集（二集）　山西高校
　　联合出版社 1991 年

宋衍申、肖国良主编　孔子与儒学研究　吉林教育出版社 1993 年

中国孔子基金会编　儒学与廿一世纪——纪念孔子诞辰 2545 周
　　年暨国际儒学讨论会会议文集　华夏出版社 1996 年

骆承烈、李玉洁主编　孔学初探　河南大学出版社 1995 年

孔教学院、香港中文大学　孔子思想与廿一世纪国际学术研讨会
　　论文集

方立天、薛君度主编　儒学与中国文化现代化　中国人民大学出

版社 1998 年

中华孔子学会编　儒学与现代化　人民教育出版社 1994 年

中国孔子基金会编　孔孟荀之比较——中、日、韩、越学者论儒学
　　社会科学文献出版社 1994 年

匡亚明　孔子评传　齐鲁书社 1985 年

马振铎　仁·人道——孔子的哲学思想　中国社会科学出版社
　　1993 年

骆成烈编　颜子研究　人民日报出版社 1994 年

颜景琴、张宗舜　颜子评传　山东友谊出版社 1994 年

朗擎霄　孟子学案　上海,商务印书馆 1928 年

王治心　孟子研究　上海,群学社 1928 年

钱　穆　孟子研究　上海,开明书店 1948 年

张启祚　孟子哲学　北平,文化学社 1937 年

谢祥皓编　孟子思想研究　山东大学出版社 1986 年

王兴业编　孟子研究论文集　山东大学出版社 1984 年

翟廷晋　孟子思想评析与探源　上海社会科学院出版社 1992 年

杨泽波　孟子性善论研究　中国社会科学出版社 1995 年

王其俊　亚圣智慧——孟子新论　山东人民出版社 1996 年

杨泽波　孟子评传　南京大学出版社 1998 年

陶师承　荀子研究　上海,大东书局 1926 年

陈登元　荀子哲学　上海,商务印书馆 1928 年

熊公哲　荀卿学案　上海,商务印书馆 1931 年

杨筠如　荀子研究　上海,商务印书馆 1931 年

杨大膺　荀子学说研究　上海,中华书局 1936 年

刘子静　荀子哲学纲要　长沙,商务印书馆 1938 年

李德永　荀子　上海人民出版社 1959 年

韦政通　荀子与古代哲学　台北商务印书馆 1966 年

夏甄陶 论荀子的哲学思想 上海人民出版社 1979 年

孔 繁 荀子评传 南京大学出版社 1997 年

马积高 荀学源流 上海古籍出版社 2000 年

顾颉刚 汉代学术史略 上海,亚细亚书局 1935 年

姚舜钦 秦汉哲学史 上海,商务印书馆 1936 年

杨向奎 西汉经学与政治 重庆,独立出版社 1945 年

黄锦鋐 秦汉思想研究 台北学海出版社 1979 年

徐复观 两汉思想史 台湾学生书局 1979 年;华东师范大学出版社 2001 年

周绍贤 汉代哲学 台湾中华书局 1983 年

金春峰 汉代思想史 中国社会科学出版社 1987 年

祝瑞开 两汉思想史 上海古籍出版社 1989 年

于首奎 两汉哲学新探 四川人民出版社 1988 年

周辅成 论董仲舒思想 上海人民出版社 1961 年

韦政通 董仲舒 台北东大图书公司 1985 年

董仲舒哲学思想论集 河北人民出版社 1987 年

周桂钿 董学探微 北京师范大学出版社 1989 年

董仲舒与儒学论丛 河北人民出版社 1996 年

周桂钿 秦汉思想史 河北人民出版社 2000 年

谢无量 王充哲学 上海,中华书局 1917 年

关 峰 王充哲学思想 上海人民出版社 1957 年

郑 文 王充哲学初探 人民出版社 1958 年

田昌五 王充及其《论衡》 三联书店 1958 年

周桂钿 虚实之辨 人民出版社 1994 年

广西省社会科学院哲学研究所、广西省中国哲学史研究会编 柳宗元哲学思想讨论会文集 1982 年

尹协理、魏 明 王通论 中国社会科学出版社 1984 年

20世纪儒学研究大系

陈克明　韩愈述评　中国社会科学出版社 1985 年

张　跃　唐代后期儒学　上海人民出版社 1994 年

张绵周　陆王哲学　上海,民智书局 1926 年

胡哲敷　陆王哲学辨微　上海,中华书局 1930 年

吕思勉　理学纲要　上海,商务印书馆 1931 年

蒋维乔、杨大膺　宋明理学纲要　上海,中华书局 1936 年

谭丕模　宋元明思想史纲　上海,开明书店 1936 年

陶希圣　论道集　重庆,南方印书馆 1943 年

蒋伯潜　理学纂要　上海,正中书局 1948 年

林科棠　宋儒与佛教　上海,商务印书馆 1928 年

贾丰臻　宋学　上海,商务印书馆 1929 年

贾丰臻　中国理学史　商务印书馆 1937 年

何炳松　浙东学派溯源　上海,商务印书馆 1932 年

陈钟凡　两宋思想述评　上海,商务印书馆 1933 年

夏君虞　宋学概要　上海,商务印书馆 1937 年

蔡仁厚　宋明理学北宋篇、南宋篇　台北学生书局 1977、1980 年

中国哲学史会、浙江社会科学研究所编　论宋明理学——宋明理
　　学讨论会论文集　浙江人民出版社 1983 年

蒙培元　理学的演变——从朱熹到王夫之　福建人民出版社
　　1984 年

侯外庐、邱汉生、张岂之　《宋明理学史》(上、下)　人民出版社
　　1984、1987 年

张立文　宋明理学研究　中国人民大学出版社 1985 年

贾顺先　宋明理学新探讨　四川人民出版社 1987 年

蒙培元　理学范畴系统　人民出版社 1989 年

陈　来　宋明理学　辽宁教育出版社 1991 年

吴乃恭　宋明理学　吉林文史出版社 1994 年

徐洪兴　思想的转型：理学发生过程研究　上海人民出版社 1996 年

姜广辉　走出理学　辽宁教育出版社 1997 年

蔡方鹿　宋明理学心学论　巴蜀出版社 1997 年

陈远宁　中国佛教与宋明理学：一次本土文化与外来文化融合的成功例证　湖南人民出版社 1999 年

陈克明　司马光学述　湖北人民出版社 1990 年

张岱年　张载——十一世纪中国唯物主义哲学家　湖北人民出版社 1957 年

姜国柱　张载的哲学思想　辽宁人民出版社 1982 年

陈俊民　张载哲学思想及关学学派　人民出版社 1986 年

程宜山　张载哲学的系统分析　学林出版社 1989 年

龚　杰　张载评传　南京大学出版社 1996 年

刘象彬　二程理学基本范畴研究　河南大学出版社 1987 年

卢连章　二程学谱　中州古籍出版社 1988 年

徐远和　洛学源流　齐鲁书社 1987 年

潘富恩、徐馀庆　程颢程颐理学思想研究　复旦大学出版社 1988 年

庞万里　二程哲学体系　北京航空航天大学出版社 1992 年

谢无量　朱子学派　上海，中华书局 1916 年

周予同　朱熹　上海，商务印书馆 1929 年

唐文治　紫阳学术发微 1930 年

李相显　朱子哲学　北平，社会科学社 1947 年

邱汉生　四书集注简论　中国社会科学出版社 1980 年

张立文　朱熹思想研究（修订本）　中国社会科学出版社 1994 年

张立文　朱熹与退溪思想比较研究　台北文津出版社 1995 年

刘述先　朱子哲学思想的发展与完成　台北学生书局 1982 年

范寿康　朱子及其哲学　中华书局 1983 年

钱　穆　朱子新学案　巴蜀书社 1986 年

陈荣捷　朱子新学案　台湾,学生书局 1988 年

陈　来　朱熹哲学研究　中国社会科学出版社 1988 年

束景南　朱子大传　福建教育出版社 1992 年

武夷山朱熹研究中心编　朱子新学论——纪念朱熹诞辰 860 周年
　　国际学术会议论文集　三联书店上海分店 1991 年

李甦平　朱熹评传　广西教育出版社 1994 年

崔大华　南宋陆学　中国社会科学出版社 1984 年

潘富恩　吕祖谦思想初探　浙江人民出版社 1984 年

李之鉴　陆九渊哲学思想研究　河南人民出版社 1985 年

陆玉林　陆九渊评传——本心的震荡　广西教育出版社 1996 年

张立文　走向心学之路　陆象山思想的足迹　中华书局 1992 年

嵇文甫　左派王学　上海,开明书店 1934 年

嵇文甫　晚明思想史论　重庆,商务印书馆 1944 年

容肇祖　明代思想史　上海,开明书店 1941 年

章　沛　陈白沙哲学思想研究　广东人民出版社 1984 年

赵北耀主编　薛瑄学术思想研究论文集　山西古籍出版社 1997
　　年

谢无量　阳明学派　上海,中华书局 1915 年

钱　穆　王守仁　上海,商务印书馆 1930 年

贾丰臻　阳明学　上海,商务印书馆 1930 年

宋云彬　王守仁与明理学　上海,商务印书馆 1931 年

陆健夫　王阳明学说及其事功　上海,精一书局 1946 年

蔡仁厚　王阳明哲学　台北三民书局 1980 年

杨国荣　王学通论:从王阳明到熊十力　上海三联书店 1990 年

陈　来　有无之境——王阳明哲学的精神　人民出版社 1991 年

徐梵澄　陆王学述——一系精神哲学　上海远东出版社 1994 年

方国根　王阳明评传——心学巨擘,广西教育出版社 1994 年

20世纪儒学研究大系

杨国荣　心学之思——王阳明哲学的阐释　三联书店 1997 年

刘宗贤　陆王心学研究　山东人民出版社 1997 年

容肇祖　李卓吾评传　商务印书馆 1936 年

朱谦之　李贽——十六世纪中国反封建思想的先驱　湖北人民出
版社 1957 年

邱汉生　李贽　中华书局 1962 年

衷尔钜　吴廷翰哲学思想　人民出版社 1988 年

衷尔钜　蕺山学派哲学思想　山东教育出版社 1993 年

东方朔　刘蕺山哲学研究　上海人民出版社 1997 年

刘述先　黄宗羲心学的定位　台北允晨出版公司 1986 年

梁启超　清代学术概论　上海, 商务印书馆 1921 年

梁启超　中国近三百年学术史　上海, 民志书局 1926 年

蒋维乔　中国近三百年哲学史　上海, 中华书局 1932 年

钱　穆　中国近三百年学术史　上海, 商务印书馆 1937 年

谭丕模　清代思想史纲　上海, 开明书店 1940 年

侯外庐　中国近世思想学说史(上下)　重庆, 三友书店 1944、
1945 年

杨荣国　中国十七世纪思想史　福建永安, 东南出版社 1945 年

陈其泰　清代公羊学　东方出版社 1997 年

李世繁　颜李学派　北平, 四存学会 1945 年

嵇文甫　船山哲学　上海, 开明书店 1936 年

侯外庐　船山学案　重庆, 三友书店 1944 年

肖箑父主编　王夫之辩证法思想引论　湖北人民出版社 1984 年

蔡尚思　王船山思想体系　湖南人民出版社 1985 年

罗　光　王船山形上学思想　辅仁大学出版社 1993 年

陈登源　颜习斋哲学思想述　南京, 金陵大学中国文化研究所
1934 年

20世纪儒学研究大系

胡　适　戴东原的哲学　上海，商务印书馆 1927 年

邝柏林　康有为的哲学思想　中国社会科学出版社 1980 年

李泽厚　康有为谭嗣同思想研究　上海人民出版社 1958 年

侯外庐　中国近代哲学史　人民出版社 1978 年

李泽厚　中国近代思想史论　人民出版社 1979 年

韦政通　中国十九世纪思想史(上下)　台北东大图书公司 1991、
　　　1992 年

陈鼓应等主编　明清实学思潮史　齐鲁书社 1989 年

辛冠洁等主编　中国近代著名哲学家评传(上下)　齐鲁书社
　　　1982 年

辛冠洁等主编　中国古代著名哲学家评传(3 册)　齐鲁书社 1980
　　　年

辛冠洁等主编　中国古代著名哲学家评传(续编 4 册)　齐鲁书社
　　　1982 年

中国社会科学院哲学研究所中国哲学史研究室　中国近代哲学史
　　　论文集　天津人民出版社 1984 年

冯　契　中国近代哲学史(上下)　上海人民出版社 1989 年

冯友兰　新理学　长沙商务印书馆 1939 年

冯友兰　新事论　上海商务印书馆 1940 年

冯友兰　新世训　上海开明书店 1940 年

冯友兰　新原人　重庆商务印书馆 1943 年

冯友兰　新原道　重庆商务印书馆 1945 年

冯友兰　新知言　上海商务印书馆 1946 年

熊十力　读经示要　重庆南方印书馆 1945 年

熊十力　十力语要　湖北"十力丛书"1947 年

熊十力　新唯识论　壬辰本 1953 年

熊十力　原儒　上海龙门书局 1956 年

20世纪儒学研究大系

熊十力　体用论　上海龙门书局 1958 年

熊十力　明心篇　上海龙门书局 1959 年

张君劢　义理学十讲纲要　华国出版社 1955 年

张君劢　比较中日阳明学　中华文化出版事业委员会 1955 年

张君劢　新儒家思想史　弘文馆出版社 1985 年

张君劢　中西印哲学文集　台湾学生书局 1981 年

牟宗三　道德的理想主义　台湾,东海大学 1959 年

牟宗三　政道与治道　台北广文书局 1961 年

牟宗三　中国哲学的特质　香港人生出版社 1963 年;上海古籍出
版社 1997 年

牟宗三　心体与性体(3 册)　台北正中书局 1968—1969 年;上海
古籍出版社 1997 年

牟宗三　智的直觉与中国哲学　台北商务印书馆 1971 年

牟宗三　名家与荀子　台湾学生书局 1979 年

牟宗三　从陆象山到刘蕺山　台湾学生书局 1979 年;上海古籍出
版社 1997 年

牟宗三　中国哲学十九讲　台湾学生书局 1983 年;上海古籍出版
社 1997 年

方东美　中国人的人生观　台湾幼狮文化事业公司 1980 年

方东美　中国哲学之精神及其发展(英文)　台湾联经出版事业公
司 1981 年

方东美　新儒家哲学十八讲　台湾黎明文化事业公司 1983 年

方东美　原始儒家道家哲学　台湾黎明文化事业公司 1983 年

余英时　士与中国文化　上海人民出版社 1987 年

余英时　方以智晚节考　台北允晨文化实业公司 1972 年

余英时　中国哲学思想论集　台北水牛出版社 1976 年

余英时　历史与思想　台湾联经出版事业公司 1981 年

余英时　论戴震与章学诚　香港龙门书店 1976 年

余英时　中国近世宗教伦理与商人精神　台湾联经出版事业公司
1987 年

余英时　中国思想传统的现代阐释　台湾联经出版事业公司
1987 年;江苏人民出版社 1989 年

杜维明　论儒学的宗教性——对《中庸》的现代诠释　武汉大学出
版社 1999 年

杜维明　人性与自我修养　中国和平出版社 1988 年

杜维明　儒家思想新论——创造性转换的自我　江苏人民出版社
1991 年

成中英　中国哲学的现代化与世界化　中国和平出版社 1986 年

成中英　合外内之道——儒家哲学论　中国社会科学出版社
2001 年

刘述先　儒家思想开拓的尝试　中国社会科学出版社 2001 年

葛晨虹　德化的视野——儒家德性思想研究　同心出版社 1998 年

张立文等　中外儒学比较研究　东方出版社 1998 年

吴　康　孔孟荀哲学　台湾商务印书馆 1971 年

吴　康　诸子哲学概要　台湾正中书局 1982 年

吴　康　宋明理学　台湾华国出版社 1955 年

吴　康　邵子易学　台湾商务印书馆 1955 年

徐复观　中国经学史的基础　台湾学生书局 1982 年

徐复观　中国思想史论集　台湾中央书局 1959 年

徐复观　中国思想史论集续编　台湾时报文化出版事业公司
1982 年

罗　光　生命哲学　台湾学生书局 1990 年

罗　光　生命哲学续编　台湾学生书局 1991 年

罗　光　历史哲学　台湾商务印书馆 1973 年

20世纪儒学研究大系

论　文

有　博　　固有文化中"性"之探讨　《文化与社会》第 2 卷 5 期，
1936 年 2 月

章太炎　　论中古哲学　《制言月刊》第 1 卷 1 期，1936 年 12 月

马叙伦　　中国哲学中"命"的问题　《哲学评论》第 7 卷 2 期，1936
年 12 月

唐君毅　　中国哲学上天人关系之演进　《重光》第 1 期，1937 年 12 月

王凤喈　　经学与哲学　《政治季刊》第 3 卷 4 期，1940 年 5 月

蒋维乔　　东方哲学之体系　《学林》(上海)第 5 期，1941 年 3 月

倪　鎣　　中国哲学中天人合一论之演变　《新东方》(上海)第 2 卷
2 期，1941 年 5 月

张恒寿　　关于中国哲学史中唯心、唯物斗争和阶级斗争的关系问
题　《人民日报》1957 年 2 月 4 日

天　翼　　儒家之言天道　《进步杂志》第 5 卷 2 期，1913 年 12 月

章奎森　　儒林道学同异论　《国学杂志》第 1、3 1915 年 6 月

梁启超　　儒家哲学及其政治思想　《晨报·副刊》(北平)1922 年 12
月

梁启超　　儒家哲学，周传儒记　《清华周刊》第 26 卷 1—3、1—10
期，1926 年 10—12 月

钱宾四　　儒家哲学　《南开大学周刊》第 111 期，1931 年 5 月

谢霄明　　儒家哲学的中心思想　《东方杂志》第 31 卷 14 期，1934
年 7 月

杨玉清　　儒家的政治与哲学　《中山文化教育馆季刊》第 2 卷 1
期，1935 年 1 月

丘镇侯　　儒家之宇宙观及其教育　《社会科学论丛季刊》第 2 卷 2
期，1935 年 4 月

蒙文通　儒家哲学思想之发展　《论学》第 4 期,1937 年 4 月

贺　麟　儒家思想的新开展　《思想与时代》第 1 期,1941 年 8 月

马明道　儒家哲学之研讨　《力行月刊》第 5 卷 6 期,1942 年 6 月

杨复礼　儒家仁学之精义　《河南教育季刊》第 1 卷 5 期,1942 年
　　　　10 月

冯友兰　先秦儒家哲学述评　《中央周刊》第 5 卷 43 期,1943 年 6 月

冯友兰　对于儒家哲学之新修正　《胜流》第 2 卷 1 期,1945 年 7 月

陈立森　儒家哲学思想与革命人生观　《教育与文化》第 1 卷 6
　　　　期,1946 年 5 月

纪玄冰　前期儒家的认识方法论及其逻辑思想　《新中华》(半月
　　　　刊)第 5 卷 18 期

史久光　中国哲学之本体及西洋哲学家对儒学之推崇　《考铨月
　　　　刊》第 15 期,1952 年 6 月

高平子　中国人的宇宙观念　《大陆杂志特刊》第 1 卷,1952 年 7 月

项退结　仁的经验与仁的哲学　《中国哲学思想论集》(先秦篇)项
　　　　维新、刘福增主编,(台北)牧童出版社 1978 年

罗　光　儒家宇宙变化论　《新铎声》第 5 期,1956 年 5 月

朱世龙　略论儒家本体之学　《人生》第 18 卷 12 期,1959 年 11 月

唐君毅　儒家之形而上学之道路　《人生》第 21 卷 2 期,1960 年
　　　　12 月

周绍贤　儒家之天命论　《建设》第 10 卷 4 期,1961 年 9 月

陆铁乘　论儒家的人生观　《复兴岗学报》第 2 期,1962 年 7 月

王仲厚　儒家“仁”的哲学　《孔道季刊》第 15 期,1963 年 3 月

周弘然　儒家“诚”的观念之形成　《中华杂志》第 1 卷 4 期,1963
　　　　年 11 月

孙宝琛　儒家的格物致知说　《孔孟学报》第 10 期,1965 年 9 月

顾翊群　论中国儒家道统之精义　《人生》第 30 卷 7 期,1965 年

12 月

陈国强　先秦儒家论性初稿　《景风》第 9 期,1965 年 12 月

尚逮斋　历代儒家人性善恶论之述评　《建设》第 14 卷 9 期,1966 年 2 月

冯炳奎　儒家的认识论　《孔孟月刊》第 6 卷 1 期,1967 年 9 月

黄庆萱　儒家人性论探究　《孔孟月刊》第 6 卷 2 期,1967 年 10 月

李甲孚　泛论儒家人性善恶之辨　《东方杂志》第 1 卷 5 期,1967 年 11 月

杜维明　对出血的一种整体研究　《第 14 届国际哲学讨论会文献》,V,维也纳,1968 年 9 月

杜维明　知行合一——一个新儒学的命题　《哲学:理论与实践》,T.P.Mahadevan 编,1970 年 11 月

魏曼特　儒家对于"天"的看法　《学粹》第 13 卷 6 期,1971 年 10 月

陈忠成　从资本与共产两大思潮分占下的今日世界看儒家的心性哲学　《孔孟月刊》第 10 卷 9 期,1972 年 5 月

罗　光　儒家的发展哲学　《东方杂志》第 5 卷 12 期,1972 年 6 月;《中国哲学的展望》,学生书局 1977 年;《新儒家论丛》,学生书局 1979 年

罗　光　儒家的整体宇宙论　《现代学苑》第 9 卷 7 期,1972 年 7 月;《中国哲学的展望》,学生书局 1977 年;《新儒家论丛》,学生书局 1979 年

柳岳生　儒家的天人合一论　《湖北文献》第 6、7 期,1972 年 10 月

罗　光　论儒家的"诚"　《东方杂志》(复刊)第 6 卷 11 期,1973 年 5 月;《中国哲学的展望》,学生书局 1977 年

苏　雨　儒家的根本精神　《中兴评论》第 20 卷 7 期,1973 年 7 月

巴壶天　儒家哲学的精髓　《现代学苑》第 11 卷 5 期,1974 年 5 月

黄　忠　儒家的天道观　《孔孟月刊》第 13 卷 5 期,1975 年 1 月

望熙元　儒家的哲学思想　《学粹》第 17 卷 3、4 期，1975 年 10 月

林贞羊　儒家的心学及天命的问题研究　《中国国学》第 4 期，1975 年 12 月

罗　光　儒家的心性论　《哲学与文化》第 3 卷 8 期，1976 年 8 月《中国哲学的展望》(台湾)学生书局 1977 年 12 月

胡庆育　儒家哲学与中国文化(一——四)　《青年战士报》1976 年 9 月 25—28 日

高怀民　儒家性善说的理论根据　《文艺复兴》第 78 期，1976 年 12 月

罗　光　儒家的形上学　《哲学与文化》第 4 卷 5 期，1977 年 5 月;《中国哲学的展望》，(台湾)学生书局 1977 年

钱　穆　儒家之性善论与其尽性主义　《中国学术思想史论丛》(二)，东大图书有限公司 1977 年

巴壶天　儒家哲学精义(一——四)　《青年战士报》1978 年 1 月 13—16 日

叶颂寿　人本心理学与中国儒家人生哲学　《中华文化复兴月刊》第 11 卷 9 期，1978 年 9 月

杨祖汉　儒学的超越意识，《鹅湖》第 4 卷 6 期，1978 年 12 月

罗　光　儒家的生命哲学　《孔孟月刊》第 17 卷 11 期，1979 年 7 月

刘述先　儒家哲学的现代意义　《中国文化论文集》(一)，东海大学哲学系主编，幼狮文化事业公司 1979 年

牟宗三　中国哲学之简述与其所涵蕴之问题——儒家系统之性格《中国文化月刊》第 5 期，1980 年 3 月

罗　光　儒家生命哲学的形上和精神意义　《书目季刊》第 13 卷 4 期，1980 年 3 月

罗　光　儒家形上学　《中华易学》第 5 期，1980 年 7 月

成中英　儒家道德的辨证与人的形上学(上、中、下)　《中央日报》

1980 年 9 月 2、9、16 日

王尔晋　中国儒家哲学的命运观　《建设》第 29 卷 6 期,1980 年
　　　　11 月

丁伟志　儒学的变迁　《历史研究》1978 年第 12 期

任继愈　论儒教的形成　《中国社会科学》1980 年第 1 期;《哲学
　　　　论文集》,四川人民出版社 1981 年

任继愈　儒家与儒教　《中国哲学》第 3 期,三联书店 1980 年

李国权　儒教质疑　《哲学研究》1981 年第 7 期

庞　朴　儒学辩证法论纲　《中华学术论文集》,中华书局 1981 年

任继愈　儒教的再评价　《社会科学战线》1982 年第 2 期;《论中
　　　　国哲学史》,浙江人民出版社 1983 年

刘蔚华　中国辩证法史稿(选载)　《破与立》1978 年第 2、3 期。

刘蔚华　谈谈中国哲学史的方法论问题　《哲学研究》1979 年第 11 期

刘蔚华　中国辩证法史上的三种矛盾观(上下)　《齐鲁学刊》1980
　　　　年第 4、5 期

刘蔚华　中国思想史的一般与特殊　《哲学研究》1984 年第 1 期

刘蔚华　谈易数之迷——中国古代的数理哲学　《中国哲学》第 6
　　　　期,三联书店 1981 年

梁漱溟　孔子人生哲学大要　雷汉杰记,《学灯》1924 年 2—4 月

徐诵光　孔子哲学的批评　《厦门大学季刊》第 1 卷 1 期,1926 年
　　　　4 月

韦渊然　孔子的中心思想——仁　《尚志》第 1 卷 14 期,1932 年 8
　　　　月 6 日

王启人　孔子及其哲学　《清华周刊》第 41 卷 5 期,1934 年

梁声素　孔子"仁"的哲学　《广东一中》第 4 期,1934 年 4 月

若　舟　孔子之哲学思想概论　《大道半月刊》第 18 期,1934 年 9 月

江亢虎　孔子的人生哲学　《晨报》(北平)1935 年 1—5 月

范寿康　孔子思想的分析与批评　《文哲季刊》(武大)第 4 卷 3 期,1935 年 6 月

吕振羽　孔丘派哲学思想的发展　《中山文化教育馆季刊》第 2 卷 3 期,1935 年 7 月

姜蕴刚　孔子思想之哲学基础　《国论》第 1 卷 1 期,1935 年 8 月

刘君实　现代学者对于孔子哲学的认识　《浙江青年》第 1 卷 11 期,1935 年 9 月

王大枚　对孔子哲学及政治思想之批判　《文明之路》第 19 期,1935 年 11 月

金　震　孔子哲学之认识　《国学论衡》第 7 期,1936 年 4 月

健　行　孔子哲学概观　《教育生活》第 4 卷 5、6、9、10 期,1936 年 12 月—1937 年 5 月

沙月坡　孔子哲学的总纲　《孔子哲学月刊》第 1 期,1937 年 1 月

高　亨　孔子哲学导论　《经世》第 1 卷 3 期,1937 年 2 月

张东荪　孔子的思想　《丁丑杂志》第 1 卷 2 期,1937 年 5 月

林龚谋　孔子教育哲学概观　《协大艺文》第 9 期,1938 年 12 月

陈伯达　孔子的哲学思想　《解放》第 69 期,1939 年 4 月

黄子通　孔子哲学　《文哲丛刊》第 1 卷 1 期,1940 年 12 月

沈天鹤　孔子哲学概说　《文综》(上海)第 1 卷 4 期,1941 年 4 月

纪玄冰　孔子学派的类比逻辑　《文化杂志》第 2 卷 4 期　1942 年 3 月

陈启天　孔子的政治哲学　《新中华》(半月刊)复刊第 1 卷 7 期,1943 年 7 月

孙　祁　孔子人生哲学的体认　《申报》1948 年 8 月 27 日

李翊灼　孔子哲学之研究门径及书目　《教育通讯》复刊第 6 卷 2 期,1948 年 8 月

朱家骅　孔子教育哲学的基本原则　《会务通讯》第 8 卷 2 期,

1951 年 8 月 20 日

冯友兰等　孔子思想研究　《新建设》1954 年第 6、7 期

金景芳　论孔子思想　《东北人民大学人文科学学报》1957 年第 4 期

杨向奎　孔子的思想及其学派　《文史哲》1957 年第 5 期

曹国霖　孔子的仁学　《建设》第 4 卷 4 期,1955 年 9 月

方觉慧　孔学体系与实践　《中国哲学史论集》第 1 期,1958 年 9 月

邓公玄　孔子以后儒家哲学蜕变之因果　《中国哲学史论集》第 1
　　　　期,1958 年 9 月

杨耀宇　孔门论天道　《孔道季刊》第 7 期,1959 年 6 月

吴　怡　孔子的仁道哲学　《人生》第 18 卷 10 期,1959 年 10 月

何敬群　孔孟言天命性命界说之探讨　《新亚书院学术年刊》第 1
　　　　期,1959 年 10 月

遁　翁　孔孟言天命言性命之探讨　《人生》第 18 卷 10 期,1959
　　　　年 10 月

童书业　孔子思想研究　《山东大学学报(历史版)》1960 年第 1 期

王文钦　由“道”与“仁”的关系谈孔子的唯仁主义　《教育与文化》
　　　　第 244、245 期,1960 年 9 月

徐复观　孔子的性与天道——人性论的建立者　《民主评论》第
　　　　11 卷 23 期,1960 年 12 月

关　锋、林聿时　论孔子　《哲学研究》1961 年第 4 期

孙长江　怎样分析孔子的哲学思想　《教学与研究》1961 年第 4 期

关　锋、林聿时　再论孔子——兼论哲学史方法论的一个问题
　　　　《新建设》1961 年第 11 期

廖竟存　孔子政治哲学与世界大同　《建设》第 10 卷 1 期,1961
　　　　年 6 月

梁寒操等　孔子哲学与现代政治　《建设》第 10 卷 1 期,1961 年 6 月

罗联络　孔子之言性与天道　《建设》第 10 卷 1 期,1961 年 6 月

吴　康　孔子之人道哲学思想　《孔孟学报》第 2 期,1961 年 9 月

王凤喈　孔子人生观的研究　《孔孟学报》第 2 期,1961 年 9 月

王凤喈　孔子仁道哲学的研究　《中央日报》1961 年 9 月 28 日

胡止归　孔孟荀用"中"思想方法的研究　《幼狮学报》第 4 卷 1、2
　　　　期,1961 年 10 月

关　锋、林聿时　三论孔子　《光明日报》1962 年 1 月 22 日

高　亨　孔子思想三论　《哲学研究》1962 年第 1 期

杨荣国　论孔子思想　《学术研究》1962 年第 1 期

任卓宣　孔子哲学通论　《哲学年刊》第 1 期,1962 年 6 月

吴　康　孔子仁的思想　《哲学年刊》第 1 期,1962 年 6 月

罗联络　孔门之形上精神　《建设》第 12 卷 4 期,1963 年 9 月

吴　康　孔子形上思想——性、命、天道　《清华学报》第 4 卷 2
　　　　期,1964 年 2 月

田炯锦　孔孟的宇宙观人生观论述　《陈百年先生执教五十周年
　　　　暨八秩大寿纪念论文集》一集,1965 年 9 月

周　耀　孔孟人生哲学的轮廓　《孔孟月刊》第 4 卷 4 期,1966 年
　　　　3 月

钱志纯　孔子伦理哲学的限度与可能只进展　《新境界》第 3 期,
　　　　1968 年 3 月

杜维明　仁与礼之间的创造性张力　《东西方哲学》1968 年 1—4
　　　　月号

钱　穆　孔子之心学　《孔孟学报》第 20 期,1970 年 9 月

蔡秋雄　孔子的教育哲学、政治哲学　《大华晚报》1970 年 9 月 28 日

赵英敏　孔子的哲学思想　《革命思想》第 30 卷 5 期,1971 年 5 月

蔡仁厚　孔子思想中的"义""命"观念　《孔孟学报》第 10 卷 4 期,
　　　　1971 年 12 月

施隆民　孔子的教育哲学　《孔孟月刊》第 10 卷 10 期,1972 年 6 月

钱　穆　孔孟的心性学　《孔孟月刊》第 10 卷 12 期,1972 年 8 月

宋锡正　孔子的人生观　《中华文化复兴月刊》第 5 卷 10 期,1972
年 10 月

毕　耕　孔子的政治哲学　《中兴评论》第 19 卷 10 期,1972 年 10 月

傅隶朴　夫子之言性与天道　《孔孟学报》第 27 期,1974 年 4 月

罗　光　孔子和他弟子们的哲学思想　《哲学与文化》1974 年第
4—7 期

成中英　孔子的政治哲学与文化复兴　《孔孟月刊》第 13 卷 2 期,
1974 年 10 月

黄公伟　孔子的道德哲学　《孔孟月刊》第 13 卷 6、7 期,1975 年
2、3 月

孙广德　孔孟荀的天道观　《孔孟月刊》第 13 卷 7 期,1975 年 3 月

曾子友　忠恕是道德也是知识的方法论　《中华文化复兴月刊》第
8 卷 9 期,1975 年 9 月

卢瑞钟　孔子的天道观念(上下)　《孔孟月刊》第 14 卷 6、8 期,
1976 年 2、4 月

吴　康　孔子之人道哲学思想　《逢甲学报》第 9 期,1976 年 10 月

高　明　孔子之论"道"　《孔孟月刊》第 15 卷 3 期,1976 年 11 月

方东美　儒家哲学　孔子哲学　《哲学与文化》第 4 卷 7 期,1977
年 7 月

项退结　与西洋哲学比较下的孔孟形上学　《哲学与文化》第 4 卷
9 期,1977 年 9 月

杜松柏　由孔孟人本哲学探论欧美人权观念　《孔孟学报》第 34
期,1977 年 9 月

张其昀　孔子的人生哲学　《文艺复兴》第 85 期,1977 年 9 月

张其昀　孔子的政治哲学　《文艺复兴》第 86 期,1977 年 10 月

张其昀　孔子的法律哲学　《华学月刊》第 70 期,1977 年 10 月

张其昀　孔子的艺术哲学　《文艺复兴》第87期,1977年11月

张其昀　孔子之历史哲学　《华学月刊》第71期,1977年11月;
　　　　《中央月刊》第10卷4期,1978年2月

张其昀　孔子的军事哲学　《文艺复兴》第88期,1977年12月

张其昀　孔子的宗教哲学　《华学月刊》第72期,1977年12月

莫其鑫　论孔子的"和而不同"的哲学思想　《中华文化复兴月刊》
　　　　第12卷5期,1979年5月

陈则东　孔子的军事哲学思想　《孔孟月刊》第17卷10期,1979
　　　　年6月

庞　朴　孔子思想的再评价　《历史研究》1978年第8期

冯　契　孔子哲学思想分析　《中华文史论丛》1979年第1期

周予同　从孔子到孟荀——战国时的儒家派别和儒经传授　《学
　　　　术月刊》1979年第4期

孙叔平　孔子思想评析　《中华文史论丛》1979年第1辑

李泽厚　孔子再评价　《中国社会科学》1980年第2期

杨伯峻　试论孔子　《东岳论丛》1980年第2期

刘蔚华　关于孔子研究的一些问题　《齐鲁学刊》1984年第1期

刘蔚华　孔子研究中的方法论问题　《哲学研究》1984年第9期

刘蔚华　论仁学的源流上下　《齐鲁学刊》1982年第1、2期

刘蔚华　中庸之道是反辩证法的思想体系　《武汉大学学报》1980
　　　　年第5期

杜维明　颜渊:从内在体验到具体实践　《新儒学的展开》,狄百瑞
　　　　编,哥伦比亚大学出版社1975年

蒋镜寰　孟荀善恶说的批判　《学灯》(《时事新报》副刊)1921年5
　　　　月2日

金　拪　孟荀贾谊董仲舒诸子性说　《新教育》(上海)第4卷1
　　　　期,1922年1月

缪凤林　阐性从孟荀之唯识　《学衡》第 26 期,1924 年 2 月

曹树钧　孟子言性善语索隐　《东北大学周刊》第 7 期,1926 年 11 月

唐君毅　孟子言性新论　《中央大学半月刊》第 1 卷 6 期,1930 年 1 月

冯友兰　孟子哲学　《哲学评论》第 3 卷 2 期,1930 年 3 月

岳兆璜　孟子之行为哲学说　《采社杂志》第 5 期,1930 年 10 月

罗根泽　孟荀论性新释　《哲学评论》第 3 卷 4 期,1930 年 12 月

谭戒甫　思孟五行考　《文哲季刊》(武大)第 2 卷 3 期,1933 年 5 月

张默生　孟子哲学　《山东八中校刊》第 3、4 期,1933 年 10 月——1934 年 1 月

黄电冠　孟荀论性之研究　《广东一中》第 5 期,1934 年 5 月

史奇生　孟子之哲学思想　《国学论衡》第 3 期,1934 年 6 月

刘怀儒　孟荀论性之异同　《之江期刊》第 2 期,1934 年 12 月

邱运熹　孟子性善论之检讨　《正风半月刊》(天津)第 1 卷 14、15 期,1935 年 7、8 月

张君劢　自孟荀至戴震之性论　《新民》第 1 卷 4、5 期,1935 年 9 月

张其淦　孟子学说性命篇　《国学论衡》第 6、7 期,1935 年 12 月——1936 年 4 月

甘子恒　孟子的人生哲学　《盘石》第 4 卷 7 期,1936 年 7 月

一知半解生　性善性恶说　《正风半月刊》第 2 卷 11 期,1936 年 7 月

滔滔者　孟子性善说批判　《研究与批判》第 2 卷 4 期, 1936 年 10 月

严鸿瑶　孟子论"理""气"　《新认识》第 2 卷 1 期,1940 年 9 月

健　民　孟子之批判哲学　《国民杂志》(北平)第 1 卷 9 期,1941 年 9 月

余行达　孟荀心性观念之比较　《力行月刊》第 5 卷 4 期,1942 年 4 月

唐君毅　孟子性善论新释　《文化先锋》第 5 卷 4 期，1945 年

李相显　孟子哲学　《文艺与生活》第 3 卷 1、2 期，1946 年 11、12 月

张效彬　性善浅说　《文艺与生活》第 3 卷 2 期，1946 年 12 月

李耀仙　孟子性善说的阐述　《哲学评论》第 10 卷 3 期，1947 年 4 月

庆　名　孟子的性善与程子的格物　《世间解》第 1 期，1947 年 7 月

吴　泽　论孟轲政治哲学　《中国建设》（上海）第 5 卷 2 期，1947 年 11 月

牟宗三　孟荀合论（上、下）——孟子与道德主体　《民主评论》第 3 卷 21、22 期，1952 年 10、11 月

马绍伯　良知学说新认识　《建设》第 3 卷 8 期，1955 年 1 月

薛光前　孟子的天理观念　《中国学术史论文集》第 1 期，1956 年 10 月

曹国霖　孟子的道德哲学　《建设》第 7 卷 6 期，1958 年 11 月

张君劢　孟子哲学　《民主中国》第 1 卷 5 期，1958 年 12 月

张君劢　孟子哲学（续）　《民主中国》第 2 卷 4 期，1959 年 2 月

黄彰健　孟子性论之研究　《历史语言研究所集刊》第 8 卷 1 期，1959 年 6 月

澎　波　孟荀性论之我见　《新铎声》第 4 卷 24 期，1959 年 7 月

夏　靳　孟子的修养哲学　《建设》第 8 卷 4 期，1959 年 9 月

阮尚志　孟子哲学及其政治思想　《现代政治》第 7 卷 2 期，1960 年 8 月

陈大齐　孟子在名学上的贡献　《理则汇刊》第 3 期，1961 年 5 月

周绍贤　孟子之性善论　《建设》第 10 卷 1 期，1961 年 6 月

曾守汤　孟子的性善说　《国魂》第 194 期，1961 年 7 月

劳思光　孟子及儒学之发展　《大学生活》第 7 卷 10、11 期，1961 年 10 月

廖维藩　孟子理性主义政治哲学　《学粹》第 4 卷 6 期，1962 年 10 月

20世纪儒学研究大系

郑力为　孟荀心性论之比较　《人生》第 26 卷 11 期,1963 年 10 月

廖维藩　孟子性善论新诠　《学粹》第 6 卷 1 期,1963 年 12 月

任卓宣　孟子哲学体系　《哲学年刊》第 2 期,1964 年 7 月

王　道　孟子之人生论　《人生》第 30 卷 1—6、8、10—12 期,1965 年 5 月—1966 年 4 月

赖明德　孟荀学说比较研究　《孔孟月刊》第 4 卷 1、4、5 期,1965 年 9、12 月,1966 年 1 月

黄彰健　孟荀性论之研究　《历史语言研究所集刊》第 26 期,1966 年 6 月

高葆光　孟子德性善论　《孔孟月刊》第 5 卷 1 期,1966 年 9 月

孙宝琛　孟子性命论　《孔孟月刊》第 5 卷 10 期,1967 年 6 月

吴　康　孟子哲学思想　《孔孟学报》第 14 期,1967 年 9 月

龚乐群　孟子与荀子的天人思想　《孔孟月刊》第 6 卷 3 期,1967 年 11 月

许　逊　孟子思想之要义　《幼狮》第 27 卷 1、2 期,1968 年 1、2 月

吴　康　孟子的形上思想　《幼狮学志》第 8 卷 4 期,1969 年 12 月

吴　康　孟子论性　《哲学论文集》第 3 期,中国哲学会编,台湾商务印书馆有限公司出版,1970 年 7 月

周世辅　孟子的哲学思想新论　《哲学论文集》第 3 期,中国哲学会编,台湾商务印书馆有限公司出版,1970 年 7 月

廉永英　孟子人性论发微　《孔孟月刊》第 9 卷 6 期,1971 年 2 月

蔡仁厚　孟子人性论之研究　《孔孟学报》第 22 期,1971 年 9 月

郭立民　孟子的义利辨　《孔孟月刊》第 10 卷 8 期,1972 年 3 月

周绍贤　孟子性善论　《爱智学刊》第 3 期,1972 年 5 月

王逢吉　孟荀思想及其人生境界　《台中师专学报》第 2 期,1972 年 7 月

蔡仁厚　孟子的修养论　《孔孟学报》第 24 期,1972 年 9 月

陆铁乘　孟荀性论评议　《孔孟月刊》第 11 卷 1 期,1972 年 9 月

唐君毅　论《孟子》中之"兴起心志以立人"之道　《新亚书院学术年刊》第 14 期,1972 年 9 月

黄淑惠　论孟子"仁政"和"性善"学说及其一贯性　《中国国学》第 1 期,1972 年 12 月

周群振　孟子性善论义旨通诠　《台南师专学报》第 5 期,1972 年 12 月

赵文秀　对孟子性善说之认识　《台北商专学报》第 1 期,1973 年 1 月

刘　简　孟荀论性述略　《孔孟月刊》第 11 卷 6 期,1973 年 2 月

林丽真　孟荀性论的比较　《孔孟月刊》第 12 卷 3 期,1973 年 11 月

林贞羊　孟荀人性论评述　《中国国学》第 2 期,1973 年 12 月

徐卜玖　论孟轲的政治哲学　《中兴评论》第 21 卷 1 期,1974 年 1 月

罗　光　孟子的哲学思想　《哲学与文化》第 2 卷 4 期,1975 年 4 月

黄公伟　孟子的形上学　《孔孟月刊》第 13 卷 9 期,1975 年 6 月

卢瑞钟　孟子的天道观念　《孔孟月刊》第 15 卷 5 期,1977 年 1 月

詹秀惠　孟子与王阳明的良知说　《孔孟学报》第 34 期,1977 年 9 月

杨祖汉　孟子"尽心知性知天章"略解　《鹅湖》第 3 卷 6 期,1977 年 12 月

张学波　孟子性善学说探究　《中华文化复兴月刊》第 11 卷 3 期,1978 年 3 月

王　甦　孟子的心学　《孔孟学报》第 35 期,1978 年 4 月

郑仁在　孟子言"心"之五大特性　《三民主义学报》第 2 期,1978 年 4 月

郑仁在　孟子心学之研究　《三民主义学报》第 2 期,1978 年 4 月

龚乐群　孟子与荀子的人性论　《孔孟月刊》第 16 卷 9、10 期,1978 年 5、6 月

张志豪　孟子与柏拉图的人性论之比较　《复兴岗学报》第 19 期，1978 年 6 月

程石泉　孟子的"人性论"与"心学"　《孔孟月刊》第 16 卷 12 期，1978 年 8 月

曾昭旭　孟子论不善之起源　《鹅湖》第 4 卷 4 期，1978 年 10 月

林安梧　孟子心学义理结构初探　《鹅湖》第 4 卷 4 期，1978 年 10 月

吴经熊　孟子人性论与自然法　江日新译，《鹅湖》第 4 卷 4 期，1978 年 10 月

张君劢　孟子致良知说与当代英国直觉主义伦理学之比较　《鹅湖》第 4 卷 4 期，1978 年 10 月

袁宙宗　孟子修养论诠次　《国魂》第 397 期，1978 年 12 月

高绪价　孟子性善解　《新竹师专学报》第 5 期，1979 年 5 月

汪志勇　孟子学说的一贯之道　《孔孟月刊》第 17 卷 9 期，1979 年 5 月

丁履谦　"仁"的实然、必然与应然——孟子的人性论　《孔孟月刊》第 17 卷 9 期，1979 年 5 月

黄淑意　孟荀同异析论　《中国国学》第 7 期，1979 年 9 月

黄玉芬　孟子的尽心之道　《孔孟月刊》第 18 卷 5 期，1980 年 1 月

陈寿恒　孟子"性善"思想之管窥　《光复大陆》第 160 期，1980 年 4 月

郭天慧　孟荀性论的异同　《夏声》第 186 期，1980 年 5 月

魏元珪　孟子道德哲学之良知基础　《中国文化月刊》第 13 期，1980 年 11 月

刘师培　荀子名学发微　《国粹学报》第 3 卷 7 期，1907 年

刘念亲　荀子人性的见解　《晨报·副刊》(北平)1923 年 1 月 16—18 日

胡　睿　荀子人性的见解的研究　《晨报·副刊》(北平)1923 年 2

月 6 日

魏世珍　荀子哲学的中心点　《学艺》(上海)第 10 卷 1 期,1930 年 2 月

何兆清　荀子名学之定义及现代论理学之内容　《中央大学半月刊》第 1 卷 13 期,1930 年 5 月

杨大膺　荀子的认识论　《世界旬刊》第 13 期,1932 年 8 月

帅　雄　荀子哲学　《集美周刊》第 13 卷 2—9 期,1933 年 3—5 月

杨大膺　荀子教育哲学　《哲学评论》第 5 卷 2 期, 1933 年 11 月

杨荣春　荀子教育哲学研究　《中华教育界》第 22 卷 11、12 期,1935 年 5、6 月

陈召培　荀子哲学及其方法论　《仁爱月刊》第 1 卷 6—8 期,1935 年 10 月

杨　骏　荀子教育哲学　《周行》(上海)第 1 卷 17 期,1936 年 9 月

明　水　荀子的天道观与人道观　《京沪杭甬铁路月刊》第 1580、1581 期,1936 年 5 月

高名凯　荀子的哲学　《人生评论》第 1 期,1936 年 10 月

李麦麦　荀子哲学思想大要　《文化建设》第 3 卷 5 期, 1937 年 2 月

毓　新　荀子哲学纲要(刘子静著)　《图书季刊》第 1 卷 4 期,1939 年 12 月

罗根泽　荀子的人生哲学及政治哲学　《时代精神》第 2 卷 1 期,1940 年 2 月

梁　嘉　荀子的逻辑学说　《中山文化季刊》第 1 卷 3 期,1943 年 10 月

王恩洋　中国两千年前之经验派哲学大师荀卿　《文教丛刊》第 1 卷 1 期,1945 年 2 月

王恩洋　荀子之知识论　《文教丛刊》第 1 卷 2 期,1945 年 5 月

陈大齐　荀子名学发凡初稿　《文史哲学报》第 2 期,1951 年 2 月

陈大齐　荀子的名学思想　《中国文化论集》第 1 期,1953 年 3 月

黄建中　荀子的人本哲学　《学术季刊》第 3 卷 3、4 期,1955 年 3、6 月

王秀谷　荀子"心"、"性"　《新铎声》第 7 期,1956 年 9 月

韦政通　荀子基本精神的解析　《人生》第 14 卷 2、3 期,1957 年 6 月

郭为藩　荀子性恶论辨证　《中央日报》1959 年 3 月 10 日

杨志源　荀子的认识论　《中央日报》1959 年 3 月 24 日

曹国霖　荀子的道德哲学　《建设》第 8 卷 1 期,1959 年 6 月

韦政通　《荀子·天论篇》试释　《人生》第 20 卷 2 期,1960 年 6 月

詹栋梁　荀子的勘天主义及其礼法论　《建设》第 10 卷 3 期,1961 年 8 月

严灵峰　论荀子的"不求知天"　《人生》第 23 卷 5 期,1962 年 1 月

郑力为　《荀子·性恶篇》疏辨　《中国学人》第 4 期,1962 年 7 月

陈　特　荀子人性论的分析　《民主评论》第 14 卷 3 期,1963 年 2 月

李涤生　荀子的性恶论　《民主评论》第 15 卷 17、18 期,1964 年 9、10 月

李涤生　荀子的自然论　《民主评论》第 15 卷 21 期,1964 年 11 月

董承文　荀子人性论　《幼狮学志》第 5 卷 1 期,1966 年 8 月

毛宽伟　评荀子性恶论　《学园》第 2 卷 7 期,1967 年 3 月

任卓宣　荀子哲学体系　《哲学年刊》第 4 期,1967 年 6 月;《哲学论文集》第 1 期,商务印书馆有限公司 1967 年

吴　康　荀子哲学思想　《孔孟学报》第 15 期,1968 年 4 月

饶　彬　荀子的自然学说　《新天地》第 7 卷 2、3 期,1968 年 5 月

戴君仁　荀子与宋儒　《大陆杂志》第 39 卷 4 期,1969 年 8 月

周世辅　荀子哲学简论　《政治大学学报》第 20 期,1969 年 12 月

张　亨　荀子对人的认知及其问题　《文史哲学报》第 20 期,1971 年 6 月

戴纯如　荀子的人生学说　《中国语文学会年刊》第 13 期,1971 年 9 月

李周龙　荀子修养论　《孔孟月刊》第 10 卷 1 期,1971 年 9 月

唐君毅　荀子言"心"与"道"之关系辨义　《香港中文大学中国文化研究所学报》第 4 卷 1 期,1971 年 9 月

褚柏思　荀子的政治哲学　《孔孟月刊》第 10 卷 11 期,1972 年 7 月

黄俊杰　荀子的天道观及其在中国古代天道思想中的地位　《国立编译馆馆刊》第 1 卷 4 期,1972 年 12 月

蔡仁厚　荀子的"认识心"及其义用　《孔孟学报》第 26 期,1973 年 9 月

吴丰年　《荀子·天论》之探讨　《孔孟月刊》第 12 卷 6 期,1974 年 2 月

林丽真　从"天性人成"原则看荀子的"天论"和"性论"　《孔孟月刊》第 13 卷 3、4 期, 1974 年 11、12 月

罗　光　荀子的《天论》　《东方杂志》(复刊)第 8 卷 10 期,1975 年 4 月

饶　彬　荀子性恶论研究　《国文学报》第 4 期,1975 年 6 月

邓国辉　荀子性恶思想研究　《中华文化复兴月刊》第 8 卷 9 期,1975 年 9 月

宋东炎　对于荀子主性恶的看法　《孔孟月刊》第 14 卷 6 期,1976 年 2 月

薛保纶　荀子的天论　《哲学与文化》第 3 卷 11 期,1976 年 11 月

唐端正　荀子善伪论所展示的知识问题　《中国学人》第 6 期,1977 年 9 月

吴松林　谈荀子的天论　《中华国学》第 1 卷 10 期,1977 年 10 月

王孺松　荀子天道观　《国教世纪》第 13 卷 5 期,1977 年 11 月

林继平　荀子扩展儒学的知识领域　《中华国学》第 1 卷 12 期,

1977 年 12 月

韦政通　荀子"天生人成"一原则之构造　《中国哲学思想论集》
（先秦篇），项维新、刘福增主编，（台北）牧童出版社 1978
年

林安梧　从"天生人成"到"化性起伪"　《鹅湖》第 3 卷 11 期，1978
年 5 月

薛保纶　荀子的心学　《哲学与文化》第 5 卷 5、6 期，1978 年 5、6 月

李　杜　荀子的天、道与天道　《哲学与文化》第 5 卷 9 期，1978
年 9 月

刘文起　由"天生人成"论荀子对天的看法　《孔孟月刊》第 18 卷
9 期，1980 年 6 月

周群振　荀子天人关系之论旨析述　《鹅湖》第 6 卷 4 期，1980 年
10 月

杨祖汉　论荀子的"知天"与"不求知天"之辨　《鹅湖》第 6 卷 5
期，1980 年 11 月

陶希圣　荀子论道　《食货》第 10 卷 8 期，1980 年 11 月

成本俊　西汉儒家政治哲学之发达与第一次民族文化中心思想的
建设　《前途》第 3 卷 1、4、5 期，1935 年 1、4、5 月

冯友兰　秦汉历史哲学　《哲学评论》第 6 卷 2、3 期，1935 年 9 月

范寿康　两汉的哲学思想　《东方杂志》第 33 卷 1 期，1936 年 1 月

石　俊　略论两汉人性学说之演变　《经世日报·读书周刊》第 73
期，1948 年 1 月 7 日

王　明　汉代哲学思想中关于原始物质的理论　《哲学研究》，
1957 年第 6 期

唐君毅　秦汉以后天命思想之发展　《新亚学报》第 6 卷 2 期，
1964 年 8 月

张紫桐　汉宋两代哲学思想之比较　《建设》第 16 卷 5 期，1967

年 10 月

姜广辉　两汉哲学思想讨论会简述　《光明日报》1982 年 11 月 1 日

田　真　汉——唐哲学史学术讨论会简述　《光明日报》1982 年 7 月 17 日

吴则虞　论贾谊　《光明日报》1961 年 10 月 25 日

阴法鲁、陈铁民　贾谊思想初探　《北京大学学报》1962 年第 5 期

周　英　论贾谊的唯物主义哲学思想　《江汉学报》1963 年第 2 期

冯友兰　贾谊的哲学思想　《北京大学学报》1963 年第 2 期

甘蛰仙　董仲舒之名学　《晨报·副刊》(北平)1924 年 8 月 5—8 日

姚　璋　董仲舒哲学概观　《光华大学半月刊》第 1 卷 7、8 期，1933 年 4 月

朱显庄　董仲舒之政治哲学　《清华周刊》第 41 卷 2 期，1934 年 4 月

成本俊　董仲舒天人合一说之继承人道　《中央日报》1942 年 12 月 9 日

李源澄　天人合一说探源　《灵岩学报》第 1 期，1946 年 10 月

张春申　董仲舒的天人合一论　《新铎声》第 7 期，1956 年 9 月

曹国霖　董仲舒的"天人论"　《建设》第 10 卷 4 期，1961 年 9 月

郑力为　董仲舒人性论评论　《人生》第 27 卷 4 期，1964 年 1 月

陈丽桂　董仲舒的天论　《孔孟学报》第 27 期，1974 年 4 月

林丽雪　董仲舒的人性论　《孔孟月刊》第 14 卷 4 期，1975 年 12 月

王孺松　董仲舒的天道观　《师大学报》第 22 期(上)，1977 年 6 月

罗　光　董仲舒的哲学思想　《人文学报》(辅仁大学)第 6 期，1977 年 6 月

陈美圆　董仲舒的天仁哲学　《孔孟月刊》第 18 卷 2 期，1979 年 10 月

陶希圣　董仲舒论道　《食货》第 10 卷 9 期，1980 年 12 月

李宗贵　论海峡两岸的董仲舒思想研究　《哲学研究》，1990 年第

2 期

祥　麟　董仲舒哲学思想学术讨论会综述　《中国哲学史研究》
1987 年第 2 期

姚　璋　扬雄的哲学　《光华大学半月刊》第 3 卷 1、2 期,1934 年
10 月

吴则虞　扬雄思想评议　《哲学研究》1957 年第 6 期

张聿飞　论扬雄在中国哲学史中的地位　《哈尔滨师院学报》1962
年第 1 期

徐复观　扬雄的《法言》　《中国哲学思想论集》(两汉魏晋隋唐
卷),项维新、刘福增主编,(台北)牧童出版社,1978 年

黄建一　扬雄的人性论　《国教世纪》第 16 卷 5 期,1980 年 11 月

周桂亭　王充哲学及关于教育上的理论　《一八社刊》第 1 期,
1931 年 1 月

陈海阔　王充的哲学思想　《解放日报》,1941 年 12 月 4、5 日

罗根泽　王充的哲学及教育学　《大成》(成都)第 1 卷 12 期,1942
年 12 月

月季清　中古时代的人生哲学(论王充、李翱的思想)　《中日文
化》第 3 卷 5、6、7 期,1943 年 7 月

纪玄冰　辟时贤关于王充哲学的了解和批判的错误　《大学》(成
都)第 6 卷 2 期,1947 年 7 月

吴　泽　王充的唯物主义哲学思想　《华东师大学报》1956 年第 2 期

牟宗三　王充之性命论　《人生》第 21 卷 10、11 期,1961 年 4 月

谢志雨　王充《论衡》"性有三品"说之评介孟子性善说新证　《孔
孟月刊》第 13 卷 4 期,1974 年 12 月

陈丽桂　王充自然思想研究　《师大国文研究所集刊》第 19 期,
1975 年 6 月

罗　光　王充的哲学思想　《哲学论集》第 9 期,1977 年 6 月

甘蛰仙　王符哲学　《哲学月刊》第 2 卷 2 期,1929 年 11 月

黄振球　王符哲学思想　《师大教育研究所集刊》第 2 期,1959 年
6 月

姚　璋　《潜夫论》中的哲理　《光华大学半月刊》第 3 卷 6 期,
1935 年 3 月

姚　璋　韩婴的哲学　《光华大学半月刊》第 2 卷 1 期,1933 年 10 月

冯友兰　韩愈李翱在中国哲学史中之地位　《清华周刊》第 37 卷
6—10 期,1932 年 5 月

负　生　李习之《复性书》探源　《行健月刊》第 5 卷 2 期,1934 年
6 月

傅孟真　李习之在儒家性论发展中之地位　《读书通讯》第 57 期,
1934 年 1 月

周世辅　论理学先驱韩愈、李翱的哲学思想　《反攻》第 357 期,
1971 年 12 月

陶希圣　韩退之的道统论与尊王论　《法论》第 7 期,1977 年 11 月

詹栋梁　李翱论性与情　《建设》第 13 卷 4 期,1964 年 9 月

范　阳　关于柳宗元哲学思想的评价问题　《光明日报》1983 年 8
月 15 日

范　阳　杰出的"元气"唯物论哲学家柳宗元　《广西日报》1983
年 11 月 24 日

刘光汉　理学字义通释　《国粹学报》第 1 卷 8—10 期,1905 年

缪天绶　宋学重要的问题及其线索　《东方杂志》第 24 卷 8 期,
1927 年 4 月

陈钟凡　宋五子学说略评　《国学专刊》第 1 卷 3 期,1926 年 9 月

陈钟凡　宋代思想家之论证法　《(国立)中山大学语言历史学研
究所周刊》第 8 卷 91 期,1929 年 7 月

陈钟凡　两宋思想的评述　《学艺》(上海)第 10 卷 5 期—12 卷 3

期,1930 年 6 月—1931 年 4 月

章太炎　与吴承仕论宋明道学利病书二通　《国学丛编》第 1 卷 1
期,1931 年 5 月

冯友兰　宋明道学中理学心学二派之不同　《清华学报》第 8 卷 1
期,1932 年 12 月

章炳麟　与吴生论宋明道学书　《归纳》第 2 期,1933 年 11 月

谭丕模　宋元明思想的流派及其演变过程　《清华周刊》第 42 卷
6 期,1934 年 11 月

张君劢　理学之系统结构之第一步　《新民》(安徽)第 1 卷 2 期,
1935 年 6 月;《宇宙旬刊》第 2 卷 8 期,1935 年 7 月

冯伯璜　理学家之所谓"理"　《仁爱月刊》第 1 卷 4、5 期,1935 年
8 月

谭丕模　北宋时代哲学思想的各流派　《中山文化教育馆季刊》第
2 卷 4 期,1935 年 10 月

林颖新　宋代理学概论　《仁爱月刊》第 1 卷 9 期,1936 年 1 月

贺　麟　宋儒的思想方法　《东方杂志》第 33 卷 2 期,1936 年 1
月,《哲学评论》第 7 卷 1 期(1936 年 9 月)

道　中　宋儒修为方法论　《东方杂志》33 卷 12 期 1936 年 10 月

张东荪、熊十力　关于宋明理学之性质　《文哲月刊》第 1 卷 6 期,
1936 年 3 月

朱质璋　宋儒性理学　《道德》第 3 卷 5、7、9 期,1936 年 3—5 月

吴念中　宋儒理学的根本观念　《文化建设》第 3 卷 1 期,1936 年
10 月

阎秋水　宋代知行学说之探讨　《正风半月刊》第 3 卷 6 期,1936
年 11 月

章太炎　论中古哲学　《制言月刊》第 30 期,1936 年 12 月

李源澄　理学略论　《国风》(南京)第 8 卷 12 期,1936 年 12 月

陈思成　研读理学随笔　《书林》第1卷2期,1937年3月

夏君虞　宋儒的知行学说　《经世》第1卷8、10期,1937年5月

杨心如　宋明理学总论　《民治月刊》第18期,1938年3月

冀绍儒　宋代理学变迁史,《文化批判》第5卷4期、6卷1期,1939年4、10月

李世繁　论宋明道学和清代哲学在方法上的不同　《辅仁生活》第1期,1939年11月

果　真　宋明哲学大纲　《文教月刊》(山东)第1卷1期,1940年7月

吴其昌　宋代哲学史料丛考　《文哲季刊》(武大)第7卷1期,1941年10月

傅孟真　论性命说之哲学及史学的研究　《读书通讯》第56期,1942年12月

唐君毅　心、理、道颂　《文史哲季刊》第1卷1期,1943年1月

冯友兰　宋明儒家哲学述评　《中央周刊》第5卷45期,1943年6月

赵纪彬　理学的本质　《文史杂志》第3卷11、12期,1944年6月

牟宗三　纯粹理性与实践理性　《文史杂志》第11、12期,1944年6月

章太炎　与吴承仕论宋明道学利病书　《海潮音》第26卷8、9期,1945年9月

钱　穆　初期宋学　《中央周刊》第8卷18期,1946年5月

钱　穆　宋明理学之总评骘　《中央周刊》第8卷28期,1946年7月

唐君毅　宋明理学之精神略论　《理想与文化》第8期,1946年

任继愈　宋明理学家的教育哲学(从朱子到王阳明)　《读书通讯》第133期,1947年5月

罗根泽　宋学三派　《中央日报》第9版,1947年6月9日

蔡尚思　宋明理学相同的缺点　《新中华》(半月刊)复刊第6卷9

期,1948 年 5 月

胡止归　论宋明理学在名理推理上所用的"同一"法则　《大陆杂志》第 17 卷 3 期,1958 年 8 月

黄公伟　理学家对人性论底新发现　《中央日报》1960 年 3 月 29 日

张君劢　新儒家哲学之基本范畴　《人生》第 20 卷 3、4 期,1960 年 6、7 月

温心园　宋儒的人性论概观　《人生》第 25 卷 1 期,1962 年 11 月

牟宗三　宋明儒学综述(一)　《人生》第 25 卷 12 期,1963 年 5 月

牟宗三　宋明儒学综述(二)　《人生》第 26 卷 1 期,1963 年 5 月

牟宗三　宋明儒学综述(三)　《人生》第 26 卷 2 期,1963 年 6 月

牟宗三　宋明儒学综述(四)　《人生》第 26 卷 3 期,1963 年 6 月

牟宗三　宋明儒学综述(五)　《人生》第 26 卷 4 期,1963 年 7 月

黄公伟　理学浅测　《哲学年刊》第 2 期,1964 年 7 月

吴　康　宋明理学思想述要　《学粹》第 7 卷 3 期,1965 年 4 月

廖维藩　宋五子之理学(一)　《学粹》第 7 卷 4 期,1965 年 6 月

廖维藩　宋五子之理学(二)　《学粹》第 7 卷 5 期,1965 年 8 月

廖维藩　宋五子之理学(三)　《学粹》第 7 卷 6 期,1965 年 10 月

廖维藩　宋五子之理学(四)　《学粹》第 8 卷 1 期,1965 年 12 月

雷为霖　宋明理学与近代两大哲学思想的汇流　《革命思想》第 20 卷 4 期,1966 年 5 月

陈荣捷　新儒学"理"之思想之演进　《人生》第 31 卷 6、7 期,1966 年 10、11 月;《中国哲学思想论集》(宋明篇),项维新、刘福增主编,(台北)牧童出版社 1978 年

张铁君　宋明理学的太极思想　《东西文化》第 15 期,1968 年 9 月

蒋维乔　宋明理学家的本体论　《中国语文学研究》1971 年

黄彰建　理学的定义、范围机器理论结构　《大陆杂志》第 50 卷 1 期,1975 年 1 月

张君劢　理学的基本原理　《鹅湖》第 2 卷 7 期,1977 年 1 月;《中国哲学思想论集》(宋明篇),项维新、刘福增主编,(台北)牧童出版社 1978 年

蔡仁厚　宋明理学之开展分系　《鹅湖》第 2 卷 11、12 期, 1977 年 5、6 月

罗　光　两宋哲学思想概说　《哲学与文化》第 4 卷 10 期,1977 年 10 月

蔡仁厚　简释宋明理学所用“体”字之义旨　《文艺复兴》第 105 期,1979 年 9 月

蔡仁厚　简释宋明理学所用“静”字之义旨　《文艺复兴》第 105 期,1979 年 9 月

蔡仁厚　“性理”的全义与偏义　《中国文化月刊》第 2 期,1979 年 12 月

方东美　宋明清哲学第一、二讲　《新天地》1980 年 12 月

华　山　程朱理学批判　《山东大学学报》(历史版)1961 年第 2 期

华　山　从陆象山到王阳明　《山东大学学报》(历史版)1962 年第 2 期

曲阜师院理论组　宋明理学与“四人帮”的反动世界观　《破与立》1977 年第 4 期

钟兴锦　“四人帮”世界观的核心和宋明理学　《江汉论坛》1979 年第 2 期

陈正夫　儒、佛、道的融合与程朱理学　《江西大学学报》1979 年第 4 期

邱汉生　宋明理学与宋明理学史研究　《中国哲学史研究》1980 年第 1 期

张岱年　论宋明理学的基本性质　《哲学研究》1981 年第 9 期

李泽厚　宋明理学片论　《中国社会科学》1982 年第 1 期

20世纪儒学研究大系

姜广辉　史论理学与反理学的界限　《哲学研究》1982 年第 11 期

张立文　论宋明理学的基本特点　《社会科学辑刊》1982 年第 2 期

金春峰　概论理学的思潮、人物、学派及其演变和终结　《求索》
　　　　1983 年第 3 期

李晓东　经学与宋明理学　《中国史研究》1987 年第 2 期

崔大华　理学衰落的两个理论因素　《哲学研究》1989 年第 3 期

谷　方　中国哲学史上的"反理学的斗争"质疑　《哲学研究》1990
　　　　年第 2 期

姜广辉　再谈理学与反理学的斗争　《哲学研究》1990 年第 6 期

蔡方鹿　宋代理学心性论及其特征　《哲学研究》1992 年第 10 期

谢丰泰　试论理学认识论的特色　《西藏民族学院学报》1992 年
　　　　第 3 期

张立文　宋明理学形上学追究的道路　《哲学研究》1994 年第 2 期

周继旨　"终极关怀"与"超越之路"上的从歧异到趋同：论宋明新
　　　　儒学的伦理本体化思想倾向的形成及其影响　《孔子研
　　　　究》1994 年第 4 期、1995 年第 1 期

吴　光　论宋明理学的特质及其现代意义　《河北学刊》1992 年
　　　　第 4 期

姜广辉　理学与人文精神的重建：理学的意义追寻　《天津社会科
　　　　学》1997 年第 3 期

何兆武　宋代理学和宋初三先生　《史学集刊》1989 年第 3 期

何兆武　从宋初三先生的思想活动来看理学的缘起及其经院哲学
　　　　的实质　《晋阳学刊》1989 年第 6 期

赵宗正　范仲淹在宋代学时思想史的地位　《中州学刊》1992 年
　　　　第 3 期

蒙培元　范仲淹的哲学与理学的兴起　《北京社会科学》1992 年
　　　　第 4 期

郑　涵　欧阳修天人观试探　《学术研究辑刊》1980 年第 1 期

徐洪兴　试论欧阳修与北宋理学思潮的兴起　《复旦学报》1997
年第 6 期

刘蔚华　略论司马光的潜虚　《中州学刊》1984 年第 1 期

董根洪　司马光是理学的重要创始人　《山西大学学报》1996 年
第 1 期

谭丕模　李王的政治哲学(李觏与王安石)　《师大月刊》第 18 期,
1935 年 4 月

章炳麟　康成子雍为宋明心学导师说　《华国月刊》第 2 卷 3 期,
1925 年 1 月

谢扶雅　邵雍先天学新释　《岭南学报》第 2 卷 3 期,1932 年 6 月

伯　精　象数派引论　《师大学刊》第 1 期,1942 年 6 月

杨荣国　邵雍思想批判　《历史研究》1960 年第 5 期

黄蕴中　邵康节的哲学思想　《自由青年》第 39 卷 6 期,1968 年 3 月

罗　光　邵雍的认识论　《哲学与文化》第 4 卷 11 期,1977 年 11 月

谢扶雅　邵雍先天学新释　《中国哲学思想论集》(宋明篇),项维
新、刘福增主编,(台北)牧童出版社 1978 年

刘蔚华　论邵雍的哲学思想　《中国哲学史研究》1982 年 3 期

朱谦之　太极图辩诬及太极新图解　《新中国》(北平)第 1 卷 3、4
期, 1919 年 7、8 月

黄葆年　周子《通书》释　《国学专刊》第 1 卷,1926 年 5 月

刘斯楠　周子《太极图说》今释　《国专月刊》第 1 卷 1 期,1935 年
3 月

刘斯楠　周子《通书》今释　《国专月刊》第 1 卷 2、4 期,1935 年 4、
6 月

但植之　晋纪瞻、顾荣论"太极"为周敦颐《太极图说》所本考　《制
言月刊》第 20 期,1936 年 7 月

但植之　周敦颐《通书》多采晋人说考　《制言月刊》第 21 期,1936 年 8 月

吴培元　周濂溪的本体论　《哲学与教育》第 5 卷 2 期,1937 年 6 月

张荫麟　宋儒太极说之转变　《新动向》(昆明)第 1 卷 2 期,1938 年 1 月

贺　麟　与张荫麟先生辩太极说之转变　《新动向》(昆明)第 1 卷 4 期,1938 年 8 月

钱　穆　论太极图与先天图之传授　《学思》第 1 卷 7 期,1942 年 4 月

钱　穆　濂溪百源横渠之理学　《东方杂志》第 42 卷 10 期,1946 年 5 月

李相显　濂溪哲学　《文艺与生活》第 2 卷 3 期,1946 年 10 月

杨荣国　周敦颐的哲学思想　《学术月刊》1961 年第 9 期

王　煜　中和观念自周子至程子的进展　《人生》第 28 卷 1 期,1964 年 5 月

虞　怡　濂溪百源横渠之理学　《新天地》第 3 卷 6 期,1964 年 8 月

唐君毅　太极问题疏抉　《新亚书院学术年刊》第 6 期,1964 年 9 月

张文彬　周濂溪理学述微　《庆祝瑞安林景伊先生六秩诞辰论文集》,1969 年

罗　光　论周濂溪通书的"诚"　《人文学报》(辅仁大学)第 1 期,1970 年;《中国哲学的展望》,(台湾)学生书局 1977 年;《新儒家论丛》,(台湾)学生书局 1979 年

周世辅　周濂溪哲学思想之研究　《湖南文献》第 3 期,1971 年 1 月

蔡仁厚　周子"太极图说"的形上思想　《华学月刊》第 18 期,1973 年 6 月;《湖南文献》第 4 卷 3 期,1976 年 7 月

戴景贤　周濂溪之"太极图说"　《孔孟月刊》第 15 卷 3 期,1976 年 11 月

吴　康　周濂溪学说研究　《中国哲学思想论集》(宋明篇),项维新、刘福增主编,(台北)牧童出版社1978年

张德麟　无极而太极——周濂溪对道的形式陈述　《孔孟月刊》第16卷10期,1978年6月;《湖南文献》第6卷4期,1978年10月

潘立夫　论太极图德思考通则　《出版与研究》第30期,1978年9月

钱　穆　濂溪百源横渠之理学　《中国学术思想史论丛》(五)(台北)东大图书有限公司,1978年

乌恩溥　太极图说探源　《社会科学战线》1982年第2期

乌恩溥　周子学考辨　《中国哲学史研究》1986年第2期

束景南　周敦颐《太极图说》新考　《中国社会科学》1988年第2期

李锦全　论周敦颐对儒学哲理化的历史贡献　《齐鲁学刊》1994年第1期

刘宗贤　周敦颐的理学思想及其在宋明理学中的地位　《齐鲁学刊》1996年第5期

余敦康　内圣与外王的贯通——周敦颐的易学　《原道》第2辑

陈正谟　张横渠的哲学研究　《学林杂志》第1卷6期,1922年3月

谢之范　张横渠的哲学　《光华期刊》第4期,1929年1月

张泽民　张载的哲学　《光华大学半月刊》第2卷7期,1934年4月

钱基博　张子之学　《国师季刊》第4期,1939年8月

李相显　横渠哲学　《文艺与生活》第2卷2期,1946年9月

张岱年　张横渠的哲学　《哲学研究》1955年第1期

邓冰夷　《张横渠的哲学》一文读后感　《哲学研究》1955年3期

陈玉森　张横渠是一个唯心论者　《哲学研究》1956年第4期

张岱年　关于张横渠的唯物论与伦理学说　《哲学研究》1955年第3期

张岱年　对《张横渠是一个唯心论者》一文的答复　《哲学研究》1956年第4期

杨向奎　论张载　《文史哲》1963 年第 1、2 期

周烘成　事实与价值的混同　张载哲学新议　《孔子研究》1994
年第 1 期

李承弼　王安石与司马光的学说　《学灯》1924 年 7 月 5、8 日

王安石论性,《晨报·思辨》(北平)第 66 期,1936 年 12 月 18 日

贺　麟　王安石的心学　《思想与时代》第 41 期,1947 年 1 月

贺　麟　王安石的性论　《思想与时代》第 43 期,1947 年 3 月

余敦康　欧阳修的《易童子问》　《原道》第 1 辑

两　不　程伊川之宇宙观　《哲学杂志》(北平)第 3 期,1921 年 9 月

杨筠如　伊川学说研究　《国学丛刊》(南京)第 2 卷 4 期,1924 年

程　憬　二程子的哲学　《(国立)中山大学语言历史学研究所周
刊》第 5 卷 56 期,1928 年 11 月

冯日昌　程朱陆王“格物致知”说之反动　《朝华季刊》第 1 卷 3
期,1930 年

冯日昌　二程的“格物致知”论　《岭南学报》第 2 卷 1 期,1931 年
7 月

何炳松　程朱辨异　《东方杂志》第 27 卷 9—12 期,1930 年 5—6 月

鲁默生　二程学说概略　《宇宙旬刊》第 1 卷 12 期,1935 年 5 月

唐文治　大程子性论说　《国学论衡》第 6 期,1935 年 12 月

何格恩　程朱学派之知行学说　《民族》(上海)第 4 卷 1 期,1936
年 1 月

蔡尚思　程朱派哲学的批判　《中国建设》(上海)第 6 卷 4 期,
1948 年 7 月

杨向奎　论程颢　《学术月刊》1962 年第 8 期

方克立　论程颐的知行学说　《中国哲学》第 5 辑,1981 年 1 月

张恒寿　论宋明哲学中的“存天理,去人欲”说　《哲学研究》1986
年 3 期

张岱年　正确评价二程洛学　《中州学刊》1988 年第 4 期

李之鉴　程颢程颐哲学异同论　《河南师范大学学报》1989 年第 2 期

王育济　论二程的"天理人欲之辨"　《山东大学学报》1991 年第 2 期

刘宗贤　程颢"识仁"思想及其与陆学心学的关系　《文史哲》1994
年第 1 期

蔡方鹿　二程哲学的异同变化及其陆王心学的影响　《河北学刊》
1995 年第 3 期

程南园　与友人论朱陆书第四　《国学杂志》(昌明社)第 1 卷 1
期,1915 年 3 月

刘尧民　格物的解释　《国学月报》第 2 卷 7 期,1927 年 6 月

黄子通　朱熹的哲学　《燕京学报》第 2 期,1927 年 12 月

周予同　朱熹哲学述评　《民铎杂志》第 10 卷 2 期,1929 年 2 月

冯日昌　朱熹"格物致知"论　《朝华季刊》第 1 卷 1 期,1929 年 12 月

吴其昌　朱子之根本精神——即物穷理　《大公报·文学副刊》(上
海)第 146 期,1930 年 10 月 27 日

贺　麟　朱熹与黑格尔太极说之比较观　《大公报·文学副刊》(上
海)第 147 期,1930 年 11 月 3 日

素　痴　关于朱熹太极说之讨论　《大公报·文学副刊》(上海)第
148 期,1930 年 11 月 10 日

冯友兰　朱熹哲学　《清华学报》第 7 卷 2 期,1932 年

高名凯　朱子论理气　《正风半月刊》第 1 卷 11、12 期,1935 年 6
月;《晨报》(北平)1936 年 10 月 23、30 日,11 月 6 日

高名凯　朱子论心　《正风半月刊》第 1 卷 16—18 期,1935 年 8、9 月

严　群　朱子论理气太极　《新民》(安徽)第 1 卷 6 期,1935 年 10 月

冯友兰　朱子所说理与事物之关系　《哲学评论》第 7 卷 2 期,
1936 年 12 月

李兆民　紫阳理学之我见　《福建文化》第 24 期,1937 年 4 月

20世纪儒学研究大系

张达愚 朱陆两派直觉思想异同考 《学术界》第 2 卷 3 期,1944 年 4 月

张东荪 朱子的形而上学 《中大学报》第 3 卷 1、2 期,1945 年 5 月

唐君毅 朱子理气关系论疏释 《历史与文化》第 1、2 期,1947 年 1 月

郭沫若 "格物"解 《大学》(成都)第 6 卷 2 期,1947 年 7 月

钱 穆 朱子心学略 《学原》(南京)第 2 卷 6 期,1948 年 10 月

邱汉生 朱熹的理学思想——天理论与性论 《社会科学辑刊》1982 年第 4 辑

赵俪生 朱熹与王守仁之比较探索 《中国哲学史研究》1982 年第 3 期

蒙培元 论朱熹理学向王阳明心学的演变 《哲学研究》1983 年第 6 期

陈 来 理学观的形成和演变 《哲学研究》1985 年第 6 期

李作勋 儒佛交融与朱熹心性论的形成 《贵州社会科学》1997 年第 2 期

金春峰 朱熹思想之与陆象山 《中州学刊》1997 年第 1 期

嵇文甫 对陆王学派的一种观察 《哲学评论》第 4 卷 3、4 期,1933 年 1 月

蔡尚思 陆王派哲学的批判 《中国建设》(上海)第 5 卷 6 期,1948 年 3 月

包遵信 陆九渊哲学思想批判 《中国哲学》第 1 辑 1979 年 1 月

焦克明 陆九渊哲学中"道"的含义试析 《争鸣》1981 年第 3 期

夏甄陶 陆九渊的"心学"剖析 《中国哲学史研究》1981 年第 4 期

尹协理 论陆九渊宇宙观的特点 《中国哲学史研究》1982 年第 2 期

尹协理 陆九渊认识论和修养方法的特点 《江西社会科学》1983 年第 1 期

焦克明 陆九渊哲学本体论的性质 《江西社会科学》1982 年第 2 期

陈高华　陆学在元代　《中国哲学》第 9 辑,1983 年 2 月

任金丽等　陆九渊哲学思想研究　《国内哲学动态》1984 年第 8 期

赵士林　从陆九渊到王守仁　《孔子研究》1989 年第 4 期

王伟民　象山心学与阳明心学的差异　《江西社会科学》1991 年第 2 期

惠吉兴　陆九渊心学特征探究　《江西社会科学》1993 年第 5 期

彭永康　朱陆之辨的哲学实质——兼论陆象山的学术渊源　《中国哲学史》1998 年第 3 期

崔大华　杨简的心学思想　《中国哲学》第 8 辑,1982 年 10 月

周桂钿　陈亮宇宙观剖析　《浙江学刊》1984 年第 1 期

包遵信　叶适哲学思想的评价问题　《社会科学战线》1978 年第 3 期

邱汉生　陈淳的理学思想　《中国哲学》第 3 辑,1980 年 8 月

高令印等　蔡沈的哲学思想　《福建论坛》1984 年第 6 期

唐宇元　论许衡的哲学思想在中国哲学史上的地位　《哲学研究》1982 年第 7 期

徐西华　许衡思想探索　《中国哲学》第 9 辑(1983 年 2 月)

杨正典　论文天祥的哲学思想　《中国哲学史研究》1982 年第 4 期

唐宇元　吴澄　《中国哲学》第 8 辑,1982 年 10 月

治　心　福建理学系统　《福建文化》第 13—15 期,1933 年 11 月—1934 年 4 月

郭毓麟　论宋代福建理学　《福建文化》第 24 期,1937 年 4 月

格　平　文文山之"不息"哲学　《晨报·思辨》(北平)第 23 期,1935 年 12 月 6 日

李　濂　蔡沈学说之体系　《文艺与生活》第 2 卷 3 期,1946 年 10 月

钱嘉淦　明末理学阐微　《新中国》(北平)第 1 卷 1 期,1919 年 6 月

商鸿逵　清初的理学界　《中法大学月刊》第 2 卷 2 期,1932 年 11 月

谭丕模　明末清初之哲学思想　《文化论衡》第 2 期,1936 年 10 月

嵇文甫　明清时代的唯名论思潮　《时代中国》第 7 卷 3 期,1943

年 3 月

杜守素　论"理学"的终结　《大学》(成都)第 3 卷 11 期,1944 年
　　　　11 月

侯外庐　第十七世纪中国的一个新世界观　《中原》(重庆)第 2 卷
　　　　1 期, 1945 年 3 月

刘　节　明代心学批判　《文史哲季刊》(南京国立中央大学)第 3
　　　　卷 1 期,1945 年 11 月

冯天瑜　明代理学流变考　《社会科学战线》1984 年第 2 期

吴雁南　清代理学新探　《重庆师院学报》1984 年第 4 期

蒙培元　薛瑄哲学思想与程朱理学的演变　《晋阳学刊》1982 年
　　　　第 6 期

谢宿甡　陈白沙的宇宙论和本体论　《东方文化月刊》(北平)第 1
　　　　卷 7 期,1938 年 11 月

马振铎　陈献章的哲学思想　《论宋明理学》,浙江人民出版社
　　　　1983 年

宋志明　简论陈献章的"万化我出"说　《中国人民大学学报》1997
　　　　年第 4 期

刘兴邦　陈白沙心学价值取向及思想特色　《湘潭大学学报》1998
　　　　年第 3 期

王朝俊等　罗钦顺的哲学思想　《江西社会科学》1981 年第 1 期

蒙培元　论罗钦顺的哲学思想　《哲学研究》1981 年第 9 期

尹星凡　罗钦顺与朱熹的"理一分殊"辨　《江西大学学报》1982
　　　　年第 3 期

于化民　甘泉学派的理学思想及与王学的异同　《孔子研究》1992
　　　　年第 1 期

陈　奇　湛若水心学探析　《贵州师范大学学报》1995 年第 4 期

刘光汉　王学释疑　《国粹学报》第 3 卷 1 期,1907 年

倪羲抱　良知说　《国学杂志》第 3 期,1915 年 6 月

今　心　王阳明的哲学　《学灯》1923 年 8 月 3、5、8 日

梁启超　王阳明知行合一之教　《国学论丛》第 1 卷,1927 年

黄建中　王阳明之知觉主义　《哲学月刊》第 1 卷 7 期,1927 年 4 月

黄子通　王守仁的哲学　《燕京学报》第 3 期,1928 年 6 月

冯日昌　王阳明论"良知"　《朝华季刊》第 1 卷 5 期,1930 年 5 月

王去病　谈王阳明的知行合一　《建国月刊》(南京)第 4 卷 3 期,
　　　　1931 年 1 月

谈师籍　王学阐微,《中兴周刊》第 1 卷 10 期,1933 年 8 月

陈育真　王阳明学说述要　《教育哲学期刊》第 2 卷 2 期,1934 年
　　　　7 月

余侧龙　阳明哲学绪论　《警灯月刊》第 1 卷 4 期,1934 年 9 月

周分水　王阳明之知行合一　《中央日报》1935 年 1 月 12 日

徐心芹　王阳明的人生哲学　《中庸》第 7 期,1935 年 11 月

程　憬　王守仁的哲学　《安达季刊》第 1 卷 4 期,1936 年 11 月

贺　麟　知行合一新论　《国立北京大学四十四周年纪念论文集》
　　　　乙编上卷,1940 年 1 月

常镜海　王阳明的"知行合一"浅论　《新东方》(上海)第 1 卷 2
　　　　期,1940 年 1 月

项维城　"知行合一"说批判　《新认识》(新)第 2 卷 6 期,1941 年
　　　　2 月

刘　节　明代心学批判　《文史哲季刊》第 2 卷 1 期,1944 年

仙　心　阳明哲学与日本　《东方学报》第 1 卷 2 期,1944 年 11 月

赵省之　阳明学说述评　《文化先锋》第 5 卷 10 期,1945 年 10 月

钱　穆　阳明良知学述评　《学原》(南京)第 1 卷 8 期,1947 年 12 月

张立文　论王守仁的"知行合一"学说　《北方论丛》1979 年第 6 期

沈善洪等　论王阳明哲学思想的积极意义　《中国哲学》第 5 辑,

1981 年 1 月

张绍良　评王守仁的"知行合一"说　《中国哲学》第 5 辑,1981 年
　　　　1 月

柯兆利　王阳明哲学思想研究　《学习与思考》1981 年第 3 期

杜维明　王阳明"知行合一"说的含义　《争鸣》1982 年第 2 期

周立升等　王守仁"知行合一"说评议　《中国哲学史研究》1982
　　　　年第 3 期

陈远宁　王阳明哲学思想合理因素试探　《中国哲学》第 7 辑,
　　　　1982 年 3 月

霍方雷等　简论王守仁的"知行合一"说　《中国哲学史研究集刊》
　　　　第 2 期,上海人民出版社,1982 年 7 月

邓艾民　王守仁唯心主义泛神论的世界观　《中国哲学》第 8 辑,
　　　　1982 年

沈善洪等　王阳明哲学的内在矛盾　《中国哲学》第 9 辑,1983 年
　　　　2 月

柯兆利　王阳明哲学思想研究　《中国哲学》第 9 辑,1983 年 2 月

陈晓辉　论王守仁哲学的本来含义　《江西社会科学》1981 年第
　　　　5、6 期合刊

刘宗碧　王守仁在贵州时期的哲学思想　《中国哲学史研究》1984
　　　　年第 2 期

司徒兴　王阳明"知行合一"新探　《中国哲学》第 12 辑,1984 年 4 月

钱　杭　王阳明良知说批判　《中国哲学》第 12 辑,1984 年 4 月

张立文　王守仁哲学逻辑结构初析　《中国哲学史研究》1984 年
　　　　第 3 期

任金丽等　王守仁哲学思想研究　《国内哲学动态》1984 年第 9 期

刘宗贤　王阳明心学探微　《云南社会科学》1984 年第 6 期

乐九波　佛教禅宗对王阳明哲学的影响　《中国哲学史研究》1985

　　　　　年第 2 期

王路平　论王阳明与萨特的哲学本体之同异　《浙江学刊》1994
　　　　　年第 3 期

张世英　进入澄明之境:海德格尔与王阳明之比较研究　《学术月
　　　　　刊》1997 年第 1 期

朱葵菊　王廷相的认识论初探　《中国哲学史研究集刊》第 2 期,
　　　　　上海人民出版社,1982 年 7 月

朱葵菊　王廷相的唯物主义宇宙观　《学习与思考》1982 年第 5 期

葛荣晋　王廷相的元气论　《中国哲学史研究》1983 年第 4 期

衷尔钜　论王廷相的哲学贡献及其历史地位　《中国哲学史研究》
　　　　　1984 年第 2 期

周桂钿　王廷相宇宙论述评　《哲学研究》1984 年第 8 期

许抗生　略论王艮的哲学思想　《中国哲学史论文集》第 1 辑,山
　　　　　东人民出版社 1979 年

方祖猷　评王艮的哲学思想　《浙江学刊》1981 年第 2 期

唐文治　心斋格物论　《学术世界》第 1 卷 3 期,1935 年 8 月

吴　泽　李卓吾哲学思想的批判　《新中华》(半月刊)复刊第 6 卷
　　　　　13 期,1949 年

荣肇祖　焦竑及其思想　《燕京学报》第 23 期,1938 年 6 月

嵇文甫　傅青主的思想　《新中华》(半月刊)复刊第 6 卷 11 期,
　　　　　1949 年

荣肇祖　潘平格的思想　《燕京学报》第 19 期,1936 年 6 月

张西堂　潘平格之思想　《晨报·思辨》(北平)第 65 期,1936 年 12
　　　　　月 11、18 日

张学智　论刘宗周的"意"　《哲学研究》1993 年第 9 期

张西堂　黄梨洲的哲学思想　《文哲月刊》第 1 卷 9 期,1936 年 11 月

杨荣国　黄宗羲思想述评　《新建设》第 4 卷 7 期,1943 年 8 月

荣肇祖　方以智和他的思想　《岭南学报》第 9 卷 1 期,1948 年 12 月

张西堂　船山思想之体系,《文哲月刊》第 1 卷 10 期, 1937 年 1 月

　　　王船山思想述评,《群众》(上海)第 7 卷 16、17 期　1942 年 8、9 月

贺　麟　王船山的历史哲学　《哲学评论》第 10 卷 1 期,1946 年 10 月

嵇文甫　王船山的易学方法论　《河南大学学术丛刊》复刊第 1 期,1946 年 12 月

唐君毅　王船山之性与天道论通释　《学原》(南京)第 1 卷 2—4 期,1947 年 6—8 月

徐炳旭等　论船山思想　《学原》(南京)第 1 卷 7 期,1947 年 12 月

嵇文甫　王船山的史学方法论　《新中华》(半月刊)复刊第 6 卷 2 期,1948 年 1 月

张岱年　王船山的唯物主义思想　《光明日报》1954 年 10 月 6 日

汪　毅　王船山的社会思想　《文史哲》1955 年第 2 期

王永祥　唐圃亭的哲学思想　《东北丛镌》第 18 期,1931 年 6 月

王孝鱼　清初学者唐铸万之哲学思想　《中山文化教育馆季刊》第 2 卷 2 期,1935 年 4 月

刘月林　颜习斋的哲学　《晨报·副刊》(北平)1923 年 12 月 5—19 日

杨大膺　颜习斋哲学概要　《世界旬刊》第 15、16 期,1932 年 9 月

徐庆誉　颜习斋动的哲学　《国闻周报》第 10 卷 3 期,1933 年 1 月

李用中　颜元之动的哲学——习行主义　《前途》第 2 卷 6 期,1934 年 5 月

致　甫　实证哲学家颜习斋　《湖南大学期刊》第 2 卷 4 期,1934 年

范寿康　清初实行派的哲学家——颜习斋　《哲学与教育》第 5 卷 1 期,1936 年 12 月

襄　予　实证哲学家颜习斋　《砥柱》第 8 卷 5 期,1937 年 3 月

胡　适　颜习斋哲学及其与程朱陆王之异同　《文史杂志》第 1 卷

8 期,1941 年 1 月

刘光汉　《孟子字义疏证》解"理"字　《国粹学报》第 1 卷 2 期, 1905 年 3 月

梁启超　东原哲学　《晨报·副刊》(北平)1924 年 1 月 19—20 日

容肇祖　戴震说的理及求理的方法　《国学季刊》(北大)第 2 卷 1 期,1925 年 12 月

胡　适　戴东原的哲学　《国学季刊》(北大)第 2 卷 1 期,1925 年 12 月

李忠运　戴东原的哲学与弗洛特心理学说　《大道半月刊》第 2— 4 期,1934 年 1—2 月

陈其昌　戴东原之反宋哲学　《国专月刊》第 2 卷 3 期,1935 年 11 月

思　明　戴东原的哲学思想　《中国文化建设协会山西分会月刊》 第 2 卷 3 期,1936 年 3 月

吴啸仙　戴东原的生的哲学思想　《江苏反省院半月刊》第 3 卷 23 期,1936 年 9 月

季月清　戴东原人生哲学　《中日文化》第 3 卷 2—4 期,1943 年 4 月

杨荣国　戴东原的哲学思想　《中山文化季刊》第 1 卷 4 期,1944 年 5 月

杨天锡　章实斋的哲学思想　《群众》(上海)第 7 卷 24 期,1942 年 12 月

陈　柱　洪北江之哲学　《东方杂志》第 24 卷 9 期,1927 年 5 月

艾思奇　二十二年来之中国哲学思潮　《中华月报》第 2 卷 1 期, 1934 年 1 月 1 日

沈志远　近代哲学中的辩证法之史的发展　《中山文化教育馆季刊》第 1 卷 2 期,1934 年 11 月

钱　穆　中国近代儒学之趋势　《思想与时代》第 33 期,1944 年 4 月

郭　沂　老庄孔孟哲学的底蕴及贯通　《原道》第 1 辑

王邦雄　论语与老子的生命智慧　《原道》第 1 辑

徐洪兴　从训诂之学到义理之学——理学发生史一个侧面的考察
　　　　《原道》第 2 辑

王中江　"道"的历程　《原道》第 2 辑

庞　朴　天人之学述论　《原道》第 2 辑

郭　沂　道的下贯、呈现与修行——《中庸》的思想体系与历史定
　　　　位　《原道》第 3、4 辑

杨国荣　心物之辩与天人之际　《原道》第 4 辑